STEVE JOBS

WALTER ISAACSON

Steve Jobs

A biografia

Tradução
Berilo Vargas
Denise Bottmann
Pedro Maia Soares

COMPANHIA DAS LETRAS

Grafia atualizada segundo o Acordo Ortográfico da Língua Portuguesa de 1990,
que entrou em vigor no Brasil em 2009.

A tradução das fontes e das notas é de Lígia Azevedo.

Título original
Steve Jobs

Foto de capa
© Albert Watson

Foto de quarta capa
© Norman Seeff

Preparação
Cacilda Guerra

Revisão
Huendel Viana
Ana Maria Barbosa

Dados Internacionais de Catalogação na Publicação (CIP)
(Câmara Brasileira do Livro, SP, Brasil)

    Isaacson, Walter.
       Steve Jobs : a biografia / Walter Isaacson ; tradução Berilo
    Vargas, Denise Bottmann, Pedro Maia Soares — São Paulo : Com-
    panhia das Letras, 2011.

       Título original : Steve Jobs
       ISBN 978-85-359-1971-4

       1. Apple Computer, Inc 2. Empresário - Estados Unidos - Biografia
    3. Indústria de computadores - Estados Unidos 4. Jobs, Steves, 1955
    I. Título.

11-10064   CDD-338.76100416092

Índices para catálogo sistemático:
1. Empresários de informática : Biografia   338.76100416092
2. Informática : Empresários : Biografia   338.76100416092

[2011]
Todos os direitos desta edição reservados à
EDITORA SCHWARCZ LTDA.
Rua Bandeira Paulista 702 cj. 32
04532-002 — São Paulo — SP
Telefone (11) 3707-3500
Fax (11) 3707-3501
www.companhiadasletras.com.br
www.blogdacompanhia.com.br

As pessoas que são loucas o suficiente
para achar que podem mudar o mundo
são aquelas que o mudam.
Comercial "Pense diferente" da Apple, 1997

Sumário

Introdução

Como nasceu este livro

No início do verão de 2004, recebi um telefonema de Steve Jobs. Ao longo dos anos, se aproximou amistosamente de mim de maneira intermitente, com arroubos ocasionais de intensidade, em especial quando lançava um novo produto que queria na capa da *Time* ou em programa da CNN, lugares em que eu trabalhava. Mas, agora que eu já não estava em nenhum desses lugares, não tinha notícias dele com frequência. Conversamos um pouco sobre o Aspen Institute, no qual eu acabara de ingressar, e o convidei para falar no nosso campus de verão no Colorado. Ele disse que adoraria ir, mas não queria subir no palco. Na verdade, preferia caminhar comigo para conversar.

Isso me pareceu um pouco estranho. Eu ainda não sabia que dar uma longa caminhada era sua forma preferida de ter uma conversa séria. No fim das contas, ele queria que eu escrevesse sua biografia. Eu havia publicado recentemente uma biografia de Benjamin Franklin e estava escrevendo outra sobre Albert Einstein, e minha reação inicial foi perguntar, meio de brincadeira, se ele se considerava o sucessor natural nessa sequência. Supondo que ele estava no meio de uma carreira oscilante, que ainda tinha muitos altos e baixos pela frente, hesitei. Não agora, eu disse. Talvez dentro de uma década ou duas, quando você se aposentar.

Eu o conhecia desde 1984, quando ele foi ao edifício da Time-Life, em Manhattan, para almoçar com editores e exaltar seu novo Macintosh. Já então era petulante, e atacou um correspondente da *Time* por tê-lo atingido com uma história que era muito reveladora. Mas, conversando com ele depois, acabei cativado, como tantos outros o foram ao longo dos anos, por sua intensidade envolvente. Ficamos em contato, mesmo depois que foi expulso da Apple. Quando ele tinha algo novo para vender, como um computador da NeXT ou filme da Pixar, o raio de seu charme voltava de repente a cair sobre mim, e ele me levava a um restaurante japonês do sul de Manhattan para me contar que o produto que estava divulgando era a melhor coisa que já havia produzido. Eu gostava dele.

Quando Jobs foi restaurado no trono da Apple, nós o pusemos na capa da *Time*, e logo depois ele começou a me oferecer suas ideias para uma série que estávamos fazendo sobre as pessoas mais influentes do século. Ele havia lançado a campanha "Pense diferente", com fotos icônicas de algumas das mesmas pessoas que estávamos examinando, e achou fascinante o trabalho de avaliar a influência histórica.

Depois que me esquivei da sugestão de escrever sua biografia, tive notícias esporádicas dele. A certa altura, enviei-lhe um e-mail para perguntar se era verdade, como minha filha me havia dito, que o logotipo da Apple era uma homenagem a Alan Turing, o pioneiro britânico da computação que decifrou os códigos alemães durante a guerra e depois se suicidou mordendo uma maçã envenenada com cianeto. Ele respondeu que gostaria de ter pensado nisso, mas não tinha. Isso deu início a uma troca de mensagens sobre o começo da história da Apple, e me vi reunindo informações sobre o assunto, caso decidisse um dia fazer o tal livro. Quando saiu minha biografia de Einstein, Jobs foi a um lançamento em Palo Alto e voltou a sugerir que ele seria um bom tema.

Sua persistência me deixou perplexo. Jobs era conhecido por defender sua privacidade, e eu não tinha motivo para crer que ele lera qualquer um dos meus livros. Talvez um dia, continuei a dizer. Mas em 2009 sua esposa, Laurene Powell, disse sem rodeios: "Se você pretende fazer um livro sobre Steve, é melhor fazer agora". Ele havia acabado de tirar uma segunda licença médica. Confessei-lhe que, quando Jobs aventara a ideia pela primeira vez, eu não sabia que ele estava doente. Quase ninguém sabia, ela disse. Ele havia me chamado pouco antes de ser operado de câncer, e ainda estava mantendo isso em segredo, explicou.

Decidi então escrever este livro. Jobs surpreendeu-me ao admitir prontamente que não teria controle sobre a obra, nem mesmo o direito de vê-la com antecedência. "O livro é seu", disse. "Não vou nem lê-lo." Porém, mais tarde, naquele outono, ele me pareceu ter reconsiderado a cooperação e, embora eu não soubesse, fora atingido por outra rodada de complicações do câncer. Parou de retornar minhas ligações, e eu deixei o projeto de lado por um tempo.

Então, inesperadamente, ele me telefonou no fim da tarde da véspera do Ano-Novo de 2009. Estava em sua casa, em Palo Alto, apenas com a irmã, a escritora Mona Simpson. A esposa e os três filhos haviam saído numa rápida viagem para esquiar, mas sua saúde não permitia que os acompanhasse. Estava reflexivo e falou por mais de uma hora. Começou por recordar como queria construir um contador de frequência quando tinha doze anos e foi capaz de procurar na lista telefônica o nome de Bill Hewlett, o fundador da HP, e ligar para ele para obter peças. Jobs disse que seus últimos doze anos, desde o retorno para a Apple, haviam sido os mais produtivos na criação de novos produtos. Mas seu objetivo mais importante, disse, era fazer o que Hewlett e seu amigo David Packard haviam feito, a saber, criar uma companhia tão imbuída de criatividade inovadora que sobreviveria a eles.

"Quando garoto, sempre pensei em mim como alguém ligado em humanidades, mas eu gostava de eletrônica", contou. "Então li algo que um dos meus heróis, Edwin Land, da Polaroid, disse sobre a importância de pessoas capazes de estar na interseção entre as humanidades e as ciências, e decidi que era isso o que eu queria fazer." Era como se ele estivesse sugerindo temas para a biografia (e, nesse caso, pelo menos, o tema acabou por se mostrar válido). A criatividade que pode surgir quando o talento para as humanidades se une ao talento para as ciências em uma personalidade forte foi o tema que mais me interessou em minhas biografias de Franklin e Einstein, e creio que será fundamental para a criação de economias inovadoras no século XXI.

Perguntei a Jobs por que queria que fosse eu o autor de sua biografia. "Acho que você é bom em fazer as pessoas falarem", ele explicou. Foi uma resposta inesperada. Eu sabia que teria de entrevistar dezenas de pessoas que ele havia demitido, maltratado, abandonado ou enfurecido, e temia que ele não se sentisse confortável com o fato de eu fazê-las falar. E, com efeito, ele ficava inquieto quando tinha notícia de quem eu estava entrevistando. Mas, depois de alguns meses, começou a incentivar as pessoas a conversar comigo, até mesmo inimigos e ex--namoradas. Também não tentou interditar nada. "Fiz um monte de coisas de que não me orgulho, como engravidar minha namorada quando tinha 23 anos e o jeito como lidei com isso. Mas não tenho nenhum esqueleto no armário que não possa ser autorizado a sair", resumiu.

Acabei fazendo cerca de quarenta entrevistas com Jobs: algumas formais em sua sala de estar em Palo Alto; outras durante longas caminhadas e viagens de automóvel, ou por telefone. Durante meus dezoito meses de visitas, ele se tornou cada vez mais íntimo e revelador, embora, às vezes, eu tenha testemunhado o que seus colegas veteranos da Apple costumavam chamar de seu campo de distorção da realidade. Às vezes, era a inadvertida falha de células da memória que acontece com todos nós; em outros momentos ele torcia sua versão da realidade, tanto para mim como para si mesmo. Para verificar e comprovar sua história, entrevistei mais de uma centena de amigos, parentes, concorrentes, adversários e colegas.

Sua esposa, Laurene, que ajudou a facilitar este projeto, também não impôs nenhuma restrição ou controle, nem pediu para ver de antemão o que eu iria publicar. Na verdade, ela me estimulou muito a ser honesto sobre as falhas de Jobs, bem como sobre seus pontos fortes. Ela é uma das pessoas mais inteligentes e equilibradas que já conheci. "Há partes da vida e da personalidade dele que são extremamente confusas, e essa é a verdade", ela me disse logo no início. "Você não deve encobrir isso. Ele é bom em torcer os fatos, mas também tem uma história notável, e eu gostaria que tudo fosse contado honestamente."

Deixo para o leitor avaliar se obtive sucesso nessa missão. Tenho certeza de que existem atores nesse drama que se lembrarão de alguns dos acontecimentos de forma diferente ou pensarão que fiquei às vezes preso no campo de distorção de Jobs. Tal como aconteceu quando escrevi um livro sobre Henry Kissinger, que de certa forma foi uma boa preparação para este projeto, descobri que as pessoas tinham emoções positivas e negativas tão fortes em relação a Jobs que o efeito *Rashomon**ficou muitas vezes evidente. Mas fiz o melhor que pude para tentar equilibrar as narrativas conflitantes de forma justa e ser transparente sobre as fontes que utilizei.

Este é um livro sobre a vida de altos e baixos e a personalidade intensa e abrasadora de um empreendedor criativo, cuja paixão pela perfeição e cujo ímpe-

---

* Título de um filme de Akira Kurosawa, de 1950, em que o mesmo evento é narrado de forma divergente por quatro testemunhas. (N. T.)

to feroz revolucionaram seis indústrias: computadores pessoais, filmes de animação, música, telefones, tablets e publicação digital. Pode-se até acrescentar uma sétima: lojas de varejo, que Jobs não chegou bem a revolucionar, mas que repensou. Além disso, ele abriu o caminho para um novo mercado de conteúdo digital com base em aplicativos e não apenas em websites. Ao longo do caminho, não somente criou produtos transformadores, mas também, em sua segunda tentativa, uma empresa duradoura, dotada de seu DNA, que está cheia de designers criativos e engenheiros intrépidos que poderiam levar adiante sua visão.

Espero que este seja também um livro sobre inovação. No momento em que os Estados Unidos buscam maneiras para sustentar sua vantagem inovadora, e quando as sociedades de todo o mundo tentam construir economias criativas da era digital, Jobs se destaca como o ícone máximo da inventividade, imaginação e inovação sustentada. Ele sabia que a melhor maneira de criar valor no século XXI era conectar criatividade com tecnologia, então construiu uma empresa onde saltos de imaginação foram combinados com notáveis façanhas de engenharia. Ele e seus colegas da Apple foram capazes de pensar de forma diferente: não desenvolveram apenas avanços modestos de produtos focados em certos grupos, mas toda uma série de aparelhos e serviços de que os consumidores ainda não sabiam que precisavam.

Jobs não era um modelo de chefe ou ser humano, bem empacotado para emulação. Impulsionado por demônios, era capaz de levar as pessoas próximas à fúria e ao desespero. Mas sua personalidade, suas paixões e seus produtos estavam todos inter-relacionados, assim como tendiam a ser os hardwares e os softwares da Apple, como se fizessem parte de um sistema integrado. Desse modo, sua história é tanto instrutiva quanto admonitória, cheia de lições sobre inovação, caráter, liderança e valores.

Henrique V, de Shakespeare — a história de um príncipe teimoso e imaturo que se torna um rei apaixonado mas sensível, cruel mas sentimental, inspirador mas falho —, começa com uma exortação: "Que uma musa de fogo aqui pudesse/ ascender ao céu mais brilhante da invenção!". Para o príncipe Hal, as coisas eram mais simples: ele só tinha de lidar com o legado de um único pai. Para Steve Jobs, a ascensão ao céu mais brilhante de invenção começa com uma história de dois pares de pais e do crescimento num vale que estava começando a aprender a transformar silício em ouro.

Personagens

AL ALCORN. Engenheiro-chefe da Atari, que projetou o jogo Pong e contratou Jobs.

GIL AMELIO. Tornou-se presidente executivo da Apple em 1996 e comprou a NeXT, trazendo Jobs de volta.

BILL ATKINSON. Um dos primeiros funcionários da Apple, desenvolveu gráficos para o Macintosh.

CHRISANN BRENNAN. Namorada de Jobs na Homestead High, mãe de sua filha Lisa.

LISA BRENNAN-JOBS. Filha de Jobs e Chrisann Brennan, nascida em 1978 e inicialmente abandonada por Jobs.

NOLAN BUSHNELL. Fundador da Atari e modelo empresarial para Jobs.

BILL CAMPBELL. Chefe de marketing da Apple durante o primeiro período de Jobs na empresa e membro do conselho e confidente depois do retorno de Jobs em 1997.

EDWIN CATMULL. Cofundador da Pixar e, depois, executivo da Disney.

KOBUN CHINO. Mestre de Soto Zen na Califórnia, que se tornou mentor espiritual de Jobs.

LEE CLOW. Mago endiabrado da publicidade que criou o anúncio "1984" da Apple e trabalhou com Jobs durante três décadas.

DEBORAH "DEBI" COLEMAN. Ousada gerente de equipe que assumiu a área de produção da Apple.

TIM COOK. Diretor-chefe de operações calmo e firme contratado por Jobs em 1998.

EDDY CUE. Chefe dos serviços de internet da Apple, principal auxiliar de Jobs ao lidar com empresas de conteúdo.

ANDREA "ANDY" CUNNINGHAM. Publicitária da firma de Regis McKenna que assessorou Jobs nos primeiros anos do Macintosh.

MICHAEL EISNER. O dinâmico presidente executivo da Disney que fez o acordo da Pixar e depois entrou em choque com Jobs.

LARRY ELLISON. Presidente executivo da Oracle e amigo pessoal de Jobs.

TONY FADELL. Engenheiro punk trazido para a Apple em 2001 para desenvolver o iPod.

SCOTT FORSTALL. Chefe de software para dispositivo móvel da Apple.

ROBERT FRIEDLAND. Estudante do Reed College que influenciou Jobs. Proprietário de uma fazenda comunitária de maçãs e interessado em espiritualismo oriental, depois passou a administrar uma empresa de mineração.

JEAN-LOUIS GASSÉE. Gerente da Apple na França, assumiu a divisão Macintosh quando Jobs foi demitido, em 1985.

BILL GATES. O outro garoto-prodígio da computação nascido em 1955.

ANDY HERTZFELD. Engenheiro de software amigável e brincalhão, companheiro de Jobs na equipe original do Mac.

JOANNA HOFFMAN. Membro da equipe original do Mac com ânimo para enfrentar Jobs.

ELIZABETH HOLMES. Namorada de Daniel Kottke no Reed College e uma das primeiras funcionárias da Apple.

ROD HOLT. Marxista e fumante inveterado contratado por Jobs em 1976 para ser o engenheiro elétrico do Apple II.

ROBERT IGER. Sucedeu Eisner como presidente executivo da Disney, em 2005.

JONATHAN "JONY" IVE. Designer-chefe da Apple, tornou-se parceiro e confidente de Jobs.

ABDULFATTAH "JOHN" JANDALI. Estudante sírio de pós-graduação em Wisconsin, pai biológico de Jobs e Mona Simpson; mais tarde, tornou-se gerente de alimentos e bebidas do cassino Boomtown, perto de Reno.

CLARA HAGOPIAN JOBS. Filha de imigrantes armênios, casou-se com Paul Jobs em 1946; o casal adotou Steve Jobs logo após seu nascimento, em 1955.

ERIN JOBS. A calma e séria filha do meio de Steve Jobs e Laurene Powell.

EVE JOBS. A dinâmica e elétrica filha mais nova de Steve Jobs e Laurene Powell.

PATTY JOBS. Adotada por Paul e Clara Jobs dois anos depois da adoção de Steve.

PAUL REINHOLD JOBS. Marinheiro da guarda costeira nascido em Wisconsin que com sua esposa, Clara, adotou Steve em 1955.

REED JOBS. Filho mais velho de Steve Jobs e Laurene Powell, fisicamente parecido com o pai e simpático como a mãe.

RON JOHNSON. Contratado por Jobs em 2000 para desenvolver as lojas da Apple.

JEFFREY KATZENBERG. Chefe da Disney Studios, entrou em choque com Eisner e pediu demissão em 1994 para cofundar a DreamWorks SKG.

DANIEL KOTTKE. Amigo mais próximo de Jobs no Reed College, companheiro de peregrinação à Índia, empregado antigo da Apple.

JOHN LASSETER. Cofundador e força criativa da Pixar.

DAN'L LEWIN. Executivo de marketing, trabalhou com Jobs na Apple e depois na NeXT.

MIKE MARKKULA. Primeiro grande investidor e presidente do conselho da Apple, uma figura paterna para Jobs.

REGIS MCKENNA. Mago da publicidade que orientou Jobs no início e permaneceu seu guru.

MIKE MURRAY. Diretor de marketing do Macintosh.

PAUL OTELLINI. Presidente executivo da Intel que ajudou a converter o Macintosh para uso com chips Intel, mas não conseguiu entrar no negócio do iPhone.

LAURENE POWELL. Experiente e bem-humorada pós-graduada de Penn State, foi para o Goldman Sachs, depois para Stanford; casou-se com Jobs em 1991.

ARTHUR ROCK. Lendário investidor em tecnologia, membro do conselho da Apple, figura paterna para Jobs.

JONATHAN "RUBY" RUBINSTEIN. Trabalhou com Jobs na NeXT, tornou-se engenheiro-chefe de hardware da Apple em 1997.

Mike Scott. Trazido por Markkula em 1977 para ser presidente da Apple e tentar controlar Jobs.

John Sculley. Executivo da Pepsi recrutado por Jobs em 1983 para ser presidente executivo da Apple; Jobs entrou em choque com ele e o demitiu em 1985.

Joanne Schieble Jandali Simpson. Nascida em Wisconsin, mãe biológica de Steve Jobs, que ela entregou para adoção, e Mona Simpson, a quem criou.

Mona Simpson. Irmã biológica de Jobs; eles descobriram o parentesco em 1986 e tornaram-se próximos. Ela escreveu romances vagamente baseados em sua mãe, Joanne (*Anywhere but here*), Jobs e sua filha Lisa (*A regular guy*) e seu pai, Abdulfattah Jandali (*The lost father*).

Alvy Ray Smith. Cofundador da Pixar que entrou em confronto com Jobs.

Burrell Smith. Angelical, brilhante e perturbado programador da equipe original do Mac, foi diagnosticado com esquizofrenia nos anos 1990.

Avadis "Avie" Tevanian. Trabalhou com Jobs e Rubinstein na NeXT, tornou-se engenheiro-chefe de software da Apple em 1997.

James Vincent. Britânico amante da música e sócio mais novo de Lee Clow e Duncan Milner na agência de publicidade da Apple.

Ron Wayne. Conheceu Jobs na Atari, tornou-se o primeiro sócio de Jobs e Wozniak na incipiente Apple, mas insensatamente abriu mão de continuar na sociedade.

Stephen Wozniak. O astro nerd da eletrônica na Homestead High; Jobs descobriu como embalar e comercializar suas notáveis placas de circuito.

Paul Jobs com Steve, em 1956.

A casa de Sunnyvale, com a garagem onde a Apple nasceu.

No livro do ano da Homestead Hight, em 1972.

Ao lado do SWAB JOB, uma brincadeira de escola.

1. Infância

Abandonado e escolhido

Quando deu baixa da guarda costeira, após a Segunda Guerra Mundial, Paul Jobs fez uma aposta com seus colegas de tripulação. Eles haviam chegado a San Francisco, onde seu navio foi retirado do serviço, e Paul apostou que encontraria uma esposa em duas semanas. Ele era um mecânico de motores teso e tatuado, com mais de 1,80 metro de altura e uma leve semelhança com James Dean. Mas não foi sua aparência que lhe valeu uma saída com Clara Hagopian, uma meiga filha de imigrantes armênios. Foi o fato de que ele e seus amigos tinham acesso a um carro, ao contrário do grupo com quem ela havia originalmente planejado sair naquela noite. Dez dias depois, em março de 1946, Paul ficou noivo de Clara e ganhou a aposta. Viria a ser um casamento feliz, que durou até que a morte os separou, mais de quarenta anos depois.

Paul Reinhold Jobs fora criado em uma fazenda de Germantown, Wisconsin. Embora seu pai fosse alcoólatra e, por vezes, violento, ele acabou com uma disposição gentil e calma sob uma aparência dura. Depois de abandonar o ensino médio, vagueou pelo Meio-Oeste, pegando trabalhos de mecânico, até que, aos dezenove anos, entrou para a guarda costeira, ainda que não soubesse nadar. Foi incorporado ao USS *M. C. Meigs* e passou grande parte da guerra transportando tropas para a Itália, destinadas ao general Patton. Seu talento como maquinista e bombeiro lhe rendeu elogios, mas ele se envolveu em pequenas confusões e nunca saiu do posto de marinheiro.

Clara nascera em Nova Jersey, onde seus pais haviam desembarcado depois de fugir dos turcos na Armênia, porém eles se mudaram para o Mission District, em San Francisco, quando ela era criança. Clara tinha um segredo que raramente mencionava a alguém: havia sido casada, mas seu marido morrera na guerra. Assim, quando conheceu Paul Jobs naquele primeiro encontro, ela estava preparada para começar uma nova vida.

Como muitos que viveram na época da guerra, eles haviam experimentado emoção o suficiente para que, quando ela acabou, quisessem simplesmente se estabelecer, criar uma família e levar uma vida menos agitada. Tinham pouco dinheiro, então se mudaram para Wisconsin e moraram com os pais de Paul por alguns anos, depois foram para Indiana, onde ele conseguiu um emprego de mecânico na International Harvester. Sua paixão era mexer com carros antigos, que ele comprava, restaurava e vendia, fazendo um bom dinheiro em seu tempo livre. Por fim, largou o emprego para se tornar vendedor de carros usados em tempo integral.

Clara, no entanto, amava San Francisco e, em 1952, convenceu o marido a voltar para lá. Conseguiram um apartamento no Sunset District, de frente para o Pacífico, logo ao sul do Golden Gate Park, e ele arranjou um emprego de "recuperador" numa companhia de financiamentos: forçava as fechaduras dos carros cujos donos não haviam pago seus empréstimos e os retomava. Também comprava, consertava e vendia alguns dos carros, ganhando uma vida suficientemente decente no processo.

Havia, no entanto, algo que faltava em suas vidas. Eles queriam filhos, mas Clara tivera uma gravidez ectópica — aquela em que o óvulo fecundado se implanta na trompa de Falópio em vez de no útero — e não podia mais tê-los. Assim, em 1955, após nove anos de casamento, eles estavam querendo adotar uma criança.

★ ★ ★

Tal como Paul Jobs, Joanne Schieble vinha de uma família da zona rural de Wisconsin, de ascendência alemã. Seu pai, Arthur Schieble, havia imigrado para os arredores de Green Bay, onde ele e a esposa tinham uma criação de visons e se aventuravam com sucesso em vários outros negócios, de imóveis a fotogravura. Ele era muito rigoroso, sobretudo no que dizia respeito aos relacionamentos da filha, e desaprovara fortemente seu primeiro amor, um artista que não era católico. Assim, não surpreende que tenha ameaçado deserdar Joanne completamente quando ela se apaixonou pelo muçulmano sírio Abdulfattah "John" Jandali, assistente de ensino na Universidade de Wisconsin, onde ela fazia pós-graduação.

Jandali era o caçula de nove filhos de uma família proeminente da Síria. Seu pai possuía refinarias de petróleo e muitas outras empresas, com grandes propriedades em Damasco e Homs, e a certa altura chegou a controlar o preço do trigo na região. Tal como a família Schieble, os Jandali valorizavam a educação; durante gerações, os membros da família foram mandados a Istambul ou à Sorbonne para estudar. Abdulfattah Jandali, embora muçulmano, foi enviado para um internato jesuíta e fez a graduação na Universidade Americana, em Beirute, antes de ir para a Universidade de Wisconsin como estudante de pós-graduação e assistente de ensino de ciência política.

No verão de 1954, Joanne foi com Abdulfattah para a Síria. Passaram dois meses em Homs, onde ela aprendeu com a família dele a fazer pratos sírios. Quando voltaram para Wisconsin, ela descobriu que estava grávida. Tinham ambos 23 anos, mas decidiram não se casar. O pai dela estava morrendo na época, e havia ameaçado deserdá-la se ela se casasse com Abdulfattah. Tampouco o aborto era uma opção fácil em uma pequena comunidade católica. Assim, no início de 1955, Joanne viajou para San Francisco, onde ficou sob a proteção de um médico bondoso que abrigava mães solteiras, fazia o parto de seus bebês e cuidava discretamente de adoções sigilosas.

Joanne fez uma exigência: seu filho deveria ser adotado por pessoas com pós-graduação universitária. Então o médico providenciou para que o bebê fosse adotado por um advogado e sua esposa. Mas quando o menino nasceu — em 24 de fevereiro de 1955 — o casal designado decidiu que queria uma menina e recuou. Assim foi que o menino tornou-se filho não de um advogado, mas de um evadido da escola secundária com paixão por mecânica e sua humilde esposa, que trabalhava então como guarda-livros. Paul e Clara deram a seu recém-chegado bebê o nome de Steven Paul Jobs.

No entanto, ainda havia a questão da exigência de Joanne de que os novos pais de seu filho tivessem pós-graduação. Quando descobriu que ele fora adotado por um casal que não tinha sequer completado o ensino médio, ela se recusou a assinar os papéis da adoção. O impasse durou semanas, mesmo depois que o bebê Steve já estava instalado na casa dos Jobs. Por fim, Joanne cedeu com a estipulação de que o casal prometesse — na verdade, eles assinaram um compromisso — que iria criar um fundo e enviar o menino para a faculdade.

Havia outra razão para que Joanne fosse recalcitrante quanto a assinar os papéis da adoção. Seu pai estava prestes a morrer e ela planejava se casar com Jandali logo depois de sua morte. Ela mantinha a esperança — como contaria mais tarde a membros da família, às vezes com lágrimas nos olhos ao lembrar — de que, depois que estivessem casados, ela poderia recuperar seu bebê.

Com efeito, Arthur Schieble morreu em agosto de 1955, poucas semanas após a adoção ter sido oficializada. Logo depois do Natal daquele ano, Joanne e Abdulfattah Jandali se casaram na igreja católica de São Filipe, o Apóstolo, em Green Bay. Ele obteve seu doutorado em política internacional no ano seguinte, e mais tarde tiveram outra criança, uma menina chamada Mona. Depois que ela e Jandali se divorciaram, em 1962, Joanne deu início a uma vida fantasiosa e peripatética, que sua filha — que se tornaria a grande romancista Mona Simpson — captaria em seu pungente romance *Anywhere but here* [Em qualquer lugar, menos aqui]. Mas, tendo em vista que a adoção de Steve havia sido particular e sigilosa, demoraria vinte anos para que eles todos se encontrassem.

Steve Jobs soube desde cedo que havia sido adotado: "Meus pais eram muito abertos comigo em relação a isso". Ele tinha uma memória vívida de estar sentado no gramado de sua casa, quando tinha seis ou sete anos, e contar esse fato para a menina que morava do outro lado da rua. "Então isso significa que seus pais verdadeiros não queriam você?", a menina perguntou. "Ooooh! Relâmpagos explodiram em minha cabeça", segundo Jobs. "Lembro-me de correr para casa, chorando. E meus pais disseram: 'Não, você tem de entender'. Estavam muito sérios e me olharam diretamente nos olhos. Eles disseram: 'Nós escolhemos especificamente você'. Ambos disseram isso e repetiram devagar para mim. E puseram ênfase em cada palavra daquela frase."

Abandonado. Escolhido. Especial. Esses conceitos se tornaram parte de quem Jobs era e como ele se via. Seus amigos mais próximos acham que o fato de saber que foi abandonado ao nascer deixou algumas cicatrizes. Diz Del Yocam, seu colega de longa data: "Acho que seu desejo de ter controle completo de tudo o que faz deriva diretamente de sua personalidade e do fato de que foi abandonado ao nascer. Ele quer controlar seu ambiente, e vê o produto como uma extensão de si mesmo". Greg Calhoun, que se tornou amigo de Jobs logo após a faculdade, viu outro efeito: "Steve me falou muito sobre o abandono e a dor que isso causou. Isso o fez independente. Ele seguiu a batida de um baterista diferente, e isso veio de estar em um mundo diferente daquele em que nasceu".

Mais tarde, quando tinha exatamente a mesma idade (23 anos) de seu pai biológico quando o abandonou, Jobs seria pai e também abandonaria a criança. (Ele acabou por assumir a responsabilidade por ela.) Chrisann Brennan, a mãe dessa criança, diz que ter sido entregue para adoção deixou Jobs "cheio de vidros quebrados", e isso ajuda a explicar um pouco de seu comportamento. "Aquele que é abandonado é um abandonador", diz ela. Andy Hertzfeld, que trabalhou em estreita colaboração com Jobs na Apple no início da década de 1980, está entre os poucos que permaneceram próximos tanto de Jobs como de Brennan. "A questão-chave em relação a Steve é por que ele não consegue evitar, às vezes, de ser tão reflexivamente cruel e danoso para algumas pessoas", diz. "Isso remonta a ter sido abandonado ao nascer. O verdadeiro problema subjacente era o tema do abandono na vida de Steve."

Jobs descartou essa ideia. "As pessoas acham que, porque fui abandonado, trabalhei muito duro para que pudesse vencer na vida e fazer com que meus pais me quisessem de volta, ou algum absurdo desse tipo, mas isso é ridículo", insistiu ele. "Saber que fui adotado pode ter feito eu me sentir mais independente, mas nunca me senti abandonado. Sempre me senti especial. Meus pais me fizeram sentir especial." Mais tarde, ele se encresparia sempre que alguém se referisse a Paul e Clara Jobs como seus pais "adotivos", ou deixasse implícito que eles não eram seus pais "verdadeiros". "Eles foram meus pais 1000%", diz. Por outro lado, ao falar sobre seus pais biológicos, ele foi lacônico: "Eles foram meu banco de esperma e óvulo — isso não é grosseria, é apenas o modo como as coisas aconteceram, um banco de esperma, nada mais".

A infância que Paul e Clara Jobs criaram para seu filho foi, sob muitos aspectos, um estereótipo do final dos anos 1950. Quando Steve estava com dois anos, eles adotaram uma menina chamada Patty, e três anos depois se mudaram para um conjunto residencial nos subúrbios. A companhia de financiamento em que Paul trabalhava, a CIT, o havia transferido para sua filial em Palo Alto, mas ele não tinha condições financeiras de morar lá, então a família foi parar num loteamento em Mountain View, uma cidade menos cara, logo ao sul de Palo Alto.

Lá, Paul Jobs tentou transmitir seu amor pela mecânica e por carros. "Steve, esta é sua bancada de trabalho agora", disse enquanto demarcava uma parte da mesa na garagem da casa. Jobs lembrou ter ficado impressionado com o foco do pai no ofício artesanal: "Eu achava que o senso de design de meu pai era bastante bom, porque ele sabia como fazer qualquer coisa. Se precisávamos de um armário, ele o fazia. Quando construiu nossa cerca, me deu um martelo para que eu pudesse trabalhar com ele".

Cinquenta anos depois, a cerca ainda rodeia os fundos e o pátio lateral da casa em Mountain View. Enquanto a mostrava para mim, Jobs acariciou as estacas de sustentação e relembrou uma lição de seu pai que o marcou profundamente: era importante fazer bem os fundos de armários e cercas, ainda que ficassem escondidos. "Ele adorava fazer as coisas direito. Preocupava-se até mesmo com as partes que não ficavam à vista."

Seu pai continuava a reformar e revender carros usados, e enfeitou a garagem com fotos de seus favoritos. Ele mostrava os detalhes do design para o filho — as linhas, as aberturas, o cromo, o acabamento dos assentos. Todos os dias, depois do trabalho, vestia seu macacão e se enfurnava na garagem, muitas vezes acompanhado por Steve. "Eu achava que poderia conquistá-lo com um pouco de habilidade mecânica, mas ele realmente não estava interessado em sujar as mãos", Paul recordou mais tarde. "Ele nunca se interessou muito por coisas mecânicas."

Fuçar sob o capô nunca atraiu muito Jobs. "Eu não estava nessa de consertar carros. Mas adorava andar com meu pai." Mesmo quando estava ficando mais consciente de que era filho adotivo, mais se apegava a ele. Um dia, quando tinha uns oito anos, Jobs descobriu uma fotografia do pai nos tempos da guarda costeira. "Ele está na casa das máquinas sem camisa e se parece com James Dean. Foi um daqueles momentos *Oh, uau* para um menino. *Uau, oooh*, meus pais já foram muito jovens e realmente muito bonitos."

Através dos carros, seu pai proporcionou a Steve a sua primeira exposição à eletrônica. "Ele não tinha um conhecimento profundo de eletrônica, mas havia topado com ela muitas vezes em automóveis e outras coisas que consertava. Ele me mostrou os rudimentos do assunto, e fiquei muito interessado naquilo." Ainda mais interessantes eram as viagens para garimpar peças. "Todo fim de semana tinha uma viagem aos ferros-velhos. Procurávamos um gerador, um carburador, todos os tipos de peças." Ele lembrou ter visto o pai negociar no balcão. "Ele era um bom negociador, porque sabia melhor do que os caras do balcão quanto as peças deviam custar." Isso ajudou seus pais a cumprir a promessa feita quando ele foi adotado. "Meu fundo educacional veio de meu pai pagar cinquenta dólares por um Ford Falcon batido ou algum outro carro que não andava, trabalhar nele por algumas semanas e vendê-lo por 250 — e não contar para a Receita."

A casa dos Jobs, no número 286 da rua Diablo, e as outras de seu bairro foram feitas pelo construtor Joseph Eichler, cuja empresa espalhou mais de 11 mil casas em vários loteamentos da Califórnia entre 1950 e 1974. Inspirado pela concepção de Frank Lloyd Wright de casas simples e modernas para o "homem comum" norte-americano, Eichler construía casas baratas que tinham paredes de vidro do chão ao teto, espaços sem divisórias, construção com estrutura aparente, pisos de lajes de concreto e muitas portas corrediças. "Eichler fez uma grande coisa", disse Jobs em uma de nossas caminhadas pelo bairro. "Suas casas eram inteligentes, baratas e boas. Elas trouxeram design limpo e gosto simples para as pessoas de baixa renda. Tinham detalhes notáveis, como aquecimento nos pisos. A gente punha um tapete sobre eles e obtinha belos pisos aconchegantes quando éramos crianças."

Jobs contou que seu apreço pelas casas de Eichler lhe instilou a paixão de fazer produtos bem projetados para o mercado de massa. "Adoro quando se pode levar um design realmente ótimo e simplicidade de uso para algo que não custe muito", disse enquanto apontava para a elegância limpa das casas. "Foi a visão original da Apple. Foi isso que tentamos fazer com o primeiro Mac. Foi isso que fizemos com o iPod."

Na frente da casa da família Jobs morava um homem que fizera sucesso como corretor imobiliário. Segundo Jobs, "ele não era tão brilhante, mas parecia ganhar uma fortuna. Então meu pai pensou: 'Eu posso fazer isso'. Lembro que ele deu muito duro. Fez curso noturno, passou no exame para obter a licença e entrou no ramo imobiliário. Então, o mercado despencou". Em consequência, a família ficou em dificuldades financeiras durante mais ou menos um ano, quando Steve estava na escola primária. Sua mãe arranjou um emprego de guarda-livros na Varian Associates, uma empresa que produzia instrumentos científicos, e fizeram uma segunda hipoteca. Um dia, sua professora do quarto ano lhe perguntou: "O que você não entende no universo?". Jobs respondeu: "Não entendo por que de repente meu pai está tão sem dinheiro". Contudo, ele se orgulhava do pai por este nunca ter adotado uma atitude servil ou um estilo melífluo que poderia ter feito dele um vendedor melhor. "Você tinha de adular as pessoas para vender imóveis e ele não era bom nisso, não estava em sua natureza. Eu o admirava por isso." Paul Jobs voltou para a mecânica.

Seu pai era calmo e gentil, traços que mais tarde o filho mais elogiou do que imitou. Era também determinado.

Tínhamos um vizinho do lado engenheiro que trabalhava na Westinghouse. Era um cara solteiro, tipo beatnik. Tinha uma namorada. Às vezes, ela cuidava de mim. Meus pais trabalhavam fora, então eu voltava da escola e ficava lá por umas duas horas. Ele costumava beber e bateu nela umas duas vezes. Uma noite, ela veio até nossa casa totalmente apavorada e ele veio atrás, bêbado, e meu pai o segurou, dizendo "ela está aqui, mas você não vai entrar". Ele ficou parado lá fora. Nós gostamos de pensar que tudo era idílico nos anos 50, mas esse cara era um daqueles engenheiros que tinham uma vida bagunçada.

O que tornava o bairro diferente dos milhares de outros parecidos no país era que até os homens que não estavam bem de vida tendiam a ser engenheiros. "Quando nos mudamos para cá, havia pomares de damascos e ameixas em todas essas esquinas", relembrou Jobs. "Mas o bairro estava começando a explodir por causa do investimento militar." Jobs absorveu a história do vale e desenvolveu um anseio de desempenhar seu próprio papel. Edwin Land, da Polaroid, contou-lhe mais tarde que Eisenhower lhe pediu para construir as câmeras do avião de espionagem U-2 para ver o que havia de real na ameaça soviética. O filme foi jogado em tubos e devolvido ao Ames Research Center da Nasa, em Sunnyvale, não longe de onde Jobs morava. "O primeiro terminal de computador que vi foi quando meu pai me levou ao Ames Center. Fiquei completamente apaixonado por ele."

Outros fornecedores militares brotaram nas proximidades durante a década de 1950. A divisão espacial e de mísseis da Lockheed, que construía mísseis balísticos para submarinos, foi fundada em 1956 ao lado do centro da Nasa; quatro anos depois, quando Jobs mudou-se para a região, ela empregava 20 mil pessoas. A poucas centenas de metros dali, a Westinghouse construiu instalações que fabricavam tubos e transformadores elétricos para sistemas de mísseis. "Você tinha todas essas companhias militares de ponta. Era misterioso e high-tech e fazia com que morar ali fosse muito empolgante."

Na esteira das indústrias de defesa surgiu uma economia florescente baseada em tecnologia. Suas raízes remontavam a 1938, quando Dave Packard e a esposa se mudaram para um apartamento em Palo Alto que tinha um galpão onde seu amigo Bill Hewlett logo se enfiou. Na garagem — um apêndice que se mostraria útil e se tornaria um ícone do vale —, eles fuçaram até fazer seu primeiro produto, um oscilador de áudio. Na década de 1950, a Hewlett-Packard era uma empresa em rápida expansão que fazia instrumentos técnicos.

Felizmente, havia um local próximo para empreendedores cujas garagens haviam ficado pequenas. Numa medida que ajudaria a transformar a área no berço da revolução tecnológica, o diretor de engenharia da Universidade Stanford, Frederick Terman, criou um parque industrial de 280 hectares no terreno da universidade para empresas privadas que poderiam comercializar as ideias de seus alunos. Seu primeiro inquilino foi a Varian Associates, onde Clara Jobs trabalhava. "Terman veio com essa grande ideia que fez mais do que qualquer outra coisa para que a indústria de tecnologia crescesse aqui", disse Jobs. Quando Jobs tinha dez anos, a HP já tinha 9 mil empregados e era uma empresa de primeira linha, onde todos os engenheiros que procuravam estabilidade financeira queriam trabalhar.

A tecnologia mais importante para o crescimento da região foi, naturalmente, a dos semicondutores. William Shockley, um dos inventores do transistor nos Laboratórios Bell, em Nova Jersey, mudou-se para Mountain View e, em 1956, abriu uma empresa para construir transistores usando silício, em vez do germânio, mais caro, que era então comumente usado. Mas Shockley tornou-se cada vez mais errático e abandonou seu projeto de transistor de silício, o que levou oito de seus engenheiros — com destaque para Robert Noyce e Gordon Moore — a sair da empresa e criar a Fairchild Semiconductor. Esta empresa chegou a ter 12 mil empregados, mas fragmentou-se em 1968, quando Noyce perdeu uma luta de poder para se tornar presidente executivo. Ele chamou Gordon Moore e fundaram uma empresa que se tornou conhecida como Integrated Electronics Corporation, que eles inteligentemente abreviaram para Intel. O terceiro empregado deles foi Andrew Grove, que faria a empresa crescer na década de 1980, deslocando seu foco de chips de memória para microprocessadores. Dali a poucos anos, haveria mais de cinquenta empresas na área fabricando semicondutores.

O crescimento exponencial dessa indústria estava correlacionado com o famoso fenômeno descoberto por Moore: em 1965, ele desenhou um gráfico da velocidade de circuitos integrados, com base no número de transistores que poderiam ser colocados em um chip, e mostrou que ela dobrava a cada dois anos, uma trajetória que se podia esperar que continuaria. Isso foi reafirmado em 1971, quando a Intel foi capaz de gravar uma unidade de processamento central completa em um único chip — o Intel 4004 —, que eles chamaram de "microprocessador". A Lei de Moore tem se mantido geralmente válida até hoje, e sua projeção confiável de desempenho para preço possibilitou que duas gerações de jovens empresários, entre eles Steve Jobs e Bill Gates, criassem projeções de custos para seus produtos voltados para o futuro.

A indústria de chips deu à região um novo nome quando Don Hoefler, colunista do semanário de negócios *Electronic News*, iniciou em janeiro de 1971 uma série intitulada "Vale do Silício EUA". Os 65 quilômetros do vale de Santa Clara, que se estende de South San Francisco a San Jose, passando por Palo Alto, Mountain View e Sunnyvale, têm como espinha comercial El Camino Real. Essa estrada outrora ligava 21 igrejas missionárias da Califórnia e é agora uma avenida movimentada que liga empresas e novos empreendimentos que respondem por um terço do investimento de capital de risco nos Estados Unidos a cada ano. "Ao crescer, fui inspirado pela história do lugar", disse Jobs. "Eu quis ser parte daquilo."

Como a maioria das crianças, ele foi influenciado pelas paixões dos adultos ao seu redor. "A maioria dos pais do bairro fazia coisas realmente legais, como células fotoelétricas, pilhas e radares", contou Jobs. "Cresci admirando essas coisas e perguntando às pessoas sobre elas." O mais importante desses vizinhos, Larry Lang, morava sete casas adiante. "Ele foi meu modelo do que um engenheiro da HP deveria ser: um grande radioamador, um cara da pesada em eletrônica", lembrou. "Ele me trazia coisas para brincar." Enquanto caminhávamos até a antiga casa de Lang, Jobs apontou para a entrada de automóvel. "Ele pegou um microfone de carbono, uma bateria e um alto-falante e pôs nesta entrada. Me fez falar ao microfone de carbono e amplificou no alto-falante." O pai de Jobs lhe havia ensinado que os microfones precisavam sempre de um amplificador eletrônico. "Então, corri para casa e disse a meu pai que ele estava errado."

"Não, precisa de um amplificador", o pai lhe assegurou. E, quando Steve protestou, o pai disse que ele estava maluco. "Não pode funcionar sem um amplificador. Tem algum truque nisso."

"Eu continuava dizendo que não ao meu pai, dizendo que ele tinha de ver a coisa, e por fim ele desceu a rua comigo e viu. E disse: 'Está bem, o diabo que me carregue!'."

Jobs lembrou-se do incidente vividamente porque foi a primeira vez que percebeu que seu pai não sabia tudo. Então, começou a se dar conta de uma coisa mais desconcertante: era mais inteligente do que os pais. Jobs sempre havia admirado a competência e a esperteza de seu pai. "Ele não era um homem instruído, mas sempre achei que era bem inteligente. Não lia muito, mas era capaz de fazer muita coisa. Era capaz de entender quase tudo que fosse mecânico." No entanto, o incidente do microfone de carbono deu início a um processo dissonante de perceber que ele era de fato mais inteligente e perspicaz do que seus pais. "Foi um momento muito importante, que está gravado na minha mente. Quando me dei conta de que era mais inteligente do que meus pais, senti uma vergonha tremenda por ter pensado isso. Nunca vou esquecer aquele momento." Essa descoberta, disse ele mais tarde a amigos, além do fato de que era adotado, o fez se sentir um pouco à parte — distante e separado — tanto de sua família como do mundo.

Outra camada de consciência se acrescentou a essa logo depois. Ele não só percebeu que era mais brilhante do que os pais como descobriu que eles sabiam disso. Paul e Clara Jobs eram pais amorosos e estavam dispostos a adaptar suas vidas à situação de ter um filho que era muito inteligente — e também teimoso. Eles se esforçariam muito para servi-lo, tratá-lo como alguém especial. E, em breve, Steve também descobriu esse fato. "Meus pais me entenderam. Eles sentiram que tinham muita responsabilidade, depois que perceberam que eu era especial. Descobriam maneiras de me dar coisas e me pôr em escolas melhores. Estavam dispostos a se submeter às minhas necessidades."

Desse modo, ele cresceu não só com o sentimento de ter sido abandonado, mas também de que era especial. Em sua opinião, isso foi mais importante na formação de sua personalidade.

Antes mesmo de entrar na escola, sua mãe o havia ensinado a ler. Isso, no entanto, criou alguns problemas. "Eu andava meio entediado nos primeiros anos, então me ocupava me metendo em encrencas." Também ficou logo claro que Jobs, por natureza e criação, não estava disposto a aceitar a autoridade. "Me vi diante de uma autoridade de um tipo diferente da que eu conhecia, e não gostei. E eles realmente quase me pegaram. Chegaram perto de tirar qualquer curiosidade minha."

Sua escola, a Monta Loma Elementary, uma série de prédios baixos dos anos 1950, ficava a quatro quadras de sua casa. Ele combatia o tédio pregando peças. "Eu tinha um amigo chamado Rick Ferrentino, e nós arranjávamos todo tipo de encrenca. Como quando fizemos pequenos cartazes anunciando 'Traga seu animal de estimação para a escola'. Foi uma loucura, com cães perseguindo gatos por toda parte, e os professores ficaram malucos." Em outra ocasião, eles convenceram as outras crianças a lhes dizer os números da combinação dos cadeados de suas bicicletas. "Depois fomos para o pátio e trocamos todos os cadeados, e ninguém conseguiu sair com as bicicletas. Demoraram até tarde da noite para acertar as coisas." Quando ele estava no terceiro ano, as brincadeiras se tornaram um pouco mais perigosas. "Uma vez detonamos um explosivo debaixo da cadeira da nossa professora, a senhora Thurman. Ela ficou com um tique nervoso."

Não surpreende que ele tenha sido mandado para casa duas ou três vezes antes de terminar o quarto ano. Seu pai, no entanto, já havia começado a tratá-lo como especial, e na sua maneira calma, mas firme, deixou claro que esperava que a escola fizesse o mesmo. "Olhe, não é culpa dele", disse Paul Jobs aos professores, conforme lembrou o filho. "Se não conseguem mantê-lo interessado, a culpa é de vocês." Jobs não se lembrou de que seus pais alguma vez o tivessem punido pelas transgressões na escola. "O pai do meu pai era alcoólatra e o chicoteava com um cinto, mas acho que eu nunca fui espancado." Seu pai e sua mãe, acrescentou, "sabiam que a culpa era da escola por tentar me fazer memorizar coisas estúpidas em vez de me estimular". Ele já começava a mostrar a mistura de sensibilidade e insensibilidade, irritabilidade e indiferença que o marcaria pelo resto da vida.

Quando chegou a hora de ir para o quinto ano, a escola decidiu que era melhor colocar Jobs e Ferrentino em classes separadas. A professora da classe avançada era uma mulher corajosa e decidida chamada Imogene Hill, conhecida como

"Teddy", e ela se tornou, conforme Jobs, "uma das santas de minha vida". Depois de observá-lo por duas semanas, ela concluiu que a melhor maneira de lidar com ele era suborná-lo. "Um dia, depois da aula, ela me deu um caderno de exercícios com problemas de matemática e disse: 'Quero que você o leve para casa e faça isso'. E eu pensei: 'Você está louca?'. E então ela puxou um desses pirulitos gigantes, que parecia tão grande quanto o mundo. E disse: 'Quando você terminar, se acertar a maioria, lhe darei isto e cinco dólares'. E eu devolvi o caderno em dois dias." E, depois de alguns meses, ele não precisava mais de subornos. "Eu só queria aprender e agradar a ela."

A sra. Hill retribuiu conseguindo para ele coisas como um kit para polir lentes e fazer uma câmera. "Aprendi mais com ela do que com qualquer outro professor e, se não fosse por ela, tenho certeza de que eu teria ido parar na cadeia." Isso reforçou, mais uma vez, a ideia de que ele era especial. "Na minha turma, ela só se preocupava comigo. Ela viu algo em mim."

Não era apenas a inteligência que a professora via. Anos depois, ela gostava de exibir uma foto de classe daquele ano no Dia do Havaí. Jobs tinha aparecido sem a camisa havaiana sugerida, mas na foto ele está na frente e no centro vestindo uma. Ele conseguira convencer outro menino a lhe dar a camisa.

Perto do fim do quinto ano, a sra. Hill submeteu Jobs às provas. "Eu conseguia acompanhar a segunda série do ensino médio", lembrou ele. Agora que estava claro, não somente para ele e seus pais, mas também para seus professores, que Jobs era intelectualmente especial, a escola fez a proposta notável de que ele tivesse autorização para saltar dois anos e fosse direto do fim do quinto ano para o início do oitavo. Seria a maneira mais fácil de mantê-lo desafiado e estimulado. Seus pais decidiram, mais sensatamente, fazê-lo pular apenas um ano.

A transição foi dolorosa. Ele era um solitário socialmente desajeitado que se viu com garotos um ano mais velhos. Pior ainda, fez o sétimo ano em uma escola diferente: a Crittenden Middle. Ficava a apenas oito quadras da Monta Loma Elementary, mas sob muitos aspectos era um mundo à parte, localizado em um bairro cheio de gangues étnicas. "As brigas eram diárias, assim como as extorsões nos banheiros", escreveu o jornalista do Vale do Silício Michael S. Malone. "Era comum os alunos levarem facas para a escola como demonstração de macheza." Na época em que Jobs chegou, um grupo de alunos foi preso por estupro coletivo, e o ônibus de uma escola vizinha foi destruído depois que sua equipe venceu a Crittenden numa disputa de luta livre.

Jobs foi muitas vezes intimidado e maltratado e no meio do oitavo ano deu um ultimato aos pais. "Insisti para que me pusessem numa escola diferente." Financeiramente, essa era uma exigência difícil de satisfazer. Seus pais mal conseguiam fechar as contas do mês. Mas, àquela altura, havia pouca dúvida de que eles acabariam por fazer sua vontade. "Quando resistiram, eu lhes disse que ia simplesmente parar de ir à escola se tivesse de voltar para a Crittenden. Então, eles pesquisaram onde ficavam as melhores escolas e juntaram cada centavo que tinham para comprar uma casa por 21 mil dólares em um distrito melhor."

A mudança foi de apenas cinco quilômetros ao sul, para uma antiga plantação de damascos, em South Los Altos, que havia sido transformada num loteamento de casas pré-fabricadas. A casa deles, na Crist Drive, 2066, era térrea com três quartos e uma importantíssima garagem com uma porta de aço que dava para a rua. Lá Paul Jobs poderia mexer com os carros, e o filho, com eletrônica. Seu outro atributo significativo era que ela ficava bem dentro da linha que definia o que era então o distrito escolar Cupertino-Sunnyvale, um dos mais seguros e melhores no vale. "Quando me mudei para cá, essas esquinas ainda eram pomares", Jobs apontou, enquanto caminhávamos na frente de sua antiga casa. "O cara que morava ali me ensinou a ser um bom jardineiro orgânico e a fazer compostagem. Ele cultivava tudo com perfeição. Nunca tive comida melhor em minha vida. Foi quando comecei a apreciar frutas e vegetais orgânicos."

Ainda que não fossem crentes fervorosos, os pais de Jobs queriam que ele tivesse uma educação religiosa, então o levavam à igreja luterana quase todos os domingos. Isso chegou ao fim quando ele estava com treze anos. A família assinava a *Life* e, em julho de 1968, a revista publicou uma capa chocante que mostrava duas crianças famintas de Biafra. Jobs levou-a para a escola dominical e confrontou o pastor da igreja. "Se eu levantar o dedo, Deus saberá qual eu vou levantar antes mesmo de eu fazer isso?"

O pastor respondeu: "Sim, Deus sabe tudo".

Jobs pegou então a capa da *Life* e perguntou: "Então, Deus sabe sobre isso e o que vai acontecer com essas crianças?".

"Steve, sei que você não entende, mas, sim, Deus sabe sobre isso."

Jobs anunciou que não queria ter nada a ver com a adoração de um Deus assim, e nunca mais voltou à igreja. Porém, passou anos estudando e tentando praticar os princípios do zen-budismo. Anos mais tarde, refletindo sobre seus sentimentos espirituais, ele disse que achava que a religião era melhor quando enfatizava experiências espirituais, em vez de dogmas aceitos. "O cristianismo perde sua essência quando fica baseado demais na fé em vez de viver como Jesus ou ver o mundo como Jesus o viu. Acho que as diferentes religiões são portas diferentes para a mesma casa. Às vezes, acho que a casa existe, e às vezes, não. É o grande mistério."

O pai de Jobs estava então trabalhando na Spectra-Physics, uma empresa de Santa Clara que fazia lasers para produtos eletrônicos e médicos. Como mecânico, ele elaborava os protótipos de produtos que os engenheiros projetavam. Seu filho estava fascinado pela necessidade de perfeição. "Lasers exigem alinhamento de precisão. Os realmente sofisticados, para aplicações na aviação ou na medicina, tinham características muito precisas. Eles diziam ao meu pai algo como: 'Isto é o que queremos, e queremos em uma única peça de metal para que os coeficientes de expansão sejam todos os mesmos'. E ele tinha de descobrir como fazê-lo." A maioria das peças tinha de ser feita a partir do zero, o que significava que Paul Jobs precisava criar ferramentas e pigmentos personalizados. Seu filho ficava fascinado, mas raramente ia até a oficina. "Teria sido divertido se ele tivesse me ensinado a usar um moinho e um torno. Mas, infelizmente, eu nunca ia, porque estava mais interessado em eletrônica."

Em um determinado verão, Paul Jobs levou Steve a Wisconsin para visitar a fazenda leiteira da família. A vida rural não o atraía, mas uma imagem ele não esqueceu: viu nascer uma bezerra e ficou pasmo quando o minúsculo animal lutou para ficar de pé e depois de minutos começou a andar. "Não era algo que ela tivesse aprendido, mas era inato. Um bebê humano não poderia fazer aquilo. Achei notável, embora ninguém mais achasse." E relacionou isso com hardwares e softwares. "Era como se alguma coisa no corpo do animal e no seu cérebro tivesse sido projetada para trabalhar em conjunto instantaneamente, em vez de ser aprendida."

No nono ano, Jobs foi para a Homestead High, que tinha um vasto campus de edifícios de concreto de dois andares, então pintados de rosa, que atendia 2 mil alunos. "Havia sido projetado por um famoso arquiteto de prisões", lembrou Jobs. "Queriam que fosse indestrutível." Jobs tinha desenvolvido uma paixão por caminhar e andava quinze quadras para ir à escola todos os dias.

Ele tinha poucos amigos de sua idade, mas conheceu um pessoal mais velho que estava mergulhado na contracultura do final da década de 1960. Era uma época em que os mundos dos geeks e dos hippies estavam começando a se sobrepor. "Meus amigos eram os caras realmente inteligentes. Eu me interessava por matemática, ciências e eletrônica. Eles tinham os mesmos interesses, mas também curtiam LSD e toda a viagem da contracultura."

Nesse período, suas brincadeiras já envolviam elementos eletrônicos. Certa ocasião, ele instalou alto-falantes pela casa. Mas, uma vez que alto-falantes também podem ser usados como microfones, ele construiu uma sala de controle dentro de seu armário, de onde podia ouvir o que estava acontecendo nos outros cômodos. Uma noite, quando estava com seus fones ouvindo o que acontecia no quarto dos pais, seu pai o surpreendeu e, irado, exigiu que ele desmontasse o sistema. Jobs passava muitas noites visitando a garagem de Larry Lang, o engenheiro que morava na mesma rua de sua antiga casa. Lang acabou por lhe dar o microfone de carbono que o fascinara, e ele o ligou em kits Heath, aqueles conjuntos "monte você mesmo" para fazer transmissores de radioamador e outros mecanismos eletrônicos que eram adorados pela turma da solda de então. "Os kits Heath vinham com todas as placas e peças codificadas com cores diferentes, mas o manual também explicava a teoria de como o mecanismo funcionava", lembrou Jobs. "Faziam você perceber que poderia construir e entender qualquer coisa. Depois de construir um par de rádios, você via uma tevê no catálogo e dizia: 'Eu também posso construir isso', mesmo que não o fizesse. Tive muita sorte, porque quando era criança tanto meu pai como os kits Heath me fizeram acreditar que eu poderia construir qualquer coisa."

Lang também o introduziu no Clube do Explorador da Hewlett-Packard, um grupo de quinze ou mais estudantes que se reunia semanalmente no refeitório da empresa nas noites de terça-feira. "Eles traziam um engenheiro de um dos laboratórios para falar sobre o que ele estava fazendo. Meu pai me levava de carro. Eu estava nas nuvens. A HP foi pioneira de diodos emissores de luz. Então conversávamos sobre o que fazer com eles." Como na época seu pai trabalhava para uma empresa de laser, esse tópico lhe interessava particularmente. Uma noite, Jobs encurralou um dos engenheiros de laser da HP depois de uma palestra e conseguiu fazer uma visita ao laboratório de holografia. Mas a impressão mais duradoura veio da visão dos computadores pequenos que a empresa estava desenvolvendo. "Vi meu primeiro computador de mesa lá. Chamavam de 9100A e não passava de uma calculadora pretensiosa, mas era também realmente o primeiro computador de mesa. Enorme, pesava talvez vinte quilos, mas era uma beleza. Me apaixonei por ele."

A garotada do Clube do Explorador era estimulada a fazer projetos, e Jobs decidiu construir um contador de frequências, que mede o número de pulsos por segundo em um sinal eletrônico. Ele precisava de algumas peças que a HP produzia, então pegou o telefone e ligou para o presidente executivo. "Naquela época, os números das pessoas ainda estavam na lista. Então procurei Bill Hewlett, em Palo Alto, e liguei para sua casa. Ele atendeu e conversou comigo por vinte minutos. Ele me conseguiu as peças, mas também me deu um emprego na fábrica onde faziam contadores de frequência." Jobs trabalhou lá no verão, após seu primeiro ano na Homestead High. "Meu pai me levava de manhã e me pegava à noite."

Seu trabalho consistia principalmente em "pôr porcas e parafusos em coisas" numa linha de montagem. Houve algum ressentimento entre os trabalhadores da linha em relação ao garoto agressivo que tinha conseguido o emprego telefonando para o diretor-presidente. "Lembro de dizer a um dos supervisores: 'Eu adoro esse negócio, eu adoro esse negócio', e depois lhe perguntar o que ele mais gostava de fazer. E ele respondeu: 'Foder, foder'." Jobs teve mais facilidade entre os engenheiros que trabalhavam um andar acima. "Eles serviam roscas e café toda manhã, às dez horas. Então, eu subia e ficava com eles."

Jobs gostava de trabalhar. Ele entregava jornais — seu pai o levava de carro quando chovia — e, durante seu segundo ano na Homestead, passou os fins de semana e o verão trabalhando no controle do estoque de uma loja cavernosa de peças eletrônicas, a Haltek. Ela era para a eletrônica o que os ferros-velhos de seu pai eram para as autopeças: um paraíso para os catadores, que se espalhava por um quarteirão inteiro da cidade com componentes novos, usados, recuperados e excedentes amontoados em labirintos de prateleiras, misturados em caixas e empilhados em um pátio. "Nos fundos, perto da baía, eles tinham uma área cercada com coisas como interiores do submarino *Polaris* que haviam sido arrancados e vendidos para o ferro-velho. Todos os controles e botões estavam ali. As cores eram verdes e cinzas militares, mas eles tinham interruptores e lâmpadas cobertas de âmbar e vermelho. Havia esses grandes interruptores de alavanca antigos que, quando você girava, era incrível, parecia que você estava explodindo Chicago."

Nos balcões de madeira da frente da loja, cheios de grossos catálogos em pastas esfarrapadas, as pessoas regateavam para comprar interruptores, resistores, capacitores e, às vezes, os chips de memória mais recentes. Seu pai costumava fazer isso com autopeças e era bem-sucedido porque sabia o valor de cada uma melhor do que os funcionários. Jobs seguiu seu exemplo. Desenvolveu um conhecimento de componentes eletrônicos que foi aprimorado por seu gosto por negociar e obter lucro. Ele ia a uma feira de eletrônicos, como o encontro de trocas de San Jose, e pechinchava no preço de uma placa de circuito usada que contivesse alguns chips ou componentes valiosos e depois os vendia para seu gerente na Haltek.

Com a ajuda do pai, Jobs conseguiu seu primeiro carro quando tinha quinze anos. Era um Nash Metropolitan bicolor que Paul havia equipado com um motor MG. Jobs não gostava muito dele, mas não queria dizer isso ao pai, nem perder a chance de ter seu próprio carro. "Visto hoje, um Nash Metropolitan pode parecer o carro mais incrivelmente descolado", disse mais tarde. "Mas, na época, era o carro mais careta do mundo. Ainda assim, era um carro, então foi ótimo." Depois de um ano, ele já havia economizado o suficiente com seus vários trabalhos para poder trocá-lo por um Fiat 850 cupê vermelho com um motor Abarth. "Meu pai me ajudou a comprá-lo e a inspecioná-lo. A satisfação de ser remunerado e economizar para comprar alguma coisa foi muito emocionante."

No mesmo verão, entre o segundo e o terceiro ano na Homestead, Jobs começou a fumar maconha. "Fiquei chapado pela primeira vez naquele verão, tinha quinze anos, e então comecei a fumar maconha habitualmente." A certa altura, seu pai achou um punhado da droga no Fiat. "O que é isso?", perguntou. Jobs respondeu friamente: "Isso é maconha". Foi uma das poucas vezes em sua vida que enfrentou a ira do pai. "Foi a única briga verdadeira que tive com o meu pai." Mas Paul novamente se dobrou à sua vontade. "Ele quis que eu prometesse que nunca mais fumaria maconha de novo, mas não prometi." Na verdade, em seu último ano no ensino médio, ele também já estava experimentando LSD e haxixe, bem como explorando os efeitos alucinatórios da privação de sono. "Eu estava começando a ficar um pouco mais chapado. A gente também tomava um ácido de vez em quando, em geral em campos ou em carros."

Ele também floresceu intelectualmente nos dois últimos anos de colégio e viu-se na interseção, conforme seu entendimento na época, entre aqueles que estavam mergulhados na eletrônica e os que estavam ligados em literatura e atividades criativas. "Comecei a ouvir muita música e a ler outras coisas além de ciência e tecnologia — Shakespeare, Platão. Adorei *Rei Lear*." Entre suas outras obras preferidas estavam *Moby Dick* e os poemas de Dylan Thomas. Perguntei-lhe por que se identificava com o rei Lear e o capitão Ahab, dois dos personagens mais obstinados e motivados da literatura, mas ele não reagiu à conexão que eu estava fazendo, então não insisti. "Quando eu estava no último ano, tive um curso fenomenal de inglês. O professor era um cara que se parecia com Ernest Hemingway. Ele levou um bando de alunos para andar de raquete na neve no parque Yosemite."

Um curso que Jobs fez se tornaria parte da lenda do Vale do Silício: as aulas de eletrônica dadas por John McCollum, um ex-piloto da Marinha que tinha o talento de um showman para entusiasmar seus alunos com truques como acender uma bobina de Tesla. Seu pequeno depósito, cuja chave emprestava para os alunos de estimação, estava repleto de transistores e outros componentes que ele havia acumulado. Tinha uma capacidade extraordinária para explicar teorias eletrônicas, vinculá-las a aplicações práticas, como, por exemplo, a forma de se conectar resistores e capacitores em série e paralelos, e depois usar o conhecimento para fazer amplificadores e rádios.

As aulas de McCollum aconteciam em um prédio semelhante a um galpão, no limite do campus, ao lado do estacionamento. "Era aqui", disse Jobs enquanto espiava pela janela, "e aqui ao lado tínhamos as aulas de conserto de automóveis." A justaposição destaca a mudança de interesse em relação à geração de seu pai. "McCollum achava que a aula de eletrônica era a nova oficina de automóveis."

McCollum acreditava na disciplina militar e no respeito à autoridade. Jobs não. Sua aversão à autoridade era algo que não tentava mais esconder, e ele adotava uma postura que combinava intensidade áspera e excêntrica com rebeldia arredia. "Ele costumava ficar num canto fazendo algo por conta própria e realmente não queria ter muita coisa a ver comigo ou com o resto da turma", disse McCollum mais tarde. Ele nunca confiou uma chave do depósito a Jobs. Um dia, este precisou de uma peça que não estava disponível, então telefonou a cobrar da escola para o fabricante, a Burroughs, em Detroit, e disse que estava projetando um novo produto e queria testar a peça. Ela chegou por via aérea alguns dias depois. Quando McCollum lhe perguntou como a havia obtido, Jobs descreveu — com orgulho desafiador — a ligação a cobrar e a história que havia contado. "Fiquei furioso", contou McCollum. "Não era assim que eu queria que meus alunos se comportassem." A resposta de Jobs foi: "Não tenho dinheiro para o telefonema. Já eles têm muito".

Jobs fez apenas um ano de curso com McCollum, em vez dos três que eram oferecidos. Para um de seus projetos, produziu um dispositivo com uma fotocélula que ligava um circuito quando exposta à luz, algo que qualquer estudante de ciências do colégio poderia ter feito. Ele estava muito mais interessado em brincar com lasers, uma coisa que aprendeu com o pai. Com alguns amigos, criou um show de luz e música para festas em que raios laser ricocheteavam em espelhos e incidiam sobre os alto-falantes do seu sistema de som estereofônico.

2. Um estranho casal

Os dois Steves

Jobs e Wozniak na garagem, em 1976.

WOZ

Quando frequentava as aulas de McCollum, aconteceu de Jobs ficar amigo de um ex-aluno que era o queridinho de todos os tempos do professor e uma lenda na escola por sua magia em classe. Stephen Wozniak, cujo irmão mais novo era colega de Jobs na equipe de natação, era quase cinco anos mais velho e muito mais bem informado sobre eletrônica. Mas, do ponto de vista emocional e social, ainda era um geek do ensino médio.

Como Jobs, Wozniak aprendeu muito no colo do pai. Mas as lições de ambos foram diferentes. Paul Jobs havia abandonado o colégio e, quando consertava carros, sabia como lucrar conseguindo o melhor negócio na compra de peças. Francis Wozniak, conhecido como Jerry, era por sua vez um brilhante pós-graduado em engenharia do California Institute of Technology — Caltech, onde fora *quarterback* do time de futebol americano, que exaltava a engenharia e olhava com desprezo para quem fazia administração, marketing e vendas. Tornou-se um cientista de foguetes na Lockheed que criava sistemas de orientação para mísseis. "Lembro dele me dizendo que a engenharia era o mais alto nível de importância que se podia alcançar no mundo", recordou Steve Wozniak mais tarde. "Ela leva a sociedade a um novo nível."

Uma das primeiras lembranças do jovem Wozniak era ser levado num fim de semana ao local de trabalho do pai, que lhe mostrava peças eletrônicas e "as punha sobre uma mesa comigo para que eu brincasse com elas". Ele observava fascinado enquanto seu pai tentava fazer com que uma linha ondulada em uma tela de vídeo ficasse plana para que ele pudesse mostrar que um dos seus projetos de circuito estava funcionando corretamente. "Eu podia ver tudo o que meu pai estava fazendo, isso era importante e bom." Woz, como era conhecido já naquela época, mesmo assim perguntava sobre os resistores e transistores espalhados pela casa, e seu pai pegava um quadro-negro para ilustrar o que eles faziam. "Ele explicava o que era um resistor voltando até os átomos e elétrons. Explicou-me como os resistores funcionavam quando eu estava no terceiro ano não por equações, mas me fazendo imaginar aquilo."

O pai de Woz ensinou-lhe algo que ficou arraigado em sua personalidade meio infantil e socialmente desajeitada: nunca minta. "Meu pai acreditava na honestidade. Honestidade extrema. Essa é a maior coisa que ele me ensinou. Nunca menti, até hoje." (A única exceção parcial era a serviço de um bom trote.) Além disso, ele incutiu no filho uma aversão à ambição exagerada, o que separa Woz de Jobs. Quarenta anos depois de terem se conhecido, Woz estava em um evento de lançamento de produtos da Apple em 2010, e refletiu sobre as diferenças entre eles. "Meu pai me dizia: 'Tente se manter sempre no meio'. Eu não queria estar lá em cima com as pessoas de alto nível, como Steve. Meu pai era engenheiro, e era isso que eu queria ser. Sempre fui muito tímido para ser um líder empresarial como Steve."

No quinto ano, Wozniak tornou-se, como ele diz, um dos "garotos da eletrônica". Para ele, era mais fácil fazer contato visual com um transistor do que com uma menina, e ele desenvolveu a aparência atarracada e curvada de um sujeito que passa a maior parte do tempo debruçado sobre placas de circuito. Na mesma idade em que Jobs tentava entender o funcionamento de um microfone de carbono que seu pai não conseguia explicar, Wozniak usava transistores para construir um sistema de intercomunicação com amplificadores, relés, luzes e campainhas que ligava os quartos das crianças de seis casas da vizinhança. E, na idade em que Jobs estava construindo kits Heath, Wozniak montava um emissor e um receptor de Hallicrafters, os rádios mais sofisticados da época, e obtinha uma licença de radioamador com o pai.

Woz passava muito tempo em casa lendo as revistas de eletrônica do pai e ficou encantado com as histórias sobre novos computadores, como o poderoso ENIAC. Como estava familiarizado com a álgebra booleana, ficou maravilhado ao ver como essas máquinas eram simples, em vez de complexas. No nono ano, usando a teoria dos números binários, construiu uma calculadora que incluía cem transistores, duzentos diodos e duzentos resistores em dez placas de circuito. Ganhou o prêmio máximo em um concurso local promovido pela Força Aérea, embora entre os concorrentes houvesse alunos até da terceira série.

Woz tornou-se mais solitário quando os meninos de sua idade começaram a sair com garotas e ir a festas, esforços que achava muito mais complexos do que projetar circuitos: "Enquanto antes eu era popular, andava de bicicleta e tudo o mais, de repente fui socialmente excluído. Parecia que ninguém falava comigo por mais tempo". Ele encontrou uma saída pregando peças juvenis. Na terceira série, construiu um metrônomo eletrônico — aparelho que faz tique-tique e marca o tempo na aula de música — e se deu conta de que ele soava como uma bomba. Então tirou os rótulos de algumas baterias grandes, colou no aparelho e o enfiou num armário de alunos. Armou o dispositivo para começar a bater mais rápido quando o armário fosse aberto. Mais tarde naquele dia, foi chamado ao gabinete do diretor. Pensou que fosse porque havia vencido mais uma vez o concurso de matemática da escola. Em vez disso, deu de cara com a polícia. O diretor, sr. Bryld, logo foi chamado quando encontraram o dispositivo, agarrou-o, correu corajosamente para campo de futebol segurando-o contra o peito e arrancou os fios. Woz tentou e não conseguiu reprimir o riso. Acabou sendo mandado para o centro de detenção juvenil, onde passou a noite. Woz achou essa uma experiência memorável. Ensinou os outros detentos a tirar os fios dos ventiladores de teto e conectá-los às barras para que as pessoas levassem choques quando as tocavam.

Levar choque era uma medalha de honra para Woz. Ele se orgulhava de ser um engenheiro de hardware, o que significava que choques aleatórios eram rotina. Certa vez, fez um jogo de roleta em que quatro pessoas colocavam o polegar em uma ranhura; quando a bola caía, uma delas levava um choque. "A turma do hardware participará desse jogo, mas os caras do software são cagões demais", observou.

Em seu último ano de escola, conseguiu um emprego em tempo parcial na Sylvania e teve a chance de trabalhar em um computador pela primeira vez. Aprendeu FORTRAN em um livro e leu os manuais da maioria dos sistemas da época, a começar pelo Digital Equipment PDP-8. Depois, estudou as especificações dos últimos microchips e tentou redesenhar os computadores utilizando essas peças mais recentes. O desafio a que se propunha era replicar o projeto usando o menor número possível de componentes. "Fiz tudo sozinho, na minha sala, com a porta fechada", lembra ele. Todas as noites, tentava melhorar seu projeto a partir da noite anterior. No final de seu último ano de escola, já havia se tornado um mestre. "Eu já projetava computadores com a metade dos chips que a empresa tinha em seu projeto, mas somente no papel." Nunca contou isso para os amigos. Afinal, o barato da maioria dos caras com dezessete anos de idade era outro.

No Dia de Ação de Graças daquele ano, Wozniak visitou a Universidade do Colorado. Ela estava fechada, mas ele conheceu um estudante de engenharia que o guiou em uma visita aos laboratórios. Wozniak implorou ao pai que o deixasse ir para lá, embora a anuidade para alunos de fora do estado fosse mais alta do que ele podia pagar com facilidade. Os dois fizeram um acordo: ele poderia ir por um ano, mas depois se transferiria para o De Anza College, instituição da comunidade em que moravam. Ele acabou sendo forçado a cumprir o seu lado do acordo. Depois de chegar ao Colorado, no outono de 1969, passou tanto tempo pregando peças (como a produção de resmas de impressos que diziam "Fuck Nixon") que foi mal em dois cursos e ficou de recuperação. Além disso, criou um programa para calcular números de Fibonacci que gastou tanto tempo de computador que a universidade ameaçou cobrar-lhe pelos custos. Em vez de contar tudo isso aos pais, ele se transferiu para o De Anza.

Após um ano agradável no De Anza, Wozniak tirou um tempo para ganhar algum dinheiro. Achou trabalho em uma empresa que fazia computadores para o departamento de trânsito, e um colega de trabalho lhe fez uma oferta maravilhosa: forneceria alguns chips sobressalentes para que ele pudesse montar um dos computadores que havia esboçado no papel. Wozniak decidiu usar o menor número possível de chips, tanto como desafio pessoal como porque não queria abusar da generosidade do colega.

Grande parte do trabalho foi feita na garagem de Bill Fernandez, um amigo que morava dobrando a esquina e que ainda estava na Homestead High. Para lubrificar seus esforços, bebiam grandes quantidades de Cragmont Cream Soda: iam de bicicleta até o supermercado Safeway de Sunnyvale para devolver as garrafas, pegar o dinheiro do depósito e comprar mais. "Foi assim que começamos a chamá-lo de Computador Cream Soda", diz Wozniak. Era basicamente uma calculadora capaz de multiplicar números introduzidos por um conjunto de chaves e que exibia os resultados em código binário com pequenas luzes.

Quando o aparelho ficou pronto, Fernandez disse a Wozniak que havia alguém na Homestead High que ele precisava conhecer. "O nome dele é Steve. Ele gosta de pregar peças como você, e também está nessa de construir aparelhos eletrônicos como você." Talvez tenha sido o encontro mais significativo em uma garagem do Vale do Silício desde que Hewlett entrara na de Packard 32 anos antes. Wozniak relembra: "Steve e eu sentamos na calçada em frente à casa de Bill por muito tempo, apenas contando histórias, principalmente sobre trotes que tínhamos passado, e também que tipo de projetos eletrônicos havíamos feito. Tínhamos muito em comum. Em geral, eu tinha grande dificuldade para explicar às pessoas o tipo de projeto em que eu trabalhava, mas Steve entendeu logo. E eu gostei dele. Era um tipo magro, rijo e cheio de energia". Jobs também ficou bem impressionado. "Woz foi a primeira pessoa que conheci que sabia eletrônica mais do que eu", disse certa vez, exagerando sua própria expertise. "Gostei dele de cara. Eu era um pouco mais maduro para minha idade, e ele era um pouco menos maduro para a dele, isso equilibrou as coisas. Woz era muito brilhante, mas emocionalmente tinha a minha idade."

Além do interesse por computadores, eles compartilhavam a paixão pela música. "Era um momento incrível para a música", lembrou Jobs. "Era como viver numa época em que Beethoven e Mozart estivessem vivos. Realmente. As pessoas vão lembrar assim dessa época. E Woz e eu estávamos mergulhados nela profundamente." Em particular, Wozniak fez Jobs se ligar nas belezas de Bob Dylan. "Nós rastreamos um cara em Santa Cruz chamado Stephen Pickering que publicava um boletim sobre Dylan", contou Jobs. "Dylan gravava todos os seus shows, e algumas das pessoas ao redor dele não tinham escrúpulos, porque logo surgiam fitas em todo canto. Gravações piratas de tudo. E esse cara tinha todas."

Caçar fitas de Dylan logo se tornou um empreendimento conjunto. "Nós percorríamos San Jose e Berkeley e perguntávamos sobre fitas piratas de Dylan e as colecionávamos", disse Wozniak. "Comprávamos folhetos com suas letras e ficávamos até tarde interpretando-as. As palavras de Dylan pareciam acordes do pensamento criativo." Jobs acrescenta: "Eu tinha mais de cem horas, inclusive todos os shows da turnê de 65 e 66", aquele em que ele aderiu à guitarra elétrica. Ambos compraram gravadores de rolo TEAC de primeira linha. "Eu usava o meu a uma velocidade baixa para gravar muitos concertos em uma fita", contou Wozniak. Jobs não deixava por menos. "Em vez de grandes alto-falantes, comprei fones de ouvido incríveis e simplesmente deitava na cama e ouvia aquilo durante horas."

Jobs havia criado um clube na Homestead High para montar shows de música e luz e também pregar peças (certa vez colaram uma tampa de privada pintada de dourado numa jardineira). Chamava-se Buck Fry Club, uma brincadeira com o nome do diretor. Mesmo depois de formados, Wozniak e seu amigo Allen Baum uniram forças com Jobs, no final do seu primeiro ano, a fim de produzir uma despedida para o pessoal do último ano. Mostrando o campus do Homestead quatro décadas depois, Jobs fez uma pausa na cena da travessura e apontou. "Está vendo aquela varanda? Foi ali que fizemos a brincadeira da bandeira que selou nossa amizade." No quintal de Baum, pegaram um lençol grande que ele havia tingido com as cores verde e branco da escola e pintaram uma enorme mão fazendo a saudação do dedo médio levantado. A simpática mãe judia de Baum até os ajudou a desenhar a mão e mostrou como fazer o sombreamento e as sombras para torná-la mais real. "Eu sei o que é isso", disse ela rindo. Eles inventaram um sistema de cordas e polias para que o lençol pudesse ser dramaticamente baixado quando a turma de formandos passasse diante da varanda, e assinaram em letras grandes "SWAB JOB", as iniciais de Wozniak e Baum combinadas com parte do nome de Jobs. A brincadeira tornou-se parte do folclore da escola — e Jobs foi suspenso mais uma vez.

Outra brincadeira envolveu um dispositivo de bolso construído por Wozniak que podia emitir sinais de tevê. Ele o levava para uma sala onde um grupo de pessoas estivesse assistindo tevê, como em um dormitório, e secretamente apertava o botão para que a tela ficasse difusa com estática. Quando alguém se levantava e batia no aparelho, Wozniak soltava o botão e a imagem voltava a ficar nítida. Depois que fazia os espectadores desavisados levantarem e sentarem a seu bel-prazer, ele tornava as coisas mais difíceis. Mantinha a imagem difusa até que alguém tocasse na antena. Por fim, os levava a pensar que tinham de segurar a antena enquanto ficavam em um pé só, ou tocavam na parte superior do aparelho. Anos mais tarde, em uma apresentação de abertura em que estava tendo problemas para fazer funcionar um vídeo, Jobs se afastou de seu roteiro e contou como se divertiram com o dispositivo. "Woz o punha no bolso e nós entrávamos em um dormitório [...] onde um bando de gente estaria, por exemplo, vendo *Jornada nas estrelas*, e ele ferrava com a tevê, e assim que alguém se levantava para regular o aparelho ele ligava o dispositivo novamente, e então o cara se sentava de volta e ele ferrava tudo novamente." Contorcendo-se como um *pretzel* no palco, Jobs concluiu a história sob os risos da plateia: "Dali a cinco minutos alguém estava desse jeito".

A CAIXA AZUL

A combinação definitiva de brincadeiras e eletrônica — e a travessura que ajudou a criar a Apple — foi lançada numa tarde de domingo, quando Wozniak leu uma reportagem na revista *Esquire* que sua mãe lhe havia deixado na mesa da cozinha. Era setembro de 1971, e ele partiria no dia seguinte para Berkeley, sua terceira faculdade. A matéria, de Ron Rosenbaum, intitulada "Segredos da pequena Caixa Azul", descrevia como hackers e piratas do telefone haviam encontrado maneiras de fazer chamadas de longa distância de graça, reproduzindo os sons que encaminhavam sinais na rede da AT&T. "No meio dessa longa reportagem, tive de ligar para meu melhor amigo, Steve Jobs, e ler partes dela para ele", lembrou Wozniak. Ele sabia que Jobs, então no início de seu último ano na escola, era uma das poucas pessoas que compartilhariam de seu entusiasmo.

Um herói da peça era John Draper, um hacker conhecido como Capitão Crunch, porque havia descoberto que o som emitido pelo apito que vinha com o cereal matinal dessa marca tinha a mesma frequência de 2600 hertz usada pela chave de encaminhamento de chamadas da rede telefônica. Ele poderia enganar o sistema e permitir que se fizesse uma chamada de longa distância sem custos adicionais. A reportagem revelava que outros tons que serviam como sinais de frequência única dentro da banda para encaminhar chamadas podiam ser encontrados em uma edição do *Bell System Technical Journal*, que a AT&T começou imediatamente a pedir que tirassem das prateleiras das bibliotecas.

Assim que recebeu o telefonema de Wozniak naquela tarde de domingo, Jobs soube que eles teriam de pôr as mãos naquela revista técnica imediatamente. "Woz me apanhou alguns minutos mais tarde e fomos para a biblioteca do SLAC

[Stanford Linear Accelerator Center — Centro do acelerador linear de Stanford] para ver se conseguíamos achá-la", contou Jobs. Era domingo e a biblioteca estava fechada, mas eles sabiam como entrar por uma porta que raramente ficava trancada. "Lembro que estávamos percorrendo furiosamente as estantes e foi Woz que por fim encontrou a revista com todas as frequências. Foi tipo 'puta merda', e abrimos a revista, e estava tudo lá. Não parávamos de dizer para nós mesmos: 'É verdade, puta merda, é verdade'. Estava tudo lá, os tons, as frequências."

Naquela noite, Wozniak foi à Sunnyvale Eletronics antes que fechasse e comprou as peças para fazer um gerador de tom analógico. Jobs já havia construído um contador de frequência quando fazia parte do Clube do Explorador da HP e eles o usaram para calibrar os tons desejados. Com um sintonizador, poderiam replicar e gravar em fita os sons especificados na reportagem. Por volta da meia-noite, estavam prontos para testá-lo. Infelizmente, os osciladores que usaram não eram estáveis o suficiente para replicar apenas os silvos certos que enganariam a companhia telefônica. "Podíamos ver a instabilidade usando o contador de frequências de Steve", diz Wozniak, "e simplesmente não conseguíamos fazê-lo funcionar. Eu tinha de ir para Berkeley na manhã seguinte, então decidimos que eu trabalharia na construção de uma versão digital quando chegasse lá."

Ninguém jamais havia feito uma versão digital de uma Caixa Azul, mas Woz estava à altura do desafio. Usando diodos e transistores da loja Radio Shack, e com a ajuda de um estudante de música de seu dormitório que tinha ouvido absoluto, ele conseguiu construí-la antes do Dia de Ação de Graças. "Eu nunca havia projetado um circuito que me desse tanto orgulho. Ainda acho que era incrível."

Uma noite, Wozniak foi de carro de Berkeley até a casa de Jobs para experimentá-lo. Eles tentaram telefonar para o tio de Wozniak em Los Angeles, mas discaram o número errado. Não importava. O dispositivo havia funcionado. "Alô! Estamos telefonando para você de graça! Estamos telefonando para você de graça!", Wozniak gritou. A pessoa do outro lado ficou confusa e irritada. Jobs fez coro: "Estamos chamando da Califórnia. Da Califórnia! Com uma Caixa Azul!". Isso deve ter confundido ainda mais o homem, já que ele também estava na Califórnia.

No início, a Caixa Azul foi usada para diversão e brincadeiras. A mais famosa delas foi quando telefonaram para o Vaticano e Wozniak fingiu ser Henry Kissinger querendo falar com o papa. "Estamos no reunion de cúpula em Moscou e precisamos falarr com o papa", Woz se lembra de ter dito. Responderam-lhe que eram cinco e meia da manhã e que o papa estava dormindo. Quando ele ligou de novo, atendeu um bispo, que deveria servir de tradutor. Mas eles não chegaram a falar com o papa. "Perceberam que Woz não era Henry Kissinger", Jobs relembrou. "Nós estávamos numa cabine de telefone público."

Foi então que ocorreu um marco importante, que estabeleceria um padrão em suas parcerias: Jobs veio com a ideia de que a Caixa Azul poderia ser mais do que meramente um hobby. Eles poderiam construir outras e vendê-las. "Juntei o resto dos componentes, como invólucro, fonte de energia e teclado numérico, e descobri quanto poderíamos cobrar por ela", disse Jobs, prenunciando os papéis que iria desempenhar quando fundassem a Apple. O produto final tinha mais ou menos o tamanho de dois baralhos. As peças custavam cerca de quarenta dólares, e Jobs decidiu que deviam vendê-lo por 150.

Seguindo o exemplo de outros piratas do telefone, como o Capitão Crunch, eles adotaram apelidos. Wozniak tornou-se "Berkeley Blue", Jobs era "Oaf Tobark". Eles visitavam os dormitórios para descobrir quem poderia estar interessado, depois faziam demonstrações, anexando a Caixa Azul a um telefone e a um alto-falante. Enquanto os clientes em potencial observavam, eles ligavam para lugares como o Ritz, em Londres, ou um serviço de piadas, na Austrália. "Fizemos mais ou menos uma centena de Caixas Azuis e vendemos quase todas", lembrou Jobs.

A diversão e os lucros chegaram ao fim em uma pizzaria de Sunnyvale. Jobs e Wozniak estavam prestes a ir para Berkeley com uma Caixa Azul que tinham acabado de fazer. Jobs precisava de dinheiro e estava ansioso para vendê-la, por isso fez propaganda do aparelho para alguns sujeitos na mesa ao lado. Eles se interessaram, então Jobs foi para uma cabine telefônica e demonstrou seu funcionamento com uma ligação para Chicago. Os possíveis fregueses disseram que tinham de ir até o carro para pegar dinheiro. "Então caminhamos até o carro, Woz e eu, e eu estava com a Caixa Azul na mão, e o cara entra, mete a mão sob o assento e saca uma arma", contou Jobs. Ele nunca estivera tão perto de uma arma e ficou apavorado. "Então ele aponta a arma direto para o meu estômago e diz: 'Me dá isso aí, cara'. Minha mente disparou. A porta do carro estava ali aberta, e pensei que talvez pudesse batê-la nas pernas dele e podíamos correr, mas havia uma alta probabilidade de que ele atiraria em mim. Então devagar lhe entreguei a caixa, com muito cuidado." Foi um tipo esquisito de roubo. Na realidade, o cara que levou a Caixa Azul deu a Jobs um número de telefone e disse que tentaria pagar por ela mais tarde, caso funcionasse. Quando ligou para o número, Jobs finalmente conseguiu falar com o sujeito, que não conseguia descobrir como usar o aparelho. Então Jobs, com seu senso de oportunidade, o convenceu a se encontrar com Wozniak e ele num lugar público. Mas eles acabaram ficando com medo e decidiram não ter outro encontro com o homem armado, mesmo tendo a chance de ganhar seus 150 dólares.

A travessura abriu o caminho para aquela que seria maior aventura deles. "Se não fosse pelas Caixas Azuis, não teria existido uma Apple", Jobs refletiu depois. "Tenho certeza absoluta disso. Woz e eu aprendemos a trabalhar juntos, e ganhamos a confiança de que podíamos resolver problemas técnicos e pôr efetivamente algo em produção." Eles haviam criado um dispositivo com uma pequena placa de circuito que poderia controlar bilhões de dólares em infraestrutura. "Você não acredita quanta confiança isso nos deu." Woz chegou à mesma conclusão: "Foi provavelmente uma má ideia vendê-las, mas isso nos deu uma amostra do que poderíamos fazer com minhas habilidades de engenharia e a visão dele". A aventura da Caixa Azul estabeleceu um modelo para uma parceria que nasceria em breve. Wozniak seria o mago gentil que aparecia com uma invenção legal e ficaria feliz em simplesmente dar de presente, e Jobs descobriria como torná-la fácil de usar, pô-la num pacote, comercializá-la e ganhar alguma grana com isso.

3. O abandono

Se ligue, sintonize...

CHRISANN BRENNAN

Perto do final de seu último ano na Homestead High, na primavera de 1972, Jobs começou a sair com uma garota etérea e riponga chamada Chrisann Brennan, que tinha mais ou menos sua idade, mas ainda estava no penúltimo ano. Com seus cabelos castanho-claros, olhos verdes, maçãs do rosto salientes e aura frágil, ela era muito atraente. Chrisann também estava passando pela dissolução do casamento de seus pais, o que a deixava vulnerável. "Nós trabalhamos juntos num filme de animação, depois começamos a sair, e ela se tornou minha primeira namorada de verdade", lembrou Jobs. Como Brennan disse mais tarde, "Steve era meio louco. Por isso me senti atraída por ele".

A loucura de Jobs era do tipo cultivada. Ele havia começado as experiências que faria durante toda a vida com dietas compulsivas — somente frutas e legumes

— e era tão magro e rijo como um cão whippet. Aprendeu a olhar fixo para as pessoas e aperfeiçoou longos silêncios pontuados por rajadas de fala rápida. Essa estranha mistura de intensidade e indiferença, combinada com os cabelos na altura dos ombros e barba desgrenhada, dava-lhe a aura de um xamã pirado. Ele oscilava entre carismático e assustador. "Ele se arrastava para lá e para cá e parecia meio louco", lembrou Brennan. "Tinha muita angústia. Era como se houvesse uma grande escuridão ao seu redor."

Na época, Jobs tinha começado a tomar ácido, e ofereceu a Brennan, em um campo de trigo nos arredores de Sunnyvale. "Foi ótimo", lembrou ele. "Eu andava ouvindo muito Bach. De repente, o campo de trigo estava tocando Bach. Foi a sensação mais maravilhosa da minha vida até então. Eu me senti como o maestro dessa sinfonia, com Bach vindo através do trigo."

Naquele verão de 1972, após sua formatura, ele e Brennan se mudaram para uma cabana nas colinas acima de Los Altos. "Vou morar numa cabana com Chrisann", anunciou aos pais um dia. O pai ficou furioso. "Não, você não vai", disse ele. "Só por cima do meu cadáver." Eles haviam brigado pouco antes por causa da maconha, e mais uma vez o jovem Jobs foi teimoso. Ele simplesmente disse adeus e saiu.

Naquele verão, Brennan passou grande parte de seu tempo pintando; ela era talentosa e pintou para Jobs um palhaço que ele mantinha na parede. Jobs escrevia poesia e tocava guitarra. Ele podia ser brutalmente frio e rude com ela às vezes, mas era também fascinante e capaz de impor sua vontade. "Era um ser iluminado e cruel", lembrou Brennan. "É uma estranha combinação."

No meio do verão, Jobs quase morreu quando seu Fiat vermelho pegou fogo. Ele estava dirigindo no Skyline Boulevard, nas montanhas de Santa Cruz, com Tim Brown, um amigo de escola, que olhou para trás, viu chamas saindo do motor e disse calmamente a Jobs: "Encoste, seu carro está pegando fogo". Jobs obedeceu. Seu pai, apesar das brigas, foi até lá para rebocar o Fiat.

Com o objetivo de achar um jeito de ganhar dinheiro para comprar um novo carro, Jobs fez Wozniak levá-lo ao De Anza College para olhar o quadro de avisos de empregos. Eles descobriram que o Westgate Shopping Center, em San Jose, estava à procura de estudantes universitários que pudessem se fantasiar e divertir as crianças. Então, por três dólares a hora, Jobs, Wozniak e Brennan vestiram trajes pesados inteiriços e chapéus para fazer os papéis de Alice no País das Maravilhas, de Chapeleiro Maluco e de Coelho Branco. Wozniak, à sua maneira sincera e doce, achou divertido. "Eu disse: 'Quero fazer isso, é a minha chance, porque adoro crianças'. Tirei umas férias do meu emprego na HP. Acho que Steve detestou aquele trabalho, mas eu vi a coisa como uma aventura divertida." Jobs, de fato, achou aquilo um saco. "Estava quente, as roupas eram pesadas, e depois de um tempo eu queria bater em algumas das crianças." Paciência nunca foi uma de suas virtudes.

REED COLLEGE

Dezessete anos antes, seus pais haviam feito uma promessa quando o adotaram: ele iria para a faculdade. Então, trabalharam duro e economizaram devidamente para criar seu fundo de estudos superiores, que era modesto, mas adequado, quando ele terminou o ensino médio. Mas Jobs, cada vez mais teimoso, não tornou as coisas fáceis. No começo, brincou com a ideia de não ir para a faculdade. "Acho que eu poderia ter ido para Nova York, se não fosse para a faculdade", lembrou, refletindo sobre como poderia ter sido diferente o seu mundo — e talvez o de todos nós — se tivesse escolhido esse caminho. Quando seus pais o pressionaram, ele reagiu com um comportamento passivo-agressivo. Não levou em conta escolas estaduais, como Berkeley, onde estava Woz, apesar do fato de que elas seriam economicamente mais acessíveis. Nem pensou em Stanford, que ficava perto e provavelmente ofereceria uma bolsa de estudos. "Os caras que iam para Stanford já sabiam o que queriam fazer", diz ele. "Eles não eram realmente artísticos. Eu queria algo que fosse mais artístico e interessante."

Em vez disso, ele insistiu em apenas uma opção: o Reed College, uma instituição particular de ciências humanas em Portland, Oregon, que era uma das mais caras do país. Ele estava visitando Woz em Berkeley quando seu pai ligou para dizer que tinha chegado uma carta de aceitação do Reed e tentou convencê-lo a não ir para lá. O mesmo fez sua mãe. Disseram que era muito mais caro do que podiam pagar. Mas o filho respondeu com um ultimato. Se ele não podia ir para Reed, não iria para nenhum lugar. Eles cederam, como de costume.

Reed tinha apenas mil alunos, metade do tamanho da Homestead High. Era conhecido por seu estilo de vida de espírito livre e hippie, que combinava de forma um pouco complicada com seu rigoroso padrão acadêmico e currículo comum. Cinco anos antes, Timothy Leary, o guru da iluminação psicodélica, havia sentado de pernas cruzadas no refeitório do Reed College durante a visita a faculdades de sua Liga da Descoberta Espiritual [League for Spiritual Discovery — LSD] e exortara: "Como todas as grandes religiões do passado, procuramos encontrar a divindade dentro de nós [...]. Esses objetivos antigos definimos na metáfora do presente — se ligue, sintonize, caia fora". Muitos dos alunos do Reed levaram todos os três mandamentos a sério: a taxa de abandono no ensino superior durante a década de 1970 foi de mais de um terço.

Quando chegou a hora de Jobs se matricular, no outono de 1972, seus pais o levaram de carro até Portland, mas em outro pequeno ato de rebeldia ele se recusou a deixá-los entrar no campus. Na verdade, ele se absteve até de dizer adeus ou agradecer. Mais tarde, falou desse momento com pesar pouco característico:

> É uma das coisas na vida de que realmente me sinto envergonhado. Eu não era muito sensível e feri os sentimentos deles. Não deveria ter feito isso. Eles tinham feito tanto para que eu fosse para lá, mas eu simplesmente não os queria por perto. Não queria que ninguém soubesse que eu tinha pais. Queria ser como um órfão que tivesse perambulado por todo o país em trens e acabado de chegar do nada, sem raízes, sem conexões, sem passado.

No final de 1972, quando Jobs foi para o Reed, estava em andamento uma mudança fundamental na vida universitária americana. O envolvimento do país na Guerra do Vietnã e o recrutamento militar que o acompanhava estavam diminuindo. O ativismo político universitário entrou em declínio e em muitas conversas de fim de noite no dormitório era substituído por um interesse pelos caminhos da realização pessoal. Jobs viu-se profundamente influenciado por vários livros sobre espiritualidade e iluminação, em especial por *Be here now* [Seja aqui agora], um guia para a meditação e as maravilhas das drogas psicodélicas escrito por Baba Ram Dass, nascido Richard Alpert. Segundo Jobs, "era profundo. Ele transformou a mim e a muitos de meus amigos".

O mais próximo desses amigos era outro calouro de barba rala chamado Daniel Kottke, que conheceu Jobs uma semana depois que chegaram ao Reed e compartilhava seu interesse em zen, Dylan e ácido. Kottke, vindo de um subúrbio rico de Nova York, era inteligente, mas pouco enérgico, com um comportamento doce que seu interesse pelo budismo deixava ainda mais suave. Essa busca espiritual fizera com que se abstivesse de bens materiais, mas, não obstante, estava impressionado com o gravador de Jobs: "Steve tinha um TEAC de rolo e grandes quantidades de fitas piratas de Dylan. Ele era ao mesmo tempo muito descolado e high-tech".

Jobs começou a passar grande parte do tempo com Kottke e sua namorada, Elizabeth Holmes, mesmo depois que a insultou no primeiro encontro deles ao questioná-la sobre quanto dinheiro seria necessário para fazer com que tivesse relações sexuais com outro homem. Eles pegavam carona juntos para ir ao litoral, entravam no papo típico de dormitório sobre o significado da vida, compareciam a festivais do amor no templo local do Hare Krishna e iam ao centro zen para fazer refeições vegetarianas gratuitas. "Era muito divertido, mas também filosófico, e levávamos o zen muito a sério", disse Kottke.

Jobs começou a frequentar a biblioteca e compartilhar com Kottke outros livros sobre o zen, entre eles *Mente zen, mente de principiante*, de Shunryu Suzuki, *Autobiografia de um iogue*, de Paramahansa Yogananda, *Consciência cósmica*, de Richard Maurice Bucke, e *Além do materialismo espiritual*, de Chögyam Trungpa. Eles criaram uma sala de meditação no sótão baixo que ficava em cima do quarto de Elizabeth Holmes e o encheram com estampas indianas, um tapete *dhurrie*, velas, incenso e almofadas de meditação. "Havia um alçapão no teto que dava para um sótão com um espaço enorme", diz ele. "Ali tomamos drogas psicodélicas algumas vezes, mas em geral a gente apenas meditava."

O envolvimento de Jobs com a espiritualidade oriental e, em especial, com o zen-budismo não foi só uma fantasia passageira ou um passatempo juvenil. Ele abraçou-o com sua típica intensidade, e o zen enraizou-se profundamente em sua personalidade. "Steve é muito zen", disse Kottke. "Foi uma influência profunda. É possível ver isso em toda a sua atitude de estética minimalista, severa, de foco intenso." Jobs também foi profundamente influenciado pela ênfase do budismo na intuição. "Comecei a perceber que uma compreensão e consciência intuitiva eram mais significativas do que o pensamento abstrato e a análise lógica intelectual", disse mais tarde. Sua intensidade, porém, dificultava-lhe alcançar o verdadeiro nirvana; sua consciência zen não era acompanhada por um excesso de calma interior, paz de espírito ou suavidade nos contatos interpessoais.

Ele e Kottke também gostavam de jogar Kriegspiel, uma variante alemã de xadrez do século XIX em que os jogadores se sentam de costas um para o outro e cada um tem seu próprio tabuleiro e peças, mas não pode ver as de seu oponente. Um moderador os informa se um movimento que eles querem fazer é legal ou ilegal, e eles têm de tentar descobrir onde estão as peças do adversário. "O jogo mais louco que joguei com eles foi durante um tremendo temporal, sentada em frente à lareira", recorda Holmes, que atuou como moderadora. "Eles estavam viajando no ácido. Moviam as peças com tanta rapidez que eu mal podia acompanhá-los."

Outro livro que influenciou profundamente Jobs em seu primeiro ano — talvez até demais — foi *Dieta para um pequeno planeta*, de Frances Moore Lappé, que exaltava os benefícios pessoais e planetários do vegetarianismo. "Foi quando renunciei a comer carne quase que para sempre", lembrou ele. Mas o livro também reforçou sua tendência a adotar dietas extremas que incluíam purgações, jejuns ou comer apenas um ou dois alimentos, como cenouras ou maçãs, por semanas a fio.

Jobs e Kottke se tornaram vegetarianos convictos no primeiro ano da faculdade. "Steve entrou nessa ainda mais do que eu", diz Kottke. "Ele se sustentava com cereais Roman Meal." Faziam as compras em uma cooperativa rural, onde Jobs comprava uma caixa de cereal que duraria uma semana e outros alimentos saudáveis a granel. "Ele comprava caixas de tâmaras e amêndoas e montes de cenoura, e comprou um espremedor Champion, e fazíamos suco de cenoura e salada de cenoura. Falam que Steve ficava cor de laranja por comer tanta cenoura, e há alguma verdade nisso." Alguns amigos lembram que ele tinha, às vezes, uma tonalidade alaranjada como a do pôr do sol.

Os hábitos alimentares de Jobs se tornaram ainda mais estranhamente obsessivos quando ele leu *Sistema de cura da dieta sem muco*, de Arnold Ehret, um fanático da nutrição do início do século xx, nascido na Alemanha e radicado nos Estados Unidos. Ele acreditava numa dieta de apenas frutas e legumes sem amido, que, segundo ele, impedia o corpo de formar mucos prejudiciais, e defendia a limpeza periódica do organismo mediante jejuns prolongados. Isso significava o fim até mesmo do cereal Roman Meal, bem como de arroz, pão, cereal ou leite. Jobs começou a alertar os amigos para os perigos do muco à espreita em seus pãezinhos. "Entrei nessa à minha típica maneira maluca", contou. A certa altura, ele e Kottke passaram uma semana inteira comendo apenas maçãs, e depois Jobs começou a tentar jejuns ainda mais puros. Começou por períodos de dois dias e, por fim, tentou esticar seus jejuns para uma semana ou mais, quebrando-os cuidadosamente com grandes quantidades de água e vegetais folhosos. "Depois de uma semana, você começa a se sentir fantástico", disse ele. "Você ganha uma tonelada de vitalidade por não ter de digerir toda aquela comida. Eu estava em excelente forma. Sentia que poderia me levantar e caminhar até San Francisco a qualquer hora que quisesse." (Ehret morreu aos 56 anos, quando caiu enquanto caminhava e bateu com a cabeça.)

Vegetarianismo e zen-budismo, meditação e espiritualidade, ácido e rock — Jobs juntava, de forma amplificada, os múltiplos impulsos característicos da subcultura universitária daquela época de busca da iluminação. E, mesmo que ele mal se entregasse a isso no Reed College, havia também uma corrente subterrânea de nerdice eletrônica em sua alma que viria um dia a se combinar surpreendentemente bem com o resto do mix.

ROBERT FRIEDLAND

Certo dia, com o objetivo de levantar algum dinheiro, Jobs decidiu vender sua máquina de escrever IBM Selectric. Entrou no quarto do aluno que se oferecera para comprá-la e descobriu que ele estava no meio de uma transa com a namorada. Jobs começou a sair, mas o estudante o convidou para sentar e esperar enquanto eles terminavam. "Eu pensei: 'Isto é demais'", Jobs recordou mais tarde. E assim começou sua relação com Robert Friedland, uma das poucas pessoas em sua vida que foram capazes de magnetizá-lo. Ele adotou alguns dos traços carismáticos de Friedland e por alguns anos o tratou quase como um guru — até que começou a vê-lo como charlatão e artista trapaceiro.

Friedland era quatro anos mais velho do que Jobs, mas ainda estava na graduação. Filho de um sobrevivente de Auschwitz que se tornou um próspero arquiteto em Chicago, tinha ido originalmente para Bowdoin, uma faculdade de ciências humanas no Maine. Mas, quando estava no segundo ano, foi preso com 24 mil comprimidos de LSD, no valor de 125 mil dólares. O jornal local o mostrou com seus cabelos loiros e ondulados que caíam sobre os ombros sorrindo para os fotógrafos enquanto era levado pela polícia. Foi condenado a dois anos numa prisão federal na Virgínia, da qual saiu em liberdade condicional em 1972. Naquele outono, ele foi para o Reed, onde imediatamente concorreu a presidente do órgão estudantil, dizendo que precisava limpar seu nome do "erro judiciário" de que fora vítima. E ganhou a eleição.

Friedland tinha ouvido uma palestra de Baba Ram Dass, o autor de *Be here now*, em Boston, e, como Jobs e Kottke, tinha aderido profundamente à espiritualidade oriental. Durante o verão de 1973, ele foi à Índia para conhecer o guru hindu de Ram Dass, Neem Karoli Baba, conhecido por seus muitos seguidores como o famoso Maharaj-ji. Quando voltou, no outono, havia adotado um nome espiritual e andava de sandálias e túnicas indianas. Tinha um quarto fora do campus, em cima de uma garagem, e Jobs o visitava em muitas tardes. Ele estava fascinado com a intensidade aparente da convicção de Friedland de que realmente existia um estado de iluminação e que poderia ser alcançado. "Ele me levou para um nível diferente de consciência", contou Jobs.

Friedland também achou Jobs fascinante. "Ele andava sempre descalço", disse mais tarde. "O que me impressionou foi sua intensidade. Sempre que se interessava por alguma coisa, geralmente a levava a um extremo irracional." Jobs havia aperfeiçoado seu truque de usar olhares e silêncios para dominar outras pessoas. "Um de seus números era olhar fixo para a pessoa com quem estava falando. Ele olhava fixo para a porra dos seus olhos, fazia alguma pergunta e queria uma resposta sem que a outra pessoa desviasse o olhar."

De acordo com Kottke, alguns dos traços da personalidade de Jobs — inclusive alguns que perduraram por toda a sua carreira — foram aprendidos com Friedland. "Friedland ensinou a Steve o campo de distorção da realidade. Ele era carismático e um pouco trapaceiro e conseguia distorcer as situações conforme sua vontade, que era muito forte. Era rápido, seguro de si, um pouco ditatorial. Steve admirava esses traços, e os adotou depois de conviver com Robert."

Jobs também absorveu o modo como Friedland se tornava o centro das atenções. "Robert tinha muito de um cara carismático, extrovertido, um vendedor de verdade", lembrou Kottke. "Quando conheci Steve, ele era tímido e retraído, um cara bem na dele. Acho que Robert lhe ensinou muito sobre vender, sobre sair de sua concha, se abrir e tomar conta de uma situação." Friedland projetava uma aura de alta potência. "Ele entrava numa sala e você o notava instantaneamente. Steve era o oposto absoluto quando chegou ao Reed. Depois que conviveu com Robert, foi contagiado."

Nas noites de domingo, Jobs e Friedland iam ao templo Hare Krishna, no extremo oeste de Portland, muitas vezes com Kottke e Holmes a reboque. Eles dançavam e cantavam canções a plenos pulmões. "A gente se esforçava para chegar a um frenesi de êxtase", Holmes recorda. "Robert ficava insano e dançava como um louco. Steve era mais contido, como se tivesse vergonha de se soltar." Depois, eram tratados com pratos de papel cheios de comida vegetariana.

Friedland cuidava de uma fazenda de maçãs de noventa hectares, a pouco mais de sessenta quilômetros a sudoeste de Portland, cujo dono era um tio milionário excêntrico da Suíça chamado Marcel Müller, que fizera uma fortuna no que era então a Rodésia, dominando o mercado de parafusos métricos. Depois que se envolveu com a espiritualidade oriental, Friedland transformou a fazenda numa comunidade chamada All One Farm, e Jobs passava fins de semana lá com Kottke, Holmes e outros igualmente em busca da iluminação. Havia uma casa principal, um grande celeiro e um galpão, onde Kottke e Holmes dormiam. Jobs assumiu a tarefa de podar as macieiras Gravenstein, junto com outro morador da comuna, Greg Calhoun. "Steve cuidava do pomar de maçãs", afirmou Friedland. "Estávamos no negócio de sidra orgânica. A função de Steve era comandar uma turma de malucos na poda do pomar para pô-lo de volta em forma."

Monges e discípulos do templo Hare Krishna vinham e preparavam banquetes vegetarianos impregnados com o aroma de cominho, coentro e açafrão. "Steve chegava morrendo de fome e se entupia de comida", Holmes recorda. "Depois, fazia a purgação. Durante anos, achei que ele era bulímico. Era muito perturbador, porque a gente tinha todo aquele trabalho para fazer o banquete, e ele não conseguia segurá-lo."

Jobs também estava começando a ter um pouco de dificuldade para engolir o estilo "culto à liderança" de Friedland. "Talvez visse um pouco demais de Robert em si mesmo", diz Kottke. Embora a comuna devesse ser um refúgio do materialismo, Friedland começou a dirigi-la mais como um negócio; seus seguidores foram instruídos a cortar e vender lenha, fazer prensas para maçãs e fogões a lenha, e se envolver em outras atividades comerciais pelas quais não eram pagos. Uma noite, Jobs dormiu embaixo da mesa da cozinha e se divertiu ao ver como as pessoas entravam e roubavam a comida uns dos outros da geladeira. Economia comunitária não era para ele. "Começou a ficar muito materialista", lembrou Jobs. "Todos perceberam que estavam trabalhando muito duro para a fazenda de Robert, e um a um começaram a ir embora. Fiquei com bastante nojo daquilo."

Muitos anos mais tarde, depois que Friedland se tornou um executivo bilionário da mineração de cobre e ouro — trabalhando em Vancouver, Cingapura e na Mongólia —, encontrei-o para tomar uns drinques em Nova York. Naquela noite, mandei um e-mail para Jobs e mencionei o encontro. Ele me telefonou da Califórnia depois de uma hora e advertiu-me de dar ouvidos a Friedland. Disse que Friedland, quando estava em apuros por causa de abusos ambientais cometidos por algumas de suas minas, tinha tentado entrar em contato com ele a fim de lhe pedir para intervir junto a Bill Clinton, mas Jobs não respondera. "Robert sempre se apresentou como uma pessoa espiritualizada, mas ele cruzou a linha entre ser carismático e ser vigarista", disse Jobs. "Foi uma coisa estranha ver uma das pessoas espiritualizadas da minha juventude se transformar, simbólica e factualmente, em um minerador de ouro."

... CAIA FORA

Jobs logo ficou entediado com a faculdade. Ele gostava de estar no Reed, mas não de ir às aulas exigidas. Na verdade, ficou surpreso quando descobriu que, apesar de toda a aura hippie da instituição, havia requisitos rígidos de cursos nos quais ele deveria fazer coisas como ler a *Ilíada* e estudar a Guerra do Peloponeso. Quando Wozniak foi visitá-lo, Jobs sacudiu seu horário escolar e reclamou: "Eles estão me obrigando a fazer todos esses cursos". Woz respondeu: "Sim, é isso que eles fazem na faculdade, eles determinam alguns de seus cursos". Jobs se recusava a frequentar as aulas que lhe foram atribuídas, e em vez disso ia para as que ele queria, como as de um curso de dança onde poderia desfrutar tanto a criatividade como a oportunidade de conhecer garotas. "Eu jamais me recusaria a fazer os cursos obrigatórios, isso é uma diferença em nossa personalidade", disse Wozniak espantado.

Jobs também começou a se sentir culpado, contou mais tarde, por gastar tanto dinheiro de seus pais em uma educação que não parecia valer a pena. "Todas as economias dos meus pais, de classe trabalhadora, estavam sendo gastas na anuidade da minha faculdade", disse ele em um famoso discurso de formatura em Stanford. "Eu não tinha ideia do que queria fazer da vida e nenhuma ideia de como a faculdade iria me ajudar a descobrir isso. E lá estava eu, gastando todo o dinheiro que meus pais tinham juntado durante a vida inteira. Então decidi abandonar a faculdade e confiar que tudo ia acabar dando certo."

Na verdade, ele não queria deixar o Reed, queria apenas parar de pagar mensalidades ou fazer cursos que não lhe interessavam. O incrível é que o Reed College tolerou isso. "Ele tinha uma cabeça muito inquisitiva que era imensamente sedutora", disse o vice-reitor para assuntos estudantis Jack Dudman. "Ele se recusava a aceitar verdades recebidas automaticamente e queria examinar tudo por si mesmo." Dudman permitiu que Jobs fosse ouvinte em cursos e permanecesse com os amigos nos dormitórios, mesmo depois de deixar de pagar a anuidade.

"No minuto em que caí fora, pude parar de frequentar os cursos obrigatórios que não me interessavam e comecei a fazer os que pareciam interessantes." Entre eles estava um curso de caligrafia, que o atraiu porque ele havia notado que a maioria dos cartazes do campus era lindamente desenhada. "Aprendi sobre letras com serifa e sem serifa, sobre variar a quantidade de espaço entre diferentes combinações de letras, sobre o que torna excelente uma tipografia excelente. Era lindo, histórico, artisticamente sutil de uma maneira que a ciência não pode captar, e achei fascinante."

Era mais um exemplo de Jobs posicionando-se conscientemente nas interseções entre as artes e a tecnologia. Em todos os seus produtos, a tecnologia estaria casada com excelente design, aparência, elegância, toques humanos e até mesmo romance. Ele estaria à frente da promoção de interfaces gráficas amigáveis do usuário. Desse ponto de vista, o curso de caligrafia se tornaria um ícone. "Se eu nunca tivesse aparecido naquele curso da faculdade, o Mac jamais teria tido fontes múltiplas ou proporcionalmente espaçadas. E, como o Windows simplesmente copiou o Mac, é bem provável que nenhum microcomputador as tivesse."

Nesse meio-tempo, Jobs levava uma vida boêmia nas margens do Reed. Andava descalço na maior parte do tempo e usava sandálias quando nevava. Elizabeth Holmes preparava refeições para ele, tentando seguir suas dietas obsessivas. Ele devolvia garrafas de refrigerante para pegar uns trocados, continuava com suas caminhadas para os jantares gratuitos de domingo no templo Hare Krishna e usava uma jaqueta acolchoada no apartamento sem aquecimento em cima da garagem que alugava por vinte dólares por mês. Quando precisava de dinheiro, achava trabalho no laboratório do departamento de psicologia para fazer a manutenção do equipamento eletrônico que era utilizado em experiências de comportamento animal. Ocasionalmente, Chrisann Brennan vinha visitá-lo. O relacionamento deles andava aos trancos e barrancos. Mas, principalmente, ele cuidava dos impulsos de sua alma e da busca pessoal por iluminação.

"Cheguei à maioridade numa época mágica", refletiu depois. "Nossa consciência era despertada pelo zen e também pelo LSD." Mesmo mais tarde, ele atribuiria mérito às drogas psicodélicas por torná-lo mais iluminado. "Tomar LSD foi uma experiência profunda, uma das coisas mais importantes da minha vida.

O ácido lhe mostra que há um outro lado da moeda, e você não consegue se lembrar dele quando o efeito passa, mas você sabe dele. O LSD reforçou minha noção do que era importante — criar grandes coisas em vez de ganhar dinheiro, pôr as coisas de volta no fluxo da história e da consciência humana, tanto quanto eu pudesse."

4. Atari e a Índia

Zen e a arte do design de jogos

ATARI

Em fevereiro de 1974, após dezoito meses vivendo ao redor do Reed College, Jobs decidiu voltar para a casa dos pais em Los Altos e procurar um emprego. Não era uma busca difícil. Em momentos de pico durante a década de 1970, a seção de classificados do *San Jose Mercury* tinha até sessenta páginas de anúncios de empregos na área de tecnologia. Um deles chamou a atenção de Jobs. "Divirta-se, ganhe dinheiro", dizia o texto. Naquele dia, ele entrou no saguão do fabricante de videogames Atari e disse ao diretor de pessoal — surpreso com seu cabelo desgrenhado e roupas em desalinho — que não sairia de lá enquanto não lhe dessem um emprego.

A Atari era então o lugar quente para trabalhar. Seu fundador era um empresário alto e corpulento chamado Nolan Bushnell, um visionário carismático com um grande senso teatral — em outras palavras, outro modelo a imitar. Depois que se tornou famoso, gostava de dirigir um Rolls-Royce, fumar maconha e realizar reuniões de pessoal em uma banheira de água quente. Ele era capaz, como Friedland havia feito antes e Jobs iria aprender a fazer mais tarde, de transformar o encanto em astúcia, de persuadir, intimidar e distorcer a realidade através do poder de sua personalidade. Seu engenheiro-chefe era Al Alcorn, musculoso, jovial e com os pés um pouco mais no chão. Era o adulto da casa tentando implementar a visão e controlar o entusiasmo de Bushnell.

Em 1972, Bushnell pôs Alcorn para trabalhar na criação de uma versão para fliperama de um videogame chamado Pong, em que dois jogadores tentavam rebater um pontinho luminoso na tela com duas linhas móveis que funcionavam como raquetes (se você tem menos de quarenta anos, pergunte ao seu pai como era). Com quinhentos dólares de capital, ele fez um console e o instalou num bar do Camino Real, em Sunnyvale. Poucos dias depois, Bushnell recebeu um telefonema dizendo que a máquina não estava funcionando. Mandou Alcorn verificar e ele descobriu o problema: a máquina estava tão entupida de moedas que não as aceitava mais. Eles tinham tirado a sorte grande.

Quando Jobs chegou ao saguão da Atari usando sandálias e exigindo um emprego, Alcorn foi a pessoa chamada. "Disseram: 'Tem um garoto hippie na entrada. Ele diz que não vai embora enquanto não o contratarmos. Devemos chamar os tiras ou deixá-lo entrar?'. Eu disse: 'Tragam o cara!'."

Jobs tornou-se assim um dos primeiros cinquenta empregados da Atari, trabalhando como técnico por cinco dólares a hora. "Olhando para trás, foi esquisito contratar um estudante que havia abandonado o Reed", diz Alcorn. "Mas eu vi algo nele. Era muito inteligente, entusiasmado, empolgado com tecnologia." Alcorn o designou para trabalhar com um engenheiro certinho chamado Don Lang. No dia seguinte Lang se queixou: "Esse cara é um maldito hippie que fede. Por que você fez isso comigo? E é impossível lidar com ele". Jobs se apegava à crença de que sua dieta vegetariana baseada em frutas impediria não apenas o muco, mas também o odor do corpo, mesmo que ele não usasse desodorante nem tomasse banho assiduamente. Era uma teoria equivocada.

Lang e outros queriam mandar Jobs embora, mas Bushnell arranjou uma solução. "O cheiro e o comportamento não eram um problema para mim", diz ele. "Steve era difícil, mas eu meio que gostava dele. Então, pedi-lhe que passasse para o turno da noite. Era uma maneira de salvá-lo." Jobs entraria depois que

Lang e os outros tivessem saído e trabalharia durante a maior parte da noite. Mesmo assim, isolado, ele se tornou conhecido por sua arrogância. Nas ocasiões em que interagia com os outros, manifestava a propensão de lhes informar que eram "merdas idiotas". Vendo a situação hoje, ele defende esse juízo: "Eu só brilhava porque todo mundo era muito ruim".

Apesar da arrogância (ou talvez por causa dela), Jobs conseguiu encantar o dono da Atari. "Ele era mais filosófico do que as outras pessoas com quem eu trabalhava", lembrou Bushnell. "Costumávamos discutir livre-arbítrio *versus* determinismo. Eu tendia a acreditar que as coisas eram muito mais determinadas, que éramos programados. Se tivéssemos a informação perfeita, poderíamos prever as ações das pessoas. Steve achava que era o oposto." Esse ponto de vista estava de acordo com sua fé no poder da vontade para dobrar a realidade.

Jobs aprendeu muito na Atari. Ele ajudou a aperfeiçoar alguns dos jogos, fazendo com que os chips produzissem desenhos divertidos e interações agradáveis. A disposição inspiradora de Bushnell de jogar por suas próprias regras contagiou Jobs. Além disso, ele apreciava intuitivamente a simplicidade dos jogos da Atari. Eles vinham sem manual e precisavam ser simples o suficiente para que um calouro chapado pudesse entendê-los. As únicas instruções para o jogo Star Trek da Atari eram: "1. Insira uma moeda de 25 centavos. 2. Evite os klingons".

Nem todos os colegas de trabalho evitavam Jobs. Ele ficou amigo de Ron Wayne, um desenhista da Atari que já tivera sua própria empresa de engenharia, que fabricava máquinas caça-níqueis. O negócio falira, mas Jobs ficou fascinado com a ideia de que era possível abrir sua própria empresa. "Ron era um cara incrível", contou. "Ele abria empresas. Eu nunca tinha conhecido alguém assim." Ele propôs a Wayne que entrassem num negócio juntos. Disse que poderia tomar emprestados 50 mil dólares e eles poderiam projetar e comercializar uma máquina caça-níqueis. Mas Wayne já estava escaldado, então não aceitou. "Eu disse que era a maneira mais rápida de perder 50 mil", Wayne recorda, "mas eu admirava o fato de que ele tinha um impulso ardente para começar seu próprio negócio."

Em um fim de semana, Jobs foi visitar Wayne em seu apartamento e, como faziam muitas vezes, eles se engalfinharam em discussões filosóficas. A certa altura, Wayne disse que havia algo que ele precisava lhe contar. "Sim, acho que sei o que é", respondeu Jobs. "Acho que você gosta de homens." Wayne assentiu. "Foi meu primeiro contato com alguém que eu sabia que era gay", lembrou Jobs. "Ele mostrou a perspectiva correta disso para mim." Jobs o interrogou: "Quando vê uma mulher bonita, o que você sente?". Wayne respondeu: "É como quando você olha para um belo cavalo. Você pode apreciá-lo, mas não quer dormir com ele. Você aprecia a beleza pelo que ela é". Wayne diz que é um testemunho a favor de Jobs o fato de que tenha se sentido à vontade para lhe revelar isso. "Ninguém na Atari sabia, e eu podia contar nos dedos dos pés e das mãos o número de pessoas para quem contei em toda a minha vida", diz Wayne. "Mas imagino que achei que era certo contar a ele, que ele iria entender, e isso não teve nenhuma influência em nossa relação."

ÍNDIA

Um dos motivos da ansiedade de Jobs para ganhar algum dinheiro no início de 1974 era que Robert Friedland, que fora à Índia no verão anterior, estava insistindo para que ele fizesse sua própria jornada espiritual naquele país. Friedland havia estudado na Índia com Neem Karoli Baba (Maharaj-ji), o guru de boa parte do movimento hippie dos anos 1960. Jobs decidiu que deveria fazer o mesmo e recrutou Daniel Kottke para ir com ele. Jobs não estava motivado por uma mera aventura: "Para mim, era uma busca séria. Eu estava ligado na ideia de iluminação e tentando descobrir quem eu era e como eu me encaixava nas coisas". Kottke acrescenta que a busca de Jobs parecia impulsionada em parte pelo fato de não conhecer seus pais biológicos. "Havia um buraco nele, e ele tentava preenchê-lo."

Quando Jobs disse ao pessoal da Atari que estava deixando o emprego para sair em busca de um guru na Índia, o jovial Alcorn achou divertido. "Ele entra, olha fixo para mim e diz: 'Vou procurar meu guru', e eu digo: 'Não diga, que barato! Me escreva!'. E ele diz que quer que eu o ajude a pagar, e eu lhe digo: 'Corta essa!'." Então Alcorn teve uma ideia. A Atari estava fazendo kits que mandava para Munique, onde eram instalados em máquinas prontas e distribuídos por um atacadista, em Turim. Mas havia um senão. Uma vez que os jogos eram projetados para a velocidade americana de sessenta quadros por segundo, havia problemas frustrantes de interferência na Europa, onde a velocidade era de cinquenta quadros por segundo. Alcorn bolou com Jobs uma solução para isso e depois se ofereceu para pagar a ida dele à Europa a fim de colocá-la em prática. "Tem de ser mais barato chegar à Índia a partir de lá", disse. Jobs concordou. E assim Alcorn abriu-lhe o caminho com a exortação: "Diga oi para o seu guru por mim".

Jobs passou alguns dias em Munique, onde resolveu o problema de interferência, mas no processo desconcertou os gerentes de terno escuro alemães. Eles queixaram-se a Alcorn de que ele se vestia e fedia como um vagabundo e era grosseiro. "Perguntei: 'Ele resolveu o problema?'. E eles disseram: 'Sim'. Eu disse: 'Se vocês tiverem mais algum problema, é só me telefonar, tenho mais caras iguais a ele!'. Eles disseram: 'Não, não, nós cuidamos disso na próxima vez'." Jobs, por sua vez, estava chateado porque os alemães insistiam em querer alimentá-lo com carne e batatas. "Eles nem têm uma palavra para vegetariano", reclamou em um telefonema para Alcorn.

As coisas melhoraram para Jobs quando ele tomou o trem para encontrar o distribuidor em Turim, onde as massas italianas e a camaradagem do anfitrião foram mais acolhedoras. "Passei duas semanas maravilhosas em Turim, que é uma tremenda cidade industrial. O distribuidor era um cara incrível. Levou-me todas as noites para jantar num lugar onde havia apenas oito mesas e nenhum cardápio. Você simplesmente dizia o que queria e eles faziam. Uma das mesas estava reservada para o presidente da Fiat. Foi realmente demais." Depois, ele viajou para Lugano, na Suíça, onde ficou com o tio de Friedland, e de lá pegou um voo para a Índia.

Quando desceu do avião em Nova Delhi, sentiu ondas de calor subindo do macadame da pista, embora ainda fosse abril. Haviam lhe passado o nome de um hotel, mas estava lotado, então ele foi para outro, que o motorista de táxi insistiu que era bom. "Tenho certeza de que ele recebia propina, porque me levou para um pardieiro." Jobs perguntou ao dono se a água era filtrada e tolamente acreditou na resposta. "Tive disenteria em seguida. Fiquei doente, muito doente, com febre muito alta. Emagreci de 72 para 54 quilos em cerca de uma semana."

Depois que ficou bem o suficiente para sair dali, resolveu que precisava ir embora de Delhi. Então foi para a cidade de Haridwar, no oeste da Índia, perto da nascente do Ganges, onde a cada três anos há uma grande festa religiosa chamada *mela*. Acontece que 1974 era a culminação de um ciclo de doze anos em que o festival se torna enorme, conhecido como o Kumbha Mela. Mais de 10 milhões de pessoas invadiram a cidade, mais ou menos do tamanho de Palo Alto, que normalmente tinha menos de 100 mil habitantes. "Havia homens santos por todos os lados. Tendas com esse e aquele professor. Havia pessoas montadas em elefantes, o que você quiser. Eu estava lá para ficar alguns dias, mas resolvi que também precisava sair de lá."

Jobs foi de trem e ônibus para uma aldeia perto de Nainital, no sopé do Himalaia. Era lá que Neem Karoli Baba morava — ou havia morado. Quando ele chegou, o guru já não estava vivo, pelo menos na mesma encarnação. Jobs alugou um quarto com um colchão no chão de uma família que o ajudou a se recuperar dando-lhe refeições vegetarianas. "Eles tinham um exemplar de *Autobiografia de um iogue* em inglês que um viajante anterior havia deixado, e eu o li várias vezes porque não havia muito o que fazer, e eu andava de aldeia em aldeia e me recuperei da disenteria." Entre aqueles que ainda faziam parte do *ashram* estava Larry Brilliant, um epidemiologista que trabalhava para erradicar a varíola e, mais tarde, dirigiu o braço filantrópico da Google e a Fundação Skoll. Ele se tornou amigo de Jobs para o resto da vida.

A certa altura falaram para Jobs de um jovem homem santo hindu que ia realizar uma reunião de seus seguidores na propriedade de um rico empresário no Himalaia. "Era uma oportunidade de conhecer um ser espiritual e encontrar seus seguidores, mas era também uma chance de ter uma boa refeição. Eu senti o cheiro da comida quando nos aproximamos, e estava com muita fome." Enquanto Jobs comia, o homem santo — que não era muito mais velho do que ele — escolheu-o na multidão, apontou para ele e começou a rir feito louco. "Ele veio correndo, me agarrou, fez um som de buzina e disse: 'Você parece um bebê'. Eu não estava apreciando aquela atenção." Tomando Jobs pela mão, tirou-o da multidão e levou-o até uma colina, onde havia um poço e um pequeno lago. "Nós sentamos e ele puxa uma navalha. Penso que ele é um caso de loucura e começo a me preocupar, então ele pega uma barra de sabão — eu usava cabelo comprido na época —, ensaboa meu cabelo e raspa minha cabeça. Ele me disse que estava salvando minha saúde."

Daniel Kottke chegou à Índia no início do verão e Jobs voltou a Nova Delhi para encontrá-lo. Eles vagaram sem rumo, principalmente de ônibus. Àquela altura, Jobs não estava mais tentando encontrar um guru que pudesse transmitir sabedoria; em vez disso, buscava a iluminação através da experiência ascética, a privação e a simplicidade. Ele não conseguia alcançar a calma interior. Kottke se lembra dele em uma feira da aldeia gritando furiosamente com uma mulher hindu que, segundo Jobs, havia diluído em água o leite que estava lhes vendendo.

No entanto, Jobs também podia ser generoso. Quando chegaram à cidade de Manali, perto da fronteira do Tibete, o saco de dormir de Kottke foi roubado, junto com seus cheques de viagem. "Steve cobriu minhas despesas com alimentação e pagou a passagem de ônibus de volta para Delhi", relembra Kottke. Jobs também deu a ele o resto de seu próprio dinheiro, cem dólares, para ajudá-lo a sair do apuro.

Naquele outono, a caminho de casa, depois de sete meses no Oriente, Jobs parou em Londres, onde visitou uma mulher que havia conhecido na Índia. De lá, pegou um voo charter barato para Oakland. Havia escrito para seus pais apenas esporadicamente — pegando a correspondência na agência do American Express em Nova Delhi, quando passava por lá — e, assim, eles ficaram um pouco surpresos quando receberam um telefonema do aeroporto de Oakland, pedindo-lhes para buscá-lo. Eles foram para lá imediatamente. "Eu estava de cabeça raspada, com uma túnica de algodão indiana, e a cor da minha pele estava chocolate marrom-avermelhado por causa do sol. Então, estou sentado lá e meus pais passaram umas cinco vezes até que finalmente minha mãe se aproximou e disse: 'Steve?', e eu disse: 'Oi!'."

Eles o levaram de volta para casa em Los Altos, onde ele passou algum tempo tentando encontrar a si mesmo. Foi uma busca com muitas trilhas na direção da iluminação. De manhã e à noite ele meditava e estudava o zen, e no resto do dia às vezes aparecia para assistir às aulas de física ou engenharia em Stanford.

A BUSCA

O interesse de Jobs pela espiritualidade oriental, o hinduísmo, o zen-budismo e a busca de iluminação não era apenas uma fase passageira de um garoto de dezenove anos. Ao longo de sua vida, ele tentaria seguir muitos dos preceitos básicos das religiões orientais, como a ênfase na *prajñā* experiencial — sabedoria e entendimento cognitivo que é intuitivamente experimentado mediante a concentração da mente. Anos mais tarde, sentado em seu jardim em Palo Alto, ele refletiu sobre a influência duradoura da viagem à Índia:

Voltar para os Estados Unidos foi, para mim, um choque cultural muito maior do que ir para a Índia. As pessoas no interior da Índia não usam o intelecto como nós, elas usam a intuição, e sua intuição é muito mais desenvolvida do que no resto do mundo. A intuição é uma coisa muito poderosa, mais potente do que o intelecto, na minha opinião. Isso teve uma grande influência sobre meu trabalho.

O pensamento racional ocidental não é uma característica humana inata; é aprendido e é a grande conquista da civilização ocidental. Nas aldeias da Índia, eles nunca o aprenderam. Eles aprenderam outra coisa, que de certo modo é tão valiosa quanto, mas de outra maneira não é. Trata-se do poder da intuição e da sabedoria experiencial.

Ao voltar, depois de sete meses em aldeias indianas, vi a loucura do mundo ocidental, bem como sua capacidade para o pensamento racional. Se você simplesmente sentar e observar, verá como sua mente é inquieta. Se tentar acalmá-la, isso só torna as coisas piores, mas com o tempo ela se acalma, e quando isso acontece há espaço para ouvir coisas mais sutis — é quando sua intuição começa a florescer e você começa a ver as coisas com mais clareza e estar mais no presente. Sua mente simplesmente fica mais lenta, e você vê uma expansão tremenda no momento. Você vê tanta coisa que poderia ter visto antes. É uma disciplina, você tem de praticá-la.

O zen tem sido uma profunda influência na minha vida desde então. A certa altura, pensei em ir para o Japão e tentar entrar no mosteiro de Eihei-ji, mas meu conselheiro espiritual pediu-me para ficar aqui. Ele disse que não há nada lá que não exista aqui, e ele estava certo. Aprendi a verdade do zen quando diz que, se você estiver disposto a viajar pelo mundo para encontrar um mestre, um deles aparecerá na casa ao lado.

Jobs, de fato, encontrou um mestre em seu próprio bairro de Los Altos. Shunryu Suzuki, que escreveu *Mente zen, mente de principiante* e dirigia o San Francisco Zen Center, vinha todas as quartas-feiras à noite dar uma palestra e meditar com um pequeno grupo de seguidores. Depois de algum tempo, Jobs e os outros queriam mais, então Suzuki pediu a seu assistente, Kobun Chino Otogawa, que abrisse um centro em tempo integral em Los Altos. Jobs se tornou um seguidor fiel, junto com Chrisann Brennan, sua namorada na época, Daniel Kottke e Elizabeth Holmes. Ele também começou a ir sozinho a retiros no Tassajara Zen Center, um mosteiro perto de Carmel, onde Kobun também era professor.

Kottke achava Kobun divertido: "Seu inglês era atroz. Ele falava numa espécie de haiku, com frases poéticas, sugestivas. Sentávamos e ouvíamos e, durante metade do tempo, não tínhamos ideia do que ele estava falando. Tomei a coisa toda como uma espécie de interlúdio alegre e despreocupado". Holmes, sua namorada, estava mais ligada. "Íamos para as meditações de Kobun, sentávamos em almofadas *zafu*, e ele se sentava em um estrado", contou ela. "Aprendemos a evitar distrações. Era uma coisa mágica. Uma noite, estávamos meditando com Kobun e começou a chover, e ele nos ensinou a usar os sons ambientais para nos levar de volta a nos concentrar em nossa meditação."

Quanto a Jobs, sua devoção era intensa. "Ele se tornou realmente sério e presunçoso e, em geral, simplesmente insuportável", diz Kottke. Começou a se encontrar com Kobun quase diariamente, e a cada poucos meses eles iam juntos para retiros a fim de meditar. "O encontro com Kobun foi uma experiência profunda para mim, e acabei passando tanto tempo quanto podia com ele", lembrou Jobs. "Ele tinha uma esposa, que era enfermeira em Stanford, e dois filhos. Ela trabalhava no período noturno, então eu ia para a casa dele à noite. Ela chegava em casa por volta da meia-noite e me mandava embora." Algumas vezes eles discutiram se Jobs deveria dedicar-se inteiramente à busca espiritual, mas Kobun aconselhou-o a fazer outra coisa. Ele disse que Jobs poderia ficar em contato com seu lado espiritual enquanto trabalhava em uma empresa. A relação acabou por ser duradoura e profunda; dezessete anos depois, Kobun realizaria a cerimônia de casamento de Jobs.

A busca compulsiva de Jobs pela consciência de si mesmo também o levou a fazer a terapia do grito primal, que havia sido recentemente criada e popularizada por um psicoterapeuta de Los Angeles chamado Arthur Janov. Ela se baseava na teoria freudiana de que os problemas psicológicos eram causados pelas dores reprimidas da infância, e Janov argumentava que elas poderiam ser resolvidas mediante o ressofrimento desses momentos primordiais, ao mesmo tempo que se expressava plenamente a dor — às vezes através de gritos. Para Jobs, isso parecia preferível à terapia da conversa, porque envolvia sentimento intuitivo e ação emocional, em vez de pura análise racional. "Aquilo não era uma coisa para pensar", disse mais tarde. "Era algo para fazer: fechar os olhos, prender a respiração, saltar dentro e sair do outro lado com novos insights."

Um grupo de adeptos de Janov dirigia um programa chamado Oregon Feeling Center em um antigo hotel de Eugene, administrado (o que talvez não surpreenda) pelo guru de Jobs no Reed College, Robert Friedland, cuja comuna All One Farm ficava perto. No final de 1974, Jobs se inscreveu para um curso de doze semanas de terapia ao preço de mil dólares. "Steve e eu estávamos interessados em crescimento pessoal, então eu queria ir com ele, mas não tinha como pagar", revela Kottke.

Jobs confidenciou a amigos próximos que estava sendo impulsionado pela dor que sentia por ter sido entregue para adoção e não ter notícia de seus pais biológicos. "Steve tinha um desejo muito profundo de conhecer os pais biológicos para poder conhecer melhor a si mesmo", Friedland disse mais tarde. Ele soubera por intermédio de Paul e Clara Jobs que seus pais tinham sido alunos de pós-graduação em uma universidade e que seu pai talvez fosse sírio. Chegou a pensar em contratar um detetive particular, mas decidiu não fazê-lo naquele momento. "Eu não queria ferir meus pais", lembrou, referindo-se a Paul e Clara.

"Ele lutava com o fato de ser adotado", diz Elizabeth Holmes. "Achava que era uma questão da qual precisava se apossar emocionalmente." Jobs admitiu isso para Holmes. "É uma coisa que está me incomodando, e preciso me concentrar nela", confessou. Ele foi ainda mais aberto com Greg Calhoun. "Ele estava fazendo um grande exame introspectivo sobre o fato de ser adotado, e falou muito sobre isso comigo", diz Calhoun. "O grito primal e as dietas sem muco — ele estava tentando se limpar e se aprofundar na frustração relacionada ao seu nascimento. Contou-me que estava profundamente irritado com o fato de ter sido abandonado."

John Lennon fizera a terapia do grito primal em 1970 e, em dezembro daquele ano, lançou a canção "Mother", com a Plastic Ono Band. Ela tratava dos sentimentos de Lennon em relação a um pai que o abandonou e uma mãe que foi morta quando ele era adolescente. O refrão trazia a frase perturbadora: "Mamãe, não vá, papai, volte para casa...". Holmes lembra que Jobs costumava ouvir essa música com frequência.

Jobs disse mais tarde que os ensinamentos de Janov não foram muito úteis. "Ele oferecia uma resposta convencional *ready-made*, que se mostrava simplista demais. Era óbvio que ela não iria produzir nenhum grande insight." Mas Holmes afirma que a terapia o deixou mais confiante: "Depois que a fez, ele estava em um lugar diferente. Ele tinha uma personalidade muito rude, mas durante algum tempo mostrou-se pacífico. Sua autoconfiança melhorou e seus sentimentos de inadequação se reduziram".

Jobs chegou a acreditar que poderia transmitir esse sentimento de autoconfiança para os outros e, assim, levá-los a fazer coisas que não achavam possíveis. Holmes rompera com Kottke e entrara para um culto religioso em San Francisco que exigia que ela cortasse os laços com todos os amigos do passado. Mas Jobs rejeitou essa ordem. Um dia, chegou à casa de culto em seu Ford Ranchero e anunciou que estava indo para a fazenda de maçãs de Friedland e que ela deveria ir junto. De forma ainda mais insolente, disse que ela teria de dirigir uma parte do caminho, ainda que não soubesse usar a alavanca de câmbio. "Quando chegamos à estrada aberta, ele me fez sentar ao volante e controlou as mudanças de marcha até chegarmos a oitenta quilômetros por hora. Então, pôs para tocar uma fita de *Blood on the tracks*, de Dylan, deitou a cabeça em meu colo e dormiu. Tinha a atitude de quem podia fazer qualquer coisa e, portanto, você também podia. Ele pôs sua vida em minhas mãos. Isso me obrigou a fazer uma coisa que eu não achava que conseguiria."

Era o lado mais brilhante do que se tornaria conhecido como seu campo de distorção da realidade. "Se confia nele, você é capaz de fazer coisas", disse Holmes. "Se ele decidiu que alguma coisa deve acontecer, então ele vai simplesmente fazê-la acontecer."

IRRUPÇÃO

Um dia, no início de 1975, Al Alcorn estava sentado em seu escritório na Atari quando Ron Wayne irrompeu sala adentro. "Ei, Steve está de volta!", ele gritou.

"Uau, traga-o aqui", reagiu Alcorn.

Jobs entrou arrastando os pés descalços, vestindo uma túnica cor de açafrão e carregando uma cópia de *Be here now*, que entregou a Alcorn e insistiu que ele lesse. "Posso ter meu emprego de volta?", perguntou.

"Ele parecia um cara do Hare Krishna, mas foi ótimo vê-lo", lembrou Alcorn. "Então eu disse: 'Com certeza!'."

Mais uma vez, por uma questão de harmonia na Atari, Jobs passou a trabalhar principalmente à noite. Wozniak, que morava em um apartamento nas proximidades e trabalhava na HP, aparecia depois do jantar para jogar videogames. Ele ficara viciado em Pong em um boliche de Sunnyvale e conseguiu montar uma versão que ligou na tevê de sua casa.

Certo dia, no final do verão de 1975, Nolan Bushnell, desafiando a sabedoria predominante de que os jogos de raquete estavam liquidados, decidiu desenvolver uma versão do Pong para um único jogador: em vez de disputar com um adversário, o jogador arremessaria a bola em uma parede, que perderia um tijolo sempre que fosse atingida. Ele chamou Jobs ao seu escritório, esboçou o jogo em seu pequeno quadro-negro e pediu-lhe que o projetasse. Bushnell disse que haveria um bônus para cada chip abaixo de cinquenta que ele utilizasse. Ele sabia que Jobs não era um grande engenheiro, mas supôs corretamente que ele iria recrutar Wozniak, que estava sempre por perto. "Olhei para a coisa como se fosse um dois-em-um", lembrou Bushnell. "Woz era um engenheiro melhor."

Wozniak ficou entusiasmado quando Jobs lhe pediu ajuda e propôs dividir os honorários. "Foi a oferta mais maravilhosa da minha vida, projetar um jogo que as pessoas usariam", lembrou ele. Jobs disse que o jogo tinha de ser feito em quatro dias e com o menor número de chips possível. O que escondeu de Wozniak era que o prazo havia sido imposto por ele, porque precisava ir à All One Farm para ajudar a preparar a colheita da maçã. Também não mencionou que havia um bônus vinculado ao baixo número de chips.

"Para a maioria dos engenheiros, fazer um jogo como esse poderia levar alguns meses", lembrou Wozniak. "Achei que não havia nenhuma maneira de eu conseguir, mas Steve me garantiu que eu conseguiria." Assim, ele permaneceu acordado por quatro noites seguidas e fez o jogo. Durante o dia na HP, esboçava seu projeto no papel. Então, depois de uma refeição rápida, ia direto para a Atari e ficava lá a noite toda. À medida que Wozniak produzia partes do projeto, Jobs, sentado num banco à sua esquerda, o executava prendendo os chips em uma placa de montagem. "Enquanto Steve fazia isso, eu passava o tempo jogando meu jogo favorito de sempre, o de corridas de automóvel Gran Trak 10", contou Wozniak.

Espantosamente, eles conseguiram fazer o trabalho em quatro dias, e Wozniak usou apenas 45 chips. As lembranças diferem, mas, conforme a maioria dos relatos, Jobs deu-lhe apenas a metade dos honorários e não o bônus pago por Bushnell pela economia de cinco chips. Somente dez anos depois Wozniak descobriu (quando lhe mostraram o episódio em um livro sobre a história da Atari intitulado *Zap*) que Jobs havia recebido esse bônus. "Acho que Steve precisava do dinheiro e ele simplesmente não me disse a verdade", Wozniak diz agora. Quando fala sobre isso, faz longas pausas, e admite que essa história lhe causa dor. "Eu gostaria que ele tivesse sido honesto. Se tivesse me dito que precisava do dinheiro, ele deveria saber que eu o teria dado a ele. Jobs era um amigo. A gente ajuda os amigos." Para Wozniak, isso mostrou uma diferença fundamental de caráter: "A ética sempre foi importante para mim, e eu ainda não entendo por que ele recebeu uma coisa e me disse que tinha recebido outra. Mas você sabe, as pessoas são diferentes".

Quando essa história foi publicada, dez anos depois, Jobs ligou para Wozniak para negá-la. "Ele me disse que não se lembrava de ter feito aquilo, e que se tivesse feito algo parecido lembraria, então provavelmente não fez", relembrou Wozniak. Quando perguntei diretamente a Jobs, ele ficou estranhamente quieto e hesitante. "Não sei de onde vem essa alegação", disse. "Eu dei a ele metade de todo o dinheiro que recebi. Foi o que sempre fiz com Woz. Quer dizer, Woz parou de trabalhar em 1978. Ele não fez mais nada depois de 1978. E mesmo assim recebeu exatamente a mesma quantidade de ações da Apple que eu."

Será possível que as lembranças sejam confusas e que Jobs não tenha, de fato, passado a perna em Wozniak? "Há uma chance de que minha memória esteja toda errada e confusa", disse-me Wozniak, porém, depois de uma pausa, reconsiderou. "Mas não. Lembro dos detalhes, do cheque de 350 dólares." Ele conferiu com Nolan Bushnell e Al Alcorn. "Lembro de falar sobre o dinheiro do bônus para Woz, e ele ficou chateado", diz Bushnell. "Eu disse que sim, que havia um bônus para cada chip economizado, e ele apenas balançou a cabeça e depois estalou a língua."

Seja qual for a verdade, Wozniak insiste que não vale a pena rediscutir. Jobs é uma pessoa complexa, afirma ele, e ser manipulador é apenas a faceta mais escura das características que o tornam bem-sucedido. Wozniak jamais teria agido assim, mas, como ele diz, jamais teria construído a Apple também. "Prefiro deixar isso passar", diz, quando insisto na questão. "Não é uma coisa pela qual eu queira julgar Steve."

A experiência na Atari ajudou a moldar a abordagem de Jobs dos negócios e do design. Ele apreciava a simplicidade e a facilidade de uso dos jogos da empresa. "Essa simplicidade o contagiou e fez dele uma pessoa muito focada no produto", diz Ron Wayne. Jobs também absorveu um pouco da atitude de Nolan Bushnell de não aceitar meias medidas. "Nolan não aceitava um não como resposta", diz Alcorn, "e essa foi a primeira impressão de Steve sobre como as coisas acabam sendo feitas. Nolan nunca foi grosseiro como Steve às vezes é. Mas tinha a mesma atitude tenaz. Isso fazia eu me contrair de medo, mas, caramba, ele conseguia que as coisas fossem feitas. Desse modo, Nolan foi um mentor para Jobs."

Bushnell concorda. "Há algo indefinível em um empreendedor, e eu via isso em Steve", diz. "Ele não estava interessado apenas em engenharia, mas também nos aspectos empresariais. Ensinei-lhe que, se você agir como quem pode fazer uma coisa, então a coisa funciona. Eu disse a ele: 'Finja que está completamente no controle e as pessoas vão achar que você está'."

5. O Apple I

Ligue, inicie, conecte...

Daniel Kotthe e Jobs com o Apple I, no Festival do
Computador em Atlantic City, em 1976.

MÁQUINAS DE GRAÇA AMOROSA

No final da década de 1960, em San Francisco e no Vale do Silício, várias
correntes culturais fluíam juntas. Havia a revolução tecnológica, que começou
com o crescimento dos fornecedores militares e logo incluiu empresas de eletrônica, fabricantes de microchips, designers de videogame e empresas de informática. Havia uma subcultura hacker — cheia de wireheads, phreakers, cyberpunks,
aficionados e simples geeks —, que incluía engenheiros que não se encaixavam no
molde da HP e seus filhos que não estavam em sintonia com os comprimentos de
onda das subdivisões. Havia grupos quase acadêmicos fazendo estudos sobre os
efeitos do LSD; entre seus participantes estavam Doug Engelbart, do Augmenta-
tion Research Center, em Palo Alto, que mais tarde ajudou a desenvolver o mouse
do computador e interfaces gráficas do usuário, e Ken Kesey, que celebrava a

droga com shows de luz e música com uma banda da casa que se tornou o Grateful Dead. Havia o movimento hippie, nascido da geração beat da Bay Area, e os ativistas políticos rebeldes, nascidos do Movimento pela Liberdade de Expressão, em Berkeley. Sobrepondo-se a tudo isso, havia vários movimentos de autorrealização buscando caminhos para a iluminação pessoal — zen e hinduísmo, meditação e ioga, grito primal e privação sensorial, Esalen e Oriente.

Essa fusão de flower power e de poder do processador, de iluminação de espírito e tecnologia encarnava-se em Steve Jobs, já que ele meditava de manhã, assistia a aulas de física como ouvinte na Universidade Stanford, trabalhava à noite na Atari e sonhava em abrir seu próprio negócio. "Havia uma coisa acontecendo aqui", disse ele, com um olhar retrospectivo sobre aquele momento e lugar. "A melhor música vinha daqui — Grateful Dead, Jefferson Airplane, Joan Baez, Janis Joplin —, assim como o circuito integrado e coisas como *The Whole Earth Catalog*."

Inicialmente, tecnólogos e hippies não interagiam bem. Muita gente da contracultura considerava os computadores uma ameaça orwelliana, o domínio do Pentágono e da Estrutura de Poder. Em *The myth of the machine* [O mito da máquina], o historiador Lewis Mumford advertia que os computadores estavam sugando nossa liberdade e destruindo "valores que realçavam a vida". Uma advertência nos cartões perfurados da época — "não dobre nem enrole ou danifique" — tornou-se uma frase irônica da esquerda contrária à Guerra do Vietnã.

Mas, no início dos anos 1970, uma mudança de mentalidade já estava em andamento. "A computação deixou de ser considerada uma ferramenta de controle burocrático para ser adotada como um símbolo de expressão individual e libertação", escreveu John Markoff em seu estudo sobre a convergência da contracultura com a indústria de computadores, *What the dormouse said* [O que o arganaz disse]. Era um éthos cantado no poema de Richard Brautigan de 1967, "All watched over by machines of loving grace" [Tudo observado por máquinas de graça amorosa], e a fusão "cyberdélica" foi sacramentada quando Timothy Leary declarou que os computadores pessoais eram o novo LSD e revisou seu famoso mantra para proclamar: "Ligue, inicie, conecte". O músico Bono, que mais tarde se tornou amigo de Jobs, discutiu muitas vezes com ele porque o pessoal imerso na contracultura rebelde do rock e das drogas da Bay Area acabou ajudando a criar a indústria dos computadores pessoais. "As pessoas que inventaram o século XXI eram hippies que fumavam maconha, andavam de sandálias e eram da Costa Oeste, como Steve, porque viam as coisas de forma diferente", diz ele. "Os sistemas hierárquicos da Costa Leste, da Inglaterra, da Alemanha e do Japão não estimulam esse pensamento diferente. Os anos 60 produziram uma mentalidade anárquica que é ótima para imaginar um mundo que ainda não existe."

Uma pessoa que encorajou os cidadãos da contracultura a compartilhar da mesma causa dos hackers foi Stewart Brand. Visionário travesso que gerou diversão e ideias ao longo de muitas décadas, Brand participou no início dos anos 1960 de um dos primeiros estudos sobre LSD em Palo Alto. Ele se uniu a seu companheiro de assunto Ken Kesey para produzir em 1966 o Trips Festival (uma celebração do LSD), apareceu na cena de abertura de O teste do ácido de refresco elétrico, de Tom Wolfe, e trabalhou com Doug Engelbart para criar uma apresentação seminal de som e luz de novas tecnologias chamada "A mãe de todas as demos". "A maioria das pessoas da nossa geração desprezava os computadores como a personificação de controle centralizado", Brand observou mais tarde. "Mas um contingente minúsculo — chamado depois de hackers — aderiu aos computadores e começou a transformá-los em instrumentos de libertação. Isso veio a ser o verdadeiro caminho real para o futuro."

Brand era dono da Whole Earth Truck Store, que começou como um caminhão itinerante que vendia ferramentas descoladas e materiais educativos; em 1968, ele decidiu ampliar seu alcance com o The Whole Earth Catalog. Em sua primeira capa estava a famosa foto da Terra tirada do espaço, e seu subtítulo era "acesso às ferramentas". A filosofia subjacente era que a tecnologia podia ser nossa amiga. Como escreveu Brand na primeira página da primeira edição: "Um campo de poder íntimo e pessoal está se desenvolvendo — poder do indivíduo de conduzir sua própria educação, encontrar sua própria inspiração, dar forma ao seu próprio ambiente e compartilhar sua aventura com quem quer que esteja interessado. O Whole Earth Catalog procura e promove ferramentas que ajudam nesse processo". Em seguida, vinha um poema de Buckminster Fuller que começava assim: "Vejo Deus nos instrumentos e mecanismos que funcionam de forma confiável".

Jobs se tornou fã da publicação. Gostou particularmente da última edição, que saiu em 1971, quando ele ainda estava no colégio, e a levou consigo para a faculdade e depois para a All One Farm. "Na quarta capa da edição final havia a fotografia de uma estrada de interior no início da manhã, do tipo em que você poderia se ver pedindo carona se fosse um aventureiro. Abaixo, estavam as palavras: 'Continue faminto. Continue louco'." Brand considera Jobs uma das encarnações mais puras da mistura cultural que o catálogo procurava celebrar. "Steve está exatamente na junção de contracultura e tecnologia", diz. "Ele tem a noção de ferramentas para uso humano."

O catálogo de Brand foi publicado com a ajuda do Portola Institute, uma fundação dedicada ao campo então incipiente do ensino de informática. A fundação também ajudou na criação da People's Computer Company, que não era de forma alguma uma empresa, mas um boletim de notícias e uma organização cujo lema era "o poder do computador para o povo". Havia jantares ocasionais nas noites de quarta-feira em que as pessoas levavam comida, e dois dos frequentadores — Gordon French e Fred Moore — resolveram criar um clube mais formal, em que as notícias sobre aparelhos eletrônicos pessoais pudessem ser compartilhadas.

Eles ganharam impulso com o número de janeiro de 1975 da *Popular Mechanics*, que tinha na capa o kit do primeiro computador pessoal, o Altair. O Altair não tinha grandes méritos — era apenas um monte de peças que custavam 495 dólares e precisavam ser soldadas numa placa que então faria pouca coisa —, mas, para aficionados e hackers, ele anunciava a aurora de uma nova era. Bill Gates e Paul Allen leram a revista e começaram a trabalhar em uma versão do BASIC para o Altair. A máquina também chamou a atenção de Jobs e Wozniak. E, quando uma cópia revisada do Altair chegou à People's Computer Company, ela se tornou a peça central para a primeira reunião do clube que French e Moore haviam decidido lançar.

O HOMEBREW COMPUTER CLUB

O grupo ficou conhecido como Homebrew Computer Club [Clube do computador feito em casa], e sintetizava a fusão do Whole Earth entre a contracultura e a tecnologia. O clube viria a ser para o computador pessoal algo parecido com o que o café Turk's Head foi para a época do dr. Johnson, um lugar de troca e disseminação de ideias. Moore escreveu o folheto que anunciava a primeira reunião, realizada em 5 de março de 1975, na garagem de French, cm Menlo Park: "Você está construindo seu próprio computador? Terminal, tevê, máquina de escrever?", perguntava o texto. "Se sim, você talvez goste de ir a uma reunião de pessoas com interesses afins."

Allen Baum viu o folheto no quadro de avisos da HP e chamou Wozniak, que concordou em acompanhá-lo. "Aquela acabou por ser uma das noites mais importantes da minha vida", lembrou Wozniak. Cerca de outras trinta pessoas apareceram, transbordando da porta aberta da garagem de French, e elas se revezavam descrevendo seus interesses. Wozniak, que mais tarde admitiu estar extremamente nervoso, disse que gostava de "videogames, filmes pagos para hotéis, projeto de calculadora científica e projeto de terminal de tevê", de acordo com a ata preparada por Moore. Houve uma demonstração do novo Altair, porém mais importante para Wozniak foi ver a folha de especificações para um microprocessador.

Enquanto pensava em um microprocessador — um chip que tivesse uma unidade de processamento central inteira —, Wozniak teve um insight. Ele havia projetado um terminal, com teclado e monitor, que se conectaria a um minicomputador distante. Usando um microprocessador, ele poderia colocar uma parte da capacidade do minicomputador dentro do próprio terminal, para que este pudesse se tornar um computador autônomo pequeno sobre uma mesa. Foi uma ideia duradoura: teclado, tela e computador, todos juntos em um pacote integrado pessoal. "Esta visão completa de um computador pessoal simplesmente estalou na minha cabeça", diz ele. "Naquela noite, comecei a esboçar no papel o que mais tarde se tornaria conhecido como o Apple I."

De início, ele planejava usar o mesmo microprocessador que havia no Altair, um Intel 8080. Mas cada um deles "quase custava mais do que a minha renda mensal", então procurou uma alternativa. Encontrou-a no Motorola 6800, que um amigo na HP conseguiu por quarenta dólares cada. Depois, descobriu um chip feito pela MOS Technologies, que era eletronicamente o mesmo, mas custava apenas vinte dólares. Isso tornaria sua máquina acessível, mas teria um custo de longo prazo. Os chips da Intel acabaram por se tornar o padrão da indústria, o que atormentou a Apple quando seus computadores eram incompatíveis com eles.

Todos os dias, depois do trabalho, Wozniak ia para casa, jantava um prato congelado e voltava para seu computador na HP. Espalhava as peças em seu cubículo, descobria onde colocá-las e as soldava na placa-mãe. Depois, começou a escrever o software que faria o microprocessador exibir imagens na tela. Como não tinha dinheiro para pagar por tempo de uso de computador, escrevia o código manualmente. Passados alguns meses, estava pronto para testá-lo. "Digitei algumas teclas do teclado e fiquei chocado! As letras apareceram na tela." Era um domingo, 29 de junho de 1975, um marco para o computador pessoal. "Foi a primeira vez na história que alguém digitou uma letra em um teclado e a viu aparecer na tela de seu computador, bem na sua frente", Wozniak disse mais tarde.

Jobs ficou impressionado. Ele metralhou Wozniak com perguntas. O computador poderia entrar em rede? Era possível adicionar um disco de armazenamento de memória? Também começou a ajudar Woz a obter componentes. Particularmente importantes eram os chips de memória dinâmica de acesso aleatório. Jobs fez alguns telefonemas e conseguiu de graça alguns da Intel. "Steve é exatamente esse tipo de pessoa", diz Wozniak. "Quer dizer, ele sabia como falar com um representante de vendas. Eu jamais poderia ter feito isso. Sou tímido demais."

Jobs começou a frequentar com Wozniak as reuniões do Homebrew, carregando o monitor de tevê e ajudando a montar os equipamentos. As reuniões atraíam agora mais de cem entusiastas e haviam sido transferidas para o auditório do Stanford Linear Accelerator Center, onde eles haviam achado os manuais do sistema de telefone que lhes permitira construir a Caixa Azul. Presidindo as reuniões com um ponteiro e de maneira informal estava Lee Felsenstein, outra personificação da fusão entre os mundos da informática e da contracultura. Ele havia abandonado o curso de engenharia, participava do Movimento de Livre Manifestação e era um militante contra a guerra. Havia escrito para o jornal alternativo *Berkeley Barb* e depois voltara a estudar para ser engenheiro de computação.

Felsenstein começava cada reunião com uma sessão de "mapeamento" com comentários rápidos, seguidos por uma apresentação formal por um aficionado designado, e terminava com uma sessão de "acesso aleatório" em que todos circulavam, interrogavam pessoas e realizavam contatos. Em geral, Woz era tímido demais para falar nas reuniões, mas depois as pessoas se reuniam em torno de sua máquina e ele mostrava orgulhosamente seu progresso. Moore tentara incutir no Homebrew uma ética de troca e partilha, em vez de comércio. "O lema do clube era dar para ajudar os outros", diz Woz. Era uma expressão da ética hacker de que a informação devia ser livre e não se devia confiar em nenhuma autoridade. "Projetei o Apple I porque queria dá-lo para outras pessoas", diz Wozniak.

Tratava-se de um ponto de vista que Bill Gates não defendia. Depois que ele e Paul Allen terminaram seu intérprete BASIC para o Altair, Gates ficou horrorizado ao ver que membros do Homebrew estavam fazendo cópias dele e o compartilhavam sem lhe pagar. Então, escreveu o que se tornaria uma famosa carta para o clube: "Como a maioria dos aficionados deve estar ciente, a maioria de vocês rouba seus softwares. Isso é justo? [...] Uma coisa que vocês fazem é impedir que bons programas sejam escritos. Quem pode se dar ao luxo de fazer um trabalho profissional de graça? [...] Gostaria muito de receber cartas de quem queira pagar".

Do mesmo modo, Steve Jobs não abraçava a ideia de que as criações de Wozniak — fossem uma Caixa Azul ou um computador — deveriam ser gratuitas. Então, convenceu Wozniak a deixar de dar cópias de seus esquemas. De qualquer modo, a maioria das pessoas não tinha tempo para construí-los, Jobs argumentou. "Por que não construímos e vendemos placas de circuito impresso para eles?" Era um exemplo da simbiose entre os dois. "Toda vez que eu projetava algo grande, Steve encontrava uma maneira de ganhar dinheiro para nós", diz Wozniak. Ele admite que jamais teria, por conta própria, pensado em fazer isso. "Nunca me passou pela cabeça vender computadores", lembra. "Foi Steve quem disse: 'Vamos mantê-los no ar e vender alguns'."

Jobs elaborou um plano para pagar um cara que conhecia na Atari para desenhar as placas de circuito e, depois, imprimir cerca de cinquenta. Isso custaria aproximadamente mil dólares, mais os honorários do designer. Eles poderiam vendê-las por quarenta dólares cada e talvez obter um lucro de setecentos dólares. Wozniak duvidava que conseguissem vender todas. "Eu não via como iríamos obter nosso dinheiro de volta", lembra. Ele já estava com problemas com seu senhorio por causa de cheques sem fundo e agora tinha de pagar todos os meses em dinheiro.

Jobs sabia como apelar a Wozniak. Ele não argumentava que ganhariam um dinheiro certo, mas sim que teriam uma aventura divertida. "Mesmo que a gente perca dinheiro, teremos uma empresa", disse Jobs enquanto andavam em sua Kombi. "Pela primeira vez na vida, teremos uma empresa." Isso era tentador para Wozniak, mais ainda do que a perspectiva de ficar rico. Como ele recorda: "Fiquei entusiasmado ao pensar em nós daquele jeito. Dois grandes amigos começando uma empresa. Uau! Eu soube no ato que faria isso. Como não fazer?".

A fim de levantar o dinheiro de que precisavam, Wozniak vendeu sua calculadora HP 65 por quinhentos dólares, embora o comprador tenha no fim das contas pago a metade disso. Jobs, por sua vez, vendeu a Kombi por 1500 dólares. Seu pai lhe recomendara que não a comprasse, e Jobs teve de admitir que ele tinha razão. Acabou por ser um veículo lamentável. Com efeito, a pessoa que o comprou voltou duas semanas depois e disse que o motor havia quebrado. Jobs concordou em pagar a metade do conserto. Apesar desses pequenos contratempos, tinham agora, incluindo suas pequenas poupanças, cerca de 1300 dólares em capital de giro, o projeto de um produto e um plano. Eles iriam começar uma empresa própria de computadores.

NASCE A APPLE

Agora que tinham decidido abrir um negócio, eles precisavam de um nome. Jobs estivera na All One Farm, onde participara da poda das macieiras Gravenstein, e Wozniak foi buscá-lo no aeroporto. No caminho para Los Altos, trocaram ideias sobre algumas opções. Pensaram em algumas palavras típicas da tecnologia, como Matrix, e em alguns neologismos, como Executek, além de nomes simples e desinteressantes, como Personal Computers Inc. O prazo para a decisão terminava no dia seguinte, quando Jobs queria começar a tratar dos documentos. Por fim, Jobs propôs Apple Computer. "Eu estava em uma das minhas dietas frugívoras. Tinha acabado de voltar da fazenda de maçãs. O nome parecia divertido, espirituoso e não intimidante. Apple tirava a aresta da palavra computador. Além disso, nos poria à frente da Atari na lista telefônica." Ele disse a Wozniak que, se não aparecesse um nome melhor até a tarde do dia seguinte, ficariam com Apple. E ficaram.

Apple. Foi uma escolha inteligente. A palavra instantaneamente lembrava amabilidade e simplicidade. Conseguia ser ao mesmo tempo um pouco extravagante e tão normal quanto uma fatia de torta. Tinha um sopro de contracultura, de retorno à natureza, mas nada poderia ser mais americano. E as duas palavras juntas — Apple Computer — provocavam uma disjunção divertida. "Não faz muito sentido", diz Mike Markkula, que logo depois se tornou o primeiro presidente do conselho da nova empresa. "Então força seu cérebro a se demorar nelas. Maçãs e computadores não combinam! Isso nos ajudou a tornar a marca mais reconhecida."

Wozniak ainda não estava pronto para se comprometer em tempo integral. No fundo, ele era um homem da HP, ou assim pensava, e queria manter seu trabalho diurno na empresa. Jobs percebeu que precisava de um aliado para ajudar a encurralar Wozniak e desempatar se houvesse desacordos. Então recrutou seu amigo Ron Wayne, o engenheiro de meia-idade da Atari que tivera uma empresa de máquinas caça-níqueis.

Wayne sabia que não seria fácil fazer Wozniak deixar a HP, medida que nem era necessária de imediato. Em vez disso, a chave era convencê-lo de que seus projetos de computador seriam de propriedade da Apple. "Woz tinha uma atitude de pai em relação aos circuitos que desenvolvia e queria poder usá-los em outros aplicativos ou deixar a HP usá-los", diz Wayne. "Jobs e eu percebemos que esses circuitos seriam o núcleo da Apple. Passamos duas horas em uma discussão no meu apartamento, e consegui fazer Woz aceitar isso." Seu argumento era que um grande engenheiro somente seria lembrado caso se unisse a um grande comerciante, e isso exigia que ele entregasse seus projetos à sociedade. Jobs ficou tão impressionado e grato que ofereceu a Wayne uma participação de 10% na nova sociedade, transformando-o em seu Pete Best* da Apple e, mais especificamente, em um desempatador se Jobs e Wozniak discordassem sobre uma questão.

"Eles eram muito diferentes, mas formavam uma equipe poderosa", diz Wayne. Às vezes, Jobs parecia ser impulsionado por demônios, enquanto Woz parecia um ingênuo manipulado pelos anjos. Jobs tinha uma fanfarrice que o ajudava a fazer com que as coisas acontecessem, às vezes manipulando as pessoas. Ele podia ser carismático, até mesmo hipnotizante, mas também frio e brutal. Wozniak, por outro lado, era tímido e socialmente desajeitado, o que o fazia parecer infantilmente doce. "Woz é muito brilhante em algumas áreas, mas é quase como se tivesse síndrome de savant, pois era muito retardado quando se tratava de lidar com pessoas que não conhecia", disse Jobs. "Formávamos um bom par." Ajudava um pouco o fato de que Jobs admirava a magia de Wozniak na engenharia e Wozniak admirava o impulso de Jobs para os negócios. "Eu nunca quis lidar com gente e pisar em calos, mas Steve era capaz de chamar pessoas que ele não conhecia e fazê-las realizar coisas", diz Wozniak. "Ele era capaz de ser duro com as pessoas que achava que não eram inteligentes, mas nunca me tratou com grosseria, mesmo anos mais tarde, quando talvez eu não conseguisse responder a uma pergunta tão bem quanto ele queria."

Mesmo depois de Wozniak ter concordado que seu novo projeto de computador deveria tornar-se propriedade da Apple, ele achava que tinha de oferecê-lo primeiro à HP, já que trabalhava lá. "Eu acreditava que era meu dever contar à HP sobre o que eu tinha projetado enquanto trabalhava para eles. Era a coisa certa e a coisa ética", diz Wozniak. Desse modo, ele fez uma demonstração da máquina

* Pete Best foi o primeiro baterista dos Beatles, substituído em 1962 por Ringo Starr. (N. T.)

para seu chefe e gerentes seniores, na primavera de 1976. O executivo sênior presente à reunião ficou impressionado — e deu mostras de estar dividido —, mas disse por fim que não se tratava de algo que a HP pudesse desenvolver. Era um produto para amadores, pelo menos por enquanto, e não se encaixava nos segmentos de mercado de alta qualidade da empresa. "Fiquei decepcionado", Wozniak recorda, "mas agora eu estava livre para entrar na sociedade da Apple."

Em 1º de abril de 1976, Jobs e Wozniak foram ao apartamento de Wayne, em Mountain View, para elaborar o acordo da sociedade. Wayne disse que tinha alguma experiência em "escrever em juridiquês", então redigiu ele mesmo o documento de três páginas. Em seu "juridiquês", deu o melhor de si. Parágrafos começavam com floreios variados: "Note-se por meio deste instrumento [...]. Note-se ainda por meio deste instrumento [...]. Tendo entre si justos e contratantes [*sic*], em consideração às respectivas atribuições de interesses [...]". Mas a divisão de ações e lucros estava clara — 45%, 45% e 10% — e ficava estipulado que qualquer gasto de mais de cem dólares exigiria acordo de pelo menos dois dos sócios. Além disso, as responsabilidades eram definidas. "Wozniak assumirá a responsabilidade geral e principal pela condução de engenharia elétrica; Jobs assumirá a responsabilidade geral de engenharia elétrica e de marketing, e Wayne assumirá a responsabilidade principal pela engenharia mecânica e documentação." Jobs assinou com letras minúsculas, Wozniak em cursivo cuidadoso e Wayne com um rabisco ilegível.

Wayne então se acovardou. Quando Jobs começou com planos de fazer um empréstimo e gastar mais dinheiro, ele se lembrou do fracasso de sua firma. Não queria passar por aquilo de novo. Jobs e Wozniak não tinham bens pessoais, mas Wayne (que se preocupava com um Armagedom financeiro mundial) tinha moedas de ouro escondidas no colchão. Uma vez que tinham estruturado a Apple como uma sociedade simples, e não como uma sociedade anônima, os sócios seriam pessoalmente responsáveis pelas dívidas, e Wayne tinha medo que os possíveis credores fossem atrás dele. Então voltou à repartição do condado de Santa Clara onze dias depois com uma "declaração de retirada" e uma emenda ao acordo de sociedade. "Em virtude de uma reavaliação de entendimentos por e entre todas as partes", começava o documento, "Wayne deverá doravante deixar de funcionar no estatuto de 'sócio'." Dizia ainda que, em pagamento por seus 10% da companhia, ele recebeu oitocentos dólares e, pouco depois, mais 1500.

Se tivesse permanecido e mantivesse sua participação de 10%, ela valeria no final de 2010 aproximadamente 2,6 bilhões de dólares. Em vez disso, ele estava morando sozinho em uma pequena casa em Pahrump, Nevada, onde jogava em máquinas caça-níqueis de um centavo e sobrevivia com um cheque da previdência social. Ele afirma que não se arrepende. "Tomei a melhor decisão para mim naquele momento", diz. "Os dois eram verdadeiros redemoinhos, eu conhecia meu estômago e ele não estava preparado para um passeio daqueles."

Jobs e Wozniak subiram ao palco juntos para uma apresentação ao Homebrew Computer Club, pouco depois de terem registrado oficialmente a Apple. Wozniak mostrou uma de suas placas de circuito recém-produzidas e descreveu o microprocessador, os 8 kbs de memória e a versão do BASIC que tinha escrito. Enfatizou também o que chamou de principal item: "um teclado humano-digitável em vez de um estúpido e enigmático painel frontal, com um monte de luzes e chaves". Em seguida, foi a vez de Jobs. Ele ressaltou que o Apple, ao contrário do Altair, tinha todos os componentes essenciais embutidos. Depois, desafiou o público com uma pergunta: Quanto as pessoas estariam dispostas a pagar por aquela máquina maravilhosa? Era uma tentativa de levá-las a ver o incrível valor do computador Apple. Foi um arroubo retórico que ele usaria em apresentações de produtos ao longo das décadas seguintes.

A plateia não ficou muito impressionada. O Apple tinha um microprocessador barato, não o Intel 8080. Mas uma pessoa importante quis saber mais. Seu nome era Paul Terrell, e ele havia aberto em 1975 uma loja de informática, que chamou de Byte Shop, no Camino Real, em Menlo Park. Agora, um ano depois, tinha três lojas e a ideia de montar uma cadeia nacional. Jobs ficou entusiasmado ao fazer-lhe uma demonstração particular: "Dê uma olhada nisso, você vai gostar". Terrell ficou impressionado o suficiente para dar a Jobs e Woz seu cartão. "Mantenham contato", disse ele.

"Estou mantendo contato", Jobs anunciou no dia seguinte, quando entrou descalço na Byte Shop. Ele fez a venda. Terrell concordou em encomendar cinquenta computadores. Mas havia uma condição. Terrell não queria apenas placas de circuito impresso de cinquenta dólares, para as quais os clientes teriam de comprar todos os chips e fazer a montagem. Isso poderia atrair uns poucos aficionados radicais, mas não a maioria dos clientes. Em vez disso, queria que as placas estivessem totalmente montadas. Por esse tipo de coisa, estava disposto a pagar cerca de quinhentos dólares cada peça, em dinheiro, na entrega.

Jobs telefonou imediatamente para Wozniak na HP. "Você está sentado?", perguntou. Wozniak disse que não. Jobs, no entanto, tratou de lhe dar a notícia. "Fiquei chocado, completamente chocado", lembra Wozniak. "Nunca vou esquecer aquele momento."

Para dar conta da encomenda, eles precisavam de cerca de 15 mil dólares de peças. Allen Baum, o terceiro brincalhão da Homestead High, e seu pai concordaram em emprestar-lhes 5 mil. Jobs tentou fazer um empréstimo num banco de Los Altos, mas o gerente olhou para ele e, obviamente, recusou. Ele foi à loja de suprimentos Halted Specialties e ofereceu uma participação acionária na Apple em troca das peças, mas o proprietário concluiu que eles eram "um par de jovens de aparência desarrumada" e não topou. Alcorn, da Atari, venderia chips só se pagassem em dinheiro no ato. Por fim, Jobs conseguiu convencer o gerente da Cramer Electronics a telefonar para Paul Terrell para que este confirmasse que tinha realmente feito a tal encomenda de 25 mil dólares. Terrell estava numa conferência quando ouviu por um alto-falante que havia uma chamada de emergência para ele (Jobs havia sido persistente). O gerente da Cramer disse-lhe que dois garotos desarrumados tinham entrado na loja acenando com um pedido da Byte Shop. Era verdade? Terrell confirmou, e a loja concordou em vender as peças a Jobs com pagamento para trinta dias.

BANDA DE GARAGEM

A casa de Jobs em Los Altos se tornou o ponto de montagem para as cinquenta placas Apple I que tinham de ser entregues à Byte Shop em trinta dias, quando vencia o pagamento das peças. Todas as mãos disponíveis foram convocadas: Jobs e Wozniak, além de Daniel Kottke, sua ex-namorada, Elizabeth Holmes (que rompera com o culto ao qual havia aderido), e Patty, a irmã de Jobs, que estava grávida. O quarto desocupado dela, bem como a mesa da cozinha e a garagem foram requisitados para espaço de trabalho. Holmes, que tivera aulas de confecção de joias, recebeu a tarefa de soldar os chips. "Fiz bem a maioria, mas derramei fundente em alguns deles", diz ela. Isso não agradou a Jobs. "Não temos chips de sobra", reclamou, com razão. Ele a transferiu para a mesa da cozinha, para cuidar da contabilidade e da papelada, e passou ele mesmo a fazer a soldagem. Quando terminavam uma placa, entregavam-na para Wozniak. "Eu ligava cada placa montada na tevê e no teclado para testar e ver se funcionava", diz ele. "Se funcionasse, eu punha numa caixa. Se não, eu tentava descobrir qual pino não tinha entrado no encaixe correto."

Paul Jobs suspendeu sua atividade paralela de reparar carros antigos para que a turma da Apple pudesse usar toda a garagem. Pôs ali uma bancada de trabalho velha, pendurou um esquema do computador na nova parede de gesso que construiu e montou fileiras de gavetas marcadas para os componentes. Também construiu uma caixa com lâmpadas de aquecimento para que as placas de computador pudessem ser testadas em funcionamento durante a noite, a altas temperaturas. Quando havia uma explosão ocasional de mau humor, ocorrência não incomum quando o filho estava por perto, Paul Jobs transmitia um pouco de sua calma. "Qual é o problema?", dizia. "Você está com uma pena enfiada no rabo?" Em troca, ele às vezes pedia emprestado seu aparelho de tevê, o único da casa, para que pudesse assistir ao final de um jogo de futebol americano. Em alguns desses intervalos, Jobs e Kottke iam para o gramado e ficavam tocando violão.

A mãe de Jobs não se importava de perder a maior parte da casa para pilhas de peças e convidados, mas estava frustrada com as dietas cada vez mais bizarras do filho. "Ela fazia uma expressão de incredulidade diante de suas últimas obsessões alimentares", lembra Holmes. "Ela só queria que ele fosse saudável, e ele fazia pronunciamentos estranhos do tipo 'sou frugívoro e só comerei folhas colhidas por virgens ao luar'."

Depois que uma dúzia de placas montadas foram aprovadas por Wozniak, Jobs levou-as à Byte Shop. Terrell ficou um pouco desconcertado. Não havia nenhuma fonte de alimentação, caixa, monitor ou teclado. Ele esperava algo mais acabado. Mas Jobs lançou-lhe um olhar intimidante e ele concordou em aceitar a entrega e pagar.

Após trinta dias, a Apple estava à beira de se tornar rentável. "Conseguimos construir as placas a um custo menor do que pensávamos, porque fiz um bom negócio com as peças", lembrou Jobs. "Assim, as cinquenta que vendemos para a Byte Shop quase pagaram o material para todas as cem." Agora, eles podiam obter um lucro real com a venda das cinquenta restantes para seus amigos e colegas da Homebrew.

Elizabeth Holmes tornou-se oficialmente a contadora em tempo parcial, por quatro dólares a hora; vinha de carro de San Francisco uma vez por semana e descobria como migrar o talão de cheques de Jobs para um livro-razão. A fim de fazer o negócio parecer uma verdadeira empresa, Jobs contratou um serviço de atendimento telefônico, que depois transmitia as mensagens para o telefone de sua mãe. Ron Wayne desenhou um logotipo, usando o estilo de desenho ornamentado da ficção ilustrada vitoriana, que mostrava Newton sentado sob uma árvore emoldurado por uma citação de Wordsworth: "Uma mente para sempre viajando por mares estranhos do pensamento, sozinha". Era um lema bastante estranho, mais adequado à imagem que Ron Wayne tinha de si mesmo do que à Apple Computer. O melhor verso de Wordsworth talvez tivesse sido a descrição dos envolvidos no início da Revolução Francesa: "A felicidade era naquele amanhecer estar vivo/ Mas ser jovem era estar no céu!". Como Wozniak depois exultou: "Estávamos participando da maior revolução que já havia acontecido, pensei. Eu estava profundamente feliz em fazer parte daquilo".

Woz já tinha começado a pensar na próxima versão da máquina, então eles começaram a chamar o modelo existente de Apple I. Jobs e Woz subiam e desciam o Camino Real para tentar convencer as lojas de produtos eletrônicos a vendê-lo. Além dos cinquenta vendidos pela Byte Shop e de quase cinquenta vendidos para amigos, eles estavam fazendo outra centena para lojas de varejo. Não surpreendentemente, tinham impulsos contraditórios: Wozniak queria vendê-los quase pelo preço de custo, enquanto Jobs queria faturar um lucro sério. A vontade de Jobs prevaleceu. Ele escolheu um preço de varejo que era cerca de três vezes o que custava para montar as placas e uma margem de lucro de 33% sobre o preço de atacado de quinhentos dólares que Terrell e outras lojas pagavam. O resultado era 666,66 dólares. "Eu estava sempre nessa de repetir dígitos", diz Wozniak. "O número de telefone para o meu serviço de disque-piada era 255-6666." Nenhum deles sabia que 666 era o "número da besta" no Apocalipse, mas eles logo receberam queixas, especialmente depois que o 666 apareceu em *A profecia*, sucesso cinematográfico daquele ano. (Em 2010, um dos computadores originais Apple I foi vendido em leilão pela Christie's por 213 mil dólares.)

A primeira reportagem grande sobre a nova máquina apareceu na edição de julho de 1976 de *Interface*, uma revista para aficionados agora extinta. Jobs e seus amigos ainda montavam tudo à mão em sua casa, mas o artigo se referia a ele como "diretor de marketing" e "ex-consultor da Atari". A matéria fez a Apple parecer uma verdadeira empresa. "Steve se comunica com muitos dos clubes de computador para manter o dedo no batimento cardíaco desta indústria jovem", dizia o artigo, e citava-o explicando: "Se pudermos bater um papo sobre suas necessidades, sentimentos e motivações, poderemos responder adequadamente, dando-lhes o que querem".

Àquela altura, eles já tinham outros concorrentes, além do Altair, em especial o IMSAI 8080 e o SOL-20 da Processor Technology Corporation. Este último foi projetado por Lee Felsenstein e Gordon French, do Homebrew Computer Club. Todos tiveram a chance de participar de uma exibição durante o fim de semana do Dia do Trabalho de 1976,* quando se realizou o primeiro Festival Anual do Computador Pessoal, num velho hotel do então decadente calçadão de Atlantic City, Nova Jersey. Jobs e Wozniak embalaram em uma caixa de charuto o Apple I e em outra o protótipo do sucessor em que Woz estava trabalhando e tomaram um voo da TWA para a Filadélfia. Sentado na fileira atrás deles estava Felsenstein, que olhou para o Apple I e o considerou "completamente inexpressivo". Wozniak ficou nervoso com a conversa na fila de trás. "Podíamos ouvi-los falando em linguajar avançado de negócios, usando siglas que nunca tínhamos ouvido."

Wozniak passou a maior parte do tempo em seu quarto de hotel, aprimorando o novo protótipo. Ele era tímido demais para ficar na mesa de jogos designada para a Apple, perto do fundo da sala de exposições. Daniel Kottke tinha vindo de trem de Manhattan, onde agora frequentava Columbia, e cuidou da mesa, enquanto Jobs andava pelo salão para inspecionar a competição. O que ele viu não o impressionou. Wozniak, tranquilizou-se, era o melhor engenheiro de circuito, e o Apple I (e certamente seu sucessor) poderia vencer a concorrência em termos de funcionalidade. No entanto, o SOL-20 era mais bonito. Tinha uma caixa de metal lustroso, teclado e vinha com uma fonte de alimentação e cabos. Parecia ter sido produzido por adultos. O Apple I, por outro lado, tinha a aparência desalinhada de seus criadores.

---

* Nos Estados Unidos, comemorado na primeira segunda-feira de setembro. (N. T.)

6. O Apple II

O alvorecer de uma nova era

UM PACOTE INTEGRADO

Enquanto percorria o Festival do Computador Pessoal, Jobs chegou à conclusão de que Paul Terrell, da Byte Shop, tinha razão: os computadores pessoais deviam vir num pacote completo. E decidiu que o próximo Apple precisava ter um excelente invólucro, teclado incorporado e ser integrado de ponta a ponta, da fonte de alimentação ao software e ao monitor. "Minha ideia era criar o primeiro computador totalmente integrado", lembrou. "Nosso alvo não era mais um punhado de aficionados que gostavam de montar seus próprios computadores, que sabiam como comprar transformadores e teclados. Para cada um desses havia mil pessoas que desejavam uma máquina pronta para funcionar."

Em seu quarto de hotel, naquele fim de semana do Dia do Trabalho de 1976, Wozniak fez ajustes no protótipo da nova máquina — que se chamaria Apple II —, que, Jobs esperava, os levaria para o próximo nível. Tiraram o protótipo do quarto apenas uma vez, tarde da noite, para testá-lo na televisão de projeção em cores de uma das salas de conferências. Wozniak tinha descoberto uma maneira engenhosa de fazer os chips da máquina criar cores, e queria ver se isso daria certo com o tipo de televisão que usa um projetor para funcionar numa tela parecida com a de cinema. "Achei que o projetor poderia ter um circuito de cor diferente, que engasgaria com meu método de cor", lembra. "Então, liguei o Apple II ao projetor e ele funcionou perfeitamente." Enquanto ele digitava em seu teclado, linhas coloridas e redemoinhos explodiram na tela do outro lado da sala. O único estranho que viu esse primeiro Apple II foi o técnico do hotel. Ele disse que tinha olhado todas as máquinas, e aquela era a única que compraria.

Produzir o Apple II totalmente integrado exigiria uma quantidade significativa de capital, então eles pensaram em vender os direitos para uma empresa maior. Jobs visitou Al Alcorn e pediu uma chance de tentar vender o peixe para a direção da Atari. Ele marcou uma reunião com Joe Keenan, o presidente da empresa, que era muito mais conservador do que Alcorn e Bushnell. "Steve foi vê-lo, mas Joe não conseguiu suportá-lo", lembrou Alcorn. "Ele não gostou da higiene de Steve." Jobs estava descalço, e a certa altura pôs os pés para cima. "Não só não vamos comprar esta coisa", Keenan gritou, "como tire os pés da minha mesa!" Alcorn lembra de ter pensado: "Lá se vai essa possibilidade".

Em setembro, Chuck Peddle, da companhia de computadores Commodore, apareceu na casa de Jobs para ver uma demonstração. "Abrimos a garagem de Steve para a luz do sol, e ele entrou vestindo terno e um chapéu de caubói", lembra Wozniak. Peddle adorou o Apple II e organizou uma apresentação para os mandachuvas da empresa, algumas semanas depois, na sede da Commodore. "Vocês talvez queiram nos comprar por algumas centenas de milhares de dólares", disse Jobs quando chegaram lá. Wozniak se lembra de ter ficado chocado com essa sugestão "ridícula", mas Jobs persistiu. Os chefões da Commodore telefonaram poucos dias depois para dizer que haviam decidido que seria mais barato construir sua própria máquina. Jobs não ficou chateado. Ele havia pesquisado sobre a Commodore e concluíra que sua liderança era "sórdida". Wozniak não lamentou o dinheiro perdido, mas sua sensibilidade de engenheiro se ofendeu quando a empresa lançou o Commodore PET nove meses depois. "Aquilo meio que me deixou doente", disse ele. "Fizeram uma verdadeira porcaria de produto porque fizeram rápido demais. Eles poderiam ter ficado com o Apple."

O flerte com a Commodore trouxe à tona um conflito potencial entre Jobs e Wozniak: eles eram verdadeiramente iguais no que contribuíam para a Apple e no que deveriam tirar dela? Jerry Wozniak, que julgava o valor dos engenheiros maior que o de meros empresários e comerciantes, achava que seu filho deveria levar a maior parte do dinheiro. Ele questionou Jobs pessoalmente quando este foi visitá-lo. "Você não merece merda nenhuma", disse a Jobs. "Você não produziu nada." Jobs começou a chorar, o que não era incomum. Ele nunca tinha sido, e nunca seria, hábil para conter as emoções. Jobs disse a Steve Wozniak que estava disposto a desistir da parceria. "Se nós não estamos nisso meio a meio, você pode ficar com a coisa toda", disse ao amigo. Wozniak, no entanto, entendia melhor do que o pai a simbiose que havia entre eles. Se não fosse por Jobs, ele ainda poderia estar entregando de graça esquemas de suas placas no fundo das reuniões do Homebrew. Era Jobs que havia transformado seu gênio de geek em um negócio florescente, tal como fizera com a Caixa Azul. Ele concordou que deveriam permanecer sócios.

Foi um lance inteligente. Para fazer do Apple II um sucesso, seria preciso mais do que o fantástico design de circuitos de Wozniak. Seria necessário que ele se transformasse num produto de consumo totalmente integrado, e esse foi o papel de Jobs.

Ele começou por pedir ao seu antigo parceiro Ron Wayne para projetar uma caixa. "Imaginei que eles não tinham dinheiro, então fiz uma que não precisava de nenhum ferramental e poderia ser fabricada em uma máquina de metal comum", diz. Seu projeto pedia uma cobertura de acrílico presa por tiras de metal e uma porta de enrolar que deslizava sobre o teclado.

Jobs não gostou. Ele queria um design simples e elegante que diferenciasse o Apple das outras máquinas com suas caixas de metal cinza metálico. Ao percorrer os corredores do setor de aparelhos da Macy's, ficou impressionado com os processadores de alimentos Cuisinart e decidiu que queria um invólucro elegante, feito de plástico moldado leve. Em uma reunião do Homebrew, ofereceu ao consultor Jerry Manock 1500 dólares para produzir um design daquele tipo. Manock, em dúvida por causa da aparência de Jobs, pediu o dinheiro antecipado. Jobs recusou, mas Manock aceitou a tarefa mesmo assim. Em poucas semanas, ele produziu um invólucro simples de plástico moldado em espuma, que era sóbrio e exalava simpatia. Jobs ficou entusiasmado.

Em seguida, veio a fonte de alimentação. Geeks digitais como Wozniak davam pouca atenção a uma coisa tão mundana e analógica, mas Jobs concluiu que se tratava de um componente-chave. Em particular, ele queria — como faria em toda a sua carreira — fornecer energia de uma maneira que evitasse a necessidade de um ventilador. Ventiladores dentro de computadores não eram zen. Eles distraíam a atenção. Jobs passou pela Atari para consultar Alcorn, que conhecia a antiquada engenharia elétrica. "Al me encaminhou para um sujeito brilhante chamado Rod Holt, um marxista e fumante inveterado que passara por muitos casamentos e era especialista em tudo", lembrou Jobs. Como Manock e outros que encontravam Jobs pela primeira vez, Holt deu uma olhada nele e não acreditou. "Eu sou caro", disse. Jobs pressentiu que ele valia a pena e retrucou que o custo não era problema. "Ele simplesmente me enganou para me fazer trabalhar", disse Holt, que acabou entrando para a Apple em tempo integral.

Em vez de uma fonte de alimentação linear convencional, Holt construiu uma comutável, como aquelas usadas em osciloscópios e outros instrumentos. Isso significava que ela ligava e desligava a energia não sessenta vezes por segundo, mas milhares de vezes, o que possibilitava armazenar a energia por muito menos tempo e, assim, liberar menos calor. "Essa fonte de alimentação comutável era tão revolucionária quanto a placa lógica do Apple II", Jobs disse mais tarde. "Rod não recebe muito crédito por isso nos livros de história, mas deveria. Todos os computadores usam agora fontes de alimentação comutáveis, e todos roubam o projeto de Rod." Apesar de todo o brilho de Wozniak, isso era algo que ele não poderia ter feito. "Eu só sabia vagamente o que era uma fonte de alimentação comutável", diz.

O pai de Jobs havia lhe ensinado que a busca da perfeição significava se preocupar com o artesanato até mesmo das partes invisíveis. Jobs aplicou isso ao layout da placa de circuito no interior do Apple II. Ele rejeitou o projeto inicial porque as linhas não eram suficientemente retas.

Essa paixão pela perfeição levou Jobs a saciar seu instinto controlador. A maioria dos hackers e aficionados gostava de personalizar, modificar e conectar coisas diferentes em seus computadores. Para Jobs, isso era uma ameaça para uma experiência de usuário ininterrupta de ponta a ponta. Wozniak, no fundo um hacker, discordou. Ele queria incluir oito slots no Apple II para que os usuários pudessem inserir as placas de circuito menores e os periféricos que quisessem. Jobs insistia em que houvesse apenas dois, para uma impressora e um modem. "Normalmente, sou uma pessoa fácil de conviver, mas dessa vez eu disse: 'Se é isso que você quer, vá arranjar outro computador'", lembrou Wozniak. "Eu sabia que gente como eu acabaria por inventar coisas para adicionar a qualquer computador." Wozniak venceu a discussão dessa vez, mas sentia que seu poder estava em declínio. "Na época, eu estava em posição de fazer isso. Nem sempre estaria."

MIKE MARKKULA

Tudo isso exigia dinheiro. "A ferramentaria do invólucro de plástico ia custar algo como 100 mil dólares", contou Jobs. "Só pôr essa coisa toda em produção ia custar tipo 200 mil." Ele voltou a Nolan Bushnell, dessa vez para levá-lo a investir algum dinheiro e ficar com uma participação acionária minoritária. "Ele me perguntou se eu poria 50 mil dólares e ele me daria um terço da empresa", conta Bushnell. "Eu era tão esperto que disse não. É meio engraçado pensar nisso, quando não estou chorando."

Bushnell sugeriu que Jobs tentasse Don Valentine, um honesto e franco ex-gerente de marketing da National Semiconductor que tinha fundado a Sequoia Capital, firma pioneira de capital de risco. Valentine chegou à garagem de Jobs numa Mercedes, de terno azul, camisa de colarinho abotoado e gravata de repes. Bushnell recorda que ele telefonou logo depois e perguntou, meio sério, meio de brincadeira: "Por que você me mandou para esses renegados da raça humana?". Valentine diz que não lembra muito bem dessa frase, mas admite que achou que Jobs tinha aparência e cheiro estranhos: "Steve tentava ser a personificação da contracultura. Tinha uma barba rala, era muito magro e parecia Ho Chi Minh".

Valentine, no entanto, não se tornou um importante investidor do Vale do Silício por confiar em primeiras impressões. O que mais o incomodava era que Jobs não entendia nada de marketing e parecia se contentar em mascatear produtos de loja em loja de eletrônicos. "Se quer que eu o financie", Valentine lhe disse, "você precisa ter um sócio que entenda de marketing e distribuição e possa definir um plano de negócios." Jobs tendia a ser irritadiço ou solícito quando pessoas mais velhas lhe ofereciam conselhos. Com Valentine, reagiu com calma. "Mande-me três sugestões", respondeu. Valentine passou os nomes, Jobs se encontrou com as pessoas indicadas e escolheu uma delas — um homem chamado Mike Markkula, que acabaria desempenhando um papel fundamental na Apple nas duas décadas seguintes.

Markkula tinha apenas 33 anos, mas já estava aposentado depois de ter trabalhado na Fairchild e na Intel, onde ganhou milhões com suas opções de ações quando a fabricante de chips abriu o capital. Era um homem cauteloso e astuto, com os movimentos precisos de alguém que tinha sido ginasta na escola, e se destacava por descobrir estratégias de preços, redes de distribuição, marketing e financiamento. Apesar de ser levemente reservado, tinha um lado exibido quando se tratava de usufruir sua riqueza recém-adquirida. Construiu uma casa em Lake Tahoe e mais tarde uma mansão de tamanho exagerado nas colinas de Woodside. Quando apareceu para seu primeiro encontro na garagem de Jobs, não estava numa Mercedes escura como Valentine, mas num Corvette conversível dourado que rebrilhava. "Quando cheguei à garagem, Woz estava na bancada e imediatamente começou a mostrar o Apple II", lembrou Markkula. "Deixei de lado o fato de que os dois caras precisavam de um corte de cabelo e fiquei espantado com o que vi naquela bancada. Cabelo você corta a qualquer hora."

Jobs gostou imediatamente de Markkula. "Ele era baixo e tinha sido preterido para o mais alto cargo de marketing da Intel, e suspeito que isso o fez querer provar seu valor." Ele também achou Jobs decente e justo. "Dava para ver que, se ele pudesse ferrar com você, não ferraria. Ele tinha um verdadeiro senso moral." Wozniak ficou igualmente impressionado: "Achei que ele era a pessoa mais legal do mundo. Melhor ainda, ele realmente gostou do que a gente tinha!".

Markkula propôs a Jobs que escrevessem juntos um plano de negócios: "Se a coisa sai bem, vou investir; se não, você fica com algumas semanas do meu tempo de graça". Jobs começou a ir à casa de Markkula à noite, quando especulavam em torno de projetos e conversavam durante horas. "Fizemos muitas pressuposições, como sobre quantas famílias teriam um computador pessoal, e havia noites que íamos até as quatro", lembrou Jobs. Markkula acabou escrevendo a maior parte do plano. "Steve dizia: 'Vou lhe trazer esta seção na próxima vez', mas geralmente não cumpria o prazo, então acabei fazendo a coisa."

O plano de Markkula previa maneiras de ir além do mercado dos aficionados. "Ele falava sobre introduzir o computador para pessoas comuns em casas comuns, fazendo coisas como organizar suas receitas culinárias favoritas ou controlar o talão de cheques", relembra Wozniak. Markkula fez uma previsão maluca: "Estaremos entre as quinhentas empresas da *Fortune* em dois anos. Este é o começo de uma indústria. Isso acontece uma vez a cada década". Levaria sete anos para que a Apple entrasse nas quinhentas da *Fortune*, mas o espírito de previsão de Markkula foi certeiro.

Markkula ofereceu-se para garantir uma linha de crédito de até 250 mil dólares em troca de uma participação acionária de um terço. A Apple formaria uma sociedade anônima, e ele, Jobs e Wozniak ficariam cada um com 26% das ações. O resto seria reservado para atrair futuros investidores. Os três se encontraram na cabana junto à piscina de Markkula e selaram o acordo. "Achei improvável que Mike viesse a ter aqueles 250 mil de volta e fiquei impressionado em como ele estava disposto a arriscar", lembrou Jobs.

Agora era necessário convencer Wozniak a embarcar em tempo integral. "Por que não posso continuar fazendo isso nas horas vagas e ficar na HP para ter um emprego seguro para o resto da vida?", perguntou ele. Markkula disse que isso não iria dar certo e lhe deu um prazo de alguns dias para decidir. "Eu me sentia muito inseguro em abrir uma empresa onde eu deveria pressionar as pessoas e controlar o que elas faziam", lembrou Wozniak. "Eu decidira havia muito tempo que nunca me tornaria alguém com autoridade." Então, ele foi à cabana de Markkula e anunciou que não deixaria a HP.

Markkula deu de ombros e disse o.k. Mas Jobs ficou muito contrariado. Ligou para Wozniak e o adulou. Fez com que amigos tentassem convencê-lo. Chorou, gritou e teve ataques. Chegou a ir até a casa dos pais de Wozniak, caiu em prantos e pediu a ajuda de Jerry Wozniak. Àquela altura, o pai de Woz já percebera que havia um bom dinheiro a ser ganho com a exploração do Apple II e ficou do lado de Jobs. "Comecei a receber telefonemas no trabalho e em casa, do meu pai, minha mãe, meu irmão e vários amigos", conta Wozniak. "Todos diziam que eu tinha tomado a decisão errada." Nada disso funcionou. Então, Allen Baum — colega deles do clube Buck Fry, na Homestead High — telefonou. "Você realmente deve ir em frente e largar a HP", disse. Seu argumento era que, se ele entrasse para a Apple em tempo integral, não teria de entrar na administração ou desistir de ser engenheiro. "Era exatamente o que eu precisava ouvir", diz Wozniak. "Eu poderia ficar na parte inferior do organograma, como engenheiro." Ele telefonou a Jobs e declarou que agora estava pronto para embarcar.

Em 3 de janeiro de 1977, a nova empresa — Apple Computer Co. — foi oficialmente criada e comprou a antiga sociedade que havia sido formada por Jobs e Wozniak nove meses antes. Poucas pessoas notaram. Naquele mês, o Homebrew fez uma pesquisa entre seus membros e concluiu que, dos 181 que possuíam computadores pessoais, apenas seis tinham um Apple. Jobs estava convencido, no entanto, de que o Apple II mudaria esse panorama.

Markkula se tornaria uma figura paterna para Jobs. Tal como seu pai adotivo, ele seria complacente com o temperamento voluntarioso de Jobs e, tal como seu pai biológico, acabaria por abandoná-lo. "Markkula foi o máximo de relação pai-filho que Steve teve", diz o capitalista de risco Arthur Rock. Ele começou a instruir Jobs sobre marketing e vendas. "Mike realmente tomou-me sob sua asa", diz Jobs. "Seus valores eram muito semelhantes aos meus. Ele enfatizava que nunca se deve abrir uma empresa com o objetivo de ficar rico. O objetivo deve ser fazer algo em que se acredita e fazer uma empresa que dure."

Markkula escreveu seus princípios em um documento de uma página intitulado "A filosofia de marketing da Apple", que destacava três pontos. O primeiro era *empatia*, uma conexão íntima com os sentimentos do cliente. "Nós vamos realmente entender suas necessidades melhor do que qualquer outra empresa." O segundo era *foco*. "Com o objetivo de fazer um bom trabalho das coisas que decidirmos fazer, devemos ignorar todas as oportunidades sem importância."

O terceiro e igualmente importante princípio, batizado com um nome canhestro, era *imputar*. Dizia respeito ao modo como as pessoas formam uma opinião sobre uma empresa ou um produto com base nos sinais que eles transmitem. "As pessoas DE FATO julgam um livro pela capa", escreveu Markkula. "Podemos ter o melhor produto, a qualidade mais alta, o software mais útil etc.; se o apresentarmos de uma maneira desleixada, ele será percebido como desleixado; se o apresentarmos de uma maneira criativa, profissional, vamos *imputar* as qualidades desejadas."

Pelo resto de sua carreira, Jobs se preocuparia, às vezes obsessivamente, com o marketing e a imagem e até mesmo com os detalhes da embalagem. "Quando você abre a caixa de um iPhone ou iPad, queremos que a experiência tátil defina o tom de como você percebe o produto", disse ele. "Mike me ensinou isso."

REGIS MCKENNA

Um primeiro passo desse processo era convencer o principal publicitário do vale, Regis McKenna, a fazer um trabalho para a Apple. McKenna vinha de uma grande família operária de Pittsburgh, e havia entranhada em seus ossos uma frieza de aço que ele recobria com um manto de charme. Havia abandonado a faculdade e trabalhado para a Fairchild e a National Semiconductor antes de abrir sua firma de relações públicas e publicidade. Suas duas especialidades eram distribuir entrevistas exclusivas com seus clientes a jornalistas que ele havia cultivado e inventar campanhas publicitárias memoráveis que criavam consciência de marca para produtos como microchips. Uma dessas campanhas era composta de uma série de anúncios pitorescos para a Intel, veiculados em revistas, que mostravam carros de corrida e fichas de pôquer, em vez dos habituais e desinteressantes gráficos de desempenho. Os anúncios chamaram a atenção de Jobs. Ele telefonou para a Intel e perguntou quem os havia criado. "Regis McKenna", informaram. "Perguntei a eles o que era Regis McKenna e me disseram que era uma pessoa." Quando Jobs ligou, não conseguiu chegar até McKenna; foi transferido para Frank Burge, um gerente de contas, que tentou se livrar dele. Jobs passou a telefonar quase todos os dias.

Quando finalmente concordou em ir até a garagem de Jobs, Burge se lembra de ter pensado: "Santo Deus, esse cara vai ser qualquer coisa. Qual será a menor quantidade de tempo que posso perder com esse palhaço sem ser grosseiro?". Então, ao deparar com a figura suja e desgrenhada de Jobs, duas coisas chamaram sua atenção. "Primeiro, ele era um jovem incrivelmente inteligente. Segundo, não entendi um quinquagésimo do que ele estava falando."

Desse modo, Jobs e Wozniak foram convidados a ter uma reunião com, como dizia o cartão de visita provocador, "Regis McKenna, ele mesmo". Dessa vez foi o normalmente tímido Wozniak que ficou espinhoso. McKenna deu uma olhada num artigo que Wozniak estava escrevendo sobre a Apple e sugeriu que era técnico demais e precisava ser amenizado. "Não quero nenhum RP metendo a mão em meu artigo", reagiu Wozniak. McKenna sugeriu que talvez fosse o caso de eles deixarem o escritório. "Mas Steve me ligou de volta imediatamente e disse que queria me encontrar de novo", conta McKenna. "Dessa vez, ele veio sem Woz, e nós nos acertamos."

McKenna fez sua equipe começar a trabalhar em folhetos para o Apple II. A primeira coisa que precisavam fazer era substituir o logotipo ornamentado de estilo vitoriano de Ron Wayne, que contrariava o estilo de publicidade pitoresco e travesso de McKenna. O diretor de arte Rob Janoff recebeu a incumbência de criar um logo novo. "Não faça bonitinho", Jobs ordenou. Janoff propôs uma forma simples de maçã em duas versões, uma inteira e outra com uma mordida. A primeira se parecia muito com uma cereja, então Jobs escolheu a que tinha uma mordida. Também escolheu uma versão que tinha seis faixas coloridas, com tons psicodélicos entre verde-terrestre e azul-celeste, embora isso tornasse a impressão do logotipo significativamente mais cara. No alto do folheto, McKenna pôs uma máxima, muitas vezes atribuída a Leonardo da Vinci, que se tornaria o preceito que define a filosofia de design de Jobs: "A simplicidade é a máxima sofisticação".

O PRIMEIRO EVENTO ESPETACULAR DE LANÇAMENTO

O lançamento do Apple II foi programado para coincidir com a primeira Feira de Computadores da Costa Oeste, programada para abril de 1977 em San Francisco. Ela fora organizada por um fiel adepto do Homebrew, Jim Warren, e Jobs reservou um estande para a Apple assim que recebeu o pacote de informações. Queria garantir um lugar bem na frente da entrada, para fazer um lançamento espetacular do Apple II, e chocou Wozniak ao pagar 5 mil dólares adiantados. "Steve decidiu que aquele era o nosso grande lançamento", diz Wozniak. "Mostraríamos ao mundo que tínhamos uma grande máquina e uma grande empresa."

Era uma aplicação do conselho de Markkula de que era importante "imputar" sua grandeza, causando uma impressão memorável nas pessoas, especialmente no lançamento de um novo produto. Isso se refletiu no cuidado que Jobs teve com a área de exposição da Apple. Outros expositores tinham mesas de jogo e placas de cartolina. A Apple tinha um balcão coberto de veludo preto e um painel grande de acrílico iluminado com o novo logotipo, criado por Janoff. Eles puseram em exposição os únicos três Apple II que estavam prontos, mas empilharam caixas vazias ao redor para dar a impressão de que havia muitos outros à mão.

Jobs estava furioso porque os invólucros dos computadores haviam chegado com manchas minúsculas; antes de irem para a feira, mandou seu punhado de empregados areá-los e poli-los. A "imputação" incluiu dar um trato na aparência de Jobs e Wozniak. Markkula mandou-os a um alfaiate de San Francisco para fazer ternos de três peças, que ficavam um tanto ridículos neles, como um smoking em um adolescente. "Markkula explicou que todos nós teríamos de estar bem-vestidos, que aparência deveríamos ter e como deveríamos nos comportar", lembra Wozniak.

Valeu a pena o esforço. O Apple II tinha aparência sólida, mas era amistoso em seu elegante invólucro bege, ao contrário das intimidantes máquinas revestidas de metal ou placas nuas exibidas nas outras mesas. A Apple recebeu trezentas encomendas na exposição, e Jobs conheceu um fabricante de tecidos japonês, Mizushima Satoshi, que se tornou o primeiro revendedor da Apple no Japão.

As roupas chiques e as ordens de Markkula não conseguiram, no entanto, impedir o incontrolável Wozniak de pregar algumas peças. Um programa que ele exibiu tentava adivinhar a nacionalidade das pessoas a partir de seus sobrenomes e, em seguida, mostrava as piadas étnicas relacionadas. Ele também criou e distribuiu um folheto de brincadeira para um novo computador chamado "Zaltair", com todos os tipos de superlativos falsos de propaganda, como "imagine um carro com cinco rodas...". Jobs caiu no embuste e até se orgulhou de que o Apple II se saía bem contra o Zaltair no gráfico de comparação. Ele só se deu conta de quem tinha pregado a peça oito anos depois, quando Woz lhe deu de presente de aniversário uma cópia emoldurada do folheto.

MIKE SCOTT

A Apple era agora uma empresa de verdade, com uma dúzia de funcionários, uma linha de crédito e as pressões diárias que podem vir de clientes e fornecedores. Tinha até mesmo saído finalmente da garagem de Jobs e se mudado para um escritório alugado no Stevens Creek Boulevard, em Cupertino — distante cerca de um quilômetro e meio da escola que Jobs e Wozniak frequentaram.

Jobs não assumiu suas responsabilidades crescentes com diplomacia. Ele sempre fora temperamental e malcriado. Na Atari, seu comportamento o levara a ser banido para o turno da noite, mas na Apple isso não era possível. "Ele se tornou cada vez mais tirânico e abrupto em suas críticas", conta Markkula. "Dizia às pessoas que 'esse projeto é uma merda'." Era particularmente duro com os jovens programadores de Wozniak, Randy Wigginton e Chris Espinosa. "Steve entrava, dava uma olhada rápida no que eu tinha feito e me dizia que era uma merda, sem ter nenhuma ideia do que se tratava ou de por que eu tinha feito aquilo", disse Wigginton, que tinha acabado de sair do ensino médio.

Havia também a questão da higiene. Ele ainda estava convencido, contra todas as evidências, de que suas dietas vegetarianas dispensavam o uso de desodorante e os banhos periódicos. "Nós tínhamos de pô-lo literalmente para fora da porta e mandá-lo tomar banho", diz Markkula. "Nas reuniões, éramos obrigados a olhar para seus pés sujos." Às vezes, para aliviar o estresse, ele mergulhava os pés no vaso sanitário, prática que não era tão calmante para seus colegas.

Markkula era avesso ao confronto, então decidiu trazer Mike Scott para ser presidente da empresa e manter Jobs sob controle. Markkula e Scott haviam entrado na Fairchild no mesmo dia de 1967, tinham escritórios contíguos e faziam aniversário no mesmo dia, que comemoravam juntos todos os anos. Em fevereiro de 1977, durante o almoço de aniversário, quando Scott estava completando 32 anos, Markkula o convidou para ser o novo presidente da Apple.

No papel, Scott parecia ser uma ótima escolha. Ele dirigia uma linha de produção para a National Semiconductor e tinha a vantagem de ser um administrador que entendia tudo de engenharia. Pessoalmente, no entanto, tinha algumas peculiaridades. Estava acima do peso, sofria de tiques e problemas de saúde e tendia a ser tão tenso que vagava pelos corredores com os punhos cerrados. Também se mostrava propenso a discutir. Ao lidar com Jobs, isso poderia ser bom ou ruim.

Wozniak logo aderiu à ideia de contratar Scott. Tal como Markkula, detestava lidar com os conflitos que Jobs criava. Não surpreende que Jobs, por sua vez, tivesse emoções mais contraditórias: "Eu tinha apenas 22 anos e sabia que não estava preparado para administrar uma empresa de verdade. Mas a Apple era o meu bebê, e eu não queria desistir dela". Para ele, era uma tortura abrir mão de qualquer controle. Ele discutiu a questão durante longos almoços no Bob's Big Boy Hamburgers (lugar favorito de Woz) e no restaurante Good Earth (preferido de Jobs). Por fim concordou, com relutância.

Mike Scott — chamado de "Scotty", para distingui-lo de Mike Markkula — tinha uma missão fundamental: administrar Jobs. Isso era feito geralmente durante a modalidade de reunião preferida de Jobs: fazer uma caminhada juntos. "Minha primeira caminhada foi para dizer-lhe que tomasse banho com mais frequência", lembra Scott. "Ele disse que, em troca, eu tinha de ler o seu livro de dieta frugívora e considerá-la como uma maneira de perder peso." Scott nunca adotou a dieta nem perdeu muito peso, e Jobs fez apenas pequenas modificações em sua higiene. "Steve era inflexível quanto a tomar banho apenas uma vez por semana, e achava isso adequado enquanto seguisse uma dieta frugívora", diz Scott.

Jobs gostava de controle e odiava autoridade. Isso estava destinado a ser um problema no convívio com o homem que foi trazido para ser seu regente, especialmente quando ele descobriu que Scott era uma das poucas pessoas que já havia conhecido que não se dobrava à sua vontade. "A questão entre Steve e mim era quem conseguia ser mais teimoso, e eu era muito bom nisso", diz Scott. "Ele precisava ser controlado e, com certeza, não gostava disso." Como Jobs disse mais tarde: "Nunca gritei com alguém mais do que gritei com Scotty".

Um confronto inicial aconteceu em relação aos números dos crachás dos funcionários. Scott atribuiu o número 1 a Wozniak e o número 2 a Jobs. Como era de esperar, Jobs exigiu ser o número 1. "Eu não podia ceder, porque isso atiçaria ainda mais o seu ego", diz Scott. Jobs teve um ataque de raiva e até chorou. Por fim, propôs uma solução. Ele ficaria com o crachá número 0. Scott cedeu, pelo menos no que dizia respeito ao crachá, mas o Bank of America exigia um número inteiro positivo para seu sistema de folha de pagamento e Jobs ficou com o número 2.

Havia um desacordo mais fundamental que ia além da petulância pessoal. Jay Elliot, que foi contratado por Jobs após um encontro casual em um restaurante, destaca uma característica clara dele: "Sua obsessão é uma paixão pelo produto, uma paixão pela perfeição do produto". Mike Scott, por outro lado, nunca deixou a paixão pelo perfeito ter precedência sobre o pragmatismo. O design do invólucro do Apple II foi um dos muitos exemplos.

A empresa Pantone, que a Apple usava para especificar cores para seu plástico, tinha mais de 2 mil tons de bege. "Nenhum deles era bom o suficiente para Steve", espanta-se Scott. "Ele queria criar um tom diferente, e tive que detê-lo." Quando chegou a hora de ajustar o design do invólucro, Jobs passou dias angustiado sobre quão arredondados deviam ser os cantos. "Eu não me importava com esse detalhe, só queria decidir", diz Scott. Outra disputa envolveu a cor dos bancos para o setor de engenharia. Scott queria um cinza padrão; Jobs insistia em encomendar bancos especiais totalmente brancos. Tudo isso levou por fim a um confronto diante de Markkula sobre se Jobs ou Scott tinham o poder de assinar ordens de compra; Markkula ficou ao lado de Scott. Jobs também insistia em que a Apple fosse diferente na forma de tratar os clientes: queria que o Apple II tivesse garantia de um ano. Isso deixou Scott pasmo: a garantia usual era de noventa dias. Mais uma vez, Jobs se desfez em lágrimas durante uma das discussões sobre a questão. Eles caminharam ao redor do estacionamento para se acalmar e Scott decidiu ceder nesse ponto.

Wozniak começou a se irritar com o estilo de Jobs: "Steve era duro demais com as pessoas. Eu queria que nossa empresa fosse como uma família, onde todos se divertissem e compartilhassem o que fazíamos". Jobs, por sua vez, achava que Wozniak simplesmente não cresceria: "Ele era muito infantil. Fez uma excelente versão do BASIC, mas depois foi incapaz de se sentar e escrever o BASIC de ponto flutuante de que precisávamos, então acabamos tendo de fazer mais tarde um acordo com a Microsoft. Ele era muito dispersivo".

Mas naquele momento os choques de personalidade ainda eram controláveis, principalmente porque a empresa estava indo muito bem. Ben Rosen, analista cujos boletins moldavam as opiniões do mundo da tecnologia, tornou-se um divulgador entusiasmado do Apple II. Um desenvolvedor independente criou a primeira planilha e programa de finanças pessoais para computadores pessoais, o VisiCalc, que durante algum tempo só esteve disponível no Apple II e que transformou o computador em algo que fazia sentido que empresas e famílias comprassem. A Apple começou a atrair novos investidores influentes. O capitalista de risco pioneiro Arthur Rock não tivera boa impressão quando Markkula mandou Jobs falar com ele pela primeira vez. "Parecia que ele tinha acabado de voltar de uma visita àquele seu guru da Índia", Rock lembrou, "e ele meio que cheirava assim também." Mas, depois que examinou o Apple II, Rock fez um investimento e entrou para o conselho da empresa.

O Apple II seria comercializado, em vários modelos, nos dezesseis anos seguintes, com quase 6 milhões de unidades vendidas. Mais do que qualquer outra máquina, foi ele que lançou a indústria de computadores pessoais. Wozniak merece o mérito histórico pelo projeto de sua admirável placa de circuito e software operacional relacionado, que foi um dos grandes feitos de invenção solo do século. Mas Jobs foi quem integrou as placas de Wozniak em um pacote amigável, da alimentação de energia ao invólucro elegante. Ele também criou a empresa que cresceu em torno das máquinas de Wozniak. Como Regis McKenna disse mais tarde, "Woz projetou uma grande máquina, mas hoje ela estaria nas prateleiras de lojas de hobby se não fosse por Steve Jobs". Não obstante, a maioria das pessoas considerava que o Apple II era uma criação de Wozniak. Isso estimularia Jobs a perseguir o próximo grande avanço, algo que ele pudesse chamar de seu.

7. Chrisann e Lisa

Aquele que é abandonado...

Desde que haviam morado juntos em uma cabana, durante o verão posterior à formatura dele no ensino médio, Chrisann Brennan havia entrado e saído várias vezes da vida de Jobs. Em 1974, quando ele voltou da Índia, passaram um tempo juntos na fazenda de Robert Friedland. "Steve me convidou para ir com ele, e nós éramos jovens, acessíveis e livres", ela lembrou. "Havia uma energia lá que tocava meu coração."

Quando voltaram para Los Altos, a relação entre eles passou a ser, na maioria das vezes, meramente amigável. Ele morava em casa e trabalhava na Atari; ela tinha um pequeno apartamento e passava muito tempo no centro zen de Kobun Chino. No início de 1975, ela havia começado um relacionamento com um amigo em comum, Greg Calhoun. "Ela estava com Greg, mas de vez em quando voltava para Steve", de acordo com Elizabeth Holmes. "Isso acontecia muito com todos nós. A gente meio que ia de um lado para o outro; afinal, eram os anos 70."

Calhoun estivera no Reed College com Jobs, Friedland, Kottke e Holmes. Tal como os outros, envolveu-se profundamente com a espiritualidade oriental, abandonou a faculdade e foi parar na fazenda de Friedland. Lá, instalou-se em um galinheiro de 2,5 por seis metros, que converteu numa pequena casa, elevando-o sobre blocos de concreto de cinzas e construindo um sótão para dormir. Na primavera de 1975, Brennan mudou-se para o galinheiro com Calhoun, e no ano seguinte decidiram fazer sua própria peregrinação à Índia. Jobs aconselhou Calhoun a não levar Brennan com ele, dizendo que ela iria interferir em sua busca espiritual, mas eles foram juntos mesmo assim. "Eu estava tão impressionada com o que aconteceu com Steve em sua viagem à Índia que queria ir para lá", disse ela.

A deles foi uma viagem séria, que começou em março de 1976 e durou quase um ano. A certa altura, ficaram sem dinheiro, então Calhoun pegou carona até o Irã para ensinar inglês em Teerã. Brennan ficou na Índia e, quando o período de ensino de Calhoun terminou, ambos pegaram carona para se encontrar no meio do caminho, no Afeganistão. O mundo era um lugar muito diferente naquela época.

Depois de um tempo, o relacionamento se desgastou e eles voltaram separados da Índia. No verão de 1977, Brennan já estava de volta a Los Altos, onde morou por algum tempo numa barraca, montada no terreno do centro zen de Kobun Chino. Na ocasião, Jobs já tinha saído da casa dos pais e alugara por seiscentos dólares mensais uma casa típica de subúrbio americano em Cupertino, junto com Daniel Kottke. Era uma cena estranha aqueles hippies de espírito livre vivendo em uma casa grande que apelidaram de Rancho Suburbia. "Era uma casa de quatro quartos, e, às vezes, alugávamos um deles para todos os tipos de pessoas loucas, inclusive uma stripper, por um tempo", lembrou Jobs. Kottke não conseguia entender por que Jobs não havia comprado sua própria casa, coisa que já tinha condições de fazer. "Acho que ele simplesmente queria ter um colega de quarto", especulou.

Embora tivesse apenas uma relação esporádica com Jobs, Brennan logo se mudou para lá. Isso provocou um conjunto de arranjos de moradia digno de uma farsa francesa. A casa tinha dois quartos grandes e dois pequenos. Jobs, evidentemente, ficou com o maior, e Brennan (uma vez que não estava realmente vivendo com Steve) mudou-se para o outro quarto grande. "Os dois quartos do meio eram mais para bebês, e eu não queria nem um nem outro, então me mudei para a sala e dormia sobre uma almofada de espuma", contou Kottke. Eles transformaram um dos quartos menores em espaço para meditar e tomar ácido, como o espaço do sótão que usavam na época do Reed. O quarto era forrado de espuma do material de embalagem das caixas da Apple. "As crianças da vizinhança costumavam aparecer e a gente as jogava no quarto, era muito divertido", disse Kottke. "Mas então Chrisann trouxe para casa alguns gatos, que fizeram xixi na espuma, e tivemos de jogá-la fora."

Morar na mesma casa reacendia, às vezes, a relação física que Chrisann Brennan tivera com Jobs, e dali a poucos meses ela estava grávida. "Steve e eu tivemos um relacionamento intermitente por cinco anos antes de eu engravidar. Não sabíamos como ficar juntos e não sabíamos como nos separar." Quando Greg Calhoun veio de carona do Colorado para visitá-los, no Dia de Ação de Graças de 1977, Brennan deu-lhe a notícia. "Steve e eu voltamos e agora estou grávida, mas agora estamos de novo indo e vindo, e eu não sei o que fazer", disse-lhe ela.

Calhoun notou que Jobs estava desligado de toda a situação. Ele até tentou convencê-lo a ficar com todos eles e ir trabalhar na Apple. "Steve não estava encarando a gravidez de Chrisann", disse Calhoun. "Ele era capaz de estar muito envolvido com você em um momento, mas depois, muito distante. Havia um lado dele que era assustadoramente frio."

Quando Jobs não queria lidar com uma aflição, ele às vezes simplesmente a ignorava, como se pudesse eliminar sua existência por um ato de sua vontade. Era capaz, às vezes, de distorcer a realidade não só para os outros, mas também para si mesmo. No caso da gravidez de Brennan, ele simplesmente eliminou-a da cabeça. Quando confrontado, negava que sabia que era o pai, embora admitisse que havia dormido com ela. "Eu não tinha certeza de que o filho era meu, porque tinha certeza de que eu não era o único com quem ela andava dormindo", ele me disse mais tarde. "Ela e eu nem estávamos realmente juntos quando ela ficou grávida. Ela só tinha um quarto em nossa casa." Brennan não tinha dúvida de que Jobs era o pai. Ela não se envolvera com Greg ou qualquer outro homem na época.

Ele estava mentindo para si mesmo ou não sabia que era o pai? "Acho que ele não conseguia acessar aquela parte do cérebro, ou a ideia de ser responsável", especulou Kottke. Elizabeth Holmes concordou. "Ele ponderou a opção de paternidade e a opção de não ser pai, e decidiu acreditar nesta última. Tinha outros planos para sua vida."

Não se falou em casamento. "Eu sabia que ela não era a pessoa com quem eu queria me casar, jamais seríamos felizes e isso não iria durar muito", Jobs disse mais tarde. "Eu era totalmente a favor de um aborto, mas ela não sabia o que fazer. Ela pensou nisso várias vezes e decidiu não fazê-lo, ou não sei se chegou realmente a decidir — acho que o tempo decidiu por ela." Brennan contou-me que sua escolha era ter o bebê. "Ele disse que apoiava um aborto, mas nunca insistiu nisso." É interessante, tendo em vista seu próprio passado, que ele fosse inflexivelmente contra outra opção. "Ele me desencorajou muito a entregar a criança para adoção", disse ela.

Havia uma ironia perturbadora. Jobs e Brennan estavam ambos com 23 anos, a mesma idade de Joanne Schieble e Abdulfattah Jandali quando tiveram Jobs. Ele ainda não tinha rastreado seus pais biológicos, mas seus pais adotivos haviam contado uma parte de sua história. "Eu não sabia na época sobre essa coincidência de nossas idades, então isso não afetou minhas discussões com Chrisann", disse mais tarde. Jobs descartou a ideia de que estava seguindo de alguma forma o padrão de seu pai biológico de não enfrentar a realidade ou a responsabilidade quando tinha 23 anos, mas admitiu que a ressonância irônica o fez pensar. "Quando descobri que Joanne tinha 23 anos quando ficou grávida de mim, pensei: 'Essa não!'."

O relacionamento entre Jobs e Brennan se deteriorou rapidamente. "Chrisann entrava numa de vítima quando dizia que Steve e eu estávamos mancomunados contra ela", Kottke lembrou. "Steve apenas ria e não a levava a sério." Como ela mesma admitiu mais tarde, Brennan não era muito estável emocionalmente. Começou a quebrar pratos, jogar coisas, destruir a casa e escrever palavras obscenas na parede com carvão. Dizia que Jobs a provocava com sua insensibilidade. Kottke ficou no fogo cruzado. "Daniel não tinha o DNA da crueldade, então ficou um pouco confuso com o comportamento de Steve", disse Brennan. "Ele ia de 'Steve não está tratando você direito' a rir de mim com Steve."

Robert Friedland veio em seu socorro. "Ele soube que eu estava grávida e disse que eu fosse para a fazenda a fim de ter o bebê. Foi o que fiz." Elizabeth Holmes e outros amigos ainda estavam vivendo lá e acharam uma parteira do Oregon para ajudar no parto. Em 17 de maio de 1978, Brennan deu à luz uma menina. Três dias depois, Jobs pegou um avião para estar com eles e ajudar a dar um nome ao bebê. A prática na comunidade era dar nomes espirituais orientais às crianças, mas Jobs insistiu que ela havia nascido nos Estados Unidos e deveria ter um nome americano. Brennan concordou. A menina recebeu o nome de Lisa Nicole Brennan, sem o sobrenome de Jobs. E então ele voltou para o trabalho na Apple. "Ele não queria ter nada a ver com ela ou comigo", disse Brennan.

Ela e Lisa mudaram-se para uma casa de fundos, minúscula e em mau estado, em Menlo Park. Viviam com o dinheiro da assistência social, porque Brennan não tinha ânimo para pedir pensão alimentícia. Por fim, o condado de San Mateo processou Jobs para tentar provar a paternidade e levá-lo a assumir a responsabilidade financeira. De início, Jobs decidiu lutar contra o processo. Seus advogados queriam que Kottke testemunhasse que nunca tinha visto os dois juntos na cama e tentaram reunir provas de que Brennan dormira com outros homens. "A certa altura, gritei com Steve no telefone: 'Você sabe que isso não é verdade'", Brennan lembrou. "Ele ia me arrastar ao tribunal com um bebê pequeno e tentar provar que eu era uma prostituta e que qualquer um podia ser o pai do bebê."

Um ano depois do nascimento de Lisa, Jobs concordou em fazer um teste de paternidade. A família de Brennan ficou surpresa, mas Jobs sabia que a Apple logo estaria na bolsa e ele achou que era melhor resolver o problema. Os testes de DNA eram novidade, e o que Jobs fez era realizado na Universidade da Califórnia, em Los Angeles. "Eu havia lido sobre o teste de DNA, e fiquei feliz por fazê-lo para resolver as coisas", contou. O resultado foi bastante decisivo. "A probabilidade de paternidade [...] é de 94,41%", dizia o relatório. A justiça da Califórnia ordenou que Jobs começasse a pagar 385 dólares por mês de pensão alimentícia, assinasse um acordo admitindo a paternidade e reembolsasse o condado em 5856 dólares, relativos aos pagamentos da assistência social. Foi-lhe concedido o direito de visitação, mas durante muito tempo ele não o exerceu.

Mesmo assim, Jobs continuou a deformar de vez em quando a realidade ao seu redor. "Ele finalmente contou para o conselho", lembrou Arthur Rock, "mas insistia que havia uma grande probabilidade de que não fosse o pai. Ele estava delirante." Ao repórter Michael Moritz, da *Time*, disse que, quando se analisavam as estatísticas, ficava claro que "28% da população masculina dos Estados Unidos poderia ser o pai". Era uma afirmação não apenas falsa, mas esquisita. Pior ainda, quando Chrisann Brennan soube mais tarde o que ele havia dito, pensou, de modo equivocado, que Jobs estava hiperbolicamente alegando que ela poderia ter dormido com 28% dos homens do país. "Ele estava tentando me pintar como uma vadia ou uma puta", ela lembrou. "Ele jogou a imagem de prostituta em cima de mim para não assumir a responsabilidade."

Anos mais tarde, Jobs sentiu remorsos pela forma como se comportara, uma das poucas vezes em sua vida em que admitiu isso:

Eu gostaria de ter tratado a coisa de forma diferente. Na época, não conseguia me ver como pai, então não enfrentei a questão. Mas, quando os resultados do teste mostraram que ela era minha filha, não é verdade que eu tenha duvidado deles. Concordei em sustentá-la até que fizesse dezoito anos e também em dar algum dinheiro para Chrisann. Achei uma casa em Palo Alto, reformei e as deixei morar lá sem pagar aluguel. A mãe dela achou escolas excelentes para ela, que eu paguei. Tentei fazer a coisa certa. Mas, se pudesse refazer as coisas, faria um trabalho melhor.

Uma vez resolvido o caso, Jobs seguiu em frente com sua vida, amadurecendo em alguns aspectos, mas não em todos. Abandonou as drogas, deixou de ser um vegetariano tão rigoroso e diminuiu o tempo que passava em retiros zen. Começou a fazer cortes de cabelo modernos e a comprar ternos e camisas da camisaria exclusiva de San Francisco, Wilkes Bashford. E iniciou um relacionamento sério com uma das funcionárias de Regis McKenna, uma linda mulher polinésio-polonesa chamada Barbara Jasinski.

Sem dúvida, Jobs ainda mostrava traços de rebeldia infantil. Ele, Jasinski e Kottke gostavam de nadar nus no lago Felt na beira da interestadual 280, perto de Stanford, e Jobs comprou uma motocicleta BMW R60/2 1966, que adornou com borlas cor de laranja no guidão. E ainda era capaz de ser malcriado. Tratava mal garçonetes e frequentemente devolvia pratos afirmando que se tratava de "lixo". Em 1979, na primeira festa de Halloween da empresa, vestiu-se como Jesus Cristo, num ato de semi-irônica consciência de si mesmo que ele considerou engraçado, mas causou muita incredulidade. E até mesmo seus primeiros indícios de domesticidade tinham algumas peculiaridades. Ele comprou uma casa adequada nas colinas de Los Gatos, que decorou com uma pintura de Maxfield Parrish, uma cafeteira Braun e facas Henckel. Mas, por ser muito obsessivo quando se tratava de escolher mobílias, a casa permaneceu essencialmente vazia, sem camas, cadeiras ou sofás. Em vez disso, seu quarto tinha um colchão no centro, fotos emolduradas de Einstein e Maharaj-ji e um Apple II no chão.

8. Xerox e Lisa

Interfaces gráficas do usuário

UM NOVO BEBÊ

O Apple II levou a empresa da garagem de Jobs ao pináculo de uma nova indústria. Suas vendas aumentaram imensamente, de 2500 unidades em 1977 para 210 mil em 1981. Mas Jobs estava inquieto. O Apple II não poderia ser um sucesso para sempre e ele sabia que, por mais que tivesse cuidado de sua integração, do cabo de alimentação ao invólucro, esse computador seria sempre visto como uma obra-prima de Wozniak. Ele precisava de sua própria máquina. Mais do que isso, queria um produto que, em suas palavras, deixasse uma marca no universo.

No início, ele tinha esperanças de que o Apple III viesse a desempenhar esse papel. Ele teria mais memória, a tela exibiria oitenta caracteres em vez de quarenta, e comportaria letras maiúsculas e minúsculas. Dando vazão a sua paixão pelo design industrial, Jobs decretou o tamanho e a forma da caixa externa e se recusou a deixar que alguém o alterasse, até mesmo quando as comissões de engenheiros acrescentaram mais componentes às placas de circuito. O resultado foram placas sobrecarregadas com conectores ruins que frequentemente falhavam. O Apple III, lançado em maio de 1980, foi um fracasso. Randy Wigginton, um dos engenheiros, resumiu o problema: "O Apple III era uma espécie de bebê concebido durante uma orgia; mais tarde, todos estão com uma dor de cabeça terrível, e lá está aquele filho bastardo, e todo mundo diz: não é meu".

Àquela altura, Jobs já havia se distanciado do Apple III e estava atrás de uma maneira de produzir algo mais radicalmente diferente. De início, flertou com a ideia de telas sensíveis ao toque, mas viu-se frustrado. Em uma demonstração dessa tecnologia, ele chegou tarde, ficou nervoso, depois cortou abruptamente os engenheiros no meio da apresentação com um brusco "obrigado". Eles ficaram confusos. "Você quer que a gente vá embora?", perguntou um deles. Jobs disse que sim e depois repreendeu os colegas por fazê-lo desperdiçar seu tempo.

Então ele e a Apple contrataram dois engenheiros da Hewlett-Packard para conceber um computador totalmente novo. O nome escolhido por Jobs teria feito até mesmo o psiquiatra mais exausto reagir com surpresa: Lisa. Outros computadores haviam sido batizados com o nome das filhas de seus criadores, mas Lisa era a filha que Jobs havia abandonado e ainda não admitira totalmente que era dele. "Talvez ele tenha feito isso por sentimento de culpa", diz Andrea Cunningham, que trabalhava na firma de Regis McKenna e cuidava das relações públicas do projeto. "Tivemos que inventar um acrônimo para que pudéssemos alegar que o nome não tinha a ver com a Lisa criança." O resultado dessa engenharia reversa foi "Local Integrated Systems Architecture" [Arquitetura local de sistemas integrados]; apesar de não ter sentido, ela se tornou a explicação oficial para o nome. Entre os engenheiros, era chamado de "Lisa: Invented Stupid Acronym" [Lisa: acrônimo estúpido inventado]. Anos mais tarde, quando perguntei sobre o nome, Jobs simplesmente admitiu: "É óbvio que era o nome de minha filha".

O Lisa foi concebido como uma máquina de 2 mil dólares baseada em um microprocessador de dezesseis bits, em vez dos oito bits usados no Apple II. Sem a magia de Wozniak, que ainda estava trabalhando tranquilamente no Apple II, os engenheiros começaram a produzir um computador simples, com um display de texto convencional, incapaz de levar o poderoso microprocessador a fazer algo muito emocionante. Jobs começou a ficar impaciente com a falta de interesse daquilo tudo.

Havia, no entanto, um programador que estava infundindo um pouco de vida ao projeto: Bill Atkinson. Tratava-se de um estudante que fazia doutorado em neurociência e que havia tomado boas doses de ácido. Quando foi convidado a trabalhar na Apple, não aceitou. Mas então a Apple lhe mandou uma passagem de avião não reembolsável, e ele decidiu usá-la e deixar que Jobs tentasse persuadi-lo. "Estamos inventando o futuro", Jobs disse a ele no final de um papo de vendedor de três horas. "Pense em surfar na crista de uma onda. É realmente emocionante. Agora pense em nadar cachorrinho no final dessa onda. A diversão não chegaria nem perto. Venha para cá e deixe uma marca no mundo." Atkinson foi.

Com seu cabelo desgrenhado e o bigode caído, que não escondia a animação em seu rosto, Atkinson tinha um pouco da ingenuidade de Woz e a paixão de Jobs por produtos realmente descolados. Seu primeiro trabalho foi desenvolver um programa para rastrear uma carteira de ações mediante autodiscagem do serviço da Dow Jones, obter as cotações e depois desligar. "Tive que criá-lo rápido, porque havia um anúncio de revista do Apple II que mostrava um marido na mesa da cozinha olhando para uma tela da Apple cheia de gráficos de preços de ações, enquanto a esposa sorria radiante para ele — mas não existia esse programa, então tive que criar um." Em seguida ele criou para o Apple II uma versão do Pascal, uma linguagem de programação de alto nível. Jobs havia resistido, pois achava que o Apple II só precisava do BASIC, mas disse a Atkinson: "Já que você é tão apaixonado por ele, eu dou seis dias para você provar que estou errado". Ele fez a versão do Pascal, e Jobs passou a respeitá-lo para sempre.

No outono de 1979, a Apple estava criando três pôneis para serem possíveis sucessores do burro de carga Apple II. Havia o malfadado Apple III. Havia o projeto Lisa, que estava começando a decepcionar Jobs. E em algum lugar fora da tela do radar de Jobs, ao menos naquele momento, estava um projeto alternativo de uma máquina de baixo custo, então conhecido pelo codinome Annie, que estava sendo desenvolvido por Jef Raskin, um ex-professor que dera aulas para Bill Atkinson. O objetivo de Raskin era fazer um "computador para as massas" de baixo custo que seria como um aparelho doméstico — uma unidade autossuficiente com computador, teclado, monitor e software todos juntos — e teria uma interface gráfica. Ele tentou chamar a atenção de seus colegas da Apple para um centro de pesquisas descolado em Palo Alto, que estava levando adiante essas ideias.

O Centro de Pesquisas de Palo Alto da Xerox Corporation, conhecido como Xerox PARC [Palo Alto Research Center], fora aberto em 1970 com o objetivo de criar um terreno fértil para ideias digitais. Estava localizado, para o melhor e para o pior, a 5 mil quilômetros de distância das pressões comerciais da sede da Xerox em Connecticut. Entre seus visionários estava o cientista Alan Kay, que tinha duas grandes máximas que Jobs adotou: "A melhor maneira de prever o futuro é inventá-lo" e "As pessoas que são sérias em relação ao software devem fazer seu próprio hardware". Kay defendia a ideia de um pequeno computador pessoal, apelidado de "Dynabook", que seria simples o suficiente para que crianças de todas as idades o utilizassem. Assim, os engenheiros do Xerox PARC começaram a desenvolver imagens gráficas de uso fácil que pudessem substituir todas as linhas de comando e mensagens do DOS que tornavam as telas de computador intimidantes. A metáfora que eles sugeriram foi a de um desktop [mesa de trabalho]. A tela poderia conter muitos documentos e pastas, e o usuário poderia usar um mouse para apontar e clicar sobre o que quisesse usar.

Essa interface gráfica do usuário — ou GUI [graphical user interface], pronunciado *gooey* — foi facilitada por outro conceito pioneiro do Xerox PARC: *bitmapping*. Até então, a maioria dos computadores se baseava em caracteres. Digitava-se uma letra em um teclado e o computador gerava esse caractere na tela, geralmente em fósforo brilhante esverdeado contra um fundo escuro. Como havia um número limitado de letras, números e símbolos, não eram necessários muitos códigos de computador ou poder de processamento para fazer isso. Por outro lado, em um sistema de bitmap, cada pixel na tela é controlado por bits na memória do computador. Para apresentar alguma coisa na tela — como uma letra —, o computador tem que dizer a cada pixel para ser claro ou escuro, ou, no caso de telas coloridas, de que cor deve ser. Esse processo utiliza uma grande quantidade de poder de computação, mas possibilita belos gráficos, fontes e displays de tela fantásticos.

Bitmapping e interface gráfica tornaram-se características dos protótipos de computadores do Xerox PARC, como o Alto, e de sua linguagem de programação orientada para objetos, a Smalltalk. Jef Raskin julgava que esses recursos eram o futuro da computação. Então começou a incitar Jobs e seus colegas da Apple a visitar o Xerox PARC.

Raskin tinha um problema. Jobs o considerava um teórico insuportável ou, para usar sua terminologia mais precisa, "um babaca que enche o saco". Então Raskin apelou ao seu amigo Atkinson, que estava do outro lado da divisão do mundo de Jobs entre babacas e gênios, para convencê-lo a se interessar pelo que estava acontecendo no Xerox PARC. O que Raskin não sabia era que Jobs estava trabalhando em um acordo mais complexo. A divisão de capital de risco da Xerox queria participar da segunda rodada de financiamento da Apple, durante o verão de 1979. Jobs fez uma oferta: "Deixarei que vocês invistam 1 milhão de dólares na Apple se abrirem o quimono do PARC". A Xerox aceitou. A empresa concordava em mostrar à Apple sua nova tecnologia e, em contrapartida, ficaria com 100 mil ações, a cerca de dez dólares cada.

Quando a Apple abriu o capital, um ano mais tarde, o milhão de dólares em ações da Xerox já valia 17,6 milhões. Mas a Apple ficou com a melhor parte do acordo. Em dezembro de 1979, Jobs e seus colegas foram ver a tecnologia do Xerox PARC e, quando ele percebeu que não tinham mostrado o suficiente, conseguiu uma demonstração ainda mais completa, alguns dias depois. Larry Tesler foi um dos cientistas da Xerox chamados a fazer a apresentação e ficou entusiasmado em exibir o trabalho que seus chefes do leste não davam sinais de gostar. Mas Adele Goldberg, a outra pessoa encarregada da apresentação, ficou horrorizada com o fato de sua empresa parecer disposta a doar as joias de sua coroa. "Era uma coisa incrivelmente estúpida, completamente louca, e eu lutei para evitar dar a Jobs muita coisa", diz ela.

Goldberg conseguiu o que queria na primeira reunião. Jobs, Raskin e o chefe da equipe do Lisa, John Couch, foram levados ao saguão principal, onde haviam montado um Xerox Alto. "Foi uma exibição muito controlada de alguns aplicativos, principalmente de um processador de texto", lembra Goldberg. Jobs não ficou satisfeito e telefonou para a sede da Xerox, exigindo mais.

Em consequência, foi convidado a voltar alguns dias depois, e dessa vez levou uma equipe maior, que incluía Bill Atkinson e Bruce Horn, um programador da Apple que tinha trabalhado no Xerox PARC. Ambos sabiam o que procurar. "Quando cheguei ao trabalho, havia uma grande agitação, e me disseram que Jobs e um monte de seus programadores estavam na sala de conferências", diz Goldberg. Um de seus engenheiros estava tentando mantê-los entretidos com mais exibições do programa de processamento de texto. Mas Jobs estava ficando impaciente. "Vamos acabar com essa conversa fiada!", ele gritava. Então o pessoal da Xerox se reuniu em privado e decidiu abrir o quimono um pouco mais, mas devagar. Eles concordaram que Tesler poderia mostrar a Smalltalk, a linguagem de programação, mas ele só iria fazer o que era conhecido como a versão "não secreta" da demonstração. "Ele vai ficar deslumbrado e nunca saberá que não conseguiu ter a divulgação confidencial", disse o chefe da equipe a Goldberg.

Eles estavam errados. Atkinson e outros tinham lido alguns dos artigos publicados pelo Xerox PARC e sabiam que não estavam recebendo uma descrição completa. Jobs ligou para o chefe da divisão de capital de risco da Xerox para reclamar; uma ligação veio imediatamente da sede da empresa em Connecticut ordenando que deviam mostrar tudo para Jobs e seu grupo. Goldberg foi embora furiosa.

Quando Tesler finalmente mostrou-lhes o que havia de verdade sob o capô, o pessoal da Apple ficou atônito. Atkinson olhou para a tela examinando cada pixel tão de perto que Tesler podia sentir sua respiração no pescoço. Jobs andava ao redor e sacudia os braços, empolgado. "Ele saltitava tanto em volta que não sei como realmente viu a maior parte da demonstração, mas viu, porque não parava de fazer perguntas", diz Tesler. "Ele era o ponto de exclamação para cada passo que eu mostrava." Jobs não parava de dizer que não acreditava que a Xerox não houvesse comercializado a tecnologia. "Vocês estão sentados em cima de uma mina de ouro. Não posso acreditar que a Xerox não esteja tirando proveito disso."

A demonstração da Smalltalk mostrou três características surpreendentes. A primeira era como os computadores podiam ser ligados em rede. A segunda era que a programação orientada para objetos funcionava. Mas Jobs e sua equipe deram pouca atenção a esses atributos porque estavam muito mais impressionados com a interface gráfica e a tela de bitmap. "Foi como se um véu tivesse sido tirado dos meus olhos", ele recordou mais tarde. "Eu pude ver qual seria o futuro da computação."

Quando a reunião no Xerox PARC terminou, depois de mais de duas horas, Jobs levou Bill Atkinson de volta para o escritório da Apple, em Cupertino. Ele estava em alta velocidade, assim como sua cabeça e sua boca. "É isso!", gritava, enfatizando cada palavra. "Temos de fazer isso!" Era a descoberta que ele andava procurando: levar os computadores para o povo, com um design agradável, mas a preços acessíveis de uma casa de Eichler e a facilidade de uso de um aparelho de cozinha elegante.

"Quanto tempo seria necessário para implementar isso?", perguntou Jobs.

"Não tenho certeza, talvez uns seis meses", respondeu Atkinson. Era uma avaliação tremendamente otimista, mas também motivadora.

"GRANDES ARTISTAS ROUBAM"

O ataque da Apple ao Xerox PARC é descrito às vezes como um dos maiores assaltos da história da indústria. Jobs esporadicamente endossou essa visão, com orgulho. "Tudo se resume a tentar se expor às melhores coisas que os seres humanos fizeram e, depois, tentar trazer essas coisas para o que você está fazendo", disse certa ocasião. "Quer dizer, Picasso tinha um ditado que afirmava: 'Artistas bons copiam, grandes artistas roubam'. E nós nunca sentimos vergonha de roubar grandes ideias."

Outra avaliação, também endossada às vezes por Jobs, é que o que aconteceu foi menos um assalto cometido pela Apple do que uma trapalhada da Xerox. "Eles estavam com a cabeça em copiadoras e não tinham a mínima ideia sobre o que um computador podia fazer", disse ele a respeito da direção da Xerox. "Eles simplesmente transformaram em derrota a maior vitória da indústria de computadores. A Xerox poderia ter sido dona de toda a indústria de computadores."

Ambas as avaliações contêm muito de verdade, mas não se trata somente disso. Há uma sombra que cai, como T. S. Eliot observou, entre a concepção e a criação. Nos anais da inovação, novas ideias são apenas uma parte da equação. A execução é igualmente importante.

Jobs e seus engenheiros aperfeiçoaram significativamente as ideias de interface gráfica que viram no Xerox PARC e depois foram capazes de implementá-las de uma maneira que a Xerox jamais poderia fazer. Por exemplo, o mouse da Xerox tinha três botões, era complicado, custava trezentos dólares e não rolava suavemente; poucos dias depois de sua segunda visita ao Xerox PARC, Jobs foi a uma firma de design industrial e disse a um de seus fundadores, Dean Hovey, que queria um modelo simples de botão único que custasse quinze dólares, "e quero poder usá-lo sobre fórmica e meu jeans". Hovey deu conta do recado.

As melhorias não diziam respeito apenas aos detalhes, mas a todo o conceito. O mouse do Xerox PARC não podia ser usado para arrastar uma janela pela tela. Os engenheiros da Apple desenvolveram uma interface em que se podia não somente arrastar janelas e arquivos, mas até mesmo jogá-los em pastas. O sistema Xerox exigia que o usuário selecionasse um comando para fazer qualquer coisa, variando de redimensionar uma janela até mudar a extensão que localizava um arquivo. O sistema da Apple transformou a metáfora do desktop em uma realidade virtual, permitindo tocar, manipular, arrastar e mudar de lugar as coisas diretamente. E os engenheiros da Apple trabalhavam em conjunto com seus designers — com Jobs estimulando-os diariamente — para aperfeiçoar o conceito de desktop, adicionando ícones encantadores, menus que abaixavam de uma barra no topo de cada janela e a capacidade de abrir arquivos e pastas com um clique duplo.

Não é verdade que os executivos da Xerox ignoravam o que seus cientistas haviam criado no PARC. Com efeito, eles tentaram capitalizar em cima disso — e, no processo, mostraram por que uma boa execução é tão importante quanto boas ideias. Em 1981, bem antes do Lisa ou do Macintosh, eles lançaram o Xerox Star, uma máquina que tinha interface gráfica, mouse, display em bitmap, janelas e metáfora de desktop. Mas era desajeitado (podia demorar alguns minutos para salvar um arquivo grande), caro (16 595 dólares em lojas de varejo) e visava, sobretudo, o mercado de escritórios em rede. Foi um fracasso: apenas 30 mil foram vendidos no total.

Jobs e sua equipe foram a um revendedor da Xerox para dar uma olhada no Star assim que foi lançado. Mas ele considerou a máquina tão inútil que disse a seus colegas que não poderiam gastar o dinheiro para comprá-la. "Ficamos muito aliviados. Nós sabíamos que eles não tinham feito bem a máquina, e que nós poderíamos fazê-la, e por uma fração do preço." Poucas semanas depois, ele chamou Bob Belleville, um dos designers de hardware da equipe Xerox Star. "Tudo o que você já fez na sua vida é uma merda, então por que não vem trabalhar para mim?" Belleville topou, e o mesmo fez Larry Tesler.

Na sua empolgação, Jobs começou a assumir a gestão diária do projeto Lisa, que estava sob a direção de John Couch, o ex-engenheiro da HP. Ignorando Couch, Jobs começou a lidar diretamente com Atkinson e Tesler para introduzir suas próprias ideias, especialmente no projeto de interface gráfica do Lisa. "Ele me ligava a toda hora, duas ou cinco da manhã", diz Tesler. "Eu adorava. Mas isso irritou meus chefes da divisão do Lisa." Mandaram Jobs parar de fazer chamadas de fora. Ele se segurou por um tempo, mas não muito.

Um confronto importante ocorreu quando Atkinson decidiu que a tela devia ter um fundo branco, em vez de escuro. Isso possibilitaria um atributo que tanto ele quanto Jobs queriam: WYSIWYG, pronunciado wiz-ee-wig, um acrônimo de What You See Is What You Get [o que você vê é o que você obtém]. O que o usuário via na tela era o que ele obtinha quando imprimia. "A equipe de hardware queria me matar", lembra Atkinson. "Disseram que isso nos obrigaria a usar um fósforo que era muito menos persistente e que tremeluziria mais." Então ele convocou Jobs, que ficou do seu lado. O pessoal do hardware reclamou, mas depois descobriu como fazê-lo. "Steve não era um bom engenheiro, mas era muito bom para avaliar as respostas das pessoas. Era capaz de dizer se os engenheiros estavam na defensiva ou inseguros."

Uma das proezas incríveis de Atkinson (à qual estamos tão acostumados hoje em dia que raramente nos maravilhamos diante dela) foi possibilitar que as janelas em uma tela se sobrepusessem, de tal modo que a "de cima" aparecesse sobre a "de baixo". Atkinson fez com que se pudesse mover essas janelas pela tela, como se fossem papéis sobre uma mesa, de tal modo que os de baixo se tornassem visíveis ou ocultos à medida que se movia os de cima. É evidente que na tela do computador não há camadas de pixels por baixo dos pixels que vemos e, portanto, não há janelas espreitando por baixo das que parecem estar "em cima". Para criar a ilusão de janelas sobrepostas é necessária uma codificação complexa que envolve o que é chamado de "regiões". Atkinson esforçou-se para fazer este truque funcionar, porque achava que tinha visto essa capacidade durante a visita ao Xerox PARC. Na verdade, o pessoal do PARC nunca tinha feito isso, e mais tarde lhe disseram como tinham ficado espantados com o que ele realizara. "Eu tenho uma sensibilidade para o aspecto empoderador da ingenuidade", disse Atkinson. "Justamente porque não sabia que não poderia ser feito, eu estava capacitado para fazê-lo." Ele estava trabalhando tão duro que certa manhã, atordoado, entrou com seu Corvette em um caminhão estacionado e quase se matou. Jobs foi imediatamente ao hospital para vê-lo. "Estávamos muito preocupados com você", disse-lhe quando Atkinson recuperou a consciência. Este deu um sorriso triste e respondeu: "Não se preocupe, ainda me lembro das regiões".

Jobs também tinha uma paixão pela rolagem suave. Os documentos não deveriam mover-se abruptamente linha por linha quando o usuário os percorresse, mas deveriam fluir. "Ele fazia questão de que tudo na interface causasse uma sensação boa para o usuário", diz Atkinson. Além disso queriam um mouse que pudesse mover facilmente o cursor em qualquer direção, e não apenas na horizontal e na vertical. Para tanto, era preciso usar uma bola em vez das costumeiras duas rodas. Um dos engenheiros disse a Atkinson que não havia nenhuma maneira de construir um mouse desse tipo comercialmente viável. Atkinson se queixou disso para Jobs durante o jantar; no dia seguinte, ao chegar ao escritório, descobriu que Jobs havia demitido o engenheiro. Quando seu substituto conheceu Atkinson, suas primeiras palavras foram: "Eu posso fazer o mouse".

Durante algum tempo, Atkinson e Jobs foram os melhores amigos e jantavam juntos no Good Earth na maioria das noites. Mas John Couch e os outros engenheiros profissionais da equipe do Lisa, muitos deles do estilo HP de terno, se ressentiam da intromissão de Jobs e ficavam furiosos com seus insultos frequentes. Havia também um choque de concepções. Jobs queria construir um VolksLisa, um produto simples e barato para as massas. "Havia um cabo de guerra entre as pessoas como eu, que queriam uma máquina enxuta, e o pessoal da HP, como Couch, cujo alvo era o mercado empresarial", lembrou Jobs.

Scott e Markkula tinham a intenção de pôr alguma ordem na Apple e ficavam cada vez mais preocupados com o comportamento perturbador de Jobs. Assim, em setembro de 1980, tramaram secretamente uma reorganização. Couch tornou-se o indiscutível gerente da divisão do Lisa. Jobs perdeu o controle do computador que tinha batizado com o nome da filha. Também foi destituído de seu papel de vice-presidente de pesquisa e desenvolvimento. Foi nomeado presidente não executivo do conselho, o que lhe permitia manter-se como a face pública da Apple, mas significava que não tinha nenhum controle operacional. Isso doeu. "Eu estava chateado e me senti abandonado por Markkula", disse. "Ele e Scotty achavam que eu não estava em condições de dirigir a divisão Lisa. Ruminei muito isso."

9. Abrindo a empresa

Um homem rico e famoso

Com Wozniak, em 1981.

OPÇÕES

Quando Mike Markkula se juntou a Jobs e Wozniak para transformar aquela sociedade inicial na Apple Computer Co., em janeiro de 1977, eles calcularam que a empresa valia 5309 dólares. Menos de quatro anos depois, decidiram que era hora de abrir o capital. Seria a Primeira Oferta Pública [Initial Public Offering — IPO] com maior excesso de subscrição desde a da Ford Motors em 1956. No final de dezembro de 1980, a Apple foi avaliada em 1,79 bilhão de dólares. Isso mesmo, *bilhão*. Nesse processo, trezentas pessoas ficaram milionárias.

Mas não Daniel Kottke. Ele fora o amigo inseparável de Jobs na faculdade, na Índia, na comunidade All One Apple e na casa alugada que haviam dividido durante a crise com Chrisann Brennan. Kottke entrara na Apple quando ela funcionava na garagem de Jobs, e continuava a trabalhar lá, como contratado por hora.

Mas não tinha qualificação para ser incluído nas opções de compra de ações que foram distribuídas antes da IPO. "Eu confiava totalmente em Steve, e imaginei que ele ia cuidar de mim como eu tinha cuidado dele, por isso não forcei a barra", diz Kottke. A razão oficial foi que Kottke era técnico contratado por hora, e não engenheiro assalariado, o requisito mínimo para receber as opções de compra. Mesmo assim, poderia ter recebido ações beneficiárias, mas Jobs não era sentimental no que se referia a quem tinha trabalhado com ele. "Steve é o oposto de leal", diz Andy Hertzfeld, engenheiro do começo da Apple que, apesar disso, continua seu amigo. "Ele é o antileal. Parece que precisa abandonar as pessoas a quem é mais chegado."

Kottke decidiu apresentar sua reivindicação a Jobs esperando do lado de fora do escritório e pegando-o para conversar sobre o caso. Mas todas as vezes Jobs se livrava dele. "O que realmente foi mais difícil para mim foi que Steve nunca me disse que eu não era qualificado", diz Kottke. "Como amigo, ele me devia essa. Quando eu perguntava das ações, ele me dizia para falar com meu gerente." Por fim, quase seis meses depois da IPO, Kottke reuniu coragem para entrar no escritório de Jobs e tentar resolver a questão. Mas, quando entrou, Jobs foi tão frio que ele ficou paralisado. "Perdi a fala, comecei a chorar e simplesmente não consegui dizer nada", lembra. "Nossa amizade tinha acabado. Foi triste demais."

Rod Holt, o engenheiro que tinha construído a fonte de alimentação, estava pegando um monte de opções de compra e tentou fazer com que Jobs mudasse de ideia. "Temos de fazer alguma coisa pelo seu amigo Daniel", disse, e sugeriu que dessem algumas de suas opções. "O que você der a ele, eu também dou", propôs Holt. Resposta de Jobs: "Combinado. Vou dar zero".

Já a atitude de Wozniak foi oposta, o que não é de espantar. Antes que as ações entrassem no mercado, ele decidiu vender a um preço baixíssimo 2 mil de suas opções para quarenta funcionários de nível médio. A maioria dos beneficiários ganhou o suficiente para comprar uma casa. Wozniak comprou uma casa maravilhosa para morar com a nova esposa — que pediu o divórcio e ficou com a casa. Mais tarde, ele simplesmente deu ações para os funcionários que, na sua opinião, tinham saído lesados, entre os quais Kottke, Fernandez, Wigginton e Espinosa. Todo mundo o adorava, ainda mais depois de sua demonstração de generosidade, mas muitos também concordavam com Jobs que ele era "tremendamente ingênuo e infantil". Poucos meses depois, um cartaz da United Way que mostrava um mendigo apareceu num quadro de avisos da firma. Alguém rabiscou em cima: "Woz em 1990".

Jobs não era bobo. Tinha tomado o cuidado de assinar o acordo com Chrisann Brennan antes da IPO.

Face pública da IPO, Jobs ajudou a escolher os dois bancos de investimentos que cuidariam da abertura do capital: o Morgan Stanley, firma tradicional de Wall Street, e o Hambrecht and Quist, na época um banco pequeno e não tradicional de San Francisco. "Steve era muito irreverente com os caras do Morgan Stanley, que naqueles dias era uma firma superconvencional", lembra Bill Hambrecht. O Morgan Stanley pensava em fixar o preço inicial das ações em dezoito dólares, mesmo sendo óbvio que elas logo iam disparar. "Me digam, o que vai acontecer com essas ações que botamos a dezoito?", perguntou aos banqueiros. "Vocês não vão vender para seus bons clientes? Se vão, como é que podem me cobrar uma comissão de 7%?" Hambrecht reconheceu que havia uma injustiça básica no sistema, e foi então que começou a formular a ideia de um leilão reverso para precificar as ações antes de uma IPO.

A Apple abriu a empresa em 12 de dezembro de 1980, de manhã. A essa altura, os banqueiros já tinham posto o preço de 22 dólares por ação. O preço bateu em 29 dólares no primeiro dia. Jobs entrou no escritório do Hambrecht and Quist bem a tempo de ver as primeiras operações. Com 25 anos, agora ele valia 256 milhões de dólares.

BABY, VOCÊ É RICO

Antes e depois de enriquecer, e na verdade durante uma vida inteira que foi da dureza total à fortuna bilionária, Steve Jobs sempre teve uma postura complexa em relação a dinheiro. Ele era um hippie antimaterialista que faturou em cima das invenções de um amigo que queria distribuí-las de graça; era um seguidor do zen-budismo que tinha feito uma peregrinação à Índia, e então concluíra que queria mesmo era ser empresário. E ainda assim, de certa forma, essas atitudes pareciam se entrelaçar, sem entrar em conflito.

Jobs tinha paixão por certos objetos, especialmente os que apresentavam bom design e qualidade, como Porsches e Mercedes, facas Henckel e aparelhos Braun, motos BMW e fotografias de Ansel Adams, pianos Bösendorfer e aparelhos de som Bang & Olufsen. Mas as casas onde morava, ainda que riquíssimo, não tinham ostentação e eram mobiliadas com tanta simplicidade que fariam vergonha a um monge franciscano. Nunca viajava com assistentes, não tinha empregados pessoais e nem mesmo seguranças. Comprou um belo carro, mas era sempre ele que dirigia. Quando Markkula propôs que comprassem um jatinho Lear, ele declinou (embora depois tenha exigido da Apple um Gulfstream próprio). Como o pai, podia ser duro na hora de negociar com fornecedores, mas não deixava que a gana de lucrar passasse na frente da paixão por desenvolver grandes produtos.

Trinta anos depois de abrir o capital da Apple, ele comentou como era ganhar dinheiro de repente:

> Nunca me preocupei com dinheiro. Sou de uma família de classe média, então nunca achei que ia passar fome. E vi na Atari que eu podia ser um engenheiro razoável, e sempre soube que conseguiria me virar. Fui voluntariamente pobre quando estava na faculdade e na Índia, e levava uma vida bem simples mesmo quando estava trabalhando. Então passei de bem pobre, o que era ótimo porque não tinha de me preocupar com dinheiro, para podre de rico, quando também não tinha de me preocupar com dinheiro.
>
> Vi gente na Apple que fez muito dinheiro e então passou a achar que tinha de viver de maneira diferente. Uns compraram um Rolls Royce e várias casas, todas com administradores, e aí contrataram alguém para administrar os administradores. As esposas fizeram cirurgia plástica e viraram essas figuras esquisitas. Não era assim que eu queria viver. É louco. Prometi a mim mesmo que não ia deixar esse dinheiro estragar a minha vida.

Jobs não era especialmente filantrópico. Ele criou uma fundação que funcionou por algum tempo, mas descobriu que era uma chatice lidar com o cara que tinha contratado para cuidar dela, que ficava falando sem parar de novas formas de fazer filantropia e como "alavancar" as doações. Passou a desprezar quem alardeava suas ações nessa área ou achava que ia reinventá-la. Antes disso, enviara discretamente um cheque de 5 mil dólares para ajudar a criar a Seva Foundation, de Larry Brilliant, destinada a combater doenças relacionadas com a pobreza, e até concordou em fazer parte da diretoria. Mas, numa reunião, entrou numa discussão com um médico famoso, também da diretoria, sobre se a fundação devia, como achava Jobs, contratar Regis McKenna para ajudar na publicidade e na arre-

cadação de fundos. A coisa terminou com Jobs chorando de raiva no estacionamento. Ele e Brilliant se reconciliaram na noite seguinte, nos bastidores de um
concerto beneficente do Grateful Dead para a Seva. Mas, quando Brilliant levou
alguns membros da diretoria — entre eles Wavy Gravy e Jerry Garcia — à Apple,
logo depois da IPO, para pedir uma doação, Jobs não foi receptivo. Preferiu bolar
maneiras para que a doação de um Apple II e um programa VisiCalc ajudasse num
levantamento de dados sobre a cegueira no Nepal, que a fundação estava planejando fazer.

O maior presente pessoal que ele deu foi para seus pais, Paul e Clara Jobs,
cerca de 750 mil dólares em ações. O casal vendeu uma parte para quitar o financiamento da casa de Los Altos, e o filho apareceu para a pequena comemoração.
"Era a primeira vez na vida que ficavam livres de hipoteca", comentou Jobs.
"Apareceram vários amigos deles na festa, e foi superlegal." Mesmo assim, não
pensaram em comprar uma casa melhor. "Não estavam interessados nisso", diz.
"Estavam felizes com a vida que tinham." O único luxo deles foi fazer uma viagem de férias todos os anos, num cruzeiro Princess. A viagem pelo canal do Pana-
má "foi a preferida do meu pai", segundo Jobs, porque o fez se lembrar de quando
seu barco da guarda costeira atravessou o canal em direção a San Francisco, para
dar baixa.

Com o sucesso da Apple, veio a fama para seu garoto-propaganda. A *Inc.* foi
a primeira revista que deu a foto de Jobs na capa, em outubro de 1981. A chamada
era ESTE HOMEM MUDOU OS NEGÓCIOS PARA SEMPRE. Jobs aparecia com uma barba bem
aparada, cabelo comprido, jeans, camiseta e um paletó um pouco brilhante demais. Estava apoiado num Apple II, encarando a câmera, com o olhar hipnotiza-
dor que tinha pegado de Robert Friedland. "Quando Steve Jobs fala, transborda
com o entusiasmo de quem enxerga o futuro e quer garantir que ele se realize",
afirmava a revista.

Seguiu-se a *Time*, em fevereiro de 1982, com um conjunto de matérias sobre
jovens empresários. A capa trazia uma imagem de Jobs, de novo com seu olhar
hipnótico. A matéria principal dizia que ele "criou praticamente sozinho a indústria do computador pessoal". O perfil, escrito por Michael Moritz, notava: "Aos 26
anos, Jobs comanda uma empresa que seis anos atrás ficava num quarto e na garagem da casa dos pais, mas neste ano espera atingir 600 milhões de dólares em
vendas [...]. Como executivo, às vezes Jobs é petulante e ríspido com os subordinados. Ele admite: 'Preciso aprender a guardar meus sentimentos'".

Apesar da fama e da fortuna, ele ainda se via como um filho da contracultura. Numa visita a uma turma de Stanford, tirou o paletó Wilkes Bashford e os sapatos, subiu numa mesa e se sentou com as pernas cruzadas em posição de lótus. Os estudantes perguntaram coisas do tipo quando o preço das ações da Apple ia subir, que Jobs ignorou. Em vez disso, falou sobre a paixão por produtos do futuro — por exemplo, que algum dia existiria um computador do tamanho de um livro. Quando novas perguntas sobre os negócios foram feitas, Jobs trocou de papel com os estudantes, com seu ar de rapazes certinhos. "Quantos de vocês são virgens?", disparou. Risadinhas nervosas. "Quantos tomaram LSD?" Mais risinhos nervosos, e apenas um ou dois levantaram a mão. Mais tarde, Jobs reclamou da meninada da nova geração, que parecia mais materialista e carreirista do que a dele. "Entrei na faculdade logo depois dos anos 60 e antes que começasse toda essa onda de pragmatismo", disse. "Agora os estudantes não estão nem pensando em termos idealistas, ou pelo menos muitíssimo menos do que antes. Com certeza não deixam que as questões filosóficas do momento tomem tempo demais durante seus cursos de administração." Segundo ele, sua geração era diferente. "Mas o vento idealista dos anos 60 ainda sopra atrás da gente, e a maioria do pessoal que conheço e é da minha idade tem essa coisa entranhada para sempre."

10. Nasce o Mac

Você diz que quer uma revolução...

Jobs, em 1982.

O BEBÊ DE JEF RASKIN

Jef Raskin era o tipo de sujeito que podia encantar — ou irritar — Steve Jobs. Ele fez as duas coisas. Com um ar filosófico que podia ser brincalhão e também sério, Raskin tinha se formado em computação, ensinava música e artes visuais, dirigia uma companhia de ópera de câmara e organizava teatro de guerrilha. Sua tese de doutorado na Universidade da Califórnia em San Diego defendia que os computadores deviam ter interface gráfica em vez de interface de texto. Quando se cansou de dar aulas, alugou um balão, passou por cima da casa do diretor da faculdade e gritou lá para baixo que estava caindo fora.

Em 1976, Jobs estava procurando alguém para redigir um manual para o Apple II e ligou para Raskin, que tinha uma pequena firma de consultoria. Raskin foi até a garagem, viu Wozniak se esfalfando numa bancada de trabalho e se deixou convencer por Jobs a escrever o manual por cinquenta dólares. Depois, acabou ficando como gerente do departamento de publicações da Apple em tempo integral. Um de seus sonhos era criar um computador barato para o grande público, e em 1979 convenceu Mike Markkula a deixá-lo dirigir o pequeno projeto independente Annie. Como Raskin achava que dar nomes femininos a computadores era machismo, rebatizou o projeto em homenagem a seu tipo favorito de maçã, a McIntosh. Mas mudou a grafia para evitar problemas com o nome do fabricante de equipamentos de áudio McIntosh Laboratory. O computador do projeto veio a ser conhecido como Macintosh.

Raskin pensava numa máquina que fosse vendida por mil dólares, um aparelho simples, com tela, teclado e computador numa unidade só. Para baratear os custos, ele propunha uma tela minúscula de cinco polegadas e um microprocessador baratíssimo (e de baixa potência), o Motorola 6809. Raskin se considerava filósofo e anotava as suas ideias, que não paravam de aumentar, num caderno que chamava de "O livro do Macintosh". De vez em quando também lançava manifestos. Um deles, com o título "Computadores aos milhões", começava com uma aspiração: "Se o computador pessoal é para ser realmente pessoal, será preciso que qualquer família, escolhida ao acaso, muito provavelmente tenha o seu".

Durante 1979 e até o começo de 1980, a vida do projeto Macintosh esteve por um fio. A cada dois ou três meses era quase abortado, mas toda vez Raskin conseguia um voto de clemência de Markkula. O projeto contava com uma equipe de pesquisa de apenas quatro engenheiros, e ficava no escritório original da Apple, ao lado do restaurante Good Earth, a algumas quadras da nova sede da empresa. O espaço era cheio de brinquedos e aeromodelos radiocontrolados (a paixão de Raskin), tanto que parecia uma creche de geeks. Volta e meia o grupo parava de trabalhar para jogar algumas partidas não muito organizadas de Nerf Ball. Andy Hertzfeld lembra: "Cada um cercava sua área de trabalho com barricadas de papelão, como defesa durante o jogo, e o escritório ficava parecendo um labirinto de papelão".

O astro da equipe era um rapaz loiro, de aspecto angelical, engenheiro com intensa autodisciplina psicológica, chamado Burrell Smith, que adorava o código de Wozniak e tentou criar algumas proezas fantásticas semelhantes. Atkinson descobriu Smith quando este trabalhava no departamento de manutenção da Apple e, admirado com sua habilidade em improvisar consertos, recomendou o rapaz a Raskin. Mais tarde Smith sucumbiria à esquizofrenia, mas no começo dos anos 1980 pôde canalizar sua intensidade maníaca para achados geniais de programação, trabalhando ininterruptamente por dias a fio.

Jobs estava fascinado com a visão de Raskin, mas não com sua propensão a transigir na qualidade para manter os custos baixos. A certa altura do outono de 1979, mandou que ele se concentrasse em desenvolver um produto "insanamente grandioso", como insistia em chamar. "Não se preocupe com o preço, apenas especifique as funcionalidades do computador", disse. Raskin respondeu com um memorando sarcástico, que apresentava tudo o que se podia querer no computador proposto: uma visualização em cores de alta resolução com 96 caracteres, uma impressora que funcionava sem fita e podia produzir qualquer gráfico em cores numa página por segundo, acesso ilimitado à ARPANET* e capacidade de reconhecer a fala e sintetizar música, e "até de imitar Caruso cantando com o coro do tabernáculo mórmon, com reverberação variável". O memorando concluía: "Partir das funcionalidades desejadas é absurdo. Devemos partir de uma meta de preço e de um conjunto de funcionalidades, com um olho na tecnologia de hoje e do futuro imediato". Em outras palavras, Raskin ficava exasperado com a ideia de Jobs de que podemos distorcer a realidade se tivermos paixão suficiente por nosso produto.

Assim, era inevitável que os dois entrassem em choque, principalmente depois que Jobs foi afastado do projeto Lisa, em setembro de 1980, e começou procurar algum outro lugar onde pudesse imprimir sua marca. Era inevitável que pusesse os olhos no projeto Macintosh. Os manifestos de Raskin sobre uma máquina barata para o grande público, com uma interface gráfica simples e design despojado, mexeram com ele. E também era inevitável que, depois de se interessar pelo projeto Macintosh, os dias de Raskin estivessem contados. "Steve começou a interferir no que ele achava que nós devíamos fazer, Jef começou a ficar nervoso e logo ficou evidente qual seria o resultado", lembra Joanne Hoffman, da equipe Mac.

O primeiro conflito dizia respeito à preferência de Raskin pelo microprocessador Motorola 6809, de baixa potência. Aqui também havia um conflito entre o desejo de Raskin de manter o preço do Mac abaixo dos mil dólares e a determinação de Jobs de desenvolver uma máquina insanamente grandiosa. Assim, Jobs

---

* Advanced Research Projects Agency Network, do Departamento de Defesa dos Estados Unidos, a primeira rede de computadores e precursora da internet. (N. E.)

começou a pressionar para que o Mac fosse equipado com o Motorola 68 000, de mais potência, que era o que o Lisa estava usando. Pouco antes do Natal de 1980, sem dizer nada a Raskin, ele desafiou Burrell Smith a criar um protótipo redesenhado usando o chip mais potente. Como teria feito seu herói Wozniak, Smith se lançou à tarefa 24 horas por dia, trabalhando três semanas sem parar e utilizando na programação todos os tipos de saltos mais arrojados. Smith foi bem-sucedido, Jobs pôde impor a mudança para o Motorola 68 000 e Raskin teve de repensar e recalcular o custo do Mac.

Havia algo mais importante em jogo. O microprocessador mais barato que Raskin queria não era capaz de acomodar todos os gráficos GW — janelas, menus, mouse etc. — que a equipe tinha visto nas visitas ao Centro de Pesquisas de Palo Alto da Xerox. Raskin convencera todo mundo a ir ao Xerox PARC, e gostou da ideia de janelas e exibição em bitmap. Mas não se apaixonou pelos ícones e gráficos caprichados, e detestou a ideia de clicar num mouse em vez de usar o teclado. "Algumas pessoas do projeto adoraram a ideia de tentar fazer tudo com o mouse", ele reclamou depois. "Outro exemplo é o uso absurdo de ícones. Um ícone é um símbolo igualmente incompreensível em todas as linguagens humanas. Se os humanos inventaram línguas fonéticas, foi por alguma razão."

Bill Atkinson, ex-aluno de Raskin, ficou do lado de Jobs. Os dois queriam um processador potente, capaz de suportar gráficos mais rápidos e o uso do mouse. "Steve teve de tirar o projeto de Jef", diz Atkinson. "Jef era muito rígido e teimoso, e Steve fez bem em assumir o projeto. O resultado para o mundo foi melhor."

As divergências não eram apenas filosóficas. Tornaram-se choques de personalidade. "Acho que ele gosta que as pessoas pulem quando ele diz para pularem", disse Raskin certa vez. "Ele me parecia não confiável, e leva a mal quando acham algum defeito nele. Parece que não gosta de quem não enxerga uma auréola à sua volta." Jobs também foi meio depreciativo com Raskin. "Jef era superpomposo", disse. "Não entendia muito de interfaces. Então resolvi pegar alguns caras do pessoal dele que eram realmente bons, como Atkinson, trazer alguns da minha própria equipe, assumir a coisa e construir um Lisa menos caro, e não uma porcaria qualquer."

Alguns integrantes da equipe acharam impossível trabalhar com Jobs. "Jobs parece criar tensão, política, e briga em vez de aproveitar para relaxar com aquelas distrações", escreveu um engenheiro num memorando para Raskin, em dezembro de 1980. "Adoro conversar com ele, admiro suas ideias, seu pragmatismo e sua energia. Mas acho que ele não oferece o ambiente de confiança, apoio e descontração de que preciso."

Muitos outros, porém, perceberam que Jobs, apesar dos defeitos de temperamento, tinha o carisma e a energia empresarial capazes de levá-los a imprimir uma marca no universo. Jobs disse à equipe que Raskin não passava de um sonhador, enquanto ele era um empreendedor e teria o Mac pronto em um ano. Era evidente que queria se desforrar por ter sido eliminado do grupo do Lisa, e a rivalidade o deixava muito motivado. Apostou publicamente 5 mil dólares com John Couch que o Mac sairia antes do Lisa. "Podemos fazer um computador mais barato e melhor do que o Lisa, e que saia primeiro", disse para a equipe.

Jobs afirmou seu controle sobre o grupo cancelando um seminário informal que Raskin havia marcado para toda a empresa na hora do almoço, em fevereiro de 1981. De qualquer forma, Raskin passou pela sala e viu que havia umas cem pessoas lá, esperando para ouvi-lo; Jobs não tinha se dado ao trabalho de informar mais ninguém sobre o cancelamento. Então Raskin foi em frente e deu uma palestra.

Esse episódio levou Raskin a escrever um memorando virulento a Mike Scott, que mais uma vez se viu na difícil posição de ser um presidente tentando controlar o temperamental cofundador e principal acionista de uma empresa. No memorando, cujo assunto era "Trabalhando para/com Steve Jobs", Raskin afirmava:

Ele é um gerenciador pavoroso [...]. Sempre gostei de Steve, mas descobri que é impossível trabalhar para ele [...]. Jobs falta sistematicamente aos compromissos marcados. Isso é tão notório que quase virou piada [...]. Ele age sem pensar e sem avaliar direito [...]. Não dá os créditos quando devidos [...]. Muitas vezes, quando ouve uma ideia nova, ataca-a imediatamente e diz que é imprestável ou até idiota, e que foi uma perda de tempo trabalhar nela. Isso é só uma questão de mau gerenciamento, mas, se a ideia é boa, logo ele sai falando dela como se fosse sua [...]. Ele interrompe e não ouve.

Naquela tarde, Scott chamou Jobs e Raskin para esclarecer a situação na presença de Markkula. Jobs começou a gritar. Ele e Raskin concordaram apenas num ponto: não conseguiam trabalhar juntos. No projeto Lisa, Scott tinha ficado do lado de Couch. Dessa vez, achou que era melhor deixar Jobs ganhar. Afinal, o Mac era um projeto secundário, que ficava num edifício distante e que manteria Jobs ocupado, longe do campus principal. Disseram a Raskin para tirar uma licença. "Eles queriam me agradar e me dar alguma coisa para fazer, o que foi ótimo", lembra Jobs. "Para mim, era como voltar à garagem. Tinha minha equipe amalucada e estava no controle da coisa."

O afastamento de Raskin talvez não parecesse muito justo, mas acabou sendo bom para o Macintosh. Raskin queria um aparelho com pouca memória, um processador anêmico, uma fita cassete, um mínimo de gráfico e nada de mouse. Ao contrário de Jobs, ele poderia ter conseguido manter o preço um pouco abaixo dos mil dólares, o que ajudaria a Apple a ganhar uma fatia do mercado. Mas não chegaria ao que Jobs fez, que foi criar e comercializar uma máquina que transformou a computação pessoal. Na verdade, podemos ver aonde levou esse caminho não adotado. Raskin foi contratado pela Canon para construir a máquina que queria. "Era a Canon Cat, e foi um fracasso total", diz Atkinson. "Ninguém quis. Quando Steve converteu o Mac numa versão compacta do Lisa, ele se transformou numa plataforma de computação, em vez de um eletrônico para o consumidor."*

TEXACO TOWERS

Poucos dias depois da saída de Raskin, Jobs apareceu no cubículo de Andy Hertzfeld, um jovem engenheiro da equipe do Apple II que tinha rosto de querubim e ar travesso como seu amigo Burrell Smith. Hertzfeld lembra que a maioria dos colegas tinha medo de Jobs, "por causa de seus acessos de fúria gratuita e da tendência de dizer a todo mundo exatamente o que pensava, o que muitas vezes não era muito favorável". Mas Hertzfeld ficou empolgado com ele. "Você faz algo que preste?", perguntou Jobs na hora em que entrou. "Só queremos gente realmente boa trabalhando no Mac, e não sei se você presta." Hertzfeld sabia como responder. "Disse a ele que sim, que eu achava que prestava bastante."

Jobs saiu e Hertzfeld retomou o trabalho. Naquela tarde, ele notou Jobs espreitando por cima da divisória de seu cubículo. "Tenho boas notícias para você", disse Jobs. "Agora você está na equipe do Mac. Venha comigo."

Hertzfeld respondeu que precisava de mais alguns dias para terminar o tra-

* Quando o milionésimo Mac saiu da linha de montagem em março de 1987, a Apple inscreveu nele o nome de Raskin e lhe deu, para grande desgosto de Jobs. Raskin morreu de câncer no pâncreas em 2005, não muito tempo depois que o próprio Jobs foi diagnosticado com a mesma doença.

balho no Apple II, que estava pela metade. "O que existe de mais importante do que trabalhar no Macintosh?", perguntou Jobs. Hertzfeld explicou que precisava deixar seu programa DOS do Apple II em condições suficientemente boas para passá-lo para outra pessoa. "Você só está perdendo tempo com isso!", retrucou Jobs. "Quem se importa com o Apple II? Daqui a poucos anos, ele vai estar morto. O Macintosh é o futuro da Apple, e você vai começar já!" Com isso, Jobs puxou o fio da tomada e desligou seu Apple II, fazendo desaparecer o código em que ele estava trabalhando. "Venha", disse. "Vou levá-lo para sua nova mesa." Jobs pegou Hertzfeld com computador e tudo, pôs em sua Mercedes prateada e foram até os escritórios da Macintosh. "Aí está sua nova mesa", anunciou, despejando-o num espaço ao lado de Burrell Smith. "Bem-vindo à equipe Mac!" Quando Hertzfeld abriu a gaveta, viu que era a mesa de Raskin. Na verdade, Raskin tinha saído tão depressa que deixara nas gavetas algumas coisas, inclusive alguns aeromodelos.

O critério básico de Jobs para recrutar o pessoal na primavera de 1981 para integrar seu alegre bando de piratas era conferir se tinham paixão pelo produto. Às vezes, ele entrava com um candidato numa sala onde havia um protótipo do Mac coberto com um pano, descobria-o num gesto teatral e ficava observando. "Se os olhos das pessoas brilhassem, se elas fossem direto até o mouse e começassem a apontar e clicar, Steve sorria e contratava", lembra Andrea Cunningham. "Ele queria que exclamassem 'Uau!'."

Bruce Horn era um dos programadores no Xerox PARC. Quando alguns amigos, como Larry Tesler, decidiram entrar no grupo Macintosh, Horn pensou em ir também. Mas recebeu uma boa proposta e mais um bônus de contratação de 15 mil dólares para entrar em outra empresa. Jobs ligou para ele numa sexta-feira à noite. "Você tem de ir à Apple amanhã de manhã", disse. "Tenho um monte de coisas para te mostrar." Horn foi e Jobs o laçou. "Steve estava absolutamente empolgado em construir essa máquina maravilhosa que ia mudar o mundo", lembra Horn. "Pela pura força de sua personalidade, ele me fez reconsiderar minha decisão." Jobs mostrou a Horn exatamente como o material seria moldado e o conjunto se encaixaria com todos os cantos perfeitos, e como a placa ficaria bonita ali dentro. "Ele queria que eu visse que a coisa toda ia acontecer e já estava pensada de uma ponta a outra. Uau!, eu disse, não é todo dia que vejo uma empolgação dessas. Então topei."

Jobs chegou a tentar recontratar Wozniak. "O fato de que ele não estava fazendo muita coisa me incomodava, mas aí pensei: dane-se, eu não estaria aqui se não fosse a genialidade dele", disse-me mais tarde. Contudo, logo que ele começou a fazê-lo se interessar pelo Mac, Wozniak se acidentou com seu novo monomotor Beechcraft, numa decolagem em Santa Cruz. Só não morreu por um triz e ficou com amnésia parcial. Jobs permaneceu ao seu lado algum tempo no hospital, mas, depois de se recuperar, Wozniak resolveu que era hora de se afastar da Apple. Dez anos depois de abandonar Berkeley, decidiu voltar para terminar o curso, matriculando-se com o nome de Rocky Raccoon Clark.

Para que o projeto fosse seu, Jobs decidiu que ele não teria mais o nome da maçã favorita de Raskin. Em várias entrevistas, Jobs tinha se referido aos computadores como bicicletas mentais: a capacidade de criar uma bicicleta tinha permitido que as pessoas se movessem com uma eficiência até maior que a de um condor, e da mesma forma a capacidade de criar computadores multiplicaria a eficiência mental. Então, certo dia Jobs decretou que, a partir daquela data, o Macintosh passava a se chamar Bicycle. Não pegou. "Burrell e eu achamos que era a coisa mais boba que tínhamos ouvido na vida, e simplesmente nos recusamos a usar o novo nome", lembra Hertzfeld. Em um mês, a ideia foi deixada de lado.

No começo de 1981, a equipe Mac tinha aumentado para umas vinte pessoas, e Jobs chegou à conclusão de que precisavam de mais espaço. Então transferiu todo mundo para o segundo andar de uma casa de dois pavimentos revestida de madeira, a três quadras da sede da Apple. Era vizinha de um posto da Texaco, e logo ficou conhecida como Texaco Towers. Daniel Kottke, embora ainda ressabiado por não ter recebido as opções de compra, foi chamado para montar e enrolar os fios das placas de alguns protótipos. Bud Tribble, o geniozinho desenvolvedor de softwares, criou uma tela que carregava com um *hello!* falante. Jobs achou que o escritório precisava de mais animação e disse ao pessoal que comprasse um aparelho de som. "Burrel e eu saímos correndo e compramos um radiocassete prateado na hora, antes que ele mudasse de ideia", lembra Hertzfeld.

O triunfo de Jobs logo estaria completo. Poucas semanas depois de ganhar sua disputa de poder com Raskin para comandar a divisão Mac, ele ajudou a tirar Mike Scott da presidência da Apple. Scotty andava cada vez mais instável. Ora ameaçava, ora incentivava. Por fim, perdeu grande parte do apoio que tinha entre os funcionários, depois de surpreendê-los com uma sucessão de dispensas temporárias que impôs com uma rudeza fora do comum. Além disso, tinha começado a sofrer de vários problemas, desde infecções na vista a ataques de narcolepsia. Quando Scott estava de férias no Havaí, Markkula reuniu os gerentes dos escalões mais altos e perguntou se ele devia ser substituído. A maioria, inclusive Jobs e John Couch, respondeu que sim. Então Markkula assumiu como presidente interino e bastante passivo, e Jobs viu que agora estava com rédeas soltas para fazer o que quisesse com a divisão Mac.

11. O campo de distorção da realidade

Jogando com suas próprias regras

A equipe original do Mac, em 1984: George Crow, Joanna Hoffman, Burrell Smith, Andy Hertzfeld, Bill Atkinson e Jerry Manock.

Quando entrou na equipe do Mac, Andy Hertzfeld recebeu um resumo de Bud Tribble, o outro projetista de softwares, sobre a quantidade enorme de trabalho que ainda precisava ser feito. Jobs queria que o Mac estivesse pronto em janeiro de 1982, dali a menos de um ano. "Loucura", comentou Hertzfeld. "Sem chance." Tribble avisou que Jobs não aceitaria nenhuma objeção. "A melhor maneira de descrever a situação é um termo de *Jornada nas estrelas*", disse. "Steve tem um campo de distorção da realidade." Hertzfeld ficou perplexo e Tribble explicou melhor: "Na presença dele, a realidade é maleável. Ele consegue convencer qualquer um de praticamente qualquer coisa. Isso se enfraquece quando ele não está por perto, mas torna difícil ter cronogramas realistas".

Tribble lembra que adotou a expressão dos famosos episódios do "Zoológico" da série *Jornada nas estrelas*, "em que os alienígenas criam seu novo mundo com o simples poder da mente". Ele diz que usou a expressão como uma advertência, mas também como um elogio. "Era um perigo ser capturado no campo de distorção de Steve, mas foi o que de fato lhe permitiu mudar a realidade."

No começo, Hertzfeld achou que Tribble devia estar exagerando. Mas, depois de quinze dias vendo Jobs em ação, conseguiu entender bem o fenômeno. "O campo de distorção da realidade era uma mistura espantosa de retórica carismática, uma vontade inflexível e um impulso de torcer qualquer fato para se adequar à finalidade em questão", comenta Hertzfeld.

Hertzfeld descobriu que não havia muita defesa contra aquela força. "O incrível era que o campo de distorção da realidade parecia muito verdadeiro, mesmo que a gente tivesse plena consciência dele", diz. "Muitas vezes a gente discutia possíveis técnicas para prendê-lo na terra, mas depois de algum tempo a maioria do pessoal desistia, aceitando-o como uma força da natureza." Depois de Jobs ter decretado, um dia, que os refrigerantes na geladeira do escritório seriam substituídos por suco de laranja e cenoura orgânica Odwalla, alguém da equipe encomendou um lote de camisetas. Na frente, a frase "Campo de distorção da realidade", e atrás, "Está no suco!".

Em certa medida, falar em campo de distorção da realidade era apenas uma maneira simpática de dizer que Jobs tinha tendência a mentir. Mas, realmente, era uma forma mais complexa de dissociação. Ele afirmava coisas — fosse um fato da história mundial ou uma proposta que alguém tinha feito numa reunião — sem levar em conta a verdade. Isso provinha de um desafio deliberado à realidade, que ele lançava não só aos outros, mas também a si mesmo. "Ele consegue se iludir", diz Bill Atkinson. "Isso lhe permite atrair as pessoas para acreditarem em seu ponto de vista, pois ele mesmo o adotou e interiorizou."

Muita gente, claro, distorce a realidade. Quando Jobs o fazia, em geral era uma tática para conseguir alguma coisa. Wozniak, que era congenitamente tão honesto quanto Jobs era tático, se maravilhava com a eficácia daquilo. "Sua distorção da realidade ocorre quando ele tem uma visão irracional do futuro, como me dizer que eu poderia projetar o jogo Breakout em poucos dias. Você percebe que não pode ser verdade, mas de alguma maneira ele transforma em verdade."

Quando os integrantes da equipe Mac eram atraídos para seu campo de distorção da realidade, ficavam quase hipnotizados. "Ele me lembrava Rasputin", diz Debi Coleman. "Ele te olhava com aquele olhar de raio laser sem piscar. Ele podia simplesmente estar te servindo um copo de Sukita. Você bebia." Mas, como

Wozniak, Debi também acha que o campo de distorção da realidade dava força: permitiu que Jobs inspirasse a equipe a transformar o curso da história da computação com uma parcela minúscula dos recursos de uma Xerox ou de uma IBM. "Era uma distorção que se concretizava", afirma ela. "Você fazia o impossível, porque não percebia que era impossível."

Na base da distorção da realidade estava a profunda e inabalável crença de Jobs de que as regras não se aplicavam a ele. Tinha algumas provas disso; na infância, muitas vezes conseguira dobrar a realidade a seus desejos. Mas as fontes mais profundas dessa crença de que ele podia ignorar as regras eram a rebeldia e a teimosia entranhadas em sua personalidade. Jobs tinha a sensação de ser especial: um eleito, um iluminado. "Ele julga que as pessoas especiais são poucas — gente como ele, Einstein, Gandhi e os gurus que conheceu na Índia —, e que ele é uma delas", conta Hertzfeld. "Ele disse isso a Chrisann. Uma vez ele até insinuou para mim que era um iluminado. Parece quase Nietzsche." Jobs nunca estudou Nietzsche, mas os conceitos do filósofo sobre a vontade de poder e a natureza especial do *Übermensch* lhe ocorriam naturalmente. *Assim falou Zaratustra*: "O espírito agora quer sua própria vontade, e quem estava perdido para o mundo agora conquista o mundo". Se a realidade não concordasse com sua vontade, ele a ignoraria, como tinha feito com o nascimento da filha Lisa e iria fazer anos depois, quando teve o primeiro diagnóstico de câncer. Mesmo nas pequenas transgressões do cotidiano, como não usar placa no carro e estacionar nas vagas para deficientes, ele agia como se não estivesse sujeito às mesmas regras e realidades a seu redor.

Outro aspecto central na concepção de mundo de Jobs é seu dualismo na classificação das coisas. As pessoas eram "geniais" ou "idiotas". O trabalho delas era "o máximo" ou "uma merda total". Como descreve Bill Atkinson, o designer do Mac que recaía no lado bom dessas dicotomias:

> Era difícil trabalhar sob as ordens de Steve, porque era muito grande a polaridade entre deuses e bundões. Se você fosse um deus, ficava num pedestal e nunca fazia nada errado. Nós, que éramos considerados deuses, sabíamos que éramos simples mortais, tomávamos decisões de projeto ruins, peidávamos como qualquer um, então a gente vivia com medo de ser derrubado do pedestal. Os que eram bundões, e eram engenheiros brilhantes que trabalhavam com muita dedicação, sentiam que, por mais que fizessem, não seriam valorizados nem seriam promovidos.

Mas essas categorias não eram imutáveis. Sobretudo quando falava sobre ideias, e não pessoas, Jobs podia inverter suas posições de uma hora para outra. Ao comentar com Hertzfeld sobre o campo de distorção da realidade, Tribble alertou especificamente sobre a tendência de Jobs a parecer uma corrente alternada de alta voltagem. "Só porque ele te diz que uma coisa é pavorosa ou magnífica, não significa necessariamente que amanhã ele vai achar a mesma coisa", explicou Tribble. "Se você expuser uma ideia nova, geralmente ele vai te dizer que é uma idiotice. Mas, se ele gostar mesmo dela, exatamente daí a uma semana vai voltar e te apresentar sua ideia como se fosse dele."

A audácia dessa pirueta final fascinaria o próprio Diáguilev. Isso aconteceu várias vezes com Bruce Horn, o programador que tinha sido fisgado do Xerox PARC, junto com Tesler. "Uma semana eu falava de uma ideia que tinha tido, e ele dizia que era maluquice", conta Horn. "Na semana seguinte ele chegava com essa: 'Ei, tive uma superideia' — e era a minha ideia! Você replicava: 'Steve, eu te falei disso uma semana atrás', ele dizia 'hã-hã' e seguia em frente."

Era como se nos circuitos mentais de Jobs faltasse um dispositivo para modular os picos extremos das opiniões impulsivas que surgiam de repente na cabeça dele. Assim, ao tratar com Jobs, a equipe Mac adotou um conceito de áudio chamado "filtro passa-baixo". Ao processar a entrada, o pessoal aprendeu a reduzir a amplitude dos sinais de alta frequência. Isso servia para atenuar o conjunto de dados e fornecer uma média de menor amplitude daquela variação de atitudes. "Depois de alguns ciclos em que ele alternava posições extremas", diz Hertzfeld, "aprendemos a filtrar os sinais e não reagir aos extremos."

O comportamento de Jobs, sem filtro, se devia a uma falta de sensibilidade emocional? Não. Era quase o contrário. Ele era muito sintonizado emocionalmente. Tinha uma habilidade fantástica em ler as pessoas e conhecer seus pontos fracos e fortes e suas inseguranças psicológicas. Podia surpreender uma vítima distraída com uma toalhada desferida com toda a precisão. Sabia intuitivamente quando a pessoa estava fingindo e quando realmente sabia das coisas. Por isso era mestre em agradar, afagar, persuadir, lisonjear e intimidar os outros. "Ele tinha a misteriosa capacidade de saber exatamente qual é o seu ponto fraco, de saber o que vai fazer você se sentir um nanico, fazer você se encolher", diz Joanne Hoffman. "É um traço comum nas pessoas que são carismáticas e sabem manipular os outros. Saber que ele pode te esmagar te faz sentir fraco e ansioso para ganhar a aprovação dele, pois então ele pode te elevar, te pôr num pedestal e te controlar."

Havia alguns lados positivos nisso. Quem não era esmagado acabava se forta-lecendo. As pessoas trabalhavam melhor, tanto por medo e pelo desejo de agradar como pela consciência de que era isso que se esperava delas. "O comportamento dele pode ser emocionalmente esgotante, mas, se você sobrevive, a coisa funciona", diz Hoffman. Também se podia revidar — às vezes — e não só sobreviver, como também crescer. Nem sempre dava certo; Raskin tentou, conseguiu durante algum tempo e depois foi destruído. Mas se você era tranquilamente autoconfiante e cor-reto, se Jobs te avaliasse e concluísse que você sabia o que estava fazendo, ele te res-peitaria. Ao longo dos anos, na vida pessoal e profissional, seu círculo mais próximo tendia a ter uma proporção muito maior de pessoas fortes do que de subservientes.

A equipe Mac sabia disso. Todos os anos, a partir de 1981, havia um prêmio para a pessoa que melhor tivesse enfrentado Jobs. O prêmio era em parte brinca-deira, mas também em parte verdadeiro, e Jobs sabia e o aprovava. Joanna Hoff-man ganhou no primeiro ano. De uma família de refugiados da Europa Oriental, ela era voluntariosa e tinha temperamento difícil. Um dia, por exemplo, descobriu que Jobs havia alterado suas projeções de marketing de uma maneira que lhe pa-receu uma distorção total da realidade. Furiosa, foi pisando duro até o escritório dele. "Quando eu estava subindo a escada, disse para seu assistente que ia pegar uma faca e enfiar no coração dele", conta. Al Eisenstat, o advogado da empresa, veio correndo para segurar Joanna. "Mas Steve me ouviu até o fim e voltou atrás."

Hoffman ganhou de novo o prêmio em 1982. "Lembro que sentia inveja de Joanna, porque ela enfrentava Steve e eu ainda não tinha coragem para isso", diz Debi Coleman, que entrou na equipe Mac naquele ano. "Então, em 1983 ganhei o prêmio. Eu tinha aprendido que a gente precisa defender aquilo em que acredi-ta, o que Steve respeitava. Depois disso ele começou a me promover." No fim ela se tornou chefe de produção.

Um dia, Jobs irrompeu no cubículo de um dos engenheiros de Atkinson e soltou o usual "isso é uma merda". Atkinson lembra: "O cara disse: 'Não é, não, na verdade é o melhor jeito', e explicou a Steve as adaptações de projeto que tinha feito". Jobs cedeu. Atkinson ensinou sua equipe a traduzir as palavras de Jobs. "Aprendemos que 'isso é uma merda' na verdade é uma pergunta que significa 'me diga por que este é o melhor jeito de fazer isso'." Mas a história teve uma continuação que Atkinson também considerou instrutiva. O engenheiro acabou descobrindo um jeito ainda melhor de fazer funcionar aquilo que Jobs tinha criticado. "Ele fez melhor porque Steve o desafiou", diz Atkinson, "o que mostra que você pode replicar, mas também deve ouvir, pois geralmente ele tem razão."

O comportamento arrogante de Jobs se devia, em parte, a seu perfeccionismo e a sua exasperação com quem fazia algumas concessões práticas — e até sensatas — para finalizar um produto dentro do prazo e do orçamento. "Ele não aceitava bem as adaptações", diz Atkinson. "Era um perfeccionista controlador. Se alguém não se importava em ter o produto perfeito, era um incompetente." Na Feira de Computadores da Costa Oeste em abril de 1981, por exemplo, Adam Osborne lançou o primeiro computador pessoal realmente portátil. Não era grande coisa — tinha uma tela de cinco polegadas e pouca memória —, mas funcionava de maneira bem razoável. A explicação de Osborne ficou famosa: "Basta a adequação. Todo o resto é supérfluo". Jobs achou que o conceito todo era moralmente pavoroso, e passou dias debochando de Osborne. "Esse cara simplesmente não entende", repetia irritado, andando pelos corredores da Apple. "Ele não está fazendo arte, está fazendo merda."

Um dia, Jobs entrou no cubículo de Larry Kenyon, o engenheiro que estava trabalhando no sistema operacional Macintosh, e reclamou que ele demorava demais para executar. Kenyon começou a explicar o porquê, mas Jobs o interrompeu. "Se fosse para salvar a vida de uma pessoa, você acharia um jeito de diminuir em dez segundos o tempo de execução?", perguntou. Kenyon disse que provavelmente sim. Jobs foi até um quadro branco e demonstrou que, se houvesse 5 milhões de pessoas usando o Mac, e todo dia a máquina levasse dez segundos a menos para começar, isso somaria uns 300 milhões de horas por ano que seria possível poupar, o que equivalia pelo menos a cem vidas salvas por ano. "Larry ficou devidamente impressionado, e poucas semanas depois o Mac estava rodando 28 segundos mais rápido", lembra Atkinson. "Steve tinha um modo de motivar olhando o quadro mais geral."

O resultado foi que a equipe Macintosh passou a compartilhar a paixão de Jobs por fazer um produto incrível, e não apenas lucrativo. "Jobs se via como um artista, e incentivava a equipe do projeto a se ver dessa forma também", diz Hertzfeld. "A meta nunca foi vencer a concorrência ou ganhar muito dinheiro; era fazer a coisa mais grandiosa possível, e até um pouco mais." Ele chegou a levar a equipe para ver uma exposição de vidros e cristais Tiffany no Metropolitan Museum, em Manhattan, porque achou que eles poderiam aprender com o exemplo de Louis Tiffany de criar uma grande arte que pudesse ser produzida em massa. "A gente comentou que não foi o próprio Louis Tiffany que fez tudo aquilo, mas que ele foi capaz de transmitir seus projetos para outras pessoas", lembra Bud Tribble. "E aí dissemos uns para os outros: 'Ei, já que é para fazer coisas na vida, que sejam bonitas'."

Era necessário todo aquele comportamento ofensivo e violento? Provavelmente não, nem era justificado. Havia outros modos de motivar a equipe. Mesmo que o Macintosh se revelasse grandioso, estava com o cronograma atrasado e com o orçamento estourado por causa das intervenções impetuosas de Jobs. Havia também o custo de ferir os sentimentos das pessoas, o que desanimava boa parte do grupo. "Steve podia ter dado suas contribuições sem tantas histórias sobre ficar aterrorizando o pessoal", diz Wozniak. "Gosto de ser mais paciente e de não ter tantos conflitos. Acredito que uma empresa pode ser uma boa família. Se o projeto Macintosh tivesse sido tocado do meu jeito, provavelmente as coisas virariam uma bagunça. Mas acho que, se fosse com uma mistura dos estilos de nós dois, teria sido melhor do que do jeito como o Steve fez."

Havia, porém, um lado positivo no estilo de Jobs. Ele imbuiu os funcionários da Apple de uma paixão permanente por criar produtos inovadores e de uma convicção de que podiam realizar o que parecia impossível. Eles mandaram fazer camisetas que diziam "90 horas por semana e adorando!". Por medo de Jobs e por um tremendo desejo de impressioná-lo, superavam as próprias expectativas. Se Jobs impediu que a equipe fizesse algumas adaptações que teriam reduzido os custos do Mac e permitiriam terminá-lo mais cedo, também impediu que fizesse concessões ordinárias que muitas vezes passam por adaptações sensatas.

"Aprendi com os anos que, quando você tem pessoas realmente boas, não precisa tratá-las feito crianças", explicou Jobs mais tarde. "Ao esperar que elas façam grandes coisas, você consegue que façam grandes coisas. A equipe Mac original me ensinou que os participantes A+ gostam de trabalhar juntos, e não gostam se você tolera um trabalho B. Pergunte a qualquer membro daquela equipe Mac. Vão te dizer que valeu a pena."

A maioria concorda. "Numa reunião, ele gritava: 'Seu idiota, você nunca faz nada direito'", lembra Debi Coleman. "Era uma coisa que acontecia o tempo todo. Mas me considero a pessoa mais absolutamente feliz do mundo por ter trabalhado com ele."

12. O design

Os verdadeiros artistas simplificam

UMA ESTÉTICA BAUHAUS

Ao contrário da maioria das crianças que cresceram em casas de estilo Eichler, Jobs sabia o que eram e por que eram legais. Gostava do conceito de um modernismo simples e despojado produzido para as massas. Também gostava de ouvir o pai descrevendo os complicados detalhes de estilo de vários carros. Assim, desde o começo na Apple, ele acreditava que um grande desenho industrial — um logotipo simples e colorido, uma caixa lisa para o Apple II — distinguiria a empresa e diferenciaria seus produtos.

O primeiro escritório da empresa, depois de sair da garagem da família, ficava num pequeno imóvel que era compartilhado com um escritório de vendas da Sony. A Sony era famosa pelo estilo próprio e pelo design memorável dos produtos, e assim Jobs aparecia por lá para estudar o material de divulgação. "Ele entrava com ar desleixado, acariciava os folhetos dos produtos e apontava os elementos de design", diz Dan'l Lewin, que trabalhava na Sony. "Volta e meia ele perguntava: 'Posso pegar este folheto?'." Em 1980, já tinha contratado Lewin.

Seu gosto pelo estilo industrial escuro da Sony diminuiu mais ou menos em junho de 1981, época em que começou a assistir à Conferência Internacional de Design, anual, em Aspen. O ciclo daquele ano enfocava o estilo italiano, e apresentou o arquiteto e designer Mario Bellini, o cineasta Bernardo Bertolucci, o designer de automóveis Sergio Pininfarina e a política e herdeira da Fiat Susanna Agnelli. "Eu tinha passado a venerar os designers italianos, como o menino do filme *O vencedor* venera os ciclistas italianos", lembrou Jobs, "então foi uma inspiração maravilhosa."

Em Aspen, ele foi apresentado à filosofia do movimento Bauhaus, com seu design funcional e despojado, que foi aplicada por Herbert Bayer nos edifícios, nas *living suites*, na tipografia de letras sem serifa e no mobiliário no campus do Aspen Institute. Bayer, como seus mentores Walter Gropius e Ludwig Mies van der Rohe, acreditava que não devia existir distinção entre a arte e o desenho industrial aplicado. O Estilo Internacional modernista, promovido pela Bauhaus, sustentava que o design devia ser simples, mas com um espírito expressivo. Dava ênfase à racionalidade e à funcionalidade, utilizando linhas e formas despojadas. Entre as máximas pregadas por Mies e Gropius estavam "Deus está nos detalhes" e "Menos é mais". Como as casas Eichler, a sensibilidade artística se combinava com a potencialidade de produção em massa.

Jobs expôs publicamente sua adoção do estilo Bauhaus numa palestra que deu na conferência anual de Aspen em 1983, cujo tema era "O futuro não é o que costumava ser". Falando na grande tenda de música do campus, ele previu a superação do estilo Sony em favor da simplicidade da Bauhaus. "A onda atual do desenho industrial é o visual de alta tecnologia da Sony, que é cinza chumbo, dá para ser preto e fazer coisas fantásticas com ele", disse. "É fácil fazer isso. Mas não é grandioso." Jobs propôs uma alternativa, nascida da Bauhaus, que era mais verdadeira em relação à função e à natureza dos produtos. "O que vamos fazer são produtos de alta tecnologia, e vamos acondicioná-los num objeto despojado, para vocês saberem que é alta tecnologia. Vamos acondicioná-los em algo pequeno, e então eles vão poder ser bonitos e brancos, como a Braun faz com seus eletrônicos."

Ele enfatizava sempre que os produtos da Apple seriam simples e despojados. "Vamos fazê-los brilhantes, puros e honestos no que se refere à sua alta tecnologia, em vez de adotar um visual industrial pesado com preto, preto, preto, preto, como a Sony", dizia. "Então, esta é nossa abordagem: algo muito simples, e estamos realmente buscando uma qualidade de Museu de Arte Moderna. O modo como tocamos a empresa, o design do produto, a divulgação, tudo se resume a isto: deixar simples. Realmente simples." O mantra da Apple continuaria a ser o que foi apresentado em seu primeiro folheto: "A simplicidade é a máxima sofisticação".

Jobs achava que um elemento central da simplicidade do design era fazer produtos intuitivamente fáceis de usar. Nem sempre uma coisa acompanha a outra. Às vezes um design pode ser simples e liso, mas o usuário acha o objeto intimidante ou pouco amigável para usar. "O principal no nosso design é que temos de fazer as coisas intuitivamente óbvias", disse Jobs à multidão de designers independentes. Por exemplo, ele fez o elogio da metáfora do desktop que estava criando para o Macintosh. "As pessoas sabem intuitivamente como lidar com o que está sobre uma mesa. Se você entra num escritório, tem papéis na mesa. O que está por cima de todos eles é o mais importante. As pessoas sabem como mudar as prioridades. Uma das razões de usarmos metáforas, como esta do que está em cima da mesa, para projetar nossos computadores como desktops é que podemos aproveitar essa experiência que as pessoas já têm."

Falando no mesmo horário que Jobs naquela quarta-feira à tarde, mas numa sala menor, estava Maya Lin, de 23 anos, que tinha sido catapultada para a fama em novembro do ano anterior, quando foi inaugurado seu Memorial aos Veteranos do Vietnã em Washington. Os dois logo ficaram amigos, e Jobs convidou Lin para visitar a Apple. Como ele se sentia inibido na presença de alguém como ela, pediu que Debi Coleman ajudasse a cicereneá-la. "Fui trabalhar com Steve por uma semana", lembra Lin. "Perguntei por que os computadores pareciam televisões desajeitadas. Por que você não faz algo fino? Por que não um laptop plano?" Jobs respondeu que de fato era o que pretendia, logo que houvesse tecnologia para isso.

Naquela época, não havia nada muito empolgante acontecendo no campo do desenho industrial, na opinião de Jobs. Ele tinha uma luminária Richard Sapper, que admirava, e também gostava dos móveis de Charles e Ray Eames e dos produtos de Dieter Rams na Braun. Mas não havia nenhuma grande figura incendiando o mundo do desenho industrial, como tinham feito Raymond Loewy e Herbert Bayer. "De fato, não tinha muita coisa acontecendo nessa área, principalmente no Vale do Silício, e Steve estava muito ansioso para mudar o quadro", diz Lin. "Sua sensibilidade para o design é simples mas não estereotipada, e é divertida. Ele adotou o minimalismo, o que veio de sua devoção zen pela simplicidade, porém evitava que isso desse frieza a seus produtos. Eles continuavam lúdicos. Ele é apaixonado e supersério quando o assunto é design, mas ao mesmo tempo há um senso de brincadeira."

Conforme sua sensibilidade ao design se desenvolvia, Jobs passou a sentir uma atração especial pelo estilo japonês e começou a conviver mais com seus expoentes, como Issey Miyake e I. M. Pei. Sua formação budista teve grande influência nisso. "Sempre achei o budismo — em especial o zen-budismo japonês — esteticamente sublime", disse ele. "A coisa mais sublime que vi na vida são os jardins em volta de Kyoto. Fico profundamente comovido pelo que essa cultura produziu, e isso vem diretamente do zen-budismo."

COMO UM PORSCHE

A ideia de Jef Raskin para o Macintosh era que ele seria uma espécie de maleta portátil de formato retangular, que se fecharia ao levantar e dobrar o teclado sobre a tela frontal. Quando assumiu o projeto, Jobs decidiu sacrificar o aspecto portátil em favor de um design característico que não tomasse muito espaço numa mesa. Ele atirou uma lista telefônica em cima da mesa e declarou, para horror dos engenheiros, que o Mac não poderia ocupar uma área maior do que aquela. Assim, Jerry Manock, o chefe da equipe de design, e Terry Oyama, um designer talentoso que ele tinha contratado, começaram a trabalhar em ideias em que a tela ficava em cima da caixa do computador, com um teclado destacável.

Num dia de março de 1981, Andy Hertzfeld voltou ao escritório depois do jantar e encontrou Jobs rodeando o único protótipo do Mac, numa discussão acalorada com o diretor de serviços criativos James Ferris. "Precisamos dar um visual clássico, que não saia de moda, como o Fusca", disse Jobs. Ele tinha aprendido com o pai a apreciar as linhas dos carros clássicos.

"Não, de jeito nenhum", respondeu Ferris. "As linhas devem ser voluptuosas, como uma Ferrari."

"Não, Ferrari também não", objetou Jobs. "Tem de ser mais como um Porsche!" Na época, o que não é de admirar, ele tinha um Porsche 928. (Mais tarde,

Ferris saiu de lá para trabalhar na Porsche como gerente de publicidade.) Num fim de semana, quando Bill Atkinson tinha acabado o serviço, Jobs o levou ao pátio para admirar o Porsche. "A grande arte puxa o gosto, não acompanha os gostos", disse a Atkinson. Também admirava o design da Mercedes. "Com os anos, eles suavizaram as linhas, mas reforçaram os detalhes", disse um dia enquanto andava pelo estacionamento. "É isso que a gente tem de fazer com o Macintosh."

Oyama desenhou um projeto preliminar e encomendou um modelo de gesso. A equipe Mac se reuniu em volta para ver e dar opiniões. Hertzfeld disse que era "bonitinho". Outros também pareceram gostar. Então Jobs disparou suas críticas. "É quadrado demais, tem de ser mais curvilíneo. A área do primeiro chanfro precisa ser maior, e não gosto do tamanho do bisel." Com sua recém-adquirida fluência no jargão do desenho industrial, Jobs estava se referindo à borda angular ou curva que une os dois lados do computador. Mas então ele fez um grande elogio: "É um começo".

Mais ou menos uma vez por mês, Manock e Oyama voltavam para uma nova apresentação, baseada nas críticas anteriores de Jobs. O modelo mais recente era descoberto num gesto teatral, e todas as experiências prévias ficavam enfileiradas ao lado dele. Isso ajudava a avaliar a evolução, mas também impedia que Jobs insistisse que tinham ignorado alguma sugestão ou crítica sua. "No quarto modelo, eu quase nem vi a diferença em relação ao terceiro", diz Hertzfeld, "mas Jobs era sempre crítico e categórico, dizendo que adorava ou detestava algum detalhe que eu mal conseguia perceber."

Num fim de semana, Jobs foi à Macy's em Palo Alto e de novo ficou examinando os eletrodomésticos, especialmente da Cuisinart. Entrou entusiasmado no escritório do Mac naquela segunda-feira, pediu à equipe de design que fosse comprar um deles e fez uma montanha de novas sugestões baseadas em suas linhas, curvas e biséis. Então Oyama tentou criar um design que se parecesse mais com um aparelho de cozinha, mas até o próprio Jobs concordou que não dava certo. Isso atrasou os trabalhos em uma semana, mas finalmente ele abriu mão da ideia.

Jobs continuava insistindo que a máquina devia ter uma aparência amigável. Por causa disso, ela se desenvolvia continuamente para fazer lembrar um rosto humano. Com a unidade de disco inserida embaixo da tela, a unidade ficava mais alta e mais estreita do que nos computadores em geral, sugerindo um rosto. A reentrância perto da base fazia lembrar um queixo delicado, e Jobs estreitou a faixa de plástico no alto, para evitar a testa Cro-Magnon que dava um visual sutilmente desgracioso ao Lisa. A patente do desenho da caixa do Mac foi registrada em nome de Steve Jobs, Jerry Manock e Terry Oyama. "Steve não desenhou uma única linha, mas foram suas ideias e inspirações que fizeram do design o que ele é", disse Oyama mais tarde. "Para ser sincero, não sabíamos o que significava um computador 'amigável' antes de Steve nos dizer."

Outra obsessão igualmente intensa de Jobs era o que apareceria na tela. Um dia Bill Atkinson irrompeu animadíssimo na Texaco Towers. Tinha acabado de bolar um algoritmo genial que podia traçar rapidamente círculos e ovais na tela. A matemática para fazer círculos em geral exigia o cálculo de raízes quadradas, coisa que o microprocessador 68 000 não suportava. Mas Atkinson conseguiu contornar o problema com base no fato de que a soma de uma sequência de números primos gera uma sequência de quadrados perfeitos (por exemplo, $1 + 3 = 4$; $1 + 3 + 5 = 9$, e assim por diante). Hertzfeld lembra que todo mundo ficou impressionado quando Atkinson fez sua demonstração — exceto Jobs. "Bom, círculos e ovais são legais", disse ele, "mas que tal desenhar retângulos com os cantos arredondados?"

"Não acho que a gente precise disso", respondeu Atkinson, e explicou que seria quase impossível. "Eu queria manter as rotinas gráficas enxutas e limitá-las às imagens primitivas que eram realmente necessárias", lembra ele.

"Tem retângulos de cantos arredondados por toda parte!", exclamou Jobs com entusiasmo, levantando de um salto. "Olhe esta sala!" Apontou o quadro branco, o tampo da mesa e outros objetos que eram retangulares com cantos arredondados. "E olhe lá fora, tem ainda mais, praticamente em qualquer lugar que você olhar!" Arrastou Atkinson para um passeio, apontando janelas de carros, painéis de anúncios e placas de ruas. "Em três quadras vimos dezessete exemplos", conta Jobs. "Comecei a apontá-los em toda parte até que ele se convenceu totalmente."

"Enfim, quando ele chegou a uma placa de Proibido estacionar, eu disse: 'O.k., você tem razão, desisto. Precisamos ter um retângulo de cantos arredondados como uma primitiva!'." Hertzfeld lembra: "Bill voltou todo sorridente à Texaco Towers no dia seguinte à tarde. Agora sua versão demo desenhava retângulos com lindos cantos arredondados numa velocidade espantosa". As janelas e caixas de diálogo no Lisa e no Mac, e em quase todos os computadores posteriores, acabaram ficando com cantos arredondados.

No curso de caligrafia que tinha frequentado em Reed, Jobs aprendera a apreciar fontes tipográficas com todas as suas variações com e sem serifas, espaçamentos proporcionais e entrelinhas. "Quando estávamos desenhando o primeiro computador Macintosh, tudo aquilo me voltou à cabeça", comentou mais tarde sobre aquele curso. Como o Mac usava bitmap, era possível bolar uma série infindável de fontes, desde as elegantes até as mais malucas, que apareceriam pixel por pixel na tela.

Para desenhar essas fontes, Hertzfeld recrutou Susan Kare, uma amiga dos tempos de escola, dos subúrbios da Filadélfia. Eles batizaram as fontes com os nomes das paradas do velho trem de baldeação da Linha Central: Overbrook, Merion, Ardmore e Rosemont. Jobs achou o processo fascinante. Um dia, no fim da tarde, ele parou por ali e começou a pensar no nome das fontes. Eram "vilarejos dos quais nunca ninguém ouviu falar", reclamou. "Deviam ser cidades de *categoria internacional!*" E é por isso, diz Kare, que agora existem fontes chamadas Chicago, Nova York, Genebra, Londres, San Francisco, Toronto e Veneza.

Markkula e alguns outros nunca conseguiram dar o devido valor à obsessão de Jobs pela tipografia. "Seu conhecimento de fontes era admirável, e ele ficava insistindo em ter grandes fontes", lembra Markkula. "E eu dizia: 'Fontes?!? Não temos coisas mais importantes para fazer?'." Na verdade, a variedade fantástica de fontes do Macintosh, combinada com a impressora a laser e grandes funcionalidades gráficas, iria ajudar a criar a indústria de edição e impressão em computador, o chamado DTP [*desktop publishing*], e se tornaria uma bênção para o faturamento da Apple. Ela também apresentou o excêntrico prazer de conhecer fontes, antes reservado a impressores, velhos editores e outros pobres coitados lambuzados de tinta, a todas as espécies de leigos, de colegiais fazendo jornaizinhos na escola a mães que publicavam boletins da Associação de Pais e Mestres.

Kare também desenvolveu os ícones — como a lixeira para descartar arquivos — que ajudaram a definir as interfaces gráficas. Ela e Jobs chegaram a isso porque os dois tinham o mesmo instinto de simplicidade, além da vontade de tornar o Mac meio extravagante. "Geralmente ele aparecia todo final de tarde", lembra ela. "Sempre queria saber as novidades, e sempre tinha bom gosto e boa percepção dos detalhes visuais." Às vezes Jobs aparecia nos domingos de manhã. Por isso, Kare fazia questão de estar lá trabalhando nesse horário, para poder lhe mostrar as novas opções que tinha bolado. Volta e meia surgia algum problema. Ele rejeitou uma das versões de um coelho, um ícone para acelerar a velocidade do clique do mouse, dizendo que aquela criatura fofinha parecia "alegrinha demais".

Jobs também dava a mesma atenção às barras de título que ficavam em cima das janelas, documentos e telas. Fez com que Atkinson e Kare as refizessem inúmeras vezes enquanto ficava agoniado com o visual delas. Jobs não gostava das barras do Lisa, porque eram pretas e carregadas demais. Ele queria que as do Mac fossem mais leves e tivessem linhas verticais, como num padrão risca de giz. "Acho que a gente fez uns vinte desenhos diferentes da barra de título, até ele ficar contente", lembra Atkinson. A certa altura, Kare e Atkinson reclamaram que Jobs os fazia perder tempo demais em detalhezinhos minúsculos na barra de título, quando tinham coisas mais importantes para fazer. Jobs estourou. "Você consegue imaginar olhar isso todo santo dia?", gritou. "Não é uma coisinha, é algo que temos de fazer direito."

Chris Espinosa descobriu um jeito de atender às exigências de design de Jobs e de controlar as tendências mais esdrúxulas. Ele era um dos jovens acólitos de Wozniak desde os tempos da garagem, e Jobs o convencera a largar Berkeley, dizendo que ele sempre teria chances de estudar, mas apenas uma chance de trabalhar no Mac. Espinosa decidiu por conta própria desenhar uma calculadora no computador. "Estávamos todos ali em volta quando Chris mostrou a calculadora a Steve e então prendeu a respiração, esperando a reação dele", lembrou Hertzfeld.

"Bom, é um começo", disse Jobs, "mas basicamente está uma porcaria. A cor do fundo é muito escura, algumas linhas têm a espessura errada, as teclas são grandes demais." Espinosa continuou a refinar o desenho atendendo às críticas de Jobs, dia após dia, mas a cada apresentação vinham novas críticas. Até que um dia, finalmente, quando Jobs apareceu, Espinosa revelou sua inspirada solução: "O jogo de construção Steve Jobs para montar sua própria calculadora". Ele permitia que o usuário adaptasse e personalizasse o aspecto da calculadora, mudando a espessura das linhas, o tamanho das teclas, o sombreamento, o fundo e outros atributos. Em vez de se limitar a uma simples risada, Jobs mergulhou na coisa e começou a montar o aspecto que achava adequado. Depois de uns dez minutos, conseguiu o que queria. Não admira que o desenho dele tenha sido o que apareceu no Mac e se manteve como padrão por quinze anos.

Embora seu foco fosse o Macintosh, Jobs queria criar uma linguagem de design coerente para todos os produtos da Apple. Assim, com a ajuda de Jerry Manock e de um grupo informal que ganhou o apelido de Apple Design Guild [Associação de Design da Apple], ele organizou um concurso para escolher um designer de primeira categoria que seria para a Apple o que Dieter Rams era para a Braun. O codinome do projeto era Snow White [Branca de Neve], não por causa da preferência pela cor, mas porque os produtos a serem projetados tinham os nomes dos sete anões. O vencedor foi Hartmut Esslinger, designer alemão responsável pelo visual das televisões Trinitron, da Sony. Jobs tomou um avião até a região da Floresta Negra, na Bavária, para encontrá-lo, e ficou impressionado não só com a paixão de Esslinger, mas também com o entusiasmo dele ao dirigir sua Mercedes a mais de 160 quilômetros por hora.

Embora fosse alemão, Esslinger propôs que devia haver um "gene americano para o DNA da Apple" para produzir um visual "californiano global", inspirado em "Hollywood e música, uma pitada de rebeldia e sensualidade natural". Seu princípio condutor era que "a forma segue a emoção", num trocadilho com a famosa máxima de que a forma segue a função. Ele criou quarenta modelos de produtos para demonstrar o conceito, e Jobs, ao vê-los, declarou: "Isso, é isso mesmo!". O visual Branca de Neve, que foi imediatamente adotado para o Apple IIc, tinha caixas brancas, linhas arredondadas bem definidas e ranhuras finas para ventilação e também como decoração. Jobs ofereceu um contrato a Esslinger, desde que ele se mudasse para a Califórnia. Apertaram as mãos firmando o acordo e, nas palavras não muito modestas do designer, "aquele aperto de mãos deu início a uma das colaborações mais importantes na história do desenho industrial". A empresa de Esslinger, a frogdesign,* foi fundada em Palo Alto em meados de 1983, com um contrato anual de 1,2 milhão de dólares para trabalhar para a Apple, e desde então todos os produtos da marca trazem a orgulhosa declaração *designed in California*.

Jobs tinha aprendido com o pai que uma marca característica da alta qualidade do artífice é garantir que mesmo os aspectos que ficarão ocultos tenham beleza. Uma das aplicações mais radicais — e expressivas — dessa filosofia surgiu quando ele examinou a placa de circuito impresso onde ficariam os chips e outros componentes, bem no fundo do Macintosh. Nenhum consumidor jamais iria vê-

---

* Em 2000, a empresa mudou o nome de frogdesign para frog design, e se transferiu para San Francisco. Esslinger escolheu o nome original não só porque as rãs têm a capacidade de se metamorfosear, mas como referência às suas raízes na (f)ederal (r)epublic (o)f (g)ermany. Ele disse que "as letras minúsculas eram uma menção ao conceito Bauhaus de uma linguagem não hierárquica, reforçando o espírito de parceria democrática da empresa".

-la. Mas Jobs começou a criticá-la por razões estéticas. "Aquela parte é bem bonita", disse. "Mas olhem os chips de memória. Feios. As linhas estão juntas demais."

Um dos novos engenheiros interrompeu e perguntou que importância isso tinha. "A única coisa importante é se funciona bem. Ninguém vai olhar a placa do PC."

Jobs reagiu à sua maneira típica. "Eu quero que seja o mais bonito possível, mesmo que esteja dentro da caixa. Um grande marceneiro não vai usar madeira vagabunda para o fundo de um armário, mesmo que ninguém veja." Numa entrevista alguns anos mais tarde, depois do lançamento do Macintosh, Jobs repetiu mais uma vez aquela lição paterna: "Quando você é um marceneiro fazendo um belo gaveteiro, não vai usar uma placa de compensado na parte de trás, mesmo que ela fique encostada na parede e nunca ninguém vá ver. Você sabe que está lá, então vai usar uma bela madeira no fundo. Para você dormir bem à noite, a estética, a qualidade, tem de ser levada até o fim".

Com Mike Markkula, ele aprendeu um corolário da lição do pai sobre a atenção com a beleza do que fica escondido: também era importante que a embalagem e a apresentação fossem bonitas. As pessoas realmente julgam um livro pela capa. Assim, para a caixa e a embalagem do Macintosh, Jobs escolheu um desenho colorido e continuou a caprichar para que ele ficasse cada vez melhor. "Ele mandou os caras refazerem cinquenta vezes", lembra Alain Rossmann, integrante da equipe Mac, que se casou com Joanna Hoffmann. "A caixa ia ser jogada no lixo logo que o consumidor a abrisse, mas Jobs era obcecado por seu visual." Para Rossmann, isso mostrava falta de equilíbrio; gastava-se dinheiro com uma embalagem cara enquanto se tentava economizar nos chips de memória. Mas, para Jobs, cada detalhe era essencial para que o Macintosh fosse e parecesse maravilhoso.

Quando o design finalmente ficou pronto, Jobs reuniu toda a equipe Macintosh para uma cerimônia. "Os verdadeiros artistas assinam sua obra", disse ele. Então, pegou uma folha de papel e uma caneta Sharpie para que todos assinassem. As assinaturas foram gravadas dentro de cada máquina. Ninguém nunca iria vê-las, exceto algum técnico de consertos. Mas cada membro da equipe sabia que sua assinatura estava ali dentro, assim como sabia que a placa de circuito tinha sido colocada com a maior elegância possível. Jobs chamou um por um pelo nome. Burrell Smith foi o primeiro. Jobs esperou até o final, depois de todos os outros 45. Encontrou um lugar bem no centro da folha e assinou o nome inteiro em minúsculas, em grande estilo. Então brindou a todos com champanhe. "Em momentos como esse, ele nos fazia ver nosso trabalho como arte", diz Atkinson.

13. Construindo o Mac

A viagem é a recompensa

CONCORRÊNCIA

Quando a IBM apresentou seu computador pessoal em agosto de 1981, Jobs mandou sua equipe comprar um e desmontá-lo. O consenso foi que era uma porcaria. Chris Espinosa disse que era "uma tentativa banal, feita nas coxas", o que até certo ponto não deixava de ser verdade. A máquina usava prompts de comando obsoletos e uma tela com caracteres em vez de exibição gráfica em bitmap. A Apple ficou toda vaidosa, sem perceber que os gerentes de tecnologia das empresas podiam se sentir mais tranquilos comprando de uma empresa estabelecida como a IBM do que de uma empresa com nome de fruta. Por coincidência, Bill Gates tinha ido à sede da Apple para uma reunião bem no dia em que foi anunciado o PC da IBM. "Pareceram nem se importar", disse ele. "Levaram um ano para entender o que tinha acontecido."

Refletindo sua exagerada autoconfiança, a Apple publicou um anúncio de página inteira no *Wall Street Journal*, com a chamada: "Bem-vinda, IBM. Sério". A propaganda foi esperta em posicionar a batalha dos computadores que vinha pela frente como uma disputa entre a valente e rebelde Apple e o Golias do sistema, a IBM, convenientemente relegando à irrelevância empresas como a Commodore, a Tandy e a Osborne, que estavam indo tão bem quanto a Apple.

Durante toda a carreira, Jobs sempre gostou de se ver como um rebelde iluminado atacando os impérios do mal, um guerreiro Jedi ou um samurai budista combatendo as forças das trevas. A IBM era o contraste perfeito. Espertamente, ele situou a batalha não como simples concorrência comercial, mas como uma luta espiritual. "Se, por alguma razão, cometermos alguns erros gigantescos e a IBM vencer, tenho a sensação de que entraremos numa espécie de Idade das Trevas da computação por uns vinte anos", disse a um entrevistador. "Quando a IBM ganha o controle num setor do mercado, quase sempre bloqueia a inovação." Mesmo trinta anos depois, refletindo sobre a concorrência, Jobs abordou a questão como uma cruzada santa: "A IBM era essencialmente a Microsoft no que ela tem de pior. Não era uma força inovadora; era uma força do mal. Era como a ATT, a Microsoft ou o Google".

Infelizmente para a Apple, Jobs também mirou contra outro concorrente de seu Macintosh: o próprio Lisa, da empresa. Em parte, era uma questão psicológica. Ele tinha sido excluído do grupo, e agora queria derrotá-lo. Jobs também via a rivalidade saudável como uma forma de motivar suas tropas. Foi por isso que apostou 5 mil dólares com John Couch que o Mac sairia antes do Lisa. O problema era que a rivalidade deixou de ser saudável. Várias vezes Jobs pintava seu grupo de engenheiros como os caras legais do pedaço, contra os engenheiros caretas estilo HP que trabalhavam no Lisa.

Em termos mais concretos, quando Steve se afastou do projeto de Jef Raskin, de uma máquina portátil barata e de pouca potência, e reconcebeu o Mac como um computador de mesa com uma interface gráfica do usuário, este se tornou uma versão reduzida do Lisa que provavelmente entraria com preço mais baixo no mercado. Foi esse o caso, ainda mais quando Jobs incentivou Burrell Smith a projetá-lo a partir do microprocessador 68 000 da Motorola, e de uma maneira que tornou o Mac realmente mais veloz do que o Lisa.

Larry Tesler, que gerenciava o aplicativo para o Lisa, percebeu que seria importante projetar as duas máquinas para que usassem muitos dos mesmos programas de software. Assim, para negociar a paz, ele marcou com Smith e Hertzfeld para irem ao local de trabalho do Lisa e fazerem uma demonstração com o protótipo do Mac. Apareceram 25 engenheiros, que ficaram ouvindo educadamente, quando, no meio da apresentação, a porta se escancarou. Era Rich Page, um engenheiro de temperamento explosivo responsável por grande parte do design do Lisa. Ele gritou: "O Macintosh vai destruir o Lisa!", "O Macintosh vai arruinar a Apple!". Smith e Hertzfeld não responderam nada, e Page continuou com seu discurso inflamado. "Jobs quer destruir o Lisa porque não deixamos que ele o controlasse", disse, e parecia à beira das lágrimas. "Ninguém vai comprar um Lisa, pois sabem que o Mac está para sair! Mas vocês estão pouco se importando!" Saiu num rompante da sala, batendo a porta, mas pouco depois irrompeu de novo. "Eu sei que não é culpa de vocês", disse a Smith e Hertzfeld. "O problema é Steve Jobs. Digam a Steve que ele está destruindo a Apple!"

De fato, Jobs converteu o Macintosh num concorrente mais barato do Lisa, com software incompatível. Para piorar as coisas, nenhum dos dois era compatível com o Apple II. Sem ninguém na supervisão geral da Apple, não havia a menor chance de segurar Jobs.

CONTROLE DE UMA PONTA A OUTRA

A relutância de Jobs em tornar o Mac compatível com a arquitetura do Lisa tinha como motivo algo além da rivalidade ou da revanche. Havia um componente filosófico, relacionado com sua tendência controladora. Ele achava que um computador, para ser realmente grandioso, precisava ter o hardware e o software intimamente ligados entre si. Quando um computador aceitava rodar um software que também funcionava em outras máquinas, isso acabaria sacrificando alguma funcionalidade. Os melhores produtos, para ele, eram "aparelhos completos", projetados de uma ponta a outra, com o software talhado para o hardware, e vice--versa. Foi isso que veio a diferenciar o Macintosh, cujo sistema operacional só funcionava em seu próprio hardware, do ambiente criado pela Microsoft (e depois pelo Android, do Google), em que o sistema operacional podia ser usado em hardwares feitos por muitas empresas variadas.

"Jobs é um artista voluntarioso e elitista, que não quer ver suas criações modificadas de maneira indesejável por programadores indignos", escreveu Dan Farber, editor do ZDNet. "Seria como se um fulano qualquer acrescentasse algumas pinceladas num quadro de Picasso ou mudasse a letra de uma canção do Bob Dylan." Anos depois, a ideia de aparelho completo, concebido de uma ponta a outra, também iria diferenciar o iPhone, o iPod e o iPad de seus concorrentes. Essa concepção resultou em produtos fabulosos. Mas nem sempre era a melhor estratégia para dominar o mercado. "Do primeiro Mac ao mais recente iPhone, os sistemas de Jobs sempre foram hermeticamente fechados, para impedir que os consumidores se metessem a modificá-los", observa Leander Kahney, autor de *Cult of the Mac* [Culto do Mac].

O desejo de Jobs de controlar a experiência do usuário estava no cerne de sua discussão com Wozniak sobre se o Apple II teria slots — fendas que permitem que o usuário conecte cartões de expansão na placa-mãe de um computador e, assim, acrescente alguma nova funcionalidade. Wozniak venceu a discussão. O Apple II ficou com oito slots. Mas dessa vez a máquina era de Jobs, não de Wozniak. O Macintosh não ia ter slots. Não daria nem para abrir a caixa e chegar até a placa-mãe. Para um aficionado ou um hacker, não era uma coisa legal. Mas, para Jobs, o Macintosh se destinava às massas. Queria lhes oferecer uma experiência controlada. Não queria que ninguém fosse estragar seu design elegante amontoando aleatoriamente placas de circuitos em slots de expansão.

"Isso reflete a personalidade dele, o desejo de controlar", diz Berry Cash, contratado por Jobs em 1982 para ser o estrategista de marketing e funcionário fixo na Texaco Towers. "Steve falava do Apple II e reclamava: 'Não temos controle, e vejam todas essas loucuras que as pessoas estão tentando fazer com ele. É um erro que nunca mais vou cometer'." Ele chegou a desenvolver ferramentas especiais para que ninguém conseguisse abrir a caixa do Macintosh com uma chave de fenda comum. "Vamos projetar essa coisa de um jeito que ninguém, a não ser o pessoal da Apple, consiga entrar nessa caixa", disse a Cash.

Jobs também resolveu eliminar as teclas com setas para mover o cursor que ficavam no teclado do Macintosh. A única maneira de mover o cursor seria usando o mouse. Era uma forma de obrigar os usuários mais antiquados a se adaptar à navegação apontando e clicando, mesmo que não quisessem. Ao contrário de outros desenvolvedores de produtos, Jobs não achava que o cliente sempre estava certo. Se queriam resistir ao uso do mouse, estavam errados. Era mais um exemplo de como ele punha sua paixão de fazer um grande produto na frente do dese-jo de agradar ao consumidor.

Havia outra grande vantagem (e desvantagem) em eliminar as teclas do cursor: obrigava os programadores externos a desenvolver softwares especiais para o sistema operacional do Mac, em vez de simplesmente criar um software genérico capaz de ser usado em diversos computadores. Isso contribuía para o tipo de sólida integração vertical entre aplicativos, sistemas operacionais e dispo-sitivos de hardware que agradava a Jobs.

Devido a essa vontade de ter o controle de uma ponta a outra, ele também era alérgico a propostas para que a Apple licenciasse o sistema operacional do Macintosh para outros fabricantes de equipamentos de escritório, o que permitiria que clonassem a máquina. O novo e dinâmico diretor de marketing do Macintosh, Mike Murray, propôs um programa de licenciamento num memorando confiden-cial a Jobs em maio de 1982. "Gostaríamos que o ambiente de usuário Macintosh se tornasse um padrão de indústria", escreveu. "O empecilho, evidentemente, é que a pessoa precisa comprar o hardware Mac para ter esse ambiente de usuário. Raramente (ou nunca) uma empresa foi capaz de criar e manter um amplo padrão de indústria que não possa ser compartilhado com outros fabricantes." Sua propos-ta era licenciar o sistema operacional Macintosh para a Tandy. Como as lojas Radio Shack, da Tandy, estavam voltadas para outro perfil de cliente, argumentou Mur-ray, o licenciamento não iria canibalizar seriamente as vendas da Apple. Mas Jobs tinha uma aversão congênita a esse tipo de plano. Não conseguia imaginar a hipó-tese de permitir que sua bela criação saísse de controle. No final, isso significou que o Macintosh continuou a ser um ambiente controlado que atendia aos padrões de Jobs, mas que também, como temia Murray, teria problemas em garantir um espaço como padrão de indústria num mundo de IBMS clonados.

"MÁQUINAS DO ANO"

Aproximando-se o final de 1982, Jobs começou a acreditar que seria esco-lhido como o Homem do Ano da *Time*. Um dia, chegou à empresa com o chefe da sucursal da revista em San Francisco, Michael Moritz, e incentivou os colegas a darem entrevistas. Mas no fim Jobs não saiu na capa. A revista escolheu "O computador" como tema do último número do ano, que foi a "Máquina do

156

Ano". Na matéria principal havia um perfil de Jobs, baseado na reportagem feita por Moritz e redigido por Jay Cocks, editor que geralmente tratava de rock na revista. "Com sua lábia de vendedor e uma fé cega que faria inveja aos primeiros mártires cristãos, foi Steve Jobs, mais do que ninguém, que escancarou a porta e fez entrar o computador pessoal", dizia a matéria. Havia muito material, mas também algumas passagens duras — tão duras que Moritz (depois, ele escreveu um livro sobre a Apple e se tornou sócio da empresa de capital de risco Sequoia Capital com Don Valentine) renegou o texto, dizendo que sua reportagem tinha sido "alterada, filtrada e envenenada com fofocas maliciosas por um editor em Nova York cuja tarefa normal era comentar o mundo inconstante do rock and roll". O artigo citava Bud Tribble falando do "campo de distorção da realidade" de Jobs e notava que "de vez em quando ele desandava a chorar nas reuniões". A melhor citação foi talvez a de Jef Raskin. Ele dizia que Jobs "daria um excelente rei da França".

Para espanto de Jobs, a revista trazia a público a existência da filha que ele tinha abandonado, Lisa Brennan. Foi nesse artigo que Jobs soltou a frase — "28% da população masculina dos Estados Unidos podia ser o pai" — que tanto enfureceu Chrisann. Ele sabia que tinha sido Kottke que falara de Lisa para a revista, e lhe passou uma reprimenda no escritório do grupo Mac, na frente de uma meia dúzia de pessoas. "Quando o jornalista da *Time* me perguntou se Steve tinha uma filha chamada Lisa, claro que confirmei", lembra Kottke. "Amigos não deixam que os amigos neguem que têm um filho. Não vou deixar meu amigo ser um babaca e negar a paternidade. Ele ficou superbravo, se sentiu desrespeitado e me disse na frente de todo mundo que eu o tinha traído."

Mas o que realmente devastou Jobs foi o fato de, no final das contas, não ter sido escolhido como o Homem do Ano. Mais tarde ele me disse:

A *Time* decidiu que ia me fazer o Homem do Ano, e eu tinha 27 anos, então eu realmente me importava com esse tipo de coisa. Achei superlegal. Eles mandaram Mike Moritz escrever uma matéria. Temos a mesma idade, e eu tinha me dado muito bem, e aposto que ele estava com inveja e estava meio agressivo. Ele escreveu essa crítica caluniosa. Então os editores em Nova York pegam a matéria e dizem: não podemos dar esse cara como Homem do Ano. Aquilo realmente doeu. Mas foi uma boa lição. Me ensinou a nunca me empolgar demais com coisas assim, pois a mídia é sempre um circo. Eles me mandaram a revista pela FedEx e lembro que abri o pacote, na maior expectativa de ver minha cara na capa, e topei com aquela coisa da escultura de um computador. Pensei: Ahn? E então li o artigo e era tão medonho que realmente chorei.

Na verdade, não há razão para crer que Moritz estivesse com inveja ou tivesse a intenção de fazer uma matéria desfavorável. E Jobs, de fato, nem tinha sido escalado para ser o Homem do Ano, ao contrário do que pensava. Naquele ano, os editores (na época eu era estagiário lá) decidiram logo de início escolher "o computador" em vez de uma pessoa, e encomendaram com meses de antecedência uma obra ao famoso escultor George Segal, para ser a imagem de capa dupla. O editor da revista era Ray Cave. "Nunca pensamos em Jobs", diz ele. "Não havia como personificar o computador, e assim foi a primeira vez que decidimos escolher um objeto. A escultura de Segal era sensacional, e nunca procuramos um rosto para pôr na capa."

A Apple lançou o Lisa em janeiro de 1983 — um ano antes que o Mac ficasse pronto — e Jobs pagou os 5 mil dólares da aposta com Couch. Embora não fizesse parte da equipe Lisa, ele foi a Nova York para fazer a publicidade do computador em seu papel de garoto-propaganda e presidente do conselho da Apple.

Ele tinha aprendido com Regis McKenna, seu consultor de relações públicas, a conceder entrevistas exclusivas de maneira dramática. Os jornalistas das publicações escolhidas eram introduzidos em sequência para a hora marcada com ele na suíte do Carlyle Hotel, onde havia um Lisa cercado de flores em cima de uma mesa. O plano publicitário era que Jobs se concentrasse no Lisa e não mencionasse o Macintosh, porque as especulações sobre o Mac podiam prejudicar o Lisa. Mas Jobs não conseguiu se conter. Na maioria das matérias baseadas em suas entrevistas naquele dia — na *Time*, na *Business Week*, no *Wall Street Journal* e na *Fortune* — aparecia o Macintosh. "Daqui a alguns meses, a Apple vai apresentar uma versão menos potente e menos cara do Lisa, o Macintosh", noticiou a *Fortune*. "O próprio Jobs dirigiu o projeto." A *Business Week* citou suas palavras: "Quando for lançado, o Mac vai ser o computador mais incrível do mundo". Ele também admitiu que o Mac e o Lisa não seriam compatíveis. Era como lançar o Lisa dando-lhe o beijo da morte.

O Lisa de fato morreu uma morte lenta. Depois de dois anos saiu de linha. "Era caro demais, e estávamos tentando vendê-lo para grandes companhias, quando nossa especialidade era vender para o consumidor final", disse Jobs mais tarde. Mas havia motivo de otimismo para Jobs: meses depois do lançamento do Lisa, ficou claro que a Apple devia concentrar suas esperanças no Macintosh.

VAMOS SER PIRATAS!

Quando a equipe Macintosh aumentou, ela se mudou da Texaco Towers para o edifício principal da Apple, na Bandley Drive, finalmente se estabelecendo na Bandley 3, em meados de 1983. Tinha um saguão de entrada moderno com videogames, escolhidos por Burrell Smith e Andy Hertzfeld, e um aparelho estéreo da Toshiba com caixas de som Martin-Logan e uma centena de CDs. A equipe de software ficava num espaço cercado de vidro, que parecia um aquário e podia ser vista do saguão, e a cozinha era abastecida diariamente com sucos Odwalla. Com o tempo, o saguão ganhou outros entretenimentos, com destaque para um piano Bösendorfer e uma moto BMW, que, Jobs achava, inspirariam a obsessão por uma qualidade primorosa na execução dos produtos.

Jobs mantinha rédeas firmes no processo de contratação. O objetivo era contratar gente criativa, muito inteligente e ligeiramente rebelde. A equipe de programação fazia os candidatos jogarem Defender, o videogame favorito de Smith. Jobs fazia suas habituais perguntas esdrúxulas para ver como o candidato reagia a situações inesperadas, se raciocinava bem, mostrava senso de humor e revidava. Um dia, junto com Hertzfeld e Smith, ele entrevistou um candidato a gerente de software: na hora em que o sujeito entrou na sala, ficou evidente que era certinho e convencional demais para lidar com os gênios do aquário. Jobs começou a espicaçá-lo sem dó. "Com que idade você perdeu a virgindade?", perguntou.

O candidato ficou desconcertado. "O que você disse?"

"Você é virgem?", perguntou Jobs. O candidato se mexeu nervoso na cadeira, e então Jobs mudou de assunto. "Quantas vezes você tomou LSD?" Como lembra Hertzfeld, "o pobre sujeito estava ficando azul, vermelho, roxo, então tentei mudar de assunto e fiz uma pergunta técnica direta". Mas, quando o candidato deu uma resposta longa e monótona, Jobs interveio. "Blá-blá-blá, blá-blá-blá, blá-blá-blá", disse, fazendo Smith e Hertzfeld caírem na risada.

"Imagino que não sirvo", disse o pobre sujeito, levantando-se para sair.

★ ★ ★

Apesar do comportamento abominável, Jobs também sabia instilar um espírito de equipe no grupo. Depois de massacrar as pessoas, ele encontrava maneiras de reanimá-las e fazia com que sentissem que participar do projeto Macintosh era uma missão fabulosa. Todo semestre ele levava a maioria da equipe para fazer um retiro de dois dias em alguma estância próxima.

O retiro de setembro de 1982 foi em Pajaro Dunes, perto de Monterey. Cerca de cinquenta integrantes da divisão Mac se sentaram no chalé, de frente para uma lareira. Jobs sentou em cima de uma mesa diante deles. Falou calmamente durante algum tempo, e então foi até um quadro e começou a anotar suas ideias.

A primeira era: "Não faça concessões". Com o tempo, essa regra iria se mostrar útil, mas também perniciosa. A grande maioria das equipes de tecnologia fazia adaptações. O Mac, por outro lado, acabaria sendo "insanamente grandioso" no máximo das possibilidades de Jobs e acólitos — mas só seria lançado dezesseis meses depois, com grande atraso no cronograma. Depois de mencionar a data final, ele disse à equipe que "seria melhor perder o prazo do que lançar a coisa errada". Outro tipo de gerente de projeto, disposto a fazer algumas adaptações, poderia fincar pé em datas que não admitiriam mudanças posteriores. Jobs não. Outra máxima era: "Não está pronto enquanto não for lançado".

Outra lista trazia uma frase críptica e sintética que, mais tarde, ele me disse ser sua favorita: "A viagem é a recompensa". Jobs gostava de frisar que a equipe Mac era um corpo de elite com uma elevada missão. Algum dia eles olhariam para trás, para aquela época em que estavam todos juntos, e, esquecendo ou rindo dos momentos difíceis, iriam vê-la como um ponto alto e mágico de suas vidas.

No final da apresentação, ele perguntou: "Querem ver algo fantástico?". Então pegou um objeto mais ou menos do tamanho de uma agenda de mesa. Quando abriu a tampa, era um computador que cabia no colo, com um teclado e uma tela que se fechavam no tamanho de um caderno universitário, ou seja, de um notebook. "É isso que eu sonho que estaremos fazendo na segunda metade dos anos 80", disse. Estavam construindo uma empresa americana duradoura, que inventaria o futuro.

Nos dois dias seguintes, houve apresentações de vários líderes de equipe e do importante analista da indústria de computação Ben Rosen, com muito tempo livre à noite para danças e festas à beira da piscina. No final, Jobs se pôs na frente de todos e começou um monólogo: "A cada dia que passa, o trabalho que cinquenta pessoas estão fazendo aqui envia uma ondulação gigantesca por todo o universo", disse ele. "Sei que às vezes sou de trato meio difícil, mas esta é a coisa mais divertida que já fiz na vida." Anos depois, a maioria dos presentes naquela ocasião pôde rir dos episódios "de trato meio difícil" e concordou que criar aquela ondulação gigantesca foi a coisa mais divertida da vida deles.

O retiro seguinte aconteceu no final de janeiro de 1983, no mesmo mês do lançamento do Lisa, e houve uma leve mudança de tom. Quatro meses antes, Jobs tinha escrito em seu quadro portátil: "Não faça concessões!". Dessa vez, uma das máximas era: "Os verdadeiros artistas lançam". Os nervos estavam à flor da pele. Atkinson tinha ficado de fora das entrevistas de divulgação do lançamento do Lisa, e entrou no quarto de hotel de Jobs ameaçando se demitir. Jobs tentou minimizar o deslize, mas Atkinson não se deixou abrandar. Jobs ficou irritado. "Não tenho tempo para tratar disso agora", disse. "Há sessenta pessoas lá fora que estão se entregando de corpo e alma ao Macintosh, e estão me esperando para começar a reunião." Com isso, passou esbarrando em Atkinson e foi discursar para os fiéis.

Jobs fez um discurso empolgante, dizendo que tinha resolvido a disputa com os laboratórios de áudio McIntosh para usar o nome Macintosh. (Na verdade, a questão ainda estava sendo negociada, mas o momento exigia um pouco daquele velho campo de distorção da realidade.) Pegou uma garrafa de água mineral e batizou simbolicamente o protótipo apresentado. Atkinson, no fundo do corredor, ouviu as exclamações de brinde e, com um suspiro, foi se juntar ao grupo. Na comemoração que se seguiu, pularam nus na piscina, acenderam uma fogueira na praia, ouviram música alta durante a noite toda, o que fez com que o hotel, o La Playa, em Carmel, pedisse que nunca mais aparecessem lá de novo. Algumas semanas depois, Jobs nomeou Atkinson como "Apple Fellow", o que significava um aumento de salário, opções de compra das ações e o direito de escolher seus projetos. Além disso, ficou combinado que, sempre que o Macintosh carregasse o programa de desenho que ele estava criando, a tela traria "MacPaint by Bill Atkinson".

Outra máxima de Jobs no retiro de janeiro foi: "É melhor ser pirata do que entrar na Marinha". Ele queria instilar um espírito de rebeldia nos integrantes da equipe, para que se comportassem como valentões orgulhosos do que faziam, mas também dispostos a roubar dos outros. Como explicou Susan Kare, "ele quis dizer: vamos estimular uma autoimagem de renegados no grupo, aí podemos andar rápido, podemos aprontar as coisas". Para comemorar o aniversário de Jobs, algumas semanas depois, a equipe pagou por um cartaz no caminho para a sede da Apple. Dizia: "Parabéns pelos 28 anos, Steve. A viagem é a recompensa. Os Piratas".

Um dos programadores mais descolados da equipe Mac, Steve Capps, decidiu que esse novo espírito justificava hastear uma bandeira de piratas. Ele cortou um pedaço de pano preto e pediu que Kare pintasse nele uma caveira com ossos cruzados. O tampo do olho que ela pôs na caveira era um logo da Apple. Depois, num domingo à noite, Capps subiu no telhado do edifício recém-construído da Bandley 3 e hasteou a bandeira num pau de andaime que os pedreiros tinham deixado ali. Ela ficou ondulando sobranceira durante algumas semanas, até que alguns integrantes da equipe Lisa, numa incursão a altas horas da noite, roubaram a bandeira e enviaram um bilhete de resgate para seus rivais do Mac. Alguns dos adultos que supervisionavam a Apple ficaram preocupados que o espírito bucaneiro de Jobs estivesse se alastrando. "Pôr aquela bandeira foi realmente uma idiotice", diz Arthur Rock. "Foi uma forma de dizer ao resto da empresa que eles não valiam nada." Mas Jobs adorou e garantiu que ela tremulasse orgulhosa durante todo o trabalho até a conclusão do projeto Mac. "Éramos os renegados, e queríamos que todos soubessem disso", lembra ele.

Os veteranos da equipe Mac tinham aprendido que podiam enfrentar Jobs. Se soubessem do que estavam falando, ele aceitaria a réplica, até daria um sorriso e a admiraria. Em 1983, os mais familiarizados com seu campo de distorção da realidade tinham descoberto mais uma coisa: se fosse necessário, podiam simplesmente desconsiderar com toda a calma o que ele decretava. Se depois os fatos mostrassem que estavam certos, Jobs iria apreciar essa atitude de renegados e a disposição em ignorar a autoridade. Afinal, era o que ele fazia.

O exemplo mais importante disso estava relacionado com a escolha de uma unidade de disco para o Macintosh. A Apple tinha uma divisão corporativa que construía dispositivos de armazenamento em massa, que havia desenvolvido um sistema de unidade de disco flexível chamado Twiggy, capaz de ler e escrever naqueles disquetes finos e delicados de 5¼ polegadas de que os leitores mais velhos (que sabem quem era a modelo Twiggy) vão se lembrar. Mas, quando o Lisa estava pronto para ser lançado na primavera de 1983, ficou claro que o código do programa do Twiggy estava cheio de defeitos. Como o Lisa também vinha com uma unidade de disco rígido, não foi um desastre total. Mas o Mac não tinha disco rígido e, assim, enfrentou uma crise. "A equipe Mac estava começando a entrar em pânico", diz Hertzfeld. "Estávamos usando só uma unidade Twiggy como nosso disco flexível, e não tínhamos um disco rígido ao qual recorrer."

Eles discutiram o problema no retiro de janeiro de 1983 em Carmel, e Debi Coleman deu a Jobs os dados sobre o percentual dos Twiggys com defeito. Alguns dias depois, ele foi até a fábrica da Apple em San Jose para ver a produção do Twiggy. Mais da metade era descartada em cada fase do processo. Jobs estourou. Afogueado, começou a gritar e a espumar de raiva, dizendo que ia despedir todo mundo que trabalhava ali. Bob Belleville, o chefe da equipe dos engenheiros de programação do Mac, levou-o delicadamente até o estacionamento, onde podiam dar uma volta e conversar sobre as alternativas.

Uma possibilidade, que Belleville andava examinando, era usar uma nova unidade de disco de 3½ polegadas que a Sony tinha desenvolvido. O disquete era de um plástico mais resistente e cabia no bolso de uma camisa. Outra opção era que a unidade de disco de 3½ polegadas da Sony fosse copiada e fabricada por um fornecedor japonês menor, a Alps Electronics Co., que tinha fornecido as unidades de disco para o Apple II. A Alps já havia licenciado a tecnologia da Sony, e, se conseguissem fazer sua própria versão dentro do prazo, sairia muito mais barato.

Jobs e Belleville, com o veterano da Apple Rod Holt (o cara que Jobs contratou para desenhar a primeira fonte de alimentação para o Apple II), pegaram um avião rumo ao Japão para ver o que fariam. Tomaram o trem-bala em Tóquio para ir até a fábrica da Alps. Os engenheiros de lá não tinham sequer um protótipo em funcionamento, apenas um modelo ainda bem cru. Jobs achou que era ótimo, mas Belleville ficou apavorado. Não havia a menor chance, pensou ele, que a Alps conseguisse aprontá-lo para o Mac em um ano.

Quando foram visitar outras empresas japonesas, Jobs estava na sua pior disposição. Ia de jeans e tênis às reuniões com gerentes japoneses de terno escuro. Quando lhe ofereciam cerimoniosamente pequenas lembranças, como era o costume, em geral deixava-as por ali mesmo e nunca levava nenhum presente para retribuir. Caçoava quando os engenheiros faziam fila para cumprimentá-lo, se curvavam e ofereciam polidamente seus produtos para inspeção. Jobs detestou os dispositivos e as maneiras obsequiosas. "Para que estão me mostrando *isso*?", disparou certa vez. "É uma bosta! *Qualquer um* é capaz de fazer uma unidade melhor do que esta." Os anfitriões, na maioria, ficaram horrorizados, mas alguns pareciam se divertir. Já tinham ouvido falar do estilo abominável e do comportamento desaforado de Jobs, e agora tinham ocasião de vê-lo em plena forma.

A última parada foi uma visita à fábrica da Sony, localizada num subúrbio sem graça de Tóquio. Para Jobs, pareceu desorganizada e cara. Muita coisa era feita à mão. Ele detestou. Voltando ao hotel, Belleville defendeu que escolhessem a unidade de disco da Sony. Jobs discordou. Decidiu que trabalhariam com a Alps para produzir seu próprio drive, e mandou Belleville interromper qualquer trabalho com a Sony.

Belleville resolveu que seria melhor ignorar em parte a decisão de Jobs. Ele expôs a situação a Mike Markkula, que lhe disse calmamente que fizesse tudo o que fosse necessário para terem logo uma unidade de disco pronta — mas não dissesse nada a Jobs. Com o apoio de seus principais engenheiros, Belleville pediu a um executivo da Sony para preparar a unidade de disco para o Macintosh. Se ficasse claro que a Alps não conseguiria entregá-la no prazo, a Apple passaria a trabalhar com a Sony. Assim, a Sony enviou o engenheiro que tinha desenvolvido o drive, Hidetoshi Komoto, pós-graduado em Purdue, que felizmente mostrou senso de humor em relação à tarefa clandestina.

Sempre que Jobs saía de seu escritório e ia visitar os engenheiros da equipe Mac — o que acontecia quase toda tarde —, eles corriam para encontrar um esconderijo para Komoto. Um dia, Jobs topou com ele numa banca de jornal em Cupertino e o reconheceu daquela reunião no Japão, mas não desconfiou de nada. A ocasião mais arriscada foi quando, certo dia, Jobs entrou inesperadamente às pressas no escritório do Mac, e Komoto estava sentado num dos cubículos. Um engenheiro o agarrou pelo braço e apontou o quarto de despejo. "Rápido, se esconda ali dentro. Por favor! Agora!" Komoto parecia perplexo, lembra Hertzfeld, mas se ergueu num salto e obedeceu. Teve de ficar no quartinho por cinco minutos, até Jobs sair. Os engenheiros do Mac se desculparam. "Não tem problema", ele respondeu. "Mas práticas empresariais americanas são muito estranhas, muito estranhas."

A previsão de Belleville se cumpriu. Em maio de 1983, o pessoal da Alps admitiu que levaria pelo menos mais dezoito meses para pôr em produção o clone da unidade de disco da Sony. Num retiro em Pajaro Dunes, Markkula, para espicaçar Jobs, ficou perguntando o que ele ia fazer. Por fim, Belleville os interrompeu e disse que logo poderia apresentar uma alternativa ao drive da Alps. Jobs ficou desconcertado por alguns instantes, e então entendeu por que tinha visto o principal projetista de disquetes da Sony em Cupertino. "Seu filho da puta!", exclamou Jobs, mas não bravo. Estava com um enorme sorriso no rosto. Logo que percebeu o que Belleville e os outros engenheiros tinham feito por suas costas, diz Hertzfeld, "Steve engoliu o orgulho e lhes agradeceu por terem desobedecido e feito a coisa certa". Afinal, era o que Jobs teria feito no lugar deles.

14. Entra Sculley

O Desafio Pepsi

Com John Sculley, em 1983.

O NAMORO

Mike Markkula nunca quis ser presidente da Apple. Gostava de projetar suas novas casas, de voar em seu avião particular, de viver bem com suas opções da bolsa; não gostava de administrar conflitos nem de cuidar de egos sensíveis. Tinha assumido esse papel com relutância, depois de se sentir obrigado a afastar Mike Scott, e prometeu à esposa que a tarefa era temporária. No final de 1982, passados quase dois anos, ela lhe deu um ultimato: encontre imediatamente um substituto.

Mesmo que uma parte dentro de si tivesse vontade de tentar, Jobs sabia que não estava pronto para dirigir pessoalmente a empresa. Apesar da arrogância, sabia de suas limitações. Markkula concordou. Disse a Jobs que ele ainda era um pouco ríspido e imaturo demais para ser presidente da Apple. Assim, começaram a procurar alguém de fora.

A pessoa que eles mais queriam para o cargo era Don Estridge, que tinha criado do zero a divisão de computadores pessoais da IBM e construíra uma linha de produtos que, apesar do desprezo de Jobs e equipe, vendia mais do que a Apple. Estridge havia abrigado sua divisão em Boca Raton, na Flórida, a uma distância segura da mentalidade corporativa de Armonk, em Nova York. Como Jobs, ele era muito motivado, inspirador, talentoso e um pouco rebelde, mas, à diferença de Jobs, tinha a habilidade de fazer com que os outros pensassem ser os autores das ideias dele próprio. Jobs foi até Boca Raton com uma proposta salarial de 1 milhão de dólares mais 1 milhão como bônus de contratação, mas Estridge não aceitou. Não era o tipo de pessoa de abandonar o barco e se bandear para o inimigo. Além disso, gostava de fazer parte do sistema, de ser integrante da Marinha em vez de pirata. Quando lhe perguntavam onde trabalhava, gostava de poder dizer de boca cheia: "Na IBM".

Assim, Jobs e Markkula contrataram Gerry Roche, um caçador de talentos corporativos muito bem relacionado, para encontrar outra opção. Decidiram que não se concentrariam em executivos de tecnologia. Precisavam de alguém voltado para o mercado de consumo, que soubesse anunciar o produto, fizesse pesquisas de mercado e tivesse o verniz corporativo que cairia bem em Wall Street. Roche pensou no principal gênio do marketing de consumo da época, John Sculley, presidente da divisão Pepsi-Cola da PepsiCo, cuja campanha Desafio Pepsi tinha sido um estouro de propaganda e publicidade. Quando deu uma palestra para estudantes de administração em Stanford, Jobs ouviu boas referências sobre Sculley, que tinha falado antes para a turma. Então, disse a Roche que gostaria de conhecê-lo.

A formação de Sculley era muito diferente da de Jobs. Sua mãe era uma matrona da área nobre de Manhattan que usava luvas brancas para sair, e o pai era um respeitável advogado de Wall Street. Sculley frequentou a escola de St. Mark, fez a graduação em Brown e a pós-graduação em administração de empresas em Wharton. Tinha subido na PepsiCo como profissional inovador em marketing e publicidade, sem muito gosto pela área de desenvolvimento de produto ou por tecnologia da informação.

Sculley foi a Los Angeles no Natal, para ver seus dois filhos adolescentes de um casamento anterior. Levou-os para visitar uma loja de computadores, onde ficou espantado com a falta de um bom marketing dos produtos. Quando os meninos perguntaram por que estava tão interessado, ele respondeu que estava pensando em dar um pulo até Cupertino para encontrar Steve Jobs. Os filhos deliraram. Tinham crescido entre astros de cinema, mas para eles Jobs era uma verdadeira celebridade. Com isso, Sculley começou a levar mais a sério a perspectiva de ser contratado como seu chefe.

Chegando à sede da Apple, Sculley ficou espantado com os escritórios despretensiosos e a atmosfera descontraída. "A maioria das pessoas se vestia de maneira menos formal do que a equipe de manutenção da PepsiCo", observou. No almoço, Jobs ficou beliscando sua salada em silêncio, até Sculley declarar que a maioria dos executivos achava que computadores davam muito trabalho e não valiam a pena. Era o gancho que ele precisava para engatar seu discurso evangelizador. "Queremos mudar o modo como as pessoas usam os computadores", disse.

Durante o voo de volta, Sculley anotou suas reflexões. O resultado foi um memorando de oito páginas sobre marketing de computador para empresas e consumidores finais. Era um pouco empolado — cheio de frases sublinhadas, diagramas e colunas —, mas mostrava o recém-descoberto entusiasmo de Sculley em imaginar formas de vender algo mais interessante do que refrigerante. Entre suas recomendações estava "investir em merchandising dentro da loja para o consumidor *sonhar* com o potencial da Apple de *enriquecer sua vida!*" (ele gostava de destacar as coisas). Ainda hesitava em deixar a Pepsi. Mas Jobs despertou seu interesse. "Eu me senti envolvido por aquele gênio jovem e impetuoso, e achei que seria divertido conhecê-lo um pouco melhor", lembra ele.

Assim, Sculley concordou em que ambos se encontrassem novamente na próxima ida de Jobs a Nova York, o que veio a ocorrer na apresentação do Lisa em janeiro de 1983, no Carlyle Hotel. Depois do dia repleto de sessões com a imprensa, a equipe Apple ficou surpresa ao ver entrar na suíte um visitante sem hora marcada. Jobs afrouxou o nó da gravata e apresentou Sculley como presidente da Pepsi e grande cliente corporativo em potencial. Enquanto John Couch fazia a demonstração do Lisa, Jobs o interrompia com comentários pontilhados com suas palavras favoritas, "revolucionário" e "incrível", discorrendo sobre como iria transformar a natureza da interação humana com os computadores.

Então rumaram para o restaurante Four Seasons, um recanto de elegância e poder com iluminação discreta, projetado por Mies van der Rohe e Philip Johnson. Enquanto Jobs comia um prato especial estritamente vegetariano, Sculley falava sobre os sucessos de marketing da Pepsi. A campanha Geração Pepsi, disse ele, vendia não um produto, mas um estilo de vida e uma atitude otimista. "Acho que a Apple tem uma chance de criar uma Geração Apple." Jobs concordou entusiasticamente. A campanha Desafio Pepsi, por sua vez, era uma maneira de pôr o foco no produto; consistia em anúncios, eventos e relações públicas para atiçar o alvoroço do público. A habilidade de transformar o lançamento de um novo produto num momento de grande expectativa nacional, comentou Jobs, era o que ele e Regis McKenna queriam fazer na Apple.

Quando a conversa acabou, já era quase meia-noite. "Esta foi uma das noites mais empolgantes de toda a minha vida", disse Jobs quando Sculley o acompanhou de volta a pé até o Carlyle. "Nem tenho como lhe dizer quanto me diverti." Finalmente de volta a Greenwich, Connecticut, Sculley teve dificuldade em adormecer. Conversar com Jobs era muito mais prazeroso do que negociar com engarrafadores. "Aquilo me estimulou, despertou meu desejo, refreado por muito tempo, de ser um arquiteto de ideias", comentou mais tarde. Na manhã seguinte, Roche ligou para Sculley. "Não sei o que vocês fizeram na noite passada, mas só lhe digo que Steve Jobs está em êxtase", comentou.

E assim o namoro continuou, Sculley se fazendo de difícil, mas não de impossível. Jobs esteve na Costa Leste para uma visita num sábado de fevereiro, e alugou uma limusine até Greenwich. A nova mansão de Sculley lhe pareceu pretensiosa, com janelas do chão até o teto, mas ele se admirou com as portas de carvalho de quase 150 quilos feitas sob encomenda, montadas e instaladas com tanto capricho que se abriam ao toque de um dedo. "Steve ficou fascinado com aquilo porque ele, como eu, é perfeccionista", lembrou Sculley. Assim se iniciou o processo não muito saudável de um Sculley fascinado, enxergando em Jobs qualidades que fantasiava em si mesmo.

Geralmente Sculley usava um Cadillac, mas (intuindo os gostos do visitante) tomou emprestado a Mercedes 450 SL conversível da esposa, para levar Jobs até a sede corporativa da Pepsi, numa área de 144 acres, que tinha de exuberância o que a Apple tinha de austeridade. Para Jobs, isso sintetizava a diferença entre a nova economia digital, extremamente dinâmica, e o sistema corporativo das 500 Maiores Empresas da revista *Fortune*. Um caminho sinuoso passava por gramados cuidadosamente aparados e um jardim com esculturas (incluindo peças de Rodin, Moore, Calder e Giacometti) até um edifício de concreto e vidro projetado por Edward Durrell Stone. O enorme escritório de Sculley tinha um tapete persa, nove janelas, um pequeno jardim particular, uma saleta reservada e um banheiro privativo. Quando Jobs viu o centro de esportes da empresa, ficou surpreso com o fato de os executivos terem uma área com piscina própria, separada da dos funcionários comuns. "Que estranho", disse. Sculley se apressou em concordar. "Na verdade, fui contra isso, e às vezes saio e vou malhar na área dos empregados", comentou.

O encontro seguinte foi em Cupertino, quando Sculley fez uma parada na viagem de volta de uma convenção de engarrafadores da Pepsi no Havaí. Mike Murray, o diretor de marketing da Macintosh, ficou encarregado de preparar a equipe para a visita, mas não fazia ideia do verdadeiro propósito do encontro. "A PepsiCo pode acabar comprando literalmente milhares de Macs nos próximos anos", escreveu num memorando exultante para o pessoal do Macintosh. "No ano passado, o senhor Sculley e um tal senhor Jobs ficaram amigos. O senhor Sculley é tido como uma das melhores cabeças de marketing nas grandes associações, e assim vamos lhe proporcionar umas boas horas aqui com a gente."

Jobs queria que Sculley partilhasse sua empolgação com o Macintosh. "Este produto significa para mim mais do que qualquer outra coisa que já fiz", disse. "Quero que você seja a primeira pessoa fora da Apple a vê-lo." Num gesto teatral, ele tirou o protótipo de uma maleta de vinil e fez uma demonstração. Sculley achou Jobs tão memorável quanto a máquina. "Parecia mais um showman do que um empresário. Cada gesto parecia calculado, como se fosse ensaiado, para tornar o momento especial."

Jobs tinha pedido a Hertzfeld e à equipe que preparassem uma exibição especial na tela para entreter Sculley. "Ele é superinteligente", disse Jobs. "Vocês não imaginam quanto ele é inteligente." A explicação de que Sculley poderia comprar um monte de Macintoshes para a Pepsi "me soou um pouco suspeita", lembrou Hertzfeld, mas ele e Susan Kare criaram uma tela de tampas e latinhas de Pepsi que apareciam entre as telas com o logotipo da Apple. Hertzfeld ficou tão entusiasmado que começou a abanar os braços durante a demonstração, mas Sculley não pareceu muito impressionado. "Fez algumas perguntas, mas não se mostrou nada interessado", segundo Hertzfeld. Na verdade, ele nunca chegou a gostar de Sculley. "Era um cara incrivelmente afetado, pura pose", disse mais tarde. "Fingia se interessar por tecnologia, mas era só fachada. Era um cara de marketing, e é isso o que os caras de marketing são: pagos para ter pose."

As coisas chegaram ao seu ponto alto quando Jobs foi a Nova York em março e conseguiu transformar o namoro num romance arrebatado e arrebatador. "Acho mesmo que você é o cara", disse Jobs enquanto caminhavam pelo Central

Park. "Quero que venha trabalhar comigo. Posso aprender muito com você." Jobs, que já tinha cultivado antes figuras paternas, sabia exatamente como jogar com as inseguranças e o ego de Sculley. Funcionou. "Fiquei cativado por ele", observou Sculley mais tarde. "Steve era uma das pessoas mais brilhantes que já conheci. Eu compartilhava com ele a paixão pelas ideias."

Sculley, que se interessava por história da arte, guiou o passeio para o Metropolitan Museum, num pequeno teste para ver se Jobs realmente se dispunha a aprender com os outros. "Eu queria ver se ele aceitava bem que lhe explicassem um assunto que não dominava." Enquanto percorriam as antiguidades gregas e romanas, Sculley discorreu sobre as diferenças entre a escultura arcaica do século VI a.C. e as esculturas periclianas do século seguinte. Jobs, que adorava conhecer novidades históricas que nunca aprendera na faculdade, parecia embebido nas explicações. "Tive a sensação de que podia ser professor de um aluno brilhante", lembrou Sculley. Mais uma vez, ele se entregava à ilusão de serem parecidos. "Vi nele uma imagem de mim mesmo, mais jovem. Eu também era impaciente, teimoso, arrogante, impetuoso. Minha cabeça transbordava de ideias, muitas vezes excluindo todo o resto. Eu também era intolerante com os que não estavam à altura das minhas exigências."

Enquanto prosseguiam o longo passeio, Sculley contou que tinha ido à Rive Gauche de Paris nas férias, com seu caderno de desenho; se não tivesse virado executivo, seria artista. Jobs respondeu que, se não trabalhasse com computadores, podia se ver como um poeta em Paris. Desceram a Broadway até a Colony Records, na rua 49, e ali Jobs mostrou a Sculley o tipo de música que apreciava, incluindo a de artistas como Bob Dylan, Joan Baez, Ella Fitzgerald e os jazzistas de Windham Hill. Então voltaram a pé até o San Remo, na Central Park West com a rua 74, onde Jobs estava planejando comprar uma cobertura de dois andares.

A consumação do namoro se deu numa das varandas, com Sculley encostado bem junto à parede por causa de seu medo de altura. Primeiro discutiram o lado monetário. "Eu disse que precisava de 1 milhão de dólares de salário, 1 milhão de bônus de contratação e 1 milhão no rompimento do contrato se não desse certo", conta Sculley. Jobs afirmou que era viável. "Mesmo que eu tenha de pagar do meu próprio bolso", disse a ele. "Vamos ter de resolver esses problemas, porque você é a melhor pessoa que conheci. Sei que você é perfeito para a Apple, e a Apple merece o melhor." Jobs acrescentou que nunca tinha trabalhado para alguém que realmente respeitasse, mas sabia que Sculley era quem mais tinha a lhe ensinar. E lançou-lhe aquele olhar fixo, sem pestanejar. Sculley ficou impressionado ao reparar como eram bastos os cabelos pretos dele.

Sculley tentou negacear uma última vez, sugerindo que talvez fosse melhor serem apenas amigos e que ele poderia aconselhar Jobs por fora. Mais tarde, Sculley contou como foi o clímax: "Steve abaixou a cabeça e ficou olhando os pés. Depois de uma pausa incômoda e pesada, ele soltou o desafio que me perseguiria durante dias. 'Você quer passar o resto da vida vendendo água adoçada ou quer uma chance de mudar o mundo?'".

Sculley sentiu como se tivesse levado um soco no estômago. Não havia outra resposta possível, a não ser aceitar. "Ele tinha uma habilidade misteriosa de sempre conseguir o que queria, de avaliar a pessoa e saber exatamente o que dizer para atingi-la", comentou. "Percebi pela primeira vez em quatro meses que não poderia dizer não." O sol do inverno começava a se pôr. Saíram do apartamento e voltaram pelo parque até o Carlyle.

LUA DE MEL

Markkula conseguiu convencer Sculley a aceitar um pacote salarial de 500 mil dólares e um bônus no mesmo valor, e ele chegou à Califórnia bem na época do retiro dos gerentes da Apple em Pajaro Dunes, em maio de 1983. Sculley tinha deixado todos os seus ternos escuros em Greenwich, menos um, mas ainda estava com problemas para se adaptar ao ambiente descontraído. Na sala de reuniões, Jobs se sentava no chão em posição de lótus, brincando distraído com os dedos dos pés descalços. Sculley tentou impor uma programação; iriam discutir como diferenciar os produtos — Apple ii, Apple iii, Lisa e Mac — e se era melhor organizar a empresa em linhas de produtos, alvos de mercado ou funções. Em vez disso, a discussão descambou para um vale-tudo geral, com brigas, reclamações e ideias aleatórias.

A certa altura, Jobs atacou a equipe Lisa por ter produzido um fiasco. "Ora", revidou alguém, "você nem entregou o Macintosh! Por que não espera até ter um produto pronto antes de começar a criticar?" Sculley ficou assombrado. Na Pepsi, ninguém questionaria o presidente do conselho do grupo dessa maneira. "Mas ali todo mundo começou a cair em cima de Steve." Isso o fez lembrar de uma piada que tinha ouvido de um dos agentes de publicidade da Apple: "Qual a diferença entre a Apple e os escoteiros? Os escoteiros têm a supervisão de um adulto".

No meio da briga, um pequeno terremoto começou a sacudir a sala. "Já para a praia", alguém gritou. Todos saíram correndo até a água. Então outra pessoa gritou que o último terremoto tinha criado uma marola gigantesca. Todos se viraram e saíram correndo para o outro lado. "A indecisão, os conselhos contraditórios, o fantasma da catástrofe natural, apenas prenunciavam o que vinha pela frente", comentou Sculley mais tarde.

A rivalidade entre os grupos dos diferentes produtos era séria, mas também tinha um lado divertido, como o caso das travessuras com a bandeira pirata. Quando Jobs se gabou que a equipe Macintosh estava trabalhando noventa horas semanais, Debi Coleman encomendou camisetas com capuz que alardeavam "90 H/SEM e adorando!". Isso levou o grupo Lisa a fazer camisetas com a resposta: "70 horas por semana e realmente lançando o produto". O grupo Apple II, fiel à sua natureza trabalhadora mas lucrativa, retrucou com "60 horas por semana — e faturando para pagar o Lisa e o Mac". Jobs se referia pejorativamente ao pessoal que trabalhava no Apple II como "os Clydesdales", mas tinha a penosa consciência de que esses cavalos de tração eram de fato os únicos que estavam puxando a carroça da Apple.

Num sábado de manhã, Jobs convidou Sculley e a esposa, Leezy, para o café da manhã. Ele estava morando em Los Gatos numa boa casa estilo Tudor, mas sem nada de excepcional, com a namorada da época, Barbara Jasinski, moça bonita, inteligente e discreta que trabalhava para Regis McKenna. Leezy levou uma frigideira e fez omeletes vegetarianas (Jobs tinha se afastado por algum tempo de seu vegetarianismo radical). "Desculpem, não tenho muita mobília", disse Jobs. "Simplesmente não teve como." Essa era uma de suas idiossincrasias constantes: por causa de seus critérios rigorosos de qualidade, além de uma tendência espartana, ele relutava em comprar qualquer móvel que não o encantasse. Tinha uma luminária Tiffany, uma mesa de jantar antiga e um videolaser num Trinitron da Sony, mas, em vez de sofás e cadeiras, almofadas de bolinhas de isopor no chão. Sculley sorriu e, muito iludido, achou aquilo parecido com sua própria "vida frenética e espartana num apartamento bagunçado em Nova York", no começo da carreira.

Jobs comentou com Sculley que acreditava que ia morrer jovem e, por isso, precisava fazer as coisas rápido, para dar tempo de imprimir sua marca na história do Vale do Silício. "Todos nós temos um tempo curto nesta terra", disse ao casal naquela manhã, quando se sentaram à mesa. "Provavelmente só temos a oportunidade de fazer poucas coisas realmente grandiosas, e fazer bem. Ninguém sabe quanto tempo vai ficar aqui, nem eu, mas minha sensação é que preciso realizar muita coisa enquanto sou jovem."

Jobs e Sculley conversavam dezenas de vezes por dia nos primeiros meses do relacionamento. "Steve e eu ficamos muito próximos, quase companheiros constantes", diz Sculley. "Costumávamos falar com meias frases e meias palavras." Jobs adulava-o constantemente. Quando aparecia para discutir e rever alguma coisa, dizia algo como: "Você é o único que vai entender". Repetiam tanto como se sentiam felizes de estar juntos, trabalhando em dupla, que devia chegar a ser cansativo. E Sculley não perdia ocasião de encontrar e comentar suas semelhanças com Jobs:

> Um podia completar a frase do outro porque estávamos na mesma frequência. Steve me acordava às duas da manhã com um telefonema para conversar sobre uma ideia que acabava de lhe ocorrer. "Ei! Sou eu", dizia em tom inocente à pessoa atordoada de sono, sem se dar conta da hora. Curiosamente, eu tinha feito a mesma coisa na época da Pepsi. Steve era capaz de rasgar uma apresentação que devia fazer na manhã seguinte, jogando fora o texto e os slides. Eu também, quando lutava para transformar a apresentação oral numa ferramenta administrativa importante nos meus primeiros dias na Pepsi. Como jovem executivo, eu era sempre impaciente em ter as coisas prontas e muitas vezes sentia que era capaz de fazer melhor. Com Steve era a mesma coisa. Às vezes parecia que eu estava assistindo a mim mesmo num filme, com Steve em meu papel. As semelhanças eram incríveis, e estavam por trás da maravilhosa simbiose que criamos.

Não passava de autoengano, e essa era a receita certa para o desastre. Jobs logo percebeu. "Tínhamos maneiras diferentes de olhar o mundo, opiniões diferentes sobre as pessoas, valores diferentes", diz Jobs. "Comecei a perceber isso poucos meses depois que ele chegou. Ele não era muito rápido em aprender as coisas, e as pessoas que queria promover geralmente eram incompetentes."

Mas Jobs sabia que poderia manipular Sculley incentivando sua crença de que eram parecidos. E, quanto mais manipulava Sculley, mais desprezo sentia por ele. Alguns observadores perspicazes no grupo Mac, como Joanna Hoffman, logo viram o que estava acontecendo e sabiam que isso tornaria o inevitável rompimento ainda mais explosivo. "Steve faz Sculley se sentir excepcional", diz ela.

"Sculley nunca tinha se sentido assim. Ficou fascinado, porque Steve projetou nele todo um conjunto de qualidades que ele não tinha. Assim, Sculley entrou numa vertigem de paixão por Steve. Quando ficou evidente que Sculley não correspondia a todas aquelas projeções, a distorção da realidade de Steve já tinha criado uma situação explosiva."

Por fim, o ardor começou a esfriar também pelo lado de Sculley. Sua fraqueza em tentar gerir uma empresa disfuncional derivava em parte da vontade de agradar aos outros, um dos muitos traços que não partilhava com Jobs. Em termos mais simples, ele era polido, e Jobs não. Assim, ele se retraía com a grosseria de Jobs ao tratar os colegas. "Íamos até o prédio do Mac às onze da noite", lembra Sculley, "e eles levavam um código para mostrar. Em alguns casos, ele nem olhava. Simplesmente pegava e jogava de volta para eles. Eu dizia: 'Como você pode fazer isso?'. E ele respondia: 'Eu sei que eles podem fazer coisa melhor'." Sculley tentou orientá-lo. "Você precisa aprender a se controlar", disse-lhe a certa altura. Jobs concordou, mas não fazia parte de sua natureza filtrar os sentimentos.

Sculley começou a achar que o temperamento volátil de Jobs, com a instabilidade na forma de tratar as pessoas, estava profundamente arraigado na sua constituição psicológica, talvez refletindo um leve transtorno bipolar. Era enorme a oscilação de seus humores. Às vezes ficava arrebatado de êxtase, às vezes caía em depressão. Às vezes disparava em longas críticas brutais e Sculley precisava acalmá-lo. "Vinte minutos depois, eu recebia outro telefonema me chamando de volta porque Steve tinha se descontrolado de novo", diz.

O primeiro grande desentendimento entre ambos foi como estabeleceriam o preço do Macintosh. Ele tinha sido concebido como uma máquina de mil dólares, mas as mudanças de projeto de Jobs tinham aumentado muito os custos, e assim o plano era vendê-lo a 995 dólares. Mas, quando Jobs e Sculley começaram a programar uma enorme campanha de marketing e lançamento, Sculley decidiu que precisariam cobrar quinhentos dólares a mais. Para ele, os custos de marketing eram como qualquer outro custo de produção e precisavam ser embutidos no preço. Jobs resistiu furiosamente. "Isso vai destruir tudo em que acreditamos", disse. "Quero fazer disso uma revolução, não um esforço de arrancar lucro." Sculley disse que a escolha era simples: ele podia ter o preço de 1995 dólares ou podia ter o orçamento de marketing para um grande lançamento, mas não as duas coisas ao mesmo tempo.

"Vocês não vão gostar disso", disse Jobs a Hertzfeld e aos outros engenheiros, "mas Sculley está insistindo que devemos cobrar 2495 dólares pelo Mac, em vez de 1995." De fato, os engenheiros ficaram horrorizados. Hertzfeld ressaltou que estavam projetando o Mac para pessoas como eles, e encarecer o preço seria uma "traição" àquilo em que acreditavam. Então Jobs prometeu: "Não se preocupem, não vou deixar que ele faça isso!". Mas no final a opinião de Sculley prevaleceu. Mesmo 25 anos depois, Jobs fervia de raiva ao lembrar a decisão. "É a principal razão pela qual as vendas do Macintosh diminuíram e a Microsoft dominou o mercado", disse. Com essa decisão, ele sentiu que estava perdendo o controle de seu produto e da empresa, o que era tão perigoso quanto fazer um tigre se sentir acuado.

15. O lançamento

Uma marca no universo

O anúncio "1984".

OS VERDADEIROS ARTISTAS LANÇAM

O ponto alto da conferência de vendas da Apple em outubro de 1983, no Havaí, foi um quadro apresentado por Jobs, baseado num programa de televisão chamado *The Dating Game* [O jogo do namoro]. Jobs fazia o papel do apresentador e os três concorrentes eram Bill Gates e dois outros executivos de software, Mitch Kapor e Fred Gibbons. Enquanto era tocada a trilha sonora do programa, os três pegaram suas banquetas e se apresentaram. Gates, parecendo um rapazola do colegial, recebeu aplausos calorosos dos vendedores do Apple 750 ao dizer: "Em 1984, a Microsoft espera ter metade do faturamento com a venda de software para o Macintosh". Jobs, de barba bem-feita, muito animado, abriu um sorriso de orelha a orelha e perguntou se ele achava que o novo sistema operacional do Macintosh se tornaria um dos novos padrões de indústria. Gates respondeu: "Criar um novo padrão não requer simplesmente fazer algo que é um pouco diferente, requer algo que seja realmente novo e cative a imaginação das pessoas. E o Macintosh, entre todas as máquinas que conheço, é a única que atende a esse critério".

Mas, no momento mesmo em que Gates falava, a Microsoft estava deixando de ser basicamente uma colaboradora da Apple para se tornar uma espécie de concorrente. Ela continuaria a fazer aplicativos, como o Word, para a Apple, mas uma parcela cada vez maior de seu faturamento viria do sistema operacional que ela havia criado para o computador pessoal da IBM. No ano anterior, tinham sido vendidos 279 mil Apples II contra 240 mil PCs da IBM e clones. Os números para 1983 estavam se mostrando muito diferentes: 420 mil Apples II contra 1,3 milhão de IBMS e clones. E tanto o Apple III quanto o Lisa afundaram.

Justamente quando as equipes de vendas da Apple estavam chegando ao Havaí, essa mudança foi matéria de capa da *Business Week*. Manchete: "Computadores pessoais: e o vencedor é... a IBM". A reportagem detalhava o crescimento do PC da empresa. "A batalha pelo domínio do mercado já terminou", declarava a revista. "Numa escalada fulminante, a IBM capturou mais de 26% do mercado em dois anos, e espera-se que responda por metade do mercado mundial em 1985. Outros 25% do mercado estarão operando máquinas compatíveis com a da IBM."

Isso aumentou ainda mais a pressão sobre o Macintosh, com lançamento previsto para janeiro de 1984, dali a três meses, para recuperar a vantagem sobre a IBM. Na conferência de vendas, Jobs decidiu tirar o máximo proveito de um confronto. Tomou a palavra e arrolou todos os erros cometidos pela IBM desde 1958, e então descreveu em tons sombrios como agora ela tenta se apoderar do mercado dos computadores pessoais: "A Big Blue vai dominar toda a indústria de computação? Toda a era da informação? George Orwell estava certo sobre 1984?". Nesse instante, uma tela desceu do alto e começou a projeção de um anúncio de sessenta segundos para a tevê sobre o Macintosh que estava para ser lançado em breve, com o clima de um filme de ficção científica. Em poucos meses, esse anúncio seria um marco na história da propaganda. Mas, nesse meio-tempo, ele atendeu à finalidade de reerguer o moral das forças de venda da Apple. Jobs sempre tinha conseguido reunir energias imaginando-se como um rebelde em luta contra as forças das trevas. Agora também reanimava suas tropas da mesma maneira.

Havia mais um obstáculo. Hertzfeld e os outros magos da equipe precisavam acabar de escrever o código de programação para o Macintosh. Estava previsto que ficaria pronto em 16 de janeiro, uma segunda-feira. Uma semana antes disso, os engenheiros chegaram à conclusão de que não conseguiriam concluí-lo no prazo. Havia falhas no programa.

Jobs estava no Grand Hyatt, em Manhattan, preparando-se para as prévias da imprensa, e assim marcaram uma teleconferência para o domingo de manhã. O gerente de software explicou calmamente a situação a Jobs, enquanto Hertzfeld e os outros se aglomeravam em volta do aparelho, com a respiração presa. Só precisavam de mais duas semanas. As primeiras entregas para o varejo podiam ter uma versão do software com a etiqueta "demo", que seria substituída logo que o novo código ficasse pronto, no final do mês. Houve uma pausa. Jobs não ficou bravo. Pelo contrário, falou em tom impassível e controlado. Disse que eles eram realmente ótimos. E tão ótimos, na verdade, que ele sabia que iam deixar tudo pronto. "Não existe a hipótese de atrasarmos", declarou. Houve um engasgo coletivo na sala do prédio da Bandley. "Vocês estão trabalhando nisso já faz meses, duas semanas a mais não vão fazer muita diferença. Também dá para terminarem logo. Vou lançar o código em uma semana a contar de segunda-feira, com os nomes de vocês nele."

"Bom, temos de terminar", disse Steve Capps. E terminaram. Mais uma vez, o campo de distorção da realidade de Jobs levou a equipe a fazer o que julgava impossível. Na sexta-feira, Randy Wigginton levou uma sacola cheia de caixinhas de grãos de café cobertos de chocolate para os últimos três que estavam virando a noite. Quando Jobs chegou ao escritório naquela segunda-feira às oito e meia da manhã, encontrou Hertzfeld esparramado no sofá, quase em estado de coma. Conversaram alguns momentos sobre uma pequena falha que ainda restava, e Jobs decretou que não tinha importância. Hertzfeld foi se arrastando até seu Volkswagen Golf azul (placa MACWIZ) e foi para casa dormir. Um pouco depois, a fábrica da Apple em Fremont começou a soltar na esteira rolante as caixas impressas com os desenhos de linhas coloridas do Macintosh. Os verdadeiros artistas lançam, declarara Jobs, e agora a equipe o tinha feito.

O ANÚNCIO "1984"

Quando Jobs começou a planejar o lançamento do Macintosh, na primavera de 1983, ele queria um comercial de tevê que fosse revolucionário e assombroso como o produto que tinham criado. "Quero uma coisa que faça as pessoas pararem", disse. "Quero um estrondo." A tarefa coube à agência de publicidade Chiat/Day, que havia adquirido a conta da Apple ao comprar a parte de publicidade da empresa de Regis McKenna. A pessoa que ficou no comando da campanha era um rato de praia desengonçado, com uma barba cerrada, cabelo desgrenhado, sorriso simplório e olhos cintilantes chamado Lee Clow, diretor de criação do escritório na seção Venice Beach de Los Angeles. Clow era esperto e divertido, descontraído mas ao mesmo tempo muito concentrado, e criou uma ligação com Jobs que durou trinta anos.

Clow e dois membros de sua equipe — o redator Steve Hayden e o diretor de arte Brent Thomas — estavam brincando com um mote que fazia um trocadilho com o romance de George Orwell: "Por que 1984 não será como 1984". Jobs adorou e pediu que o desenvolvessem para o lançamento do Macintosh. Assim, eles fizeram o storyboard de um anúncio de sessenta segundos, que parecia uma cena de um filme de ficção científica. Apresentava uma moça rebelde fugindo da polícia do pensamento orwelliana e atirando uma marreta numa tela que mostrava o Big Brother fazendo um discurso de doutrinação ideológica.

O conceito captava o *zeitgeist* da revolução do computador pessoal. Muitos jovens, sobretudo na contracultura, tinham considerado os computadores como instrumentos que podiam ser usados por governos e corporações gigantescas de tipo orwelliano para destruir a individualidade. Mas, no final dos anos 1970, os computadores também estavam sendo vistos como instrumentos possíveis para a capacitação e a libertação pessoal. O anúncio mostrava o Macintosh como um guerreiro dessa causa — uma empresa rebelde, heroica, descolada, que era o único obstáculo atrapalhando os planos da grande corporação do mal para a dominação do mundo e o controle total da mente.

Jobs gostou. De fato, o conceito do anúncio tinha uma ressonância especial para ele, que se imaginava um rebelde e gostava de se associar aos valores do bando bagunçado de hackers e piratas que recrutara para o grupo Macintosh. Em cima do prédio deles esvoaçava a bandeira pirata. Jobs tinha deixado a comunidade das maçãs no Oregon para começar a corporação Apple, mas ainda queria ser visto como um integrante da contracultura, e não da cultura empresarial.

Mas, no fundo, ele sabia que vinha abandonando gradualmente o espírito hacker. Alguns até podiam acusá-lo de ter se vendido. Quando Wozniak continuou fiel à ética do "feito em casa" compartilhando de graça seu projeto para o

Apple I, foi Jobs quem insistiu quem vendessem as placas para os colegas do grupo. Foi ele também que, apesar da relutância de Wozniak, quis transformar a Apple numa corporação, abrir o capital e não distribuir gratuitamente as opções de compra de ações aos amigos que tinham trabalhado com eles na garagem. Agora estava para lançar o Macintosh e sabia que isso violava muitos dos princípios do código hacker. O preço era bem alto. Jobs tinha decretado que a máquina não teria slots, o que significava que os aficionados não poderiam conectar seus cartões de expansão nem mexer na placa-mãe e acrescentar novas funções. Chegara a projetar o computador de um modo que impedia até de entrarem nele. Mesmo para abrir o gabinete era preciso ter ferramentas especiais. Tratava-se de um sistema fechado e controlado, que mais parecia ter sido projetado pelo Big Brother do que por um hacker.

Assim, o anúncio "1984" era uma forma de Jobs reafirmar, para si e para o mundo, essa autoimagem desejada. A heroína, com o desenho de um Macintosh estampado na camiseta regata branca, era uma renegada que combatia o sistema. Ao contratar como diretor Ridley Scott, que acabara de estourar com o sucesso de *Blade Runner* (*O caçador de androides*), Jobs podia associar a si mesmo e a Apple ao espírito cyberpunk da época. Com o anúncio, a Apple podia se identificar com os rebeldes e os hackers que pensavam diferente, e Jobs podia reivindicar o direito de se identificar com eles também.

Quando viu o storyboard, Sculley inicialmente ficou em dúvida, mas Jobs insistiu que eles precisavam de algo revolucionário. Ele conseguiu um orçamento inédito de 750 mil dólares só para filmar o anúncio. Ridley Scott filmou em Londres, usando dezenas de skinheads de verdade como figurantes das multidões hipnotizadas que ouviam o Big Brother na tela. Uma atleta arremessadora de disco foi escolhida para interpretar a heroína. Num cenário industrial frio, dominado por tons de cinza metálico, Scott evocava a aura distópica de *Blade Runner*. No exato momento em que o Big Brother anuncia "venceremos!", a marreta da heroína arrebenta a tela, que se desfaz num clarão de luz e fumaça.

Quando Jobs mostrou o anúncio no encontro do Havaí, o pessoal de vendas da Apple vibrou. Assim, ele resolveu apresentá-lo ao conselho de diretores na reunião de dezembro de 1983. Depois de se reacenderem as luzes na sala da diretoria, todos ficaram em silêncio. Philip Schlein, o diretor executivo da Macy's da Califórnia, estava com a cabeça na mesa. Markkula ficou com o olhar imóvel, e no começo deu a impressão de que estava subjugado pela força do anúncio. Então disse: "Quem quer votar pela mudança de agência?". Como lembra Sculley: "A maioria deles achou que era o pior comercial que tinham visto na vida".

Sculley ficou apreensivo. Disse à Chiat/Day para vender os dois tempos comerciais — um de sessenta segundos, o outro de trinta — que tinham comprado. Jobs ficou fora de si. Certa noite, Wozniak, que nos últimos dois anos andava entrando e saindo da Apple, estava passeando pelo prédio da Macintosh. Jobs o pegou e disse: "Venha cá e veja isso". Puxou um aparelho de videocassete e lhe mostrou o anúncio. "Fiquei pasmo", lembra Woz. "Achei a coisa mais incrível." Quando Jobs lhe contou que a diretoria decidira não veicular o comercial no Super Bowl, ele perguntou quanto custava o tempo na tevê. Jobs respondeu 800 mil dólares. Num de seus habituais impulsos de generosidade, Wozniak propôs na hora: "Bom, se você topar, eu banco metade".

No fim não foi necessário. A agência vendeu a janela de trinta segundos, mas, num gesto de resistência passiva, não vendeu a mais longa. "Dissemos a eles que não conseguimos vender a janela de sessenta segundos, mas na verdade nem tentamos", lembra Lee Clow. Sculley, talvez para evitar uma cena com a diretoria ou com Jobs, resolveu deixar a decisão nas mãos de Bill Campbell, o chefe de marketing. Campbell, ex-treinador de futebol americano, decidiu arriscar. "Penso que devemos encarar", disse à sua equipe.

No começo do terceiro tempo do Super Bowl XVIII, os Raiders, que estavam em vantagem, marcaram um *touchdown* contra os Redskins e, em vez do imediato replay da jogada, as telas de televisão de todo o país escureceram durante dois sinistros segundos inteiros. Então uma imagem esfumaçada em branco e preto, com pessoas marchando feito autômatos ao som de uma música fantasmagórica, começou a preencher a tela. Mais de 96 milhões de pessoas assistiram a um comercial diferente de tudo o que tinham visto antes. No final, quando os autômatos fitavam boquiabertos a pulverização do Big Brother, um narrador anunciava calmamente: "Em 24 de janeiro, a Apple Computer apresentará o Macintosh. E vocês verão por que 1984 não será como *1984*".

Foi um fenômeno. Naquela noite, as três redes nacionais e cinquenta estações locais levaram ao ar notícias sobre o anúncio, que se propagou numa velocidade sem precedentes na era pré-YouTube. Ele acabou sendo escolhido pela *TV Guide* e pela *Advertising Age* como o maior comercial de todos os tempos.

Com o passar dos anos, Steve Jobs se tornaria o grão-mestre dos lançamentos de produtos. No caso do Macintosh, o incrível anúncio de Ridley Scott foi apenas um dos ingredientes. Outra parte da receita foi a cobertura da imprensa. Jobs encontrou maneiras de criar estouros de publicidade tão potentes que o frenesi se alimentava sozinho, como uma reação em cadeia. Ele era capaz de reproduzir esse fenômeno periodicamente, sempre que havia o lançamento de um grande produto, do Macintosh em 1984 ao iPad em 2010. Como um prestidigitador, conseguia repetir o truque várias vezes seguidas, mesmo depois que os jornalistas já o tinham visto uma dúzia de vezes e soubessem como era feito. Alguns macetes ele aprendera com Regis McKenna, um mestre em cultivar e afagar repórteres orgulhosos. Mas Jobs tinha seu próprio jeito intuitivo de atiçar a curiosidade, de manipular os instintos competitivos dos jornalistas e de trocar acesso exclusivo por tratamento generoso.

Em dezembro de 1983, Jobs levou com ele seus grandes magos de programação, Andy Hertzfeld e Burrell Smith, à *Newsweek* em Nova York, para contarem a história dos "carinhas que criaram o Mac". Depois de fazer uma demonstração do Macintosh, foram conduzidos ao andar de cima para encontrar Katharine Graham, a lendária dona da revista, que tinha um interesse inesgotável por tudo o que era novo. A revista enviou seu colunista de tecnologia e um fotógrafo para passar algum tempo em Palo Alto com Hertzfeld e Smith. O resultado foi uma matéria informativa e elogiosa de quatro páginas sobre os dois, com fotos tiradas em casa, onde pareciam querubins de uma nova era. O artigo citava Smith dizendo o que queria fazer a seguir: "Quero construir o computador dos anos 90. Só que quero fazê-lo amanhã". A reportagem também descrevia a mistura de carisma e volatilidade do patrão de ambos.

Jobs às vezes defende suas ideias com demonstrações muito sonoras que nem sempre são de fúria; dizem que ele ameaçou despedir alguns funcionários por insistirem que os computadores tivessem teclas de cursor, característica que Jobs considera ultrapassada. Mas, quando está em sua melhor forma, ele é uma mescla curiosa de encanto e impaciência, oscilando entre uma atitude reservada e perspicaz e sua expressão predileta de entusiasmo: "Insanamente grandioso".

O jornalista de tecnologia Steven Levy, que na época trabalhava para a *Rolling Stone*, foi entrevistar Jobs, que logo começou a insistir que a equipe Macintosh devia ser a capa da revista. "As chances de que Jann Wenner concordasse em tirar Sting e pôr um bando de nerds de computador eram mais ou menos de uma em dez elevado à centésima potência", pensou ele, com razão. Jobs levou Levy a uma pizzaria e insistiu: a *Rolling Stone* estava "em situação precária, publicando artigos de terceira, procurando desesperadamente novos assuntos e novos leitores. O Mac podia ser a salvação!". Levy devolveu. A *Rolling Stone* na verdade ia bem, ele tinha lido a revista ultimamente? Jobs disse que, durante um voo, havia lido uma matéria dela sobre a MTV que era "uma merda". Levy respondeu que tinha sido ele que escrevera. Diga-se em favor de Jobs que este não recuou da avaliação, mas mudou de alvo e passou a atacar a *Time* pela "crítica caluniosa" que havia publicado um ano antes. Então passou a falar em tom filosófico sobre o Macintosh. "A gente se beneficia o tempo todo de avanços que vieram antes de nós e usamos coisas desenvolvidas por pessoas que existiram antes de nós", disse. "É um sentimento maravilhoso, de êxtase, criar algo que vai para o reservatório do conhecimento e da experiência humana."

A matéria de Levy não foi a matéria de capa. Mas, no futuro, todos os lançamentos de grandes produtos que tiveram a participação de Jobs — na NeXT, na Pixar e, mais tarde, quando voltou à Apple — apareceriam na capa da *Time*, da *Newsweek* ou da *Business Week*.

O LANÇAMENTO: 24 DE JANEIRO DE 1984

Na manhã em que ele e os colegas de equipe terminaram o software do Macintosh, Andy Hertzfeld tinha ido para casa exausto, decidido a ficar na cama pelo menos um dia inteiro. Mas naquela tarde, depois de apenas seis horas de sono, ele voltou ao escritório. Queria conferir se tinha surgido algum problema, e a maioria dos colegas havia feito a mesma coisa. Estavam por ali à toa, meio entorpecidos, mas empolgados, quando Jobs entrou. "Ei, mexam-se, vocês ainda não acabaram!", anunciou. "Precisamos de uma demo para a apresentação!" O plano dele era tirar o pano do Macintosh num gesto teatral, na presença de uma grande plateia, e que o computador exibisse algumas de suas características ao som inspirador da música-tema de *Carruagens de fogo*. "Precisa ser feito até o final de semana, para estar pronto para os ensaios", acrescentou Jobs. Todos gemeram, lembra Hertzfeld, "mas, mesmo assim, vimos que seria divertido montar algo impressionante".

O lançamento estava marcado para a reunião anual dos acionistas da Apple em 24 de janeiro — dali a oito dias —, no auditório Flint do De Anza Community College. Era o terceiro componente — depois do anúncio de tevê e o frenesi das matérias na imprensa — daquilo que se tornaria o manual de Steve Jobs para converter a apresentação de um novo bem de consumo num marco da história mundial: revelar o próprio produto entre grandes floreios e fanfarras, diante de uma plateia de fiéis adoradores e jornalistas já munidos para se deixar arrebatar pelo entusiasmo.

Hertzfeld conseguiu a notável proeza de criar em dois dias um programa para tocar música, de modo que o computador pudesse tocar o tema de *Carruagens de fogo*. Mas, quando ouviu, Jobs achou ruim, então decidiram usar uma gravação. Por outro lado, ele ficou totalmente fascinado com um gerador de fala, que convertia o texto em voz com uma sedutora pronúncia eletrônica, e resolveu que isso faria parte da demo. "Quero que o Macintosh seja o primeiro computador a apresentar a si mesmo!", insistiu. Steve Hayden, o redator do anúncio "1984", foi escolhido para escrever a fala. Steve Capps conseguiu um jeito de fazer a palavra Macintosh percorrer a tela, em fonte grande, e Susan Kare criou uma imagem de abertura.

No ensaio da véspera, à noite, nenhuma dessas coisas estava funcionando direito. Jobs detestou o modo como a animação percorria a tela e continuou a mandar que refinassem o programa. Também estava insatisfeito com a iluminação do palco, e pediu a Sculley que fosse de cadeira em cadeira no auditório, para dar sua opinião enquanto eram feitos os vários ajustes. Sculley nunca tinha pensado muito sobre as variações na iluminação do palco e dava aquele tipo de resposta aproximada do paciente ao oculista, quando este lhe pergunta com qual lente ele enxerga melhor as letras. Os ensaios e as mudanças se prolongaram por cinco horas, noite adentro. "Achei que de jeito nenhum conseguiríamos aprontar tudo para a mostra na manhã seguinte", diz Sculley.

O que mais afligia Jobs era sua apresentação. "Ele jogou fora os slides", lembra Sculley. "Estava enlouquecendo as pessoas, se enfurecendo com os ajudantes de palco em cada detalhe da apresentação." Sculley se achava um bom escritor e sugeriu algumas mudanças no texto de Jobs. Este lembra que ficou levemente irritado, mas o relacionamento dos dois ainda estava na fase em que ele transborda-va de elogios e afagava o ego de Sculley. "Penso em você exatamente como Woz e Markkula", disse a Sculley. "Você é como um dos criadores da empresa. Eles cria-ram a empresa, mas você e eu estamos criando o futuro." Sculley sorveu o co-mentário deliciado, e anos depois repetiria as palavras de Jobs.

Na manhã seguinte, o auditório de 2600 lugares do Flint Center estava abar-rotado. Jobs chegou com um paletó azul trespassado, camisa branca engomada e gravata-borboleta verde-clara. "Este é o momento mais importante de toda a minha vida", disse a Sculley nos bastidores, enquanto esperavam o início da pro-gramação. "Estou supernervoso. Você é provavelmente a única pessoa que sabe como estou me sentindo." Sculley segurou a mão de Jobs por um momento e, sussurrando, desejou boa sorte.

Como presidente do conselho da empresa, Jobs foi o primeiro a entrar para abrir oficialmente a reunião dos acionistas. Iniciou com uma espécie de invocação muito própria. "Gostaria de começar a reunião", disse ele, "com um poema de vinte anos de Dylan — isto é, Bob Dylan." Abriu um leve sorriso e então baixou os olhos para ler a segunda estrofe de "The times they are a-changin". Seguiu com voz rápida e aguda pelos dez versos, terminando com: "... Pois o perdedor de agora/ é quem vai ganhar no futuro/ Pois os tempos estão mudando". Essa can-ção era o hino que preservava o contato do multimilionário presidente do conse-lho da empresa com a imagem que fazia de si mesmo, alguém da contracultura. Sua versão favorita era a do concerto ao vivo que Dylan dera com Joan Baez no Halloween de 1964, no Lincoln Center's Philmarmonic Hall, do qual ele tinha uma cópia pirata.

Sculley entrou no palco para expor os lucros da empresa, e o público come-çou a se remexer de impaciência enquanto o discurso se arrastava. Por fim ele concluiu com uma nota pessoal. "A coisa mais importante que me aconteceu nos últimos nove meses na Apple foi a possibilidade de desenvolver uma amizade com Steve Jobs", disse. "Para mim, a relação que criamos tem um tremendo valor."

As luzes diminuíram enquanto Jobs voltava ao palco e engatava numa versão dramática aquele grito de batalha que soltara na conferência de vendas no Havaí. "1958", começou ele. "A IBM perde a chance de comprar uma empresa iniciante que inventou uma tecnologia nova chamada xerografia. Dois anos depois nasceu a Xerox, e a IBM se arrepende até hoje." O público deu risada. Hertzfeld tinha ou-vido algumas versões do mesmo discurso no Havaí e em outros lugares, mas ficou impressionado como, dessa vez, a fala vibrava com mais paixão. Depois de comentar outras mancadas da IBM, Jobs aproveitou o embalo e a emoção que tinha criado até o momento:

Agora, 1984. Parece que a IBM quer tudo. A Apple é vista como a única esperança de a IBM dar vazão a seu dinheiro. O comércio, que antes tinha recebido a IBM com braços abertos, agora teme um futuro dominado e controlado por ela e recorre à Apple como a única força capaz de lhe garantir um futuro com liberdade. A IBM quer tudo, e está apontando sua artilharia contra o último obstáculo para controlar a indústria, a Apple. A Big Blue vai dominar toda a indústria de computação? Toda a era da informação? George Orwell estava certo?

Conforme ele ia criando o clímax, a audiência passava dos murmúrios aos aplausos, até estourar num frenesi de gritos e respostas. Mas, antes que pudessem responder à pergunta orwelliana, o auditório ficou às escuras e o comercial "1984" apareceu no telão. Quando terminou, toda a audiência estava de pé ovacionando.

Com um talento teatral, Jobs atravessou o palco às escuras até uma mesinha sobre a qual havia uma maleta de tecido. "Agora, gostaria de lhes mostrar o Macintosh em pessoa", disse. "Todas as imagens que vocês verão na tela serão geradas pelo que está nesta maleta." Ele tirou dela o computador, o teclado e o mouse, conectou-os habilmente e então puxou do bolso da camisa um dos novos disquetes de 3½ polegadas, enquanto o público irrompia em mais aplausos. A música-tema de *Carruagens de fogo* começou a tocar e as imagens da tela do Macintosh foram projetadas no alto. Jobs prendeu a respiração por um ou dois segundos, porque a demo não tinha funcionado bem na noite anterior. Mas dessa vez foi impecável. A palavra MACINTOSH percorreu a tela na horizontal, depois foi para baixo, e as palavras "Insanamente grandioso" apareceram como se estivessem sendo escritas à mão, devagar. O público não estava acostumado a exibições gráficas tão bonitas e silenciou por um momento. Era possível ouvir alguns engasgos de surpresa. E então, numa rápida sucessão, surgiu uma série de capturas de tela: o pacote gráfico QuickDraw de Bill Atkinson com exibições de várias fontes, documentos, mapas, gráficos, desenhos, tabelas, planilhas e um desenho do rosto de Steve Jobs com o pensamento num Macintosh dentro de um balãozinho ao lado da cabeça.

Quando a exibição terminou, Jobs sorriu e ofereceu uma surpresa. "Falamos muito sobre o Macintosh ultimamente", disse. "Mas hoje, pela primeira vez, eu gostaria que o Macintosh falasse por si mesmo." Com isso, voltou até o computador, apertou o botão do mouse e, numa voz eletrônica com uma leve vibração, mas profunda e envolvente, o Macintosh se tornou o primeiro computador a se apresentar. E começou: "Olá. Sou o Macintosh. É ótimo sair daquela maleta, com certeza". A única coisa que ele parecia não saber fazer era esperar os gritos e os aplausos frenéticos se acalmarem. Em vez de se deleitar com todo aquele carinho, ele seguiu em frente. "Não estou acostumado a falar em público, mas quero compartilhar com vocês uma máxima que me ocorreu quando conheci um IBM de grande porte. Nunca confiem num computador que não consigam levantar." Mais uma vez, o rugido atroador da plateia quase afogou as últimas frases. "Gosto de falar, claro. Mas agora quero sentar e ouvir. Assim, é com muito orgulho que apresento um homem que tem sido como um pai para mim, Steve Jobs."

Foi um pandemônio, com gente na multidão aos saltos e socando o ar num frenesi. Jobs assentiu com um gesto lento da cabeça, no rosto um sorriso com os lábios cerrados, mas largo; então olhou para baixo e ficou imóvel, esperando. A ovação continuou por quase cinco minutos.

Quando a equipe Macintosh voltou ao prédio da Bandley 3, à tarde, um caminhão entrou no estacionamento e Jobs reuniu todo o pessoal ali, a seu lado. Dentro do caminhão havia cem computadores Macintosh novos em folha, cada qual personalizado com uma plaqueta. "Steve presenteou cada um da equipe, com um sorriso e um aperto de mão, enquanto os outros ficavam em volta, aplaudindo", lembra Hertzfeld. Tinha sido uma corrida exaustiva, e muitos egos saíram feridos com o estilo de gerenciamento ofensivo e às vezes brutal de Jobs. Mas nem Raskin, nem Wozniak, nem Sculley, nem ninguém mais na empresa teria chegado à criação do Macintosh. Nem este teria surgido de comitês de design e discussões de grupo. Naquele dia em que Jobs apresentou o Macintosh, um repórter da *Popular Science* perguntou-lhe qual tipo de pesquisa de mercado tinha feito. Jobs respondeu caçoando: "Alexander Graham Bell fez alguma pesquisa de mercado antes de inventar o telefone?".

16. Gates e Jobs

Quando as órbitas se cruzam

Jobs e Gates, em 1991.

A PARCERIA MACINTOSH

Em astronomia, quando as órbitas de duas estrelas se entrecruzam por causa da interação gravitacional, tem-se um sistema binário. Historicamente, ocorrem situações análogas quando uma era é moldada pela relação e rivalidade de dois grandes astros orbitando: Albert Einstein e Niels Bohr na física do século XX, por exemplo, ou Thomas Jefferson e Alexander Hamilton na condução inicial do governo americano. Nos primeiros trinta anos da era do computador pessoal, a partir do final dos anos 1970, o sistema estelar binário definidor foi composto por dois indivíduos de grande energia, que largaram os estudos na universidade, ambos nascidos em 1955.

Bill Gates e Steve Jobs, apesar das ambições semelhantes no ponto de convergência da tecnologia e dos negócios, tinham origens bastante diferentes e personalidades radicalmente distintas. O pai de Gates era um advogado importante de Seattle, e a mãe, uma líder cívica presente em vários conselhos de prestígio. Ele se tornou um fanático pela tecnologia na melhor escola particular da região, Lakeside High, mas nunca foi rebelde ou hippie, nunca saiu em busca da iluminação espiritual nem participou da contracultura. Em vez de uma Caixa Azul para fraudar a companhia telefônica, Gates criou para a escola um programa para a grade horária das aulas, que o ajudou a entrar nas turmas onde estavam as garotas que queria conhecer, e um programa de contagem de veículos para os engenheiros de trânsito locais. Entrou em Harvard e, quando decidiu largar a faculdade, não foi para alcançar a iluminação com um guru indiano, mas para criar uma empresa de software.

À diferença de Jobs, Gates entendia de programação, e tinha uma mente mais prática, mais disciplinada e com grande capacidade de raciocínio analítico. Jobs era mais intuitivo, romântico, e dotado de mais instinto para tornar a tecnologia usável, o design agradável e as interfaces amigáveis. Com sua mania de perfeição, era extremamente exigente, além de administrar com carisma e intensidade indiscriminada. Gates era mais metódico; as reuniões para exame dos produtos tinham horário rígido, e ele chegava ao cerne das questões com uma habilidade ímpar. Os dois podiam ser rudes, mas com Gates — que no começo da carreira parece ter mantido o típico flerte dos geeks com a área limítrofe do transtorno de Asperger — a atitude contundente tendia a ser menos pessoal, baseada mais na precisão intelectual do que na dureza emocional. Jobs encarava as pessoas com uma intensidade cáustica e ardente; Gates às vezes não conseguia fazer contato visual, mas era essencialmente bondoso.

"Cada qual se achava mais inteligente do que o outro, mas Steve em geral tratava Bill como alguém levemente inferior, sobretudo em questões de gosto e estilo", diz Andy Hertzfeld. "Bill menosprezava Steve porque ele não sabia de fato programar." Desde o começo da relação, Gates ficou fascinado por Jobs e com uma ligeira inveja de seu efeito hipnótico sobre as pessoas. Mas também o considerava "essencialmente esquisito" e "estranhamente falho como ser humano", e se sentia desconcertado com a grosseria de Jobs e sua tendência a funcionar "ora no modo de dizer que você era um merda, ora no de tentar seduzi-lo". Jobs, por sua vez, via em Gates uma estreiteza enervante. "Seria um cara mais aberto se alguma vez tivesse tomado ácido ou ido para um *ashram* quando jovem", declarou certa ocasião.

Suas diferenças de temperamento e personalidade iriam levá-los para lados opostos da linha fundamental de divisão na era digital. Jobs era um perfeccionista que adorava estar no controle e se comprazia com sua índole intransigente de artista; ele e a Apple se tornaram exemplos de uma estratégia digital que integrava solidamente o hardware, o software e o conteúdo numa unidade indissociável. Gates era um analista inteligente, calculista e pragmático dos negócios e da tecnologia; dispunha-se a licenciar o software e o sistema operacional da Microsoft para um grande número de fabricantes.

Depois de trinta anos, Gates desenvolveu um respeito relutante por Jobs. "De fato, ele nunca entendeu muito de tecnologia, mas tinha um instinto espantoso para saber o que funciona", disse. Mas Jobs nunca retribuiu valorizando devidamente os pontos fortes de Gates. "Basicamente Bill é pouco imaginativo e nunca inventou nada, e é por isso que acho que ele se sente mais à vontade agora na filantropia do que na tecnologia", disse Jobs, com pouca justiça. "Ele só pilhava despudoradamente as ideias dos outros."

Quando o Macintosh começou a ser desenvolvido, Jobs foi visitar Gates. A Microsoft tinha escrito alguns aplicativos para o Apple II, entre os quais um programa de planilhas chamado Multiplan, e Jobs queria incentivar Gates e companhia a fazer outros para o futuro Macintosh. Sentado na sala de reuniões de Gates do outro lado do lago Washington, de Seattle, Jobs expôs uma visão tentadora de um computador para as massas, com uma interface amigável, que seria fabricado aos milhões numa fábrica automatizada na Califórnia. A essa descrição da fábrica dos sonhos absorvendo os componentes de silício da Califórnia e soltando Macintoshes prontos, a equipe da Microsoft apelidou o projeto de "Sand" [Areia]. Num passe de engenharia reversa, até apresentaram o nome como acrônimo de Steve's Amazing New Device [Nova máquina maravilhosa de Steve].

Gates tinha criado a Microsoft ao escrever uma versão do BASIC para o Altair. (BASIC, acrônimo de Beginner's All-purpose Symbolic Instruction Code [Código de instrução simbólica de uso geral para o iniciante], é uma linguagem de programação que facilita aos não especialistas escrever programas em várias plataformas.) Jobs queria que a Microsoft escrevesse uma versão do BASIC para o Macintosh, porque Wozniak — apesar da insistência de Jobs — nunca tinha aperfeiçoado sua versão do BASIC do Apple II para incluir a representação numérica com pontos flutuantes. Além disso, Jobs queria que a Microsoft escrevesse aplicativos — como programas de processamento de textos, tabelas e planilhas — para o Macintosh. Gates concordou em fazer versões gráficas de uma nova planilha chamada Excel, um programa de texto chamado Word e o BASIC.

Na época, Jobs era rei e Gates um simples cortesão: em 1984, as vendas anuais da Apple atingiram 1,5 bilhão de dólares e as da Microsoft, meros 100 milhões. Assim, Gates foi até Cupertino para uma demonstração do sistema operacional do Macintosh. Ele levou três colegas da Microsoft, entre eles Charles Simonyi, que tinha trabalhado no Xerox PARC. Como ainda não existia nenhum protótipo do Macintosh em funcionamento completo, Andy Hertzfeld montou um Lisa para rodar o programa do Macintosh e exibi-lo numa tela do protótipo.

Gates não ficou muito impressionado. "Lembro que, na primeira vez que fomos até lá, Steve tinha esse aplicativo em que só havia coisas saltando na tela", conta. "Foi o único aplicativo que rodou. O MacPaint não estava pronto." Gates também ficou aturdido com a postura de Jobs. "Era uma espécie de convite estranho de sedução em que Steve estava dizendo: 'Na verdade não precisamos de vocês e estamos fazendo essa coisa grandiosa, e é sigilosa'. Ele estava ligado em seu modo vendas-Steve-Jobs, mas era meio que um modo vendas que também dizia 'não preciso de você, mas até deixo você participar'."

Os piratas da Macintosh acharam Gates intragável. "Pode-se dizer que Bill Gates não era muito bom ouvinte. Ele não suportava ninguém lhe explicando como alguma coisa funcionava, logo pulava adiante e ficava especulando como achava que a coisa iria funcionar", lembrou Hertzfeld. Mostraram-lhe como o cursor do Macintosh se movia pela tela de maneira suave e contínua, sem tremer. "Que tipo de hardware vocês usam para mover o cursor?", perguntou Gates. Hertzfeld, que tinha o maior orgulho de terem criado essa funcionalidade usando exclusivamente um software, respondeu: "Não temos nenhum hardware especial para isso!". Gates voltou à carga, insistindo que era necessário ter um hardware especial para mover o cursor daquela maneira. "O que você vai dizer para alguém assim?", comentou depois Bruce Horn, um dos engenheiros da Macintosh. "Aquilo deixou claro para mim que Gates não era o tipo de pessoa capaz de entender ou apreciar a elegância de um Macintosh."

Apesar dessa ponta de mútua desconfiança, as duas equipes estavam animadas com a perspectiva de que a Microsoft criasse softwares gráficos para o Macintosh, que levariam a computação pessoal para um novo campo, e foram jantar num restaurante elegante para comemorar. A Microsoft logo designou uma grande equipe para a tarefa. "Tínhamos mais gente trabalhando no Mac do que ele", disse Gates. "Ele tinha catorze ou quinze pessoas. Nós tínhamos umas vinte. Realmente apostamos nossa vida nisso." E, ainda que Jobs achasse que não tinham bom gosto, os programadores da Microsoft eram persistentes. "Vinham com aplicativos terríveis", lembrou Jobs, "mas perseveravam e os melhoravam." Por fim, Jobs ficou tão enamorado do Excel que fez um acordo secreto com Gates: se a Microsoft fizesse o Excel para o Macintosh em caráter de exclusividade durante dois anos, sem nenhuma versão para os PCs da IBM, Jobs encerraria os trabalhos de sua equipe numa versão do BASIC para o Macintosh e licenciaria por tempo indeterminado o BASIC da Microsoft. Gates foi esperto em aceitar a proposta, o que enfureceu a equipe da Apple, que teve seu projeto cancelado e deu à Microsoft mais força para as negociações futuras.

Enquanto isso, Gates e Jobs criaram um vínculo. No verão, foram a uma conferência organizada pelo analista industrial Ben Rosen num retiro do Playboy Club em Lake Geneva, Wisconsin, onde ninguém sabia das interfaces gráficas que a Apple estava desenvolvendo. "Todo mundo agia como se o PC da IBM fosse o máximo, o que era bom, mas Steve e eu tínhamos um sorrisinho tipo: ei, temos uma coisa que ninguém conhece", lembrou Gates. "E ele meio que deixou vazar, mas ninguém realmente sacou." Gates se tornou um frequentador habitual dos retiros da Apple. "Eu ia a todos os luaus", diz. "Fazia parte da turma."

Gates gostava das visitas frequentes a Cupertino, onde observava Jobs interagindo de forma instável com os empregados e mostrando suas obsessões. "Steve estava em seu modo máximo de Flautista de Hamelin, proclamando como o Mac ia transformar o mundo e fazendo o povo trabalhar feito doido, com tensões incríveis e relações pessoais muito complicadas." Às vezes Jobs estava na maior animação, e de repente se punha a falar de seus medos para Gates. "Tínhamos chegado na sexta à noite, jantamos e Steve estava anunciando como tudo era grandioso. Então, no segundo dia, de uma hora para outra, ele tipo entrava numas de 'oh, merda, essa coisa vai vender?, oh, Deus, preciso subir o preço, desculpe ter feito isso com você, minha equipe é um bando de idiotas'."

Gates viu o campo de distorção da realidade de Jobs em ação quando a Xerox lançou o Star. Jobs perguntou a Gates, num jantar da equipe completa numa sexta-feira à noite, quantos Stars tinham sido vendidos até aquele momento. Gates disse que seiscentos. No dia seguinte, na frente de Gates e de toda a equipe, Jobs comentou que tinham sido vendidos trezentos Stars, esquecendo que Gates tinha acabado de dizer a todos que, na verdade, eram seiscentos. "Então toda a equipe dele começa a olhar para mim, tipo 'você vai dizer a ele que ele está falando merda?'", lembrou Gates. "Aquela vez não entrei na deles." Em outra ocasião, Jobs e equipe estavam visitando a Microsoft e jantando no Tennis Club de Seattle. Jobs começou a desfiar uma ladainha sobre o Macintosh e o software, que iam ser tão fáceis de usar que não teriam manuais. "Era como se qualquer um que tivesse algum dia pensado num manual para qualquer aplicativo Mac fosse o maior idiota do mundo", disse Gates. "E a gente ficou ali, tipo 'é isso mesmo que ele quer dizer? Não vamos dizer a ele que temos gente realmente trabalhando nos manuais?'"

Depois de algum tempo, a relação se tornou mais acidentada. O plano original era que alguns aplicativos da Microsoft — como o Excel, o Chart e o File — levassem o logo da Apple e acompanhassem o Macintosh na hora da compra. Jobs acreditava em sistemas de uma ponta a outra, o que permitia tirar o computador da embalagem pronto para usar, e ele também estava pensando em incluir o próprio MacPaint e o MacWrite da Apple. "Vamos ter dez dólares por aplicativo, por máquina", disse Gates. Mas esse acordo enfureceu outros desenvolvedores de software, como Mitch Kapor, da Lotus. Além disso, parecia que o desenvolvimento de alguns programas da Microsoft ia sofrer atraso. Assim, Jobs invocou uma cláusula do acordo com a Microsoft e decidiu não incluir o software dela; a Microsoft teria de se virar para distribuí-los como produtos diretamente para o consumidor.

Gates aceitou sem reclamar muito. Já estava se acostumando ao fato, como disse ele, de que Jobs "joga de maneira irresponsável", e achava que desvincular o programa talvez na verdade ajudasse a Microsoft. "Poderíamos ganhar mais vendendo nosso software separado", disse Gates. "É melhor assim, se a pessoa estiver pensando em ganhar uma boa fatia do mercado." A Microsoft acabou vendendo o software para várias outras plataformas, e desistiu de correr com o Word para o Macintosh com a mesma rapidez com que estava fazendo para o PC da IBM. No final, a decisão de Jobs em recuar do acordo do pacote afetou mais a Apple do que a Microsoft.

Quando saiu o Excel para o Macintosh, Jobs e Gates comemoraram juntos num jantar com a imprensa na Tavern on the Green, em Nova York. Quando perguntaram se a Microsoft ia fazer uma versão do Excel para os PCs da IBM, Gates não comentou a troca que tinha feito com Jobs, e simplesmente respondeu que "com o tempo" isso poderia acontecer. Jobs pegou o microfone e gracejou: "Tenho certeza de que 'com o tempo' estaremos todos mortos".

A BATALHA DA GUI

Desde o começo das negociações com a Microsoft, Jobs ficou preocupado com a possibilidade de ela pegar a interface gráfica do usuário do Macintosh e fazer sua versão. A Microsoft já tinha um sistema operacional, conhecido como DOS, que licenciou para a IBM e computadores compatíveis. O DOS se baseava numa interface de linha de comando ultrapassada, que apresentava aos usuários pequenos prompts antipáticos como C:\>. Jobs e equipe temiam que a Microsoft copiasse a abordagem gráfica do Macintosh. Os receios aumentaram quando Andy Hertzfeld percebeu que seu contato na Microsoft estava fazendo perguntas detalhadas demais sobre o funcionamento do sistema operacional Macintosh. "Comentei com Steve que eu desconfiava que a Microsoft ia clonar o Mac", lembra Hertzfeld, "mas ele não se preocupou muito, pois não achava que eles fossem capazes de fazer uma implementação decente, mesmo tendo o Mac como exemplo." Na verdade, Jobs ficou preocupado, e muito, mas não queria demonstrar.

E tinha razão em se preocupar. Gates acreditava que as interfaces gráficas eram o futuro, e achava que a Microsoft tinha o mesmo direito da Apple de copiar o que fora desenvolvido no Xerox PARC. Como depois Gates admitiu espontaneamente: "A gente meio que dizia 'ei, acreditamos em interfaces gráficas, também vimos o Alto da Xerox'".

No acordo original, Jobs tinha convencido Gates a concordar que a Microsoft não aprontaria nenhum software gráfico para ninguém durante um ano após o lançamento do Macintosh, em janeiro de 1983. Infelizmente para a Apple, o acordo não previa a possibilidade do atraso de um ano no lançamento do Macintosh. Assim, Gates estava em seu direito quando revelou, em novembro de 1983, que a Microsoft planejava desenvolver um novo sistema operacional para os PCS da IBM — apresentando uma interface gráfica com janelas, ícones e um mouse de navegação que apontava e clicava na tela — chamado Windows. Gates organizou uma apresentação para anunciar o produto ao estilo de Jobs, a mais luxuosa até aquele momento na história da Microsoft, no Helmsley Palace Hotel, em Nova York. Nesse dia, ele também apresentou seu primeiro discurso-chave durante a

COMDEX, a exposição comercial de Las Vegas, com a presença de seu pai ajudando a projetar os slides. No discurso, chamado "Ergonômica do software", ele disse que a computação gráfica se tornaria "superimportante", as interfaces seriam mais amigáveis e o mouse logo passaria a ser padrão em todos os computadores.

Jobs ficou uma fera. Ele sabia que não tinha muito a fazer — a Microsoft estava em seu direito, pois o prazo do acordo com a Apple de não fazer softwares de funcionamento gráfico logo acabaria —, mas mesmo assim explodiu. "Chame imediatamente Gates aqui", ordenou a Mike Boich, que era o evangelizador da Apple para outras empresas de software. Gates foi — sozinho e disposto a discutir as coisas com Jobs. "Ele me chamou para me dar uma bronca", lembrou Gates. "Fui até Cupertino, como se obedecesse a um comando. E lhe disse: 'Estamos fazendo o Windows'. Disse a ele: 'Estamos apostando nossa empresa na interface gráfica'."

A reunião aconteceu na sala de conferências de Jobs, onde Gates se viu rodeado por dez funcionários da Apple ansiosos em ver o patrão enfrentá-lo. "Fiquei observando fascinando quando Steve começou a gritar com Bill", diz Hertzfeld. Jobs não desapontou suas tropas. "Você está nos pilhando!", vociferou. "Confiei em você, e agora você está nos roubando!" Hertzfeld lembra que Gates ficou ali sentado calmamente, encarando Steve nos olhos, antes de devolver com a voz fanhosa o que viria a se tornar um insulto clássico. "Bem, Steve, penso que existe mais de uma maneira de ver a coisa. Penso que é assim: nós dois tínhamos esse vizinho rico chamado Xerox, invadi a casa dele para roubar o aparelho de tevê e descobri que você já tinha roubado."

Essa visita de dois dias de Gates ativou toda a gama de reações emocionais e técnicas de manipulação de Jobs. Também deixou claro que a simbiose Apple-Microsoft tinha se transformado numa dança de escorpiões, os dois lados se rodeando com cautela, sabendo que a ferroada de qualquer um deles traria problemas para ambos. Depois do confronto na sala de conferências, Gates calmamente fez uma demonstração privada a Jobs do que estava planejando para o Windows. "Steve não sabia o que dizer", lembrou Gates. "Ele podia ter dito: 'Oh, é uma violação de alguma coisa', mas não. Preferiu dizer: 'Oh, na verdade é um troço de merda'." Gates vibrou, pois isso lhe dava uma chance de acalmar Jobs por alguns instantes. "Eu disse: 'É, é um belo trocinho de merda'." Então Jobs abriu todo um leque de outras emoções. "Durante essa reunião, a grosseria dele não ficou só na merda", lembrou Gates. "E então chegou uma hora em que ele estava quase chorando, tipo 'oh, me dê só uma chance de sair dessa'." Gates reagiu com muita calma. "Sou bom nisso quando as pessoas ficam emotivas, sou do tipo menos emotivo."

Jobs, como costumava fazer quando queria ter uma conversa séria, sugeriu darem uma caminhada. Andaram pelas ruas de Cupertino, indo até o De Anza College e voltando, parando numa lanchonete e andando mais um pouco. "Tivemos de dar uma volta, o que não é uma de minhas técnicas de gerenciamento", disse Gates. "Foi quando ele começou a dizer coisas do tipo 'O.k., o.k., mas não faça parecido demais com o que estamos fazendo'."

Jobs não tinha muito mais a dizer. Ele precisava garantir que a Microsoft continuasse a desenvolver aplicativos para o Macintosh. De fato, quando Sculley depois ameaçou entrar com uma ação, a Microsoft reagiu ameaçando parar de fazer as versões Macintosh do Word, do Excel e de outros programas de software. Isso acabaria com a Apple, de forma que Sculley foi obrigado a fazer um acordo se rendendo. Concordou em licenciar para a Microsoft o direito de usar uma parte do visual gráfico da Apple no Windows que estava para sair. Em troca, a Microsoft concordou em continuar a fazer softwares para o Macintosh e dar à Apple um período de exclusividade sobre o Excel, durante o qual o programa de planilhas estaria disponível para o Macintosh, mas não para os PCs compatíveis da IBM.

Na verdade, a Microsoft só conseguiu lançar o Windows 1.0 no outono de 1985. Mesmo assim, ele ainda era bastante deficiente. Não tinha a elegância da interface do Macintosh, e as janelas na tela apareciam lado a lado, em *tile*, em vez de ficaram sobrepostas naquele *clipping* fantástico que Bill Atkinson tinha concebido. Os comentadores ridicularizaram e os consumidores rejeitaram. Mesmo assim, como acontece tantas vezes com os produtos da Microsoft, com persistência o Windows acabou melhorando e se tornou o programa dominante.

Jobs nunca superou a raiva. "Eles simplesmente nos roubaram tudo, porque Gates é sem-vergonha", disse-me Jobs quase trinta anos depois. Ao saber disso, Gates respondeu: "Se ele pensa assim, realmente entrou em mais um daqueles seus campos de distorção da realidade". Em sentido jurídico, Gates estava certo, como confirmam as decisões dos tribunais ao longo dos anos. E em termos práticos ele também tinha um argumento forte. Mesmo que a Apple tenha feito um acordo para o direito de usar o que viu no Xerox PARC, era inevitável que outras empresas desenvolvessem interfaces gráficas semelhantes. Como a Apple descobriu, é difícil proteger o "visual" e a "sensação" do desenho de uma interface digital em termos práticos e jurídicos.

Ainda assim, a tristeza de Jobs era compreensível. A Apple tinha sido mais inovadora, mais criativa, com concepção mais brilhante e execução mais elegante. Mas, muito embora a Microsoft tenha criado uma série de produtos grosseiramente copiados, ela acabaria ganhando a guerra dos sistemas operacionais. Isso expunha um defeito estético no funcionamento do universo: os melhores produtos, os mais inovadores, nem sempre ganham. Isso faria com que Jobs, uma década depois, se entregasse a afirmações um tanto arrogantes e exageradas, mas que também tinham uma ponta de verdade. "O único problema com a Microsoft é que eles não têm gosto, não têm absolutamente gosto nenhum", comentou. "Não digo isso em sentido trivial, digo em sentido amplo, que eles não pensam em ideias originais e não colocam muita cultura nos produtos... Então, acho que fico triste não com o sucesso da Microsoft — não me incomoda o sucesso deles, em grande parte mereceram esse sucesso. O que me incomoda é que eles fazem realmente produtos de terceira categoria."

17. Ícaro

O que sobe...

O lançamento do Macintosh arremessou Jobs a uma órbita ainda mais alta de celebridade, como ficou evidente numa viagem a Manhattan que fez na época. Ele foi a uma festa que Yoko Ono deu para o filho Sean Lennon e presenteou o menino de nove anos com a novidade. O garoto adorou. Os artistas Andy Warhol e Keith Haring estavam lá, e ficaram tão apaixonados com o que podiam criar com a máquina que o mundo da arte contemporânea quase sofreu uma guinada perigosa. "Desenhei um círculo", exclamou Warhol orgulhoso depois de usar o QuickDraw. Warhol insistiu que Jobs levasse um Macintosh para Mick Jagger. Quando Jobs chegou com Bill Atkinson na casa do astro do rock, Jagger ficou aturdido. Não fazia a menor ideia de quem era Jobs. Mais tarde, Jobs disse à sua equipe: "Acho que ele estava chapado. Ou isso, ou tem algum problema mental".

Mas Jade, a filha de Jagger, pegou imediatamente o computador e começou a desenhar com o MacPaint, e então Jobs o deu para ela.

Ele comprou a cobertura duplex que tinha mostrado a Sculley no San Remo, na Central Park West, em Manhattan, e contratou James Freed, da firma de I. M. Pei, para a reforma, mas, devido à sua habitual mania pelos detalhes, nunca chegou a se mudar para lá. (Mais tarde, venderia o apartamento a Bono por 15 milhões de dólares.) Também comprou uma velha mansão em estilo colonial espanhol, com catorze quartos, em Woodside, nas colinas em Palo Alto, que tinha sido construída por um magnata do cobre, para a qual se mudou, mas nunca terminou de mobiliar.

Na Apple, sua posição também se recuperou. Em vez de tentar controlar sua autoridade, Sculley lhe deu mais poder: as divisões Lisa e Macintosh foram unificadas, sob sua direção. Ele estava voando alto, o que não ajudava a abrandá-lo. Na verdade, houve uma demonstração inesquecível de sua honestidade brutal, quando se pôs na frente das equipes reunidas do Lisa e do Macintosh para expor o modo como se fundiriam. Os chefes de seu grupo Macintosh ocupariam todas as posições mais altas e um quarto da equipe Lisa cairia fora. "Caras, vocês falharam", disse ele, encarando diretamente os que tinham trabalhado no Lisa. "São classe B. Aqui tem gente demais que é B ou C, de forma que hoje estamos liberando alguns de vocês para terem a oportunidade de trabalhar nas empresas irmãs que temos aqui no vale."

Bill Atkinson, que tinha trabalhado nas duas equipes, achou tal atitude não só insensível, mas também injusta. "Essas pessoas tinham trabalhado realmente com muita dedicação e eram engenheiros brilhantes", diz ele. Mas Jobs havia se agarrado ao que julgava ser uma lição administrativa essencial na sua experiência com o Macintosh: é preciso ser implacável para montar uma equipe de gente A. "É muito fácil, quando uma equipe cresce, aparecerem alguns integrantes de classe B, e então eles atraem mais outros B e dali a pouco o grupo acaba tendo até alguns C", comentou. "A experiência Macintosh me ensinou que integrantes de classe A gostam de trabalhar só com outros A, o que significa que você não pode permitir integrantes de classe B."

Naquela época, Jobs e Sculley conseguiam acreditar que ainda mantinham uma sólida amizade. Manifestavam o mútuo afeto tantas vezes e de maneira tão efusiva que pareciam ter saído daqueles cartões de namorados adolescentes. Em maio de 1984 fez um ano que Sculley entrara na Apple, e para comemorar Jobs o convidou para jantar no Le Mouton Noir, um restaurante elegante nas colinas a sudoeste de Cupertino. Era uma festa surpresa, para a qual Jobs tinha chamado a diretoria da Apple, os gerentes do escalão mais alto e até alguns investidores da Costa Leste. Enquanto todos lhe davam os parabéns durante o coquetel, lembra Sculley, "Steve, radiante, ficou lá no fundo, apenas acenando com a cabeça e com um enorme sorriso no rosto". Jobs abriu o jantar exagerando nos superlativos do brinde. "Os dois dias mais felizes para mim foram quando lançamos o Macintosh e quando John Sculley aceitou entrar na Apple", disse. "Este tem sido o ano mais incrível de toda a minha vida, porque venho aprendendo muito com John." Então presenteou-o com uma apresentação de imagens de vários momentos marcantes do ano.

Em resposta, Sculley também discorreu efusivamente sobre as alegrias de serem parceiros naquele último ano e concluiu com uma frase que todos à mesa, por diferentes razões, acharam memorável. "A Apple tem um único líder", disse, "Steve e eu." Olhou para a outra ponta da sala, encontrou o olhar de Jobs e o viu sorrir. "Foi como se nos comunicássemos um com o outro", lembrou. Mas também percebeu que Arthur Rock e alguns outros tinham um ar trocista, talvez até cético. Eles receavam que Jobs estivesse enrolando totalmente Sculley. Tinham-no contratado para controlar Jobs, e agora ficava claro que era Jobs que tinha o controle. "Sculley queria tanto a aprovação de Steve que era incapaz de enfrentá-lo", comentou Rock mais tarde.

Manter Jobs contente e se curvar à sua grande expertise pode ter sido uma estratégia inteligente de Sculley, que supôs corretamente que isso seria preferível à outra alternativa. Mas ele não percebeu que não fazia parte da natureza de Jobs dividir o controle. O respeito era algo que não lhe vinha naturalmente. Ele começou a expor com mais franqueza como achava que a empresa deveria ser administrada. Na reunião de estratégia de negócios de 1984, por exemplo, quis que as equipes de marketing e vendas centralizadas da empresa disputassem o direito de fornecer seus serviços às várias divisões de produtos. Ninguém foi a favor da proposta, mas Jobs continuou a repisar o tema. "As pessoas me olhavam para que eu assumisse o controle, mandasse Steve sentar e ficar quieto, mas não o fiz", lembrou Sculley. Quando terminou a reunião, ele ouviu alguém cochichar: "Por que Sculley não o mandou calar a boca?".

Quando Jobs decidiu montar uma fábrica de ponta em Fremont para produzir o Macintosh, sua paixão estética e sua natureza controladora atingiram o auge. Ele queria que todo o maquinário fosse pintado de cores vivas, como o logo da Apple, mas gastou tanto tempo examinando as amostras das cores que o diretor de produção da empresa, Matt Carter, finalmente instalou as máquinas com seus tons normais de bege ou cinza. Quando Jobs percorreu as instalações, mandou que as máquinas fossem repintadas com as cores vivas que queria. Carter objetou. Eram equipamentos de precisão, e sua repintura poderia causar problemas. Ele estava certo. Uma das máquinas mais caras, que foi pintada de azul vivo, acabou não funcionando direito, e foi apelidada de "extravagância de Steve". Por fim Carter pediu a conta. "Era tão desgastante discutir com ele, e geralmente sobre coisas tão insignificantes, que acabei cansando", comentou.

Jobs pôs em seu lugar Debi Coleman, a funcionária impetuosa mas de boa índole do departamento financeiro do Macintosh, que uma vez tinha ganhado o prêmio anual da equipe como a pessoa mais capaz de enfrentar Jobs. Mas, sempre que necessário, ela sabia ceder aos caprichos dele. Quando Clement Mok, diretor de arte da Apple, informou que Jobs queria as paredes totalmente brancas, ela protestou: "Você não pode pintar uma fábrica de puro branco. Vai ter poeira e coisas espalhadas por tudo". Mok respondeu: "Nenhum branco é branco demais para Steve". Ela acabou cedendo. Com as paredes totalmente brancas e as máquinas azuis, amarelas ou vermelhas, a fábrica "parecia uma exposição de Alexander Calder", diz Coleman.

Quando lhe perguntaram sobre essa preocupação obsessiva com o aspecto da fábrica, Jobs disse que era uma forma de garantir a paixão pela perfeição:

Fui até a fábrica e vesti uma luva branca para inspecionar o pó. Encontrei pó por todo lugar — nas máquinas, em cima das estantes, no chão. E pedi a Debi que deixasse tudo limpo. Disse a ela que achava que devíamos poder lamber o chão. Bom, ela ficou furiosa com isso. Ela não entendia por que a gente deveria poder lamber o chão da fábrica. E depois eu não podia engolir o que já tinha dito. Veja, eu estava muito influenciado pelo que tinha visto no Japão. Uma das coisas que admirei muito lá — e que faltava em nossa fábrica — era um senso de disciplina e trabalho de equipe. Se não tivéssemos a disciplina para manter aquele lugar imaculado, não teríamos a disciplina de manter todas aquelas máquinas funcionando.

Num domingo de manhã, Jobs levou o pai para ver a fábrica. Paul Jobs sempre tinha sido muito meticuloso em garantir a qualidade de seu trabalho e em manter as ferramentas em ordem, e o filho estava orgulhoso de mostrar que ele também era assim. Coleman acompanhou a visita. "Steve estava radiante", lembrou ela. "Estava orgulhosíssimo de mostrar essa criação ao pai." Jobs explicou como tudo funcionava, e Paul parecia realmente admirado. "Ele ficava olhando o pai, que tocou em tudo e adorou o modo como tudo estava limpo e perfeito."

As coisas não foram tão agradáveis quando Danielle Mitterrand, admiradora de Cuba e esposa do presidente socialista francês François Mitterrand, esteve na fábrica, durante uma visita oficial do marido ao país. Jobs pegou Alain Rossmann, marido de Joanna Hoffman, para servir de intérprete. Madame Mitterrand fez uma bateria de perguntas, por meio de seu próprio intérprete, sobre as condições de trabalho na fábrica, enquanto Jobs tentava explicar a tecnologia e a robótica avançada. Depois que ele discorreu sobre o sistema de produção *just in time*, ela perguntou sobre o pagamento de horas extras. Ele ficou irritado, e então descreveu como a automação ajudava a reduzir os custos de mão de obra, tema que sabia que não agradaria a ela. "O trabalho é pesado?", perguntou a primeira-dama. "Quanto tempo eles têm de férias?" Jobs não conseguiu mais se controlar. "Se ela está tão interessada no bem-estar deles", disse ao intérprete francês, "diga-lhe que pode vir trabalhar aqui a qualquer hora." O intérprete empalideceu e ficou mudo. Depois de um instante, Rossmann interveio e disse em francês: "O senhor Jobs diz que agradece sua visita e seu interesse pela fábrica". Nem Jobs nem madame Mitterrand sabiam o que tinha acontecido, mas o intérprete dela se mostrou muito aliviado.

Ao sair com sua Mercedes a toda a velocidade na estrada para Cupertino, Jobs estava furioso com a atitude de madame Mitterrand. Mais tarde, Rossmann contou que Jobs estava a mais de 160 quilômetros por hora, e ele a seu lado, aturdido, quando um policial parou o carro e começou a lavrar uma multa. Depois de alguns minutos, enquanto o policial continuava a preencher o papel, Jobs buzinou. "Pois não?", disse o guarda. "Estou com pressa", disse Jobs. Surpreendentemente, o guarda não ficou bravo. Acabou de preencher o papel e avisou que Jobs seria preso se fosse apanhado outra vez a mais de noventa por hora. Logo que o policial foi embora, Jobs voltou para a estrada e acelerou de novo para 160. "Steve acreditava piamente que as regras normais não se aplicavam a ele", disse Rossmann, maravilhado.

Sua esposa, Joanna Hoffman, viu a mesma coisa acontecer quando acompanhou Jobs à Europa, alguns meses depois do lançamento do Macintosh. "Ele era absolutamente irritante, achando que podia fazer o que quisesse", lembrou. Em Paris, ela havia organizado um jantar formal com alguns desenvolvedores de software franceses, mas Jobs de repente decidiu que não queria mais ir. Fechou a porta do carro na cara de Hoffman e disse que estava indo ver o artista Folon. "Os desenvolvedores ficaram tão furiosos que nem nos estenderam a mão", contou ela.

Na Itália, ele antipatizou de cara com o gerente geral da Apple, um sujeito gordo e afável que tinha vindo de uma empresa convencional. Jobs lhe disse sem rodeios que não estava satisfeito com sua equipe nem com sua estratégia de vendas. "Você não merece vender o Mac", declarou friamente. Mas isso foi pouco, comparado à reação que teve no restaurante escolhido pelo infeliz gerente. Jobs pediu um prato vegetariano, mas o garçom muito prestimosamente começou a servir um molho feito com creme de leite. Jobs foi tão malcriado que Hoffman teve de ameaçá-lo. Disse-lhe num sussurro que, se não se acalmasse, ela ia despejar a xícara de café quente no colo dele.

As divergências mais importantes que Jobs teve durante a viagem à Europa se referiam às projeções de vendas. Com seu campo de distorção da realidade, ele sempre forçava a equipe a apresentar projeções mais altas. Era o que tinha feito quando redigiram o plano inicial de comercialização do Macintosh, e isso o perseguia constantemente; agora, estava fazendo a mesma coisa na Europa. Continuou a ameaçar os gerentes europeus, dizendo que não lhes daria a praça se não apresentassem previsões de maior volume de vendas. Eles insistiram em ser realistas, e Hoffman teve de atuar como mediadora. "No fim da viagem, meu corpo todo tremia incontrolavelmente", lembra ela.

Foi nessa ocasião que Jobs conheceu Jean-Louis Gassée, o gerente da Apple na França. Gassée foi um dos poucos que conseguiram enfrentá-lo naquela viagem. "Ele tinha seu jeito de lidar com a verdade", comentou Gassée mais tarde. "A única maneira de lidar com ele era dar o troco." Quando Jobs fez sua habitual ameaça de diminuir as praças da França a menos que Gassée aumentasse as projeções de vendas, este ficou bravo. "Lembro que o agarrei pela lapela e disse para parar, e então ele cedeu", conta. "Eu também era um cara bravo. Sou um chato em recuperação. Então conseguia reconhecer isso em Steve."

Mas Gassée ficou impressionado ao ver como Jobs podia ser encantador quando queria. Mitterrand andava pregando o evangelho da *informatique pour tous* [informática para todos] e vários especialistas acadêmicos de tecnologia, como Marvin Minsky e Nicholas Negroponte, tinham engrossado o coro. Na sua visita, Jobs deu uma palestra para o grupo no Hotel Bristol e desenhou um quadro de como a França poderia avançar se colocasse computadores em todas as escolas. Paris também lhe despertou o lado romântico. Gassée e Negroponte contam como ele suspirava pelas mulheres enquanto estava lá.

CAINDO

Depois da explosão de entusiasmo que acompanhou o lançamento do Macintosh, as vendas começaram a diminuir dramaticamente no segundo semestre de 1984. O problema era uma questão fundamental. Tratava-se de um computador deslumbrante, mas terrivelmente lento e de pouca potência, e não havia publicidade que conseguisse mascarar o fato. O bonito nele era que a interface de usuário parecia uma sala recreativa ensolarada, em vez de uma tela triste e escura pulsando com letras de um verde doentio e linhas de comando antipáticas. Mas isso levava a seu ponto mais fraco. Um caractere numa exibição com interface de texto requeria menos de um byte, enquanto o Mac, para traçar uma letra, pixel por pixel, em qualquer fonte elegante que o usuário quisesse, exigia vinte ou trinta vezes mais memória. O Lisa resolveu a questão operando com mais de 1000K de memória RAM, enquanto o Macintosh tinha 128K.

Outro problema era a falta de uma unidade de disco rígido interna. Quando Joanna Hoffman brigou para que a máquina tivesse um dispositivo de armazenagem do gênero, Jobs disse que ela era uma "fanática da Xerox". Em vez disso, o Macintosh contava apenas com uma unidade de disquete. Se a pessoa quisesse copiar dados, acabaria adquirindo uma nova forma de inflamação do "cotovelo de tenista" de tanto trocar os disquetes do único drive. Além disso, o Macintosh não tinha ventoinha, outro exemplo da teimosia dogmática de Jobs. Para ele, ventoinhas prejudicavam a calma de um computador. Com isso, muitos componentes falhavam e o Macintosh ganhou o apelido de "torradeira bege", o que não ajudou a aumentar sua popularidade. Ele era tão atraente que vendeu bastante bem nos primeiros meses, mas depois, quando as pessoas perceberam melhor suas limitações, as vendas despencaram. Como Hoffman lamentou mais tarde: "O campo de distorção da realidade pode servir de estímulo, mas depois a realidade fala mais alto".

No final de 1984, com as vendas praticamente nulas do Lisa e as vendas do Mac caindo para menos de 10 mil unidades por mês, Jobs tomou a decisão atípica e desesperada de apelar para um cambalacho. Resolveu pegar o estoque de Lisa encalhado, enxertar um programa que imitava o Macintosh e vender como um novo produto, o "Macintosh XL". Como a produção do Lisa tinha sido suspensa e não seria retomada, foi um caso raro em que Jobs produziu algo em que não acreditava. "Fiquei furiosa porque o Mac XL não era de verdade", diz Hoffman. "Serviu apenas para desovar os Lisas que sobraram. Vendeu bem, e aí tivemos de interromper aquela fraude horrível, então me conformei."

O ânimo sombrio ficou evidente no anúncio desenvolvido para janeiro de 1985, que devia retomar o sentimento anti-IBM do retumbante "1984". Infelizmente, houve uma diferença fundamental: o primeiro comercial terminava com uma nota heroica e otimista, enquanto os roteiros apresentados por Lee Clow e Jay Chiat para o novo comercial, chamado "Lemmings", mostravam gerentes empresariais de terno escuro e olhos vendados marchando em fila indiana numa colina rumo à própria morte, caindo de um despenhadeiro. Desde o começo, Jobs e Sculley ficaram pouco à vontade. Aquilo não parecia transmitir uma imagem positiva ou gloriosa da Apple, apenas ofendia todos os executivos que tivessem comprado um IBM.

Jobs e Sculley pediram outras sugestões, mas o pessoal da agência insistiu. "No ano passado vocês não queriam rodar o '1984'", disse um deles. Lee Clow acrescentou, segundo Sculley: "Vou pôr toda a minha reputação, tudo neste comercial". Quando saiu a versão filmada — feita pelo irmão de Ridley Scott, Tony —, o conceito parecia ainda pior. Os gerentes inconscientes marchando pela colina cantavam uma versão fúnebre da cantiga dos anões da Branca de Neve, "hei-ho, hei-ho", e a filmagem lúgubre deixou o anúncio ainda mais deprimente do que sugeria o storyboard. "Não acredito que você vai insultar os executivos do país inteiro com isso", gritou Debi Coleman a Jobs quando viu o comercial. Nas reuniões de marketing, ela insistiu em mostrar o quanto odiou o anúncio. "Pus literalmente uma carta de demissão na mesa dele. Escrevi no meu Mac. Achei que era uma afronta aos gerentes de empresas. Estávamos começando a ter um pequeno espaço no setor de edição digital."

Apesar de tudo, Jobs e Sculley cederam às instâncias da agência e o comer-

cial foi exibido no Super Bowl. Os dois foram juntos ao jogo no Stanford Sta-
dium, com a mulher de Sculley, Leezy (que não suportava Jobs), e a nova e jovial
namorada de Jobs, Tina Redse. Quando o comercial apareceu no telão perto do
final de uma partida sem graça, os fãs não tiveram muita reação. Pelo país, a
maioria das reações foi negativa. "Ele insultou o próprio pessoal que a Apple
estava tentando alcançar", disse à *Fortune* o presidente de uma empresa de pesquisa de mercado. O gerente de marketing da Apple sugeriu que a empresa publicasse um anúncio no *Wall Street Journal* se desculpando. Jay Chiat ameaçou
que, se a Apple fizesse isso, sua agência compraria a página ao lado e se descul-
paria pelas desculpas.

O desconforto de Jobs não só com o anúncio, mas com a situação na Apple
em geral, ficou evidente quando ele foi a Nova York em janeiro para mais uma
rodada de entrevistas individuais à imprensa. Como antes, Andy Cunningham, do
escritório de Regis McKenna, ficou encarregada da organização e da logística no
Carlyle Hotel. Ao chegar, na véspera dos encontros, Jobs decretou que sua suíte
precisava ser totalmente rearrumada, embora já fossem dez horas da noite. O
piano não estava no lugar certo, os morangos eram da espécie errada. Mas a
maior objeção dizia respeito às flores. Jobs queria copos-de-leite. "Tivemos uma
briga enorme sobre o que é um copo-de-leite", diz Cunningham. "Eu sei o que é,
porque havia copos-de-leite no meu casamento, mas ele insistiu que queria um de
outro tipo e disse que eu era 'imbecil' porque não sabia o que era um verdadeiro
copo-de-leite." Assim, Cunningham saiu e, por estar em Nova York, conseguiu
encontrar um lugar aberto à meia-noite onde comprou as flores que ele queria.
Depois de arrumarem a suíte, Jobs começou a implicar com a roupa que ela estava usando. "Essa roupa é horrível", criticou. Cunningham sabia que às vezes ele
apenas fervia de raiva reprimida e tentou acalmá-lo. "Veja, eu sei que você está
bravo, e sei como se sente", disse ela.

"Você não faz a menor ideia de como me sinto", retrucou Jobs, "não faz a
menor ideia do que é ser quem eu sou."

TRINTA ANOS DE IDADE

O aniversário de trinta anos é um marco para muita gente, principalmente
para aqueles da geração que dizia para nunca confiar em ninguém com mais de

trinta. Para comemorar seus trinta anos, em fevereiro de 1985, Jobs organizou uma festa ao mesmo tempo muito formal e brincalhona — traje a rigor e tênis — para mil pessoas no salão de baile do St. Francis Hotel, em San Francisco. No convite, lia-se: "Existe um antigo ditado hindu que diz: 'Nos primeiros trinta anos de vida, você forma seus hábitos. Nos trinta anos finais de vida, seus hábitos formam você'. Venha me ajudar a comemorar os meus".

Uma mesa reunia os magnatas do software, entre eles Bill Gates e Mitch Kapor. Outra tinha velhos amigos, como Elizabeth Holmes, que trouxe como acompanhante uma mulher de smoking. Andy Herzfeld e Burrell Smith haviam alugado os smokings e usavam tênis surrados, tornando a ocasião ainda mais memorável quando dançaram as valsas de Strauss tocadas pela Orquestra Sinfônica de San Francisco.

Ella Fitzgerald foi a atração da noite, visto que Bob Dylan tinha declinado da incumbência. Ela apresentou basicamente seu repertório padrão, embora tenha também adaptado "Garota de Ipanema" para o garoto de Cupertino. Atendeu a alguns pedidos, e Jobs fez mais alguns. Então ela terminou com uma versão lenta de "Parabéns a você".

Sculley foi ao palco para erguer um brinde ao "maior visionário da tecnologia". Wozniak também subiu e deu a Jobs uma cópia emoldurada da brincadeira do Zaltair da Feira de Computadores da Costa Oeste de 1977, quando fora apresentado o Apple II. Don Valentine ficou admirado com a transformação em dez anos. "Ele passou de um sósia de Ho Chi Minh, que dizia para nunca confiar em ninguém com mais de trinta anos, para um sujeito que faz uma comemoração fabulosa do trigésimo aniversário com Ella Fitzgerald", disse ele.

Muita gente tinha escolhido presentes especiais para dar a alguém difícil de agradar. Debi Coleman, por exemplo, encontrou uma primeira edição de *O último magnata*, de F. Scott Fitzgerald. Mas Jobs, numa atitude estranha, mas não incompatível com ele, deixou todos os presentes num quarto do hotel. Não levou nenhum para casa. Wozniak e alguns veteranos da Apple, que não comeram a musse de salmão com queijo de cabra que foi servida, se encontraram depois da festa e foram a uma lanchonete da rede Denny's.

"É raro ver um artista na casa dos trinta ou quarenta anos capaz de contribuir realmente com algo estupendo", disse Jobs com ar pensativo ao escritor David Sheff, numa entrevista longa e bastante pessoal publicada na *Playboy* no mês em que ele fez trinta anos. "Claro, existem algumas pessoas que são curiosas por natureza, eternas crianças na sua admiração pela vida, mas são raras." A entrevista tocou em muitos assuntos, mas as reflexões mais comoventes de Jobs se referiam a envelhecer e encarar o futuro:

Os pensamentos constroem padrões como andaimes na cabeça da gente. São realmente padrões químicos gravados. Na maioria dos casos, as pessoas ficam presas nesses padrões, como riscos num disco, e nunca saem deles.

Vou ser sempre ligado à Apple. Espero que por toda a minha existência eu tenha o fio da minha vida e o fio da Apple entretecidos, como num tapete. Pode ser que eu saia por alguns anos, mas sempre voltarei. E pode ser isso que eu queira fazer. A coisa principal a meu respeito é que ainda sou um estudante, ainda estou em treino.

Se você quiser viver sua vida de maneira criativa, como artista, não pode olhar muito para trás. Precisa estar disposto a pegar tudo o que fez e quem foi e jogar fora.

Quanto mais o mundo exterior tenta reforçar uma imagem sua, mais difícil é continuar a ser artista, e é por isso que tantas vezes os artistas precisam dizer: "Tchau. Preciso ir. Estou enlouquecendo e estou indo embora daqui". Então eles vão e hibernam em algum lugar. Talvez depois ressurjam um pouco diferentes.

Em cada uma dessas declarações, Jobs parecia pressentir que a vida logo mudaria. Talvez o fio de sua vida realmente se entrelaçasse com o fio da Apple. Talvez fosse hora de abandonar uma parte do que ele tinha sido. Talvez fosse hora de dizer "tchau, preciso ir", e então ressurgir mais tarde, pensando diferente.

ÊXODO

Andy Herzfeld tinha tirado uma licença depois do lançamento do Macintosh, em 1984. Precisava recarregar as baterias e se afastar de seu supervisor, Bob Belleville, de quem não gostava. Um dia ele soube que Jobs tinha distribuído bônus de até 50 mil dólares para os engenheiros da equipe Macintosh, que tinham feito menos do que seus colegas no Lisa. Então foi pedir-lhe um bônus. Jobs respondeu que Belleville tinha decidido não dar bônus para quem estava de licença. Mais tarde, Hertzfeld soube que a decisão, na verdade, tinha sido de Jobs e foi confrontá-lo. No começo Jobs desconversou, e então disse: "Bom, vamos supor que seja verdade; como isso altera as coisas?". Herzfeld respondeu que, se ele estava acenando com o bônus para fazê-lo voltar, ele não voltaria por uma questão de princípios. Jobs cedeu, mas isso deixou uma má impressão em Hertzfeld.

Quando a licença estava quase no fim, Hertzfeld marcou um jantar com Jobs e foram andando do escritório até um restaurante italiano a poucas quadras de distância. "Quero realmente voltar", disse a Jobs. "Mas as coisas agora parecem muito atrapalhadas." Jobs estava vagamente irritado e distraído, e Hertzfeld pulou de cabeça. "A equipe de software está completamente desmoralizada e não tem feito praticamente nada em meses, e Burrell está tão frustrado que não vai durar até o final do ano."

Nesse ponto, Jobs o cortou. "Você não sabe do que está falando!", disse. "A equipe Macintosh está indo superbem, e estou na melhor época da minha vida. Você está completamente por fora." Seu olhar era fulminante, mas ele também tentou fingir que achava muita graça na avaliação de Hertzfeld.

"Se você acha isso mesmo, não vejo como posso voltar", retrucou Hertzfeld, carrancudo. "A equipe Mac para a qual quero voltar nem existe mais."

"A equipe Mac precisava crescer, e você também precisa", replicou Jobs. "Eu quero que você volte, mas, se não quiser, é com você. De qualquer forma, você não é tão importante quanto pensa."

E, assim, Hertzfeld não voltou.

No começo de 1985, Burrell Smith também se encontrava pronto para ir embora. Estava preocupado com o fato de que seria difícil sair se Jobs tentasse dissuadi-lo. O campo de distorção da realidade geralmente era forte demais para ele. Assim, combinou com Hertzfeld os métodos que poderia usar para escapar dessa influência. "Já sei!", disse um dia a Hertzfeld. "Sei qual é a maneira perfeita de sair, que vai anular o campo de distorção da realidade. Vou entrar no escritório de Steve, abaixar as calças e mijar na mesa dele. O que ele pode dizer? Garanto que vai dar certo." A aposta na equipe Mac era que, mesmo tomando coragem, Burrell Smith não teria energia para fazer isso. Quando finalmente decidiu que tinha de sair, mais ou menos na época da festa de aniversário de Jobs, ele marcou hora para vê-lo. Ao entrar, ficou surpreso ao ver Jobs com um largo sorriso. "Você vai fazer isso? Vai mesmo?" Ele tinha ouvido falar do plano.

Smith olhou para Jobs. "Preciso? Se precisar, eu faço." Jobs lhe devolveu o olhar, e Smith concluiu que não seria necessário. Assim, ele se demitiu de maneira menos dramática e saiu em termos amigáveis.

Smith logo foi seguido por mais um dos grandes engenheiros do Macintosh,

Bruce Horn. Quando entrou para se despedir, Jobs lhe disse: "Tudo o que o Mac tem de errado é culpa sua".

Horn respondeu: "Bom, na verdade, Steve, muitas coisas que estão certas no Mac são culpa minha, sim, e tive de brigar feito louco para incluí-las".

"Você tem razão", admitiu Jobs. "Eu lhe dou 15 mil ações para você ficar." Quando Horn recusou a proposta, Jobs mostrou seu lado mais afetuoso. "Bom, me dê um abraço", disse. E se abraçaram.

Mas a maior notícia naquele mês foi a saída, mais uma vez, do cofundador da Apple, Steve Wozniak. Talvez por causa das diferenças de personalidade — Wozniak ainda sonhador e infantil, Jobs ainda mais intenso e irritadiço do que nunca —, os dois nunca entraram num choque violento. Mas de fato tinham uma divergência fundamental sobre a gestão e a estratégia da Apple. Wozniak, na época, estava trabalhando discretamente como engenheiro de nível médio na divisão Apple II, como humilde mascote das origens da empresa e mantendo a máxima distância possível da política empresarial e administrativa. Ele sentia, com razão, que Jobs não dava o devido valor ao Apple II, que continuava a ser a principal fonte de faturamento da empresa e respondera por 70% das vendas no Natal de 1984. "As pessoas do grupo Apple II estavam sendo tratadas como insignificantes pelo resto da empresa", disse mais tarde. "Isso apesar do fato de que o Apple II era de longe o produto de maior venda em nossa empresa havia muito tempo, e continuaria a scr pelos anos seguintes." Ele até se dispôs a fazer algo que fugia a seu estilo; um dia pegou o telefone e ligou para Sculley, censurando-o por dar tanta atenção a Jobs e à divisão Macintosh.

Frustrado, Wozniak decidiu sair em paz e fundar uma nova empresa para fabricar um controle remoto universal que tinha inventado. O controle funcionaria para a televisão, o som e outros eletrônicos com um conjunto simples de botões fáceis de programar. Ele informou sua decisão ao chefe de engenharia na divisão Apple II, mas não se sentiu importante a ponto de sair dos canais normais e avisar Jobs ou Markkula. Assim, Jobs só ficou sabendo quando a notícia vazou no *Wall Street Journal*. Com sua honestidade habitual, Wozniak tinha respondido claramente às perguntas do repórter que ligou para ele. Sim, respondera, ele achava que a Apple estava dando pouca atenção à divisão Apple II. "A condução da Apple tem sido medonhamente errada nesses cinco anos", disse.

Menos de quinze dias depois, Wozniak e Jobs foram juntos à Casa Branca, onde Ronald Reagan os condecorou com a primeira Medalha Nacional de Tecnologia. Reagan citou o que o presidente Rutherford Hayes tinha dito ao ver um telefone pela primeira vez: "Uma invenção maravilhosa, mas quem iria querer usar?"; e brincou: "Na hora achei que ele podia estar enganado". Devido à situação incômoda em torno da saída de Wozniak, a Apple não organizou um jantar de comemoração, e nem Sculley nem qualquer outro alto funcionário foi a Washington. Assim, Jobs e Wozniak saíram para dar uma volta depois da cerimônia e comeram um sanduíche numa lanchonete. Conversaram amigavelmente, lembra Wozniak, e evitaram qualquer menção às suas divergências.

Wozniak queria uma separação amistosa. Era o estilo dele. Assim, concordou em permanecer como funcionário da Apple em meio período com um salário de 20 mil dólares e em representar a empresa em eventos e mostras do setor. Seria uma maneira bem-educada de se afastar. Mas Jobs não ia se satisfazer com isso. Num sábado, poucas semanas depois da visita dos dois a Washington, Jobs foi aos novos estúdios de Helmut Esslinger, em Palo Alto, cuja empresa, a frogdesign, tinha se mudado para lá por causa do trabalho de design para a Apple. No escritório, Jobs viu por acaso os desenhos que a agência tinha feito para o novo controle remoto de Wozniak e teve um acesso de raiva. A Apple tinha uma cláusula no contrato que lhe dava o direito de proibir que a frogdesign trabalhasse em outros projetos relacionados à computação, e Jobs a invocou. "Informei a eles que trabalhar com Woz não seria aceitável para nós", lembrou.

Quando o *Wall Street Journal* soube do acontecido, entrou em contato com Wozniak, que, como sempre, foi franco e honesto. Disse que Jobs estava lhe aplicando um castigo. "Steve Jobs tem ódio de mim, provavelmente por causa das coisas que eu disse sobre a Apple", contou ao repórter. A atitude de Jobs foi de uma grande mesquinharia, mas em parte se devia ao fato de que ele entendia que o visual e o estilo de produto serviam para firmar a marca, coisa que nem sempre os outros entendiam. Um aparelho com o nome de Wozniak e com a mesma linguagem de design dos produtos da Apple podia ser erroneamente entendido como um produto da Apple. "Não é uma questão pessoal", disse Jobs ao jornal, explicando que quis assegurar que o controle remoto de Wozniak não tivesse a aparência de algo feito pela Apple. "Não queremos ver nossa linguagem de design usada em outros produtos. Woz precisa descobrir seus próprios recursos. Não pode se aproveitar dos recursos da Apple; não podemos lhe dar tratamento especial."

Jobs se ofereceu pessoalmente para pagar o trabalho que a frogdesign já tinha desenvolvido para Wozniak, mas mesmo assim os executivos da empresa continuaram perplexos. Quando Jobs exigiu que lhe enviassem ou destruíssem os desenhos feitos para Wozniak, eles se recusaram. Jobs precisou enviar uma carta invocando o direito contratual da Apple. Herbert Pfeifer, o diretor de design, se arriscou a atrair a ira de Jobs ao desmentir publicamente sua alegação de que a disputa com Wozniak não era pessoal. "É um jogo de poder", disse Pfeifer ao *Journal*. "Há problemas pessoais entre os dois."

Hertzfeld ficou possesso quando soube o que Jobs tinha feito. Ele morava a cerca de doze quadras de Jobs, que às vezes aparecia na sua casa durante suas caminhadas, mesmo depois que Hertzfeld saiu da Apple. "Fiquei tão furioso com o episódio do controle remoto de Wozniak que, quando Steve apareceu, não o deixei entrar em casa", diz Hertzfeld. "Ele sabia que estava errado, mas tentou racionalizar e talvez, na realidade distorcida dele, tenha conseguido." Wozniak, sempre um doce de pessoa mesmo quando se aborrecia, encontrou outro escritório de design e até concordou em continuar na folha de pagamento da Apple como porta-voz da empresa.

CONFRONTO, PRIMAVERA DE 1985

Houve muitas razões para a cisão entre Jobs e Sculley, na primavera de 1985. Algumas eram simples divergências de negócios, como a tentativa de Sculley de maximizar os lucros mantendo o preço alto do Macintosh, enquanto Jobs queria torná-lo mais acessível. Outras eram estranhamente psicológicas e nasciam da tórrida e improvável paixão mútua que haviam sentido no início. Sculley tinha ansiado dolorosamente pela afeição de Jobs, este tinha procurado ansiosamente uma figura paterna e um tutor, e quando o ardor começou a esfriar houve uma ressaca emocional. Mas, no fundo, a separação crescente teve duas causas fundamentais, uma de cada lado.

Para Jobs, o problema era que Sculley nunca tinha se ligado ao produto. Não se esforçava ou não mostrava a capacidade de entender as sutilezas do que eles produziam. Pelo contrário, achava obsessiva e contraproducente a paixão de Jobs por minúsculos aperfeiçoamentos técnicos e detalhes de design. Não era naturalmente apaixonado por produtos, o que estava entre um dos pecados mais graves que Jobs conseguia imaginar. "Tentei lhe ensinar os detalhes de engenharia", lembrou Jobs mais tarde, "mas ele não fazia ideia de como são criados os produtos, e depois de algum tempo a conversa virava discussão. Mas aprendi que minha perspectiva estava correta. O produto é tudo." Jobs passou a considerá-lo obtuso, e seu desdém se exacerbou com a sofreguidão de Sculley de ganhar seu afeto e com a ilusão de que ambos eram muito parecidos.

Para Sculley, o problema era que Jobs, quando não estava mais no modo namoro ou no modo manipulação, era frequentemente irritante, rude, egoísta e malcriado com os outros. Fruto refinado de internatos e visitas de vendas empresariais, ele achava as atitudes grosseiras de Jobs tão indignas quanto Jobs achava inaceitável sua indiferença aos detalhes do produto. Sculley era gentil, afável e educado perante uma falha; Jobs não. A certa altura, estavam planejando encontrar o vice-presidente da Xerox, Bill Glavin, e Sculley pediu a Jobs que se comportasse direito. Mas, tão logo se sentaram, Jobs disse a Glavin: "Vocês não têm a menor ideia do que estão fazendo", e a reunião foi interrompida. "Desculpe, mas não consegui me controlar", disse ele a Sculley. Esse foi um entre inúmeros casos. Como observou mais tarde Al Alcorn, da Atari: "Sculley acreditava em manter as pessoas contentes e se preocupava com os relacionamentos. Steve não dava a menor bola para isso. Mas se importava com o produto de uma maneira que Sculley jamais conseguiria, e foi capaz de evitar um excesso de incompetentes trabalhando na Apple por insultar qualquer um que não fosse classe A".

O conselho da diretoria ficou cada vez mais alarmado com o tumulto, e no começo de 1985 Arthur Rock e alguns outros diretores insatisfeitos passaram um sério sermão nos dois. Disseram a Sculley que ele estava ali para dirigir a empresa e que começasse a desempenhar a função com mais autoridade e menos ansiedade para ser amiguinho de Jobs. Disseram a Jobs que ele estava ali para pôr ordem na bagunça na divisão Macintosh e não para dizer a outras divisões como elas deviam trabalhar. Depois Jobs se recolheu em seu escritório e digitou em seu Macintosh: "Não vou criticar o resto da organização, não vou criticar o resto da organização...".

Enquanto o Macintosh continuava a desapontar — as vendas em março de 1985 chegaram a apenas 10% da previsão de faturamento —, Jobs se enfiava em seu escritório fervendo de raiva ou andava pelos corredores repreendendo todo mundo pelos problemas. As oscilações de humor pioraram e, com isso, sua brutalidade com os outros também. Os gerentes de nível médio começaram a se rebelar contra ele. O diretor de marketing Mike Murray marcou uma reunião privada com Sculley durante uma conferência de trabalho. Quando estavam subindo para o quarto de hotel de Sculley, Jobs os viu e quis acompanhá-los. Murray pediu-lhe que não o fizesse. Comentou com Sculley que Jobs estava criando enormes problemas e teria de ser removido da gerência da divisão Macintosh. Sculley respondeu que ainda não tinha se conformado com a ideia de um confronto com Jobs. Mais tarde, Murray enviou um memorando diretamente a Jobs criticando o modo como ele tratava os colegas e repudiando "o gerenciamento por massacre psicológico".

Por algumas semanas, tudo indicava que seria possível uma solução para o tumulto. Jobs ficou fascinado com uma tecnologia de tela plana desenvolvida por uma firma perto de Palo Alto, a Woodside Design, dirigida por um engenheiro excêntrico de nome Steve Kitchen. Também ficou encantado com o display de outra nova empresa, cuja exibição na tela era feita pelo toque, que podia ser controlada pelo dedo e dispensava o mouse. Juntas, elas podiam ajudar a concretizar o sonho de Jobs de criar um "Mac em livro". Numa caminhada com Kitchen, Jobs viu um edifício perto do Menlo Park e declarou que deviam abrir um espaço independente para trabalhar essas ideias. Poderia se chamar AppleLabs, e Jobs poderia gerenciá-lo, o que lhe proporcionaria a satisfação de trabalhar com uma equipe pequena e desenvolver um grande produto.

Sculley vibrou com essa hipótese. Resolveria a maior parte de seus problemas de gerenciamento com Jobs, que voltaria a se dedicar ao que fazia melhor e deixaria de criar confusão em Cupertino. Ele também tinha um candidato para substituir Jobs na gerência da divisão Macintosh: Jean-Louis Gassée, o principal homem da Apple na França, que tinha aguentado a visita de Jobs ao país. Gassée foi a Cupertino e disse que aceitaria o cargo se tivesse a garantia de comandar a divisão, e não trabalhar sob o comando de Jobs. Um dos membros do conselho, Phil Schlein, da Macy's, tentou convencer Jobs de que ele estaria melhor bolando novos produtos e inspirando uma pequena equipe devotada.

Mas, depois de alguma reflexão, Jobs chegou à conclusão de que esse não era o caminho que desejava. Recusou-se a ceder o controle a Gassée e este prudentemente voltou a Paris para evitar o choque de poder que se tornaria inevitável. Pelo resto da primavera, Jobs ficou em dúvida. Às vezes queria se afirmar como gerente de empresa, chegando a escrever um memorando que insistia no corte de despesas com o fim de bebidas gratuitas e voos de primeira classe; outras vezes, concordava com os que o incentivavam a sair e comandar um novo grupo de pesquisa e desenvolvimento, o AppleLabs.

Em março, Murray escreveu outro memorando, que marcou com a observação "não circular", mas que distribuiu a vários colegas. "Nos meus três anos na Apple, nunca vi tanta confusão, medo e deterioração como nos últimos noventa dias", começava ele. "Somos vistos pelos subordinados como um barco sem leme, avançando à deriva para as névoas do esquecimento." Murray tinha jogado dos dois lados, às vezes conspirando com Jobs para enfraquecer Sculley. Mas nesse memorando ele pôs a culpa em Jobs. "Seja *a causa* ou *por causa* da deterioração, Steve Jobs agora controla uma base de poder aparentemente inexpugnável."

No fim do mês, Sculley finalmente reuniu coragem para dizer a Jobs que desistisse de comandar a divisão Macintosh. Foi ao seu escritório certa noite e levou o diretor de recursos humanos, Jay Elliot, para dar mais formalidade ao confronto. "Não existe ninguém que admire mais sua inteligência e visão do que eu", começou Sculley. Ele já tinha feito esses elogios antes, mas dessa vez estava claro que haveria um brutal "mas" na continuação. E houve. "Mas isso realmente não vai dar certo", declarou. Os elogios invalidados pelos "mas" prosseguiram. "Desenvolvemos uma grande amizade entre nós", prosseguiu, um tanto iludido, "mas perdi a confiança na sua capacidade de dirigir a divisão Macintosh." Também repreendeu Jobs por chamá-lo de incompetente pelas costas.

Jobs pareceu surpreso e respondeu com uma objeção bizarra: Sculley devia ajudá-lo mais e orientá-lo melhor. "Você precisa passar mais tempo comigo", declarou. E então começou a revidar. Disse que Sculley não entendia nada de computadores, que estava fazendo um trabalho péssimo na direção da empresa e o tinha decepcionado desde que entrara na Apple. Aí passou para a terceira reação. Começou a chorar. Sculley ficou sentado ali, roendo as unhas.

"Vou levar isso ao conselho", declarou Sculley. "Vou recomendar que você saia da posição atual no comando da divisão Macintosh. Quero que você saiba disso." Pediu a Jobs que não resistisse e concordasse em trabalhar desenvolvendo novas tecnologias e produtos.

Jobs se ergueu de um salto e encarou Sculley com seu olhar intenso. "Não acredito que você vai fazer isso", disse. "Se fizer, vai destruir a empresa."

Nas semanas seguintes, o comportamento de Jobs oscilou furiosamente. Numa hora ele falava em sair e comandar o AppleLabs, no minuto seguinte passava a recrutar apoio para expulsar Sculley. Procurava Sculley, depois falava mal dele pelas costas, às vezes na mesma noite. Certa ocasião, às nove da noite, ele ligou para o advogado geral da Apple, Al Eisenstat, dizendo que estava perdendo a confiança em Sculley e que precisava do auxílio dele para convencer o conselho de diretores; às onze da mesma noite, acordou Sculley para dizer ao telefone: "Você é fantástico e só queria que soubesse que adoro trabalhar com você".

Na reunião da diretoria em 11 de abril, Sculley informou oficialmente que queria pedir a Jobs que renunciasse ao comando da divisão Macintosh e se concentrasse no desenvolvimento de novos produtos. Então Arthur Rock, o membro mais ríspido e independente do conselho, tomou a palavra. Estava farto dos dois: de Sculley por não ter tido fibra para assumir o comando no último ano; de Jobs por "agir como um moleque malcriado e petulante". O conselho precisava resolver essa disputa e, para isso, devia se reunir separadamente com cada um dos dois.

Sculley saiu da sala, para que Jobs se apresentasse primeiro. Este insistiu que o problema era Sculley. Ele não entendia nada de computadores. Rock respondeu com uma repreensão. Num rosnado, disse que Jobs andava se comportando de maneira absurda fazia um ano e não tinha direito de gerenciar uma divisão. Mesmo o defensor mais firme de Jobs, Phil Schlein, da Macy's, tentou convencê--lo a ceder com dignidade e assumir a direção de um laboratório de pesquisas para a empresa.

Quando chegou a vez de Sculley se reunir com o conselho de diretores, ele deu um ultimato. "Vocês podem me respaldar, e aí assumo a responsabilidade para dirigir a empresa, ou podemos não fazer nada, e vocês terão de encontrar um novo presidente executivo", disse. Se lhe dessem autorização, prosseguiu, não procederia de maneira brusca, mas deixaria que Jobs se adaptasse ao novo papel nos próximos meses. A diretoria deu apoio unânime a Sculley, que recebeu permissão para remover Jobs no momento em que lhe parecesse adequado. Enquanto Jobs esperava no lado de fora da sala, sabendo bem que estava perdendo, ele viu Del Yocam, um colega de muito tempo, e começou a chorar.

Depois que a diretoria tomou a decisão, Sculley tentou ser conciliador. Jobs pediu que a transição fosse lenta, nos meses seguintes, e ele concordou. Naquela mesma noite, Nanette Buckhout, assistente executiva de Sculley, ligou para Jobs para saber como ele estava. Ele ainda continuava no escritório, traumatizado. Sculley já tinha ido embora, e Jobs foi conversar com Buckhout. De novo sua atitude em relação a Sculley começou a oscilar entre extremos. "Por que John fez isso comigo?", perguntou. "Ele me traiu." E então ia para o outro lado. Talvez fosse melhor dedicar algum tempo a recompor o relacionamento com Sculley, disse. "A amizade de John é mais importante do que qualquer outra coisa, e acho que talvez seja isso que devo fazer, me concentrar em nossa amizade."

Jobs não aceitava bem uma negativa. Foi ao escritório de Sculley no começo de maio de 1985 e pediu mais tempo para mostrar que era capaz de comandar a divisão Macintosh. Ia mostrar que era um cara do operacional, prometeu. Sculley não cedeu. Jobs tentou um desafio direto: pediu a ele que renunciasse. "Acho que você realmente perdeu o rumo", disse. "No primeiro ano você foi realmente ótimo, e tudo foi maravilhoso. Mas aconteceu alguma coisa." Sculley, que em geral era ponderado, perdeu a calma e disse que Jobs não tinha concluído o software do Macintosh, não aparecera com nenhum modelo novo nem ganhara clientes. O encontro descambou para uma gritaria sobre quem era o pior administrador. Depois que Jobs saiu pomposamente da sala, Sculley se afastou da divisória de vidro do escritório, por onde outras pessoas tinham assistido à reunião, e começou a chorar.

As coisas chegaram a um ponto crítico em 14 de maio, uma terça-feira, quando a equipe Macintosh fez sua apresentação de revisão trimestral a Sculley e outros dirigentes da Apple. Jobs ainda não tinha cedido o controle da divisão, e entrou na sala da diretoria com sua equipe exibindo um ar de desafio. Ele e Sculley logo entraram em choque sobre a missão da divisão. Jobs disse que era vender mais unidades Macintosh, Sculley disse que era atender ao interesse da Apple como um todo. Como sempre, havia pouca cooperação entre as divisões, e a Macintosh estava planejando novas unidades de disco diferentes das que estavam sendo desenvolvidas pela divisão Apple II. A discussão, segundo as atas, levou uma hora inteira.

Jobs então descreveu os projetos em andamento: um Mac mais potente, que ocuparia o lugar do Lisa descontinuado, e um software chamado FileServer, que permitiria aos usuários do Macintosh compartilhar arquivos numa rede. Mas Sculley ficou sabendo então que esses projetos iam sofrer atraso. Fez uma avaliação crítica do informe de marketing de Murray, do não cumprimento dos prazos de programação de Bob Belleville e da gestão geral de Jobs. Apesar de tudo, Jobs terminou a reunião pedindo a Sculley, na frente de todos os outros presentes, que lhe desse mais uma chance de mostrar que podia dirigir uma divisão. Sculley negou.

Naquela noite, Jobs levou sua equipe Macintosh para jantar no Nina's Café, em Woodside. Jean-Louis Gassée estava na cidade, pois Sculley queria que ele se preparasse para assumir a divisão Macintosh, e Jobs o convidou para ir junto. Bob

Belleville propôs um brinde "a nós, que realmente entendemos o que é o mundo segundo Steve Jobs". Essa expressão — "o mundo segundo Steve" — era usada pejorativamente por outras pessoas na Apple, que faziam pouco da distorção da realidade que ele criava. Depois que o resto do pessoal saiu, Belleville se sentou com Jobs em sua Mercedes e insistiu que ele organizasse uma batalha de vida ou morte contra Sculley.

Jobs tinha a fama de ser manipulador, e de fato podia afagar e lisonjear desca-radamente os outros quando queria. Mas não era de fazer conspirações nem ma-quinações, apesar do que alguns pudessem pensar, nem tinha paciência ou incli-nação para se insinuar para as pessoas. "Steve nunca fez política de gabinete — não estava em seus genes nem em seus jeans", comentou Jay Elliot. Além disso, ele era por natureza arrogante demais para bajular alguém. Por exemplo, quando tentou angariar o apoio de Del Yocam, Jobs não resistiu e disse que entendia de gerência de operações mais do que ele.

Meses antes, a Apple tinha obtido o direito de exportar computadores para a China, e Jobs fora convidado para assinar um acordo no Grande Salão do Povo no fim de semana do Memorial Day. Jobs tinha falado do convite com Sculley, que resolveu ir pessoalmente, ao que ele não fez objeções. Planejava aproveitar a au-sência de Sculley para dar seu golpe. Durante toda a semana anterior ao Memorial Day, em 27 de maio, ele chamou muita gente para fazer caminhadas e expor seus planos. "Vou dar um golpe quando John estiver na China", disse a Mike Murray.

SETE DIAS EM MAIO DE 1985

Quinta-feira, 23 de maio

Na sua reunião habitual das quintas-feiras com os principais assistentes na divisão Macintosh, Jobs contou a seu círculo mais próximo sobre o plano de des-tituir Sculley, e rascunhou um esquema de como reorganizaria a empresa. Tam-bém confiou no diretor de recursos humanos da empresa, Jay Elliot, que lhe disse sem rodeios que o complô não funcionaria. Elliot tinha conversado com alguns membros da diretoria e insistiu que ficassem ao lado de Jobs, mas viu que a maio-ria do conselho estava com Sculley, e eram integrantes da alta hierarquia da Apple. Mesmo assim, Jobs foi em frente. Chegou a revelar seus planos a Gassée num passeio pelo estacionamento, embora o executivo tivesse vindo de Paris para assumir o lugar dele. "Cometi o erro de contar a Gassée", reconheceu a contragosto, anos depois.

Naquela noite, Al Eisenstat, o advogado geral de Apple, convidou Sculley, Gassée e esposas para um pequeno churrasco em sua casa. Quando Gassée lhe contou o que Jobs estava planejando, Eisenstat recomendou que ele avisasse Sculley. "Steve estava tentando montar uma conspiração e dar um golpe para se livrar de John", lembra Gassée. "No escritório da casa de Al Eisenstat, encostei de leve o indicador no peito de John e disse: 'Se você for amanhã para a China, pode ser destituído. Steve está conspirando para afastá-lo'."

Sexta-feira, 24 de maio

Sculley cancelou a viagem e decidiu confrontar Jobs na reunião do corpo executivo da Apple na sexta-feira de manhã. Jobs chegou atrasado e viu que seu lugar usual ao lado de Sculley, que ocupava a cabeceira da mesa, estava tomado. Ele se sentou na outra ponta. Usava um bem talhado terno Wilkes Bashford e parecia bem-disposto. Sculley estava pálido. Anunciou que dispensava a pauta e ia abordar a questão que ocupava o espírito de todos. "Chegou ao meu conhecimento que você quer me tirar da empresa", disse, olhando diretamente para Jobs. "Gostaria de lhe perguntar se é verdade."

Jobs não esperava por isso. Mas ele nunca foi de se negar à franqueza brutal. Estreitou os olhos e encarou Sculley fixamente. "Acho que você é ruim para a Apple, e acho que é a pessoa errada para dirigir a empresa", respondeu devagar, em tom frio. "Você realmente deve deixar esta empresa. Não sabe e nunca soube administrar." Acusou Sculley de não entender o processo de desenvolvimento de produtos e completou com um golpe pessoal. "Eu quis você aqui para me ajudar a crescer, e você foi ineficiente nisso."

Enquanto todos os outros se mantinham imóveis, Sculley finalmente perdeu as estribeiras. Uma gagueira de infância que não o afligia fazia vinte anos começou a se manifestar, e ele tartamudeou: "Não confio em você, e não vou tolerar falta de confiança". Quando Jobs afirmou que era melhor do que Sculley para dirigir a empresa, Sculley se arriscou. Decidiu pôr a questão em votação. "Ele se saiu com essa manobra esperta", lembrou Jobs, ainda contrariado 25 anos depois. "Era uma reunião do comitê executivo, e ele disse: 'Ou eu ou Steve, em quem vocês votam?'. Ele montou a coisa toda de um jeito que você teria de ser tipo um idiota para votar em mim."

Então os presentes, até então imóveis, começaram a se mexer desconfortavelmente. Del Yocam teve de ser o primeiro. Disse que adorava Jobs, queria que ele continuasse a desempenhar algum papel na empresa, mas reuniu coragem para concluir, sob o olhar fixo de Jobs, que "respeitava" Sculley e o apoiava para dirigir a empresa. Eisenstat encarou Jobs e disse praticamente a mesma coisa: gostava dele, mas apoiava Sculley. Regis McKenna, que estava no staff mais graduado como consultor externo, foi mais direto. Dirigindo-se a Jobs, disse que ele ainda não estava pronto para dirigir a empresa, coisa que já tinha lhe dito antes. Outros também se alinharam com Sculley. Para Bill Campbell, foi especialmente duro. Ele tinha grande afeto por Jobs e não gostava muito de Sculley. Sua voz tremeu um pouco ao dizer o quanto gostava de Jobs. Mesmo tendo decidido apoiar Sculley, insistiu que os dois se reconciliassem e encontrassem alguma função para Jobs. "Você não pode deixar Steve sair desta empresa", disse a Sculley.

Jobs parecia arrasado. "Acho que sei em que pé estão as coisas", disse, e saiu às pressas da sala. Ninguém foi atrás.

Ele voltou a seu escritório, reuniu os velhos e leais colegas da equipe Macintosh e começou a chorar. Teria de sair da Apple, disse. Quando fez menção de ir embora, Debi Coleman o segurou. Ela e os outros pediram que se acalmasse e não fizesse nada precipitado. Devia aproveitar o fim de semana para reagrupar as pessoas. Talvez houvesse um jeito de impedir a ruptura.

Sculley ficou devastado com a vitória. Como um guerreiro ferido, foi ao escritório de Al Eisenstat e pediu para darem uma volta de carro. Quando entraram no Porsche do advogado da empresa, Sculley se lamentou: "Não sei se consigo continuar com isso". Eisenstat perguntou o que ele queria dizer e Sculley respondeu: "Acho que vou renunciar".

"Não pode", protestou Eisenstat. "A Apple desmorona."

"Vou renunciar", repetiu Sculley. "Não creio que eu seja a pessoa certa para a companhia. Você liga para o conselho e avisa?"

"Está bem", respondeu Eisenstat. "Mas acho que você está se esquivando. Você precisa enfrentá-lo." E levou Sculley para casa.

Leezy, a mulher de Sculley, ficou surpresa ao vê-lo de volta no meio do dia. "Eu falhei", ele disse, desconsolado. Leezy era uma mulher psicologicamente instável, que nunca gostara de Jobs nem do envolvimento do marido com ele.

Assim, quando soube o que tinha acontecido, ela pegou o carro e saiu em disparada até o escritório de Jobs. Informada de que ele tinha ido ao restaurante Good Earth, marchou até lá e o enfrentou no estacionamento, quando ele saía com Debi Coleman e outros membros leais da equipe Macintosh.

"Steve, posso falar com você?", disse. Ele ficou boquiaberto. Ela perguntou: "Você tem alguma ideia do privilégio que foi conhecer alguém tão admirável como John Sculley?". Ele desviou o olhar. Ela prosseguiu: "Você não pode me olhar nos olhos quando estou falando com você?".

Mas, quando Jobs lhe deu aquele seu olhar treinado, sem piscar, ela recuou. "Deixe para lá, não me olhe", disse. "Quando fito os olhos da maioria das pessoas, vejo uma alma. Quando olho dentro dos seus, vejo um poço sem fundo, um buraco vazio, uma zona morta." E foi embora.

Sábado, 25 de maio

Mike Murray apareceu na casa de Jobs, em Woodside, para lhe dar alguns conselhos. Ele devia pensar, insistiu Murray, em aceitar o papel de visionário de novos produtos, começar as atividades do AppleLabs e se afastar da sede. Jobs pareceu disposto a pensar no assunto. Mas, primeiro, precisava fazer as pazes com Sculley. Assim, pegou o telefone e surpreendeu Sculley acenando com uma bandeira branca. Perguntou se podiam se encontrar no dia seguinte, à tarde, e caminhar pelas colinas perto da Universidade Stanford. Já tinham passeado por lá, em épocas mais felizes, e talvez fazendo isso de novo conseguissem resolver as coisas.

Jobs não sabia que Sculley tinha dito a Eisenstat que queria sair, mas nem importava mais. Sculley tinha mudado de opinião da sexta para o sábado. Decidira ficar e, apesar da explosão do dia anterior, ainda queria que Jobs gostasse dele. Desse modo, concordou em se encontrarem no dia seguinte.

Se Jobs estava se preparando para uma conciliação, não foi o que transpareceu na escolha do filme a que quis assistir com Murray naquela noite. Era *Patton, rebelde ou herói?*, o épico do general que nunca se rende. Mas ele tinha emprestado o vídeo do filme para o pai, que uma vez transportara soldados para o general, de modo que foi com Murray até a casa de sua infância para pegá-lo. Os pais não estavam, e ele não tinha a chave. Foram até os fundos, procuraram alguma porta ou janela destrancada e por fim desistiram. A locadora de vídeo não tinha nenhum *Patton* em estoque, então ele teve de se conformar com *Traição*.

Domingo, 26 de maio

Conforme o combinado, Jobs e Sculley se encontraram à tarde, nos fundos do campus de Stanford, e caminharam várias horas entre colinas e pastos de cavalos. Jobs reiterou sua posição de que devia ter um papel operacional na Apple. Dessa vez, Sculley se manteve firme. Não vai dar certo, repetia. Ele insistiu que Jobs aceitasse o papel de visionário com um laboratório próprio independente, mas Jobs rejeitou a ideia, pois isso o converteria num mero "testa de ferro". Desafiando qualquer conexão com a realidade, de uma maneira que seria espantosa caso não se tratasse de Jobs, ele propôs que Sculley renunciasse em seu favor ao controle de toda a empresa: "Por que você não se torna presidente do conselho e eu me torno presidente e presidente executivo?". Sculley ficou perplexo que Jobs fizesse a sugestão a sério e respondeu: "Steve, isso não faz o menor sentido".

Jobs propôs então que dividissem as tarefas de gestão da empresa, ele cuidando da parte dos produtos e Sculley cuidando do marketing e dos negócios. A diretoria não só tinha encorajado Sculley como também ordenara que ele controlasse Jobs. "Só uma pessoa deve dirigir a empresa", respondeu. "Eu tenho o apoio e você não." No final da conversa trocaram um aperto de mãos e Jobs concordou mais uma vez em pensar na proposta de assumir o papel de criador de produtos.

Voltando para casa, Jobs parou na casa de Mike Markkula. Ele não estava, e então Jobs deixou um recado pedindo que fosse jantar com ele na noite seguinte. Também convidou o pequeno grupo leal da equipe Macintosh. Esperava que conseguissem mostrar a Markkula a loucura que era apoiar Sculley.

Segunda-feira, 27 de maio

No Memorial Day, o tempo estava quente e ensolarado. Os membros leais da equipe Macintosh — Debi Coleman, Mike Murray, Susan Barnes, Bob Belleville — chegaram à casa de Jobs uma hora antes do jantar, para poderem montar a estratégia. Sentados no pátio ao pôr do sol, Coleman disse a Jobs, como Murray já o tinha feito, que ele devia aceitar a proposta de Sculley de ser visionário de novos produtos e ajudar a criar o AppleLabs. Entre todos do círculo próximo, Coleman era a mais propensa ao realismo. No novo organograma, Sculley a colocara no comando da divisão de produção, pois sabia que ela era leal à Apple, e não só a Jobs. Alguns dos demais eram mais temerários. Queriam pressionar Markkula a apoiar um plano de reorganização que colocaria Jobs no comando ou, pelo menos, o manteria no controle operacional da divisão de produtos.

Quando Markkula chegou, concordou em ouvir o grupo, sob uma condição: Jobs teria de ficar quieto. "Eu queria mesmo ouvir as ideias da equipe Macintosh, e não ver Jobs instigando uma rebelião", lembra ele. Quando o tempo esfriou, entraram na mansão quase sem mobília e sentaram perto da lareira. A cozinheira de Jobs fez uma pizza vegetariana de trigo integral, que foi servida numa mesa de papelão. Markkula ficou mordiscando cerejas Olson cultivadas na região, numa caixinha de madeira, que Jobs mantinha em estoque. Markkula não deixou que o encontro se transformasse numa sessão de reclamações e manteve o foco em questões gerenciais muito específicas, por exemplo, qual tinha sido o problema na produção do software FileServer e por que o sistema de distribuição do Macintosh não tinha respondido bem à mudança de demanda. Quando terminaram, Markkula foi claro e não respaldou Jobs. "Eu disse que não apoiaria o plano dele, e ponto final", lembra. "Sculley era o chefe. Eles estavam bravos, nervosos, criando uma revolta, mas não é assim que se fazem as coisas."

Enquanto isso, Sculley também tinha passado o dia procurando se aconselhar. Devia ceder às exigências de Jobs? Quase todos os consultados declararam que ele era louco só de pensar nessa hipótese. O simples fato de perguntar sugeria que ele estava indeciso, ainda procurando desesperadamente o afeto de Jobs. "Você tem o nosso apoio", disse-lhe um diretor, "mas esperamos que mostre firmeza na liderança, e você não pode deixar que Steve volte à direção."

Terça-feira, 28 de maio

Fortalecido pelo apoio e com a raiva atiçada ao saber por Markkula que Jobs tinha passado a noite anterior tentando dobrá-lo, Sculley foi ao escritório de Jobs na terça de manhã, para enfrentá-lo. Tinha conversado com o conselho, disse, e contava com o apoio da diretoria. Queria Jobs fora dali. Então foi à casa de Markkula e apresentou os planos de reestruturação. Markkula fez perguntas detalhadas e no final deu sua bênção a Sculley. Voltando ao escritório, este ligou para os outros membros do conselho, apenas para se certificar de que ainda tinha o respaldo deles. Tinha.

A seguir, ligou para Jobs a fim de garantir se ele tinha entendido direito. O conselho dera a aprovação final de seu plano de reestruturação, que teria andamento naquela semana. Gassée ia assumir o controle do querido Macintosh de Jobs e dos demais produtos, e não havia nenhuma outra divisão que Jobs pudesse comandar. Sculley ainda se mostrou conciliador. Disse-lhe que podia ficar na empresa com o título de presidente do conselho e no papel de visionário dos produtos, sem nenhum encargo operacional. Mas, a essa altura, não havia restado nem mesmo a ideia de criar um setor independente como o AppleLabs.

Finalmente a ficha caiu. Jobs entendeu que não havia mais jeito, não havia como dobrar a realidade. Caiu no choro e começou a fazer vários telefonemas — a Bill Campbell, Jay Elliot, Mike Murray e outros. Joyce, a mulher de Murray, estava numa ligação internacional quando Jobs ligou, e a telefonista interrompeu avisando que era uma emergência. Era bom que fosse importante, disse ela à telefonista. "É, sim", ouviu Jobs dizer. Quando Murray atendeu, Jobs estava aos prantos. "Acabou", disse ele. E desligou.

Preocupado com a possibilidade de Jobs ficar deprimido demais e fazer algo temerário, Murray ligou de volta. Ninguém atendeu. Então, ele foi até Woodside. Bateu, não houve resposta, aí deu a volta por trás, subiu em alguns degraus do lado de fora e olhou para dentro do quarto. Jobs estava deitado lá, estendido num colchão no quarto sem móveis. Deixou Murray entrar e ficaram conversando quase até o amanhecer.

Quarta-feira, 29 de maio

Jobs finalmente pegou um vídeo de *Patton*, a que assistiu na quarta à noite, mas Murray impediu que ele se inflamasse para outra batalha. Em lugar disso, insistiu que Jobs aparecesse na sexta-feira para o anúncio do plano de reestruturação de Sculley. Não restara outra opção a não ser se comportar como o bom soldado, em vez do comandante renegado.

COMO UMA PEDRA QUE ROLA

Jobs deslizou silenciosamente para a última fila do auditório para ver Sculley expor às tropas a nova ordem de batalha. Houve muitos olhares de relance, mas poucas pessoas o reconheceram e ninguém foi fazer demonstrações públicas de afeto. Sem piscar, ele ficou olhando para Sculley, que anos mais tarde lembraria "o olhar de desprezo de Steve". "É inflexível", contou Sculley, "como um raio X penetrando nos ossos, até o ponto em que você é sensível e mortalmente vulnerável." Por um momento, de pé no palco fingindo não ter visto Jobs, ele se lembrou de uma viagem agradável que tinham feito um ano antes até Cambridge, Massachusetts, para visitar o herói de Jobs, Edwin Land. Este havia sido destronado da companhia que criara, a Polaroid, e Jobs dissera a Sculley, com ar de nojo: "Só porque ele esbanjou uns míseros milhões, tiraram-lhe a empresa que era dele". E agora, pensou Sculley, aqui estou eu tirando de Jobs a empresa que é dele.

Sculley prosseguiu com a apresentação, ainda ignorando Jobs. Quando terminou de expor o organograma, ele apresentou Gassée como o novo chefe do grupo unificado dos produtos Macintosh e Apple II. No mapa havia um quadrinho com a legenda "presidente do conselho" sem nenhuma linha levando até ele, nem a Sculley ou a qualquer outro. Sculley comentou rapidamente que Jobs desempenharia nessa função o papel de "visionário global". Mas continuou sem reconhecer a presença de Jobs. Houve um esboço de aplausos desajeitados.

Hertzfeld soube da notícia por um amigo e, numa das únicas vezes desde sua renúncia, foi até a sede da Apple. Queria se solidarizar com o que restara da velha turma. "Ainda era inconcebível para mim que o conselho fosse capaz de derrubar Steve, que era visivelmente o coração e a alma da empresa, por mais difícil que ele possa ser de vez em quando", comentou. "Uns poucos da divisão Apple II — que se ressentiam da atitude de superioridade de Steve — pareciam muito felizes, e alguns outros viram a mudança como uma oportunidade de avanço pessoal, mas os funcionários da Apple, em sua maioria, estavam tristes, deprimidos e inseguros quanto ao futuro." Por um instante, Hertzfeld pensou que Jobs podia ter concordado em montar um AppleLabs. Nesse caso, Hertzfeld voltaria e trabalharia para ele. Mas não iria acontecer.

Jobs ficou em casa nos dias seguintes, com as persianas fechadas, a secretária eletrônica ligada, vendo apenas a namorada, Tina Redse. Ficava sentado horas a fio, ouvindo suas fitas de Bob Dylan, especialmente "The times they are a-changin'". Tinha recitado a segunda estrofe no dia em que mostrou o Macintosh aos acionistas da Apple, dezesseis meses antes. A estrofe terminava lindamente: "Pois o perdedor de agora / é quem vai ganhar no futuro...".

Uma equipe de resgate de seu ex-destacamento Macintosh chegou para dissipar a tristeza no sábado à noite, liderada por Andy Hertzfeld e Bill Atkinson. Jobs demorou para atender à porta, e depois levou o pessoal a uma sala ao lado da cozinha, que era um dos poucos aposentos com algum móvel. Com a ajuda de Redse, ele serviu alguns pratos vegetarianos que tinha encomendado. "Então, o que aconteceu realmente?", perguntou Hertzfeld. "É mesmo tão ruim como parece?"

"Não, é pior", resmungou Jobs. "Muito pior do que você pode imaginar." Acusou Sculley de traição e disse que a Apple não conseguiria ser administrada sem ele. O papel de presidente do conselho era totalmente formal, reclamou. Ele ia ser expulso de seu escritório na Bandley 3 e transferido para um pequeno prédio quase vazio, que ele chamava de "Sibéria". Hertzfeld passou a falar de épocas mais felizes, e começaram a rememorar o passado.

No começo daquela semana, Dylan tinha lançado um álbum novo, *Empire burlesque*, e Hertzfeld levou um, que ouviram no toca-discos de alta tecnologia de Jobs. A faixa mais notável, "When the night comes falling from the sky", com sua mensagem apocalíptica, parecia adequada para a ocasião, mas Jobs não gostou. Parecia quase música de discoteca, e ele comentou, melancólico, que Dylan vinha decaindo desde *Blood on the tracks*. Então, Hertzfeld pôs a agulha na última música do álbum, "Dark eyes", um número acústico simples com Dylan sozinho no violão e na gaita. Era uma melodia lenta e triste, e Hertzfeld tinha esperança de que fizesse Jobs se lembrar das músicas anteriores de Dylan, que tanto lhe agradavam. Mas Jobs também não gostou, e não se animou a ouvir o resto do álbum.

O esgotamento de Jobs era compreensível. Sculley tinha sido uma espécie de figura paterna para ele. Como também Mike Markkula. E também Arthur Rock. Naquela semana, os três o tinham abandonado. "É uma volta ao profundo sentimento de ser rejeitado quando pequeno", diz seu amigo e advogado George Riley. "É uma parte funda de sua mitologia pessoal, e define para si mesmo quem ele é." Ao ser rejeitado por essas figuras paternas, como Markkula e Rock, ele se sentiu novamente abandonado. "Senti como se tivesse levado um soco, o ar sendo expulso de dentro de mim, e eu sem conseguir respirar", lembrou Jobs anos depois.

A perda do apoio de Arthur Rock foi especialmente dolorosa. "Arthur tinha sido como um pai para mim", comentou ele anos mais tarde. "Ele me tomou sob sua asa." Rock lhe ensinara a ouvir ópera, e ele e a esposa, Toni, o tinham hospedado em San Francisco e Aspen. Jobs, que nunca foi de dar presentes, às vezes levava alguma lembrança para Rock, como um walkman da Sony, quando esteve no Japão. "Lembro de ter ido a San Francisco uma vez, e disse a ele: 'Meu Deus, como o prédio do Bank of America é feio', e ele disse: 'Não, é o melhor', e começou a me explicar por quê, e tinha razão, claro." Mesmo depois de muitos anos, os olhos de Jobs se encheram de lágrimas ao contar o episódio. "Ele escolheu Sculley em vez de mim. Isso realmente me aturdiu. Jamais pensei que ele me abandonaria."

O que piorava as coisas era que sua amada empresa agora estava nas mãos de um homem que ele considerava incompetente. "A diretoria achou que eu não era capaz de dirigir uma empresa, e foi uma decisão deles", disse Jobs. "Mas eles cometeram um erro. Deviam ter tomado decisões separadas: o que fazer comigo e o que fazer com Sculley. Deviam ter demitido Sculley, ainda que achassem que eu não estava pronto para dirigir a Apple." Mesmo enquanto sua tristeza pessoal ia diminuindo lentamente, sua raiva contra Sculley — o sentimento de ter sido traído — aumentava. Os amigos comuns tentaram amenizar as coisas. Numa noite no verão de 1985, Bob Metcalfe, que tinha sido um dos inventores do Ethernet quando estava no Xerox PARC, convidou os dois para visitá-lo na casa nova, em Woodside. "Foi um tremendo erro", lembra ele. "John e Steve ficaram em dois cantos diferentes da casa, não trocaram uma palavra, e percebi que a situação não tinha conserto. Steve pode ser um grande pensador, mas também pode ser um verdadeiro imbecil com as pessoas."

As coisas pioraram quando Sculley disse a um grupo de analistas que considerava Jobs sem importância para a empresa, apesar do título de presidente do conselho. "Do ponto de vista das operações, não há lugar para Steve Jobs, seja hoje ou no futuro", declarou. "Não sei o que ele fará." O comentário brusco chocou o grupo, e um som de respirações ofegantes percorreu o auditório.

Jobs achou que uma temporada na Europa talvez ajudasse. Assim, em junho viajou para Paris, onde falou num evento da Apple e foi a um banquete em homenagem ao vice-presidente dos Estados Unidos, George H. W. Bush. De lá seguiu para a Itália, onde ele e a namorada da época percorreram de carro os montes da Toscana, e Jobs comprou uma bicicleta para poder passear algum tempo sozinho. Em Florença, embebeu-se na arquitetura da cidade e na textura dos materiais de construção. Especialmente admiráveis eram as pedras do calçamento, que vinham da pedreira Il Casone, na cidade toscana de Firenzuola. Eram de um cinza-azulado relaxante, rico e aconchegante. Vinte anos depois, ele decidiu que os pisos das principais lojas Apple seriam feitos desse arenito das pedreiras de Il Casone.

O Apple II acabava de entrar no mercado da Rússia, e assim Jobs foi até Moscou, onde encontrou Al Eisenstat. Como havia um problema em conseguir a aprovação de Washington para algumas das licenças de exportação obrigatórias, eles foram conversar com o adido comercial na embaixada americana em Moscou, Mike Merwin. Este avisou que havia leis estritas contra o compartilhamento de tecnologia com os soviéticos. Jobs ficou irritado. Na mostra de Paris, o vice-presidente Bush o incentivara a vender computadores na Rússia, para "fomentar a revolução das bases". Durante o jantar num restaurante georgiano especializado em *shish kebab*, Jobs prosseguiu em sua ladainha. "Como você pode insinuar que é uma transgressão da lei americana, se é tão evidente que beneficia nossos interesses?", perguntou a Merwin. "Pondo Macs nas mãos dos russos, eles poderiam imprimir todos os seus jornais."

Jobs também mostrou seu lado intratável em Moscou, insistindo em falar sobre Trotski, o carismático revolucionário que caiu em desgraça e teve sua sentença de morte ordenada por Stálin. A certa altura, o agente da KGB designado para acompanhá-lo sugeriu que moderasse seu fervor. "Não precisa falar de Trotski", disse ele. "Nossos historiadores estudaram a situação, e não acreditamos mais que ele seja um grande homem." Não adiantou. Quando foram à Universidade Estatal de Moscou para falar aos estudantes de computação, Jobs começou o discurso louvando Trotski. Era um revolucionário com o qual ele podia se identificar.

Jobs e Eisenstat compareceram à festa do Quatro de Julho na embaixada americana, e, em sua carta de agradecimento ao embaixador Arthur Hartman, Eisenstat comentou que Jobs pensava em ampliar os empreendimentos da Apple na Rússia no ano seguinte. "Estamos planejando voltar a Moscou em setembro." Por um momento, parecia que a esperança de Sculley de que Jobs se transformasse num "visionário global" da empresa iria se concretizar. Mas não era o caso. Havia algo muito diferente reservado para setembro.

18. NeXT

Prometeu desacorrentado

OS PIRATAS ABANDONAM O NAVIO

Num almoço em Palo Alto oferecido pelo reitor de Stanford, Donald Kennedy, Jobs sentou-se ao lado do bioquímico Paul Berg, ganhador do Nobel, que lhe descreveu os avanços que então se verificavam na recomposição gênica e na tecnologia do DNA recombinante. Jobs adorava absorver informações, especialmente quando tinha consciência de estar diante de alguém que sabia mais do que ele. Por isso, ao voltar da Europa em agosto de 1985, enquanto procurava o que fazer da vida, ligou para Berg e lhe perguntou se podiam marcar um encontro. Os dois caminharam pelo campus de Stanford e foram terminar a conversa durante um almoço numa pequena cafeteria.

Berg explicou como era difícil realizar experiências num laboratório de biologia, onde se podia levar semanas para cultivar e obter um resultado. "Por que não fazem simulações num computador?", perguntou Jobs. "Isso não só permitiria realizar experiências com maior rapidez, mas um dia qualquer calouro de microbiologia do país poderia brincar com o software recombinante de Paul Berg."

Berg explicou que computadores com tais capacidades eram caros demais para laboratórios universitários. "De repente, ele ficou empolgado com a possibilidade", diz o bioquímico. "Ele tinha intenção de abrir uma nova empresa. Era jovem e rico, e precisava encontrar algo para fazer com o resto de sua vida."

Jobs já tinha sondado acadêmicos perguntando-lhes quais seriam suas necessidades numa estação de trabalho. Era um assunto pelo qual se interessava desde 1983, quando visitara o departamento de ciência da computação em Brown para exibir o Macintosh, e fora informado de que uma máquina teria de ser muito mais potente do que aquela para ter utilidade num laboratório universitário. O sonho dos pesquisadores acadêmicos era dispor de uma estação de trabalho ao mesmo tempo poderosa e pessoal. Como chefe da divisão Macintosh, Jobs lançara um projeto para construir essa máquina, que chamou de Big Mac. Ela teria um sistema operacional Unix, mas com uma interface Macintosh mais amigável. No entanto, depois que Jobs fora afastado da divisão Macintosh no verão de 1985, seu substituto, Jean-Louis Gassée, havia cancelado o Big Mac.

Quando isso ocorreu, Jobs recebeu um telefonema angustiado de Rich Page, que estava projetando o chipset do Big Mac. Foi a última de uma série de conversas de Job com empregados insatisfeitos da Apple, que insistiam para que ele fundasse uma nova empresa e os resgatasse. Planos nesse sentido começaram a tomar forma no fim de semana do Dia do Trabalho, quando Jobs, em conversa com Bud Tribble, o chefe original do software Macintosh, lançou a ideia de estabelecer uma empresa para construir uma estação de trabalho que fosse ao mesmo tempo poderosa e pessoal. Também recrutou dois outros empregados da divisão Macintosh que tinham falado em deixar a empresa, o engenheiro George Crow e a coordenadora Susan Barnes.

Com isso, faltava alguém para ocupar uma função vital na equipe: a pessoa que pudesse negociar o novo produto nas universidades. O candidato óbvio era Dan'l Lewin, que trabalhara no escritório da Sony, onde Jobs costumava manusear os prospectos. Jobs tinha dado emprego a Lewin em 1980, e este depois organizara um consórcio de universidades para comprar computadores Macintosh em grandes quantidades. Além das duas letras que lhe faltavam no primeiro nome, Lewin tinha o rosto bonito, de traços bem definidos, de Clark Kent, o refinamento de alguém que estudara em Princeton e a simpatia de astro da equipe de natação da universidade. Apesar das diferenças de antecedentes familiares, ele e Jobs tinham um elo comum: Lewin escrevera uma tese em Princeton sobre Bob Dylan e liderança carismática, e Jobs sabia alguma coisa dos dois assuntos.

O consórcio universitário de Lewin tinha sido uma dádiva dos céus para a equipe Macintosh, mas ele se desencantara depois da saída de Jobs, e o marketing fora reorganizado por Bill Campbell de uma forma que reduzia as vendas diretas para universidades. Ele estava pensando em ligar para Jobs naquele fim de semana do Dia do Trabalho, mas Jobs ligou primeiro. Lewin foi até a mansão desmobilizada de Jobs, e eles caminharam um pouco enquanto discutiam a possibilidade de criar uma empresa. Lewin estava animado, mas não pronto para assumir o compromisso. Tinha uma viagem marcada para Austin com Bill Campbell na semana seguinte e queria esperar para decidir quando voltasse.

Lewin respondeu ao retornar: Jobs podia contar com ele. A notícia chegou pouco antes da reunião do conselho administrativo da Apple marcada para 13 de setembro. Apesar de ainda ser formalmente o presidente do conselho, Jobs não participara de nenhuma reunião desde que perdera o poder. Ligou para Sculley, disse que estaria presente e pediu que fosse acrescentado à agenda um item para um "relatório do presidente do conselho". Não disse de que se tratava, e Sculley imaginou que fosse uma crítica à recente reorganização. Em vez disso, Jobs falou de seu plano de criar uma empresa. "Tenho pensado muito, e é hora de tocar a vida", começou. "É óbvio que preciso fazer alguma coisa. Estou com trinta anos." Depois, consultou algumas notas para descrever o plano de criar um computador para o mercado de ensino superior. Prometeu que a nova empresa não concorreria com a Apple, e que só levaria alguns funcionários. Apresentou sua renúncia à presidência do conselho da Apple e manifestou o desejo de que continuassem a trabalhar juntos. Sugeriu que talvez a Apple quisesse adquirir os direitos de distribuição de seu produto, ou licenciar o software Macintosh.

Mike Markkula irritou-se com a possibilidade de Jobs contratar qualquer pessoa da Apple.

"Por que você teria de pegar alguém daqui?", perguntou a Jobs.

"Não fique chateado", respondeu Jobs. "São funcionários de nível bem inferior, vocês não sentirão falta deles; e já estão indo embora de qualquer forma."

De início o conselho pareceu disposto a desejar boa sorte a Jobs em seu novo empreendimento. Depois de uma discussão privada, os diretores chegaram a propor que a Apple adquirisse 10% da nova empresa e que Jobs permanecesse no conselho.

Naquela noite, Jobs e seus cinco piratas renegados voltaram a reunir-se em sua casa para jantar. Jobs era a favor de aceitarem o investimento da Apple, mas os outros o convenceram de que não seria prudente. Também acharam melhor que todos se demitissem ao mesmo tempo, imediatamente. Assim, a ruptura seria clara.

Jobs escreveu uma carta formal, informando a Sculley quem eram as cinco pessoas que iam sair, rabiscou sua garranchenta e minúscula assinatura, e foi à Apple de manhã cedo para entregá-la antes de sua reunião das sete e meia com a equipe.

"Steve, essas pessoas não são de nível inferior", disse Sculley, ao terminar de ler.

"Bem, essas pessoas iam se demitir de qualquer maneira", respondeu Jobs. "Vão apresentar sua demissão hoje às nove horas."

Jobs achava que tinha sido franco e correto. Os cinco que estavam abandonando o barco não eram chefes de divisão nem membros da equipe principal de Sculley. Todos tinham se sentido diminuídos com a nova organização da empresa. Mas do ponto de vista de Sculley eram elementos importantes; Page era da Apple, e Lewin era vital para o mercado de ensino superior. Além disso, eles conheciam os planos do Big Mac; apesar de o Big Mac ter sido engavetado, as informações sobre os planos eram sigilosamente protegidas. Mesmo assim, Sculley pareceu otimista e confiante, pelo menos de início. Em vez de insistir no assunto, perguntou se Jobs continuaria na empresa. Jobs disse que ia pensar.

Mas, quando Sculley entrou na sala para a reunião de equipe das sete e meia e disse aos principais assessores quem ia sair, houve um alvoroço. Para a maioria, Jobs tinha violado seus deveres de presidente do conselho e demonstrado espantosa deslealdade para com empresa. "Devíamos desmascará-lo, para mostrar a fraude que ele é, e para que as pessoas aqui dentro parem de vê-lo como o messias", berrou Campbell, segundo Sculley.

Campbell admite que, apesar de mais tarde ter se tornado grande defensor de Jobs e um membro do conselho que sempre o apoiava, ficou muito furioso naquela manhã. "Eu estava puto da vida, especialmente por ele levar Dan'l Lewin", diz. "Lewin tinha estabelecido as relações com as universidades. Queixava-se muito de como era difícil trabalhar com Steve, e assim mesmo saiu." A rigor,

Campbell ficou tão zangado que saiu da sala de reuniões e telefonou para a casa de Lewin. Quando a mulher disse que ele estava tomando banho, Campbell respondeu: "Eu espero". Minutos depois, ela disse que ele continuava no banho. Campbell voltou a responder: "Eu espero". Quando Lewin finalmente pegou o telefone, Campbell perguntou-lhe se era verdade. Lewin confirmou. Campbell não disse nada e desligou.

Depois de sentir a raiva de sua principal equipe, Sculley sondou os membros do conselho. Eles também achavam que Jobs os enganara com a promessa de não levar funcionários importantes. Arthur Rock estava especialmente irado. Muito embora tivesse tomado o partido de Sculley durante o confronto do Memorial Day, conseguira reparar sua relação paternal com Jobs. Uma semana antes, convidara-o para levar a namorada, Tina Redse, a San Francisco para que ele e a mulher a conhecessem. Os quatro tinham tido um belo jantar na casa de Rock em Pacific Heights. Jobs não tocara no assunto da nova empresa, e Rock sentiu-se traído quando Sculley lhe deu a notícia. "Ele veio ao conselho e mentiu para nós", rosnou Rock. "Disse-nos que estava pensando em criar uma empresa, quando na verdade a empresa já estava pronta. Disse que ia levar algumas pessoas de nível intermediário. Acabaram sendo cinco pessoas das mais importantes." Markkula, à sua maneira discreta, também ficou ofendido. "Ele levou alguns altos executivos com quem já tinha acertado tudo secretamente antes de sair. Não é assim que se faz. Foi coisa de homem sem palavra."

No fim de semana, tanto o conselho como o pessoal executivo convenceram Sculley de que a Apple precisava declarar guerra contra seu cofundador. Markkula divulgou uma declaração formal, acusando Jobs de agir "em contradição direta com suas promessas de que não recrutaria nenhum funcionário importante da Apple para sua empresa". E acrescentou, ameaçador: "Estamos examinando as possíveis ações que vamos tomar". Segundo o *Wall Street Journal*, Bill Campbell declarou-se "pasmo e chocado" com o comportamento de Jobs. Outro diretor, não identificado, disse: "Nunca vi um grupo de pessoas tão furiosas em nenhuma das empresas com que já trabalhei. Todos nós achamos que ele tentou nos enganar".

Jobs tinha saído da reunião com Sculley achando que tudo podia dar certo, por isso ficou calado. Mas depois de ler os jornais resolveu que deveria dar uma resposta. Telefonou para alguns repórteres e os convidou para irem à sua casa para uma conversa privada no dia seguinte. Depois chamou Andrea Cunningham, que cuidara de sua publicidade na Regis McKenna, para ajudá-lo. "Fui a sua casa sem móveis em Woodside", contou ela, "e o encontrei na cozinha com um grupo de colegas e alguns repórteres esperando lá fora no jardim." Jobs lhe disse que ia dar uma entrevista coletiva e adiantou alguns impropérios que estava se preparando para dizer. Cunningham ficou espantada. "Isso vai pegar muito mal para você", alertou. Por fim, Jobs recuou. Decidiu dar aos repórteres uma cópia da carta de demissão e limitar os comentários publicáveis a algumas declarações brandas.

Jobs tinha pensado em mandar a carta de demissão pelo correio, mas Susan Barnes o convenceu de que seria desrespeito demais. Por isso, ele foi à casa de Markkula, onde estava também o advogado geral da Apple, Al Eisenstat. Houve uma tensa conversa que durou cerca de quinze minutos, até que Barnes bateu à porta para resgatá-lo antes que ele dissesse alguma coisa da qual viesse a se arrepender. Ele deixou a carta, que tinha redigido num Macintosh e imprimido na nova Laser Writer:

17 de setembro de 1985

Caro Mike,

Os jornais de hoje de manhã sugerem que a Apple está pensando em me tirar da presidência do conselho. Não sei qual é a fonte, mas essas informações dão ao público uma impressão falsa e são injustas comigo.

Você deve se lembrar que na reunião do conselho na última quinta-feira eu disse que decidira lançar um novo empreendimento e apresentei minha renúncia ao cargo de presidente.

O conselho recusou-se a aceitar minha demissão e pediu que eu a adiasse por uma semana. Concordei em fazê-lo em vista do encorajamento do conselho com relação ao novo empreendimento proposto e de indicações de que a Apple investiria nele. Na sexta-feira, quando informei a John Sculley quem participaria do empreendimento comigo, ele confirmou o desejo da Apple de discutir áreas de possível colaboração entre a Apple e meu novo empreendimento.

Em seguida, a empresa parece ter adotado uma atitude hostil contra mim e o novo empreendimento. Diante disso, insisto em que aceite de imediato a minha demissão.

Como sabe, a recente reorganização da empresa me deixou sem trabalho algum para fazer e sem acesso aos relatórios regulares de administração. Tenho apenas trinta anos e ainda quero contribuir e realizar.

Depois do que conquistamos juntos, eu gostaria que nossa separação fosse amistosa e digna.

Sinceramente,
Steven P. Jobs

Quando um funcionário foi no escritório de Jobs para empacotar seus objetos pessoais, viu um porta-retratos no chão. Tinha uma foto de Jobs e Sculley conversando animadamente, com os seguintes dizeres, escritos meses antes: "Um brinde a Grandes Ideias, Grandes Experiências e uma Grande Amizade! John". A moldura de vidro estava quebrada. Jobs atirara o porta-retratos pelos ares antes de sair. A partir daquele dia, nunca mais falou com Sculley.

As ações da Apple subiram um ponto, ou quase 7%, quando a demissão de Jobs foi anunciada. "Acionistas da Costa Leste sempre se preocuparam com esse pessoal estranho da Califórnia na direção de uma empresa", explicou o editor de um boletim sobre ações de empresas de tecnologia. "Agora, com Wozniak e Jobs fora, esses acionistas se sentiram aliviados." Mas Nolan Bushnell, o fundador da Atari, que dez anos antes se divertira como mentor, disse à *Time* que Jobs faria muita falta. "De onde virá a inspiração da Apple? A Apple agora vai ter o apelo romântico de um novo tipo de Pepsi?"

Depois de alguns dias tentando em vão chegar a um acordo com Jobs, Sculley e o conselho administrativo da Apple decidiram processá-lo por "quebra de suas obrigações fiduciárias". A ação citava suas supostas transgressões:

Apesar de suas obrigações fiduciárias com a Apple, Jobs, enquanto servia como seu presidente do conselho de diretores e funcionário, e fingindo lealdade aos interesses da empresa [...]

(a) planejou secretamente a formação de uma empresa para competir com a Apple;

(b) tramou secretamente para que sua empresa concorrente tirasse vantagem e utilizasse indevidamente o plano da Apple de projetar, desenvolver e comercializar o Produto da Próxima Geração [...];

(c) atraiu secretamente funcionários importantes da Apple [...].

Na época, Jobs tinha 6,5 milhões de ações da Apple, 11% da empresa, no valor de mais de 100 milhões de dólares. Ele pôs suas ações à venda imediatamente. Em cinco meses, desfez-se de todas, ficando com apenas uma, para que pudesse participar de reuniões de acionistas, se quisesse. Estava furioso, e isso se refletia na sua paixão por lançar o que seria, independentemente de como a descrevesse, uma empresa rival. "Ele estava furioso com a Apple", diz Joanna Hoffman, que trabalhou por pouco tempo na nova empresa. "Voltar-se para o mercado de educação, no qual a Apple era forte, foi só um jeito de Steve mostrar-se vingativo e mesquinho. Ele estava fazendo aquilo por vingança."

Jobs, é claro, não via as coisas dessa maneira. "Não tenho nenhum tipo de ressentimento", disse ele à *Newsweek*. Mais uma vez, convidou seus repórteres favoritos para ir à sua casa em Woodside, e dessa vez Andy Cunningham não estava presente para lhe aconselhar prudência. Ele rejeitou a alegação de que tinha atraído indevidamente cinco colegas da Apple. "Todas essas pessoas me ligaram", disse ele aos jornalistas que andavam de um lado para outro na sala de visitas sem móveis. "Estavam pensando em deixar a empresa. A Apple tem o hábito de menosprezar as pessoas."

Ele decidiu cooperar com uma reportagem de capa da *Newsweek* para dar sua versão dos fatos, e a entrevista que concedeu foi reveladora. "O que sei fazer melhor é juntar um grupo de pessoas de talento e produzir coisas com elas." Disse ainda que teria sempre afeição pela Apple. "Vou me lembrar da Apple como qualquer homem se lembra da primeira mulher por quem se apaixonou." Mas também estava pronto para brigar com os diretores, se necessário. "Quando alguém chama você publicamente de ladrão, é preciso responder." A ameaça da Apple de mover uma ação judicial contra ele e seus colegas era absurda. E triste. Demonstrava que ela já não era uma empresa confiante e rebelde. "É difícil imaginar que uma empresa de 2 bilhões de dólares com 4300 empregados seja incapaz de competir com seis pessoas de jeans."

Sculley chamou Wozniak para tentar rebater Jobs e insistiu com ele para que falasse. Wozniak nunca foi manipulador nem vingativo, mas também nunca hesitou em dizer honestamente o que sentia. "Steve pode insultar e ferir", disse ele à *Time* naquela semana. Revelou que Jobs tinha telefonado para lhe pedir que fosse trabalhar na nova empresa — teria sido um jeito astuto de desferir outro golpe contra a administração na época —, mas Wozniak disse que não queria tomar parte nesse tipo de jogo e não ligara de volta. Ao *San Francisco Chronicle*, ele contou de novo que Jobs tinha impedido a frogdesign de trabalhar em seu controle remoto, com a desculpa de que o aparelho poderia concorrer com produtos da Apple. "Espero que ele apresente um grande produto e lhe desejo o maior sucesso, mas não dá para confiar em sua integridade", disse Wozniak ao jornal.

POR CONTA PRÓPRIA

"A melhor coisa que já aconteceu com Steve Jobs foi ter sido demitido por nós, ter sido mandado cair fora", disse Arthur Rock mais tarde. A teoria, que muitos compartilham, é a de que o amor severo o fez mais sábio e maduro. Mas a questão não é tão simples. Na empresa que fundou depois de ser expulso da Apple, ele pôde dar vazão a todos os instintos, os bons e os maus. Não havia restrições. O resultado foi uma série de produtos espetaculares que resultaram em incríveis fracassos comerciais. *Esse* foi o verdadeiro aprendizado. O que o preparou para o grande sucesso alcançado no terceiro ato não foi a demissão na Apple no primeiro ato, mas os brilhantes fiascos no segundo.

O primeiro instinto que ele satisfez foi sua paixão pelo design. O nome que escolheu para sua empresa foi bem direto: Next. Para torná-lo ainda mais distinto, chegou à conclusão de que precisava de um logotipo de qualidade mundial. Assim, cortejou o decano dos logos corporativos, Paul Rand. Aos 71 anos, o designer gráfico nascido no Brooklyn já tinha criado alguns dos logos mais conhecidos do mundo, entre os quais os da *Esquire*, IBM, Westinghouse, ABC e UPS. Ele estava preso a um contrato com a IBM, e seus supervisores lhe disseram que haveria, claro, um conflito de interesses se criasse um logo para outra empresa de computadores. Jobs pegou o telefone e ligou para o presidente executivo da IBM, John Akers. Este estava fora da cidade, mas Jobs foi tão persistente que por fim o transferiram para o vice-presidente, Paul Rizzo. Depois de dois dias, Rizzo concluiu que seria inútil tentar resistir a Jobs, e deu permissão para que Rand fizesse o trabalho.

Rand tomou o avião para Palo Alto e passou um bom tempo caminhando com Jobs e ouvindo-o descrever sua ideia. O computador seria um cubo, proclamou Jobs. Era uma forma que ele amava — perfeita e simples. Rand decidiu, portanto, que o logo também seria um cubo, que estivesse inclinado num elegante ângulo de 28 graus. Quando Jobs lhe pediu que lhe apresentasse algumas opções para examinar, Rand declarou que não criava *opções* diferentes para seus clientes.

"Resolvo seu problema, e você me paga", disse. "Pode usar o que eu produzir ou não, mas não apresento opções, e de qualquer maneira você me paga."

Jobs admirava esse tipo de pensamento. Identificava-se com ele. Por isso fez uma aposta. A empresa pagaria a Rand o espantoso montante fixo de 100 mil dólares por *um* design. "Havia uma clareza em nossa relação", disse Jobs. "Ele tinha pureza como artista, mas era muito astuto para resolver problemas comerciais. Tinha uma aparência dura e cultivara a imagem de ranheta, mas era afetuoso por dentro." Era um dos maiores elogios que Jobs poderia fazer: pureza como artista.

Rand só precisou de duas semanas. Tomou o avião de volta para entregar o resultado a Jobs em sua casa, em Woodside. Primeiro jantaram, depois Rand lhe passou um elegante e vibrante folheto que descrevia seu processo de pensamento. Na última página, ele apresentava o logo que tinha escolhido. "Em seu design, arranjo de cores e orientação, o logo é um estudo em contrastes", proclamava o folheto. "Inclinado num ângulo elegante, comunica a informalidade, a cordialidade e a espontaneidade de um selo de Natal e a autoridade de um carimbo." A palavra Next estava dividida em duas linhas, para preencher a face quadrada do cubo, com apenas o "e" minúsculo. Essa letra destacava-se, dizia o folheto, para dar a conotação de "educação, excelência... e = mc^2".

Às vezes era difícil prever como Jobs reagiria a uma apresentação. Poderia declarar que o trabalho era uma droga ou brilhante, e nunca se sabia qual seria o veredicto. Mas, com um designer lendário como Rand, era mais provável que acatasse a proposta. Jobs fitou a última página, olhou para ele e o abraçou. Só tinham uma pequena divergência: Rand usara um tom escuro de amarelo para o "e" no logo, e Jobs queria que ele trocasse por um amarelo mais vivo e tradicional. Rand deu um murro na mesa e declarou: "Faço isso há cinquenta anos e sei o que estou fazendo". Jobs cedeu.

A empresa tinha não apenas um novo logo, mas um novo nome. Já não era Next, mas NeXT. Outros talvez não compreendessem a necessidade dessa obsessão com um logo, muito menos de pagar 100 mil dólares por um. Mas para Jobs significava que a NeXT começava a vida com um sentimento e uma identidade de nível mundial, mesmo que ainda não tivesse projetado seu primeiro produto. Como Markkula lhe ensinara, pode-se julgar um livro pela capa, e uma grande empresa precisa ter a capacidade de imputar seus valores a partir da primeira impressão que causa. Além disso, o logo era espantosamente bom.

Como bônus, Rand concordou em projetar para Jobs um cartão de visitas pessoal. Ele idealizou um tratamento colorido de letras, de que Jobs gostou, mas acabaram tendo uma longa e acalorada discussão sobre a colocação do ponto depois do "P" em Steven P. Jobs. Rand tinha colocado o ponto à direita do "P", como se tivesse sido composto com letras de chumbo. Steve preferia que o ponto fosse empurrado para a esquerda, sob a curva do "P", como é possível com a tipografia digital. "Foi uma discussão bem grande sobre algo relativamente pequeno", lembrou Susan Kare. Dessa vez, Jobs se impôs.

A fim de traduzir o logo da NeXT para a aparência de produtos reais, Jobs precisaria de um desenhista industrial em quem confiasse. Falou com alguns possíveis candidatos, mas nenhum o impressionou tanto como o selvagem bávaro que ele tinha importado para a Apple: Hartmut Esslinger, cuja frogdesign se estabelecera no Vale do Silício e, graças a Jobs, tinha um lucrativo contrato com a Apple. Conseguir permissão da IBM para que Paul Rand trabalhasse para a NeXT havia sido um pequeno milagre que ganhara vida devido à crença de Jobs de que a realidade pode ser distorcida. Mas fora moleza em comparação com a probabilidade de que ele conseguisse convencer a Apple a permitir que Esslinger trabalhasse para a NeXT.

Mas isso não o impediu de tentar. No começo de novembro de 1985, apenas cinco semanas depois que a Apple entrou com uma ação contra ele, Jobs escreveu para Eisenstat (advogado geral da Apple que apresentara a ação) e pediu derrogação. "Falei com Hartmut Esslinger no fim de semana e ele sugeriu que eu lhe mandasse um bilhete explicando por que quero trabalhar com ele e a frogdesign em novos produtos para a NeXT", disse. Espantosamente, Jobs argumentou que não sabia o que a Apple planejava fazer, mas que Esslinger sabia. "A NeXT não tem informação alguma sobre a direção presente ou futura dos projetos de produtos da Apple, assim como não têm outras empresas com as quais trabalhamos, por isso é possível que projetemos, inadvertidamente, produtos de aparência similar. É portanto do interesse da Apple e da NeXT confiar no profissionalismo de Hartmut para ter certeza de que isso não ocorra." Eisenstat lembra-se de ter ficado boquiaberto com a audácia de Jobs, e deu uma resposta curta e grossa. "Já manifestei meu temor, em nome da Apple, de que você tenha embarcado numa trajetória comercial que envolva a utilização de informações confidenciais da Apple", escreveu. "Sua carta não diminui minha preocupação de forma alguma. Na verdade, aumenta meus temores, porque declara que você 'não tem informação alguma sobre a direção presente ou futura dos projetos de produtos da Apple', declaração que não é verdadeira." O que tornava o pedido ainda mais espantoso para Eisenstat era o fato de ter sido Jobs que, apenas um ano antes, obrigara a frogdesign a abandonar seu trabalho no aparelho de controle remoto de Wozniak.

Jobs deu-se conta de que, para trabalhar com Esslinger (e por muitas outras razões), precisaria resolver a ação judicial que a Apple movera. Felizmente, Sculley estava com boa vontade. Em janeiro de 1986, fizeram um acordo extrajudicial que não envolvia prejuízos financeiros. Em troca da retirada da ação, a NeXT concordava com uma série de restrições: seu produto só seria comercializado como uma estação de trabalho de alta tecnologia, seria vendido diretamente para faculdades e universidades e não seria lançado antes de março de 1987. A Apple insistiu também em que a máquina da NeXT "não usasse um sistema operacional compatível com o Macintosh", muito embora se possa dizer que seria mais vantajoso para ela se insistisse justamente no contrário.

Depois do acordo, Jobs continuou a cortejar Esslinger até que o designer resolveu terminar seu contrato com a Apple. Isso permitiu à frogdesign, no fim de 1986, trabalhar com a NeXT. Ele insistiu em ter liberdade total, exatamente como Paul Rand tivera. "Às vezes é preciso usar um porrete com Steve", disse ele. Mas, como Rand, Esslinger era um artista, e por isso Jobs estava pronto para lhe fazer concessões que negava aos outros mortais.

Jobs decretou que o computador deveria ser um cubo absolutamente perfeito, cada lado medindo exatamente 30,48 cm de comprimento e cada ângulo, precisamente noventa graus. Ele gostava de cubos. Tinham um ar de gravidade, mas também uma vaga lembrança de brinquedo. O cubo da NeXT, contudo, era um exemplo jobsiano de função subjugada à forma — e não o contrário, como exigiam a Bauhaus e outros designers funcionais. As placas de circuito, que se ajustavam perfeitamente à tradicional forma de pizza, tiveram de ser reconfiguradas e empilhadas para se aninhar num cubo.

Pior ainda, a perfeição do cubo tornava sua fabricação difícil. A maioria das peças forjadas em moldes tem ângulos levemente superiores ao puro ângulo de noventa graus, para que seja mais fácil retirá-las (assim como é mais fácil tirar um bolo de uma fôrma com ângulos ligeiramente superiores a noventa graus). Mas Esslinger decretou, e Jobs concordou com entusiasmo, que não haveria "ângulos de saída" que pudessem arruinar a pureza e a perfeição do cubo. Assim, os lados tiveram de ser produzidos em separado, usando fôrmas de 650 mil dólares, numa loja de máquinas especializada em Chicago. A paixão de Jobs pela perfeição tinha fugido do controle. Quando notou uma linha minúscula causada no chassi pelas fôrmas, algo que qualquer outro fabricante de computadores aceitaria como inevitável, ele tomou o avião para Chicago e convenceu o fundidor a fazer tudo de novo, e com perfeição. "Não há muitos fundidores que esperam ver uma celebridade tomar o avião para conversar com eles", observou David Kelley, um dos engenheiros. Jobs também fez a empresa comprar uma lixadeira de 150 mil dólares para remover todas as linhas em que as faces da fôrma se encontravam. Jobs fez questão de que a caixa de magnésio fosse de um preto fosco, o que aumentava a suscetibilidade a manchas.

Kelley também teve de descobrir um jeito de fazer funcionar o elegantemente curvo suporte para o monitor, tarefa dificultada pela insistência de Jobs em que houvesse um mecanismo de inclinação. "A gente quer ser a voz da razão", disse Kelley à *Business Week*. "Mas quando eu dizia: 'Steve, isso vai ficar muito caro', ou 'Não dá para fazer', sua resposta era: 'Seu frouxo'. Ele faz a gente se sentir um pensadorzinho." Assim, Kelley e sua equipe passavam noites em claro imaginando maneiras de transformar cada capricho estético num produto funcional. Um candidato que estava sendo entrevistado para uma vaga de marketing viu Jobs tirar dramaticamente um pano para apresentar o suporte curvo, com um bloco de concreto empoleirado no lugar onde ficaria o monitor. Enquanto o perplexo visitante observava, Jobs mostrou, animado, o mecanismo de inclinação, que ele patenteara em seu próprio nome.

Segundo uma das obsessões de Jobs, as partes de um produto que não se veem deviam ser construídas com tanto capricho quanto qualquer fachada, assim como seu pai usava um pedaço de boa madeira na parte de trás de uma cômoda. Isso também ele levou a extremos quando se viu solto na NeXT. Fazia questão de que os parafusos dentro da máquina tivessem um revestimento de alta qualidade. Insistiu até em que o acabamento em preto fosco fosse feito do lado de dentro da caixa do cubo, muito embora só os técnicos vissem essa parte quando fossem consertar a máquina.

Joe Nocera, que na época escrevia para a *Esquire*, captou a intensidade de Jobs numa reunião de equipe na NeXT:

Não é muito exato dizer que ele se senta durante esta reunião de equipe, porque Jobs praticamente não fica sentado quando participa seja lá do que for; uma das suas formas de domínio é pelo movimento. Ora se ajoelha na cadeira, ora fica todo relaxado; em seguida, dá um pulo da cadeira e rabisca qualquer coisa no quadro-negro atrás dele. É cheio de tiques. Rói as unhas. Fita com insistência enervante a pessoa que está com a palavra. As mãos, que são leve e inexplicavelmente amareladas, estão sempre em movimento.

O que mais chamou a atenção de Nocera em Jobs foi a "falta de tato quase deliberada". Era mais do que uma simples incapacidade de ocultar suas opiniões quando outros diziam algo que lhe parecia idiota; era uma disposição consciente — mesmo uma perversa avidez — de criticar as pessoas, de humilhá-las, de mostrar que ele era mais inteligente. Quando Dan'l Lewin lhe passou um organograma, por exemplo, Jobs revirou os olhos. "Estes organogramas são uma merda", exclamou. Apesar disso, seu humor oscilava descontroladamente, como na Apple, em torno do eixo herói-babaca. Um empregado do departamento financeiro entrou na reunião e Jobs o cumulou de elogios por "um trabalho realmente, realmente bom"; no dia anterior, Jobs lhe dissera: "Este negócio é uma bosta".

Um dos primeiros dez funcionários da NeXT foi um decorador da primeira sede da empresa, em Palo Alto. Apesar de ter alugado um prédio novo e lindamente projetado, Jobs mandou arrebentá-lo e reconstruí-lo. Paredes foram substituídas por vidraças, carpetes trocados por pisos de madeira clara. O processo repetiu-se quando a NeXT se mudou para um lugar mais espaçoso em Redwood City, em 1989. Embora o prédio fosse novo, Jobs insistiu em mudar os elevadores de lugar, para que o saguão de entrada ficasse com aspecto mais dramático. Para a peça central do saguão, contratou I. M. Pei, que projetou uma grandiosa escada que parecia flutuar. O empreiteiro disse que seria impossível construí-la. Jobs disse que seria possível, e foi. Anos depois, ele faria dessa escada uma característica das lojas da Apple.

O COMPUTADOR

Nos primeiros meses da NeXT, Jobs e Dan'l Lewin puseram o pé na estrada, geralmente acompanhados de alguns colegas, para visitar os campi e pedir opiniões. Em Harvard, reuniram-se com Mitch Kapor, o presidente do conselho da Lotus Software, durante um jantar no restaurante Harvest. Quando Kapor começou a passar uma porção generosa de manteiga no pão, Jobs olhou para ele e perguntou: "Você já ouviu falar em colesterol sérico?". Kapor respondeu: "Vamos fazer um acordo. Você evita comentar meus hábitos dietéticos e eu evito tocar no assunto da sua personalidade". A intenção era bem-humorada, e a Lotus concordou em preparar um programa de planilha para o sistema operacional da NeXT, mas, como Kapor comentou mais tarde: "Relações humanas não é o seu ponto forte".

Jobs queria colocar na máquina conteúdo de alta qualidade, e Michael Hawley, um dos engenheiros, desenvolveu um dicionário digital. Um dia ele comprou uma nova edição das obras de Shakespeare e notou que um amigo seu, na Oxford University Press, tinha participado da composição tipográfica. Isso queria dizer que talvez houvesse uma fita de computador em que ele poderia botar as mãos e, se fosse o caso, incorporar à memória do NeXT. "Liguei para Steve, e ele disse que seria fabuloso, e tomamos o avião para Oxford." Num lindo dia de primavera em 1986, eles se reuniram no grandioso prédio da editora no coração de Oxford, onde Jobs fez uma oferta de 2 mil dólares mais 74 centavos para cada computador vendido, em troca dos direitos autorais da edição Oxford de Shakespeare. "Vocês só terão benefícios", argumentou. "Estarão na frente. Nunca foi feito antes." Eles concordaram em princípio e foram jogar boliche tomando cerveja num pub ali perto, onde lorde Byron costumava beber. No lançamento, o NeXT incluiria também um dicionário, um dicionário analógico e o *Oxford dictionary of quotations*, o que fazia dele um dos pioneiros do conceito de livros eletrônicos pesquisáveis.

Em vez de usar chips disponíveis no mercado para o NeXT, Jobs mandou seus engenheiros projetarem chips que integrassem várias funções. Isso já era difícil por si, mas ele tornou a tarefa quase impossível revisando, continuamente, as funções que queria ter. Depois de um ano, ficou claro que aquilo seria um importante fator de atraso.

Jobs insistiu também em construir sua própria fábrica futurista, totalmente automatizada, assim como tinha feito para o Macintosh. Não se arrependera daquela experiência. Dessa vez, cometeu os mesmos erros, mas com mais excessos. Máquinas e robôs foram pintados e repintados, enquanto ele revisava, compulsivamente, a combinação de cores. As paredes eram branco-museu, como na fábrica do Macintosh, e havia cadeiras de couro pretas de 20 mil dólares e uma escada especialmente projetada, como na sede da empresa. Jobs queria que a maquinaria da linha de montagem de cinquenta metros fosse configurada para levar as placas de circuito da direita para a esquerda durante a fabricação, para que o processo causasse uma impressão mais favorável aos visitantes que olhassem da galeria de observação. Placas de circuito vazias eram colocadas de um lado e vinte minutos depois, intocadas por seres humanos, saíam do outro, como placas completas. O processo seguia o princípio japonês conhecido como "Kanban", no qual cada máquina só executa sua tarefa quando a máquina seguinte está pronta para receber outra peça.

Jobs não abrandara sua maneira exigente de lidar com empregados. "Usava o charme ou a humilhação em público, de uma forma que, na maioria dos casos, era bastante eficaz", lembra Tribble. Mas às vezes não era. Um engenheiro, David Paulsen, trabalhou noventa horas por semana nos primeiros dez meses da NeXT. Saiu, diz ele, quando "Steve chegou numa sexta-feira à tarde e disse que não estava nem um pouco impressionado com o que vínhamos fazendo". Quando a *Business Week* lhe perguntou por que tratava os empregados com tanta severidade, Jobs disse que era para tornar a empresa melhor. "Parte da minha responsabilidade é ser um parâmetro de qualidade. Algumas pessoas não estão acostumadas a trabalhar num ambiente em que se exige boa qualidade." De outro lado, ele também tinha vivacidade e carisma. Havia muitas viagens, visitas de mestres de aiquidô e encontros fora do local de trabalho. E ele ainda transpirava audácia de pirata. Quando a Apple despediu a Chiat/Day, empresa publicitária que tinha feito o anúncio "1984" e criara o anúncio de jornal que dizia "Bem-vinda, IBM. Sério", Jobs publicou um anúncio de página inteira no *Wall Street Journal* proclamando: "Parabéns, Chiat/Day. Sério... Pois posso lhe garantir: há vida depois da Apple".

Talvez a maior semelhança com seus tempos de Apple estivesse no fato de Jobs ter levado consigo seu campo de distorção da realidade. Isso ficou patente no primeiro encontro fora do local de trabalho da empresa em Pebble Beach, no fim de 1985. Jobs proclamou para a equipe que o primeiro computador NeXT seria lançado em apenas dezoito meses. Já estava claro naquela época que seria impossível, mas Jobs derrubou a sugestão de um dos engenheiros para que fossem realistas e planejassem o lançamento para 1988. "Se fizermos isso, o mundo não vai ficar parado, a oportunidade tecnológica vai passar, e todo o trabalho que fizermos terá de ser jogado na privada", afirmou.

Joanna Hoffman, veterana da equipe Macintosh, estava entre aqueles que se dispunham a contestar Jobs, e fez exatamente isso. "A distorção da realidade tem seu valor como motivação, e acho isso ótimo", disse ela para Jobs, que ouvia ao lado do quadro interativo. "Mas, quando se trata de fixar uma data que afeta o projeto do produto, então ficamos atolados na merda." Jobs não concordou. "Acho que precisamos enfiar uma estaca no chão em algum lugar, e se perdermos esta chance nossa credibilidade vai sofrer desgaste." O que ele não disse, mas todos suspeitavam, era que se suas metas não fossem alcançadas o dinheiro acabaria. Jobs tinha empenhado 7 milhões de dólares do próprio bolso, mas naquele ritmo de gastos, se não começassem a ter alguma renda proveniente de produtos despachados, esse montante acabaria em dezoito meses.

Três meses depois, quando voltaram a Pebble Beach no começo de 1986 para mais uma reunião fora do local de trabalho, Jobs começou sua lista de máximas dizendo: "A lua de mel acabou". Na época da terceira reunião, em Sonoma, em setembro de 1986, o cronograma já tinha estourado, e parecia que a empresa ia dar com a cara no muro financeiramente.

PEROT VEM RESGATAR

No fim de 1986, Jobs distribuiu um prospecto para empresas de capital de risco oferecendo 10% da NeXT por 3 milhões de dólares. Isso correspondia a avaliar a empresa em 30 milhões, valor que Jobs tirou do nada. Menos de 7 milhões de dólares tinham sido aplicados na empresa até aquela altura, e havia pouca coisa a mostrar, além de um bonito logo e alguns escritórios cheios de estilo. Não havia renda nem produtos, nem mesmo no horizonte. Não era de surpreender que os capitalistas de risco recusassem a oferta para investir.

Mas houve um audacioso caubói que ficou muito impressionado. Ross Perot, o pequeno e animado texano que fundou a Electronic Data Systems e depois a vendeu para a General Motors por 2,4 bilhões de dólares, viu um documentário da pbs chamado *The entrepeneurs*, que tinha uma parte sobre Jobs e a NeXT, em novembro de 1986. Identificou-se de imediato com Jobs e sua turma, a ponto de dizer que, enquanto assistia, "eu terminava as frases para eles". Era uma frase misteriosamente parecida com o que Sculley costumava dizer. Perot telefonou para Jobs no dia seguinte e fez a oferta: "Quando precisar de um investidor, é só me ligar".

Jobs precisava de um, e com urgência. Mas teve a frieza de não demonstrar. Esperou uma semana para ligar de volta. Perot mandou seus analistas fazerem uma avaliação da NeXT, mas Jobs tomou a precaução de negociar diretamente com ele. Um de seus maiores arrependimentos na vida, diria Perot mais tarde, era não ter comprado a Microsoft, ou uma grande fatia dela, quando Bill Gates, ainda muito jovem, lhe fez uma visita em Dallas em 1979. Quando Perot ligou para Jobs, a Microsoft tinha acabado de ir a público avaliada em 1 bilhão de dólares. Perot perdera uma oportunidade de ganhar muito dinheiro e divertir-se com a aventura. Estava disposto a nunca mais cometer esse erro.

Jobs fez a Perot uma oferta três vezes mais dispendiosa do que a que fizera discretamente a capitalistas desinteressados. Por 20 milhões de dólares, Perot ficaria com 16% das ações da empresa, depois que Jobs pusesse mais 5 milhões. Isso significava que a empresa seria avaliada em cerca de 126 milhões de dólares. Mas dinheiro não era uma grande preocupação para Perot. Depois de encontrar-se com Jobs, ele declarou que aceitava. "Escolho os jóqueis, os jóqueis escolhem os cavalos e correm", disse ele a Jobs. "Estou apostando em vocês, pensem nisso."

Perot levou para a NeXT algo quase tão valioso quanto a corda de salvamento de 20 milhões de dólares: era um animado chefe de torcida para a empresa, sempre com uma declaração citável, alguém capaz de dar lhe um ar de credibilidade entre adultos. "Como empresa incipiente, esta é uma das menos arriscadas que já vi em 25 anos na indústria de computadores", disse ele ao *New York Times*. "Pedimos a algumas pessoas sofisticadas que vissem o hardware — elas ficaram boquiabertas. Steve e toda a sua equipe da NeXT são o maior bando de perfeccionistas que já vi."

Perot também frequentava círculos sociais e comerciais refinados, que complementavam os de Jobs. Levou-o a um jantar dançante, com traje a rigor, em San Francisco, que Gordon e Ann Getty ofereceram ao rei Juan Carlos i, da Espanha. Quando o rei perguntou a Perot quem deveria conhecer ali, este imediatamente lhe apresentou Jobs. Logo os dois travaram o que Perot depois chamaria de "conversa elétrica", durante a qual Jobs descreveu animadamente a próxima geração de computadores. No fim, o rei rabiscou um bilhete e entregou-o a Jobs. "O que foi?", perguntou Perot. "Vendi-lhe um computador", respondeu Jobs.

Essas e outras histórias foram incorporadas à mitologia em torno da figura de Jobs que Perot passava adiante em qualquer lugar por onde andasse. Num briefing no National Press Club em Washington, ele contou a história da vida de Jobs, dando-lhe um cunho de lorota texana sobre um jovem tão pobre que não tinha condição de cursar uma faculdade, trabalhando em sua garagem à noite, brincando com chips de computador, a distração dele, até que um dia o pai — que parece personagem de quadro de Norman Rockwell — chega e lhe diz: "Steve, faça alguma coisa que venda ou arranje um emprego". Sessenta dias depois, numa caixa de madeira que o pai fez para ele, foi criado o primeiro computador Apple. E esse homem que só concluiu o ensino médio mudou o mundo.

A única parte verdadeira era a frase sobre a semelhança de Paul Jobs com personagem de quadro de Rockwell. E, talvez, a última frase, que diz que Jobs mudou o mundo. Perot sem dúvida acreditava nisso. Como Sculley, ele se via em Jobs. "Steve é como eu", disse Perot a David Remnick, do *Washington Post*. "Nós dois somos esquisitos. Somos almas gêmeas."

GATES E NEXT

Bill Gates não era uma alma gêmea. Jobs convencera-o a produzir aplicativos de software para o Macintosh, que acabaram sendo imensamente lucrativos para a Microsoft. Mas Gates era resistente ao campo de distorção da realidade de Jobs e, como resultado, decidiu não criar softwares especialmente projetados para a plataforma NeXT. Gates ia à Califórnia para assistir a demonstrações periódicas, mas nunca voltava bem impressionado. "O Macintosh era realmente único, mas eu, pessoalmente, não entendo o que o novo computador de Steve tem de tão diferente", disse ele à *Fortune*.

Parte do problema vinha do fato de os titãs rivais serem, congenitamente, incapazes de tratar um ao outro com deferência. Quando Gates fez sua primeira visita à sede da NeXT em Palo Alto, no verão de 1987, Jobs o deixou esperando meia hora no saguão, apesar de Gates poder ver, pelas paredes de vidro, que ele andava de um lado para outro, batendo papo. "Fui à NeXT, tomei Odwalla, o mais caro dos sucos de cenoura, e nunca tinha visto escritórios de empresa de tecnologia tão suntuosos", lembrou Gates, balançando a cabeça com um quase sorriso. "E Steve chega para a reunião com meia hora de atraso."

O argumento de venda de Jobs, de acordo com Gates, era simples. "Fizemos o Mac juntos", disse Jobs. "Como funcionou para você? Muito bem. Agora vamos fazer isto juntos, e será ótimo."

Mas Gates foi cruel com Jobs, do mesmo jeito que Jobs podia ser cruel com os outros. "Essa máquina é uma bosta", disse. "O disco magnético ótico tem uma latência muito baixa, a porra da caixa é cara demais. Esse troço é ridículo." E decidiu ali, e reafirmou a decisão em todas as visitas subsequentes, que não fazia sentido para a Microsoft desviar recursos de outros projetos a fim de desenvolver aplicativos para o NeXT. Pior ainda, disse isso reiteradamente em público, o que desencorajava outros a gastarem tempo desenvolvendo aplicativos para o NeXT. "Desenvolver para aquilo? Eu mijaria naquilo", disse ele à *InfoWorld*.

Quando se encontraram por acaso no corredor de uma conferência, Jobs começou a criticar severamente Gates por recusar-se a fazer um software para o NeXT. "Quando você achar um mercado, eu penso nisso", respondeu Gates. Jobs zangou-se. "Foi uma guerra de gritos, na frente de todo mundo", diz Adele Goldberg, engenheira do Xerox PARC, que estava lá. Jobs insistia em dizer que o NeXT seria a próxima onda da computação. Gates, como geralmente acontece, foi ficando mais inexpressivo à medida que Jobs se exaltava. Até que, por fim, balançou a cabeça e foi embora.

Por trás dessa rivalidade pessoal — e de um reluctante respeito ocasional — havia diferenças básicas de filosofia. Jobs acreditava numa integração contínua de hardware e software, o que o levou a construir uma máquina que não era compatível com outras. Gates acreditava em um mundo em que empresas diferentes fossem compatíveis umas com as outras, e lucrava com isso; seu hardware rodava um sistema operacional padrão (o Windows, da Microsoft), e podia usar os mesmos aplicativos de software (como o Word e o Excel da Microsoft). "O produto dele tem uma característica interessante chamada incompatibilidade", disse Gates ao *Washington Post*. "Não roda nenhum dos softwares existentes. É um computador superlegal. Não acredito que, se tivesse projetado um computador incompatível, eu me sairia tão bem como me saí."

Num fórum em Cambridge, Massachusetts, em 1989, Jobs e Gates apareceram em sequência, expondo suas diferentes visões de mundo. Jobs discorreu sobre as ondas na indústria de computação, que ocorrem com poucos anos de intervalo. O Macintosh tinha lançado uma nova e revolucionária abordagem com interface gráfica. Agora a NeXT fazia o mesmo com programação orientada para objetos, amarrada a uma nova e poderosa máquina num disco magnético ótico. Todos os grandes vendedores de software tinham se dado conta de que precisavam participar dessa nova onda, disse ele, "à exceção da Microsoft". Quando chegou a vez de Gates, ele reiterou sua ideia de que o controle de Jobs sobre a integração contínua de hardware e software estava fadado ao fracasso, assim como a Apple fracassara na competição com o Windows padrão da Microsoft. "O mercado de hardware e o mercado de software são separados", disse. Quando lhe perguntaram sobre o grande design que poderia vir da abordagem de Jobs, Gates fez um gesto apontando o protótipo do NeXT que ainda ocupava o palco e escarneceu: "Se quiserem preto, eu lhes dou uma lata de tinta".

IBM

Jobs desferiu um brilhante golpe de jiu-jítsu contra Gates, golpe que poderia ter alterado para sempre o equilíbrio de poder na indústria de computação. Para isso, teve de fazer duas coisas que iam contra sua natureza: licenciar seu software para outro fabricante de hardware e ir para a cama com a IBM. Ele tinha uma veia prática, embora minúscula, e graças a ela foi capaz de vencer a própria relutância. Mas nunca acreditou totalmente na ideia, tendo sido por essa razão que a aliança teve vida curta.

Começou numa festa, verdadeiramente memorável, o septuagésimo aniversário de Katharine Graham, editora do *Washington Post*, em junho de 1987. Seiscentos convidados compareceram, incluindo o presidente Ronald Reagan. Jobs voou da Califórnia, e o presidente da IBM, John Akers, de Nova York. Era a primeira vez que se encontravam. Jobs aproveitou a oportunidade para falar mal da Microsoft e tentar convencer a IBM a deixar de depender de seu sistema operacional Windows. "Não me contive e contei-lhe que achava que a IBM estava assumindo um risco gigantesco ao apostar toda a sua estratégia de software na Microsoft, porque achava que seu software não era muito bom", disse Jobs.

Para alegria de Jobs, Akers respondeu: "Você gostaria de nos ajudar?". Em poucas semanas, Jobs apareceu na sede da IBM em Armonk, Nova York, com o engenheiro de software Bud Tribble. Eles fizeram uma demonstração do NeXT, que impressionou os engenheiros da IBM. Particularmente significativo era o NeXTSTEP, sistema operacional da máquina orientado para objeto. "O NeXT-STEP cuidava de muitos afazeres triviais de programação que retardavam o processo de desenvolvimento de software", disse Andrew Heller, o diretor-geral da unidade de estação de trabalho da IBM, que ficou tão impressionado com Jobs que deu ao filho o nome de Steve.

As negociações duraram até 1988, com Jobs cada vez mais irritadiço com relação aos mais ínfimos detalhes. Saía arrogante no meio de reuniões devido a divergências sobre cores ou design, e Tribble e Dan'l Lewin iam atrás para acalmá--lo. Ele parecia não saber o que o amedrontava mais, se a IBM ou a Microsoft. Em abril, Perot decidiu recebê-los como mediador em sua sede em Dallas, e chegaram a um acordo. A IBM teria licença para usar a versão atual do software NeXTSTEP e, se gostasse, a adotaria em algumas de suas estações de trabalho. A IBM enviou para Palo Alto um contrato de 125 páginas com tudo detalhadamente explicado. Jobs o deixou de lado, sem ler uma palavra. "Vocês não entenderam", disse, saindo da sala. Exigiu um contrato mais simples de poucas páginas, que recebeu uma semana depois.

Jobs queria que Bill Gates não soubesse de nada até a grande apresentação do computador NeXT, marcada para outubro. Mas a IBM insistiu em ser franca. Gates ficou furioso. Percebeu que isso poderia acabar com a dependência da IBM para com os sistemas operacionais da Microsoft. "O NeXTSTEP não é compatível com nada", esbravejou para os executivos da IBM.

De início, Jobs parecia ter concretizado o pior pesadelo de Gates. Outros fabricantes de computadores que dependiam dos sistemas operacionais da Microsoft, especialmente Compaq e Dell, foram pedir a Jobs o direito de clonar o NeXT e licença para usar o NeXTSTEP. Houve até ofertas para pagar bem mais se a NeXT saísse do negócio de hardware.

Aquilo era demais para Jobs, pelo menos naquele momento. Ele cortou as discussões sobre clone. E começou a esfriar com a IBM. A frieza tornou-se recíproca. Quando a pessoa que fez o negócio com a IBM saiu, Jobs foi a Armonk para um encontro com seu substituto, Jim Cannavino. Eles esvaziaram a sala e tiveram uma conversa a sós. Jobs exigiu mais dinheiro para manter o relacionamento e para licenciar novas versões do NeXTSTEP para a IBM. Cannavino não assumiu compromisso algum, e passou a não mais atender os telefonemas de Jobs. O negócio prescreveu. A NeXT conseguiu algum dinheiro como taxa de licenciamento, mas jamais teve chance de mudar o mundo.

Jobs tinha aperfeiçoado a arte de transformar o lançamento de produtos em produções teatrais, e para a première mundial do computador NeXT — em 12 de outubro de 1988, no Symphony Hall de San Francisco — ele queria superar a si próprio. Precisava deixar os céticos boquiabertos. Nas semanas anteriores ao evento, ia de carro a San Francisco quase todos os dias para se esconder na casa vitoriana de Susan Kare, a designer gráfica do NeXT, que fizera as fontes e os ícones originais para o Macintosh. Ela ajudou a preparar cada um dos slides, enquanto Jobs afligia-se com tudo, desde a redação até a tonalidade correta de verde que serviria de cor de fundo. "Gosto desse verde", disse ele, orgulhoso, quando fizeram um ensaio diante de alguns funcionários. "Grande verde, grande verde", sussurravam eles, concordando. Jobs preparava, polia e revisava cada um dos slides, como se fosse T. S. Eliot incorporando as sugestões de Ezra Pound para *A terra desolada*.

Nenhum detalhe era insignificante. Jobs revia pessoalmente a lista de convidados e até o cardápio do almoço (água mineral, croissants, *cream cheese*, broto de feijão). Escolheu uma empresa de projeção de vídeo e pagou 60 mil dólares por ajuda audiovisual. Contratou o produtor teatral pós-moderno George Coates para encenar o show. A apresentação do cubo perfeitamente preto seria feita num cenário minimalista com fundo preto, uma mesa coberta por uma toalha preta, um véu preto cobrindo o computador e um simples vaso de flores. Como nem o hardware nem o sistema operacional estavam de fato prontos, algumas pessoas insistiram com Jobs para que fizesse uma simulação. Mas ele se recusou. Sabendo que seria como um passeio na corda bamba, sem rede para aparar, ele resolveu fazer a demonstração ao vivo.

Mais de 3 mil pessoas compareceram ao evento e fizeram fila para entrar no Symphony Hall duas horas antes de a cortina se abrir. Não ficaram decepcionadas, pelo menos com o show. Jobs esteve no palco durante três horas, e mais uma vez mostrou que era, nas palavras de Andrew Pollack, do *New York Times*, "o Andrew Lloyd Webber da apresentação de produtos, um mestre de instinto cênico e de efeitos especiais". Wes Smith, do *Chicago Tribune*, disse que o lançamento foi "para a demonstração de produtos o que o Vaticano II foi para as reuniões da Igreja".

Jobs arrancou aplausos da plateia já na primeira frase: "É ótimo estar de volta". Em seguida, repassou a história da arquitetura do computador pessoal, e prometeu que todos iam presenciar ali um evento "que só ocorre uma ou duas vezes numa década — o momento em que é lançada uma nova arquitetura que mudará a face da computação". O software e o hardware do NeXT tinham sido projetados, disse ele, depois de três anos de consultas a universidades de todo o país. "Nós nos demos conta de que o que o ensino superior quer é um computador de grande porte."

Como sempre, houve muitos superlativos. O produto era "incrível", disse ele, "a melhor coisa que poderíamos ter imaginado". Elogiou a beleza até mesmo das peças que não ficavam à vista. Equilibrando na ponta dos dedos a placa de circuito de 0,09 m² que seria colocada dentro da caixa de 0,09 m, disse com entusiasmo: "Espero que possam dar uma olhada nisto um pouco adiante. É a mais linda placa de circuito impresso que já vi na vida". Então, mostrou como o computador podia reproduzir discursos — escolheu "Eu tenho um sonho", de Martin Luther King, e "Não pergunte", de John Kennedy — e enviar e-mails com anexos de áudio. Debruçou-se sobre o microfone da máquina para gravar a própria voz. "Alô, aqui é Steve, mandando uma mensagem num dia bastante histórico." E pediu à plateia que acrescentasse "uma salva de palmas" para a mensagem, e a plateia aplaudiu.

Uma das filosofias administrativas de Jobs era a de que é fundamental, de vez em quando, lançar o dado e "apostar a empresa" numa nova ideia ou tecnologia. No lançamento do NeXT, ele gabou-se de um exemplo que, como se veria, não foi uma aposta sensata: ter um disco magnético ótico para ler e escrever de alta capacidade (mas lento), e sem disquete como cópia de segurança. "Dois anos atrás tomamos uma decisão", disse. "Vimos algumas novas tecnologias e tomamos a decisão de arriscar nossa empresa."

Jobs passou em seguida para uma característica que se revelaria mais presciente. "O que fizemos foi produzir os primeiros livros digitais de verdade", disse ele, assinalando a inclusão da edição Oxford de Shakespeare e outros tomos. "Não houve avanço na tecnologia de ponta de impressão de livros desde Gutenberg."

Às vezes, ele falava de si mesmo de um jeito divertido, e aproveitou a demonstração do livro eletrônico para fazer piada consigo mesmo. "Uma palavra que costuma ser usada para me descrever é 'mercurial'", disse, e fez uma pausa. A plateia riu, sabendo muito bem a que ele se referia, especialmente as primeiras filas, ocupadas por funcionários da NeXT e antigos membros da equipe Macintosh. Então, ele tirou uma palavra do dicionário do computador e leu a primeira definição. "De ou relativo a, ou nascido sob o planeta Mercúrio." Rolando para baixo, acrescentou: "Acho que a terceira é a que eles usam: 'Caracterizado por imprevisível mudança de humor'". Houve mais algumas risadas. "Se descermos mais um pouco a página do dicionário analógico, vemos que o antônimo é 'saturnino'. Bem, o que é isso? Clicando duas vezes em cima, fazemos a consulta ao dicionário, e aqui está: 'De humor frio e constante. Lento para agir ou mudar. De disposição sombria ou rabugenta'." Um sorriso brotou-lhe na face, enquanto aguardava as risadas. "Bem", concluiu, "acho que 'mercurial' não é assim tão ruim." Depois dos aplausos, usou o dicionário de citações para ressaltar um argumento mais sutil, sobre seu campo de distorção da realidade. A citação que escolheu foi tirada de *Alice no país do espelho*, de Lewis Carroll. Quando Alice diz que, por mais que tente, não consegue acreditar em coisas impossíveis, a Rainha Branca retruca: "Nossa! Pois eu às vezes acredito em seis coisas impossíveis antes do café da manhã". Especialmente das primeiras filas, veio uma explosão de gargalhadas entendidas.

Todo o clima de alegria serviu para adoçar a má notícia, ou para distrair a atenção. Quando chegou a hora de anunciar o preço da nova máquina, Jobs fez o que costumava fazer na demonstração de um produto: enumerou rapidamente as características, descreveu-as como "valendo milhares e milhares de dólares", levando a plateia a imaginar que deveria mesmo custar caro. Então anunciou o que esperava que parecesse um preço baixo: "Vamos cobrar um preço único para o ensino superior de 6500 dólares". Dos mais fiéis, vieram alguns aplausos. Mas o painel de conselheiros acadêmicos havia muito insistia para que os preços ficassem entre 2 mil e 3 mil dólares, e achava que Jobs prometera atender. Alguns ficaram horrorizados. A reação foi confirmada quando descobriram que a impressora, opcional, custaria outros 2 mil dólares, e a lentidão do disco magnético ótico tornava recomendável a aquisição de um disco rígido externo de 2500 dólares.

Houve outra decepção que ele tentou minimizar. "No começo do ano que vem, vamos lançar nosso 0.9, para desenvolvedores de software e usuários agressivos." Houve algumas risadas nervosas. O que ele estava dizendo era que o verdadeiro lançamento da máquina e seu software — conhecido como lançamento 1.0 — não ocorreria de fato no começo de 1989. Na realidade, Jobs não marcou uma data. Apenas sugeriu que aconteceria em algum momento do segundo trimestre daquele ano. Na primeira reunião externa de trabalho da NeXT no fim de 1985, ele se recusara a alterar, apesar da resistência de Joana Hoffman, seu compromisso de terminar a máquina no começo de 1987. Agora estava claro que isso ocorreria mais de dois anos depois.

O evento terminou com uma nota mais otimista, literalmente. Jobs trouxe para o palco um violinista da Orquestra Sinfônica de San Francisco, que tocou *Concerto em lá menor*, de Bach, em dueto com o computador NeXT. As pessoas aplaudiram euforicamente. O preço e o lançamento atrasado foram esquecidos no meio do frenesi. Quando um repórter lhe perguntou logo depois por que a máquina ia demorar tanto para ficar pronta, Jobs respondeu: "Não está atrasada. Está cinco anos à frente do seu tempo".

Numa prática que se tornaria padrão, Jobs prontificou-se a conceder entrevistas "exclusivas" para publicações escolhidas, em troca da promessa de saírem como reportagem de capa. Aceitou um pedido de Katie Hafner, da *Business Week*, para lhe conceder acesso exclusivo antes do almoço. Fez acordos parecidos com a *Newsweek* e a *Fortune*. O que não levou em conta foi que uma das principais editoras da *Fortune,* Susan Fraker, era casada com o editor da *Newsweek*, Maynard Parker. Na reunião de pauta da *Fortune*, quando se falava animadamente de sua exclusividade, Fraker falou mansamente e disse ter sido informada por acaso que a *Newsweek* também recebera a promessa de uma exclusiva, que sairia poucos dias antes da *Fortune*. Como resultado, Jobs apareceu na capa de apenas duas revistas. A *Newsweek* usou o título "Mr. Chips" e mostrou-o debruçado sobre um belo NeXT, segundo ele "a mais excitante máquina dos últimos anos". A *Business Week* mostrou-o com aparência angelical num terno escuro, juntando as pontas dos dedos como um padre ou um professor. Mas Hafner informou explicitamente sobre a manipulação em torno da entrevista exclusiva. "A NeXT dividiu cuidadosamente entrevistas com sua equipe e seus fornecedores, monitorando com olho de censor", escreveu ela. "Essa estratégia funcionou, mas teve um custo: essas manobras — interesseiras e implacáveis — mostraram um lado de Steve Jobs que tanto o prejudicou na Apple. O traço que mais se destaca é sua necessidade de controlar eventos."

Quando o surto promocional passou, a reação ao computador NeXT foi muda, sobretudo porque a máquina ainda não estava disponível comercialmente. Bill Joy, o brilhante e irônico cientista-chefe da rival Sun, chamou-o de "a primeira estação de trabalho yuppie", o que não chegava a ser um cumprimento genuíno. Bill Gates, como era de esperar, continuou a manifestar seu desdém em público. "Francamente, estou decepcionado", disse ao *Wall Street Journal*. "Em 1981, ficamos realmente alvoroçados quando Steve nos mostrou o Macintosh, porque, comparado com outro computador, não se parecia com nada que tivéssemos visto antes." Mas a máquina NeXT não era assim. "Na perspectiva geral das coisas, a maioria dessas características é trivial, na verdade." Ele disse que a Microsoft manteria o plano de não criar softwares para o NeXT. Logo depois do evento de apresentação, Gates escreveu uma paródia e distribuiu-a por e-mail para sua equipe. "Toda a realidade foi completamente suspensa", começava. Olhando para trás, Bill Gates ri e diz que talvez tenha sido "o melhor e-mail que já escrevi".

Quando o computador NeXT finalmente foi posto à venda em meados de 1989, a fábrica estava preparada para produzir 10 mil unidades por mês. Mas, como se veria, as vendas ficaram em torno de quatrocentas por mês. Os belos robôs da fábrica, tão lindamente pintados, permaneceram, no geral, ociosos, e a NeXT continuou a sangrar dinheiro.

19. Pixar

A tecnologia encontra a arte

Ed Catmull, Steve Jobs e John Lasseter, em 1999.

A DIVISÃO DE INFORMÁTICA DA LUCASFILM

Quando perdia terreno na Apple no verão de 1985, Jobs saiu para caminhar com Alan Kay, cientista que tinha sido do Xerox PARC e agora era um Apple *fellow*. Kay sabia que Jobs estava interessado na interseção de criatividade com tecnologia, e sugeriu que fossem ver um amigo seu, Ed Catmull, que dirigia a divisão de informática do estúdio cinematográfico de George Lucas. Alugaram uma limusine e seguiram até o condado de Marin, na periferia do Skywalker Ranch, de Lucas, onde Catmull e sua pequena divisão de informática estavam sediados. "Fiquei boquiaberto, e na volta tentei convencer Sculley a comprá-la para a Apple", disse Jobs. "Mas o pessoal que comandava a Apple não se interessou, e, de qualquer forma, eles estavam mais preocupados em me dar um chute."

A divisão de informática da Lucasfilm tinha dois componentes principais:

desenvolvia um computador customizado para digitalizar filmes e integrá-los com efeitos especiais, e tinha um grupo de animação computadorizada fazendo curtas, como *The adventures of André and Wally B.*, que tornou o diretor John Lasseter famoso quando exibido numa exposição comercial em 1984. Lucas, que terminara a primeira trilogia de *Guerra nas estrelas*, estava enredado num divórcio litigioso e precisava vender a divisão. Tinha pedido a Catmull que achasse um comprador o mais rápido possível.

Quando alguns prováveis compradores relutaram, no outono de 1985, Catmull e o cofundador Alvy Ray Smith resolveram ir atrás de investidores para que os dois pudessem comprar a divisão. Ligaram para Jobs, combinaram outro encontro e foram até sua casa, em Woodside. Depois de esbravejar um pouco a respeito das perfídias e idiotices de Sculley, Jobs propôs comprar a divisão da Lucasfilm imediatamente. Catmull e Smith recuaram. Queriam um grande investimento, não um novo dono. Mas logo ficou claro que havia uma solução intermediária: Jobs poderia comprar a maior parte da divisão e atuar como presidente do conselho, mas deixar que Catmull e Smith a dirigissem.

"Eu quis comprá-la porque estava realmente interessado em computação gráfica", declarou Jobs mais tarde. "Quando vi o pessoal de informática da Lucasfilm, percebi que estavam bem à frente de outros na combinação de arte e tecnologia, que foi o que sempre me interessou." Jobs sabia que, nos anos seguintes, os computadores iriam se tornar cem vezes mais potentes, e achava que isso permitiria grandes avanços em animação e gráficos realistas em 3-D. "Os problemas que o grupo de Lucas atacava requeriam tal poder de processamento que me dei conta de que a história estaria do lado deles. Gosto desse tipo de vetor."

Jobs propôs pagar a Lucas 5 milhões de dólares e investir outros 5 milhões para capitalizar a divisão como empresa autônoma. Era bem menos do que Lucas estava pedindo, mas o momento era aquele. Resolveram fechar negócio. O chefe do setor financeiro da Lucasfilm achava Jobs arrogante e irritadiço, e, antes de reunir todos os participantes, disse a Catmull: "Precisamos estabelecer a ordem hierárquica correta". O plano consistia em reunir todo mundo numa sala com Jobs, para que, então, o chefe do setor financeiro chegasse atrasado alguns minutos e deixasse claro que quem dirigia a reunião era ele. "Mas aconteceu uma coisa muito engraçada", lembra Catmull. "Steve abriu a reunião na hora, sem o chefe do setor financeiro, e, quando ele chegou, Steve já assumira o controle."

Jobs só esteve uma vez com George Lucas, que lhe advertiu que o pessoal da divisão de informática estava mais preocupado em fazer filmes de animação do que em fabricar computadores. "Sabe, esses caras só querem saber de animação." Depois, Lucas lembrou: "Eu avisei que essa era basicamente a pauta de Ed e John. Acho que, no fundo, ele comprou a empresa porque essa também era a sua intenção".

O acordo final foi fechado em janeiro de 1986. Previa que, por seu investimento de 10 milhões de dólares, Jobs seria dono de 70% da empresa, com o restante das ações distribuído entre Ed Catmull, Alvy Ray Smith e os outros 38 funcionários-fundadores, que incluíam a recepcionista. O hardware mais importante da empresa chamava-se Pixar Image Computer, e foi a partir dele que a empresa adotou o nome. A última questão do acordo era onde assiná-lo. Jobs queria que fosse em seu escritório na NeXT, o pessoal da Lucasfilm preferia o rancho Skywalker. Acabaram concordando em se reunir num escritório de advocacia de San Francisco.

Por algum tempo, Jobs deixou Carmull e Smith dirigirem a empresa sem muita interferência. Mais ou menos uma vez por mês, eles se encontravam para uma reunião do conselho, geralmente na sede da NeXT, na qual Jobs dava mais atenção a questões de finanças e estratégia. No entanto, devido à sua personalidade e a seu temperamento controlador, Jobs logo passou a desempenhar um papel mais ativo, certamente mais ativo do que desejavam Catmull e Smith. Ele lançava uma torrente de ideias — algumas razoáveis, outras bizarras — sobre o que o hardware e o software da Pixar deveriam ser. E, em suas visitas ocasionais aos escritórios da Pixar, era uma presença inspiradora. "Fui criado como batista no Sul, e tínhamos reuniões de reavivamento, com pregadores hipnóticos, mas corruptos", diz Alvy Ray Smith. "Steve tem isso: o poder da língua e a rede de palavras que captura as pessoas. Tínhamos consciência disso nas reuniões do conselho, e criamos sinais — coçar o nariz ou puxar a orelha — para quando alguém fosse apanhado no campo de distorção de Steve e precisasse ser trazido de volta para a realidade."

Jobs sempre valorizara as virtudes de integrar hardware e software, exatamente o que a Pixar fazia com seu Image Computer e seu software gráfico. Na realidade, a Pixar incluía um terceiro elemento: também produzia excelente conteúdo, como filmes e gráficos animados. Os três elementos se beneficiaram da combinação de criatividade artística e compreensão tecnológica de Jobs. "O pessoal do Vale do Silício não respeita os tipos criativos de Hollywood, e o pessoal de

Hollywood acha que o pessoal tech é uma gente que eles contratam e não precisam conhecer", disse Jobs mais tarde. "A Pixar era um lugar onde as duas culturas eram respeitadas."

De início, supunha-se que a renda viria do lado do hardware. O Pixar Image Computer custava 125 mil dólares. Os principais clientes eram animadores e designers gráficos, mas a máquina logo encontrou também mercados especializados na indústria médica (dados de tomografia computadorizada podiam ser representados em gráficos tridimensionais) e áreas de inteligência (para representar informações colhidas por aviões e satélites de reconhecimento). Por causa das vendas para a Agência de Segurança Nacional, Jobs precisou obter certificado de segurança, e deve ter sido muito engraçado para o agente do FBI designado para examiná-lo. A certa altura, conta um executivo da Pixar, Jobs foi chamado pelo investigador para responder a perguntas sobre o uso de drogas, e ele respondeu honestamente e sem prurido. "A última vez que usei isso...", dizia, ou, às vezes, afirmava que não, que nunca tinha experimentado aquela droga em particular.

Jobs pressionou a Pixar a construir uma versão de baixo custo do computador, a ser vendida por cerca de 30 mil dólares. Insistiu para que Harmut Esslinger a projetasse, apesar dos protestos de Catmull e Smith contra os preços que ele cobrava. A máquina acabou ficando parecida com o Pixar Image Computer original, que era um cubo com uma covinha redonda no meio, mas tinha os sulcos finos que eram a marca registrada de Esslinger.

Jobs queria vender computadores da Pixar para um mercado de massa, e fez o pessoal da empresa abrir escritórios de venda — cujos projetos ele mesmo aprovou — em grandes cidades, com base na teoria de que pessoas criativas logo inventariam todo tipo de aplicação para a máquina. "Minha opinião é que as pessoas são animais criativos e vão descobrir maneiras novas e inteligentes de usar ferramentas que o inventor nunca imaginou", disse mais tarde. "Achei que fosse acontecer com o computador Pixar o que acontecera com o Mac." Mas as máquinas nunca se popularizaram entre clientes comuns. Eram caras demais, e não havia muitos aplicativos de software escritos para elas.

Do lado do software, a Pixar tinha um programa gráfico, conhecido como Reyes (Renders Everything You Ever Saw [Renderiza qualquer coisa que você já viu]), para fazer gráficos e imagens em 3-D. Quando Jobs se tornou presidente do conselho, a empresa criou uma nova linguagem e interface — chamada Render-

Man —, que ela esperava que se tornasse padrão de renderização em 3-D, assim como o PostScript da Adobe era padrão na impressão a laser.

Como fizera com o hardware, Jobs decidiu que deveriam procurar um mercado de massa — em vez de um mercado especializado — para o software que fabricavam. Ele nunca se entusiasmou completamente com a ideia de visar apenas aos mercados corporativos ou altamente sofisticados. "Ele é muito impulsionado por coisas de mercado de massa", diz Pam Kerwin, que foi diretora de marketing da Pixar. "Tinha visões grandiosas de que o RenderMan seria para todo mundo. Estava sempre propondo ideias em reuniões para mostrar que pessoas comuns iam usá-lo para produzir incríveis gráficos em 3-D e imagens com qualidade de fotografia." A equipe da Pixar tentava dissuadi-lo, dizendo que o Render-Man não era fácil de usar, como, por exemplo, o Excel ou o Adobe Illustrator. Então Jobs ia até o quadro interativo e mostrava como torná-lo mais simples e mais fácil de operar. "Nós balançávamos a cabeça, animados, e dizíamos: 'Sim, sim, seria ótimo!'", contou Kerwin. "Então ele ia embora, e nós pensávamos naquilo por um momento e dizíamos: 'O que era mesmo que ele estava pensando?'. Jobs era tão esquisitamente carismático que a gente quase precisava ser desprogramado depois de falar com ele." Como se viu, consumidores comuns não ansiavam por softwares caros que lhes permitissem desenhar imagens com qualidade de fotografia. O RenderMan não decolou.

Havia, no entanto, uma empresa ansiosa para automatizar a reprodução de desenhos de animadores em imagens coloridas de filmes para celular. Quando Roy Disney comandou uma revolução na prancheta na empresa fundada por seu tio Walt, o novo presidente executivo, Michael Eisner, perguntou que função ele queria. Disney disse que gostaria de ressuscitar o venerável mas moribundo departamento de animação. Uma de suas primeiras iniciativas foi procurar maneiras de computadorizar o processo, e a Pixar obteve o contrato. Ela criou um pacote de hardware e software customizados conhecido como CAPS (Computer Animation Production System [Sistema de produção de animação computadorizada]). O CAPS foi usado pela primeira vez em 1988, para a cena final de *A pequena sereia*, na qual o rei Tritão diz adeus a Ariel. A Disney comprou dezenas de unidades do Pixar Image Computer, e o CAPS tornou-se parte integrante de sua produção.

O negócio da animação digital na Pixar — o grupo que fazia pequenos filmes animados — foi em sua origem apenas mais uma linha de mercadoria, que tinha como principal objetivo mostrar o hardware e o software da empresa. Era dirigido por John Lasseter, homem cuja face e postura angelicais mascaravam um perfeccionismo artístico que rivalizava com o de Jobs. Nascido em Hollywood, Lasseter cresceu amando os programas de desenho animado das manhãs de sábado. No nono ano, escreveu um ensaio crítico sobre "A arte da animação", uma história dos Estúdios Disney, e descobriu o que gostaria de fazer na vida.

Quando terminou o ensino médio, Lasseter matriculou-se no programa de animação do California Institute of the Arts, fundado por Walt Disney. Durante o verão e no tempo livre, pesquisava os arquivos da Disney e trabalhava como guia no brinquedo Jungle Cruise, da Disneylândia. Essa experiência lhe ensinou o valor do timing e da velocidade quando se conta uma história, conceito importante mas difícil de dominar durante a criação, fotograma por fotograma, de um filme de animação. Ele ganhou o Student Academy Award pelo curta que fez no terceiro ano de faculdade, *Lady and the lamp* [Lady e a lâmpada], que mostrou sua dívida para com filmes da Disney, como *A dama e o vagabundo* [*Lady and the tramp*], ao mesmo tempo que prenunciou seu talento característico para insuflar personalidade humana em lâmpadas e outros objetos. Depois que se formou, conseguiu o emprego para o qual estava destinado: animador nos Estúdios Disney.

O problema é que não deu certo. "Alguns de nós, os mais jovens, queríamos dar à arte da animação o nível de qualidade de *Guerra nas estrelas*, mas nos seguraram", disse Lasseter. "Eu me desiludi, depois me vi no meio de uma briga entre dois chefes, e o chefe da animação me demitiu." Assim, em 1984, Ed Catmull e Alvy Ray Smith puderam recrutá-lo para trabalhar onde o nível de qualidade *Guerra nas estrelas* estava sendo definido, a Lucasfilm. Não estava claro, porém, se George Lucas, já preocupado com os custos de sua divisão de informática, aprovaria a contratação de um animador em tempo integral. Por isso, Lasseter recebeu o título de "designer de interface".

Depois que Jobs entrou em cena, ele e Lasseter começaram a compartilhar a paixão por desenho gráfico. "Eu era o único sujeito na Pixar que era artista, por isso me liguei a Steve por seu senso de design", diz Lasseter, um tipo gregário, brincalhão, que gostava de abraçar as pessoas e usava camisas floridas havaianas. Mantinha o escritório atravancado de brinquedos de ótima qualidade e adorava cheeseburger.

Jobs era um vegetariano irritadiço, magro, que preferia ambientes austeros e em ordem. Mas, na verdade, os dois se davam bem. Lasseter caiu na categoria de artista, o que o colocava no lado bom da tendência de Jobs a categorizar as pessoas em heróis e babacas. Jobs o tratava com deferência e era genuinamente impressionado com seu talento. Lasseter o via, corretamente, como um patrono capaz de apreciar o talento artístico, e que sabia como entrelaçá-lo com a tecnologia e o comércio.

Jobs e Catmull decidiram que, para mostrar seu hardware e seu software, seria bom que Lasseter produzisse outro curta de animação em 1986 para a SIGGRAPH, a conferência anual de computação gráfica em que *The adventures of André and Wally B.* tinha feito tanto sucesso dois anos antes. Na época, Lasseter usava a luminária Luxo de sua mesa como modelo para representação gráfica, e decidiu transformar Luxo num personagem vivo. O filho pequeno de um amigo inspirou-o a criar também Luxo Jr., e ele mostrou alguns fotogramas de teste para outro animador, que o aconselhou a contar uma história. Lasseter disse que estava fazendo apenas um curta, mas o animador lembrou que uma história pode ser contada mesmo em poucos segundos. Lasseter levou a lição a sério. *Luxo Jr.* acabou tendo pouco mais de dois minutos de duração, e contava a história de uma luminária pai e uma luminária filho empurrando uma bola para cá e para lá, até que a bola estoura, para desalento do filho.

Jobs ficou tão animado que tirou uma folga das pressões da NeXT para ir de avião com Lasseter para a SIGGRAPH, realizada em Dallas naquele agosto. "Estava tão quente e úmido que, quando saímos, o ar nos atingiu como uma raquete de tênis", lembra Lasseter. Havia 10 mil pessoas na exposição comercial, e Jobs adorou. A criatividade artística enchia-o de energia, especialmente quando vinculada à tecnologia.

Havia uma longa fila para entrar no auditório onde os filmes eram projetados, e Jobs, que nunca foi de esperar sua vez, conseguiu, com sua lábia, entrar na frente. *Luxo Jr.* foi longamente aplaudido de pé, e escolhido o melhor filme. "Oh, uau!", exclamou Jobs ao terminar. "Entendi, entendi mesmo de que se trata." Como explicou depois: "Nosso filme era o único que tinha arte, não apenas boa tecnologia. O negócio da Pixar era fazer essa combinação, assim como tinha sido o da Macintosh".

Luxo Jr. foi indicado ao Oscar, e Jobs foi a Los Angeles para assistir à cerimônia. Não ganhou, mas Jobs comprometeu-se a fazer novos curtas de animação todos os anos, muito embora não houvesse nisso muita lógica comercial. Em tempos difíceis na Pixar, ele presidia brutais reuniões de corte de orçamento sem demonstrar piedade. Então Lasseter pedia que o dinheiro que tinham acabado de economizar fosse usado para o próximo filme, e Jobs concordava.

Nem todas as relações de Jobs na Pixar eram tão boas. Seu pior choque foi com o cofundador Alvy Ray Smith. De formação batista da zona rural do norte do Texas, Smith tornou-se um engenheiro de imagens meio hippie e não conformista. Tinha um grande porte físico, uma grande risada e uma grande personalidade — e, por vezes, um ego à altura. "Alvy irradia animação, tem uma risada forte e amistosa, e um monte de tietes nas conferências", disse Pam Kerwin. "Era quase certo que uma personalidade como a de Alvy ia acabar irritando Steve. Ambos são visionários, com muita energia e um ego enorme. Alvy nem sempre estava disposto a apaziguar e fazer vista grossa para certas coisas como Ed."

Smith via Jobs como alguém cujo carisma e egocentrismo levavam a cometer abuso de poder. "Era como um televangelista", diz Smith. "Queria controlar as pessoas, mas eu não seria escravo dele, e foi por isso que entramos em choque. Ed era muito mais capaz de ir com a corrente." Jobs às vezes se impunha numa reunião dizendo qualquer coisa exorbitante ou falsa logo de saída. Smith tinha o maior prazer em corrigi-lo, e o fazia com uma grande risada seguida de um sorriso malicioso. Isso não o tornava benquisto por Steve.

Certo dia numa reunião do conselho, Jobs repreendeu Smith e outros altos executivos da Pixar pela demora em concluir a placa de circuitos da nova versão do Pixar Image Computer. Naquela época, a NeXT também estava muito atrasada na conclusão de suas próprias placas, e Smith chamou a atenção para isso. "Ei, vocês estão ainda mais atrasados com as placas do NeXT, por isso pare de cair de pau em cima da gente." Jobs ficou furioso, ou, como disse Smith, "totalmente não linear". Quando Smith se sentia atacado, ou pronto para um confronto, tinha uma tendência a falar com sotaque sulista. Jobs pôs-se a imitá-lo à sua maneira sarcástica. "Era uma tática de intimidação, e explodi com tudo", recorda Smith. "Antes que me desse conta, estávamos cara a cara — a menos de dez centímetros de distância —, berrando um com o outro."

Jobs era muito possessivo quanto ao controle do quadro interativo, e durante uma reunião o corpulento Smith passou por ele e começou a escrever no quadro. "Você não pode fazer isso!", gritou Jobs.

"O quê?", retrucou Smith. "Não posso escrever no seu quadro interativo? Que besteira." Jobs saiu bufando.

Mais tarde, Smith se demitiu e criou uma empresa para produzir um software de desenho digital e edição de imagem. Jobs negou-lhe permissão para usar alguns códigos que ele mesmo tinha criado na Pixar, o que inflamou ainda mais a inimizade. "Alvy acabou conseguindo o que precisava", diz Catmull, "mas ficou muito estressado durante um ano, e contraiu uma infecção pulmonar." No fim, deu certo: a Microsoft comprou a empresa de Smith, que ficou com a distinção de fundar uma empresa que foi vendida para Jobs e outra que foi vendida para Gates.

Intratável mesmo nos melhores tempos, Jobs se comportou de maneira ainda pior quando se deu conta de que as três iniciativas da Pixar — hardware, software e conteúdo animado — estavam perdendo dinheiro. "Eu tinha esses planos e no fim acabei tendo que botar mais e mais dinheiro", lembrou. Ele xingava, mas preenchia o cheque. Expulso da Apple e debatendo-se na NeXT, não podia correr o risco de levar um terceiro golpe.

Para reduzir as perdas, ordenou uma rodada de demissões, que ele mesmo executou com sua típica síndrome de deficiência de empatia. Como bem disse Pam Kerwin, ele não tinha "margem emocional ou financeira para ser decente com as pessoas que mandava embora". Jobs insistia em que as demissões fossem feitas de imediato, sem indenização alguma. Kerwin levou Jobs para uma caminhada no estacionamento e suplicou-lhe que os empregados fossem avisados com pelo menos duas semanas de antecedência. "Tudo bem", disse ele, "mas o aviso é retroativo para duas semanas atrás." Catmull estava em Moscou e Kerwin lhe fez ligações nervosas. Quando voltou, ele conseguiu instituir um modesto plano de indenização e acalmar um pouco as coisas.

Num dado momento, a equipe de animação da Pixar estava tentando convencer a Intel a permitir-lhe que fizesse alguns dos seus comerciais, e Jobs se mostrou impaciente. Durante uma reunião, quando repreendia um diretor de marketing da Intel, Jobs pegou o telefone e ligou diretamente para o presidente executivo, Andy Grove. Grove, que ainda bancava o mentor, tentou dar-lhe uma lição: apoiou o diretor da Intel. "Fiquei do lado do meu funcionário", disse. "Jobs não gosta de ser tratado como fornecedor."

A Pixar conseguiu criar alguns poderosos produtos de software destinados a consumidores comuns, ou pelo menos a consumidores comuns que compartilhavam a paixão de Jobs por desenhar coisas. Ele ainda esperava que a possibilidade de fazer imagens super-realistas em 3 D em casa se tornasse parte da mania de editoração eletrônica. O Showplace, por exemplo, permitia aos usuários mudar as sombras de objetos em 3-D criados por eles, para que os pudessem exibir de ângulos diferentes com as sombras apropriadas. Jobs achava-o incrivelmente bom, mas a maioria dos consumidores estava muito satisfeita por não precisar dele. Esse foi um dos casos em que suas paixões o levaram pelo caminho errado: os softwares tinham tantas características incríveis que lhes faltava a simplicidade normalmente exigida por Jobs. A Pixar não podia competir com a Adobe, que fazia softwares menos sofisticados, mas bem menos complicados ou caros.

Mesmo quando as linhas de produtos de hardware e software foram a pique, Jobs continuou protegendo o grupo de animação. Este se tornara, para ele, uma pequena ilha de talento artístico e mágico que lhe dava profundo prazer emocional, e estava disposto a fomentá-lo e apostar nele. Na primavera de 1988, o dinheiro estava tão curto que ele convocou uma penosa reunião para decretar profundos cortes de gastos em todos os setores. Quando terminou, Lasseter e seu grupo de animação ficaram com medo de lhe pedir que autorizasse um dinheiro extra para outro curta. Finalmente, puxaram o assunto e Jobs ficou calado, com ar de descrença. Eles precisavam que ele enfiasse a mão no bolso e lhes dessem mais 300 mil dólares. Depois de um instante, ele perguntou se havia storyboards. Catmull levou-o aos escritórios de animação e, quando Lasseter deu início ao show — mostrando seus desenhos, fazendo as vozes, demonstrando paixão pelo produto —, Jobs começou a se empolgar. A história era sobre a paixão de Lasseter, brinquedos clássicos. Era contada do ponto de vista da banda de brinquedo de um homem só chamado Tinny, que conhece um bebê que o encanta e o aterroriza. Fugindo para debaixo do sofá, Tinny encontra outros brinquedos amedrontados, mas, quando o bebê bate a cabeça no chão, Tinny sai para animá-lo.

Jobs disse que arranjaria o dinheiro. "Eu acreditava no que John fazia", disse, depois. "Era arte. Ele se dedicava, e se dedicava, e eu sempre dizia sim." Seu único comentário quando Lasseter terminou de apresentar sua versão ao vivo da banda de um homem só foi: "Tudo que lhe peço, John, é que faça um grande filme".

Tin toy ganhou o Oscar de 1988 na categoria curtas de animação, o primeiro de sua espécie gerado por computador a receber tal prêmio. Para comemorar, Jobs levou Lasseter e sua equipe ao Greens, restaurante vegetariano de San Francisco. Lasseter agarrou a estatueta, que estava no centro da mesa, segurou-a no alto e fez um brinde a Jobs dizendo: "Tudo que você nos pediu foi que fizéssemos um grande filme".

A nova equipe da Disney — Michael Eisner, presidente executivo, e Jeffrey Katzenberg, da divisão de filmes — lançou uma campanha para trazer Lasseter de volta. Gostaram de *Tin toy*, e achavam que era possível fazer mais alguma coisa com histórias animadas de brinquedos que ganhavam vida e tinham emoções humanas. Mas Lasseter, grato pela fé que Jobs depositava nele, achou que a Pixar era o único lugar onde poderia criar um novo mundo de animação gerado por computador. Disse a Catmull: "Posso ir para a Disney e ser diretor, ou posso ficar aqui e fazer história". Desse modo, a Disney mudou de assunto e passou a falar em fazer um acordo de produção com a Pixar. "Os curtas de Lasseter eram de fato deslumbrantes, tanto pelas histórias como pelo uso da tecnologia", lembrou Katzenberg. "Tentei com insistência trazê-lo para a Disney, mas ele era fiel a Steve e à Pixar. Por isso, se a gente não pode derrotá-los, o melhor é juntar-se a eles. Resolvemos procurar maneiras de trabalhar com a Pixar para que eles fizessem um filme sobre brinquedos para nós."

A essa altura, Jobs já tinha investido 50 milhões de dólares do próprio bolso na Pixar — mais da metade do que embolsara ao sair da Apple — e continuava a perder dinheiro na NeXT. Era duro e pragmático quanto a isso; obrigou os funcionários da Pixar a desistir de suas opções como parte de um acordo para investir outra rodada de dinheiro seu em 1991. Mas também era romântico no seu amor pelo que o talento artístico e a tecnologia podiam fazer juntos. Sua crença em que os consumidores comuns adorariam fazer modelagem em 3-D com o software da Pixar era ilusória, como se viu, mas logo essa fé foi substituída por um instinto que se mostrou presciente, como também se viu: que combinar grande arte com tecnologia digital transformaria os filmes de animação mais do que qualquer outra coisa desde 1937, quando Walt Disney deu vida a Branca de Neve.

Olhando para trás, Jobs disse que, se soubesse mais um pouco, teria concentrado seus esforços em animação mais cedo, e não se preocuparia tanto em levar adiante o hardware ou os aplicativos de software da empresa. Por outro lado, se soubesse que o hardware e o software nunca dariam lucro, jamais teria assumido o comando da Pixar. "A vida meio que me tapeou para que eu fizesse isso, e talvez tenha sido para o bem."

20. Um sujeito comum

O amor é só uma palavra de quatro letras

Com Laurene Powell, em 1991.

JOAN BAEZ

Em 1982, quando ainda trabalhava na equipe Macintosh, Jobs conheceu a famosa cantora Joan Baez, por intermédio da irmã dela, Mimi Fariña, diretora de uma instituição beneficente que pedia doações de computadores para prisões. Poucas semanas depois, ele e Baez almoçaram juntos em Cupertino. "Eu não esperava muita coisa, mas ela era realmente inteligente e engraçada", disse Jobs. Naquela época, estava chegando ao fim seu relacionamento com Barbara Jasinski, uma bela mulher de ascendência polinésio-polonesa, que trabalhara para Regis McKenna. Os dois tinham passado férias no Havaí, dividido uma casa nas montanhas de Santa Cruz e até ido juntos a concertos de Baez. À medida que seu relacionamento com Jasinski esmorecia, Jobs passou a encarar Baez mais a sério. Ele tinha 27 anos e ela 41, mas tiveram uma ligação romântica que durou alguns anos.

"Virou um relacionamento sério entre dois amigos casuais que se tornaram amantes", lembrou Jobs, num tom um pouco melancólico.

Elizabeth Holmes, amiga de Jobs dos tempos do Reed College, achava que ele estava saindo com Baez, em parte, porque ela — além de ser bonita, engraçada e talentosa — tinha sido namorada de Bob Dylan. "Steve amava essa conexão com Bob Dylan", disse ela mais tarde. Baez e Dylan namoraram no começo dos anos 1960, e depois fizeram turnês como amigos, incluindo a turnê do *Rolling Thunder Revue* em 1975 (Jobs tinha as gravações não autorizadas desses concertos).

Quando conheceu Jobs, Baez tinha um filho de catorze anos, Gabriel, de seu casamento com o ativista antiguerra David Harris. No almoço, ela contou a Jobs que estava ensinando datilografia a Gabe. "Numa máquina de escrever?", quis saber Jobs. Quando ela disse que sim, ele respondeu: "Mas máquina de escrever é velharia".

"Se máquina de escrever é velharia, eu sou o quê, então?", perguntou ela. Houve um silêncio constrangido. Como Baez me contaria depois, "logo que eu disse isso, percebi que a resposta era muito óbvia. A pergunta pairou no ar. Fiquei horrorizada".

Para espanto da equipe da Macintosh, Jobs irrompeu no escritório um dia com Baez para lhe mostrar o protótipo do computador. Os funcionários ficaram pasmos de vê-lo mostrar a máquina para alguém de fora, dada sua obsessão com segredos, mas ficaram ainda mais boquiabertos por estarem na presença de Joan Baez. Ele deu um Apple II para Gabe, e, mais tarde, um Macintosh para Baez. Jobs visitou-os depois para mostrar as características de que mais gostava. "Ele foi doce e paciente, mas tinha tanto conhecimento que teve dificuldade em me ensinar qualquer coisa", lembrou ela.

Jobs se tornara multimilionário de repente, Baez era uma celebridade famosa no mundo inteiro, mas docemente realista e nem de longe rica. Ela não sabia o que fazer dele, àquela altura, e ainda o achava intrigante quando falou a seu respeito quase trinta anos depois. Durante um jantar no início do relacionamento, Jobs começou a falar de Ralph Lauren e sua Polo Shop, que ela admitiu nunca ter visitado. "Há um belo vestido vermelho lá que ficaria perfeito em você", disse ele, e levou-a à loja no shopping de Stanford. Eis como Baez recorda o episódio: "Eu disse a mim mesma: legal, maravilha, estou com um dos homens mais ricos do mundo e ele quer me dar um vestido lindo". Quando chegaram à loja, Jobs comprou algumas camisas para ele, mostrou-lhe o vestido e disse que ela ficaria linda nele. "Você precisa levá-lo", sugeriu. Ela ficou surpresa e explicou que não tinha condições de comprá-lo. Ele não disse nada, e os dois foram embora. "Você também não acharia, se alguém falasse daquele jeito a noite toda, que ele ia lhe dar o vestido?", perguntou-me ela, parecendo genuinamente intrigada com o episódio. "O mistério do vestido vermelho está em suas mãos. Fiquei um tanto confusa." Ele lhe daria computadores, mas não um vestido, e, quando lhe levava flores, fazia questão de dizer que eram sobras de um evento no escritório. "Ele era romântico e, ao mesmo tempo, tinha medo de ser romântico", disse Baez.

Quando trabalhava no computador NeXT, ele foi à casa de Baez, em Woodside, para mostrar como a máquina era boa em música. "Ele o fez tocar um quarteto de Brahms, e me disse que um dia os computadores teriam um som melhor do que o produzido pelos humanos, incluindo as insinuações e as cadências", lembra Baez. Ela ficou revoltada com a ideia. "Ele foi tomado de uma onda de prazer cada vez mais fervorosa, enquanto eu me encolhia de raiva, pensando: como se pode profanar a música assim?"

Jobs fazia confidências a Debi Coleman e Joanna Hoffman sobre seu relacionamento com Baez, e temia casar com alguém que tinha um filho adolescente e provavelmente já passara da época de desejar ter mais filhos. "Às vezes ele a menosprezava por ser uma cantora de 'tópicos', e não uma cantora verdadeiramente 'política', como Bob Dylan", contou Hoffman. "Ela era uma mulher forte, e ele queria mostrar que estava no comando. Além disso, sempre disse que queria uma família, e com ela ele sabia que não teria."

E assim, depois de cerca de três anos, eles puseram fim ao romance e se separaram, tornando-se apenas bons amigos. "Achei que estivesse apaixonado, mas na verdade apenas gostava muito dela", disse ele mais tarde. "Não estávamos destinados a ficar juntos. Eu queria filhos, ela não queria mais." Nas memórias que escreveu em 1989, Baez fala do rompimento com o marido e explica por que nunca mais se casou: "Meu negócio é ficar sozinha, que é o que sou desde então, com algumas interrupções, que são na maioria piqueniques", escreveu. No fim do livro, fez um simpático agradecimento a "Steve Jobs, que me forçou a usar um processador de texto, colocando um em minha cozinha".

Quando Jobs tinha 31 anos, um ano depois de ser demitido da Apple, sua mãe, Clara, que era fumante, foi acometida de um câncer de pulmão. Ele passou horas ao lado de seu leito de morte, falando com ela de uma forma que nunca tinha falado no passado, e fazendo-lhe perguntas que antes evitara fazer. "Quando você e meu pai se casaram, você era virgem?", perguntou. Ela tinha dificuldade para falar e forçou um sorriso. Foi então que lhe contou que fora casada antes, com um homem que não retornara da guerra. Acrescentou também alguns detalhes sobre como ela e Paul Jobs decidiram adotá-lo.

Mais ou menos nessa época, Jobs conseguira localizar a mãe que o entregara para adoção. A silenciosa busca da mãe biológica tinha começado no início dos anos 1980, com a contratação de um detetive, que nada descobrira. Então Jobs viu o nome de um médico de San Francisco em sua certidão de nascimento. "Estava na lista telefônica, e eu liguei", lembra. O médico não ajudou em nada. Alegou que seus registros tinham sido destruídos num incêndio. Não era verdade. Logo depois do telefonema de Jobs, o médico redigiu uma carta, guardou-a num envelope lacrado e escreveu em cima: "Para ser entregue a Steve Jobs quando eu morrer". Quando ele morreu, logo depois, a viúva mandou a carta para Jobs. Nela, o médico explicava que a mãe dele tinha sido uma aluna solteira de pós-graduação de Wisconsin chamada Joanne Schieble.

Foram necessários mais seis meses de busca, e o trabalho de outro detetive, para localizá-la. Depois de entregá-lo, Joanne se casara com o pai biológico dele, Abdulfattah "John" Jandali, com quem teve uma filha chamada Mona. Jandali abandonou-as cinco anos depois, e Joanne casou-se com um bem-humorado instrutor de patinação no gelo, George Simpson. Esse casamento também não durou muito, e em 1970 ela começou uma jornada sinuosa que a levaria, e a Mona (elas agora usavam o sobrenome de Simpson), a Los Angeles.

Jobs relutara em deixar que Paul e Clara — a quem considerava seus pais *de verdade* — soubessem de sua procura pela mãe biológica. Com uma sensibilidade inusitada nele, e que demonstrava sua profunda afeição pelos pais, ele temia que ficassem ofendidos. Assim, só entrou em contato com Joanne Simpson depois que Clara Jobs morreu, no começo de 1986. "Nunca quis que eles pensassem que eu não os considerava meus pais, porque eles eram, total e absolutamente, meus pais", disse. "Eu os amava tanto que não queria que soubessem da minha busca, e até convenci jornalistas a não revelarem nada, quando descobriam alguma coisa." Quando Clara morreu, ele decidiu contar a Paul Jobs, que se sentiu inteiramente à vontade e disse que não se importaria de forma alguma que Steve entrasse em contato com a mãe biológica.

Assim, certo dia Steve ligou para Joanne Simpson, identificou-se e combinou ir ao centro de Los Angeles encontrá-la. Mais tarde, disse que o fez por pura curiosidade. "Acredito mais no meio do que na hereditariedade como fator determinante de nossas características, mas apesar disso é preciso pensar um pouco sobre nossas raízes biológicas." Também queria assegurar a Joanne que ela tinha agido corretamente. "Eu queria ver minha mãe biológica principalmente para saber se ela estava bem e para lhe agradecer, porque felizmente não fui abortado. Ela tinha 23 anos e passou por muita coisa para me ter."

Joanne ficou bastante emocionada quando Jobs foi à sua casa em Los Angeles. Sabia que ele era famoso e rico, mas não entendia bem por quê. E imediatamente deixou a emoção extravasar. Disse que fora coagida a assinar os documentos entregando-o para adoção, e só fizera isso quando soube que ele estava feliz na casa dos novos pais. Sempre sentira falta dele e sofria muito pelo que fizera. Pediu-lhe mil desculpas, apesar de Jobs insistir em dizer que compreendia muito bem e que tudo acabara dando certo.

Quando se acalmou, ela disse a Jobs que ele tinha uma irmã de pai e mãe, Mona Simpson, àquela altura aspirante a escritora em Manhattan. Jamais dissera a Mona que ela tinha um irmão, e naquele dia ela lhe deu a notícia — ou pelo menos meia notícia — por telefone. "Você tem um irmão, ele é incrível, famoso e vou levá-lo a Nova York para que o conheça", disse-lhe. Na época Mona estava lutando para terminar um romance sobre a mãe e a peregrinação das duas de Winsconsin para Los Angeles, *Anywhere but here*. Os que leram o livro não ficaram surpresos com a maneira um tanto bizarra com a qual Joanne transmitiu a Mona a notícia sobre o irmão. Recusou-se a dizer quem ele era, adiantando apenas que havia sido pobre, ficara rico e era bonito e famoso, tinha longos cabelos negros e morava na Califórnia. Mona trabalhava então na *The Paris Review*, a revista literária de George Plimpton sediada no térreo de sua casa, perto do East River, em Manhattan. Ela e os colegas tentaram adivinhar quem seria o irmão. John Travolta? Essa era uma das opções favoritas. Outros atores também entraram na lista. A certa altura, alguém sugeriu que "talvez fosse um desses caras que criaram o computador da Apple", mas cujo nome ninguém lembrava.

O encontro ocorreu no saguão do St. Regis Hotel. Joanne Simpson apresentou Mona ao irmão, e no fim ele era mesmo um desses caras que fundaram a Apple. "Ele foi totalmente direto e gentil, apenas um sujeito comum e doce", lembra Mona. Sentaram-se no saguão e conversaram alguns minutos, depois ele levou a irmã para um longo passeio a pé, só os dois. Foi emocionante para Jobs descobrir que tinha uma irmã tão parecida com ele. Ambos eram intensos em seu temperamento artístico, observadores de tudo que os cercava e sensíveis apesar de voluntariosos. Quando foram jantar juntos, notaram os mesmos detalhes arquitetônicos, os mesmos objetos interessantes, sobre os quais falaram animadamente. "Minha irmã é escritora!", disse ele, exultante, aos colegas da Apple.

Quando Plimpton deu uma festa em homenagem a *Anywhere but here* no fim de 1986, Jobs tomou o avião para Nova York a fim de acompanhar Mona. Eles se tornavam cada vez mais íntimos, apesar de sua amizade ter as complicações que seria de esperar levando em conta quem eram e como se aproximaram. "De início Mona não ficou tão emocionada assim por eu ter entrado em sua vida e por ver a mãe tão emocionalmente afetuosa comigo", disse ele mais tarde. "Quando nos conhecemos melhor, ficamos bons amigos, e ela é minha família. Não sei o que faria sem ela. Não consigo imaginar uma irmã melhor. Minha irmã adotiva Patty e eu nunca fomos muito chegados." Mona também desenvolveu profunda afeição pelo irmão, e às vezes era muito protetora, apesar de depois ter escrito um romance provocador sobre ele, *A regular guy* [Um sujeito comum], que descreve suas idiossincrasias com inquietante exatidão.

Uma das poucas coisas sobre as quais discutiam eram as roupas dela. Mona vestia-se como aspirante a romancista, e Steve a criticava por não usar roupas "atraentes". A certa altura, os comentários a incomodaram tanto que ela lhe escreveu uma carta: "Sou uma jovem escritora e esta é minha vida, e, seja como for, não estou tentando ser modelo". Ele não respondeu. Mas logo depois chegou à casa dela uma caixa da loja de Issey Miyake, o estilista japonês cujo estilo severo, influenciado pela tecnologia, fazia dele um dos prediletos de Jobs. "Ele foi fazer compras para mim", contou Mona mais tarde, "e escolheu coisas lindas, exatamente do meu tamanho, em cores que me caíam bem." Havia um modelo de terninho de que ele gostava particularmente, e a encomenda incluía três, idênticos. "Ainda me lembro dos primeiros terninhos que mandei para Mona", disse ele. "As calças eram de linho e os paletós, de um verde-cinza pálido, que combinaram lindamente com seus cabelos meio ruivos."

Nessa época, Mona Simpson tentava localizar o pai, que saíra de casa quando ela tinha cinco anos. Por intermédio de Ken Auletta e Nick Pileggi, destacados escritores de Manhattan, ela foi apresentada a um tira aposentado de Nova York que fundara sua própria agência de detetives. "Paguei-lhe com o pouco dinheiro que tinha", contou Simpson, mas a procura foi inútil. Depois, ela conheceu um detetive particular na Califórnia, que conseguiu encontrar um endereço de Abdulfattah Jandali em Sacramento, ao fazer uma investigação pelo Departamento de Veículos Motorizados. Simpson contou a novidade ao irmão e voou a Nova York para ver o homem que, ao que tudo indicava, era o pai deles.

Jobs não tinha interesse em encontrá-lo. "Ele não me tratou bem", explicou, mais tarde. "Não tenho nada contra ele — fico feliz que ele esteja vivo. Mas o que mais me incomoda é ele não ter tratado bem Mona. Ele a abandonou." Jobs também tinha abandonado a filha ilegítima Lisa, e agora tentava retomar um relacionamento, mas essa complicação não ajudava em nada a amenizar o que sentia por Jandali. Simpson foi a Sacramento sozinha.

"Foi muito forte", disse Simpson. Ela encontrou o pai trabalhando num pequeno restaurante. Ele pareceu contente em vê-la, mas estranhamente passivo diante da situação. Conversaram algumas horas, e ele contou que, depois de sair de Wisconsin, largara o ensino e entrara no negócio de restaurantes. Tivera um segundo casamento que durou pouco, depois outro mais longo, com uma mulher mais velha e rica, mas nenhum outro filho.

Jobs havia pedido à irmã que não o mencionasse, e ela não o fez. Mas a certa altura o pai disse casualmente que ele e a mãe dela tinham tido outra criança, um menino, antes de ela nascer. "O que houve com ele?", perguntou Simpson. O pai respondeu: "Nunca mais veremos esse menino novamente. Esse menino morreu". Ela ficou espantada, mas não disse nada.

Uma revelação ainda mais surpreendente se deu quando Jandali descreveu os restaurantes que tinha administrado. Alguns eram muito bons, insistiu ele, mais luxuosos do que o boteco de Sacramento, onde estavam. Ele contou, com certa emoção, que gostaria que ela o tivesse visto quando ele dirigia um restaurante de comida mediterrânea ao norte de San Jose. "Era um belo lugar", disse. "Todo o pessoal bem-sucedido da área de tecnologia costumava frequentá-lo. *Até Steve Jobs.*" Simpson espantou-se. "Oh, sim, ele ia lá, e era muito doce, e dava boas gorjetas", acrescentou o pai. Mona resistiu à tentação de deixar escapar: *Steve Jobs é seu filho!*

Quando a visita chegou ao fim, ela telefonou discretamente para o irmão de um telefone pago do restaurante e combinou encontrá-lo no café Expresso Roma, em Berkeley. Para aumentar o drama pessoal e familiar, ele levou Lisa, que estava na escola primária e morava com a mãe, Chrisann. Quando chegaram juntos ao café, eram perto das dez horas da noite, e Simpson contou a história. Como era de esperar, Jobs ficou espantando quando ela mencionou o restaurante perto de San Jose. Lembrava-se de ter estado lá, e até mesmo de ter visto o homem que era seu pai biológico. "Foi incrível", disse ele, mais tarde, sobre a revelação. "Eu fui ao restaurante algumas vezes, e me lembrava de ter conhecido o proprietário. Era um sírio. Trocamos um aperto de mãos."

Apesar disso, Jobs não quis conhecê-lo. "Eu já era um homem rico, e não tinha certeza de que ele não seria capaz de tentar me chantagear, ou de procurar a imprensa para falar sobre isso", disse. "Pedi a Mona que não lhe falasse a meu respeito."

Mona jamais o fez, mas anos depois Jandali viu sua relação com Jobs mencionada on-line (um blogueiro percebeu que Simpson citara Jandali como seu pai num livro de referência e concluiu que ele devia ser pai de Steve também). Àquela altura, Jandali estava no quarto casamento, trabalhando como gerente de alimentos e bebidas no Boomtown Resort and Casino, a oeste de Reno, Nevada. Quando levou a nova mulher para conhecer Simpson em 2006, tocou no assunto. "E essa coisa sobre Steve Jobs?", perguntou. Ela confirmou a história, acrescentando que achava que Jobs não queria vê-lo. Jandali pareceu aceitar. "Meu pai é atencioso, um ótimo contador de histórias, mas é muito, muito passivo", disse Simpson. "Nunca mais tocou no assunto. Nunca procurou Steve."

Simpson transformou a procura por Jandali na base do seu segundo livro, *The lost father* [O pai perdido], publicado em 1992. (Jobs convenceu Paul Rand, o designer que criou o logo da NeXT, a desenhar a capa, mas, de acordo com Simpson, "era horrível e jamais a usamos".) Ela localizou vários membros da família Jandali, em Homs e nos Estados Unidos, e em 2011 escreveu um romance sobre suas raízes sírias. O embaixador sírio em Washington ofereceu-lhe um jantar, do qual participaram um primo e a mulher, que moravam na Flórida e voaram até lá para o encontro.

Simpson imaginou que mais cedo ou mais tarde Jobs acabaria se encontrando com Jandali, mas com o passar do tempo ele mostrou ainda menos interesse. Mesmo em 2010, quando Jobs e o filho Reed apareceram na casa de Simpson em Los Angeles para um jantar em comemoração ao aniversário dela, Reed passou algum tempo olhando fotos do avô biológico, mas Jobs as ignorou. Também não parecia dar importância à ascendência síria. Quando o Oriente Médio entrava na conversa, o tópico parecia não atraí-lo, nem provocava as opiniões contundentes que lhe eram tão características, mesmo depois que a Síria foi arrastada pelos levantes da Primavera Árabe de 2011. "Acho que ninguém saberia realmente dizer o que faríamos lá", disse ele, quando lhe perguntaram se o governo Obama deveria intervir mais fortemente no Egito, na Líbia e na Síria. "Você está ferrado se fizer alguma coisa, e ferrado se não fizer coisa alguma."

Jobs manteve, por outro lado, uma relação amistosa com a mãe biológica, Joanne Simpson. Durante anos, ela e Mona geralmente tomavam o avião para passar o Natal na casa de Jobs. As visitas podiam ser doces, mas também emocionalmente exaustivas. Joanne costumava desfazer-se em lágrimas, dizer quanto o tinha amado e pedir desculpas por tê-lo abandonado. Tudo acabara dando certo, respondia Jobs, para tranquilizá-la. Certa vez, ele lhe disse no Natal: "Não se preocupe, tive uma bela infância, e no fim tudo acabou bem".

LISA

Já Lisa Brennan não teve uma boa infância. Quando era pequena, o pai nunca aparecia para vê-la. "Eu não queria ser pai, por isso não fui", diria Jobs, mais tarde, com um toque de remorso na voz. Apesar disso, de vez em quando sentia o baque. Um dia, quando Lisa tinha três anos, Jobs passou de carro perto da casa que tinha arranjado para ela e Chrisann e resolveu parar. Lisa não sabia quem ele era. Jobs sentou-se nos degraus da porta, sem ousar entrar, e falou com Chrisann. A cena repetia-se uma ou duas vezes por ano. Jobs chegava sem avisar, falava um pouco sobre as prováveis opções de Lisa na escola ou sobre qualquer outro assunto, depois ia embora em sua Mercedes.

Mas quando Lisa completou oito anos, em 1986, as visitas se tornaram mais frequentes. Jobs já não vivia mergulhado no extenuante esforço para criar o Macintosh, ou nas subsequentes disputas de poder com Sculley. Estava na NeXT, que era mais tranquila, e tinha sede em Palo Alto, perto de onde Chrisann e Lisa moravam. Além disso, já no terceiro e no quarto anos, ficou claro que Lisa era uma menina inteligente, de temperamento artístico, que chamava a atenção dos professores pela capacidade de escrever. Era corajosa e cheia de energia e tinha qualquer coisa da atitude desafiadora do pai. Também era um pouco parecida com ele, com sobrancelhas arqueadas e uma angularidade vagamente médio-oriental. Um dia, para surpresa dos colegas, ele a levou ao escritório. Enquanto fazia estrelas no corredor, ela berrou: "Olha pra mim!".

Avie Tevanian, um engenheiro da NeXT magro e simpático que ficou amigo de Jobs, lembra que, vez por outra, quando saíam para jantar, eles passavam pela casa de Chrisann para pegar Lisa. "Ele era muito doce com ela", contou. "Era vegetariano, Chrisann também, mas ela não. Ele era legal com relação a isso. Sugeria que ela pedisse frango, e ela pedia."

Comer frango passou a ser seu pequeno prazer, visto que ela se via entre dois pais vegetarianos, com um respeito espiritual por alimentos naturais. "Comprávamos nossos alimentos — *puntarella*, quinoa, aipo-rábano, nozes com cobertura de alfarroba — em lojas com cheiro de fermento onde as mulheres não tingiam o cabelo", escreveu ela mais tarde. "Mas às vezes comíamos guloseimas estrangeiras. Outras poucas vezes comprávamos frango numa loja gourmet com incontáveis frangos girando em espetos, e comíamos no carro, em sacos forrados de papel-alumínio, sujando as mãos." O pai, cujas obsessões dietéticas vinham em ondas de fanatismo, era mais exigente com o que comia. Um dia ela o viu cuspir a sopa ao saber que continha manteiga. Depois de relaxar um pouco quando estava na Apple, Jobs voltara a ser vegano. Ainda jovem, Lisa começou a perceber que as obsessões dietéticas do pai refletiam uma filosofia de vida, na qual o ascetismo e o minimalismo podiam aumentar sensações subsequentes. "Ele achava que grandes colheitas vinham de fontes áridas, que o prazer vinha da moderação", observou ela. "Conhecia as equações que muita gente não sabe: as coisas levam a seus opostos."

De forma semelhante, as ausências e a frieza do pai tornavam os ocasionais momentos de afeto mais gratificantes. "Eu não morava com ele, mas ele passava em nossa casa de vez em quando, uma divindade entre nós por uns poucos momentos ou horas de excitação", lembra ela. Lisa logo se tornou interessante o suficiente para que Jobs a levasse em suas caminhadas. Ele andava de patins com ela nas tranquilas ruas de Palo Alto, e costumava dar uma passada na casa de Joanna Hoffman e na de Andy Hertzfeld. Na primeira vez que a levou para ver Hoffman, simplesmente bateu à porta e anunciou: "Esta é Lisa". Hoffman entendeu de imediato. "Obviamente era sua filha", disse-me ela. "Ninguém tem aquele queixo. É marca registrada." Hoffman, que sofria por só ter conhecido o pai quando fez dez anos, insistiu com Jobs para que fosse um pai melhor. Ele seguiu seus conselhos e mais tarde lhe agradeceu.

Uma vez ele levou Lisa a uma viagem de negócios a Tóquio, e os dois se hospedaram no elegante e eficiente Hotel Okura. No belo sushi bar do subsolo, Jobs pedia grandes bandejas de sushi de enguia, prato que amava tanto a ponto de permitir que as enguias cozidas passassem na inspeção como vegetarianas. As peças eram cobertas de sal fino e um ralo molho adocicado, e depois Lisa se lembrou por um tempo de como dissolviam na boca. O que aconteceu também com a distância entre eles. Como escreveu ela mais tarde: "Foi a primeira vez que me senti tão relaxada e satisfeita em sua companhia, diante daquelas bandejas de carne; o excesso, a permissão e o afeto depois das saladas frias significavam que um espaço antes inacessível se abrira. Ele estava menos rígido consigo mesmo, até mesmo humano debaixo daqueles tetos de pé-direito enormes com as cadeiras baixinhas, com a carne, comigo".

Mas nem tudo era doçura e luz. Jobs era tão inconstante com Lisa como com quase todo mundo. Havia um ciclo de abraços e abandono. Um dia ele era alegre e divertido, no outro era frio ou não estava mais ali. "Ela vivia insegura da sua relação com o pai", de acordo com Hertzfeld. "Fui a uma festa de aniversário dela, e Steve, que deveria aparecer, chegou muito, muito atrasado. Ela ficou extremamente ansiosa e desapontada. Mas quando enfim apareceu ela se iluminou totalmente."

Lisa aprendeu a ser temperamental também. Com o passar do tempo, a relação deles se tornou uma montanha-russa, com os pontos baixos alongados pela teimosia de ambos. Depois de uma briga, podiam passar meses sem se falar. Nenhum dos dois era bom em estender a mão, pedir desculpas ou fazer um esforço para consertar a situação — mesmo quando ele lutava com reiterados problemas de saúde. Um dia, no outono de 2010, ele estava examinando melancolicamente uma caixa de velhas fotos comigo e parou numa que o mostrava durante uma visita a Lisa quando ela era pequena. "Provavelmente não apareci na casa dela o suficiente", disse. Como ele não falava com ela havia um ano, perguntei se não queria estender-lhe a mão com um telefonema ou um e-mail. Ele me fitou com o olhar vazio por um instante, depois voltou a folhear as velhas fotos.

No que diz respeito a mulheres, Jobs podia ser profundamente romântico. Ele tinha uma tendência a apaixonar-se de forma dramática, contar aos amigos os altos e baixos do relacionamento, suspirar em público sempre que estava longe da namorada do momento. No verão de 1983, ele foi a um jantar no Vale do Silício com Joan Baez e sentou-se ao lado de uma aluna da Universidade da Pensilvânia chamada Jennifer Egan, que não sabia muito bem quem ele era. Àquela altura, Jobs e Baez já tinham percebido que não estavam destinados a permanecer para sempre jovens e juntos, e ele ficou encantado com Egan, que estava trabalhando num semanário de San Francisco durante as férias de verão. Foi atrás dela, ligou e levou-a ao Café Jacqueline, um pequeno bistrô perto de Telegraph Hill especializado em pratos vegetarianos.

Namoraram um ano, e Jobs tomava o avião com frequência para a Costa Leste a fim de visitá-la. Num evento da Macworld em Boston, ele contou a uma multidão que estava muito apaixonado e precisava correr para tomar um avião e ir à Filadélfia ver a namorada. A plateia ficou encantada. Quando ele ia a Nova York, ela tomava o trem para ficarem juntos no Carlyle ou no apartamento de Jay Chiat, no Upper East Side, e faziam suas refeições no Café Luxembourg, visitavam (repetidas vezes) o apartamento no San Remo que ele planejava reformar e iam ao cinema ou (pelo menos uma vez) à opera.

Também conversavam horas ao telefone, vezes seguidas, à noite. Um tópico sobre o qual discutiam era a crença de Jobs, que vinha de seus estudos budistas, de que era importante evitar qualquer apego a objetos materiais. Nossos desejos de consumo são doentios, disse ele a Egan, e para atingir a iluminação é preciso desenvolver uma vida sem apegos nem materialismo. Uma vez até lhe mandou uma fita de Kobun Chino, na qual seu professor de zen-budismo fazia um sermão sobre os problemas causados pelo desejo e pela obtenção de coisas materiais. Egan rebatia. Será que ele não violava essa filosofia, perguntou ela, ao fazer computadores e outros produtos que as pessoas cobiçavam? "Ele se irritava com essa contradição, e tivemos intensas discussões sobre o assunto", lembrou Egan.

No fim, o orgulho que Jobs sentia dos objetos que fabricava foi mais forte do que sua sensível noção de que as pessoas deviam evitar o apego a esses bens. Quando o Macintosh foi lançado, em janeiro de 1984, Egan estava hospedada no apartamento da mãe em San Francisco, durante suas férias de inverno na Universidade da Pensilvânia. Certa noite, as pessoas que a mãe convidara para jantar ficaram surpresas quando Steve Jobs — de repente muito famoso — apareceu à porta carregando um recém-embalado Macintosh e entrou no quarto de Egan para instalá-lo.

Jobs contou a Egan, como o fizera a alguns poucos amigos, sobre sua premonição de que não viveria muito. Era isso que o tornava impetuoso e impaciente, confessou. "Ele tinha um sentimento de urgência sobre o que desejava fazer", disse Egan mais tarde. O relacionamento esfriou no outono de 1984, quando Egan deixou claro que ainda era jovem demais para pensar em casamento.

Pouco depois, quando o confronto com Sculley começava a se intensificar na Apple, no começo de 1985, Jobs estava se dirigindo para uma reunião e deu uma passadinha para ver na Apple Foundation um sujeito que ajudava a doar computadores para organizações sem fins lucrativos. Sentada em seu escritório estava uma mulher esbelta e muito loira, que combinava uma aura hippie de pureza natural com as sólidas percepções de uma consultora de informática. Chamava-se Tina Redse e tinha trabalhado na People's Computer Co. "Era a mulher mais linda que eu já tinha visto na vida", disse Jobs.

Jobs telefonou-lhe no dia seguinte e convidou-a para jantar. Ela se recusou, dizendo que vivia com um namorado. Poucos dias depois, ele a levou para uma caminhada num parque próximo e convidou-a novamente para sair, e, dessa vez, ela disse ao namorado que queria ir. Era muito honesta e franca. Depois do jantar, começou a chorar, porque sabia que sua vida estava prestes a ser desfeita. E estava. Dali a poucos meses, ela se mudou para a mansão sem móveis de Woodside. "Foi a primeira pessoa por quem me apaixonei de verdade", contou Jobs mais tarde. "Tivemos uma ligação muito profunda. Acho que ninguém jamais me compreenderá melhor do que ela."

Redse vinha de uma família com muitos problemas, e Jobs partilhava com ela a dor de ter sido entregue para adoção. "Ambos tínhamos feridas da infância", lembrou Redse. "Ele me disse que éramos desajustados, e por isso pertencíamos um ao outro." Sentiam uma grande paixão física um pelo outro e davam demonstrações públicas de afeto; os funcionários ainda se lembram muito bem dos agarramentos dos dois no saguão da NeXT. E das brigas também, que ocorriam dentro de cinemas e diante de visitas em Woodside. Mas ele sempre louvou sua pureza e naturalidade. Além disso, embelezava-a com atributos espirituais. Como disse a pragmática Joanna Hoffman, numa conversa sobre o entusiamo de Jobs pela sobrenatural Redse: "Steve tinha uma tendência a transformar vulnerabilidades e neuroses em atributos espirituais".

Após ser demitido da Apple em 1985, Jobs foi curar as feridas na Europa, e Redse o acompanhou. Certa noite, numa ponte do Sena, conversaram sobre a possibilidade — mais romântica do que séria — de ficarem na França, e de talvez se instalarem ali, quem sabe definitivamente. Redse gostaria muito, mas Jobs não pensava em ficar. Embora derrotado, ainda era ambicioso. "Sou um reflexo do que faço", disse. Ela recordou aquele momento em Paris num pungente e-mail que lhe enviou vinte anos mais tarde, depois que cada um seguiu seu caminho, mas sem desfazer a ligação espiritual.

Estávamos numa ponte em Paris no verão de 1985. Havia nuvens no céu. Debruçamo-nos sobre o liso parapeito de pedra para ver a água esverdeada lá embaixo. Seu mundo tinha se partido, depois fizera uma pausa para se rearranjar em torno do que você viesse a escolher. Eu queria fugir do que tinha acontecido. Tentei convencê-lo a começar uma vida nova comigo em Paris, a nos desfazermos de quem tínhamos sido antes, para que outra coisa ocorresse conosco. Eu queria que rastejássemos através do negro abismo do seu mundo partido e ressurgíssemos lá na frente, anônimos e novos, numa vida simples, na qual eu lhe preparasse jantares simples, e pudéssemos estar juntos todos os dias, como crianças brincando de qualquer coisa simples, cujo único propósito fosse brincar. Gosto de imaginar que você pensou no assunto antes de rir e dizer: "E eu, o que faria? Tornei-me inútil para o mercado". Gosto de pensar que naquele momento de hesitação, antes que nosso ousado futuro se impusesse, chegamos a viver aquela vida simples até nossa sossegada velhice, com uma ninhada de netos à nossa volta numa fazenda no sul da França, vivendo tranquilamente nossos dias, quentes e completos como pão fresco, nosso pequeno mundo impregnado do aroma da paciência e da familiaridade.

O relacionamento seguiu aos trancos por cinco anos. Redse detestava viver na casa desmobiliada de Woodside. Jobs contratara um casal jovem e descolado que tinha trabalhado no Chez Panisse como governantes e cozinheiros vegetarianos, e eles a faziam sentir-se intrusa. De vez em quando, ela passava um tempo num apartamento próprio em Palo Alto, especialmente depois de uma das torrenciais discussões com Jobs. "A negligência é uma forma de abuso", escreveu ela, certa ocasião, na parede do corredor que levava ao quarto do casal. Ela era fascinada por Jobs, mas desconcertava-a também a frieza que ele era capaz de demonstrar. Contou, depois, que era incrivelmente doloroso estar apaixonada por alguém tão egocêntrico. Interessar-se profundamente por alguém que parecia tão incapaz de interessar-se pelos outros era uma espécie de inferno que ela não desejaria para ninguém.

Eram diferentes em muitos sentidos. "No espectro que vai de cruel a bondoso, estavam quase em polos opostos", diria Hertzfeld mais tarde. A bondade de Redse manifestava-se nas grandes e nas pequenas coisas; ela sempre dava dinheiro a moradores de rua, oferecia-se como voluntária para ajudar pessoas que (como seu pai) padeciam de doença mental, e tomava o cuidado de fazer Lisa e até Chrisann se sentirem à vontade com ela. Mais do que qualquer outra pessoa, ela ajudou a convencer Jobs a passar mais tempo com Lisa. Mas faltava-lhe a ambição, ou o ímpeto, dele. A qualidade etérea que a fazia parecer tão espiritual aos olhos de Jobs também tornava difícil para os dois permanecerem na mesma frequência. "O relacionamento era incrivelmente tempestuoso", disse Hertzfeld. "Por causa das personalidades diferentes, tiveram muitas e muitas brigas."

Tinham também uma diferença filosófica essencial, sobre gosto estético — este seria algo essencialmente individual, como acreditava Redse, ou havia uma estética ideal e universal, que as pessoas deviam aprender, como acreditava Jobs? Ela o acusava de deixar-se influenciar exageradamente pelo movimento Bauhaus. "Steve achava que era nossa obrigação ensinar estética às pessoas, mostrar a elas do que é que deviam gostar", lembrou. "Não é esse o meu ponto de vista. Acho que quando ouvimos profundamente, tanto o que está dentro de nós como o que está nos outros, o que existe de inato e verdadeiro virá à tona."

Quando passavam tempo demais juntos, as coisas nunca iam muito bem. Mas, quando separados, Jobs consumia-se de saudade. Finalmente, no verão de 1989, ele a pediu em casamento. Ela não poderia aceitar. Seria enlouquecedor, confidenciou a amigos. Fora criada num lar instável e sua relação com Jobs tinha muitas semelhanças com aquele ambiente. Eram opostos que se atraíam, disse, mas a combinação era por demais explosiva. "Eu não poderia ter sido uma boa mulher para 'Steve Jobs', o ícone", explicou depois. "Eu teria me decepcionado em muitos sentidos. Em nossas interações pessoais, eu não me conformaria com sua grosseria. Não queria ofendê-lo, mas também não queria ficar de lado, assistindo enquanto ele ofendia os outros. Era doloroso e cansativo."

Depois do rompimento, Redse ajudou a fundar a OpenMind, uma rede de recursos de saúde mental na Califórnia. Ela tinha lido por acaso num manual psiquiátrico uma descrição do transtorno de personalidade narcisista, e concluiu que Jobs correspondia perfeitamente ao que ela lera. "Aquilo se ajustava tão bem, e explicava tantas coisas que nós vínhamos enfrentando, que me dei conta de que esperar que ele se tornasse mais agradável ou menos egocêntrico era como esperar que um cego enxergasse", disse. "Explicava também algumas decisões que ele tinha tomado com relação à filha Lisa naquela época. Acho que a questão envolve empatia — falta a ele a capacidade de empatia."

Redse casou-se depois, teve dois filhos e divorciou-se. De vez em quando, Jobs suspirava abertamente por ela, mesmo quando ela estava bem casada. E, quando ele começou sua batalha contra o câncer, ela voltou a procurá-lo e lhe deu apoio. Redse ficava emocionada sempre que falava do relacionamento. "Apesar de nossos valores se chocarem e tornarem impossível o tipo de relação que queríamos", disse-me, "o carinho e o amor que senti por ele décadas atrás continuaram vivos." Jobs também se pôs a chorar de repente, certa tarde, quando, sentado na sala de estar, falava sobre ela. "Foi uma das pessoas mais puras que conheci", disse, enquanto lágrimas lhe rolavam pelo rosto. "Ela tinha qualquer coisa de espiritual, assim como nossa ligação." Jobs disse que sempre lamentou não terem conseguido fazer a relação dar certo, e tinha certeza de que ela também lamentava. Mas não era para ser. Nisso, os dois estavam de acordo.

LAURENE POWELL

Uma casamenteira, a essa altura, poderia ter montado, com base em dados da crônica de seus namoros, um perfil da mulher que serviria para Jobs. Inteligente, mas despretensiosa. Forte o suficiente para enfrentá-lo, mas zen o bastante para elevar-se acima dos tumultos. Instruída e independente, mas pronta para fazer concessões em favor dele e de uma família. Pragmática, mas com um toque celestial. Vivida o suficiente para saber como lidar com ele, mas segura de si o bastante para nem sempre precisar fazê-lo. E não seria mau se fosse uma loira esbelta e linda, com um tranquilo senso de humor, que gostasse de alimentos vegetarianos orgânicos. Em outubro de 1989, depois de separar-se de Tina Redse, uma mulher que correspondia exatamente a essa descrição entrou em sua vida.

Mais especificamente, uma mulher que correspondia exatamente a essa descrição entrou em sua sala de aula. Jobs concordara em dar uma das palestras sobre "A visão de cima" na Faculdade de Administração de Stanford numa quinta-feira à tarde. Laurene Powell era uma nova aluna de pós-graduação da faculdade, e um rapaz de sua sala convenceu-a a assistir à palestra. Os dois chegaram atrasados, e todas as cadeiras estavam ocupadas, então eles se sentaram no corredor. Quando um funcionário lhes disse que não podiam ficar ali, Powell levou o amigo até a primeira fila e confiscou dois lugares reservados. Jobs foi conduzido a uma cadeira ao lado da sua quando chegou. "Olhei para a direita, vi uma moça linda, e começamos a conversar enquanto eu esperava para ser apresentado a ela", contou Jobs. Trocaram alguns gracejos, e Laurene disse, brincando, que estava sentada ali porque ganhara uma rifa, e o prêmio era ele levá-la para jantar. "Ele foi adorável", disse ela.

Depois da palestra, Jobs ficou na beira do palco batendo papo com estudantes. Viu Powell sair, voltar, ficar à margem da multidão e sair de novo. Ele correu atrás dela, escapando do reitor, que queria agarrá-lo para conversar. Quando a alcançou no estacionamento, disse: "Desculpe, não havia alguma coisa sobre uma rifa que você ganhou, e que por isso eu deveria levá-la para jantar?". Ela riu. "Que tal sábado?", perguntou ele. Ela concordou e lhe deu o número de seu telefone. Jobs foi pegar o carro para ir jantar com um grupo de vendas de educação da NeXT no lagar de Thomas Fogarty, nas montanhas de Santa Cruz, acima de Woodside. Então, parou de repente e deu meia-volta: "Pensei comigo, caramba, prefiro jantar com ela a jantar com o grupo de vendas; então voltei correndo para o carro dela e perguntei o que achava de jantar *naquela noite*". Ela disse que sim. Era uma bela noite de outono, e eles foram andando até um bom restaurante vegetariano em Palo Alto, o Saint Michael's Alley, e acabaram ficando lá quatro horas. "Estamos juntos desde então", disse ele.

Avie Tevanian estava sentado no restaurante do lagar, à espera de Jobs com o resto do grupo de educação da NeXT. "Às vezes não dava para confiar em Steve, mas quando falei com ele percebi que algo especial acontecera", diz. Logo que Powell chegou em casa, depois da meia-noite, ligou para sua melhor amiga, Kathryn (Kat) Smith, que estava em Berkeley, e deixou uma mensagem na secretária eletrônica. "Você não vai acreditar no que acabou de acontecer comigo", dizia a mensagem. "Não vai acreditar quando souber quem eu acabei de conhecer." Smith ligou de volta de manhã e ouviu a história. "Sabíamos de Steve, era uma pessoa que nos interessava, porque estudávamos administração", lembra ela.

Mais tarde, Andy Hertzfeld e alguns outros se perguntaram se Powell não vinha tramando um encontro com Jobs. "Laurene é ótima, mas pode ser calculista, e acho que ela tinha mirado nele desde o começo", disse Hertzfeld. "Sua colega de quarto na faculdade me contou que Laurene tinha capas de revista com fotos de Steve e prometera que um dia ia conhecê-lo. Se é verdade que Steve foi manipulado, não deixa de ser bem irônico." Mas Powell depois afirmou que não houve nada disso. Ela só foi à palestra para acompanhar o amigo, e nem sabia muito bem o que iam ver. "Eu sabia que Steve Jobs era o palestrante, mas o rosto que me vinha à mente era o de Bill Gates", lembrou. "Eu misturei os dois. Estávamos em 1989. Ele trabalhava na NeXT e, para mim, não estava com essa bola toda. Eu não estava entusiasmada, mas meu amigo, sim, então fomos."

"Só houve duas mulheres na vida por quem me apaixonei de verdade, Tina e Laurene", diria Jobs mais tarde. "Achei que estivesse apaixonado por Joan Baez, mas eu só gostava dela, muito. Paixão mesmo, só por Tina e Laurene."

Laurene Powell nasceu em Nova Jersey em 1963 e aprendeu a ser autossuficiente ainda bem jovem. O pai era um piloto dos marines que morreu como herói num desastre aéreo em Santa Ana, Califórnia; de seu avião, ele orientava a aterrissagem de um avião avariado, e, quando esse avião atingiu o seu, ele continuou voando para desviar-se de uma área residencial, em vez de ejetar-se a tempo de salvar a própria vida. O segundo casamento da mãe acabou criando uma situação horrível, mas ela achava que não poderia se separar, porque não tinha meios para sustentar uma família grande como a sua. Durante dez anos, Laurene e os três irmãos aguentaram um ambiente familiar tenso, mantendo um bom comportamento e compartimentando os problemas. Ela se saiu bem. "A lição que aprendi foi clara, e eu sempre quis ser autossuficiente", disse. "Eu me orgulhava disso. Minha relação com o dinheiro é que ele é uma ferramenta para nos tornarmos autossuficientes, mas não é algo que faça parte de quem eu sou."

Depois de formar-se pela Universidade da Pensilvânia, ela trabalhou no Goldman Sachs como estrategista de negócios com salário fixo, lidando com enormes somas de dinheiro, que ela negociava para a conta do banco. Jon Corzine, seu chefe, tentou convencê-la a ficar no Goldman, mas Powell achou que o trabalho era moralmente discutível. "Você pode ser realmente bem-sucedido", disse ela, "mas o que você faz é apenas contribuir para a formação de capital."

Assim, depois de três anos, demitiu-se e foi para Florença, na Itália, onde ficou oito meses antes de matricular-se na Faculdade de Administração de Stanford.

Depois do jantar daquela quinta-feira, ela convidou Jobs para ir a seu apartamento em Palo Alto no sábado. Kat Smith veio de carro de Berkeley e fingiu ser sua colega de quarto, para que também pudesse conhecê-lo. Ela lembra que a relação deles era muito apaixonada. "Eles se beijavam e se agarravam muito", contou. "Ele estava embevecido. Me ligava e perguntava: 'Você acha que ela gosta de mim?'. E eu me vi na bizarra posição de ter essa figura icônica ligando para mim."

No réveillon de 1989, os três foram para o Chez Panisse, o célebre restaurante de Alice Waters em Berkeley, mais a filha de Jobs, Lisa, na época com onze anos. Jobs e Powell começaram a discutir por qualquer coisa que aconteceu durante o jantar, e os dois foram embora separados. Powell acabou passando a noite no apartamento de Kat Smith. Às nove da manhã alguém bateu à porta, e, quando Smith abriu, lá estava Jobs, na chuva, segurando flores silvestres que tinha apanhado. "Posso entrar e ver Laurene?", perguntou. Ela ainda estava dormindo, e ele entrou no quarto. Duas horas se passaram, enquanto Smith esperava na sala de estar, sem poder entrar e pegar sua roupa. Finalmente, pôs um casaco por cima da camisola e foi ao Peet's Coffee comprar alguma coisa para comer. Jobs só reapareceu ao meio-dia. "Kat, você pode vir aqui um minuto?", pediu. Todos se juntaram no quarto. "Como sabe, o pai de Laurene morreu e a mãe dela não está aqui, e como você é sua melhor amiga, vou lhe fazer o pedido", disse. "Eu gostaria de casar com Laurene. Você nos daria a sua bênção?"

Smith subiu na cama e pensou um pouco. "Está bem pra você?", perguntou a Powell. Quando ela balançou a cabeça dizendo que sim, Smith anunciou: "Pois bem, aí está sua resposta".

Não foi, porém, uma resposta definitiva. Jobs tinha um jeito de se concentrar numa coisa com insana intensidade por um instante, antes de desviar os olhos abruptamente. No trabalho, ele se concentrava no que queria, quando queria, e em outras questões não reagia de forma alguma, por mais que se tentasse envolvê-lo. Na vida pessoal também era assim. Às vezes, ele e Powell entregavam-se a manifestações públicas de afeto, tão intensas que chegavam a constranger todos os que estavam por perto, incluindo Kat Smith e a mãe de Powell. De manhã, na casa quase sem móveis de Woodside, ele a acordava tocando bem alto "She drives me crazy", do Fine Young Cannibals, em seu tape deck. Apesar disso, em outros momentos simplesmente a ignorava. "Steve flutuava do foco mais intenso, quando ela era o centro do universo, para uma fria distância, durante a qual ele se concentrava totalmente no trabalho", disse Smith. "Ele tinha o poder de se concentrar, como um feixe de raio laser, e, quando esse feixe nos atravessava, desfrutávamos da luz de sua atenção. Mas, quando o foco mudava para outro ponto, ficava muito, muito escuro para nós. Era bastante confuso para Laurene."

Depois que ela aceitou a proposta de casamento, no primeiro dia de 1990, ele ficou meses sem tocar no assunto. Finalmente, Kat Smith o acuou enquanto estavam sentados na beira de uma caixa de areia em Palo Alto. Qual era o problema? Jobs respondeu que precisava ter certeza de que Laurene seria capaz de aguentar a vida que ele vivia e o tipo de pessoa que ele era. Em setembro, ela cansou de esperar e mudou-se. No mês seguinte, ele lhe deu um anel de noivado de diamante, e ela voltou.

Em dezembro, Jobs levou Powell para onde mais gostava de passar férias, Kona Village, no Havaí. Ele tinha começado a frequentar o local nove anos antes, quando, expulso da Apple, pedira a seu assistente que escolhesse um lugar para onde pudesse fugir. À primeira vista, não gostou da penca de bangalôs de tetos de palha aninhados numa grande ilha do Havaí. Era um resort familiar, onde todos comiam juntos. Mas poucas horas depois começou a ver ali um paraíso. Havia uma simplicidade e uma beleza frugal que o comoviam, e voltava para lá sempre que podia. Gostou em especial de estar ali em dezembro com Powell. O amor deles amadureceu. Na véspera do Natal, ele voltou a declarar, mais formalmente ainda, que queria casar-se com ela. Logo, outro fator apressaria essa decisão. Enquanto estavam no Havaí, Powell engravidou. "Sabemos exatamente onde foi", disse Jobs depois, com uma risada.

O CASAMENTO, 18 DE MARÇO DE 1991

A gravidez de Powell não resolveu de vez o assunto. Jobs novamente resistiu à ideia do casamento, muito embora tivesse feito a proposta de maneira espetacular no primeiro e no último dia de 1990. Furiosa, ela se mudou da casa dele de volta para seu próprio apartamento. Por um tempo, ele ficou emburrado e ignorou a situação. Depois, achou que talvez ainda estivesse apaixonado por Tina Redse; mandou-lhe rosas e tentou convencê-la a voltar, talvez casar-se com ele. Não sabia ao certo o que queria, e surpreendia amigos e até conhecidos perguntando-lhes o que achavam que devia fazer. Qual das duas era mais bonita, perguntava, Tina ou Laurene? De quem gostavam mais? Com quem deveria casar-se? Num capítulo a esse respeito no romance *A regular guy*, de Mona Simpson, o personagem de Jobs "perguntou a mais de cem pessoas quem elas achavam mais bonita". Mas isso era ficção; no mundo real, provavelmente foram menos de cem.

Acabou fazendo a escolha certa. A própria Redse disse a amigos que jamais teria sobrevivido se voltasse com Jobs, nem seu casamento. Muito embora ele suspirasse pela natureza espiritual da ligação com Redse, sua relação com Powell era muito mais sólida. Gostava dela, amava-a, respeitava-a e sentia-se à vontade com ela. Talvez não a visse como mística; mas ela era uma âncora de sensatez em sua vida. Muitas outras mulheres que conhecera, começando com Chrisann Brennan, tinham sua cota de fraqueza e instabilidade emocional, coisa que Powell não tinha. "Ele foi o sujeito mais sortudo do mundo ficando com Laurene, que é inteligente, capaz de conectar-se com ele intelectualmente e de aguentar seus altos e baixos e sua tempestuosa personalidade", disse Joanna Hoffman. "Como ela não é neurótica, Steve talvez ache que não é tão mística como Tina. Mas isso é bobagem." Andy Hertzfeld concorda. "Laurene é muito parecida com Tina, embora na verdade seja totalmente diferente, porque é mais forte e mais encouraçada. É por isso que o casamento dá certo."

Jobs compreendeu muito bem. Apesar de sua turbulência emocional, o casamento acabou se tornando duradouro, marcado pela lealdade e pela fidelidade, superando os altos e baixos e as estridentes complexidades emocionais que teve de aguentar.

Avie Tevanian decidiu que Jobs precisava de uma festa de despedida de solteiro. Não era tão fácil como pode parecer. Jobs não gostava de festejar e não tinha uma gangue de cupinchas. Não tinha sequer padrinho. Assim, o grupo de camaradas do sexo masculino acabou reduzido a Tevanian e Richard Crandall, professor de ciência da computação do Reed que tirara licença para trabalhar na NeXT. Tevanian alugou uma limusine e, quando eles chegaram à casa de Jobs, Powell os recebeu de terno e bigode falso, dizendo que também ia participar. Era só uma brincadeira, e logo os três solteiros, que não bebiam, pegaram a estrada para San Francisco, para ver se conseguiam encenar uma pálida versão de festa de despedida de solteiro.

Um portfólio de fotos de Diana Walker

*Durante quase trinta anos, a fotógrafa Diana Walker
teve acesso especial a seu amigo Steve Jobs.
Eis uma seleção de seu portfólio*

1. *Em sua casa, em Cupertino, em 1982. Era tão perfeccionista que tinha dificuldade para comprar móveis.*

2. Em sua cozinha: *"Quando voltei, depois de sete meses em aldeias indianas, vi a loucura do mundo ocidental, e também sua capacidade para o pensamento racional"*.

3. *Em Stanford, em 1982: "Quantos de vocês são virgens? Quantos já tomaram LSD?".*

4. *Com o Lisa: "Picasso tinha um ditado: 'artistas bons copiam, grandes artistas roubam', e nós nunca sentimos vergonha de roubar grandes ideias".*

5. Com John Sculley, no Central Park, em 1984: "Você quer passar o resto da vida vendendo água com açúcar ou quer ter uma chance de mudar o mundo?".

6. Em seu escritório na Apple, em 1982. Perguntado se queria fazer pesquisa de mercado, respondeu: "Não, porque os consumidores não sabem o que querem até que mostre-
mos a eles".

7. Na NeXT, em 1988. Livre dos constrangimentos da Apple, entregou-se a seus melhores e piores instintos.

8. Com John Lasseter, em agosto de 1997. O rosto e o comportamento angelical de Lasseter escondiam um perfeccionismo artístico que rivalizava com o de Jobs.

9. Em casa, trabalhando em seu discurso do Macworld em Boston, depois de retomar o comando da Apple, em 1997: "Naquela loucura, vemos genialidade".

10. Fechando acordo com a Microsoft, por telefone, com Bill Gates: "Bill, muito obrigado por seu apoio a esta companhia. Acho que o mundo é um lugar melhor por isso".

11. No Macworld de Boston, enquanto Gates discute o acordo entre eles: "Aquela foi a minha pior e mais estúpida montagem de um evento. Fiquei parecendo pequeno".

12. Com a esposa, Laurene Powell, no quintal da casa deles, em Palo Alto, em agosto de 1997. Ela foi uma âncora sensata na vida de Jobs.

13. *No escritório de sua casa, em Palo Alto, em 2004: "Gosto de viver na intersecção entre humanidades e tecnologia".*

Do álbum da família Jobs

Em agosto de 2011, quando Jobs estava muito doente, sentamos em seu quarto e repassamos fotos do casamento e de férias para usar neste livro

14. A cerimônia de casamento, em 1991. Kobun Chino, mestre de Soto Zen de Steve, sacudiu uma vara, bateu num gongo, acendeu incenso e cantou.

15. Com seu orgulhoso pai, Paul Jobs: depois que a irmã, Mona, localizou seu pai biológico, Steve recusou-se a conhecê-lo.

16. *Cortando o bolo em forma de Meia Cúpula com Laurene e Lisa Brennan, sua filha de um relacionamento anterior.*

17. *Laurene, Lisa e Steve. Lisa mudou-se pouco depois para a casa deles e lá permaneceu durante os anos em que cursou o ensino médio.*

18. *Steve, Eve, Reed, Erin e Laurene em Ravello, Itália, em 2003. Mesmo em férias, ele frequentemente mergulhava no trabalho.*

19. Segurando Eve de cabeça para baixo no Foothill Park, Palo Alto: "Ela é uma pistola, e mais cabeça-dura do que qualquer criança que eu tenha conhecido. É como se eu estivesse recebendo o troco".

20. Com Laurene, Eve, Erin e Lisa, no canal de Corinto, Grécia, em 2006: "Para os jovens, todo este mundo é o mesmo agora".

21. Com Erin, em Kyoto, em 2010. Assim como Reed e Lisa, ela ganhou uma viagem especial ao Japão com o pai.

22. Com Reed, no Quênia, em 2007: "Quando fui diagnosticado com câncer, fiz um acordo com Deus, ou seja lá quem for, que era que eu realmente queria ver Reed se formar".

23. E apenas mais uma de Diana Walker: um retrato de 2004 na casa de Palo Alto.

Tevanian não conseguira fazer reservas no Greens, o restaurante vegetaria-no de Fort Mason de que Jobs gostava, e reservara lugares no suntuoso restauran-te de um hotel. "Não quero comer aqui", anunciou Jobs quando o pão foi posto na mesa. Ele os obrigou a levantar e sair, para horror de Tevanian, que ainda não estava habituado com seu comportamento em restaurantes. Jobs os levou ao Café Jacqueline, em North Beach, que servia uns suflês que ele amava, e que de fato era uma opção melhor. Depois, pegaram a limusine para atravessar a ponte Gol-den Gate e ir a um bar em Sausalito, onde pediram doses de tequila que mal pro-varam. "Não foi uma grande festa de despedida de solteiro, mas foi a melhor coisa que conseguimos para alguém como Steve, e ninguém mais se ofereceu para fazê--la", disse Tevanian. Jobs ficou agradecido. Resolveu que Tevanian deveria casar--se com sua irmã Mona Simpson. Apesar de não ter dado certo, a ideia era uma prova de afeição.

Powell não poderia dizer que não sabia onde estava se metendo. Enquanto planejava o casamento, a calígrafa que ia escrever os convites apareceu para ofere-cer algumas opções ao casal. Não havia móvel para sentar, e ela sentou-se no chão e espalhou as amostras. Jobs olhou-as por algum tempo, então se levantou e saiu da sala. Elas ficaram esperando, mas ele não voltou. Powell foi procurá-lo e o en-controu no quarto. "Livre-se dessa mulher", disse ele. "Não consigo olhar para o material dela. É uma merda."

Em 18 de março de 1991, Steven Paul Jobs, 36, casou-se com Laurene Powell, 27, no Ahwahnee Lodge, no Parque Nacional de Yosemite. Construído nos anos 1920, Ahwahnee é um vasto monte de pedra, concreto e madeira projetado num estilo que mescla art déco, o movimento Arts & Craft e a paixão do Serviço de Parques por imensas lareiras de pedra. Sua maior virtude é a vista. Tem janelas do piso ao teto voltadas para a Meia Cúpula e para as Quedas de Yosemite.

Havia cerca de cinquenta pessoas na cerimônia, entre elas o pai de Steve, Paul Jobs, e a irmã Mona Simpson. Ela levou o noivo, Richard Appel, advogado que se tornaria roteirista de programas humorísticos de tevê (como roteirista de *Os Simpsons*, ele batizou a mãe de Homer com o nome de sua mulher). Jobs fez questão de que todos chegassem de ônibus fretado; queria controlar todos os as-pectos do evento.

A cerimônia foi no solário, com a neve caindo forte e Glacier Point apenas um vulto na distância. Foi conduzida pelo velho mestre de Soto Zen de Steve, Kobun Chino, que sacudiu uma vara, fez soar um gongo, acendeu incenso e cantou numa voz mastigada que a maioria achou incompreensível. "Pensei que ele estivesse bêbado", disse Tevanian. Não estava. O bolo de casamento tinha a forma da Meia Cúpula, o cume de granito no fim do vale de Yosemite, mas, como era vegano — sem ovos, leite nem nenhum produto que tivesse passado por refinaria —, mais da metade dos convidados não conseguiu comer. Depois, todos foram caminhar, e os três robustos irmãos de Powell começaram uma guerra de bolas de neve, com muito empurra-empurra e muitas jogadas violentas. "Veja só, Mona", disse Jobs à irmã, "Laurene é descendente de Joe Namath e nós somos descendentes de John Muir."*

UM LAR

Powell tinha o mesmo interesse do marido por alimentos naturais. Quando fazia faculdade de administração, trabalhou na Odwalla, empresa de sucos, onde ajudou a desenvolver o primeiro plano de marketing. Já casada com Jobs, ela achava importante seguir uma carreira, pois aprendera com a mãe sobre a necessidade de ser autossuficiente. Por isso, abriu seu próprio negócio, a Terravera, que fazia refeições orgânicas prontas para servir e as distribuía por lojas do norte da Califórnia.

Em vez de morar na mansão isolada quase sem mobília e meio mal-assombrada de Woodside, o casal mudou-se para uma despretensiosa e encantadora casa numa esquina de um bairro familiar na velha Palo Alto. Era um lugar privilegiado — a vizinhança viria a incluir o visionário capitalista John Doerr, o fundador do Google, Larry Page, o fundador do Facebook, Mark Zuckerberg, além de Andy Hertzfeld e Joanna Hoffman —, mas as casas não eram ostentosas, nem ficavam escondidas atrás de altas sebes ou longas pistas de entrada de garagem. Em vez disso, aninhavam-se em lotes próximos uns dos outros, ao longo de ruas planas e sossegadas, com boas calçadas. "Queríamos morar num bairro onde as crianças pudessem andar e ver os amigos", disse Jobs mais tarde.

* Joe Namath é um famoso ex-jogador de futebol americano nascido em 1943; John Muir (1838--1914), naturalista e escritor de obras sobre ecologia, convenceu o governo dos Estados Unidos a criar o Parque Nacional de Yosemite. (N. E.)

A casa não pertencia ao estilo minimalista e modernista que Jobs teria proje-tado se a tivesse construído ele próprio. Nem era uma mansão grande e imponen-te que fizesse alguém parar para olhar quando passasse por sua rua em Palo Alto. Foi construída nos anos 1930, por um arquiteto local chamado Carr Jones, que se especializara em casas cuidadosamente trabalhadas, no "estilo conto de fadas" das casinhas campestres inglesas ou francesas.

A casa, de dois andares, era de tijolo vermelho e caibros de madeira expos-tos, tinha telhado com linhas curvas, e lembrava um descontraído chalé de Cotswold, ou talvez uma casa onde um Hobbit bem de vida poderia ter morado. O único toque californiano era dado pelas alas da casa, que formavam um pátio ao estilo das missões. A sala de estar, com teto abobadado da altura de dois anda-res, era informal, com piso de cerâmica e terracota. Num dos lados havia uma grande janela triangular apontando para o alto do teto; tinha um vitral quando Jobs a comprou, como se fosse uma capela, mas ele mandou trocar por vidro transparente. Outra mudança que ele e Powell fizeram foi a ampliação da cozi-nha, para caber um forno a lenha para pizza e uma longa mesa de madeira, que se tornou o ponto principal de reunião da família. A reforma deveria durar quatro meses, mas durou dezesseis, porque Jobs não parava de alterar o projeto. Ele comprou também a pequena casa que havia atrás e derrubou-a para fazer um quintal, que Powell transformou num lindo jardim natural repleto de flores sazo-nais, hortaliças e ervas.

Jobs ficou fascinado com a utilização de materiais velhos por Carr Jones, que incluíam tijolos usados e madeira de postes telefônicos para construir uma estru-tura simples e maciça. Os caibros da cozinha tinham sido usados para fazer os moldes dos alicerces de concreto da ponte Golden Gate, em fase de construção quando a casa fora erguida. "Ele era um artesão cuidadoso, que aprendeu sozi-nho", disse Jobs, mostrando cada detalhe. "Preferia ser inventivo a ganhar dinhei-ro, e nunca ficou rico. Nunca saiu da Califórnia. Suas ideias vinham da leitura de livros na biblioteca e da *Architectural Digest.*"

Jobs nunca tinha mobiliado direito sua casa de Woodside, limitando-se ao essencial: uma cômoda e um colchão no quarto de dormir, uma mesa de jogos e algumas cadeiras dobráveis no que seria uma sala de jantar. Só queria ter em volta de si coisas que admirasse, o que tornava muito difícil sair e comprar móveis. Agora que vivia numa casa normal, com uma mulher e logo mais uma criança, precisou fazer algumas concessões às necessidades. Mas foi difícil. Compraram camas, penteadeiras, um sistema de som para a sala de visitas, mas artigos como sofás levaram mais tempo. "Falamos, teoricamente, sobre móveis durante oito anos", lembra Powell. "Gastávamos muito tempo nos perguntando qual era o objetivo de ter um sofá." Comprar eletrodomésticos também foi uma tarefa filosófica, não apenas uma compra por impulso. Jobs descreveu para a revista *Wired*, poucos anos depois, o processo de compra de uma máquina de lavar:

> O problema é que as máquinas de lavar e secar americanas são todas erradas. Os europeus sabem fabricá-las melhor — mas elas levam o dobro do tempo para lavar e secar. Elas lavam com um quarto da quantidade de água, e as roupas retêm menos detergente. Mais importante, não estragam a roupa. Usam menos sabão, muito menos água, mas as roupas ficam mais limpas, mais macias, e duram muito mais. Gastamos muito tempo conversando, entre nós, sobre que tipo de concessão estávamos dispostos a fazer. Acabamos falando muito sobre design, mas também sobre os valores de nossa família. Para nós era assim tão importante ter nossas roupas lavadas em uma hora, em vez de em uma hora e meia? Ou era mais importante que nossas roupas ficassem realmente macias e durassem mais? Era importante usarmos um quarto da água? Passamos duas semanas discutindo o assunto todas as noites, à mesa de jantar.

Acabaram comprando uma lavadora e uma secadora Miele, fabricadas na Alemanha. "Fiquei mais animado com elas do que com qualquer peça de alta tecnologia em muitos anos", disse Jobs.

Um objeto de arte que Jobs comprou para a sala de estar de teto abobadado foi uma foto do nascer do sol na Sierra Nevada, tirada por Ansel Adams em Lone Pine, Califórnia. Adams tinha feito a imensa foto para a filha, que depois a vendera. Uma vez a governanta de Jobs passou um pano molhado nela, e Jobs descobriu uma pessoa que tinha trabalhado com Adams, pediu que fosse a sua casa para arrancar uma camada e restaurá-la.

A casa era tão despretensiosa que Bill Gates ficou meio desconcertado quando a visitou com a mulher. "*Todos* vocês moram aqui?", perguntou Gates, que na época estava construindo uma mansão de 6 mil metros quadrados perto de Seattle. Mesmo depois de voltar para a Apple e tornar-se um bilionário famoso no mundo inteiro, Jobs não tinha seguranças nem empregados morando em casa, e até deixava a porta dos fundos destrancada durante o dia.

Seu único problema de segurança foi criado, triste e estranhamente, por Burrell Smith, o cabeludo e angelical engenheiro de software da Macintosh, que fora assistente de Andy Hertzfeld. Depois de sair da Apple, Smith afundou no transtorno bipolar e na esquizofrenia. Ele morava numa casa na rua de Hertzfeld e, à medida que o transtorno avançava, começou a andar nu pelas ruas, às vezes quebrando janelas de carros e igrejas. Passou a tomar remédios potentes, mas era difícil calibrar as doses. A certa altura, quando seus demônios voltaram, ele começou a ir todas as noites à casa de Jobs, jogando pedras nas janelas e deixando cartas incoerentes, e uma vez chegou a jogar dentro da casa uma bomba pirotécnica. Preso, seu caso foi arquivado quando o submeteram a novo tratamento. "Burrell era tão engraçado, tão ingênuo, até que um dia, um 1º de abril, ele de repente desabou", disse Jobs. "Foi uma coisa muito estranha, muito triste."

Smith depois se recolheu completamente em seu mundo interior, sob pesada medicação, e em 2011 ainda vagava pelas ruas de Palo Alto, incapaz de falar com quem quer que fosse, mesmo com Hertzfeld. Jobs foi compreensivo e costumava perguntar a Hetzfeld o que mais podia fazer para ajudar. Um dia, Smith foi posto na cadeia e recusou-se a dizer quem era. Quando Hertzfeld descobriu, três dias depois, ligou para Jobs e pediu ajuda para soltá-lo. Jobs ajudou, mas fez a Hertzfeld uma pergunta surpreendente: "Se alguma coisa parecida acontecesse comigo, você cuidaria bem de mim como cuida de Burrell?".

Jobs manteve a mansão em Woodside, nas montanhas a cerca de quinze quilômetros de Palo Alto. Queria derrubar a casa de catorze cômodos construída em estilo colonial espanhol em 1925, e tinha planos de substituí-la por uma casa modernista de inspiração japonesa, extremamente simples, com um terço do tamanho. Mas por mais de vinte anos travou uma lenta série de batalhas jurídicas com ambientalistas, que queriam preservar a casa original, já meio desmoronada. (Em 2011, ele finalmente conseguiu permissão para derrubá-la, mas a essa altura já tinha decidido que não queria mais construir uma segunda casa.)

Às vezes Jobs usava a casa semiabandonada de Woodside — especialmente a piscina — para festas em família. Quando Bill Clinton era presidente, ele e Hillary Clinton ficavam na casa de fazenda dos anos 1950 existente na propriedade durante suas visitas à filha, que estudava em Stanford. Como nem a casa principal nem a de fazenda tinham móveis, Powell pagava a lojas de móveis e de arte para temporariamente mobiliar as casas para receber os Clinton. Certa vez, pouco depois de estourar a confusão sobre Monica Lewinsky, Powell estava fazendo uma última inspeção na mobília quando deu pela falta de um quadro. Preocupada, perguntou ao grupo que montou a casa e ao Serviço Secreto o que tinha acontecido. Um agente puxou-a de lado e explicou que a pintura mostrava um vestido num cabide, e, por causa do vestido azul no caso Lewinsky, acharam melhor escondê-la.

LISA VAI MORAR COM ELES

Quando Lisa estava no meio do oitavo ano, seus professores telefonaram para Jobs. Havia problemas sérios, e talvez fosse melhor para ela sair da casa da mãe. Jobs saiu para uma caminhada com Lisa, perguntou sobre a situação e disse que ela poderia morar com ele se quisesse. Lisa era uma menina madura, que acabara de fazer catorze anos, e pensou no assunto durante dois dias. Então aceitou. Já sabia em que quarto queria ficar: o da direita, perto do quarto do pai. Uma vez, quando estava sozinha em casa, deitara-se no assoalho para experimentá-lo.

Foi um período difícil. Chrisann Brennan de vez em quando vinha de sua casa, a poucos quarteirões de distância, para gritar com eles do jardim. Quando lhe fiz perguntas sobre seu comportamento e sobre as alegações que levaram Lisa a sair de casa, ela disse que ainda não conseguira processar o que ocorrera naquele período. Mas depois me mandou um longo e-mail que, segundo ela, ajudaria a esclarecer a situação. Disse:

> Você sabe como foi que Steve conseguiu convencer a cidade de Woodside a lhe permitir derrubar a casa de Woodside? Havia uma comunidade que queria preservar a casa de Woodside por seu valor histórico, mas Steve queria derrubá-la para construir uma casa com pomar. Steve foi deixando a casa cair aos pedaços, e, com o passar dos anos, ela ficou tão arruinada que não dava mais para salvá-la. A estratégia que ele adotou para conseguir o que queria foi simplesmente seguir a linha do menor envolvimento e resistência. Assim, sem tomar providência alguma, e quem sabe até deixando as janelas abertas durante anos, a casa desmoronou. Brilhante, não? Agora ele podia levar seu plano adiante, tranquilamente. De forma muito parecida, Steve trabalhou para minar minha eficácia e meu bem-estar quando Lisa tinha de treze para catorze anos, e levá-la a mudar-se para a casa dele. Adotou primeiro uma estratégia, depois trocou por outra mais fácil, ainda mais destrutiva para mim e problemática para Lisa. Talvez não fosse uma coisa muito íntegra, mas ele conseguiu o que queria.

Lisa morou com Jobs e Powell durante os quatro anos em que estudou no colégio de Palo Alto, adotando o nome de Lisa Brennan-Jobs. Ele tentou ser um bom pai, mas às vezes era frio e distante. Quando Lisa sentia necessidade de fugir, buscava refúgio na casa de uma família amiga que vivia na vizinhança. Powell tentava dar-lhe apoio, e era quem comparecia à maioria dos eventos na escola.

Quando cursava a última série, Lisa parecia bem desenvolvida. Ingressou no jornal da escola, *The Campanile*, e tornou-se coeditora. Junto com o colega Ben Hewlett, neto do homem que dera ao pai dela seu primeiro emprego, fez parte da equipe que denunciou os aumentos salariais que a direção da escola concedera em segredo para administradores. Quando chegou a época de entrar na faculdade, ela já tinha decidido que queria ir para o leste. Candidatou-se a uma vaga em Harvard — forjando a assinatura do pai no formulário, porque ele estava fora da cidade — e foi aceita para a turma de 1996.

Em Harvard, Lisa trabalhou no jornal da faculdade, *The Crimson*, e depois na revista literária, *The Advocate*. Após romper com o namorado, passou um ano no exterior, estudando no King's College, em Londres. A relação com o pai continuou tumultuada durante todo o tempo de faculdade. Quando ela voltava para casa, brigavam por nada — a comida servida no jantar, se ela estava prestando atenção nos meios-irmãos — e não falavam um com o outro durante semanas ou até meses. As brigas por vezes eram tão sérias que Jobs parava de sustentá-la, e ela pedia dinheiro emprestado a Andy Hertzfeld e outras pessoas. Uma vez Hertzfeld emprestou a Lisa 20 mil dólares, quando ela achou que o pai não pagaria sua escola. "Ele ficou furioso comigo por causa do empréstimo", disse Hertzfeld, "mas ligou no dia seguinte de manhã cedo e mandou o contador transferir o dinheiro." Jobs não assistiu à formatura de Lisa em Harvard em 2000. Disse que não foi convidado.

Houve, porém, bons momentos durante aqueles anos, entre os quais um verão em que Lisa voltou para casa e apresentou-se num show beneficente para a Electronic Frontier Foundation, no célebre auditório Fillmore, em San Francisco, que o Grateful Dead, Jefferson Airplane e Jimi Hendrix tinham tornado famoso. Ela cantou o hino de Tracy Chapman "Talkin' bout a revolution" ("As pessoas pobres vão se insurgir/ E apanhar sua parte..."), enquanto o pai ficava atrás ninando a filhinha de um ano, Erin.

Os altos e baixos de Jobs com Lisa continuaram depois que ela foi para Manhattan trabalhar como escritora freelance. Os problemas entre eles eram exacerbados pelas frustrações de Jobs com Chrisann. Ele comprara uma casa de 700 mil dólares para Chrisann morar e colocara o imóvel em nome de Lisa, mas Chrisann a convenceu a abrir mão de seus direitos e vendeu-a, usando o dinheiro para viajar com um conselheiro espiritual e viver em Paris. Quando o dinheiro acabou, ela voltou para San Francisco e tornou-se artista, criando "pinturas com luz" e mandalas budistas. "Sou um 'conector' e uma contribuinte visionária para o futuro da humanidade em desenvolvimento e da Terra em ascensão", disse em seu site (que Hertzfeld mantinha para ela). "Experimento as frequências de forma, cor e som de sagrada vibração enquanto crio e vivo com as pinturas." Quando Chrisann precisou de dinheiro para tratar de uma sinusite e dos dentes, Jobs recusou-se a dar, levando Lisa a deixar de falar com ele por alguns anos. E as coisas continuariam nesse ritmo.

Mona Simpson usou tudo isso, e mais sua imaginação, como trampolim para seu terceiro romance, *A regular guy*, publicado em 1996. O personagem a que se refere o título é baseado em Jobs, e até certo ponto corresponde à realidade: reflete a tranquila generosidade de Jobs para com um brilhante amigo que sofre de uma doença óssea degenerativa, a quem deu um carro especial, e descreve com precisão muitos aspectos do seu relacionamento com Lisa, incluindo sua recusa inicial em assumir a paternidade. Mas outras partes são mais ficcionais: Chrisann ensinou Lisa a dirigir muito cedo, por exemplo, mas a cena do livro que mostra "Jane" aos seis anos guiando um caminhão sozinha pelas montanhas à procura do pai obviamente jamais aconteceu. Além disso, há detalhes do livro que, no jargão jornalístico, são bons demais para ser verdade, como a descrição do personagem baseado em Jobs já na primeira frase: "Ele era ocupado demais para dar descarga no vaso".

Na superfície, o retrato ficcional de Jobs apresentado no romance parece acerbo. Simpson descreve seu protagonista como incapaz "de ver qualquer necessidade de submeter-se aos desejos e caprichos de outras pessoas". Seus hábitos de higiene são duvidosos, como os do Jobs de carne e osso. "Ele não acredita em desodorantes, e costumava dizer que, com uma dieta adequada e o sabonete Peppermint Castile, ninguém transpiraria nem cheiraria mal." Mas o romance é lírico e intricado, em muitos níveis, e no fim há um retrato mais completo do homem que perde o controle da grande empresa que tinha fundado e aprende a valorizar a filha que tinha abandonado. A cena final mostra-o dançando com ela.

Jobs diria depois que nunca leu o livro. "Ouvi dizer que era a meu respeito", disse-me ele, "e, se era a meu respeito, eu teria ficado realmente aborrecido, e eu não queria ficar aborrecido com minha irmã, por isso não li." Mas ele afirmou ao *New York Times*, poucos meses depois do lançamento do livro, que o tinha lido e que vira reflexos de si mesmo no protagonista. "Cerca de 25% sou eu, totalmente, até os maneirismos", disse ao repórter Steve Lohr. "E não vou contar a você quais são esses 25%." Sua mulher disse que, na verdade, Jobs deu uma espiada no livro e lhe pediu que lesse para saber o que deveria fazer.

Simpson mandou os originais para Lisa antes da publicação, mas Lisa só leu o começo. "Nas primeiras páginas, deparei com minha família, minhas histórias, minhas coisas, meus pensamentos, eu mesma na personagem Jane", comentou. "E espremida entre as verdades estava a invenção — para mim, mentiras, mais evidentes ainda por causa da perigosa vizinhança com a verdade." Lisa ficou magoada e escreveu um artigo para a *The Advocate*, de Harvard, explicando por quê. A primeira versão do texto era ainda mais amarga, e ela abrandou-a um pouco para publicar. Sentia-se violentada pela amizade de Simpson. "Eu não sabia, naqueles seis anos, que Mona estava fazendo sua colheita", escreveu. "Eu não sabia que, enquanto buscava seu consolo e ouvia seus conselhos, ela também estava tirando algo de mim." Mais tarde, Lisa reconciliou-se com Simpson. Foram a um café para conversar sobre o livro, e Lisa admitiu que tinha sido incapaz de terminar a leitura. Simpson lhe disse que ia gostar do fim. Lisa acabou mantendo, ao longo dos anos, uma relação intermitente com Simpson, porém mais estreita do que a que teve com o pai.

FILHOS

Quando Powell teve um menino em 1991, poucos meses depois de se casar com Jobs, a criança foi chamada, durante duas semanas, de "bebê Jobs", porque chegar a um acordo sobre um nome foi só um pouco menos difícil do que escolher uma máquina de lavar. Finalmente, deram-lhe o nome de Reed Paul Jobs. O nome do meio era o do pai de Jobs, e o primeiro (como insistem Jobs e Powell) foi escolhido porque soava bonito, e não porque era o nome da faculdade de Jobs.

Reed acabou se mostrando parecido com o pai em muitos sentidos: incisivo e inteligente, com um olhar intenso e encanto hipnótico. Mas, diferentemente dele, tinha modos agradáveis e uma graça extremamente modesta. Era criativo — às vezes criativo demais, pois gostava de fantasiar-se e representar o papel de criança — e também um ótimo aluno, interessado em ciência. Era capaz de reproduzir o olhar fixo do pai, mas era manifestamente afetivo e parecia não ter uma gota de crueldade em sua natureza.

Erin Siena Jobs nasceu em 1995. Era um pouco mais sossegada e às vezes sofria por não receber muita atenção do pai. Herdou seu interesse por design e arquitetura, mas aprendeu também a manter certo distanciamento emocional, para não ser magoada pelo desinteresse dele.

A filha mais nova, Eve, nascida em 1998, tornou-se uma pessoa voluntariosa, engraçada, muito vivaz, que não era carente nem intimidante; sabia como lidar com o pai, negociar com ele (e às vezes ganhar) e até zombar dele. O pai dizia, brincando, que ela seria diretora da Apple, se não se tornasse presidente dos Estados Unidos.

Jobs desenvolveu uma forte relação com Reed, mas com as filhas costumava ser mais distante. Como fazia com os demais, de vez em quando se concentrava nelas, assim como as ignorava completamente se tivesse outras coisas em mente. "Ele se concentra no trabalho, e às vezes não é muito presente com as meninas", disse Powell. Certa vez Jobs comentou com a mulher, muito admirado, que os filhos tinham dado certo, "especialmente porque nem sempre estávamos à disposição deles". Powell achou o comentário divertido, mas irritou-se um pouco, porque tinha desistido de seguir uma carreira quando Reed fez dois anos e decidiu que queria mais filhos.

Em 1995, quando Jobs fez quarenta anos, o presidente executivo da Oracle, Larry Ellison, deu uma festa à qual compareceram muitos artistas e mandachuvas. Ele se tornara amigo íntimo, e geralmente levava a família de Jobs para passear em seus muitos iates de luxo. Reed passou a chamá-lo de "nosso amigo rico", o que era um curioso sinal do quanto seu pai evitava ostentar riqueza. A lição que Jobs aprendeu em seu tempo de budista foi que a posse de bens materiais costuma atrapalhar a vida, em vez de enriquecê-la. "Todo presidente executivo que conheço tem um destacamento de seguranças", disse. "Eles têm seguranças até em casa. É um jeito maluco de viver. Decidimos que não era assim que queríamos criar nossos filhos."

21. *Toy story*

Buzz e Woody vêm resgatar

JEFFREY KATZENBERG

"É divertido fazer o impossível", disse Walt Disney certa vez. Era o tipo de atitude de que Jobs gostava. Ele admirava a obsessão de Disney com detalhes e projetos, e achava que existia uma afinidade natural entre a Pixar e o estúdio cinematográfico que Disney tinha fundado.

A Walt Disney Company tinha obtido licença para usar o Sistema de Produção de Animação Computadorizada da Pixar, transformando-se no principal cliente dos computadores da Pixar. Um dia Jeff Katzenberg, chefe da divisão de filmes da Disney, convidou Jobs para ir aos estúdios em Burbank, para ver a tecnologia em operação. Enquanto o pessoal da Disney lhe mostrava o lugar, Jobs virou-se para Katzenberg e perguntou: "A Disney está satisfeita com a Pixar?". Com a maior animação, Katzenberg respondeu que sim. Jobs lhe fez outra pergunta:

"Você acha que nós, da Pixar, estamos satisfeitos com a Disney?". Katzenberg disse que supunha que sim. "Não, não estamos", disse Jobs. "Nós queremos fazer um filme com vocês. Isso nos deixaria satisfeitos."

Katzenberg topou. Tinha grande admiração pelos curtas animados de John Lasseter e tentara, inutilmente, atraí-lo de volta para a Disney. Ele convidou a equipe da Pixar para conversar sobre a produção de um filme em parceria. Quando Catmull, Jobs e Lasseter se instalaram à mesa de conferência, Katzenberg foi direto ao assunto. "John, como você não quer voltar para trabalhar comigo", disse, olhando para Lasseter, "vou fazer a coisa funcionar desse jeito."

Assim como a empresa Disney tinha alguns traços em comum com a Pixar, Katzenberg tinha alguma coisa em comum com Jobs. Ambos eram encantadores quando queriam, e agressivos (ou pior), dependendo do estado de espírito e quando convinha a seus interesses. Alvy Ray Smith, prestes a sair da Pixar, estava na reunião. "Katzenberg e Jobs me pareceram muito semelhantes", lembra. "Tiranos com um inacreditável talento para falar." Katzenberg sabia disso e deliciava-se. "Todo mundo acha que sou um tirano", disse ele à equipe da Pixar. "Eu *sou* um tirano. Mas geralmente estou certo." Era fácil imaginar Jobs dizendo o mesmo.

Como convinha a dois homens movidos por igual paixão, as negociações entre Katzenberg e Jobs levaram meses. Katzenberg insistia em que a Disney recebesse os direitos da tecnologia da Pixar para fazer filmes animados em 3-D. Jobs disse que não, e acabou saindo vitorioso. Ele tinha suas próprias exigências: a Pixar seria coproprietária do filme e seus personagens, dividindo o controle dos direitos sobre vídeo e sequências. "Se é isso que você quer", disse Katzenberg, "encerramos a nossa conversa e você pode ir embora." Jobs ficou, fazendo essa concessão.

Lasseter olhava fascinado os dois maiorais magros e tensos combaterem verbalmente. "Vendo Steve e Jeffrey naquilo me deixava pasmo", lembrou. "Era uma disputa de esgrimistas. Ambos eram mestres." Mas Katzenberg entrou na disputa com um sabre, e Jobs com um simples florete. A Pixar estava à beira da falência e precisava mais de um negócio com a Disney do que a Disney precisava de um negócio com a Pixar. Além disso, a Disney tinha condições de financiar todo o empreendimento sozinha, ao contrário da Pixar. O resultado foi um acordo, fechado em maio de 1991, pelo qual a Disney seria dona do filme e dos personagens de forma absoluta, pagaria à Pixar cerca de 12,5% da renda de bilheteria, teria o controle criativo, poderia suspender o filme a qualquer momento pagando apenas uma pequena multa, teria a opção (não a obrigação) de fazer os dois filmes seguintes da Pixar e teria o direito de fazer (com ou sem a Pixar) sequências usando os personagens.

A ideia que John Lasseter propôs chamava-se *Toy story*. Vinha da crença, que ele e Jobs compartilhavam, de que produtos têm uma essência, um propósito para o qual foram feitos. Se o objeto tivesse sentimentos, seria baseado no desejo de realizar sua essência. O propósito de um copo, por exemplo, é conter água; se tivesse sentimentos, ficaria feliz quando cheio e triste quando vazio. A essência de uma tela de computador é interagir por meio de uma interface com um ser humano. A essência de um monociclo é ser montado num circo. No que diz respeito aos brinquedos, seu propósito é serem usados para as crianças brincarem, e portanto seu temor existencial é o de serem descartados ou superados por novos brinquedos. Desse modo, um filme de amigos juntando um velho brinquedo favorito com um resplandecente brinquedo novo conteria um drama essencial, sobretudo quando a ação girasse em torno da separação entre os brinquedos e seu dono. A descrição original começava assim: "Todo mundo passou pela experiência traumática de perder um brinquedo quando criança. Nossa história adota o ponto de vista do brinquedo que perde e tenta recuperar o que há de mais importante para ele: ser usado para as crianças brincarem. Essa é a razão de existirem brinquedos. É o alicerce emocional de sua existência".

Os dois personagens principais passaram por muitas apresentaçõcs antes de virarem Buzz Lightyear e Woody. A cada duas semanas, Lasseter e sua equipe juntavam seu último conjunto de storyboards ou filmes para mostrá-lo ao pessoal da Disney. Nos primeiros testes, a Pixar exibiu sua incrível tecnologia produzindo, por exemplo, uma cena de Woody em cima de uma cômoda enquanto a luz que ondula através da veneziana lança sombras em sua camisa xadrez — efeito que teria sido praticamente impossível desenhar à mão.

Impressionar a Disney com um enredo, porém, foi mais difícil. A cada apresentação da Pixar, Katzenberg rasgava quase tudo, berrando seus comentários e observações. Um grupo de lacaios estava sempre à disposição com suas pranchetas, para anotar todos os caprichos e sugestões dele e assegurar que tivessem seguimento.

A grande insistência de Katzenberg era que os dois personagens principais tivessem mais agudeza. Podia ser um filme de animação chamado *Toy story*, dizia, mas não deveria visar apenas às crianças. "De início, não havia drama, história real ou conflito", lembra Katzenberg. "Não havia movimento real na história." Ele sugeriu que Lasseter assistisse a alguns filmes clássicos de amigos, como *Os acorrentados* e *48 horas*, nos quais dois personagens com diferentes atitudes são obrigados a ficar juntos e têm de criar um vínculo. Além disso, insistia no que chamava "agudeza", querendo dizer que o personagem Woody deveria ser mais ciumento, mais malvado e mais hostil com Buzz, o novo intruso na caixa de brinquedos. "É um mundo em que brinquedo come brinquedo", diz Woody em certo momento, depois de empurrar Buzz pela janela.

Depois de muitas sessões de comentários de Katzenberg e outros executivos da Disney, Woody ficou praticamente destituído de qualquer encanto. Numa cena ele joga os outros brinquedos fora da cama e ordena a Slinky que venha ajudar. Quando Slinky hesita, Woody berra: "Quem disse que seu trabalho é pensar, seu mola maluca?". Slinkey então faz a pergunta que logo depois a equipe da Pixar faria a si mesma: "Por que o caubói é tão assustador?". Tom Hanks, contratado para fazer a voz de Woody, a certa altura exclamou: "Esse cara é um babaca!".

CORTA!

Lasseter e a equipe da Pixar aprontaram a primeira metade do filme em novembro de 1993 e a levaram a Burbank, para mostrar a Katzenberg e outros executivos da Disney. Peter Schneider, chefe dos filmes de animação de longa-metragem, nunca demonstrou grande paixão pela ideia de Katzenberg de deixar gente de fora fazer animação para a Disney; proclamou que aquilo era uma porcaria e mandou suspender a produção. Katzenberg concordou. "Por que está tão ruim?", perguntou a um colega, Tom Schumacher. "Porque não é mais o filme deles", respondeu Schumacher com franqueza. Depois ele explicaria: "Eles estavam seguindo as observações de Katzenberg, e o projeto saíra completamente dos trilhos".

Lasseter percebeu que Schumacher tinha razão. "Eu me sentei ali muito constrangido com o que era mostrado na tela", lembrou. "Era uma história com os personagens mais infelizes e malvados que já vi." Pediu à Disney uma oportunidade para voltar à Pixar e reescrever o roteiro.

Jobs tinha assumido o papel de coprodutor executivo do filme, junto com Ed Catmull, mas não se envolvia muito no processo criativo. Devido à sua tendência para assumir o controle, especialmente em questões de gosto e design, essa contenção era uma prova do seu respeito por Lasseter e os outros artistas da Pixar — e da habilidade de Lasseter e Catmull em mantê-lo à distância. Mas ele ajudava a administrar as relações com a Disney, e a equipe da Pixar gostava que fosse assim. Quando Katzenberg e Schneider suspenderam a produção de *Toy story*, Jobs garantiu que o trabalho tivesse continuidade pondo dinheiro do próprio bolso. E ficou do lado deles contra Katzenberg. "Ele estragou *Toy story*", disse Jobs mais tarde. "Queria que Woody fosse um vilão, e, quando nos impediu de trabalhar, nós meio que o expulsamos dizendo 'não é isso que queremos' e fizemos o filme do jeito que queríamos."

A equipe da Pixar voltou com um novo roteiro três meses depois. O personagem Woody sofreu uma metamorfose, passando de tirânico chefe de outros brinquedos de Andy a seu sábio líder. Seu ciúme depois da chegada de Buzz Lightyear foi apresentado com mais simpatia, ao som das notas de uma canção de Randy Newman, "Strange things". A cena na qual Woody empurra Buzz pela janela foi reescrita para que a queda de Buzz resultasse de um acidente provocado por um pequeno truque inventado por Woody envolvendo (numa homenagem ao primeiro curta de Lasseter) uma luminária Luxo. Katzenberg e companhia aprovaram a nova abordagem, e em fevereiro de 1994 o filme voltou à fase de produção.

Katzenberg tinha ficado impressionado com o empenho de Jobs em manter os custos sob controle. "Mesmo no começo do processo de orçamento, Steve estava muito ciente dos custos e ansioso para demonstrar isso da forma mais eficiente possível", diz ele. Mas o orçamento de produção de 17 milhões de dólares com que a Disney concordara mostrou-se inadequado, especialmente depois da importante revisão que se tornou necessária por causa da insistência de Katzenberg em tornar Woody ansioso demais. Assim, Jobs pediu mais dinheiro para terminar o filme direito. "Ouça, fizemos um acordo", disse Katzenberg. "Demos a você o controle comercial, e você concordou em fazer o filme com a quantia que oferecemos." Jobs ficou furioso. Falava com Katzenberg por telefone ou pegava o avião para visitá-lo e mostrar-se, nas palavras de Katzenberg, "tão descabeladamente implacável como só Steve pode ser". Jobs insistiu em que a Disney era culpada pelo aumento dos custos, porque Katzenberg tinha deformado de tal maneira o conceito original que fora necessário trabalhar além do previsto para restaurar as coisas. "Alto lá", gritou Katzenberg. "Nós estávamos ajudando vocês. Vocês contaram com o benefício da nossa ajuda criativa, e agora querem que paguemos por isso." Era o caso de dois controladores fanáticos discutindo sobre quem estava fazendo um favor a quem.

Ed Catmull, sempre mais diplomático do que Jobs, conseguiu contornar a situação. "Eu tinha uma opinião de Jeffrey muito mais positiva do que algumas pessoas que trabalhavam no filme", diz ele. Mas o incidente levou Jobs a maquinar formas de ter mais força com a Disney no futuro. Ele não gostava de ser um simples empreiteiro. Gostava era de estar no comando. Isso significava que a Pixar teria de arranjar seus próprios fundos para projetos futuros e que era preciso fazer um novo acordo com a Disney.

Enquanto o filme avançava, Jobs se tornava cada vez mais animado. Tinha conversado com várias empresas — da Hallmark Cards à Microsoft — sobre a possibilidade de vender a Pixar, mas ver Woody e Buzz ganharem vida o fez perceber que talvez estivesse prestes a transformar a indústria do cinema. À medida que as cenas eram concluídas, ele assistia a elas várias vezes, e convidava amigos para ir a sua casa e compartilhar sua nova paixão. "Não sei dizer quantas versões de *Toy story* eu vi antes de ele ser lançado", diz Larry Ellison. "Acabou se tornando uma forma de tortura. Eu ia lá para ver os últimos 10% modificados. Steve tem uma obsessão de fazer tudo corretamente — tanto a história como a tecnologia — e não se contenta com nada que não seja perfeito."

A sensação de que seus investimentos na Pixar podiam realmente compensar foi reforçada quando a Disney o convidou para uma apresentação à imprensa de cenas de *Pocahontas* em janeiro de 1995, numa tenda no Central Park, em Manhattan. No evento, o presidente executivo da Disney, Michael Eisner, anunciou que a première de *Pocahontas* seria realizada perante 100 mil pessoas em telas de 25 metros de altura na Great Lawn do Central Park. Jobs era um mestre de cerimônias que sabia como encenar grandes premières, mas até ele ficou impressionado com o plano. De repente pareceu-lhe que valia a pena prestar atenção na grande exortação de Buzz Lightyear — "Para o infinito, e além!".

Jobs decidiu que o lançamento de *Toy story* em novembro seria a ocasião de apresentar publicamente a Pixar. Mesmo os banqueiros de investimento, em geral tão ansiosos, tiveram dúvidas e disseram que não poderia ser. A Pixar fora uma sangria de dinheiro durante cinco anos. Mas Jobs estava decidido. "Fiquei nervoso e argumentei que deveríamos aguardar até nosso segundo filme", lembra Lasseter. "Steve venceu e disse que precisávamos do dinheiro para custear metade dos nossos filmes e renegociar o acordo com a Disney."

Houve duas premières de *Toy story* em novembro de 1995. A Disney organizou uma no El Capitan, um grandioso cinema antigo de Los Angeles, e ao lado construiu uma casa de diversões com os personagens. A Pixar recebeu algumas entradas, mas a noite e a lista de celebridades convidadas foram, claramente, produção da Disney; Jobs nem apareceu. Em vez disso, na noite seguinte alugou o Regency, um cinema parecido em San Francisco, e ofereceu sua própria première. Em vez de Tom Hanks e Steve Martin, os convidados eram celebridades do Vale do Silício: Larry Ellison, Andy Grove, Scott McNealy e, é claro, Steve Jobs. Foi, sem dúvida, uma festa de Jobs; foi ele, e não Lasseter, que subiu ao palco para apresentar o filme.

As premières rivais ressaltavam uma questão momentosa. *Toy store* era um filme da Disney ou da Pixar? A Pixar era apenas uma empresa de animação contratada para ajudar a Disney a fazer o filme? Ou a Disney era apenas uma empresa de distribuição e marketing ajudando a Pixar a introduzir seus filmes no mercado? A resposta estava na coluna do meio. O mais importante era saber se os egos envolvidos, sobretudo Michael Eisner e Steve Jobs, seriam capazes de formar tal parceria.

Os desafios aumentaram quando *Toy story* foi lançado e teve imenso sucesso de público e de crítica. Recuperou seus custos no primeiro fim de semana, com uma renda de bilheteria no circuito nacional de 30 milhões de dólares, e o maior faturamento do ano — superando *Batman eternamente* e *Apollo 13* —, alcançando uma receita nacional de 192 milhões de dólares e de 362 milhões no mundo inteiro. De acordo com o site de resenhas Rotten Tomatoes, 100% dos críticos sondados o avaliaram positivamente. Richard Corliss, da *Time*, chamou-o de "a comédia mais inventiva do ano", David Ansen, da *Newsweek*, declarou-o "uma maravilha", e Janet Maslin, do *New York Times*, recomendou-o para crianças e adultos como "uma obra de incrível engenhosidade na melhor tradição de filmes da Disney para dois níveis de público".

A única dificuldade para Jobs foi o fato de que os críticos, como Maslin, mencionaram a "tradição da Disney", não o surgimento da Pixar. Na verdade, a resenha de Maslin nem sequer mencionava a Pixar. Jobs sabia que essa percepção precisava mudar. Quando ele e John Lasseter foram ao programa de tevê *Charlie Rose*, Jobs enfatizou que *Toy story* era um filme da Pixar, e até tentou ressaltar a natureza histórica do nascimento de um novo estúdio. "Desde o lançamento de *Branca de Neve*, todos os grandes estúdios tentaram entrar no negócio dos filmes de animação, e até o momento a Disney foi o único estúdio capaz de fazer um longa-metragem de animação que estourou nas bilheterias", disse. "A Pixar agora se torna o segundo estúdio a fazer isso."

Jobs fazia questão de apresentar a Disney simplesmente como a distribuidora de um filme da Pixar. "Dizia o tempo todo: 'Nós, da Pixar, somos o artigo genuíno e vocês, da Disney, são uns merdas'", lembra Michael Eisner. "Mas fomos nós que fizemos *Toy story* dar certo. Ajudamos a dar forma ao filme, e todas as nossas divisões uniram forças, dos responsáveis pelo marketing para o consumidor ao Disney Channel, a fim de torná-lo um sucesso." Jobs chegou à conclusão de que a questão fundamental — de quem é o filme? — teria de ser resolvida contratualmente, em vez de ficar apenas na esfera da guerra de palavras. "Depois do sucesso de *Toy story*", disse ele, "percebi que precisávamos fazer um novo acordo com a Disney, se quiséssemos construir um estúdio em vez de nos contentarmos em ser apenas mão de obra de aluguel." Mas, para sentar-se em pé de igualdade com a Disney, a Pixar precisava pôr dinheiro na mesa. Isso exigia uma bem-sucedida IPO.

A oferta pública foi feita exatamente uma semana depois do lançamento de *Toy story*. Jobs apostara no sucesso do filme, e a arriscada aposta compensara, em larga escala. Como ocorrera com a IPO da Apple, foi preparada uma comemoração no escritório em San Francisco do coordenador líder às sete da manhã, quando as ações seriam postas à venda. Originariamente, o plano era oferecer as primeiras ações por cerca de catorze dólares, para se ter certeza de que venderiam. Jobs insistiu em oferecê-las por 22 dólares, o que daria mais dinheiro à empresa se a oferta fosse bem-sucedida. E foi, até mesmo acima de suas mais desvairadas expectativas. Superou a Netscape como a maior IPO do ano. Na primeira meia hora, a ação disparou para 45 dólares, e as operações tiveram de ser retardadas porque houve um número excessivo de ordens de compra. O preço subiu ainda mais, para 49, antes de recuar e fechar em 39 dólares.

No começo do ano, Jobs tinha tentado achar um comprador para a Pixar que pelo menos lhe permitisse recuperar os 50 milhões de dólares que investira. No fim do dia, as ações que retivera — 80% da empresa — valiam mais de vinte vezes aquela importância, cerca de 1,2 *bilhão* de dólares. Isso correspondia a aproximadamente cinco vezes o que ele ganhara quando as ações da Apple foram postas à venda em 1980. Mas Jobs disse a John Markoff, do *New York Times*, que o dinheiro não tinha grande significado para ele. "Não há iates em meu futuro", disse ele. "Nunca fiz isso pelo dinheiro."

Com o êxito da IPO, a Pixar não precisava mais ser dependente da Disney para financiar seus filmes. Era exatamente o poder que Jobs desejava. "Como agora podíamos financiar metade dos filmes, eu podia exigir metade dos lucros", lembrou. "Mais importante, eu queria *co-branding*. Os filmes tinham de ser tanto da Pixar quanto da Disney."

Jobs pegou um avião para almoçar com Eisner, que ficou espantado com sua audácia. Eles tinham um acordo para realizar três filmes, e a Pixar só fizera um. Cada lado tinha suas próprias armas nucleares. Katzenberg deixara a Disney, depois de um áspero rompimento com Eisner, e tornara-se cofundador, junto com Steven Spielberg e David Geffen, da Dream Works SKG. Se Eisner não fizesse um novo acordo com a Pixar, disse Jobs, esta procuraria outro estúdio, como o de Katzenberg, quando findasse o acordo dos três filmes. Eisner tinha nas mãos a ameaça de que a Disney poderia fazer, se isso acontecesse, suas próprias sequências de *Toy story*, usando Woody e Buzz e todos os personagens criados por Lasseter. "Isso teria sido como molestar nossos filhos", disse Jobs mais tarde. "John pôs-se a chorar diante de tal possibilidade."

Assim, eles providenciaram uma détente. Eisner concordou em permitir que a Pixar pusesse metade do dinheiro em filmes futuros e, em troca, ficasse com metade dos lucros. "Ele não acreditava que haveria muitos sucessos de bilheteria, e achou que com isso economizaria algum dinheiro", disse Jobs. "Acabou sendo ótimo para nós, porque a Pixar faria dez sucessos de bilheteria, um atrás do outro." Concordaram também a respeito do *co-branding*, embora a definição disso tenha custado muito regateio. "Assumi a posição de que é um filme da Disney, a Disney apresenta, mas acabei cedendo", lembrou Eisner. "Começamos a negociar o tamanho das letras na palavra Disney, o tamanho das letras na palavra Pixar, como se tivéssemos quatro anos de idade." Mas no início de 1997 fecharam um acordo — para realizar cinco filmes no período de dez anos — e até se despediram como amigos, pelo menos naquele momento. "Eisner foi razoável e justo comigo", disse Jobs depois. "Mas no fim, ao longo de uma década, cheguei à conclusão de que ele era um homem do mal."

Numa carta aos acionistas da Pixar, Jobs explicou que adquirir os direitos de compartilhar a marca com a Disney em todos os filmes — assim como em anúncios e brinquedos — era o lado mais importante do negócio. "Queremos que a Pixar se transforme numa marca que transmita o mesmo nível de credibilidade da marca Disney", escreveu. "Mas, para que a Pixar possa conquistar essa confiança, os consumidores precisam saber que a Pixar está criando os filmes." Jobs ficou conhecido durante a carreira por criar grandes produtos. Mas é igualmente importante sua capacidade de criar grandes empresas com marcas de valor. Criou duas das melhores de sua época — Apple e Pixar.

22. A segunda vinda

Que besta feroz, sua hora enfim chegada...

Steve Jobs, em 1996.

AS COISAS SE DESFAZEM

Quando Jobs apresentou seu computador NeXT em 1988, houve uma grande exaltação. Isso acabou no momento em que o computador finalmente foi posto à venda no ano seguinte. A capacidade de Jobs de deslumbrar, intimidar e usar a imprensa começou a falhar, e houve uma série de reportagens sobre os infortúnios da empresa. "O NeXT é incompatível com outros computadores numa época em que a indústria vai na direção dos sistemas intercambiáveis", informou Bart Ziegler, da A. P. "Como os softwares que rodam no NeXT são relativamente pouco numerosos, ele está tendo dificuldade para atrair clientes."

NeXT tentou reposicionar-se como líder de uma nova categoria, a das estações de trabalho pessoais, para quem queria o poder de uma estação de trabalho aliado à facilidade de uso de um computador pessoal. Mas esses clientes agora compravam os produtos da Sun, empresa em fase de rápido crescimento. A NeXT teve uma receita de 28 milhões de dólares em 1990; no mesmo ano, a da Sun foi de 2,5 bilhões. A IBM deixou de lado o acordo para usar softwares da NeXT, e Jobs foi obrigado a fazer algo que ia contra sua natureza: apesar de sua crença arraigada na ideia de que hardware e software deveriam estar ligados integralmente, ele concordou, em janeiro de 1992, em licenciar o sistema operacional NeXTSTEP para uso em outros computadores.

Um inesperado defensor de Jobs foi Jean-Louis Gassée, que disputara espaço com Jobs na Apple e depois fora demitido também. Ele escreveu um artigo dizendo o quanto os produtos da NeXT eram criativos. "A NeXT pode não ser a Apple", afirmou, "mas Steve ainda é Steve." Poucos dias depois, sua mulher atendeu alguém que batia na porta e subiu as escadas correndo para dizer a Gassée que Jobs estava lá fora. Este agradeceu-lhe o artigo e o convidou para um evento no qual Andy Grove, da Intel, se juntaria a ele para anunciar que o NeXTSTEP seria portabilizado para a plataforma IBM/Intel. "Sentei-me ao lado do pai de Steve, Paul Jobs, pessoa de comovedora respeitabilidade", lembra Gassée. "Ele criou um filho difícil, mas estava orgulhoso e feliz de vê-lo no palco com Andy Grove."

Um ano depois, Jobs deu o próximo e inevitável passo: desistiu de vez de fabricar hardware. Foi uma decisão penosa, tanto quanto tinha sido penoso desistir de fabricar hardware na Pixar. Ele se preocupava com todos os aspectos de seus produtos, mas o hardware era uma paixão especial. Sentia-se estimulado por grandes designs, cuidando obsessivamente da fabricação de detalhes, e passava horas vendo os robôs fazerem suas máquinas perfeitas. Mas agora precisara dispensar metade de seus funcionários, vender sua querida fábrica para a Canon (que leiloou a fina mobília) e contentar-se com uma empresa que tentava licenciar um sistema operacional para fabricantes de máquinas pouco inspiradas.

Em meados dos anos 1990, Jobs encontrava algum prazer na nova vida em família e em seu espantoso triunfo no negócio do cinema, mas perdera a esperança na indústria dos computadores pessoais. "Praticamente não há mais inovação", disse ele a Gary Wolf, da *Wired*, no fim de 1995. "A Microsoft domina com pouquíssima inovação. A Apple perdeu. O mercado de desktop mergulhou na Idade Média."

Estava de humor sombrio também numa entrevista que concedeu a Anthony Perkins e aos editores da *Red Herring*, mais ou menos na mesma época. Primeiro, mostrou o lado "mau" de sua personalidade. Logo que Perkins e seus colegas chegaram, Jobs escorregou pela porta dos fundos "para uma caminhada", e só voltou 45 minutos depois. Quando a fotógrafa da revista começou a fotografá-lo, ele chamou-lhe a atenção sarcasticamente e mandou que parasse. Perkins comentou depois: "Manipulação, egoísmo ou pura e simples grosseria, não conseguimos descobrir qual era a motivação de sua loucura". Quando finalmente se sentou para a entrevista, ele disse que nem mesmo o advento da web ajudaria a deter o domínio da Microsoft. "O Windows venceu", disse. "Derrotou o Mac, infelizmente, derrotou o UNIX, derrotou o OS/2. Um produto inferior venceu."

A incapacidade da NeXT de vender um produto com hardware e software integrados pôs em causa toda a filosofia de Jobs. "Cometemos um erro, que foi tentar seguir a mesma fórmula que usamos na Apple e fazer o troço todo", disse ele em 1995. "Acho que devíamos ter percebido que o mundo estava mudando e ter nos tornado uma empresa de software logo de cara." Mas, por mais que tentasse, não conseguia se entusiasmar com essa abordagem. Em vez de fazer grandes produtos de integração contínua que fossem a delícia dos consumidores, ele agora estava preso a um negócio que tentava vender softwares empresariais para corporações que instalavam softwares da NeXT numa variedade de plataformas de hardware. "Não era o que eu gostava de fazer", lamentou-se mais tarde. "Eu me sentia muito deprimido por não conseguir vender produtos para indivíduos. Não vim ao mundo para vender produtos empresariais para corporações e licenciar softwares para os hardwares de merda de outras pessoas. Jamais gostei disso."

CAI A MAÇÃ

Durante alguns anos depois da saída de Jobs, a Apple conseguiu velejar confortavelmente com alta margem de lucro graças a seu domínio temporário da editoração eletrônica. Sentindo-se um gênio em 1987, John Sculley tinha feito uma série de declarações que hoje soam constrangedoras. Jobs queria que a Apple "fosse uma empresa de maravilhosos produtos para o consumidor", escreveu Sculley. "Era um plano maluco [...]. A Apple jamais seria uma empresa de produtos para o consumidor [...]. Não podemos curvar a realidade a todos os nossos sonhos de mudar o mundo [...]. A alta tecnologia não poderia ser projetada e vendida como produto para o consumidor."

Jobs estava horrorizado, e com um misto de fúria e desdém viu Sculley presidir um declínio constante da Apple em fatia de mercado e em receitas no começo dos anos 1990. "Sculley destruiu a Apple trazendo gente corrupta e valores corruptos", lamentou-se depois. "Seu interesse era ganhar dinheiro — principalmente para eles mesmos, e também para a Apple —, em vez de fabricar bons produtos." Jobs achava que a ânsia de Sculley por lucros custava à empresa a perda da fatia de mercado. "O Macintosh perdeu para a Microsoft porque Sculley insistiu em ordenhar todos os lucros possíveis, em vez de melhorar o produto e torná-lo acessível."

A Microsoft levara alguns anos para replicar a interface gráfica do usuário do Macintosh, mas em 1990 lançou o Windows 3.0, que iniciou a marcha da empresa para o domínio do mercado de desktop. O Windows 95, lançado em agosto de 1995, tornou-se o mais bem-sucedido sistema operacional da história, e as vendas do Macintosh começaram a despencar. "A Microsoft simplesmente roubou o que os outros fizeram e depois insistiu em aumentar seu controle dos compatíveis da IBM", disse Jobs mais tarde. "A Apple mereceu. Depois que saí, não inventou mais nada. O Mac quase não foi aperfeiçoado. Era alvo fácil para a Microsoft."

Sua frustração com a Apple ficou evidente quando ele fez uma palestra para um clube da Faculdade de Administração de Stanford na casa de um estudante, que lhe pediu que assinasse o teclado de um Macintosh. Jobs concordou, desde que pudesse remover as teclas acrescentadas ao Mac depois que ele saiu da empresa. Tirou as chaves do carro e arrancou as teclas com as quatro setas do cursor, que ele outrora vetara, assim como a fileira superior de teclas de função "F1, F2, F3...". "Eu mudo o mundo com um teclado de cada vez", disse, com ar impassível. Depois assinou o teclado mutilado.

Durante as férias do Natal de 1995 em Kona Village, no Havaí, Jobs foi caminhar na praia com o amigo Larry Ellison, o irreprimível presidente do conselho da Oracle. Os dois discutiram a possibilidade de fazer uma oferta pública de aquisição da Apple e reconduzir Jobs à presidência. Ellison disse que conseguiria arranjar um financiamento de 3 bilhões de dólares. "Eu compro a Apple, você fica com 25% de imediato, para ser o presidente executivo, e podemos levá-la de volta a seus dias de glória." Mas Jobs objetou. "Decidi que não sou do tipo capaz de fazer uma aquisição hostil", explicou. "Se eles me chamassem de volta, teria sido diferente."

Em 1996, as ações da Apple no mercado tinham caído para 4% de uma alta de 16% no fim dos anos 1980. Michael Spindler, que substituíra Sculley em 1993, tentou vender a empresa para a Sun, a IBM e a Hewlett-Packard. As negociações não prosperaram, e ele foi substituído, em fevereiro de 1996, por Gil Amelio, engenheiro de pesquisa que tinha sido presidente executivo da National Semiconductor. Em seu primeiro ano de gestão, a empresa perdeu 1 bilhão de dólares, e o preço das ações, que era de setenta dólares em 1991, desabou para catorze, mesmo quando a bolha tecnológica catapultava outras ações para a estratosfera.

Amelio não era admirador de Jobs. O primeiro encontro de ambos tinha acontecido em 1994, logo depois que Amelio foi eleito para integrar o conselho da Apple. Jobs lhe telefonara para dizer: "Eu gostaria de dar um pulo aí para vê-lo". Amelio convidou-o para ir a seu escritório na National Semiconductor, e ainda se lembrava de estar olhando pelas paredes de vidro quando ele chegou. Parecia "um lutador de boxe, agressivo e esquivamente gracioso, ou um elegante gato do mato pronto para saltar sobre a presa", disse Amelio, mais tarde. Depois de uma troca de amabilidades — bem mais do que era habitual em Jobs —, este anunciou abruptamente o motivo da visita. Queria que Amelio o ajudasse a voltar para a Apple como presidente executivo. "Só existe uma pessoa capaz de juntar as tropas da Apple", disse Jobs, "só uma pessoa capaz de endireitar a empresa." A era do Macintosh tinha passado, prosseguiu, e chegara a hora de a Apple criar algo de novo que fosse igualmente inovador.

"Se o Mac morreu, o que vai substituí-lo?", perguntou Amelio. A resposta de Jobs não o convenceu. "Steve deu a impressão de não ter uma resposta clara", comentou mais tarde. "Parecia ter apenas um conjunto de frases feitas." Amelio sentiu que estava testemunhando o campo de distorção da realidade de Jobs, e ficou orgulhoso de ser imune a ele. E enxotou Jobs de seu escritório sem a menor cerimônia.

No verão de 1996, Amelio deu-se conta de que tinha um problema sério. A Apple concentrava suas esperanças na criação de um novo sistema operacional, chamado Copland, mas ele descobriu, logo depois de tornar-se presidente executivo, que se tratava de uma inflada peça de vaporware que não resolveria as necessidades da Apple de melhor comunicação em rede e proteção da memória, nem ficaria pronta para venda em 1997, como previsto. Amelio prometeu publicamente que logo arranjaria uma alternativa. O problema era que não havia alternativa.

Portanto, a Apple precisava de um sócio que pudesse criar um sistema operacional adequado, de preferência parecido com o Unix e que tivesse uma camada de aplicação orientada para objeto. Havia uma empresa que obviamente poderia fornecer esse software — a NeXT —, mas a Apple levaria tempo para se dar conta disso.

A Apple concentrou-se de início numa empresa fundada por Jean-Louis Gassée, chamada Be. Gassée começou a negociar a venda da Be para a Apple, mas em agosto de 1996 errou a mão num encontro com Amelio no Havaí. Disse que queria levar as cinquenta pessoas de sua equipe para a Apple e pediu 15% da empresa, no valor de cerca de 500 milhões de dólares. Amelio ficou espantado. Depois de algumas ofertas e contraofertas, Gasseé se recusou a abrir mão da exigência de pelo menos 275 milhões de dólares. Achava que a Apple não tinha alternativa. Amelio ficou sabendo que Gassée tinha dito: "Estou com eles agarrados pelo saco e vou apertar até doer". Isso não lhe agradou em nada.

A chefe de tecnologia da Apple, Ellen Hancock, era a favor de optar pelo sistema operacional da Sun baseado no Unix, o Solaris, muito embora ele ainda não tivesse uma interface de usuário de fácil utilização. Amelio começou a defender o uso, imagine-se, do Windows NT da Microsoft, que em sua opinião talvez pudesse ser rearranjado na superfície para ter a aparência e dar a sensação de um Mac, ao mesmo tempo que era compatível com uma grande variedade de softwares disponíveis para usuários do Windows. Bill Gates, ansioso para fazer negócio, começou a ligar pessoalmente para Amelio.

Havia, é claro, outra opção. Dois anos antes, o colunista da revista *Macworld* (e ex-pregador dos softwares da Apple) Guy Kawasaki tinha publicado uma paródia de press release informando, de brincadeira, que a Apple estava comprando a NeXT e fazendo de Jobs presidente executivo. De acordo com a blague, Mike Markkula tinha perguntado a Jobs: "Você quer passar o resto da vida vendendo o Unix com uma camada de açúcar, ou quer mudar o mundo?". Jobs concordava, dizendo: "Como agora sou pai, preciso de uma fonte de renda mais estável". O release notava que "devido a sua experiência na NeXT, espera-se que ele leve para a Apple um recém-adquirido senso de humildade". O press release citava ainda Bill Gates, afirmando que agora haveria mais inovações de Jobs para a Microsoft copiar. Tudo no press release tinha intenção de fazer rir, é claro. Mas a realidade tem o estranho hábito de imitar a sátira.

"Alguém conhece Steve o suficiente para falar com ele sobre isso?", perguntou Amelio à sua equipe. Seu encontro com Jobs dois anos antes tinha terminado mal, e Amelio não queria pegar o telefone e ligar. Mas, como se veria, não era necessário. A Apple já vinha recebendo e-mails da NeXT. Um gerente de comercialização de produtos da NeXT, Garrett Rice, tinha decidido por conta própria, sem consultar Jobs, telefonar para Ellen Hancock e perguntar-lhe se estaria interessada em dar uma olhada em seus softwares. Ela mandou alguém conversar com ele.

No Dia de Ação de Graças de 1996, as duas empresas já mantinham conversas de nível intermediário, e Jobs pegou o telefone para falar diretamente com Amelio. "Estou indo ao Japão, mas volto em uma semana, e gostaria de vê-lo logo que chegar", disse. "Não tome nenhuma decisão antes de conversarmos." Apesar da experiência anterior com Jobs, Amelio ficou feliz com sua ligação e entusiasmado com a possibilidade de trabalhar com ele. "Para mim, falar com Steve por telefone foi como inalar os aromas de uma garrafa de vinho de alta qualidade", disse. Amelio lhe garantiu que não faria acordo com a Be nem com nenhuma outra empresa antes de conversarem.

Para Jobs a competição com a Be era ao mesmo tempo profissional e pessoal. A NeXT estava fracassando, e a perspectiva de ser comprada pela Apple era uma tentadora e irresistível tábua de salvação. Além disso, Jobs era capaz de guardar ressentimentos, às vezes de modo intenso, e Gassée estava quase no topo de sua lista, talvez acima do próprio Sculley. "Gassée é realmente um cara do mal", disse mais tarde. "É uma das poucas pessoas que conheço que eu chamaria realmente de má. Ele me deu uma facada nas costas em 1985." Diga-se, a favor de Sculley, que ele pelo menos foi cavalheiro o suficiente para esfaquear Jobs no peito.

Em 2 de dezembro de 1996, Steve Jobs pôs os pés no campus da Apple em Cupertino pela primeira vez desde que fora demitido onze anos antes. Na sala de reuniões dos executivos, sentou-se com Amelio e Hancock para oferecer a NeXT. E lá estava ele novamente rabiscando no quadro interativo, dessa vez para falar sobre as quatro ondas de sistemas de computação que tinham culminado, pelo menos do seu ponto de vista, no lançamento do NeXT. O os da Be não era completo, afirmou, nem tão sofisticado como o da NeXT. Jobs foi tão sedutor quanto podia ser, apesar de estar falando com duas pessoas que não respeitava. Foi especialmente hábil ao simular modéstia. "Talvez seja uma ideia totalmente maluca", disse, mas, se a acharem interessante, "eu preparo qualquer tipo de acordo que vocês quiserem — licenciar o software, vender a empresa, qualquer coisa." Na verdade, estava ansioso para vender tudo e insistiu nisso. "Quando examinarem melhor, vão decidir que querem algo mais do que meu software", disse. "Vão querer comprar toda a empresa e levar todo mundo."

"Sabe, Larry, acho que descobri um jeito de voltar para a Apple e assumir o controle sem que você precise comprá-la", disse Jobs a Ellison durante uma longa caminhada em Kona Village, no Havaí, onde foram passar o Natal. Eis como Ellison relembra o episódio: "Ele explicou-me sua estratégia, que consistia em fazer a Apple comprar a NeXT, depois ingressar no conselho e estar a um passo de se tornar presidente executivo". Ellison achou que Jobs estava ignorando um ponto importantíssimo. "Mas, Steve, só não entendi uma coisa", disse. "Se não comprarmos a empresa, como vamos ganhar dinheiro?" Era um sinal de que os dois tinham desejos muito diferentes. Jobs pôs a mão no ombro esquerdo de Ellison, puxando-o tão para perto que seus narizes quase se tocaram, e disse: "Larry, é por isso que o fato de eu ser seu amigo realmente importa. Você não precisa de mais dinheiro".

Ellison recordou que sua resposta foi quase uma queixa. "Eu talvez não precise do dinheiro, mas por que um gestor de fundos do Fidelity deveria ficar com o dinheiro? Por que qualquer outra pessoa deveria ficar com o dinheiro? Por que ele não seria nosso?"

"Acho que se eu voltasse para a Apple e não fosse dono de nada na Apple, e você não fosse dono de nada na Apple, eu ficaria em posição de superioridade moral", respondeu Jobs.

"Steve, isso é um imóvel caro, esse patamar de moralidade", disse Ellison. "Veja bem, Steve, você é meu melhor amigo e a Apple é sua empresa; farei o que você quiser." Apesar de Jobs dizer depois que não tinha planos de assumir o controle da Apple naquela época, Ellison achava que isso era inevitável. "Qualquer pessoa que passasse mais de meia hora com Amelio logo se daria conta de que ele não seria capaz de nada a não ser de autodestruição", diria, em outra ocasião.

A grande competição entre a NeXT e a Be deu-se no Garden Court Hotel, Palo Alto, em 10 de dezembro, na presença de Amelio, Hancock e outros seis executivos da Apple. A NeXT foi a primeira a apresentar-se, com Avie Tevanian fazendo uma demonstração do software e Jobs exibindo sua hipnótica capacidade de vender. Eles mostraram que o software era capaz de rodar quatro videoclipes na tela ao mesmo tempo, criar multimídia e conectar-se à internet. "Os argumentos de venda do sistema operacional da NeXT apresentados por Steve foram fascinantes", disse Amelio. "Ele louvou virtudes e forças como se estivesse descrevendo uma atuação de Laurence Olivier no papel de Macbeth."

Gassée veio em seguida, mas agiu como se já tivesse fechado o negócio. Não fez uma nova apresentação. Limitou-se a dizer que a equipe da Apple já sabia da capacidade do os da Be e indagou se alguém tinha mais perguntas a fazer. Foi uma sessão rápida. Enquanto Gassée falava, Jobs e Tevanian foram dar uma caminhada pelas ruas de Palo Alto e logo toparam com um dos executivos da Apple, que tinha participado de reuniões. "Vocês vão ganhar", contou ele.

Tevanian disse mais tarde que não foi surpresa. "Tínhamos melhor tecnologia, tínhamos uma solução completa e tínhamos Steve." Amelio sabia que trazer Jobs de volta seria uma faca de dois gumes, mas isso também era verdade com relação a Gassée. Larry Tesler, um dos veteranos da equipe Macintosh dos velhos tempos, recomendou a Amelio que escolhesse a NeXT, mas com uma advertência: "Qualquer empresa que venha a escolher, você vai trazer alguém que tomará o seu emprego, seja Steve, seja Jean-Louis".

Amelio optou por Jobs. Depois, telefonou-lhe para dizer que planejava propor ao conselho da Apple que o autorizasse a negociar a compra da NeXT. Será que ele gostaria de participar da reunião? Jobs disse que sim. Ao entrar na sala, houve um momento de emoção quando ele viu Mike Markkula. Não se falavam desde que Markkula, outrora seu mentor e figura paterna, ficara do lado de Sculley em 1985. Jobs adiantou-se para lhe apertar a mão. Em seguida, sem Tevanian ou qualquer outro apoio, fez uma demonstração do NeXT. Ao terminar, o conselho estava totalmente convencido.

Jobs convidou Amelio a ir a sua casa em Palo Alto para negociarem num ambiente amigável. Quando Amelio chegou em sua clássica Mercedes 1973, Jobs ficou impressionado. Gostou do carro. Na cozinha, que tinha sido finalmente reformada, Jobs pôs uma chaleira no fogo para preparar chá, e os dois se sentaram a uma mesa de madeira, diante do forno de pizza. A parte financeira da negociação transcorreu sem percalços; Jobs teve o cuidado de evitar o erro cometido por Gassée, de querer levar vantagem. Sugeriu que a Apple pagasse pela NeXT doze dólares por ação. Isso daria cerca de 500 milhões. Amelio disse que era muito. Contrapropôs dez dólares por ação, ou pouco mais de 400 milhões no total. Diferentemente da Be, a NeXT tinha um produto de verdade, rendas reais e uma grande equipe, mas Jobs ficou agradavelmente surpreso com a contraproposta. Aceitou-a de imediato.

Um ponto delicado foi a exigência de Jobs de receber sua parte em espécie. Amelio disse que ele precisava "ter muita coisa em jogo", ou seja, receber o pagamento em ações e ainda por cima comprometer-se a retê-las durante pelo menos um ano. Jobs resistiu. Finalmente, chegaram a um acordo. Jobs aceitou receber 120 milhões de dólares em espécie e 37 milhões em ações, e comprometeu-se a reter as ações por pelo menos seis meses.

Como de hábito, Jobs quis caminhar durante parte da conversa. Enquanto andavam por Palo Alto, ele apresentou um argumento a ser submetido ao conselho da Apple. Amelio tentou esquivar-se, dizendo que havia história demais para que pudesse fazer algo assim tão depressa. "Gil, isso realmente dói", disse Jobs. "Era minha empresa. Fiquei fora desde aquele horrível dia com Sculley." Amelio disse que compreendia, mas que não tinha certeza de que o conselho aceitaria. Antes de iniciar as negociações com Jobs, ele havia tomado mentalmente a decisão de "ir em frente com lógica, como meu sargento instrutor" e "fugir do carisma". Mas, durante a caminhada, ele foi, como tantos outros, apanhado no campo de força de Steve. "Fui fisgado pela energia e pelo entusiasmo dele", disse.

Depois de contornar duas vezes os longos quarteirões, voltaram para casa justamente quando Laurene e as crianças chegavam. Comemoraram a facilidade das negociações, e então Amelio pegou sua Mercedes e foi embora. "Ele fez com que eu me sentisse um velho amigo", contou Amelio. Jobs, de fato, tinha talento para isso. Mais tarde, depois que este articulou sua demissão, Amelio costumava lembrar-se da amizade demonstrada por ele naquele dia, dizendo melancolicamente: "Como descobri a duras penas, aquela era apenas uma faceta de uma personalidade extremamente complexa".

Depois de informar a Gassée que a Apple ia comprar a NeXT, Amelio viu-se diante de uma tarefa ainda mais incômoda: contar a Bill Gates. "Ele virou uma fera", disse Amelio. Gates achou absurdo, mas talvez não surpreendente, que Jobs tivesse dado esse golpe. "Você acha mesmo que Steve Jobs tem alguma coisa ali?", perguntou-lhe Gates. "Eu conheço sua tecnologia, não passa de um UNIX requentado, e vocês nunca vão conseguir fazê-lo funcionar em suas máquinas." Gates, como Jobs, tinha um jeito de ficar extremamente exaltado, e Amelio lembra que ele permaneceu nesse estado por dois ou três minutos. "Você não percebe que Steve não entende absolutamente nada de tecnologia? Não passa de um super-vendedor. Não acredito que vocês tenham tomado uma decisão tão idiota... Ele não entende absolutamente nada de engenharia, e 99% do que diz e pensa está errado. Para que diabo vocês estão comprando esse lixo?"

Anos depois, quando toquei no assunto durante uma conversa com ele, Gates disse que não se lembrava de ter ficado tão chateado. A compra da NeXT, afirmou, não deu à Apple um novo sistema operacional. "Amelio pagou muito caro pela NeXT, e, vamos ser francos, o os da NeXT nunca foi realmente usado." Em vez dis-so, a compra trouxe Avie Tevenian, que ajudou a desenvolver o sistema operacional da Apple que já existia, de modo que, no fim das contas, ela incorporou o núcleo de tecnologia da NeXT. Gates sabia que o negócio se destinava a trazer Jobs de volta ao poder. "Mas foi ironia do destino", disse. "O que eles acabaram comprando mesmo foi um sujeito que, segundo a maioria das pessoas, jamais seria um grande presiden-te executivo, porque não tinha muita experiência nisso, mas que era brilhante, e ti-nha ótimo gosto para design e ótimo gosto para engenharia. Ele abafou sua malu-quice o suficiente para ser nomeado presidente executivo interino."

Apesar do que Ellison e Gates julgavam, Jobs tinha sentimentos profunda-mente conflitantes sobre se queria mesmo voltar a ter papel ativo na Apple, pelo menos enquanto Amelio estivesse lá. Poucos dias antes da data em que a compra da NeXT seria anunciada, Amelio pediu a Jobs que voltasse à Apple em tempo in-tegral e se encarregasse do desenvolvimento de sistema operacional. Ele, porém, esquivou-se da insistência de Amelio para que assumisse qualquer compromisso.

Finalmente, no dia marcado para o grande anúncio, Amelio convocou Jobs. Precisava de uma resposta. "Steve, o que você quer é só pegar o dinheiro e su-mir?", perguntou. "Tudo bem, se é isso que você quer." Jobs não respondeu. Limi-tou-se a olhar para ele fixamente. "Você quer fazer parte da folha de pagamento? Como consultor?" Steve continuou mudo. Amelio saiu, agarrou o advogado de Jobs, Larry Sonsini, e perguntou-lhe o que ele achava que Jobs queria. "Não faço a menor ideia", disse Sonsini. Amelio voltou a falar com Jobs a portas fechadas e tentou mais uma vez. "Steve, qual é sua intenção? O que você está sentindo? Por favor, preciso de uma decisão já."

"Não dormi nada ontem à noite", respondeu Jobs.

"Por quê? Qual é o problema?"

"Eu estava pensando sobre todas as coisas que precisam ser feitas a respeito do negócio que acabamos de fechar, e tudo se junta na minha cabeça. Estou muito, muito cansado, não consigo pensar com clareza, e não quero que me perguntem mais nada agora."

Amelio disse que não era possível. Ele precisava dizer alguma coisa.

Finalmente, Jobs respondeu: "Olhe, se você tiver mesmo que dizer alguma coisa a eles, diga apenas consultor do presidente do conselho". E foi o que Amelio fez.

O anúncio foi feito aquela noite — 20 de dezembro de 1996 — para uma plateia de 250 animados funcionários na sede da Apple. Amelio fez o que Jobs tinha pedido e descreveu seu novo emprego como o de consultor em tempo parcial. Em vez de emergir dos bastidores, Jobs chegou do fundo do auditório pelo corredor. Amelio tinha dito aos presentes que Jobs estava cansado demais para falar, mas àquela altura ele já tinha sido energizado pelos aplausos: "Estou muito animado", disse. "Não vejo a hora de conhecer de novo alguns velhos colegas." Louise Kehoe, do *Financial Times*, subiu no palco logo em seguida e perguntou a Jobs, quase como se o acusasse, se ele ia acabar assumindo o controle da Apple. "Não, não, Louise", disse ele. "Há muitas outras coisas acontecendo agora em minha vida. Tenho uma família. Estou envolvido com a Pixar. Meu tempo é limitado, mas espero poder compartilhar algumas ideias."

No dia seguinte, Jobs foi de carro até a Pixar. Ele estava se apaixonando cada vez mais pelo lugar, e queria que a equipe soubesse que ainda seria o presidente, e que continuaria profundamente envolvido nas atividades da empresa. Mas o pessoal da Pixar estava muito feliz de vê-lo voltar à Apple em tempo parcial; um pouco menos da concentração de Jobs seria uma coisa boa. Ele era útil quando havia grandes negociações, mas podia ser um perigo quando dispunha de tempo de sobra. Ao chegar à Pixar naquele dia, foi direto ao escritório de Lasseter e explicou que o trabalho na Apple, mesmo como simples consultor, lhe tomaria muito tempo. Disse que desejava a bênção de Lasseter. "Fico pensando no tempo que terei de passar longe de minha família e no tempo que terei de passar longe da outra família, a Pixar", disse Jobs. "Mas o que me leva a querer fazer isso é que o mundo será um lugar melhor com a Apple."

Lasseter sorriu suavemente e disse: "Eu lhe dou minha bênção".

23. A restauração

Para o perdedor, agora é tarde para ganhar

Amelio chama Wozniak, e Jobs ao fundo com as mãos no bolso, em 1997.

NOS BASTIDORES

"É raro ver um artista de trinta ou quarenta anos que tenha contribuído com algo realmente incrível", declarou Jobs quando estava prestes a fazer trinta.

Isso foi verdade no que dizia respeito a Jobs na casa dos trinta, durante a década que começou com sua expulsão da Apple em 1985. Mas, depois de completar quarenta em 1995, ele floresceu. *Toy story* foi lançado aquele ano, e no ano seguinte a compra da NeXT pela Apple propiciou-lhe um retorno à empresa que tinha fundado. Ao voltar para a Apple, Jobs mostraria que os maiores inovadores poderiam ser gente com mais de quarenta anos. Tendo transformado os computadores pessoais quando ainda estava na casa dos vinte, agora ia fazer o mesmo com os aparelhos de som, o modelo comercial da indústria de discos, os telefones celulares, os aplicativos, os computadores tablets, os livros e o jornalismo.

Ele dissera a Larry Ellison que sua estratégia para voltar consistia em vender a NeXT para a Apple, ser designado para o conselho e estar pronto quando Amelio tropeçasse. Ellison talvez tenha ficado perplexo com a insistência de Jobs em afirmar que não era movido pelo desejo de ganhar dinheiro. Mas em parte era isso mesmo. Jobs não tinha necessidade de ostentar como Ellison, nem impulsos filantrópicos como Bill Gates, nem o ímpeto competitivo de ver até onde conseguiria subir na lista da *Forbes*. Em vez disso, as necessidades de seu ego e os impulsos pessoais o levavam a buscar satisfação em criar um legado que inspirasse espanto e respeito. Um legado duplo, a bem da verdade: fabricar ótimos produtos que fossem ao mesmo tempo inovadores e transformadores, e fundar uma empresa duradoura. Jobs queria estar no panteão — na verdade, estar um traço acima dele — com pessoas como Edwin Land, Bill Hewlett e David Packard. E a melhor maneira de alcançar esses objetivos era voltar à Apple para recuperar seu reino.

Mas, apesar de tudo... houve uma estranha timidez quando chegou a hora da restauração. Jobs não hesitaria em enfraquecer Gil Amelio. Estava em sua natureza, e para ele teria sido difícil agir de outra forma depois de ter decidido que Amelio não sabia o que estava fazendo. Mas, quando o cálice do poder aproximou-se de seus lábios, ele se tornou estranhamente hesitante, mesmo relutante, talvez até recatado.

Ele subiu a bordo em janeiro de 1997 como consultor informal em tempo parcial, como tinha dito a Amelio. Começou a impor-se em algumas áreas de pessoal, especialmente na proteção das pessoas da NeXT que fizeram a transição com ele. Mas em quase todos os outros sentidos, Jobs foi inusitadamente passivo. A decisão de não lhe pedirem que fizesse parte do conselho o ofendeu, e ele se sentiu diminuído pela sugestão de que dirigisse a divisão de sistema operacional da empresa. Com isso, Amelio conseguiu criar uma situação na qual Jobs estava ao mesmo tempo dentro e fora da tenda, o que não era exatamente uma receita de tranquilidade. Jobs depois recordaria:

> Gil não me queria por perto. E eu achava que ele era um babaca. Eu sabia disso antes de lhe vender a empresa. Imaginei que seria mandado de vez em quando a eventos como o Macworld, mais para apresentações. Tudo bem, porque eu trabalhava na Pixar. Aluguei um escritório no centro de Palo Alto, onde podia trabalhar alguns dias por semana, e ia de carro até a Pixar para passar um ou dois dias. Era uma vida legal. Pude desacelerar, passar mais tempo com a família.

Jobs foi, de fato, mandado para o Macworld no começo de janeiro, o que confirmou sua opinião de que Amelio era um babaca. Quase 4 mil fiéis disputaram lugares no salão de baile do hotel Marriott de San Francisco para ouvir o discurso programático de Amelio. Ele foi apresentado pelo ator Jeff Goldblum, que salvara o mundo em *Independence day* usando um Apple PowerBook. "Faço um especialista na teoria do caos em *Jurassic Park — O mundo perdido*", disse ele. "Imagino que isso me qualifica para falar num evento da Apple." Depois, virou-se para Amelio, que subira ao palco usando um vistoso paletó esporte e um colarinho listrado abotoado no pescoço — "parecendo um comediante de Las Vegas", como observaria, mais tarde, o repórter Jim Carlton, do *Wall Street Journal*, ou, nas palavras de Michael Malone, que escreve sobre tecnologia, "parecidíssimo com aquele tio recém-divorciado em seu primeiro encontro com a nova namorada".

O maior problema era que Amelio saíra de férias, brigara com os redatores dos discursos e se recusara a ensaiar. Quando Jobs chegou aos bastidores, ficou chateado com o caos e ferveu de raiva enquanto Amelio, em pé no pódio, fazia, aos tropeços, uma apresentação desconjuntada e interminável. Ele não estava habituado aos tópicos que apareciam em seu teleprompter, e logo tentou improvisar. Perdeu várias vezes a linha de raciocínio. Depois de mais de uma hora, a plateia estava horrorizada. Houve algumas pausas muito bem-vindas, como quando ele trouxe o cantor Peter Gabriel para demonstrar um novo programa de música. Ele chegou também a mostrar Muhammad Ali na primeira fila; o campeão deveria ir ao palco promover um site sobre o mal de Parkinson, mas Amelio não o convidou para subir, nem explicou a razão de sua presença.

Amelio divagou por mais de duas horas, antes de chamar ao palco a pessoa que todos esperavam para aplaudir. "Jobs, transbordando confiança, estilo e puro magnetismo, era a antítese do desajeitado Amelio quando entrou no palco", escreveu Carlton. "A volta de Elvis não teria causado sensação maior." A multidão pulou e o aplaudiu ruidosamente por mais de um minuto. A década no deserto tinha acabado. Por fim, ele pediu silêncio e foi direto ao que interessava. "Precisamos reacender a chama", disse. "O Mac não progrediu muito em dez anos. Por isso, o Windows o alcançou. Assim, precisamos bolar um os que seja ainda melhor."

As palavras de encorajamento de Jobs poderiam ter sido um final redentor para a espantosa apresentação de Amelio. Infelizmente, este voltou ao palco e retomou suas divagações por mais uma hora. Enfim, mais de três horas depois que o show começara, Amelio encerrou chamando Jobs de volta e depois, para fazer uma surpresa, trouxe também Steve Wozniak. Mais uma vez instaurou-se a confusão. Mas Jobs estava claramente aborrecido. Evitou participar de uma cena com os três erguendo os braços em triunfo. E preferiu sair de fininho. "Ele arruinou implacavelmente o momento final que eu tinha planejado", queixou-se Amelio mais tarde. "Seus sentimentos eram mais importantes do que uma cobertura positiva para a Apple na imprensa." Faltavam apenas sete dias para o novo ano da Apple, e já estava claro que o centro não conseguiria manter o controle.

Jobs começou imediatamente a colocar pessoas de sua confiança nas posições-chave da Apple. "Eu queria ter certeza de que pessoas realmente boas que tinham vindo da NeXT não fossem esfaqueadas pelas costas por gente menos competente, que ocupava altos cargos na Apple", disse. Ellen Hancock, que votara pela escolha do Solaris, da Sun, em vez do NeXT, estava no topo de sua lista de babacas, especialmente por insistir em usar o núcleo do Solaris no novo sistema operacional da Apple. Em resposta à pergunta de um repórter sobre que papel Jobs teria nessa decisão, ela respondeu, seca: "Nenhum". Estava enganada. A primeira medida de Jobs foi garantir que dois amigos seus da NeXT assumissem as funções dela.

Para chefiar a engenharia de software, ele designou seu camarada Avie Tevanian. Para dirigir o hardware, convocou Jon Rubinstein, que fizera o mesmo na NeXT, quando a empresa tinha uma divisão de hardware. Rubinstein estava de férias na ilha de Skye quando Jobs telefonou. "A Apple precisa de uma ajudazinha", disse ele. "Está a fim de participar?" Rubinstein estava. Voltou a tempo de assistir ao Macworld e ver Amelio dar vexame no palco. As coisas estavam piores do que imaginara. Ele e Tevanian trocavam olhares de cumplicidade nas reuniões como se tivessem ido parar num asilo de loucos, com pessoas fazendo declarações estapafúrdias enquanto Amelio sentava-se à ponta da mesa em aparente estupor.

Jobs não ia ao escritório regularmente, mas costumava conversar com Amelio por telefone. Tendo garantido altos empregos para Tevanian, Rubinstein e outros de sua confiança, ele passou a dedicar sua atenção à dispersa linha de produtos. Uma das coisas que mais o incomodavam era o Newton, o assistente pessoal digital móvel com capacidade para reconhecer a escrita. Não era tão ruim como as piadas e as tiras de *Doonesbury* faziam acreditar, mas Jobs o odiava. Ele abominava a ideia de usar canetas stylus para escrever numa tela. "Deus nos deu dez canetas stylus", dizia, mostrando os dedos. "Não vamos inventar outra." Além disso, Jobs via o Newton como uma grande inovação de John Sculley, seu projeto de estimação. Isso bastava para condená-lo aos olhos de Jobs.

"Você devia matar o Newton", disse a Amelio por telefone.

Era uma sugestão tirada da cartola, e Amelio rechaçou-a. "Como assim, matar?", perguntou ele. "Steve, você tem ideia de quanto isso custaria?"

"Feche-o, cancele-o, livre-se dele", disse Jobs. "Não importa quanto vai custar. As pessoas vão aplaudir você se se livrar dele."

"Já dei uma examinada no Newton, e vai ser muito lucrativo", declarou Amelio. "Não sou a favor de nos livrarmos dele." Em maio, no entanto, ele anunciou que tinha planos de cindir a divisão Newton, começo de sua marcha incerta, de um ano de duração, para o túmulo.

Tevanian e Rubinstein passavam pela casa de Jobs para mantê-lo informado, e não demorou para que todo o Vale do Silício soubesse que Jobs estava tranquilamente arrancando o poder das mãos de Amelio. Não era tanto uma disputa maquiavélica de poder, mas Jobs sendo Jobs. O desejo de controlar estava arraigado em sua natureza. Louise Kehoe, a repórter do *Financial Times* que tinha previsto tal situação quando fez perguntas a Jobs e Amelio durante o anúncio de dezembro, foi a primeira a publicar a história. Informou ela no fim de fevereiro:

O sr. Jobs tornou-se a fonte de poder por trás do trono. Consta que ele orienta as decisões sobre que partes das operações da Apple devem ser cortadas. O sr. Jobs insistiu com alguns antigos colegas seus da Apple para que voltem à empresa, sugerindo, sem sombra de dúvida, que pretende assumir o comando, disseram eles. Segundo um amigo íntimo do sr. Jobs, ele decidiu que o sr. Amelio e as pessoas nomeadas por este são incapazes de restaurar a Apple, e está decidido a substituí-los para garantir a sobrevivência de "sua empresa".

Naquele mês, Amelio teve de enfrentar a reunião anual de acionistas e explicar por que os resultados do último trimestre de 1996 acusaram uma queda de 30% nas vendas em relação ao ano anterior. Os acionistas fizeram fila diante dos microfones para dar vazão à sua raiva. Amelio não fazia ideia de como tinha conduzido mal a reunião. "A apresentação foi vista como uma das melhores que já dei", jactou-se ele mais tarde. Mas Ed Woolard, ex-presidente executivo da Du-Pont, que agora era presidente do conselho da Apple (Markkula fora rebaixado a vice-presidente), ficou espantado. "Isto é um desastre", sua mulher sussurrou-lhe ao ouvido no meio da sessão. Woolard concordou. "Gil estava realmente bem-vestido, mas parecia um bobo e falava como um bobo", disse. "Não conseguia responder às perguntas, não sabia de que estava falando e não inspirava a menor confiança."

Woolard pegou o telefone e ligou para Jobs, a quem não conhecia. O pretexto era convidá-lo a ir a Delaware falar para executivos da DuPont. Jobs recusou o convite, mas, como Woolard ainda lembra, "o pedido era uma artimanha para falar sobre Gil". Ele conduziu a conversa nessa direção e perguntou a Jobs, à queima-roupa, qual era sua impressão sobre Amelio. Woolard lembra que Jobs foi um tanto comedido e respondeu que Amelio não estava no emprego certo. Jobs se lembra de ter sido mais franco:

> Pensei: ou digo a verdade, que Gil é um babaca, ou peco por omissão. Ele faz parte do conselho da Apple, meu dever é dizer-lhe o que penso; por outro lado, se eu lhe disser, ele contará a Gil, e nesse caso Gil nunca mais me dará atenção, e vai ferrar as pessoas que eu trouxe para a Apple. Tudo isso me passou pela cabeça em menos de trinta segundos. Finalmente decidi que devia dizer a verdade a esse sujeito. Eu me preocupava muito com a Apple. Por isso, simplesmente deixei que ele soubesse. Eu disse: esse cara é o pior presidente executivo que já vi, acho que se fosse preciso obter uma licença para ser presidente executivo ele jamais conseguiria. Quando pus o fone no gancho, pensei que provavelmente tinha acabado de cometer uma grande burrice.

Naquela primavera, Larry Ellison, da Oracle, viu Amelio numa festa e apresentou-o à jornalista Gina Smith, especializada em tecnologia, que lhe perguntou como ia a Apple. "Sabe, Gina, a Apple é como um navio", respondeu Amelio. "Esse navio está carregado de tesouros, mas há um rombo no casco, e meu trabalho é fazer com que todos remem na mesma direção." Smith, com ar de perplexidade, perguntou: "Sim, mas e o rombo?". Aquilo se transformou em piada para Ellison e Jobs, que a partir de então passaram a referir-se ao que chamavam de parábola do navio. "Quando Larry me contou a história, estávamos comendo sushi, e ri tanto que caí da cadeira, literalmente", lembra Jobs. "Ele era um palhaço e se levava muito a sério. Insistia em ser chamado de doutor Amelio. Isso é sempre um sinal de advertência."

Brent Schlender, bem informado repórter de tecnologia da *Fortune*, conhecia Jobs e sua maneira de pensar, e em março fez uma reportagem que descrevia a confusão em detalhes. "A Apple Computer, exemplo de administração disfuncional e sonhos tecnológicos atrapalhados do Vale do Silício, está de volta em modo crise, pelejando lugubremente em câmera lenta para lidar com a implosão das vendas, uma desajeitada estratégia de tecnologia e uma marca com hemorragia", escreveu. "De um ponto de vista maquiavélico, é como se, apesar da sedução de Hollywood, Jobs — nos últimos tempos no comando da Pixar, criadora de *Toy story* e outros filmes de animação computadorizada — estivesse maquinando para assumir o controle da Apple."

Mais uma vez, Ellison propôs publicamente a ideia de fazer uma aquisição hostil e instalar seu "melhor amigo" Jobs como presidente executivo. "Steve é a única pessoa capaz de salvar a Apple", disse aos repórteres. "Estou pronto para ajudá-lo no momento que ele quiser." Como na história em que pela terceira vez o menino dá o alarme falso sobre o lobo, as últimas cogitações de Ellison sobre a aquisição da Apple não atraíram muita atenção, e mais tarde, ainda naquele mês, ele disse a Dan Gillmor, do *San Jose Mercury News*, que ia formar um grupo de investidores para levantar 1 bilhão de dólares e assumir o controle acionário da Apple. (O valor de mercado da empresa era de cerca de 2,3 bilhões.) No dia em que a notícia foi publicada, as ações da Apple tiveram alta de 11%. Para pôr mais lenha na fogueira, Ellison criou um endereço de e-mail — savapple@us.oracle. com —, pedindo ao público em geral que votasse para decidir se ele deveria ir em frente com o negócio. (Elisson tinha dado originariamente "saveapple" como endereço, mas descobriu que o sistema de correio eletrônico da sua empresa permitia no máximo seis caracteres.)

Jobs estava se divertindo com o papel que Ellison assumira por conta própria e, por não saber bem como reagir, evitava falar a respeito. "Larry de vez em quando toca nesse assunto", disse a um repórter. "Tento explicar que minha função na Apple é de consultor." Amelio, por outro lado, ficou pálido. Pegou o telefone para repreender Ellison, mas este não atendeu. Então, ligou para Jobs, que lhe deu uma resposta ao mesmo tempo dúbia e genuína. "Na verdade, não entendo muito bem o que está acontecendo", disse ele. "Acho tudo uma maluquice." Então, para tranquilizar Amelio, fez uma afirmação que nada tinha de genuína: "Você e eu temos uma boa relação". Jobs poderia ter posto fim ao falatório divulgando uma declaração em que rejeitasse a ideia de Ellison. Mas, para grande aborrecimento de Amelio, não o fez. Continuou altivo, o que era conveniente tanto para seus interesses como para sua natureza.

O grande problema de Amelio era que ele tinha perdido o apoio do presidente do conselho, Ed Woolard, um engenheiro industrial franco e sensato que sabia ouvir. Jobs não era o único que lhe falava dos defeitos e limitações de Amelio. Fred Anderson, diretor financeiro da Apple, alertou Woolard de que a empresa estava prestes a violar seus compromissos bancários e deixar de cumprir suas obrigações, referindo-se também à deterioração do moral. Na reunião do conselho em março, os outros diretores estavam muito nervosos e vetaram o orçamento de publicidade proposto por Amelio.

Além disso, a imprensa voltou-se contra Amelio. A *Business Week* publicou uma reportagem de capa com a pergunta: "A Apple está derrotada?"; a *Red Herring* publicou um editorial com o título "Gil Amelio, por favor, renuncie"; e a *Wired* trouxe uma capa que mostrava o logo da Apple crucificado como o sagrado coração e uma coroa de espinhos, e o título "Rezem". Mike Barnicle, do *Boston Globe*, num protesto veemente contra anos de administração incompetente da Apple, escreveu: "Como é possível que esses cretinos continuem a receber salário quando pegam o único computador que não assusta as pessoas e o transformam no equivalente tecnológico dos arremessadores do Red Sox em 1997?". No fim de maio, Amelio sentou-se para uma entrevista com Jim Carlton, do *Wall Street Journal*, que lhe perguntou se ele seria capaz de mudar a impressão geral de que a Apple mergulhara numa "espiral da morte". Amelio encarou Carlton e disse: "Não sei responder a essa pergunta".

Depois que Jobs e Amelio assinaram os documentos do acordo final em fevereiro, Jobs começou a pular de um lado para outro, todo entusiasmado, e declarou: "Você e eu precisamos sair e comprar uma bela garrafa de vinho para comemorar!". Amelio ofereceu-se para levar o vinho de sua adega e sugeriu que chamassem as esposas. Só em junho conseguiram marcar uma data e, apesar da tensão crescente, se divertir muito. A comida e o vinho combinavam tão pouco quanto os convivas; Amelio levou uma garrafa de Cheval Blanc 1964 e uma de Montrachet, cada uma custando cerca de trezentos dólares, Jobs escolheu um restaurante vegetariano em Redwood City, onde a conta do jantar totalizou 72 dólares. A mulher de Amelio comentaria depois: "Ele é um sedutor, e a esposa também".

Jobs era capaz de seduzir e encantar a seu bel-prazer, e gostava de fazê-lo. Pessoas como Amelio e Sculley achavam que, se Jobs era encantador com eles, era porque gostava deles e os respeitava. Essa era uma impressão que ele às vezes causava disparando uma saraivada de falsos elogios para agradar àqueles que tinham necessidade de ouvi-las. Mas Jobs podia ser encantador com pessoas que odiava, assim como podia ser insultuoso com pessoas que amava. Amelio não percebia isso, porque, como Sculley, ansiava por sua afeição. De fato, as palavras que usava para descrever o desejo de ter uma boa relação com Jobs são quase as mesmas que Sculley usava. "Quando eu tinha dificuldade de resolver um problema, repassávamos, juntos, o assunto", disse Amelio. "Nove em cada dez vezes chegávamos a um acordo." De alguma forma, ele conseguiu convencer-se de que Jobs realmente o respeitava. "Eu ficava maravilhado com a forma como a mente de Steve abordava um problema, e tinha a sensação de que construíamos, juntos, uma relação de confiança."

Amelio sofreu uma desilusão poucos dias depois do jantar. Durante as negociações, ele tinha insistido para que Jobs segurasse as ações que recebera por pelo menos seis meses, de preferência mais. Esses seis meses terminaram em junho. Quando um bloco de 1,5 milhão de ações foi vendido, ele ligou para Jobs. "Estou dizendo para todo mundo que as ações vendidas não eram suas", disse. "Lembre-se de que você e eu temos um entendimento de que você não venderia nada sem nos avisar."

"Certo", respondeu Jobs. Amelio entendeu, pela resposta, que Jobs não tinha vendido ações, e divulgou uma declaração afirmando isso. Mas, quando os formulários da sec [Securities and Exchange Commission] foram disponibilizados, ficou claro que Jobs tinha de fato vendido as ações. "Porra, Steve, perguntei a você diretamente sobre a venda dessas ações e você negou que tivesse sido você." Jobs disse a Amelio que as tinha vendido num "acesso de depressão", por ter dúvidas sofre o futuro da Apple, e que não quisera admitir porque estava "meio constrangido". Quando lhe perguntei a respeito anos depois, ele disse simplesmente: "Não achei que precisava contar a Gil".

Por que, então, Jobs enganou Amelio sobre a venda das ações? Uma razão é clara: ele por vezes evitava encarar a verdade. Helmut Sonnenfeld disse, certa vez, referindo-se a Henry Kissinger: "Ele mente não porque seja de seu interesse mentir; ele mente porque é da sua natureza mentir". Era da natureza de Jobs enganar, ou manter segredo, de vez em quando, se achasse justificável. Mas ele também gostava de ser brutalmente honesto, dizendo verdades que muitos de nós prefeririam disfarçar ou suprimir. Tanto mentir como dizer a verdade eram apenas aspectos de sua atitude nietzschiana segundo a qual as regras comuns não se aplicam a ele.

Jobs recusara-se a desmentir a conversa de Ellison sobre assumir o controle da Apple, vendera secretamente suas ações e negara-se a dizer a verdade. Por fim, Amelio convenceu-se de que ele queria derrubá-lo. "Finalmente assimilei o fato de que eu estava ansioso demais para acreditar que Steve fazia parte da minha equipe", disse mais tarde. "Seu plano para manipular a minha demissão seguia em frente a passo acelerado."

Jobs, de fato, falava mal de Amelio sempre que podia. Não conseguia evitar, além do mais suas críticas tinham a virtude adicional de serem verdadeiras. Mas houve um fator mais importante em sua decisão de atacar Amelio. Fred Anderson, o diretor financeiro, julgava que era seu dever manter Ed Woolard e o conselho a par da terrível situação da Apple. "Era Fred quem me contava que o dinheiro estava acabando, que as pessoas estavam indo embora e que outros importantes jogadores já pensavam em fazer o mesmo", diz Woolard. "Ele deixou claro que o barco ia encalhar logo, logo, e que ele estava até pensando em sair." Isso aumentava as preocupações que o comportamento desajeitado de Amelio nas reuniões dos acionistas já causava em Woolard.

Woolard tinha pedido à Goldman Sachs que explorasse a possibilidade de a Apple ser posta à venda, mas o banco de investimento disse que seria improvável encontrar um comprador estratégico adequado, porque suas ações tinham caído muito no mercado. Numa reunião executiva do conselho em junho, com Amelio fora da sala, Woolard descreveu aos diretores como calculava suas chances. "Se ficarmos com Gil como presidente executivo, acho que há apenas 10% de chance de evitarmos a falência", disse ele. "Se o demitirmos e convencermos Steve a assumir, temos 60% de chance de sobreviver. Se demitirmos Gil, não conseguirmos trazer Steve de volta e tivermos de procurar um novo presidente executivo, então a chance se sobrevivermos é de 40%." O conselho autorizou-o a perguntar a Jobs se ele voltaria e, de qualquer maneira, a convocar reuniões de emergência do conselho por telefone no feriado de Quatro de Julho.

Woolard e a mulher tomaram o avião para Londres, onde planejavam assistir ao torneio de tênis de Wimbledon. Ele via algumas partidas durante o dia, mas passava as noites na suíte do Inn on the Park ligando para os Estados Unidos, onde ainda era dia. No fim de sua estada, sua conta telefônica foi de 2 mil dólares. No fim de sua estada, sua conta telefônica foi de 2 mil dólares.

Primeiro, ligou para Jobs. O conselho ia demitir Amelio, disse ele, e queria que Jobs voltasse como presidente executivo. Jobs tinha ridicularizado Amelio agressivamente e manifestado suas ideias sobre o que fazer com a Apple. Mas de repente, quando lhe ofereceram o cálice, ele se tornou tímido e recatado. "Vou ajudar", respondeu.

"Como presidente executivo?", perguntou Woolard.

Jobs disse que não. Woolard insistiu muito para que ele se tornasse, pelo menos, presidente executivo em exercício. Mais uma vez Jobs objetou. "Serei consultor", disse. "Sem salário." Concordou também em tornar-se membro do conselho — isso era algo que havia muito desejava —, mas recusou o convite para ser presidente. "Isso é tudo que posso lhes dar agora", disse. E mandou um e-mail aos funcionários da Pixar, assegurando-lhes que não os abandonaria. "Recebi uma ligação do conselho de diretores da Apple três semanas atrás pedindo-me para voltar como presidente executivo", escreveu. "Recusei. Pediram-me para ser presidente do conselho, e mais uma vez recusei. Portanto, não se preocupem — os boatos disparatados são apenas isso, boatos. Não tenho intenção de deixar a Pixar. Vocês estão condenados a ficar comigo."

Por que Jobs não tomou as rédeas? Por que relutava em aceitar o cargo que, durante duas décadas, parecia desejar? Quando lhe perguntei, ele disse:

Tínhamos acabado de apresentar publicamente a Pixar, e eu estava muito satisfeito de ser o presidente executivo. Nunca soube de ninguém que fosse presidente executivo de duas empresas, nem mesmo temporariamente, e eu nem sequer tinha certeza se seria legal. Eu não sabia o que fazer, ou o que queria fazer. Estava achando ótimo passar mais tempo com a família. Fiquei dividido. Sabia que a Apple estava uma bagunça, e pensei: Será que quero mesmo deixar esta vida legal que estou levando? O que os acionistas da Pixar vão pensar? Falei com pessoas que eu respeitava. Finalmente liguei para Andy Grove, mais ou menos às oito horas de uma manhã de sábado — cedo demais. Expus os prós e os contras, e de repente ele me interrompeu e disse: "Steve, eu não ligo a mínima para a Apple". Fiquei chocado. Foi então que me dei conta de que *eu* dava a mínima para a Apple. Eu a fundei e é uma boa coisa para ter no mundo. Naquele momento resolvi voltar temporariamente para ajudá-los a encontrar um presidente executivo.

Na verdade, o pessoal da Pixar ficou muito feliz de saber que ele ia passar menos tempo na empresa. Secretamente (às vezes ostensivamente), ficavam animados com o fato de ele agora poder envolver-se também com a Apple. Ed Cat-mull tinha sido um bom presidente executivo e poderia reassumir com facilidade essas tarefas, oficial e não oficialmente. Quanto a gostar de passar mais tempo com a família, Jobs estava destinado a jamais ganhar o troféu de pai do ano, mesmo quando dispunha de tempo livre. Aprendera a dar mais atenção aos filhos, em especial Reed, mas sua ocupação básica era o trabalho. Era, com frequência, distante e altivo com relação às duas filhas mais novas, estava de novo afastado de Lisa e mostrava-se geralmente irritadiço como marido.

Qual era, portanto, o principal motivo de sua hesitação em assumir o controle da Apple? Apesar de toda a sua obstinação, e do insaciável desejo de controlar as coisas, Jobs era indeciso e reticente quando não tinha muita certeza de algo. Ele ansiava pela perfeição, e nem sempre era muito bom em aceitar qualquer coisa menos do que a perfeição, ou ajeitar-se com o que era possível. Não gostava de lidar com complexidades. Isso era verdade com relação a produtos, a design e a adquirir móveis para a casa. Era verdade também com relação a assumir compromissos pessoais. Se tivesse certeza de que determinado modo de agir era correto, ninguém seria capaz de detê-lo. Mas, se tivesse dúvidas, às vezes se retraía, preferindo não pensar sobre coisas que não lhe convinham completamente. Como acontecera quando Amelio lhe perguntou que função queria desempenhar, Jobs ficava calado e ignorava situações que o faziam sentir-se desconfortável.

Essa atitude vinha em parte de uma tendência a ver tudo como binário. A pessoa era herói ou babaca, o produto era incrível ou uma merda. Mas ele parecia ficar bloqueado com coisas mais complexas, sombreadas ou nuançadas: casar, comprar o sofá adequado, comprometer-se a dirigir uma empresa. Além disso, não queria tomar parte num fracasso. "Acho que Steve queria avaliar bem se a Apple poderia ser salva", diz Fred Anderson.

Woolard e o conselho decidiram ir em frente e demitir Amelio, muito embora Jobs ainda não visse com clareza que papel ativo poderia desempenhar como "consultor". Amelio estava de saída para um piquenique com a mulher, filhos e netos quando recebeu uma ligação de Woolard, de Londres. "Precisamos que você se demita", disse Woolard com simplicidade. Amelio respondeu que não era um bom momento para discutir o assunto, mas Woolard achou que devia insistir. "Vamos anunciar que estamos substituindo você."

Amelio resistiu. "Lembre-se, Ed, eu avisei ao conselho que precisava de três anos para colocar a empresa em pé novamente", disse ele. "Não estou nem na metade."

"O conselho chegou a um ponto em que não quer mais discutir", respondeu Woolard. Amelio perguntou quem sabia da decisão, e Woolard contou-lhe a verdade: o resto do conselho e Jobs. "Steve foi uma das pessoas com quem conversamos sobre isso", disse Woolard. "Ele acha que você é realmente um bom sujeito, mas não sabe muita coisa sobre a indústria de computadores."

"Por que cargas-d'água vocês envolveriam Steve numa decisão como esta?", respondeu Amelio, já com raiva. "Steve não é sequer membro do conselho de diretores; portanto, o que diabos ele está fazendo nesta conversa?" Mas Woolard não recuou, e Amelio desligou para ir ao piquenique com a família antes de contar a novidade à mulher.

Jobs exibia, em certos momentos, uma estranha mistura de irritabilidade e carência. Em geral, não dava a mínima importância para o que pensassem dele. Era capaz de romper com as pessoas e nunca mais voltar a falar com elas. Apesar disso, também sentia, às vezes, a compulsão de explicar-se. Assim, naquela noite, Amelio recebeu, para sua surpresa, um telefonema de Jobs. "Poxa, Gil, eu só queria que você soubesse que não tenho absolutamente nada a ver com essa situação, foi uma decisão tomada pelo conselho, mas eles me pediram um parecer e assessoramento." Disse a Amelio que o respeitava por ter a "mais alta integridade que já encontrei em qualquer pessoa que conheci", e em seguida lhe deu alguns conselhos não solicitados. "Tire seis meses de folga", disse. "Quando fui demitido da Apple, voltei imediatamente a trabalhar e me arrependi. Eu deveria ter tirado uma folga." E ofereceu-se para trocar ideias, se ele algum dia quisesse ouvir mais conselhos.

Amelio estava muito espantado e conseguiu sussurrar algumas palavras de agradecimento. Depois, virando-se para a mulher, repetiu o que Steve tinha dito. "De alguma forma, ainda gosto desse homem, mas não acredito nele", disse.

"Eu fui totalmente enganada por Steve", disse ela. "E me senti realmente uma idiota."

"Bem-vinda ao clube", respondeu o marido.

Steve Wozniak, que agora era consultor informal da empresa, ficou emocionado com o retorno de Jobs. "Era exatamente do que precisávamos", disse, "porque, achem o que acharem de Steve, o fato é que ele sabe como trazer a magia de volta." O triunfo de Jobs contra Amelio também não o surpreendeu.

Como disse à *Wired* logo depois do que aconteceu: "Gil Amelio enfrenta Steve Jobs, acabou o jogo".

Naquela segunda-feira, os mais altos funcionários da Apple foram chamados ao auditório. Amelio entrou, com ar calmo, até relaxado. "Bem, é triste informar que para mim é hora de seguir em frente", disse. Fred Anderson, que aceitara ser presidente executivo interino, falou em seguida, e deixou claro que seguiria as sugestões de Jobs. Então, exatamente doze anos depois de ter perdido o poder numa disputa num fim de semana de Quatro de Julho, Jobs subiu de volta ao palco da Apple.

Ficou claro de imediato que, quisesse ou não admiti-lo publicamente (ou até para si mesmo), Jobs ia assumir o controle, em vez de ser apenas um simples "consultor". Logo que subiu ao palco naquele dia — trajando short, tênis e a camisa preta de gola rulê que se tornaria sua marca registrada — ele começou a trabalhar para reanimar sua amada instituição. "Tudo bem, digam-me o que há de errado com este lugar", disse. Houve alguns sussurros, mas Jobs interrompeu. "São os produtos!", respondeu. "E o que há de errado com esses produtos?" De novo houve algumas tentativas de resposta, até Jobs interromper para dar a resposta certa. "Os produtos *não prestam!*", berrou. "Não há mais sexo neles!"

Woolard conseguiu convencer Jobs a aceitar que seu papel de "consultor" fosse muito ativo. Jobs aprovou uma declaração dizendo que tinha "concordado em intensificar o meu envolvimento com a Apple por noventa dias, ajudando-os até que contratem um novo presidente executivo". O hábil enunciado que Woolard usou em sua declaração dizia que Jobs voltava como "consultor chefiando a equipe".

Jobs instalou-se num pequeno escritório perto da sala de reuniões do conselho, no andar executivo, ostensivamente distante do grande escritório de Amelio no canto. Envolveu-se em todos os aspectos do negócio: design de produtos, onde cortar gastos, negociações com fornecedores e análise da agência de publicidade. Achou também que tinha de conter a hemorragia de altos funcionários da Apple e decidiu reavaliar o preço de suas opções de ações. As ações da Apple tinham caído tanto que as opções não valiam mais nada. Jobs queria baixar o preço de exercício, para que pudessem voltar a ter valor. Naquela época, isso era permissível legalmente, embora não fosse tido como boa prática empresarial. Em sua primeira terça-feira depois de voltar à Apple, Jobs pediu uma reunião telefônica do conselho e fez um resumo do problema. Os diretores relutaram. Pediram tempo para fazer um estudo legal e financeiro do que essa mudança significaria. "É preciso agir rápido", disse Jobs. "Estamos perdendo gente boa."

Até seu defensor Ed Woolard, que chefiava o comitê de remuneração, objetou. "Na DuPont nunca fizemos isso", disse.

"Vocês me trouxeram para consertar isso, e as pessoas são fundamentais", argumentou Jobs. Quando o conselho propôs um estudo que poderia levar dois meses, ele explodiu: "Estão malucos?!?". Fez uma pausa de alguns minutos e continuou. "Meus caros, se não fizerem isso, não volto aqui na segunda-feira. Porque tenho de tomar milhares de decisões muito mais difíceis do que esta e, se vocês não puderem me apoiar nesse tipo de decisão, vou fracassar. Portanto, se não puderem fazer isso, estou fora, e vão poder me culpar, vão poder dizer: 'Steve não estava à altura do cargo'."

No dia seguinte, depois de consultar o conselho, Woolard ligou para Jobs. "Vamos aprovar", disse. "Mas alguns membros do conselho não gostam da ideia. Estamos nos sentindo como se você nos apontasse uma arma para a cabeça." As opções da equipe principal (Jobs não tinha nenhuma) foram reavaliadas em 13,25 dólares, que era o preço das ações no dia da demissão de Amelio.

Em vez de declarar vitória e agradecer ao conselho, Jobs continuou a ferver de raiva por ter de prestar contas a um conselho pelo qual não tinha o menor respeito. "Parem o trem, isso não vai funcionar", disse ele a Woolard. "Esta empresa está em ruínas, e não tenho tempo para cuidar do conselho. Por isso preciso que vocês todos renunciem. Do contrário, quem renuncia sou eu e não volto na segunda." A única pessoa que poderia ficar, disse ele, era Woolard.

A maioria dos membros ficou chocada. Jobs ainda se recusava a assumir o compromisso de voltar em tempo integral ou de ser algo mais do que um "consultor", e assim mesmo achava que tinha poder para obrigá-los a sair. A verdade, no entanto, era que Jobs tinha, sim, esse poder. Eles não podiam se dar ao luxo de deixá-lo sair furioso, e tampouco a perspectiva de continuarem como membros do conselho da Apple era muito sedutora àquela altura. "Depois de tudo por que tinham passado, a maioria deles estava feliz de poder sair", diz Woolard.

Mais uma vez, o conselho aquiesceu. Fez apenas uma exigência: será que ele permitiria que outro diretor, além de Woolard, ficasse também? Ajudaria a manter as aparências. Jobs consentiu. "Era um conselho horroroso, um conselho terrível", diria ele mais tarde. "Concordei que mantivessem Woolard e um sujeito chamado Gareth Chang, que acabou se revelando um zero à esquerda. Não era terrível, apenas um zero à esquerda. Já Woolard era um dos melhores membros de conselho que já vi. Era um príncipe, uma das pessoas mais solidárias e sensatas que conheci."

Entre os que foram solicitados a renunciar estava Mike Markkula, que em 1976, como jovem investidor de capital de risco, visitara a garagem de Jobs, se apaixonara pelo incipiente computador na bancada, garantira uma linha de crédito de 250 mil dólares e tornara-se o terceiro sócio e dono de um terço da nova empresa. Nas duas décadas seguintes, ele estivera sempre no conselho, dando as boas-vindas ou adeus a uma série de presidentes executivos. Às vezes, apoiara Jobs, mas também entrara em choque com ele, mais notavelmente quando ficou do lado de Sculley nos confrontos de 1985. Com a volta de Jobs, sabia que era chegada a hora de partir.

Jobs podia ser mordaz e frio, especialmente com pessoas que o contrariavam, mas também podia ser sentimental com aquelas que estiveram com ele desde os primeiros tempos. Wozniak estava nessa categoria agraciada, é claro, muito embora eles tivessem seguido rumos diferentes; o mesmo acontecia com Andy Hertzfeld e alguns outros da equipe da Macintosh. No fim, Mike Markkula acabou fazendo parte desse grupo também. "Eu me senti profundamente traído por ele, mas era como um pai para mim, e sempre me preocupei com ele", disse Jobs mais tarde. Assim, quando chegou a hora de lhe pedir que renunciasse como membro do conselho, Jobs foi de carro até a mansão acastelada de Markkula nas colinas de Woodside para fazê-lo pessoalmente. Como sempre, pediu para caminharem juntos, e andaram até um bosque de sequoias onde havia uma mesa de piquenique. "Ele me disse que queria um novo conselho, porque sua ideia era começar do zero", diz Markkula. "Temia que eu levasse a mal e ficou aliviado quando viu que não levei."

Passaram o resto do tempo falando sobre as áreas nas quais a Apple deveria concentrar-se no futuro. Jobs tinha a ambição de construir uma empresa que durasse, e perguntou a Markkula qual seria a fórmula. Este respondeu que as empresas que duram são as que sabem se renovar. A Hewlett Packard tinha feito isso repetidas vezes; começara como empresa de instrumentos, depois se tornara uma empresa de calculadoras, e por fim uma empresa de computadores. "A Apple foi posta à margem do negócio de computadores pessoais pela Microsoft", disse Markkula. "Você precisa reinventar a empresa para que ela faça outras coisas, como outros produtos de consumo ou aparelhos. Você precisa ser como uma borboleta e passar por uma metamorfose." Jobs não falou muito, mas concordou.

O velho conselho reuniu-se no fim de julho para ratificar a transição. Woolard, que era tão polido como Jobs era irritadiço, ficou um tanto surpreso quando este apareceu na reunião de jeans e tênis, e temeu que ele começasse a criticar severamente os veteranos do conselho por terem estragado tudo. Mas Jobs disse apenas um agradável "Oi, pessoal". Entraram direto na questão de votar para aceitar as renúncias, eleger Jobs para o conselho e autorizar Woolard e Jobs a procurarem novos membros.

O primeiro que Jobs recrutou foi, como era de esperar, Larry Ellison. Ellison disse que teria o maior prazer, mas odiava participar de reuniões. Jobs respondeu que estaria ótimo se ele assistisse a metade delas. (Depois de um tempo, Ellison só assistia a um terço, e Jobs pegou uma foto dele que aparecera na capa da *Business Week*, mandou ampliá-la em tamanho natural, colar num papelão recortado e colocar em sua cadeira.)

Jobs levou também Bill Campbell, que dirigira o marketing da Apple no começo dos anos 1980 e fora apanhado no meio do choque entre Sculley e Jobs. Campbell acabara tomando o partido de Sculley, mas com o tempo passara a ter por ele tal antipatia que Jobs o perdoou. Agora era presidente executivo da Intuit e parceiro de caminhadas de Jobs. "Estávamos sentados nos fundos da casa dele", recorda Campbell, que morava a poucos quarteirões de Jobs em Palo Alto, "e ele disse que ia voltar para a Apple e me queria no conselho. Eu disse: 'Puta merda, é claro que vou nessa'." Campbell tinha sido treinador de futebol americano em Columbia, e seu grande talento, prosseguiu Jobs, era "ser capaz de arrancar desempenhos de primeira de jogadores de segunda". Na Apple, explicou-lhe Jobs, ele ia trabalhar com jogadores de primeira.

Woolard ajudou a levar Jerry York, que tinha sido diretor financeiro da Chrysler e da IBM. Outros nomes foram considerados e depois rejeitados por Jobs, entre eles o de Meg Whitman, que era então diretora da divisão Playskool da Hasbro e tinha sido planejadora estratégica da Disney (em 1988 ela se tornou presidente executiva do eBay e depois concorreu ao governo da Califórnia). Eles saíram para almoçar, e Jobs procedeu de imediato à sua seleção binária de pessoas como gênios ou babacas; Whitman não foi classificada na primeira categoria, em sua opinião. "Achei-a burra como uma porta", disse ele depois, equivocadamente.

Com o passar dos anos, Jobs levaria grandes líderes para servir no conselho da Apple, incluindo Al Gore, Eric Schmidt, da Google, Art Levinson, da Genentech, Mickey Drexler, da Gap, e J. Crew e Andrea Jung, da Avon. Mas sempre se certificava de que fossem leais, por vezes extremamente leais. Apesar do prestígio desses líderes, eles pareciam cheios de temor reverencial ou intimidados por Jobs, e faziam o possível para satisfazê-lo. Em dado momento, poucos anos depois de voltar à Apple, ele convidou Arthur Levitt, antigo presidente da SEC, para integrar o conselho da Apple. Levitt, que comprou seu primeiro Macintosh em 1984 e orgulhava-se de ser "viciado" em computadores da Apple, ficou emocionado. Na maior animação, visitou Cupertino, onde discutiu sua função com Jobs. Mas então Jobs leu um discurso que Levitt pronunciara sobre governança corporativa, no qual afirmava que os conselhos deveriam desempenhar um papel forte e independente, e telefonou-lhe para retirar o convite. "Arthur, imagino que você não vai se sentir feliz no nosso conselho, e acho melhor não convidá-lo", disse Jobs, segundo Levitt, e prosseguiu: "Francamente, acho que algumas questões que você levantou, embora apropriadas para algumas empresas, não se aplicam à cultura da Apple". Levitt escreveu depois: "Fui nocauteado [...]. Era óbvio para mim que o conselho da Apple não é projetado para atuar independentemente do presidente executivo".

MACWORLD BOSTON, AGOSTO DE 1997

O memorando para a equipe anunciando a reavaliação do preço das opções de ações da Apple foi assinado por "Steve e a equipe executiva", e logo chegou ao conhecimento público que ele dirigia todas as reuniões de análise de produtos da empresa. Essas e outras indicações de que Jobs estava profundamente envolvido com a Apple ajudaram a elevar as ações de cerca de treze para vinte dólares no mês de julho. Isso criou também um frisson de animação quando os fiéis da Apple se reuniram para o Macworld de agosto de 1997 em Boston. Mais de 5 mil apareceram horas antes da abertura e se comprimiram no salão de convenções Castle no hotel Park Plaza para ouvir o discurso de orientação geral de Jobs. Foram ver o herói que retornava — e conferir se ele estava realmente pronto para liderá-los de novo.

Aplausos explodiram quando uma foto de Jobs, datada de 1984, foi projetada numa tela no alto. "Steve! Steve! Steve!", a multidão começou a cantar, mesmo quando ele ainda estava sendo anunciado. Quando ele finalmente entrou no palco — de colete preto, camisa branca sem colarinho, jeans e com um sorriso travesso no rosto —, os gritos e os flashes rivalizaram com os de qualquer astro do rock. De início, ele desinflou a animação lembrando aos presentes onde trabalhava oficialmente: "Sou Steve Jobs, presidente do conselho e presidente executivo da Pixar", apresentou-se, projetando um slide na tela com esse título. Depois explicou qual era sua função na Apple. "Eu e um bocado de gente estamos juntando forças para ajudar a devolver a saúde à Apple."

Mas, enquanto andava de um lado para outro passando slides no alto com um controle remoto na mão, ficou claro que Jobs estava no comando da Apple — e era provável que continuasse no comando. Ele fez uma apresentação cuidadosamente preparada, sem usar anotações, para explicar por que as vendas da Apple tinham caído 30% nos últimos dois anos. "Há muita gente ótima na Apple, mas todos errara porque o plano estava errado", disse. "Encontrei pessoas que não veem a hora de se alinhar atrás de uma boa estratégia, mas o fato é que não havia nenhuma." Mais uma vez a multidão irrompeu em uivos, assobios e aplausos.

Enquanto Jobs falava, sua paixão transbordava cada vez com mais intensidade, e ele começou a dizer "nós" e "eu", em vez de "eles", quando se referia ao que a Apple ia fazer. "Acho que ainda é preciso pensar diferente dos outros para comprar um computador da Apple", disse. "As pessoas que os compram pensam diferente. São os espíritos criativos do mundo, e estão aí para mudar o mundo. *Nós* fabricamos ferramentas para esse tipo de gente." Ao ressaltar a palavra "nós" nessa frase, ele juntou as mãos e bateu no peito com os dedos. E então, ao concluir, mais uma vez ressaltou a palavra "nós" ao falar do futuro da Apple. "Nós também vamos pensar de forma diferente e servir àqueles que compram nossos produtos desde o início. Porque muita gente acha que eles são malucos, mas nessa maluquice nós enxergamos o gênio." Durante a longa ovação, as pessoas, em pé, se entreolhavam maravilhadas, algumas até enxugando as lágrimas. Jobs tinha deixado bem claro que ele e o "nós" da Apple eram uma coisa só.

O PACTO DA MICROSOFT

O clímax da aparição de Jobs no Macworld em agosto de 1997 foi o anúncio de uma surpresa devastadora que foi parar nas capas da *Time* e da *Newsweek*. Perto do fim do discurso, ele fez uma pausa para beber água e começou a falar em tom mais controlado. "A Apple vive num ecossistema", disse. "Precisa da ajuda de outros parceiros. Relações destrutivas não ajudam a ninguém nesta indústria." Para maior efeito dramático, fez outra pausa, e só então explicou: "Eu gostaria de anunciar hoje uma das nossas primeiras parcerias, uma parceria muito significativa, e essa parceria é com a Microsoft". Os logos da Microsoft e da Apple apareceram na tela diante do público embasbacado.

A Apple e a Microsoft viviam em guerra havia dez anos por causa de uma série de questões de copyright e patente, mais notavelmente para decidir se a Microsoft tinha ou não roubado a aparência e o jeito da interface gráfica do usuário da Apple. No momento em que Jobs estava sendo demitido da Apple em 1985, John Sculley fez um acordo de transferência de propriedade: a Microsoft teria licença para usar a interface gráfica de usuário da Apple no Windows 1.0 e, em troca, o Mac usaria o Excel com exclusividade durante dois anos. Em 1988, depois que a Microsoft lançou o Windows 2.0, a Apple moveu uma ação. Sculley sustentava que o acordo de 1985 não se aplicava ao Windows 2.0 e que novos refinamentos do Windows (como copiar o truque de Bill Atkinson de "cortar" janelas superpostas) tornaram a infração ainda mais evidente. Em 1997, a Apple tinha perdido a causa e vários recursos, mas resíduos do litígio e ameaças de novos processos subsistiam. Além disso, o Departamento de Justiça do presidente Clinton preparava uma grande ação antitruste contra a Microsoft. Jobs convidou o promotor-chefe, Joel Klein, para ir a Palo Alto. "Não se preocupe em arrancar uma grande multa da Microsoft", disse-lhe Jobs enquanto tomavam café. "Em vez disso, mantenha-os presos ao litígio." Isso daria à Apple a oportunidade, explicou Jobs, de "fazer uma ação evasiva" em torno da Microsoft e começar a oferecer produtos similares.

Sob a direção de Amelio, o confronto com a Apple tornara-se explosivo. A Microsoft não quis se comprometer a desenvolver Word e Excel para futuros sistemas operacionais do Macintosh, o que poderia ter destruído a Apple. Diga-se a favor de Bill Gates que ele não estava apenas sendo vingativo. Era compreensível que relutasse em desenvolver software com vistas a um futuro sistema operacional do Macintosh quando ninguém — incluindo a sempre mutável cúpula da Apple — parecia saber como seria esse sistema operacional. Logo depois que a Apple comprou a NeXT, Amelio e Jobs visitaram juntos a Microsoft, mas Gates teve dificuldade para descobrir qual dos dois estava no comando. Poucos dias depois ligou em particular para Jobs. "Ei, mas que porra, devo colocar meus aplicativos no os do NeXT?", Gates lembra-se de ter perguntado. Jobs respondeu "fazendo comentários espertinhos sobre Gil", disse Gates, e sugerindo que a situação logo seria esclarecida.

Quando a questão de quem era o líder foi parcialmente resolvida pela demissão de Amelio, um dos primeiros telefonemas de Jobs foi para Gates. Eis como ele se lembra do episódio:

Liguei para Bill e disse: "Vou mudar isto aqui completamente". Bill sempre teve um fraco pela Apple. Nós o pusemos no negócio dos softwares de aplicativos. Os primeiros aplicativos da Microsoft foram o Excel e o Word para o Mac. Então eu liguei e disse: "Preciso de ajuda". A Microsoft estava sempre passando por cima das patentes da Apple. Eu disse que, se mantivéssemos nossas ações judiciais, em poucos anos poderíamos ganhar uma ação de 1 bilhão de dólares por patentes. "Você sabe disso, eu sei disso. Mas a Apple não sobreviverá tanto tempo se continuarmos em guerra. Sei disso. Portanto, vamos dar um jeito de resolver isso logo. Tudo que preciso é o compromisso de que a Microsoft continuará desenvolvendo para o Mac, e um investimento da Microsoft na Apple de modo que a Microsoft tenha algo a perder ou a ganhar com o nosso êxito."

Quando lhe contei o que Jobs tinha dito, Gates afirmou que a versão correspondia aos fatos. "Tínhamos um grupo que gostava de trabalhar com coisas do Mac, e gostávamos do Mac", disse. Ele vinha negociando com Amelio havia seis meses, e as propostas eram cada vez mais longas e complicadas. "Então Steve chega e diz: 'Olha, aquele acordo é complicado demais. O que eu quero é um negócio bem simples. Quero que vocês assumam um compromisso e quero investimento'. E resolvemos o assunto em apenas quatro semanas."

Gates e seu diretor financeiro, Greg Maffei, fizeram a viagem a Palo Alto para preparar as bases de um acordo, e Maffei voltou sozinho no domingo seguinte para acertar os detalhes. Quando chegou à casa de Jobs, este tirou duas garrafas de água da geladeira e levou Maffei para uma caminhada pelo bairro de Palo Alto. Ambos usavam short, e Jobs estava descalço. Quando se sentaram na frente da igreja batista, Jobs foi direto aos assuntos que interessavam. "Estas são as coisas importantes para nós", disse. "O compromisso de fazer software para o Mac e um investimento."

Apesar de as negociações andarem rapidamente, os detalhes finais só ficaram prontos horas antes do discurso de Jobs no Macworld em Boston. Ele estava ensaiando no Castle do Plaza Park quando o celular tocou. "Oi, Bill", disse ele, e suas palavras ecoaram no velho saguão. Foi até um canto e falou em voz baixa para que ninguém mais ouvisse. A ligação durou uma hora. Finalmente, os pontos que ainda faltavam foram resolvidos. "Bill, obrigado por seu apoio a esta empresa", disse Jobs, agachado em seu short. "Acho que graças a isso o mundo ficou melhor."

Durante seu discurso de introdução no Macworld, Jobs expôs os detalhes do acordo com a Microsoft. De início, houve gemidos e assobios dos fiéis. Particularmente irritante foi o anúncio de Jobs de que, como parte do pacto, "a Apple decidiu fazer do Internet Explorer seu navegador padrão no Macintosh". No meio de vaias da plateia, Jobs apressou-se a acrescentar: "Como acreditamos na livre escolha, vamos incluir outros navegadores de internet também, e o usuário poderá, é claro, trocar o navegador padrão se preferir". Houve algumas risadas e aplausos dispersos. A plateia por fim voltava a si, especialmente quando ele anunciou que a Microsoft investiria 150 milhões de dólares na Apple e compraria ações sem direito a voto.

Mas o clima bem-humorado foi quebrado por um momento, quando Jobs cometeu uma das poucas gafes visuais de sua carreira no palco. "Tenho um convidado muito especial comigo via satélite", disse, e de repente apareceu o rosto de Bill Gates na imensa tela que pairava acima de Jobs e do auditório. Havia um fino sorriso no rosto de Gates que por pouco não parecia afetado. A plateia perdeu o fôlego, horrorizada, e ouviram-se algumas vaias. A cena era um eco tão brutal do Big Brother do anúncio "1984" que se chegava a esperar (e desejar?) que uma mulher atlética aparecesse correndo de repente pelo corredor e vaporizasse a imagem com um martelo bem arremessado.

Mas era tudo de verdade, e Gates — sem se dar conta da zombaria — começou a falar por satélite a partir da sede da Microsoft. "Um dos trabalhos mais excitantes da minha vida foi o que fiz com Steve na Macintosh", disse ele, em sua voz aguda e monótona. Enquanto fazia alarde da nova versão do Microsoft Office que estava sendo preparada para o Macintosh, a plateia sossegou e então, pouco a pouco, pareceu aceitar a nova ordem mundial. Gates conseguiu até arrancar alguns aplausos quando disse que as novas versões do Word e do Excel para o Mac seriam "em muitos sentidos mais avançadas do que o que fizemos com a plataforma do Windows".

Jobs percebeu que a imagem de Gates que pairava acima dele e da plateia foi um erro. "Eu queria que ele fosse a Boston", disse, mais tarde. "Aquela foi a pior e mais idiota apresentação da minha vida. Foi ruim, porque me fez parecer pequeno, e a Apple parecer pequena, como se tudo estivesse nas mãos de Bill." Gates também ficou constrangido quando viu o videoteipe do evento. "Eu não sabia que meu rosto ia aparecer tão ampliado", disse.

Jobs tentou tranquilizar a plateia com um sermão improvisado. "Se quisermos que a Apple siga em frente e recupere a saúde, precisamos abrir mão de algumas coisas aqui", disse. "Temos de abandonar a noção de que para que a Microsoft ganhe, a Apple tem que perder... Acho que se quisermos ter o Microsoft Office no Mac será melhor tratarmos a empresa que o produz com um pouco de gratidão."

O anúncio sobre a Microsoft, somado ao apaixonado envolvimento de Jobs com a empresa, deu à Apple o tranco de que ela tanto precisava. No fim do dia, suas ações dispararam 6,56 dólares — ou 33% —, fechando a 26,31, duas vezes o preço do dia em que Amelio se demitiu. A alta de um dia acrescentou 830 milhões de dólares à capitalização da Apple no mercado de ações. A empresa acabava de se levantar do túmulo.

24. Pense diferente

Jobs como iPresidente executivo

Exibindo Picasso.

ISTO É PARA OS LOUCOS

Lee Clow, o criativo diretor da Chiat/Day que tinha feito o notável anúncio "1984" para lançar o Macintosh, estava dirigindo em Los Angeles, no começo de julho de 1997, quando o telefone do carro tocou. Era Jobs. "Oi, Lee, é Steve", disse ele. "Esta eu garanto que você não sabe. Amelio acaba de se demitir. Você pode vir aqui?"

A Apple estava passando por um processo para a escolha de uma nova agência, e Jobs não se animou com o que viu. Por isso queria que Clow e sua empresa — que então se chamava TBWA\Chiat\Day — entrassem na concorrência. "Precisamos provar que a Apple ainda está viva", explicou, "e que ainda representa algo especial."

Clow disse que não disputava contas. "Você conhece o nosso trabalho",

344

acrescentou. Mas Jobs lhe fez uma súplica. Seria difícil rejeitar todas as outras agências que apresentavam propostas — entre elas a BBDO e a Arnold Worldwide — e trazer de volta "um velho camarada", como disse Jobs. Clow concordou em tomar o avião para a Cupertino com algo que pudesse mostrar. Contando a história anos depois, Jobs começa a chorar.

> Isso me dá um nó na garganta, realmente me dá um nó na garganta. Era óbvio que Lee amava demais a Apple. Ali estava o melhor sujeito da publicidade. E não disputava uma conta fazia dez anos. No entanto, lá estava ele, argumentando com o coração, porque amava demais a Apple, tanto quanto nós a amávamos. Ele e sua equipe apresentaram esta brilhante ideia: "Pense diferente". E era dez vezes melhor do que qualquer coisa que as outras agências mostraram. Me deu um nó na garganta, e ainda hoje choro só de pensar nisso. Só de pensar no fato de Lee se mostrar tão interessado e em como essa coisa de "Pense diferente" era brilhante. Muito de vez em quando, eu me vejo diante da pureza — pureza de espírito e amor — e sempre choro. Sempre me toca e me arrebata. Aquele foi um desses momentos. Chorei em meu escritório enquanto ele me explicava a ideia, e ainda hoje choro quando penso nisso.

Jobs e Clow achavam que a Apple era uma das grandes marcas do mundo — provavelmente uma das cinco maiores, pelo apelo emocional —, mas era preciso lembrar às pessoas o que ela tinha de especial. Por isso queriam fazer uma campanha sobre a imagem da marca, e não um conjunto de anúncios apregoando produtos. Ela foi projetada para celebrar não o que os computadores eram capazes de fazer, mas o que as pessoas criativas eram capazes de fazer com os computadores. "Não era sobre velocidade e memória de processadores", disse Jobs. "Era sobre criatividade." Visava alcançar não apenas clientes em potencial, mas também os próprios funcionários da Apple. "Nós, da Apple, tínhamos esquecido quem éramos. Um jeito de lembrar quem somos é lembrar quem são nossos heróis. Essa foi a gênese da campanha."

Clow e sua equipe tentaram uma série de abordagens que louvassem os "loucos" que "pensam diferente". Fizeram um vídeo com a canção "Crazy", de Seal ("Nós nunca vamos sobreviver, a menos que fiquemos um pouco loucos..."), mas não conseguiram adquirir os direitos. Depois tentaram versões usando um disco em que Robert Frost lia "The road not taken" e os discursos de Robin Williams em *Sociedade dos poetas mortos*. Acabaram decidindo que precisavam redigir um texto próprio, e começaram a trabalhar num rascunho que dizia: "Isto é para os loucos...".

Jobs nunca foi tão exigente. Quando a equipe de Clow tomou o avião para lhe mostrar uma versão do texto, ele explodiu com o jovem redator. "Isto é uma merda!", berrou. "É merda de agência de publicidade e eu odiei." Era o primeiro encontro do jovem redator com Jobs, e ele ficou lá, mudo. Nunca mais voltou. Mas aqueles que eram capazes de enfrentar Jobs — entre os quais Clow e seus colegas Ken Segall e Craig Tanimoto — conseguiram trabalhar com ele para criar um poema sinfônico do seu agrado. A versão original, de sessenta segundos, dizia:

Isto é para os loucos. Os desajustados. Os rebeldes. Os encrenqueiros. Os pinos redondos em buracos quadrados. Os que enxergam as coisas de um jeito diferente. Eles não gostam muito de regras. Eles não respeitam o status quo. Pode-se citá-los, discordar deles, exaltá-los ou difamá-los. A única coisa que não se pode fazer é ignorá-los. Porque eles mudam as coisas. Eles empurram a raça humana para a frente. E, enquanto alguns os julgam loucos, nós os julgamos gênios. Porque as pessoas que são loucas o suficiente para achar que podem mudar o mundo... são as que mudam.

Jobs escreveu algumas das frases, entre elas a que diz "eles empurram a raça humana para a frente". Por ocasião do Macworld, em agosto, os publicitários tinham feito uma versão preliminar, que Jobs mostrou à sua equipe. Concordaram que o texto não estava pronto, mas ele usara os conceitos e a frase "pense diferente" ao discursar em Boston. "Há um embrião de uma ideia brilhante nele", disse na época. "A Apple é para pessoas não conformistas, que querem usar computadores para mudar o mundo."

Debateram a questão gramatical. Se "diferente" modificava o verbo "pense", talvez fosse advérbio, como em "pense diferentemente". Mas Jobs insistia em usar "diferente" como substantivo, a exemplo de "pense vitória" ou "pense beleza". Além disso, refletia o uso coloquial, como na frase "pense grande". Como ele explicaria mais tarde: "Discutimos se estava correto antes de levarmos ao ar. É uma construção gramatical, quando se pensa no que queremos dizer. Não é pense *o mesmo*, é pense *diferente*. Pense um pouco diferente, pense muito diferente, pense diferente. 'Pense *diferentemente*', para mim, não alcançaria o sentido".

Para evocar o espírito de *Sociedade dos poetas mortos*, Clow e Jobs queriam que Robin Williams fizesse a narração. O agente de Williams disse que ele não fazia anúncios, e Jobs tentou falar diretamente com ele. Conseguiu chegar à mulher de Williams, que não lhe permitiu falar com o ator, porque sabia que Jobs era capaz de convencer qualquer um. Também pensaram em Maya Angelou e Tom Hanks. Num jantar de arrecadação de fundos com Bill Clinton naquele outono, Jobs puxou o presidente de lado e lhe pediu que telefonasse a Hanks para convencê-lo, mas o presidente engavetou o pedido. Acabaram com Richard Dreyfuss, que era fã fervoroso da Apple.

Além dos comerciais para a televisão, foi criada uma das mais memoráveis campanhas impressas da história. Cada anúncio mostrava o retrato em preto e branco de uma figura histórica icônica, apenas com o logo da Apple e as palavras "Pense diferente" no canto. O que tornava a campanha especialmente boa era o fato de os rostos não trazerem legenda. Alguns deles — Einstein, Gandhi, John Lennon, Bob Dylan, Picasso, Thomas Edison, Chaplin, Martin Luther King — eram fáceis de identificar. Mas outros levavam as pessoas a pararem, intrigadas, e pedirem, talvez, a um amigo que pusessem um nome no rosto: Martha Graham, Ansel Adams, Richard Feynman, Maria Callas, Frank Lloyd Wright, James Watson, Amelia Earhart.

Eram na maioria heróis pessoais de Jobs. Tendiam a ser pessoas criativas que tinham assumido riscos, desafiado o fracasso e apostado a carreira num jeito diferente de fazer as coisas. Entusiasta da fotografia, Jobs envolveu-se na escolha para ter certeza de conseguir os retratos icônicos perfeitos. "Não é esta a foto de Gandhi", queixou-se para Clow a certa altura. Clow explicou que a famosa fotografia de Margaret Bourke-White que mostra Gandhi na roda de fiar era de propriedade da Time-Life Pictures e não estava disponível para uso comercial. Jobs ligou então para Norman Pearlstine, editor-chefe da Time Inc., e o importunou tanto que ele abriu uma exceção. Ligou também para Eunice Shriver a fim de convencê-la a liberar uma foto do irmão Bobby Kennedy andando pelos Apalaches que tanto amava, e falou pessoalmente com os filhos de Jim Henson para conseguir a imagem perfeita do falecido criador dos Muppets.

Ligou ainda para Yoko Ono para pedir uma foto do falecido marido, John Lennon. Mas a foto que ela enviou não era a favorita de Jobs. "Antes de lançar a campanha, eu estava em Nova York, e fui a um pequeno restaurante japonês de que gosto muito e mandei avisá-la de que estaria lá", lembrou. Quando Jobs chegou, Yoko foi à sua mesa. "Esta é melhor", disse ela, entregando-lhe um envelope. "Achei que fosse encontrá-lo, por isso a trouxe comigo." Era a foto clássica dela e

John na cama, segurando flores — e foi a que a Apple acabou usando. "Entendo por que John se apaixonou por Yoko", disse Jobs.

A narração de Richard Dreyfuss funcionou bem. Mas Lee Clow teve outra ideia. Que tal se Jobs lesse o texto, ele próprio? "Você acredita mesmo nisso", disse Clow. "Deveria fazer." Jobs sentou-se num estúdio, fez alguns takes e logo produziu uma faixa de voz de que todos gostaram. A ideia era que, se a usassem, não diriam a ninguém quem era o dono da voz, da mesma forma que não tinham legendado as fotos icônicas. Com o tempo, as pessoas descobririam que era Jobs. "Será realmente convincente ter sua voz", afirmou Clow. "É uma forma de recuperar a marca."

Jobs não conseguia decidir se usava a versão com sua voz ou se ficava mesmo com a de Dreyfuss. Finalmente chegou a noite em que tinham de despachar o anúncio; ele devia entrar no ar, muito a propósito, na première televisiva de *Toy story*. Como sempre acontece, Jobs não gostou de ser obrigado a tomar uma decisão. Por fim disse a Clow para despachar as duas versões, o que lhe daria tempo para decidir até a manhã seguinte. De manhã, Jobs ligou para mandar usar a versão com Dreyfuss. "Se usarmos minha voz, quando as pessoas descobrirem vão dizer que é sobre mim", disse a Clow. "Não é. É sobre a Apple."

Desde os tempos da comunidade na fazenda de maçãs, Jobs definiu-se — e por extensão, definiu a Apple — como cria da contracultura. Em anúncios como "Pense diferente" e "1984", ele posicionou a marca Apple de modo a reafirmar sua própria veia rebelde, mesmo depois de tornar-se bilionário, e isso permitiu a outros da geração *baby boomer*, e a seus filhos, que fizessem o mesmo. "Desde que o conheci, ainda jovem, ele já tinha a maior intuição a respeito do impacto que desejava que sua marca tivesse sobre as pessoas", diz Clow.

Pouquíssimas companhias e pouquíssimos líderes empresariais — provavelmente nenhum — conseguiriam ter a audácia de associar sua marca a Gandhi, Einstein, Martin Luther King, Picasso e o Dalai Lama, e escapar impunemente. Jobs conseguiu induzir as pessoas a se definirem — como rebeldes anticorporação, criativos e inovadores — simplesmente pelo computador que usavam. "Steve criou a única marca de estilo de vida da indústria tecnológica", diz Larry Ellison. "Há carros que as pessoas têm orgulho de possuir — Porsche, Ferrari, Prius — porque aquilo que dirigimos diz alguma coisa a nosso respeito. As pessoas sentem a mesma coisa com relação a produtos da Apple."

A partir da campanha "Pense diferente", e durante seus anos restantes de Apple, Jobs realizou reuniões informais de três horas de duração, nas noites de quarta-feira, com os chefes de publicidade, marketing e comunicação, para um bate-bola sobre estratégias de mensagem. "Não há presidente executivo no planeta que trate o marketing da forma que Steve trata", diz Clow. "Toda quarta-feira ele aprova cada novo comercial, cada novo anúncio impresso, cada novo outdoor." No fim da reunião, ele geralmente levava Clow e seus dois colegas de agência — Duncan Milner e James Vincent — ao bem protegido estúdio de design da Apple para que vissem os produtos em fase de preparação. "Ele fica muito apaixonado e emotivo quando nos mostra o que está sendo desenvolvido", diz Vincent. Ao partilhar com seus gurus de marketing a paixão pelos produtos em fase de criação, Jobs conseguia infundir sua emoção em quase todos os anúncios que produziam.

iPRESIDENTE EXECUTIVO

Quando estava acabando de preparar a campanha "Pense diferente", Jobs fez algumas reflexões por conta própria. Decidiu que assumiria oficialmente a direção da empresa, pelo menos em caráter temporário. Tinha sido o líder de fato desde a demissão de Amelio dez semanas antes, mas apenas como "consultor". Fred Anderson ostentava o título de presidente executivo interino. Em 16 de setembro de 1997, Jobs anunciou que ficaria com esse título, adaptado inevitavelmente para iPresidente executivo. Seu compromisso era provisório: não recebia salário nem assinou contrato. Mas ele não era nada provisório em suas ações. Estava no comando, e não governava por consenso.

Naquela semana, ele reuniu os principais diretores e a equipe no auditório da Apple para uma reorganização de tropas, seguida de um piquenique com cerveja e comida vegetariana, a fim de comemorar sua nova função e os novos anúncios da empresa. Trajava short e andava descalço pelo campus, a barba por fazer. "Voltei há dez semanas, tenho trabalhado muito", disse, com ar cansado, mas profundamente decidido. "O que estamos tentando fazer não é algo abstrato e inatingível. Estamos tentando voltar aos fundamentos de grandes produtos, grande marketing e grande distribuição. A Apple deixou de fazer bem os fundamentos."

Por algumas semanas, Jobs e o conselho continuaram à procura de um presidente executivo permanente. Vários nomes vieram à tona — George M. C. Fisher, da Kodak, Sam Palmisano, da IBM, Ed Zander, da Sun Microsystems —, mas a maioria dos candidatos, muito compreensivelmente, relutava em considerar a hipótese de ser presidente executivo se Jobs continuasse como membro ativo do conselho. O *San Francisco Chronicle* informou que Zander declinou porque "não queria Steve olhando por cima dos seus ombros, contradizendo-o a cada decisão". A certa altura, Jobs e Ellison fizeram uma brincadeira com um desinformado consultor de informática que se candidatara ao emprego; enviaram-lhe um e-mail dizendo que tinha sido escolhido, o que foi ao mesmo tempo divertido e constrangedor quando os jornais noticiaram que eles estavam apenas brincando com o candidato.

Em dezembro, estava claro que o status de iPresidente executivo de Jobs tinha passado de *interinamente* para *indefinidamente*. Enquanto Jobs continuava a dirigir a empresa, o conselho tranquilamente suspendeu a busca. "Voltei para a Apple e tentei contratar um presidente executivo, com a ajuda de uma agência, durante quase quatro meses", disse. "Mas a pessoa certa não apareceu. Foi por isso que acabei ficando. A Apple não estava em condições de atrair ninguém que fosse realmente bom."

O problema de Jobs era que dirigir duas empresas era um desafio brutal. Olhando para trás, ele situou a origem de seus problemas de saúde naquela época:

> Foi duro, muito duro, a pior época da minha vida. Eu tinha uma família jovem. Tinha a Pixar. Ia para o trabalho às sete da manhã e voltava às nove da noite, e as crianças estavam na cama. Eu não conseguia conversar, não conseguia mesmo, estava cansado demais. Não conseguia conversar com Laurene. Tudo que eu conseguia fazer era assistir a meia hora de tevê e vegetar. Isso quase me matou. Eu ia para a Pixar e para a Apple dirigindo um Porsche preto conversível, e comecei a ter problemas de cálculos renais. Eu corria para o hospital e o hospital me dava uma injeção de Demerol e com o tempo eu os expelia.

Apesar da rotina extenuante, quanto mais Jobs mergulhava na Apple, mais se dava conta de que não conseguiria sair. Quando perguntaram a Michael Dell, numa exposição de informática em outubro de 1997, o que faria se fosse Steve Jobs e assumisse o controle da Apple, ele respondeu: "Eu fecharia a empresa e devolveria o dinheiro para os acionistas". Jobs disparou um e-mail para Dell. "Espera-se que presidentes executivos tenham classe", dizia a mensagem. "Vejo que você não compartilha dessa opinião." Jobs gostava de estimular a rivalidade como forma de animar a equipe — tinha feito isso com a IBM e a Microsoft — e foi o que fez com a Dell. Quando convocou seus diretores para instituir um sistema de fabricação e distribuição por encomenda, Jobs usou como pano de fundo uma fotografia ampliada de Michael Dell com um alvo no rosto. "Vamos pegá-lo, companheiro", disse, sob os aplausos da tropa.

Uma das paixões que o motivavam era o projeto de construir uma empresa duradoura. Aos doze anos, ao conseguir um emprego de verão na Hewlett Packard, descobrira que uma empresa bem administrada podia semear muito mais inovação do que qualquer pessoa criativa individualmente. "Descobri que a melhor inovação muitas vezes é a própria empresa, o jeito como se organiza uma empresa", disse. "Toda essa noção de como construir uma empresa é fascinante. Quando tive a chance de voltar para a Apple, percebi que eu seria inútil sem a empresa, e foi por isso que resolvi ficar e reconstruí-la."

MATAR OS CLONES

Um dos grandes debates sobre a Apple era saber se a empresa deveria ter licenciado seu sistema operacional com mais agressividade para outros fabricantes de computador, assim como a Microsoft licenciara o Windows. Wozniak foi a favor dessa abordagem desde o início. "Tínhamos o mais belo sistema operacional", disse, "mas para obtê-lo era preciso comprar nosso equipamento pelo dobro do preço. Foi um erro. O que deveríamos ter feito era calcular um preço adequado para licenciar o sistema operacional." Alan Kay, o astro do Xerox PARC que foi para a empresa como Apple *fellow* em 1984, também lutou muito pelo licenciamento do software do sistema operacional do Mac. "O pessoal de software é sempre a favor de plataformas múltiplas, porque quer que rode em qualquer coisa", disse. "E aquilo foi uma batalha imensa, provavelmente a maior batalha que perdi na Apple."

Bill Gates, que acumulava uma fortuna licenciando o sistema operacional da Microsoft, tinha insistido com a Apple para fazer o mesmo em 1985, quando Jobs estava sendo demitido. Gates achava que, mesmo que a Apple levasse alguns clientes dos sistemas operacionais da Microsoft, esta poderia ganhar dinheiro criando versões de seus softwares de aplicativos, como Word e Excel, para os usuários do Macintosh e seus clones. "Fiz de tudo para que se tornassem grandes licenciadores", diz ele. Mandou um memorando formal para Sculley defendendo a ideia. "A indústria chegou a um ponto em que se tornou impossível para a Apple criar um padrão de tecnologia inovadora sem o apoio, e sem a resultante credibilidade, de outros fabricantes de computador." O memorando afirmava: "A Apple deveria licenciar a tecnologia Macintosh para que três a cinco importantes fabricantes possam desenvolver 'Compatíveis com Mac'". Gates não recebeu resposta e escreveu um segundo memorando sugerindo algumas empresas que poderiam clonar bem o Mac, acrescentando: "Quero ajudar como puder no licenciamento. Por favor, telefone".

A Apple resistiu a licenciar o sistema operacional Macintosh até 1994, quando o presidente executivo, Michael Spindler, permitiu que duas pequenas empresas — Power Computing e Radius — fizessem clones do Mac. Quando assumiu em 1996, Gil Amelio acrescentou a Motorola à lista. A estratégia comercial acabou se revelando dúbia: a Apple recebia oitenta dólares pelo licenciamento de cada computador vendido, mas, em vez de ampliar o mercado, os fabricantes de clones canibalizaram as vendas dos computadores de alta qualidade da Apple, com os quais a empresa tinha um lucro de até quinhentos dólares.

As objeções de Jobs ao programa de clonagem não eram, entretanto, apenas econômicas. Ele tinha pela ideia uma aversão inata. Um dos seus princípios fundamentais era que hardware e software deveriam estar estreitamente integrados. Adorava controlar todos os aspectos, e a única forma de fazer isso com os computadores era fabricar a máquina toda e responsabilizar-se pela experiência do usuário do começo ao fim.

Por isso, ao voltar para a Apple, ele decidiu que matar os clones do Macintosh seria uma prioridade. Quando uma nova versão do sistema operacional do Mac foi despachada em julho de 1997, semanas depois de ter ajudado a expulsar Amelio, Jobs não permitiu que os fabricantes de clones o atualizassem. O chefe da Power Computing, Stephen "King" Kahng, organizou protestos a favor dos clones quando Jobs apareceu no Macworld de Boston naquele mês de agosto e advertiu publicamente que o sistema operacional Macintosh desapareceria se Jobs não quisesse mais licenciá-lo. "Se a plataforma fechar, é o fim", disse Kahng. "Destruição total. Fechada é o beijo da morte."

Jobs discordava. Telefonou a Woolard para dizer que a Apple ia sair do negócio de licenciamento. O conselho concordou, e em setembro ele fez um acordo pelo qual pagaria 100 milhões de dólares para que a Power Computing abrisse mão da licença e permitisse à Apple acesso a seu banco de dados de clientes. Logo cancelou também as licenças de outros fabricantes de clones. "A coisa mais idiota do mundo foi permitir que outras empresas que fabricam computadores de péssima qualidade usem nosso sistema operacional e reduzam nossas vendas", disse mais tarde.

Uma das grandes virtudes de Jobs era saber concentrar-se. "Decidir o que *não* fazer é tão importante quanto decidir o que fazer", dizia. "Isso vale para empresas e vale também para produtos."

Jobs começou a trabalhar aplicando seus princípios de concentração logo que voltou para a Apple. Um dia, ao andar pelos corredores, deparou com um jovem formado na Wharton School que fora assistente de Amelio e que lhe disse que estava terminando seu trabalho. "Ótimo, porque preciso de alguém para fazer trabalho sujo", disse Jobs. Sua nova tarefa seria tomar notas, enquanto Jobs se reunia com dezenas de equipes de desenvolvimento de produtos na Apple, pedir que explicassem o que estavam fazendo e obrigá-los a justificar a continuação de seus produtos ou projetos.

Também recrutou um amigo, Phil Schiller, que trabalhara na Apple, mas na ocasião estava na empresa de softwares gráficos Macromedia. "Steve convocava as equipes à sala de reunião da diretoria, onde cabiam vinte pessoas, e elas chegavam com trinta pessoas e tentavam fazer apresentações com PowerPoint, coisa que Steve não queria ver", lembra Schiller. Uma das primeiras coisas que Jobs fez durante o processo de análise de produtos foi proibir o PowerPoint. "Detesto quem usa apresentações de slides em vez de pensar", disse Jobs mais tarde. "As pessoas enfrentavam problemas fazendo uma apresentação. Eu queria que elas se empenhassem, que discutissem à mesa, em vez de mostrar um monte de slides. Quem sabe do que está falando não precisa de PowerPoint."

A análise de produtos revelou o quanto a Apple perdera o foco. A empresa jogava no mercado múltiplas versões de cada produto por mero impulso burocrático e para satisfazer aos caprichos dos varejistas. "Era uma insanidade", disse Schiller. "Toneladas de produtos, a maioria de má qualidade, feitos por equipes iludidas." A Apple tinha uma dúzia de versões do Macintosh, cada uma com um número diferente, que deixava todo mundo confuso, e ia de 1400 a 9600. "As pessoas levaram três semanas para me explicar", disse Jobs. "Eu não conseguia entender." Até que ele, finalmente, começou a fazer as perguntas mais simples, como: "Quais desses aí digo a meus amigos para comprar?".

Quando não conseguia arrancar respostas simples, punha-se a cortar modelos e produtos. Não demorou a cortar 70%. "Vocês são pessoas inteligentes", disse ele a um grupo. "Não deveriam perder tempo com essas porcarias de produtos."

Muitos engenheiros ficaram furiosos com essa tática brutal, que resultou em demissões em massa. Mas Jobs diria depois que os bons, incluindo alguns cujos projetos tinham sido cancelados, foram compreensivos. "A equipe de engenharia está incrivelmente animada", disse ele numa reunião administrativa em setembro de 1997. "Saí da reunião com pessoas cujos produtos tinham acabado de ser descontinuados e elas estavam levitando de animação, porque enfim compreenderam para onde diabos estávamos indo."

Depois de algumas semanas, Jobs finalmente fartou-se daquilo. "Basta!", gritou durante uma reunião de estratégia de produtos. "Isso é maluquice." Pegou um pincel atômico, foi até um quadro branco e riscou linhas verticais e horizontais para fazer uma tabela com quatro quadrados. "Eis o que precisamos", disse. No alto das duas colunas, escreveu "Consumidor" e "Pro". Chamou as duas linhas de "Desktop" e "Portátil". A tarefa deles era fabricar quatro grandes produtos, um para cada quadrado. "A sala estava no maior silêncio", lembra Schiller.

Houve também um silêncio de perplexidade quando Jobs se apresentou para planejar a reunião do conselho da Apple em setembro. "Gil insistia conosco para aprovarmos mais e mais produtos a cada reunião", lembra Woolard. "Vivia dizendo que precisávamos de mais produtos. Steve veio e disse que precisávamos de menos. Desenhou uma matriz com quatro quadrantes e disse que era nisso que deveríamos nos concentrar." De início, o conselho resistiu. Era um risco, disseram a Jobs. "Comigo vai dar certo", respondeu ele. O conselho nunca votou a nova estratégia. Jobs estava no comando e seguiu em frente.

O resultado foi que os engenheiros e os diretores da Apple de repente focalizaram sua atenção em apenas quatro áreas. Para o quadrante pro desktop iam trabalhar no desenvolvimento do Power Macintosh G3. Para o pro portátil, haveria o PowerBook G3. Para o desktop do consumidor, começariam a trabalhar no que se tornaria o iMac. E, para o portátil do consumidor, se concentrariam no que viria a ser o iBook.

Aquilo significava que a empresa abandonaria outros negócios, como impressoras e servidores. Em 1997, a Apple vendia a impressora em cores Style Writer, basicamente uma versão da DeskJet da Hewlett-Packard. A HP ganhava mais dinheiro com a venda dos cartuchos de tinta. "Não entendo", disse Jobs numa reunião de análise de produto. "Vão despachar 1 milhão disso e não vão ganhar dinheiro? Que maluquice." Levantou-se, saiu da sala e ligou para o chefe da HP. "Vamos esquecer nosso arranjo", propôs Jobs, "e nós saimos do negócio de impressoras e deixamos que vocês tomem conta." Então voltou para a sala de reuniões da diretoria e anunciou que iam sair do negócio de impressoras. "Steve examinou a situação e percebeu, de imediato, que precisávamos sair", lembra Schiller.

A decisão mais visível que ele tomou foi matar, de uma vez por todas, o Newton, o assistente digital pessoal com um sistema de reconhecimento de escrita quase bom. Jobs o odiava porque era o projeto da predileção de Sculley, porque não funcionava direito e porque ele tinha aversão a aparelhos com stylus. No começo de 1997 ele tentara convencer Amelio a matá-lo, e tudo que conseguira foi levá-lo a tentar cindir a divisão. No fim de 1997, quando Jobs fez a análise de produtos, o Newton ainda existia. Mais tarde, ele assim descreveu sua decisão:

Se a Apple estivesse em situação menos precária, eu teria tentado pessoalmente descobrir como fazê-lo funcionar. Eu não confiava nas pessoas que cuidavam dele. Meu instinto me dizia que havia ali uma tecnologia muito boa, mas estragada pela má administração. Ao parar de fabricá-lo, liberei alguns bons engenheiros, que puderam trabalhar em novos aparelhos portáteis. E mais tarde conseguimos acertar quando passamos para os iPhones e o iPad.

Essa capacidade de concentração salvou a Apple. No primeiro ano de sua volta, Jobs dispensou mais de 3 mil pessoas, o que recuperou o balanço geral da empresa. No ano fiscal que findou quando Jobs se tornou presidente executivo interino em setembro de 1997, a Apple tinha perdido 1,04 bilhão de dólares. "Estávamos a menos de noventa dias da falência", lembrou ele. No Macworld de janeiro de 1998, em San Francisco, Jobs subiu ao palco onde Amelio tinha fracassado um ano antes. De barba e jaqueta de couro, fez alarde da nova estratégia de produtos. E, pela primeira vez, terminou a apresentação com uma frase que se tornaria sua assinatura: "Ah, só mais uma coisa...". Dessa vez a "mais uma coisa" era "Pense lucro". Quando pronunciou essas palavras, a multidão explodiu em aplausos. Depois de dois anos de assombrosas perdas, a Apple tinha tido um bom trimestre, com um lucro de 45 milhões de dólares. Em todo o ano fiscal de 1998, o lucro seria de 309 milhões. Jobs estava de volta, e a Apple também.

25. Princípios de design

O estúdio de Jobs e Ive

Com Jony Ive e o iMac Girassol, em 2002.

JONY IVE

Quando Jobs reuniu seus principais diretores para lhes dar uma injeção de ânimo logo depois que se tornou iPresidente executivo, em setembro de 1997, estava sentado na plateia um inglês de trinta anos, sensível e apaixonado, que dirigia a equipe de design da empresa. Jonathan Ive — que todos chamavam de Jony — pensava em pedir as contas. Estava cansado da obsessão da empresa com maximização dos lucros, mais do que com o design de produtos. A palestra de Jobs o fez pensar duas vezes. "Lembro com muita clareza que Steve anunciou que nosso objetivo não era apenas ganhar dinheiro, mas fabricar grandes produtos", disse. "As decisões tomadas com base nessa filosofia diferem fundamentalmente das que vínhamos tomando na Apple." A ligação entre Ive e Jobs logo se tornaria responsável pela maior colaboração de design industrial de sua época.

Ive foi criado em Chingford, cidade a nordeste de Londres. Seu pai era um prateiro que lecionava na faculdade local. "É um artesão fabuloso", contou Ive. "O presente de Natal que costumava me dar era um dia do seu tempo na oficina da faculdade, durante o recesso de fim de ano, quando não havia ninguém lá, e ele me ajudava a fazer qualquer coisa que eu quisesse." A única condição que impunha era que Jony desenhasse à mão o que planejavam fazer. "Sempre compreendi a beleza das coisas feitas com as mãos. Acabei me dando conta de que o que realmente importa é o cuidado que se tem. O que mais desprezo é perceber desleixo num produto."

Ive matriculou-se na Politécnica de Newcastle e passava o tempo livre e os verões trabalhando numa consultoria de design. Uma de suas criações foi uma caneta com uma pequena bola no alto que era divertido afagar. Isso ajudava o dono a estabelecer uma prazerosa ligação emocional com a caneta. Para sua tese, ele projetou um microfone e um fone de ouvido — do mais puro plástico branco — para comunicar-se com crianças com deficiência auditiva. Seu apartamento era cheio de modelos de espuma que ele fazia para ajudá-lo a conseguir o design perfeito. Projetou também um caixa eletrônico e um fone curvo, que ganharam prêmios da Royal Society of Arts. Diferentemente de alguns designers, não se limitava a preparar belos desenhos; interessava-se também pela engenharia e pelo funcionamento dos componentes internos. Uma grande alegria que descobriu na faculdade foi desenhar num Macintosh. "Descobri o Mac e achei que eu tinha uma ligação com as pessoas que faziam aquele produto", disse. "De repente, entendi o que era uma empresa, ou o que uma empresa devia ser."

Depois de se formar, Ive ajudou a fundar uma empresa de design em Londres chamada Tangerine, que conseguiu um contrato de consultoria com a Apple. Em 1992, mudou-se para Cupertino para trabalhar no departamento de design da Apple. Tornara-se chefe do departamento em 1996, um ano antes da volta de Jobs, mas não estava satisfeito. Amelio tinha pouco apreço pelo design. "Não havia o sentimento de fazer um produto com capricho, porque a ideia era maximizar o dinheiro que ganhávamos", lembrou Ive. "Tudo que eles queriam de nós, designers, era um modelo da aparência que uma coisa qualquer deveria ter, e depois os engenheiros a construíam gastando o mínimo possível. Eu estava prestes a pedir as contas."

Quando Jobs assumiu o controle e fez sua palestra inicial, Ive resolveu ficar. Mas, antes de mais nada, Jobs procurou um designer de qualidade mundial fora da empresa. Conversou com Richard Sapper, que projetou o ThinkPad da IBM, e Giorgetto Giugiaro, que projetou a Ferrari 250 e a Maserati Ghibli I. Mas um dia deu uma volta pelo estúdio de design da Apple e aproximou-se do amável, interessado e seriíssimo Ive. "Discutimos abordagens de formas e materiais", lembrou Ive. "Estávamos na mesma frequência. De repente entendi por que eu amava a empresa."

Ive estava subordinado, pelo menos de início, a Jon Rubinstein, que Jobs trouxera para chefiar a divisão de hardware, mas estabeleceu com este uma relação direta e inusitadamente forte. Começaram a sair regularmente para almoçar, e Jobs encerrava o dia passando pelo estúdio de Ive para um bate-papo. "Jony tinha status especial", disse Powell. "Ele vinha à nossa casa, e nossas famílias se tornaram íntimas. Steve jamais o ofendeu intencionalmente. A maioria das pessoas na vida de Steve é substituível. Jony, não."

Jobs descreveria assim seu respeito por Ive:

A diferença que Jony fez, não só na Apple mas no mundo, é imensa. É uma pessoa maliciosamente inteligente em todos os sentidos. Compreende conceitos comerciais, conceitos de marketing. Pega as coisas no ar, assim, num clique. Compreende o que fazemos, em sua essência, melhor do que ninguém. Se tive um parceiro espiritual na Apple, foi Jony. Jony e eu bolamos a maioria dos produtos juntos, e depois chamamos outras pessoas e perguntamos: "Que acham disto?". Ele percebe a ideia geral, assim como os detalhes mais infinitesimais, de cada produto. E compreende que a Apple é uma empresa de produtos. Ele não é só um designer. É por isso que trabalha diretamente para mim. Tem mais poder operacional do que qualquer pessoa na Apple, fora eu. Não há ninguém que lhe diga o que fazer, ou para não se intrometer. Eu quis que fosse assim.

Como a maioria dos designers, Ive gostava de analisar a filosofia e cada etapa de pensamento da elaboração de um design. Para Jobs, o processo era mais intuitivo. Ele assinalava os modelos e os desenhos de que gostava, e jogava fora aqueles de que não gostava. Ive pegava as sugestões e desenvolvia os conceitos que Jobs sacramentara.

Ive era fã do designer industrial alemão Dieter Rams, que trabalhava para a empresa eletrônica Braun. Rams pregava o evangelho de "menos, mas melhor" — *Weniger aber besser* —, e Jobs e Ive, da mesma forma, lutavam com cada novo design para ver até que ponto seria possível simplificá-lo. Desde o primeiro folheto da Apple em que proclamava "A simplicidade é a máxima sofisticação", Jobs tinha almejado a simplicidade que resulta da conquista das complexidades, e não de ignorá-las. "Dá muito trabalho", disse ele, "fazer uma coisa simples, compreender de fato os desafios subjacentes e chegar a soluções elegantes."

Jobs encontrou em Ive sua alma gêmea na busca da simplicidade verdadeira, em vez da simplicidade superficial. Ive, sentado em seu estúdio de design, certa vez assim descreveu sua filosofia:

> Por que acho que o simples é bom? Porque, com produtos físicos, é preciso sentir que os dominamos. Quando se impõe ordem à complexidade, descobre-se um jeito de fazer o produto submeter-se à nossa vontade. Simplicidade não é apenas um estilo visual. Não é apenas minimalismo ou ausência de confusão. Implica explorar as profundezas da complexidade. Para ser verdadeiramente simples, é preciso ir realmente fundo. Por exemplo, para não usar parafusos pode-se acabar desenvolvendo um produto muito intricado e complexo. O melhor é ir fundo com simplicidade, compreender tudo que é preciso compreender sobre o produto e como ele é fabricado. É preciso entender profundamente a essência de um produto para podermos nos livrar das partes não essenciais.

Esse era um princípio fundamental em que Jobs e Ive acreditavam. O design não dizia respeito apenas à aparência superficial de um produto. Tinha de refletir sua essência. "No vocabulário da maioria das pessoas, design significa aparência favorável", disse Jobs à revista *Fortune* logo depois de retomar as rédeas da Apple. "Mas, para mim, nada poderia estar mais distante do significado de design. Design é a alma fundamental de uma criação do homem, que acaba se expressando em sucessivas camadas exteriores."

Como resultado, o processo de desenhar um produto na Apple estava integralmente relacionado à sua engenharia e fabricação. Ive descreveu um dos Power Macs da Apple. "Queríamos nos livrar de qualquer coisa que não fosse absolutamente essencial", disse. "Isso exigiu total colaboração entre os designers, os desenvolvedores do produto, os engenheiros e a equipe de fabricação. Voltávamos sempre ao começo, sempre, sempre. Precisávamos mesmo de determinada peça? Será que poderíamos fazê-la desempenhar a função das outras quatro peças?"

A conexão entre o design de um produto, sua essência e sua fabricação foi ilustrada por Jobs e Ive quando entraram numa loja de utensílios de cozinha durante uma viagem à França. Ive pegou uma faca que chamara sua atenção e a pôs de volta no lugar, desapontado. Jobs fez o mesmo. "Ambos notamos que havia um restinho de cola entre o cabo e a lâmina", disse Ive. "Steve e eu damos a maior importância a coisas desse tipo, que destroem a pureza e maculam a essência de um utensílio, por exemplo, e temos a mesma opinião sobre a necessidade de fazer os produtos terem um aspecto puro e sem emendas."

Na maioria das empresas, a engenharia tende a ditar regras para o design. Os engenheiros mostram suas especificações e seus requisitos, e os designers produzem gabinetes e embalagens para acomodá-los. Para Jobs, esse processo funciona melhor no sentido inverso. Nos primeiros tempos da Apple, Jobs aprovou o design do gabinete do Macintosh original, e os engenheiros tiveram de fazer suas placas e seus componentes caberem nele.

Depois que ele saiu da Apple, os engenheiros voltaram a comandar o processo. "Antes de Steve voltar, os engenheiros diziam: 'Aqui estão as vísceras' — processador, disco rígido — e os designers davam um jeito de enfiá-las num gabinete", contou o diretor de marketing, Phil Schiller. "Quando se trabalha dessa maneira, os produtos ficam horríveis." Mas, quando Jobs voltou e se uniu a Ive, o fiel da balança pendeu novamente para o lado dos designers. "Steve insistia em deixar impressa em nós a noção de que o design era parte integrante do que nos tornaria grandes", disse Schiller. "O design novamente passou a ditar regras para a engenharia, e não o contrário."

Às vezes, não dava certo, como quando Jobs e Ive insistiram em usar uma sólida peça de alumínio escovado na borda do iPhone 4, apesar do receio dos engenheiros de que isso pudesse comprometer a antena (ver capítulo 38). Mas geralmente a distinção de seus designs — para o iMac, o iPod, o iPhone e o iPad — punha a Apple numa categoria à parte, levando-a aos triunfos alcançados nos anos que se seguiram ao retorno de Jobs.

DENTRO DO ESTÚDIO

O estúdio de design onde Jony Ive reina, no térreo da Infinite Loop, 2, no campus da Apple, é protegido por janelas com vidro fumê e uma pesada porta revestida e trancada. Dentro há um balcão de recepção numa cabine de vidro com dois empregados que controlam o acesso. Nem mesmo funcionários da Apple — em sua grande maioria — têm permissão para entrar. Fiz a maior parte de minhas entrevistas com Jony Ive para este livro em outro lugar, mas um dia, em 2010, ele deu um jeito para que eu passasse uma tarde visitando o estúdio e conversando sobre como era sua colaboração com Jobs ali.

À esquerda da entrada há uma formação de mesas com jovens designers trabalhando; à direita fica uma cavernosa sala principal, com seis longas mesas de aço para apresentar trabalhos em preparação e mexer com eles. Além da sala principal fica um estúdio de design assistido por computador, repleto de estações de trabalho, que conduz a um espaço com máquinas de moldar que transformam o que aparece na tela em modelos de espuma. Mais adiante, há uma câmera de pintura com spray controlada por robô para fazer com que os modelos pareçam reais. A aparência é ampla e industrial, com um décor de metal cinza metálico. As folhas das árvores lá fora lançam figuras móveis de sombra e luz nas janelas escurecidas. Como música ambiente, um perene som de jazz e tecno.

Quase todos os dias, quando estava bem de saúde e no escritório, Jobs almoçava com Ive e depois ficava andando pelo estúdio o resto da tarde. Ao entrar, podia dar uma olhada geral nas mesas e ver os produtos em andamento, avaliar se se adequavam à estratégia da Apple e inspecionar com a ponta dos dedos a evolução do design de cada um. Geralmente, ficavam só os dois, enquanto os outros designers levantavam os olhos do trabalho para dar uma espiada, mantendo porém respeitosa distância. Se Jobs tivesse uma questão específica, podia convocar o chefe de design mecânico ou qualquer outro assessor de Ive. Se alguma coisa o animasse, ou provocasse alguma ideia sobre estratégia empresarial, ele podia chamar o diretor operacional, Tim Cook, ou o chefe de marketing, Phil Schiller, para se juntarem a eles. Ive descreve assim o processo:

Esta grande sala é o único lugar na empresa onde se pode olhar em volta e ver tudo que estamos preparando. Quando Steve chega, senta-se a uma dessas mesas. Se estivermos trabalhando num novo iPhone, por exemplo, ele fica por ali e verifica diferentes modelos, segurando-os para senti-los nas mãos, dizendo de qual deles gosta mais. Então passa pelas outras mesas, só ele e eu, para ver em que direção estão indo todos os outros produtos. Pode ter uma ideia de todo o campo de ação da empresa, o iPhone, o iPad, o iMac e o laptop, e tudo que estamos cogitando. Isso o ajuda a ver onde a empresa está gastando sua energia e como as coisas se interligam. Ele pode perguntar: "Tem sentido fazermos isto, porque aqui é onde estamos crescendo bem?", ou algo do gênero. Pode ver uma coisa em sua relação com todas as demais, o que é muito difícil numa empresa grande. Olhando para os modelos em cima das mesas, ele consegue ver o futuro pelos próximos três anos.

Boa parte do processo de design é conversa, um vaivém enquanto andamos de mesa em mesa e mexemos nos modelos. Ele não gosta de examinar desenhos complexos. Prefere ver e sentir o modelo. Tem razão. Fico surpreso quando fazemos um modelo e nos damos conta de que é uma porcaria, muito embora, baseado nos desenhos de CAD [*computer-aided design*], parecesse ótimo.

Ele adora vir para cá porque o local é sossegado e aprazível. É um paraíso para pessoas "visuais". Não há exames formais de design, por isso não há grandes pontos de decisão. Em vez disso, deixamos fluir a decisão. Como fazemos e refazemos todos os dias, e jamais organizamos apresentações idiotas, não temos grandes divergências.

Nesse dia, Ive supervisionava a criação de um novo conjunto europeu de tomada e conector para o Macintosh. Dezenas de modelos de espuma, cada qual com uma minúscula variação, tinham sido preparadas e pintadas para inspeção. Alguns poderiam achar estranho ver um diretor de design preocupar-se com uma coisa dessas, mas até Jobs se envolveu. Desde que obteve uma fonte de alimentação especial para o Apple II, Jobs se preocupava não apenas com a engenharia, mas também com o design dessas peças. Ele teve o nome incluído na lista da patente do carregador branco de bateria usada pelo MacBook, bem como do conector magnético com seu satisfatório clique. Na verdade, Jobs estava relacionado como um dos inventores em 212 patentes diferentes nos Estados Unidos até o começo de 2011.

Ive e Jobs ficaram obcecados pela embalagem de vários produtos da Apple e as patentearam. A patente US D558,572, por exemplo, concedida em 1º de janeiro de 2008, se refere à caixa do iPod nano, com quatro desenhos que mostram como o aparelho está acondicionado num berço quando a caixa é aberta. A patente D596,485, concedida em 21 de julho de 2009, diz respeito à embalagem do iPhone, com sua resistente capa e a pequena bandeja de plástico lustroso em seu interior.

Mike Markkula, muito cedo, tinha ensinado Jobs a "imputar" — compreender que as pessoas julgam, sim, um livro pela capa — e, portanto, assegurar-se de que todos os atavios e embalagens da Apple sinalizassem que lá dentro havia uma bela gema. Seja um iPod mini, seja um MacBook Pro, os clientes da Apple conhecem a sensação de abrir uma caixa bem-feita e encontrar o produto acondiciona-do de um jeito convidativo. "Steve e eu gastamos muito tempo com a embala-gem", disse Ive. "Adoro o processo de desempacotar uma coisa. Projeta-se um ritual de desempacotamento, para que o produto pareça especial. Embalar pode ser teatro, pode criar uma história."

Ive, que tem o temperamento sensível de artista, às vezes se ofendia com Jobs por este ficar com muito crédito, hábito que incomodou outros colegas ao longo dos anos. Seus sentimentos com relação a Jobs às vezes eram tão intensos que ele facilmente se magoava. "Ele tinha um jeito de examinar minhas ideias e dizer: isto não é bom, isto não é muito bom, gosto disto", contou Ive. "E depois eu me sentava na plateia e ele falava daquilo como se fosse ideia sua. Presto uma atenção insana em de onde vem uma ideia, a ponto de encher cadernos com mi-nhas ideias. Por isso dói quando ele assume a autoria de um dos meus designs." Ive também se irrita quando gente de fora apresenta Jobs como o homem de ideias da Apple. "Isso nos torna vulneráveis como empresa", diz em tom sério, em voz baixa. Mas faz uma pausa e reconhece o papel que Jobs de fato desempenha. "Em tantas outras empresas as ideias e os grandes designs se perdem no meio do processo", diz. "As ideias que ocorrem a mim e a minha equipe seriam totalmente irrelevantes se Steve não estivesse aqui para nos empurrar, trabalhar conosco e derrubar a resistência a transformar nossas ideias em produtos."

26. O iMac

Olá (de novo)

DE VOLTA PARA O FUTURO

O primeiro grande triunfo de design surgido da colaboração Jobs-Ive foi o iMac, o computador convencional destinado ao mercado de consumo doméstico, apresentado em maio de 1998. Jobs tinha algumas especificações. Deveria ser um produto que incluísse tudo numa só unidade — teclado, monitor e computador combinados numa mesma unidade pronta para ser usada ao sair da caixa. Deveria ter um design distinto que fosse uma declaração de marca. E deveria custar mais ou menos 1200 dólares (nenhum computador da Apple custava menos de 2 mil naquela época). "Ele mandou voltarmos às raízes do Macintosh de 1984, um aparelho de consumo original com tudo numa só unidade", lembrou Schiller. "Significava que design e engenharia tinham que trabalhar juntos."

O plano inicial era construir um "computador de rede", conceito proposto pioneiramente por Larry Ellison, da Oracle, que consistia num terminal econômico sem unidade de disco rígido a ser usado principalmente para conectar-se à internet e a outras redes. Mas o diretor financeiro da Apple, Fred Anderson, encabeçou as pressões para que se fizesse um produto mais robusto mediante o acréscimo de uma unidade de disco rígido, de modo que ele se tornasse um computador de mesa completo para uso em casa. Jobs acabou concordando.

Jon Rubinstein, encarregado de hardware, adaptou o microprocessador e as partes internas do Power Mac G3, o computador de alta qualidade da Apple, para uso na nova máquina proposta. Ela teria uma unidade de disco rígido e uma bandeja para CD, mas, numa manobra bastante ousada, Jobs e Rubinstein decidiram não incluir a costumeira unidade de disquete. Jobs citou a máxima do astro do hóquei Wayne Gretzky, que mandava "esquiar para onde o disco está indo, e não para onde ele estava". Ele estava um pouco à frente do seu tempo, mas a maioria dos computadores acabou eliminando os disquetes.

Ive e seu principal assessor, Danny Coster, começaram a fazer desenhos de traçado futurista. Jobs bruscamente rejeitou a dúzia de modelos de espuma que eles tinham produzido, mas Ive sabia como guiá-lo com delicadeza. Admitiu que nenhum estava totalmente correto, e mostrou um que prometia. Era curvo, tinha um visual divertido e não lembrava uma prancha irremovível fincada na mesa. "Dá a impressão de que acabou de chegar à mesa ou de que está prestes a saltar e ir embora para outro lugar qualquer", disse ele a Jobs.

Na apresentação seguinte, Ive tinha refinado o modelo divertido. Dessa vez Jobs, com sua visão binária do mundo, disse, exaltado, que tinha adorado. Pegou o protótipo de espuma e passou a carregá-lo pela sede, mostrando-o, sigilosamente, a leais assessores e membros do conselho. A Apple celebrava em seus anúncios as glórias de ser capaz de pensar diferente. Mas, até aquela altura, nada tinha sido proposto que fosse diferente dos computadores existentes. Enfim, Jobs tinha algo novo.

O gabinete de plástico que Ive e Coster propuseram era de um azul verde-mar, depois batizado com o nome de azul-bondi, em homenagem à cor da água de uma praia da Austrália, e era translúcido para que se pudesse ver o interior da máquina. "Tentávamos transmitir a ideia de que o computador era mutável, dependendo das necessidades do usuário, de que era como um camaleão", disse Ive. "É por isso que gosto da translucidez. Pode-se ter cor, mas parece não estático. E é visto como impertinente."

Tanto metaforicamente como na vida real, a translucidez conectava a enge nharia interna do computador ao design externo. Jobs sempre fizera questão de que as fileiras de chips nas placas de circuito ficassem bonitas, muito embora não pudessem ser vistas. Agora, seriam vistas. O gabinete tornaria visível o cuidado investido na fabricação dos componentes do computador e no modo de juntá-los. O design divertido transmitiria simplicidade, ao mesmo tempo que revelava as profundezas que a verdadeira simplicidade implica.

Mesmo a simplicidade da carapaça de plástico envolvia grande complexidade. Ive e sua equipe trabalharam com fabricantes coreanos da Apple para aperfeiçoar o processo de confecção dos gabinetes, e até foram a uma fábrica de jujuba para aprender a fazer cores translúcidas que fossem atraentes. O custo de cada gabinete era de mais de sessenta dólares por unidade, três vezes mais do que o gabinete de um computador comum. Em outras empresas, provavelmente teria havido apresentações e estudos para mostrar se o gabinete translúcido aumentaria as vendas numa proporção que justificasse o custo extra. Jobs nunca pediu esse tipo de análise.

O design era arrematado com a alça embutida no topo do iMac. Era mais divertida e semiótica do que prática. Tratava-se de um computador de mesa. Pouca gente o levaria de um lado para outro. Mas, como explicou Ive depois:

> Naquela época, as pessoas não se sentiam à vontade com a tecnologia. Quando se teme uma coisa, o normal é não tocar nela. Eu imaginava minha mãe com medo de tocar nele. Então pensei que, se houvesse uma alça, seria possível estabelecer uma relação. Ele é acessível. É intuitivo. Deixa-se tocar. Dá ideia de consideração com o usuário. Infelizmente, fabricar uma alça embutida custa muito dinheiro. Na velha Apple, eu teria perdido a disputa. O que houve de realmente notável com Steve é que ele a viu e disse: "Isso é legal!". Não expliquei toda a ideia, mas ele a entendeu intuitivamente. Sabia que aquilo fazia parte da cordialidade e da graça do iMac.

Jobs teve de vencer as objeções dos engenheiros de manufatura, apoiados por Rubinstein, que tinha o hábito de levantar questões práticas de custo sempre que deparava com os desejos estéticos e os caprichos de design de Ive. "Quando submetemos o assunto aos engenheiros", disse Jobs, "eles apresentaram 38 razões para não fazer. Disseram: 'Por quê?'. E eu disse: 'Porque sou o presidente executivo e acho que dá para fazer'. E eles fizeram, de má vontade, mas fizeram."

Jobs pediu a Lee Clow e Ken Segall e outros da equipe de publicidade da

TBWA\Chat\Day que tomassem o avião para verem o que ele estava fazendo. Levou-os ao protegido estúdio de design e, num gesto dramático, mostrou o translúcido design de Ive em forma de lágrima, que parecia saído de *Os Jetsons*, o desenho animado de tevê dos anos 1980 sobre o futuro. Por um instante, todos ficaram atônitos. "Estávamos chocados, mas não podíamos falar com franqueza", lembrou Segall. "Pensamos: 'Pelo amor de Deus, será que eles sabem o que estão fazendo?'. Era muito radical." Jobs lhes pediu que sugerissem nomes. Segall apresentou cinco, entre eles "iMac". De início, Jobs não gostou de nenhum, e Segall apresentou outra lista uma semana depois, mas disse que a agência ainda preferia "iMac". Jobs respondeu: "Esta semana eu já não o odeio, mas ainda não gosto dele". Tentou estampá-lo em alguns protótipos, e o nome tomou corpo dentro dele. E assim nasceu o iMac.

Perto do término do prazo previsto para a finalização da máquina, o legendário temperamento explosivo de Jobs reapareceu com força total, especialmente quando deparava com problemas de manufatura. Numa reunião de análise de produto, ele se deu conta de que o processo estava lento demais. "Houve um desses episódios de espantosa fúria, e esta era absolutamente pura", lembrou Ive. Jobs deu a volta à mesa agredindo cada um, a começar por Rubinstein. "Vocês sabem que estamos tentando salvar esta empresa", berrava, "e estão estragando tudo!"

Como a equipe do Macintosh original, a do iMac concluiu o serviço, aos trancos, para o evento em que o grande anúncio seria feito. Mas não antes de Jobs ter uma última explosão. Durante o ensaio da apresentação de lançamento, Rubinstein arranjou às pressas dois protótipos. Nem Jobs nem ninguém mais tinham visto o produto final até aquele momento, e quando ele o olhou no palco viu um botão na frente, sob o monitor. Apertou-o e a bandeja de CD abriu. "Que porra é esta?!", perguntou, não com essa polidez. "Ninguém disse nada", lembrou Schiller, "porque obviamente ele sabia o que era uma bandeja de CD." Jobs continuou a esbravejar. A máquina devia ter uma entrada de CD elegante, insistiu, referindo-se aos elegantes slot drives já existentes nos carros mais caros. Ficou tão furioso que expulsou Schiller, que chamou Rubinstein para levá-lo de volta ao auditório. "Steve, este é exatamente o drive que lhe mostrei quando conversamos sobre os componentes", explicou. "Não, não havia bandeja alguma, só a abertura", insistiu Jobs. Rubinstein não recuou. A fúria de Steve não diminuiu. "Por pouco não comecei a chorar, porque não havia mais tempo para fazer nada", lembrou, mais tarde.

Suspenderam o ensaio, e por um momento pareceu que Jobs ia cancelar o próprio lançamento do produto. "Ruby me olhava como se quisesse dizer: Sou maluco?", lembrou Schiller. "Foi meu primeiro lançamento de produto com Steve, e a primeira vez que presenciei ao vivo sua mentalidade de que, se não estiver bom, não será lançado." Por fim, concordaram em substituir a bandeja por um slot drive na próxima versão do iMac. "Só sigo em frente com o lançamento se me prometerem que vão passar para o método slot o mais rápido possível", disse Jobs, lastimosamente.

Houve também um problema com o vídeo que ele pretendia mostrar. Nele, Jony Ive aparece descrevendo seu jeito de desenvolver um design e perguntando: "Que computador os Jetsons usariam? Era como o futuro ontem". Nesse momento, era exibido um fragmento de dois segundos do desenho animado, em que Jane Jetson olhava para uma tela de vídeo, seguido por outro clipe de dois segundos dos Jetsons dando risada embaixo de uma árvore de Natal. Num dos ensaios, um assistente de produção disse a Jobs que eles teriam de remover os clipes, porque a Hanna-Barbera não lhes dera permissão para usá-los. "Não tire", berrou Jobs. O assistente explicou que havia regras contra isso. "Dane-se", disse Jobs. "Você vai usá-los." Os clipes ficaram.

Lee Clow estava preparando uma série de anúncios coloridos para revistas e, quando enviou as provas para Jobs, recebeu de volta um telefonema indignado. O azul no anúncio, disse Jobs, era diferente do da fotografia do iMac que eles tinham escolhido. "Vocês aí não sabem o que estão fazendo", gritou ele. "Vou mandar outro pessoal fazer os anúncios, isto aqui é uma trapalhada." Clow apresentou seus argumentos. Faça uma comparação, disse. Jobs, que não estava no escritório, achava que tinha razão e continuou a berrar. Mais tarde, Clow conseguiu fazê-lo sentar-se para ver as fotografias originais. "Finalmente demonstrei que o azul era azul, era azul." Anos depois, num fórum de debates sobre Steve Jobs no site Gawker, a seguinte história foi contada por alguém que tinha trabalhado na loja Whole Foods, em Palo Alto, a poucos quarteirões da casa de Jobs: "Eu estava recolhendo carrinhos de compra uma tarde dessas quando vi uma Mercedes prata estacionada numa vaga para deficientes. Steve estava lá dentro, berrando ao telefone. Foi pouco antes da apresentação do primeiro iMac, e tenho certeza de que o ouvi dizer: 'Não é. Porra. Suficientemente. Azul!!!'".

Como sempre, Jobs estava agindo compulsivamente na preparação da apresentação. Depois de suspender um ensaio por ter ficado com raiva da bandeja de

CD, ele esticou os outros ensaios para ter certeza de que o show seria brilhante. Ensaiou repetidas vezes o momento culminante, em que entraria no palco para proclamar: "Digam alô para o novo iMac". Queria que a iluminação fosse perfeita, para que a translucidez da nova máquina ficasse vívida. Mas depois de algumas tentativas ainda estava insatisfeito, um repeteco de sua obsessão com a iluminação do palco que Sculley tinha testemunhado nos ensaios para o lançamento do Macintosh original em 1984. Deu ordens para que as luzes fossem intensificadas e acesas mais cedo, mas ainda assim não se satisfez. Então, trotou pelo corredor do auditório e jogou-se numa cadeira do centro, as pernas sobre a cadeira da frente. "Vamos continuar tentando até dar certo, o.k.?", disse. Fizeram outra tentativa. "Não, não", reclamou Jobs. "Isso não está funcionando de jeito nenhum." E de novo as luzes brilharam com a intensidade certa, mas acenderam tarde. "Estou ficando cansado de pedir isso", rosnou. Por fim, o iMac brilhou exatamente como devia. "Isso, assim mesmo. Perfeito!", gritou Jobs.

Um ano antes, Jobs tinha demitido Mike Markkula, seu antigo mentor e sócio, do conselho. Mas estava tão orgulhoso do que tinha conseguido fazer com o novo iMac, e tão emotivo a respeito de sua conexão com o Macintosh original, que convidou-o para ir a Cupertino e assistir a uma première privada. Markkula ficou impressionado. A única objeção que fez foi quanto ao novo mouse que Ive projetara. Parecia um disco de hóquei, disse, e as pessoas iam odiar. Jobs discordou, mas Markkula estava certo. Fora isso, a máquina era, como sua antecessora, fantasticamente boa.

O LANÇAMENTO: 6 DE MAIO DE 1998

Com o lançamento do Macintosh original em 1984, Jobs tinha criado um novo tipo de teatro: a estreia de um produto como evento capaz de marcar época, culminando com um momento "faça-se a luz" no qual os céus se abrem, a luz se derrama do alto, os anjos cantam e um coro de fiéis entoa aleluias. Para o grandioso lançamento do produto que, ele esperava, salvaria a Apple e mais uma vez transformaria os computadores pessoais, Jobs escolheu, simbolicamente, o auditório Flint, do De Anza Community College, em Cupertino, o mesmo lugar que usara em 1984. Ia lançar mão de todas as forças de que dispunham para dissipar dúvidas, dar uma injeção de ânimo nas tropas, recrutar o apoio da comunidade de inventores e reativar o mercado da nova máquina. Mas fazia aquilo também porque gostava de representar o papel de empresário. Organizar um grande show estimulava suas paixões tanto quanto lançar um grande produto.

Exibindo seu lado sentimental, ele começou com um gracioso reconhecimento público das pessoas que convidara para a primeira fila. Distanciara-se de todas elas, mas agora queria reconciliar-se. "Fundei a empresa com Steve Wozniak na garagem dos meus pais, e Steve está aqui hoje", disse, apontando para ele e provocando aplausos. "Mike Markkula juntou-se a nós e, logo depois, nosso primeiro presidente executivo, Mike Scott", prosseguiu. "Eles estão na plateia. E nenhum de nós estaria aqui sem essas três pessoas." Seus olhos ficaram marejados por um momento enquanto os aplausos voltaram a soar. Também estavam na plateia Andy Hertzfeld e grande parte da equipe do Mac original. Jobs sorriu para eles. Sentia que estava prestes a deixá-los orgulhosos.

Depois de mostrar a grade da nova estratégia de produtos da Apple e alguns slides sobre o desempenho do novo computador, ele estava pronto para apresentar sua nova cria. "Esta é a aparência que os computadores têm hoje", disse ele, enquanto a foto de um conjunto bege de componentes e monitores com formato de caixa era projetada na grande tela atrás dele. "E quero ter o privilégio de lhes mostrar a aparência que terão a partir de hoje." Puxou o pano da mesa no centro do palco para revelar o novo iMac, que resplandecia e faiscava enquanto luzes eram acesas no devido tempo. Pressionou o mouse, e, como ocorrera no lançamento do Macintosh original, a tela brilhou com imagens aceleradas sobre todas as maravilhas que o computador era capaz de fazer. No fim, apareceu a palavra "olá" escrita com a mesma letra engraçada que enfeitara o Macintosh de 1984, dessa vez com a expressão "de novo" entre parênteses. *Olá (de novo)*. Houve uma estrondosa salva de palmas. Jobs recuou um pouco para fitar orgulhosamente seu novo Macintosh. "Parece que vem de outro planeta", disse, enquanto a plateia ria. "Um bom planeta. Um planeta com os melhores designers."

Mais uma vez, Jobs tinha lançado um novo produto icônico, arauto do próximo milênio. A máquina cumpria a promessa de "pensar diferente". Em vez da caixa bege, com uma profusão de cabos e um volumoso manual de configuração, ali estava um aparelho amigável e valente, macio ao tato e tão agradável de olhar como um ovo de tordo. Podia-se segurá-lo pela alça pequena e graciosa, tirá-lo de sua elegante caixa branca e enfiar o cabo diretamente na tomada da parede. Pessoas que tinham medo de computador iam querer um, e colocá-lo numa sala onde outros pudessem admirar e, quem sabe, até invejar. "Peça de hardware que mescla a cintilação da ficção científica com o capricho kitsch de um guarda-chuvinha de coquetel", escreveu Steve Levy na *Newsweek*, "não é apenas o computador de melhor aparência apresentado em anos, mas uma orgulhosa declaração de que a empresa dos sonhos original do Vale do Silício saiu de seu estado de sonambulismo." A *Forbes* chamou-o de "um êxito que altera toda a indústria", e John Sculley mais tarde saiu do exílio para declarar: "Ele implementou a mesma estratégia simples que tornou a Apple tão bem-sucedida quinze anos atrás: fabricar belos produtos e promovê-los com um tremendo marketing".

As críticas vieram apenas de uma direção. Enquanto o iMac arrancava elogios, Bill Gates afirmava a um grupo de analistas financeiros em visita à Microsoft que aquilo era só moda passageira. "A única coisa que a Apple agora oferece é liderança em matéria de cores", disse Gates, apontando para um PC com sistema Windows que ele de brincadeira pintara de vermelho. "Não vamos demorar muito a nos atualizar, acho eu." Jobs ficou furioso e disse a um repórter que Gates, o homem que ele menosprezara publicamente por não ter bom gosto, não sabia o que fazia do iMac um computador muito mais interessante do que os outros. "O que nossos concorrentes não entendem é que eles acham que tem a ver com moda, que tem a ver com aparência superficial", afirmou. "Eles dizem assim: é só jogar um pouquinho de cor neste lixo de computador e também teremos o nosso."

O iMac foi posto à venda em agosto de 1998 por 1299 dólares. Foram vendidas 278 mil unidades nas primeiras seis semanas, e 800 mil até o fim do ano, o que fez dele o computador de venda mais rápida na história da Apple. O que era mais notável, 32% das vendas foram feitas para pessoas que estavam comprando seu primeiro computador, e 12% para pessoas que usavam máquinas com o Windows.

Ive logo apresentou para os iMacs quatro cores apetitosas, além do azul-bondi. Oferecer o mesmo computador em cinco cores criava, é claro, imensos desafios de fabricação, inventário e distribuição. Na maioria das empresas, incluindo a velha Apple, teria havido estudos e reuniões para examinar custos e benefícios. Mas quando viu as novas cores Jobs ficou totalmente agitado e convocou outros executivos ao estúdio de design. "Vamos fazer todo tipo de cor!", informou-lhes, eufórico. Quando saíram, Ive olhou para sua equipe ainda sem conseguir acreditar. "Na maioria dos lugares, uma decisão dessas levaria meses", lembrou ele. "Steve a tomou em meia hora."

Havia outro refinamento importante que Jobs queria para o iMac: livrar-se da odiada bandeja de CD. "Vi um slot drive num estéreo de alta tecnologia da Sony", disse, "fui aos fabricantes do drive e consegui que fabricassem um slot drive para a versão do iMac que fizemos nove meses depois." Rubinstein tentou convencê-lo a desistir da mudança. Ele previa que surgiriam novos drives com capacidade de gravar música nos CDs, em vez de apenas tocá-las, e esses drives apareceriam no formato com bandeja antes de poderem funcionar em slots. "Se decidirmos pelos slots, estaremos sempre atrasados tecnologicamente."

"Pouco me importa, eu quero assim", retrucou Jobs. Estavam almoçando num sushi bar de San Francisco, e ele insistiu para que continuassem a conversa durante uma caminhada. "Quero que faça o slot-load drive para mim como um favor pessoal", pediu. Rubinstein concordou, é claro, mas ele acabou tendo razão. A Panasonic lançou um drive de CD capaz de ler e gravar música, disponível de início só para computadores com o antiquado sistema de bandejas. Os efeitos disso se propagariam, curiosamente, pelos anos seguintes: a Apple demoraria a atender os usuários que queriam copiar e gravar suas próprias músicas, o que por sua vez a forçaria a ser imaginosa e ousada na busca de uma maneira de passar na frente de outras empresas, quando Jobs finalmente se deu conta de que precisava entrar no mercado de música.

27. Presidente executivo

Ainda maluco, depois de tantos anos

Tim Cook e Jobs, em 2007.

TIM COOK

Quando Steve Jobs voltou para a Apple e produziu os anúncios da campanha "Pense diferente" e o iMac já no primeiro ano, confirmou-se o que muitos já sabiam: que ele podia ser criativo e visionário. Tinha mostrado essas qualidades em sua primeira fase na Apple. O que não estava bem claro era se seria capaz de dirigir uma empresa. Na primeira fase ele, definitivamente, *não* mostrara isso.

Jobs mergulhou na tarefa com um realismo voltado para os detalhes de causar espanto a quem se acostumara com a fantasia de que as regras do universo não se aplicavam a ele. "Ele se tornou um gestor, o que é diferente de um executivo ou um visionário, e isso me surpreendeu agradavelmente", lembrou Ed Woolard, o presidente do conselho que o atraiu de volta.

Seu mantra administrativo era "foco". Ele eliminou linhas de produtos excessivos e cortou características sem propósito no novo software de sistema operacional que a Apple estava desenvolvendo. Pôs de lado o desejo, próprio dos maníacos por controlar tudo, de manufaturar produtos em suas próprias fábricas, e terceirizou a fabricação de tudo, desde placas de circuito a computadores completos. E impôs rigorosa disciplina aos fornecedores. Quando Jobs assumiu, a Apple tinha o equivalente a mais de dois meses de estoque nos armazéns, mais do que qualquer outra empresa de tecnologia. Como ovos e leite, computadores têm prazo curto de validade, de modo que isso representava um golpe de pelo menos 500 milhões de dólares nos lucros. No começo de 1998, ele reduzira o estoque para um mês.

O êxito de Jobs custou caro, pois a diplomacia aveludada não fazia parte de seu repertório. Quando concluiu que uma divisão da Airborne Express não estava entregando peças sobressalentes com a rapidez necessária, ordenou a um diretor da Apple que rescindisse o contrato. Quando o diretor protestou, lembrando que isso poderia resultar em processo, Jobs respondeu: "Diga a eles que se nos ferrarem nunca mais vão receber a porra de um centavo desta empresa". O diretor se demitiu, e houve um processo que levou um ano para ser resolvido. "Minhas opções de ações valeriam 10 milhões de dólares se eu tivesse ficado", disse o diretor, "mas eu sabia que não ia aguentar, e ele me demitiria de qualquer maneira." O novo distribuidor recebeu ordem para reduzir 75% do estoque, e reduziu. "Sob o comando de Steve Jobs, a tolerância com quem deixa de fazer alguma coisa é zero", disse seu presidente executivo. Em outra ocasião, quando a VSLI Technologies enfrentava dificuldades para entregar chips em quantidade suficiente e no prazo, Jobs invadiu uma reunião xingando. Disse, aos berros, que eles eram um bando de "fodidos, debiloides, acovardados". A empresa acabou entregando os chips para a Apple dentro do prazo, e seus executivos fizeram jaquetas ostentando a frase "Equipe FDA" nas costas.

Depois de trabalhar três meses com Jobs, o chefe de operações da Apple chegou à conclusão de que não podia mais aguentar a pressão e saiu. Durante quase um ano, Jobs encarregou-se pessoalmente das operações, porque todo mundo que ele entrevistava "parecia gente de produção da velha guarda", lembrou. Ele queria alguém que pudesse formar cadeias de fábricas e fornecedores que atendessem por encomenda, como Michael Dell tinha feito. Então, em 1998, conheceu o cortês Tim Cook, de 37 anos, gestor de cadeias de aquisição e fornecimento da Compaq Computers, que se tornaria não apenas seu diretor de operações, mas um indispensável parceiro de bastidores na tarefa de administrar a Apple. Como disse Jobs:

> Tim Cook veio da área de compras, que é o tipo de antecedente certo para nossas necessidades. Percebi que ele e eu víamos as coisas exatamente do mesmo jeito. Eu tinha visitado muitas fábricas japonesas onde a produção é administrada para responder à demanda instantânea, na hora certa, e construí uma para o Mac e o NeXT. Eu sabia o que queria e conheci Tim, que queria a mesma coisa. Começamos a trabalhar juntos e logo ele me passou a confiança de que sabia exatamente o que fazer. Tinha a mesma visão que eu, interagíamos num alto nível estratégico e eu podia tirar da cabeça um bocado de coisas, a não ser que ele me sondasse por e-mail.

Cook, filho de um operário de estaleiro, foi criado em Robertsdale, Alabama, cidadezinha entre Mobile e Pensacola, a meia hora da Costa do Golfo. Estudou engenharia industrial em Auburn, formou-se em administração em Duke e pelos doze anos seguintes trabalhou para a IBM no Triângulo de Pesquisa na Carolina do Norte. Quando Jobs o entrevistou, Cook tinha acabado de assumir um emprego na Compaq. Sempre fora um engenheiro muito lógico, e a Compaq, àquela altura, parecia uma opção de carreira mais sensata, mas ele foi seduzido pela aura de Jobs. "Depois de cinco minutos de conversa com Steve, eu já estava disposto a jogar fora a cautela e a lógica e ir trabalhar na Apple", disse ele mais tarde. "Minha intuição me dizia que ir para a Apple seria uma oportunidade única na vida de trabalhar com um gênio criativo." E foi o que ele fez. "Engenheiros são ensinados a tomar decisões analiticamente, mas há momentos em que confiar nos instintos ou na intuição é indispensável."

Na Apple, sua tarefa era pôr em prática a intuição de Jobs, o que fazia com tranquila perseverança. Nunca se casou, mergulhando completamente no trabalho. Estava acordado quase sempre às quatro e meia da manhã mandando e-mails, depois passava uma hora na academia e sentava-se à mesa de trabalho pouco depois das seis. Marcava teleconferências para as noites de domingo, a fim de preparar as atividades da semana. Numa empresa chefiada por um presidente executivo dado a explosões de raiva e a arrasadores ataques verbais, Cook dominava as situações com seu jeito calmo, com um suave sotaque do Alabama e com olhares fixos. "Embora capaz de manifestar hilaridade, a expressão facial normal de Cook é um franzimento de sobrancelhas, e seu humor é do tipo irônico", escreveu

Adam Lashinsky, da *Fortune*. "Nas reuniões, é conhecido por suas longas e incômodas pausas, quando tudo que se ouve é o rasgar da embalagem das barras de cereais que ele está sempre comendo."

Numa reunião logo que assumiu o cargo, Cook foi informado de um problema com um dos fornecedores chineses da Apple. "Isso é realmente ruim", disse. "Alguém devia estar lá na China resolvendo isso." Trinta minutos depois, olhou para o gerente de operações sentado à mesa e perguntou, sem nenhuma emoção na voz: "Por que ainda está aqui?". O executivo levantou-se, pegou o carro diretamente para San Francisco, sem parar para fazer as malas, e comprou um bilhete para a China. Tornou-se depois um dos principais assessores de Cook.

Cook reduziu o número dos principais fornecedores da Apple, de cem para 24, obrigando-os a fechar negócios mais vantajosos se quisessem continuar operando, convenceu muitos deles a se mudarem para perto das instalações da Apple e fechou dez dos dezenove armazéns da empresa. Reduzindo os lugares onde os estoques podiam ser empilhados, ele reduziu os próprios estoques. Jobs tinha cortado o estoque geral, de dois meses para um mês de produtos, no começo de 1998. Em setembro daquele ano, Cook reduzira-o para seis dias. Incrivelmente, em setembro do ano seguinte, o estoque só era suficiente para dois dias — por vezes caindo para apenas quinze horas. Além disso, encurtou o processo de produção de um computador da Apple de quatro para dois meses. Isso não só economizava dinheiro como também permitia que os novos computadores tivessem os últimos componentes disponíveis.

GOLAS RULÊ E TRABALHO DE EQUIPE

Numa viagem ao Japão no começo dos anos 1980, Jobs perguntou ao presidente da Sony, Akio Morita, por que todo mundo nas fábricas da empresa usava uniforme. "Ele ficou muito envergonhado e me disse que, depois da guerra, ninguém tinha roupas, e empresas como a Sony eram forçadas a dar aos empregados algo para usar todos os dias", contou Jobs. Com o passar dos anos, os uniformes desenvolveram seus estilos de marca, especialmente em empresas como a Sony, ajudando a criar um vínculo entre os empregados e a empresa. "Decidi que queria esse tipo de vínculo para a Apple", disse Jobs.

A Sony, com seu gosto por estilo, tinha contratado o famoso designer Issey Miyake para criar seu uniforme. Era uma jaqueta de náilon indesfiável com mangas presas por zíper que podiam ser retiradas para transformá-la em colete. "Liguei para Issey Miyake e pedi que projetasse um colete para a Apple", lembrou Jobs. "Trouxe alguns como amostras e disse a todos que seria ótimo se usássemos aqueles coletes. É claro que fui enxotado do palco com vaias. Todos odiaram a ideia."

Durante o processo, porém, Jobs ficou amigo de Miyake, a quem visitava regularmente. Também acabou gostando da ideia de ter um uniforme para si próprio, tanto pela conveniência diária (a razão que ele alegou) como pela capacidade de transmitir um estilo de marca. "Pedi a Issey que fizesse para mim algumas de suas camisas de golas rulê de que eu gostava, e ele fez cem." Jobs viu que fiquei surpreso e me mostrou a pilha de peças no guarda-roupa. "É o que uso", disse. "Tenho o suficiente para o resto da vida."

Apesar de sua natureza autocrática — jamais rezou perante o altar do consenso —, Jobs esforçou-se para fomentar uma cultura de colaboração na Apple. Muitas empresas se orgulham de ter poucas reuniões. Jobs tinha muitas: uma reunião da equipe executiva às segundas-feiras, uma reunião de estratégia de marketing nas tardes de quarta-feira e incontáveis reuniões de análise de produto. Ainda alérgico a PowerPoints e a apresentações formais, fazia questão de que as pessoas sentadas à mesa atacassem as questões de pontos de vista diversos e da perspectiva de cada departamento.

Por acreditar que a grande vantagem da Apple era a integração de tudo — do design ao hardware, ao software e ao conteúdo —, ele queria que todos os departamentos da empresa trabalhassem juntos paralelamente. As frases que usava eram "profunda colaboração" e "engenharia convergente". Em vez de um processo de desenvolvimento no qual o produto passasse, sequencialmente, da engenharia para o design, para a manufatura, para o marketing e para a distribuição, esses diversos departamentos nele colaboravam simultaneamente. "Nosso método consistia em desenvolver produtos integrados, e isso significava que nosso processo tinha de ser integrado e colaborativo", disse Jobs.

Essa abordagem também se aplicava às principais contratações. Ele fazia os candidatos se encontrarem com os altos líderes da empresa — Cook, Tevanian, Schiller, Rubinstein, Ive —, e não apenas com os diretores do departamento onde queriam trabalhar. "Depois todos nós nos reuníamos sem aquela pessoa e discutíamos se ela se encaixaria", disse Jobs. Seu objetivo era manter-se alerta contra "a explosão de babacas" que leva as empresas a criarem gordura com talentos de segunda:

Para a maioria das coisas na vida, a diferença entre o melhor e o mediano é de 30%. O melhor voo de avião, a melhor comida podem ser 30% melhores do que o voo e a comida medianos. O que vi em Woz foi alguém cinquenta vezes melhor do que o engenheiro mediano. Ele podia fazer reuniões com total liberdade. A equipe do Mac foi uma tentativa de formar uma equipe inteira assim. E me dei conta de que jogadores de primeira gostam de trabalhar com jogadores de primeira, e não gostam de jeito nenhum de trabalhar com jogadores de terceira. A Pixar era uma empresa toda só de jogadores de primeira. Quando voltei para a Apple, foi o que resolvi fazer. É preciso ter um processo de contratação colaborativo. Quando fazemos uma contratação, mesmo que a pessoa vá ficar no marketing, eu mando conversar com o pessoal de design e com os engenheiros. Meu modelo é J. Robert Oppenheimer. Li sobre o tipo de gente que ele procurou para o projeto da bomba atômica. Eu estava longe de ser tão bom quanto ele, mas era essa minha aspiração.

O processo podia ser intimidante, mas Jobs tinha olho para talentos. Quando estavam procurando pessoas para projetar a interface gráfica do novo sistema operacional da Apple, Jobs recebeu um e-mail de um jovem e o convidou para aparecer. As entrevistas não deram bom resultado. O candidato estava nervoso. No fim do dia, Jobs topou com ele, abatido, sentado no saguão. O sujeito perguntou se podia mostrar-lhe só uma de suas ideias; Jobs olhou por cima dos ombros dele e viu uma pequena demonstração, com o uso do Adobe Director, de como fazer mais ícones caberem no dock na parte inferior de uma tela. Quando o rapaz moveu o cursor sobre os ícones comprimidos, o cursor imitou uma lupa, aumentando cada balão de ícone. "Eu disse: 'Caramba', e o contratei na hora", contou Jobs. A função tornou-se parte atraente do Mac os x, e o designer acabou projetando outras coisas, como a rolagem inercial para telas multitoque (a deliciosa função que faz a tela continuar rolando por um instante, depois que se termina de passar).

As experiências de Jobs na NeXT o amadureceram, mas não fizeram dele uma pessoa mais suave. Ele ainda não tinha placa em sua Mercedes e ainda estacionava em vagas para deficientes perto da entrada, por vezes ocupando dois espaços. Tornou-se motivo de piada. Empregados faziam placas com os dizeres: "Estacione diferente", e alguém pintou por cima do símbolo da cadeira de rodas o logo da Mercedes.

No fim de quase todas as reuniões, ele pronunciava uma decisão ou uma estratégia a serem adotadas, geralmente à sua maneira lacônica. "Tive esta ideia impressionante", declarava, mesmo quando se tratava de proposta já apresentada por alguém. Ou dizia: "Uma porcaria, não quero saber disso". Às vezes, quando não estava pronto para encarar uma questão, simplesmente a ignorava por algum tempo.

As pessoas podiam desafiá-lo, e eram até encorajadas a fazê-lo, e às vezes Jobs respeitava quem agia desse modo. Mas era preciso estar preparado para seus ataques, até mesmo para ter a cabeça arrancada por ele, enquanto processava as ideias que lhe eram apresentadas. "Nunca se ganha uma discussão com ele na hora, mas com o tempo às vezes se ganha", disse James Vincent, o jovem e criativo publicitário que trabalhava com Lee Clow. "A gente propõe uma ideia e ele declara: 'É uma ideia idiota', depois volta ao assunto e diz: 'E é isto que vamos fazer'. E a gente tem vontade de dizer: 'Mas foi exatamente isso que eu lhe disse duas semanas atrás e você achou que era uma ideia idiota'. Mas não é o que se faz. Em vez disso, a gente diz: 'Grande ideia, vamos fazer assim'."

Também era preciso tolerar as ocasionais afirmações irracionais ou incorretas de Jobs. Com a família e com os colegas, ele era capaz de declarar, com grande convicção, algum fato científico ou histórico que tinha pouca relação com a realidade. "Pode haver algo sobre o que ele não sabe absolutamente nada e, devido ao seu estilo maluco e à sua absoluta convicção, ele é capaz de convencer as pessoas de que sabe do que está falando", disse Ive, que descreveu esse traço como estranhamente cativante. Lee Clow lembra que uma vez mostrou um corte num comercial, com as pequenas mudanças que ele exigira, e foi agredido com uma diatribe sobre como o anúncio tinha sido totalmente inutilizado. Clow mostrou-lhe a versão original, para tentar provar que ele estava errado. Mas, com seu olho para o detalhe, Jobs por vezes apegava-se, corretamente, a minúcias que outros não se davam conta. "Uma vez ele descobriu que tínhamos cortado dois fotogramas extras, uma coisa tão fugaz que é quase impossível notar", disse Clow. "Mas queria ter certeza de que uma imagem aparecia no momento exato, como a batida de uma música, e estava totalmente certo."

Depois do sucesso do evento de lançamento do iMac, Jobs começou a coreografar estreias teatrais e apresentações de produtos quatro ou cinco vezes por ano. Dominava essa arte, e nenhum outro líder de empresa jamais tentou rivalizar com ele. "Uma apresentação de Jobs desencadeia uma torrente de dopamina no cérebro dos que estão na plateia", escreveu Carmine Gallo em *The presentation secrets of Steve Jobs*.

O desejo de realizar apresentações dramáticas reforçou a obsessão de Jobs em manter as coisas em segredo até que estivesse pronto para fazer o anúncio. A Apple chegou a ir aos tribunais para fechar um delicioso blog chamado "Think secret", mantido por um aluno de Harvard, amante do Mac, chamado Nicholas Ciarelli, que publicava especulações e furos sobre produtos a serem lançados pela Apple. Essas ações (outro exemplo foi a batalha da Apple em 2010 contra um blogueiro do Gizmodo, que conseguiu um iPhone 4 antes do lançamento) provocaram críticas, mas ajudaram a aguçar o clima de expectativa em torno das apresentações de produtos por Jobs, que às vezes atingiam níveis febris.

Os shows de produtos de Jobs eram finamente orquestrados. Ele entrava no palco trajando jeans e camisa de gola rulê e segurando uma garrafa de água. A plateia estava apinhada de acólitos, e os eventos mais pareciam sessões religiosas de reavivamento do que anúncios de produtos de empresas. Jornalistas ficavam na sessão do meio. Jobs pessoalmente escrevia e reescrevia cada slide e cada tópico, mostrando-os a amigos e discutindo-os com colegas. "Ele faz seis ou sete revisões de cada slide", disse sua mulher, Laurene. "Fico acordada com ele de noite antes das apresentações, enquanto ele os revisa." Ele mostrava três variantes de um slide e lhe pedia que escolhesse a melhor. "Fica muito obcecado. Explica com a maior clareza sua narrativa, muda uma ou duas palavras, depois explica tudo de novo."

As demonstrações refletiam os produtos da Apple, porque pareciam muito simples — um palco esparsamente ocupado, alguns suportes —, mas sob essa aparência superficial havia uma sofisticação real. Mike Evangelist, engenheiro de produtos da Apple, trabalhou no software iDVD e ajudou a preparar a demonstração que Jobs faria dele. Começando semanas antes do show, ele e sua equipe passaram centenas de horas localizando pinturas, músicas e fotos que Jobs pudesse gravar no DVD no palco. "Pedimos a todos os nossos conhecidos da Apple que submetessem seus filmes e flagrantes domésticos", disse Evangelist. "Fazendo jus a sua reputação de perfeccionista, Steve detestou a maior parte." Evangelist achou que Jobs estava sendo pouco razoável, mas depois admitiu que as repetidas aguilhoadas acabaram ajudando a melhorar a amostragem.

No ano seguinte, Jobs designou Evangelist para subir ao palco e fazer a demonstração do Final Cut Pro, o software de edição de vídeo. Durante os ensaios, com Jobs olhando de uma cadeira no centro do auditório, Evangelist ficou nervoso. Jobs não era de dar tapinhas no ombro e encorajar. Depois de um minuto, mandou-o parar e disse, com impaciência: "Você precisa se controlar, ou vamos ter de deixar essa demonstração de lado". Phil Schiller puxou Evangelist num canto e ensinou-lhe a parecer mais relaxado. Ele conseguiu terminar o ensaio seguinte e fazer o show para o público. Diz que ainda guarda como um troféu não só o cumprimento que recebeu de Jobs depois, mas também sua dura avaliação durante o ensaio. "Ele me obrigou a me esforçar mais, e no fim fiz um trabalho bem melhor do que teria feito", lembra. "Acho que esse é um dos aspectos mais importantes do impacto de Steve Jobs na Apple. Ele tem pouca ou nenhuma paciência com qualquer coisa que não seja excelente, dele e dos outros."

DE iPRESIDENTE EXECUTIVO A PRESIDENTE EXECUTIVO

Ed Woolard, seu mentor no conselho da Apple, insistiu com Jobs por mais de dois anos para tirar o *interino* do título de presidente executivo. Jobs não só resistia a comprometer-se como também deixava todo mundo desconcertado por tirar apenas um dólar por ano como salário, sem opções de ações. "Ganho cinquenta centavos para aparecer", gostava de gracejar, "e os outros cinquenta são pelo desempenho." Desde que voltara em julho de 1997, as ações tinham pulado de pouco menos de catorze dólares para pouco acima de 102 no auge da bolha da internet, no início de 2000. Woolard suplicara-lhe que pegasse pelo menos uma modesta concessão de ações em 1997, mas Jobs declinou dizendo: "Não quero que as pessoas com quem trabalho na Apple pensem que voltei para ficar rico". Essa modesta concessão, se ele a tivesse aceitado, poderia valer 400 milhões de dólares. Em vez disso, ganhou 2,50 dólares nesse período.

A principal razão de seu apego à designação de *interino* era um sentimento de incerteza sobre o futuro da Apple. Mas, próximo ao ano 2000, estava claro que a Apple havia se recuperado, por sua causa. Ele fez uma longa caminhada com Laurene e discutiu o que, para a maioria das pessoas, parecia uma formalidade, mas para ele era assunto sério. Se retirasse a designação de *interino*, a Apple poderia ser a base de todas as coisas que ele idealizara, incluindo a possibilidade de a empresa fabricar outros produtos além de computadores. Decidiu que era o que faria.

Woolard ficou muito animado e sugeriu que o conselho estava disposto a dar-lhe uma maciça concessão de ações. "Vou ser franco com você", respondeu Jobs. "Eu preferiria um avião. Acabei de ter meu terceiro filho. Não gosto de voar em aviões comerciais. Gosto de levar a família para o Havaí. Quando viajo para o leste, gostaria de ir com pilotos que eu conhecesse." Jamais foi do tipo capaz de demonstrar cortesia e paciência num avião comercial ou num terminal de aeroporto, mesmo antes dos tempos da TSA.* O membro do conselho Larry Ellison, cujo avião Jobs às vezes usava (em 1999, a Apple pagou a Ellison 102 mil dólares pelo uso do avião por Jobs), não tinha dúvida. "Pelo que ele conseguiu, deveríamos dar-lhe cinco aviões!", afirmou, e diria mais tarde: "Era uma maneira perfeita de agradecer a Steve, que salvara a Apple e nada recebera em troca".

Assim, Woolard satisfez, alegremente, o desejo de Jobs — com um Gulfstream V —, além de lhe oferecer 14 milhões de opções. Jobs deu uma resposta inesperada. Queria mais: 20 milhões. Woolard ficou perplexo e transtornado. O conselho só tinha autorização dos acionistas para conceder 14 milhões de opções. "Você disse que não queria nenhuma, e lhe demos um avião, que você queria", disse Woolard.

"Eu não insisti nas opções antes", respondeu Jobs, "mas você sugeriu que poderia ser até 5% da empresa em opções, e é isso que quero agora." Foi uma desavença constrangedora no que deveria ter sido um período de celebração. No fim, chegou-se a uma complexa solução (tornada um pouco mais complicada por planos de um desdobramento de ações à base de dois por um em junho de 2000) que lhe concedeu 10 milhões em ações em janeiro de 2000, avaliadas ao preço em tempo real, mas reguladas para valerem como se concedidas em 1997, mais outra concessão a ser paga em 2001. Para piorar, as ações caíram com o estouro da bo-

---

* Transportation Security Administration, agência de segurança de aeroportos e de prevenção de sequestros de aviões criada pelo governo norte-americano após os ataques do Onze de Setembro. (N. E.)

lha da internet, Jobs nunca exerceu essas opções e no fim de 2001 pediu que fossem substituídas por uma nova concessão com um preço de exercício de opção mais baixo. A disputa sobre opções voltaria mais tarde a perseguir a empresa.

Mesmo não tendo obtido lucro com as opções, Jobs adorou o avião. Como era de esperar, ficou muito agitado com o design do interior do aparelho, que levou mais de um ano para ficar pronto. Usou o avião de Ellison como ponto de partida e contratou sua designer. Em pouco tempo ele a estava deixando maluca. O G-5 de Ellison tinha, por exemplo, uma porta entre cabines com um botão para abrir e outro para fechar. Jobs fez questão de que o seu tivesse um só botão que alternasse entre as duas funções. Não gostou do aço inoxidável polido dos botões e mandou trocá-lo por metal escovado. Mas, no fim das contas, recebeu o avião que queria, e adorou. "Olho para o avião dele e para o meu, e tudo que ele trocou ficou melhor", disse Ellison.

Na Macworld de 2000, em San Francisco, Jobs apresentou o novo sistema operacional do Macintosh, o os x, que usava alguns dos softwares que a Apple comprara da NeXT três anos antes. Era oportuno, e não se devia apenas a uma coincidência, o fato de que tenha querido incorporar-se, ele próprio, à Apple novamente no mesmo momento em que o os da NeXT foi incorporado ao da Apple. Avie Tevanian pegara o micronúcleo do NeXT compatível com o sistema operacional do UNIX e o transformara no micronúcleo do sistema operacional do Mac, conhecido como Darwin. Ele oferecia memória protegida, avançada comunicação inter-rede e multitarefa preemptiva. Era exatamente do que o Macintosh precisava e serviria como alicerce do sistema operacional do Mac desde então. Há alguma verdade nisso, porque a Apple decidiu não partir para um sistema totalmente novo, desenvolvendo o já existente. Os softwares de aplicativos escritos para o velho sistema do Macintosh eram geralmente compatíveis ou fáceis de portar para o novo, e o usuário do Mac que passasse para uma versão mais atual notaria muitas novas funções, mas não uma interface completamente nova.

Os fãs da Apple na Macworld receberam a notícia com entusiasmo, é claro, e aplaudiram especialmente quando Jobs mostrou o dock e os ícones que poderiam ser ampliados quando se passava o cursor em cima deles. Mas os aplausos mais fortes vieram com o anúncio que reservara para a parte final, em que dizia "Ah, só mais uma coisa". Jobs falou de suas obrigações na Pixar e na Apple, e disse que se sentia à vontade com o fato de a situação dupla funcionar. "Por isso, tenho o prazer de anunciar hoje que vou tirar o interino do título", disse, com um largo sorriso. A multidão pôs-se de pé, dando gritos, como se os Beatles tivessem voltado a cantar juntos. Jobs mordeu o lábio, ajustou os óculos de aro e deu uma graciosa demonstração de humildade. "Vocês fizeram eu me sentir esquisito. Venho para o trabalho todos os dias trabalhar com as pessoas mais talentosas do planeta, na Apple e na Pixar. Mas essas atividades são esportes que se jogam com times. Aceito os agradecimentos de vocês em nome de todos que trabalham na Apple."

28. Lojas da Apple

Genius Bar e arenito Siena

Loja da Quinta Avenida, em Nova York.

A EXPERIÊNCIA DO CONSUMIDOR

Jobs odiava ceder o controle de qualquer coisa, especialmente quando isso podia afetar a experiência do consumidor. Mas ele se viu diante de um problema. Havia uma parte do processo que ele não controlava: a experiência de comprar um produto da Apple numa loja.

Os dias da Byte Shop tinham terminado. As vendas da indústria estavam se transferindo das lojas locais especializadas em computadores para megarredes e enormes lojas de varejo, onde a maioria dos vendedores não tinha conhecimento nem incentivo para explicar a natureza diferenciada dos produtos da Apple. "Tudo que interessava aos vendedores era um bônus de cinquenta dólares", disse Jobs. Outros computadores eram muito genéricos, mas os da Apple tinham funções inovadoras e preço mais alto. Ele não queria que um iMac fosse posto na prateleira entre um Dell e um Compaq, enquanto um vendedor de uniforme recitava as especificações de cada um. "A não ser que encontrássemos um jeito de fazer nossa mensagem chegar ao consumidor na loja, estávamos lascados."

No maior sigilo, Jobs começou, no fim de 1999, a entrevistar executivos que pudessem desenvolver uma série de lojas de varejo da Apple. Um dos candidatos tinha paixão por design e o entusiasmo juvenil de um varejista nato: Ron Johnson, o vice-presidente de merchandising da Target, responsável pelo lançamento de produtos de aparência diferenciada, como uma chaleira projetada por Michael Graves. "É muito fácil conversar com Steve", contou Johnson, lembrando-se do primeiro encontro. "De repente, ali estavam um jeans rasgado e uma gola rulê, e ele já discorria a todo vapor, explicando por que precisava de grandes lojas. Se quisermos que a Apple tenha êxito, disse ele, precisamos vencer na área de inovação. E só é possível vencer na área de inovação se houver um jeito de nos comunicarmos com os consumidores."

Quando Johnson voltou em janeiro de 2000 para uma nova entrevista, Jobs o convidou para acompanhá-lo numa caminhada. Foram até o Stanford Shopping, um esparramado centro comercial de 140 lojas, às oito e meia da manhã. As lojas ainda estavam fechadas, e eles percorreram o shopping várias vezes do começo ao fim, discutindo sua organização, o papel das grandes lojas de departamento em relação às demais, e a razão do sucesso de certas lojas especializadas.

Ainda andavam e falavam quando as lojas abriram, às dez horas, e foram até a Eddie Bauer. Esta tinha uma entrada pelo shopping e outra pelo estacionamento. Jobs decidiu que as lojas da Apple teriam apenas uma entrada, o que facilitaria o controle da experiência. E a Eddie Bauer, ambos concordaram, era comprida e estreita demais. Era importante que os consumidores apreendessem intuitivamente o plano geral de uma loja logo que entrassem nela.

Não havia lojas de artigos de tecnologia no shopping, e Johnson explicou por quê: dizia o senso comum que um consumidor, ao fazer uma compra importante e infrequente, como um computador, estaria disposto a ir até um lugar mais distante, onde o aluguel era mais barato. Jobs discordava. As lojas da Apple deveriam ficar em shoppings e em ruas principais — em áreas com muito tráfego de pedestres, por mais caras que fossem. "Talvez não sejamos capazes de fazê-los dirigir quinze quilômetros para ver nossos produtos, mas somos capazes de fazê-los dar quinze passos", disse ele. Os usuários do Windows, em particular, precisavam ser tocaiados. "Quando passarem pela loja, vão entrar por pura curiosidade, desde que saibamos torná-la atraente, e, se tivermos a oportunidade de mostrar-lhes o que temos a oferecer, vamos ganhar."

Johnson disse que o tamanho da loja era um sinal da importância da marca. "A Apple é uma marca tão grande quanto a Gap?", perguntou. Jobs disse que era muito maior. Johnson respondeu que, nesse caso, suas lojas deveriam ser maiores. "Do contrário, vocês serão irrelevantes." Jobs citou a máxima de Mike Markkula segundo a qual uma boa empresa precisa "imputar" — ou seja, comunicar seus valores e sua importância por intermédio de tudo que faz, da embalagem ao marketing. Johnson adorou. A máxima aplicava-se, sem a menor dúvida, às lojas da empresa. "A loja será a mais poderosa expressão física da marca", disse. Ele contou que, quando jovem, tinha ido à loja da Ralph Lauren na esquina da rua 72 com a Madison em Manhattan, que lembrava uma mansão com painéis de madeira e muitos objetos de arte. "Sempre que compro uma camisa polo me lembro daquela mansão, que era uma expressão física dos ideais de Ralph", contou. "Mickey Drexler fez o mesmo com a Gap. Não se consegue pensar num produto da Gap sem pensar na grande loja da Gap, com seu espaço clean, seu piso de madeira, as paredes brancas e as mercadorias dobradas."

Quando terminaram, foram para a Apple conversar numa sala de conferências sobre os produtos da empresa. Não havia muitos, não em quantidade suficiente para encher as prateleiras de uma loja convencional, o que, no entanto, era uma vantagem. Para o tipo de loja que decidiram construir, seria mais vantajoso ter poucos produtos. Ela seria minimalista, arejada, com muito lugar para as pessoas experimentarem coisas. "A maioria não conhece os produtos da Apple", disse Johnson. "Elas pensam na Apple como numa espécie de culto. Você quer passar do culto para algo cool; e ter uma loja maravilhosa, onde as pessoas possam testar coisas, vai ajudar." A loja comunicaria o conjunto de características dos produtos da Apple: divertidos, fáceis, muito modernos, criativos e do lado positivo da linha que separa o muito moderno do intimidador.

O PROTÓTIPO

Quando Jobs finalmente apresentou a ideia, o conselho não ficou muito entusiasmado. A Gateway Computer estava indo para o buraco, depois de ter aberto lojas nos subúrbios, e o argumento de Jobs de que as suas fariam sucesso porque estariam localizadas em shoppings mais caros não era, por si, convincente ou tranquilizador. "Pense diferente" e "Isto é para os loucos" eram bons slogans de comerciais, mas o conselho hesitava em transformá-los em diretrizes de estratégia empresarial. "Estou perplexo e acho maluquice", disse Art Levinson, o presidente executivo da Genentech, convidado por Jobs para ingressar no conselho da Apple em 2000. "Somos uma empresa pequena, um jogador marginal. Eu disse que não sei se devo apoiar uma coisa dessas." Ed Woolard também tinha dúvidas. "A Gateway tentou e fracassou, enquanto a Dell está vendendo direto para os consumidores, sem nenhuma loja, e tendo êxito", argumentou. Jobs não estava gostando daquela resistência toda do conselho. Na última vez que isso tinha acontecido, ele substituíra quase todos os membros. Dessa vez, por razões pessoais e por estar cansado de viver num eterno cabo de guerra com Jobs, Woolard decidiu que era hora de sair. Mas, antes de fazê-lo, o conselho aprovou um período de teste com quatro lojas da Apple.

Jobs contava com um apoio no conselho. Ele tinha recrutado, em 1999, o príncipe das vendas a varejo, Millard "Mickey" Drexler, nascido no Bronx, que, como presidente executivo da Gap, transformara uma sonolenta cadeia de lojas num dos ícones da cultura americana de roupas confortáveis. Era uma das poucas pessoas no mundo tão bem-sucedidas e tão astutas quanto Jobs em questões de design, imagem e anseios do consumidor. Além disso, insistia no controle de ponta a ponta: as lojas da Gap só vendiam produtos da Gap, e produtos da Gap só eram vendidos, quase exclusivamente, em lojas da Gap. "Saí do negócio de lojas de departamento porque não tolerava ser incapaz de controlar meu próprio produto, do modo como é fabricado ao modo como é vendido", disse Drexler. "Steve pensa exatamente desse jeito, e foi por isso, imagino, que ele me chamou."

Drexler deu a Jobs um conselho: construir secretamente um protótipo da loja perto do campus da Apple, mobiliá-la e então ficar lá por algum tempo até se sentir à vontade. Assim, Johnson e Jobs alugaram um armazém vazio em Cupertino. Às terças-feiras, durante seis meses, realizaram ali sessões de brainstorming que duravam a manhã toda, refinando sua filosofia de venda a varejo enquanto caminhavam pela área. Era o equivalente, em termos de loja, ao estúdio de design de Ive, um refúgio onde Jobs, com sua abordagem visual, podia apresentar inovações, tocando e vendo as opções à medida que elas se desenvolviam. "Eu adorava andar ali sozinho, só avaliando", lembra Jobs.

Às vezes ele chamava Drexler, Larry Ellison e outros amigos de sua confiança para darem uma olhada. "Em incontáveis fins de semana, quando não me obrigava a ver cenas de *Toy story*, ele me levava ao armazém para ver as maquetes da loja", disse Ellison. "Estava obcecado com todos os detalhes da experiência estética e de serviço. A coisa chegou a tal ponto que, a certa altura, tive que lhe dizer: 'Steve, não venho mais vê-lo se você me levar à loja de novo'."

A empresa de Ellison, a Oracle, estava desenvolvendo o software para o sistema portátil de pagamento no caixa, que tornava dispensável o balcão de caixa registradora. Em cada visita, Jobs desafiava Ellison a imaginar formas de agilizar o processo pela eliminação de etapas desnecessárias, como entregar um cartão de crédito ou imprimir um recibo. "Se você examinar as lojas e os produtos, vai perceber a obsessão de Steve com a beleza como forma de simplicidade — a estética Bauhaus e o maravilhoso minimalismo, que vão até o processo de pagamento na saída das lojas", disse Ellison. "Significa a redução do número de etapas ao mínimo absoluto. Steve nos deu a receita exata e explícita de como queria que o processo de pagamento funcionasse."

Quando Drexler apareceu para ver o protótipo já em sua fase final, fez algumas críticas. "Achei o espaço muito picado e não suficientemente clean. Havia um excesso de características arquitetônicas e cores que distraíam a atenção." Ele insistiu no conceito de que o consumidor precisava ser capaz de entrar num espaço de venda a varejo e, dando uma olhada, entender o fluxo. Jobs concordou que a simplicidade e a ausência de distrações eram fundamentais para se ter uma grande loja, tanto quanto para se ter um grande produto. "Depois disso, ele captou o espírito da coisa", disse Drexler. "A visão que tinha era de controle completo e absoluto sobre toda a experiência de seu produto, de como era projetado e fabricado até como era vendido."

Em outubro de 2000, perto do que ele imaginava ser o fim do processo, Johnson acordou no meio da noite, antes de uma das reuniões de terça-feira, com um pensamento doloroso: eles tinham feito tudo fundamentalmente errado. Estavam organizando a loja em torno de cada grande linha de produtos da Apple, com áreas para Power Mac, iMac, iBook e PowerBook. Mas Jobs tinha começado a desenvolver um novo conceito: o computador como ponto central de toda a nossa atividade digital. Em outras palavras, nosso computador pode cuidar de vídeos e fotos de nossas câmeras — e um dia talvez de nosso aparelho de som, ou de nossos livros e revistas. O brainstorming de Johnson naquela madrugada mostrou que as lojas não deveriam apresentar seus produtos apenas em torno das quatro linhas de computadores da empresa, mas também em torno de coisas que as pessoas pudessem querer fazer. "Por exemplo, achei que deveria haver uma seção de cinema onde tivéssemos vários Macs e PowerBooks rodando iMovie e mostrando como fazer para importar da videocâmera e editar."

Johnson chegou cedo ao escritório de Jobs naquela terça-feira e lhe falou da ideia que lhe ocorrera sobre a necessidade de reconfigurar as lojas. Tinha ouvido histórias sobre a língua destemperada do chefe, mas ainda não sentira sua chicotada — até aquele dia. Jobs explodiu. "Você tem ideia do tamanho dessa mudança?", berrou. "Me acabei de trabalhar nessa loja durante seis meses, e agora você quer mudar tudo." De repente, Jobs se acalmou. "Estou cansado, não sei se seria capaz de projetar outra loja a partir da estaca zero."

Johnson ficou sem palavras, e Jobs assegurou-se de que ele assim permanecesse. Na viagem de carro para o protótipo da loja, onde pessoas se juntaram para a reunião de terça-feira, ele ordenou a Johnson que não dissesse uma palavra, nem para ele nem para os outros participantes. Assim, a viagem de sete minutos transcorreu em silêncio. Quando chegaram, Jobs tinha terminado de processar a informação. "Eu sabia que Ron tinha razão", lembrou. Assim, para surpresa de Johnson, Jobs abriu a reunião dizendo: "Ron acha que fizemos tudo errado. Acha que ela deveria ser organizada não em torno de produtos, mas em torno daquilo que as pessoas desejam fazer". Houve uma pausa, e Jobs continuou. "E vocês sabem que ele está certo." Jobs disse que iam refazer o plano da loja, muito embora isso provavelmente retardasse a inauguração, prevista para janeiro, em três ou quatro meses. "Só temos uma chance de fazer direito."

Jobs gostava de contar — e contou para sua equipe naquele dia — a história de que tudo que ele fizera direito só tinha ficado bom depois que apertara o botão de rebobinar. Em cada caso, havia descoberto que algo não estava perfeito e precisara refazê-lo. Disse que isso ocorrera com *Toy story*, quando o personagem de Woody fora transformado num cafajeste, e duas vezes com o Macintosh original. "Se algo não está certo, não se pode ignorar isso achando que vai dar um jeito depois", disse. "É o que outras empresas fazem."

Quando o projeto revisado finalmente foi concluído, em janeiro de 2001, Jobs permitiu que o conselho o visse pela primeira vez. Explicou as teorias que havia por trás do design, fazendo desenhos num quadro interativo, depois enfiou os membros do conselho numa van para a viagem de três quilômetros. Quando viram o que Jobs e Johnson tinham feito, eles o aprovaram por unanimidade. Segundo o conselho, aquilo levaria as relações entre venda a varejo e imagem da marca para um novo nível. Garantiria também que os consumidores não veriam os computadores da Apple como simples mercadoria — como os da Dell ou da Compaq.

A maioria dos especialistas de fora discordou. "Talvez seja hora de Steve Jobs parar de pensar tão diferente", escreveu a *Business Week* numa reportagem intitulada "Desculpe, Steve, veja por que as lojas da Apple não vão dar certo". O ex-diretor financeiro da Apple Joseph Craziano disse: "O problema da Apple é que ela ainda acha que o único jeito de crescer é servir caviar num mundo que parece muito satisfeito com queijo e bolachas". E o consultor de vendas a varejo David Goldstein declarou: "Dou a eles dois anos para apagarem as luzes deste erro penoso e caro".

MADEIRA, PEDRA, AÇO, VIDRO

Em 19 de maio de 2001, a primeira loja da Apple foi inaugurada em Tyson's Corner, Virgínia, com reluzentes balcões brancos, piso de madeira de praia e um imenso pôster da campanha "Pense diferente" que mostrava John e Yoko na cama. Os céticos estavam enganados. As lojas da Gateway recebiam em média 250 visitantes por semana. Em 2004, as lojas da Apple recebiam 5400 por semana. Naquele ano a receita das lojas foi de 1,2 bilhão de dólares, estabelecendo um recorde na indústria varejista ao alcançar a marca do bilhão de dólares. As vendas em cada loja eram tabuladas de quatro em quatro minutos pelo software de Ellison, fornecendo informações instantâneas que permitiam integrar fabricação, abastecimento e canais de venda.

Durante o desenvolvimento das lojas, Jobs manteve-se envolvido em todos os aspectos. "Numa de nossas reuniões de marketing, quando as lojas estavam sendo inauguradas, Steve nos fez passar meia hora decidindo sobre o tom de cinza das placas de identificação dos banheiros", lembrou Lee Clow. A empresa de arquitetura de Bohlin Cywinski Jackson projetou as lojas, mas Jobs tomou todas as decisões importantes.

Ele deu atenção especial às escadas, que lembravam uma que construíra na NeXT. Quando visitava uma loja em fase de construção, invariavelmente sugeria mudanças na escada. Seu nome está na lista de principal inventor de dois pedidos de patente de escadas — um para o modelo transparente que tem todos os degraus de vidro e suportes de vidro fundidos com titânio, e outro para o sistema de engenharia que usa uma unidade monolítica de vidro com múltiplas lâminas de vidro coladas para suportar o peso.

Em 1985, quando foi demitido após sua primeira fase na Apple, ele esteve na Itália, onde ficou impressionado com as lajes cinzentas das calçadas de Florença. Em 2002, quando chegou à conclusão de que pisos de madeira clara nas lojas começavam a parecer um tanto prosaicos — preocupação que dificilmente tiraria o sono de um Steve Ballmer —, Jobs resolveu usar pedras. Alguns colegas achavam que seria melhor reproduzir a cor e a textura usando concreto, que custaria um décimo do preço, mas Jobs fazia questão de autenticidade. O arenito cinza azulado Pietra Serena, com sua fina textura granulada, vem de uma pedreira de propriedade de uma família, Il Casone, em Firenzuola, perto de Florença. "Selecionamos apenas 3% do que sai da montanha, porque é preciso que a pedra, o matiz, as nervuras e a pureza sejam exatos", disse Johnson. "Steve estava firmemente convencido de que precisávamos obter a cor certa, e de que ela precisava ser de material de alta integridade." Os designers em Florença escolhiam apenas a pedra que servia, supervisionavam seu corte em ladrilhos e asseguravam-se de que cada ladrilho fosse marcado com um adesivo, para ser instalado junto a outros da mesma procedência. "Saber que é a mesma pedra que Florença usa em suas calçadas nos garante que ela pode aguentar o teste do tempo", disse Johnson.

Outra notável característica das lojas era o Genius Bar. Johnson sugeriu a ideia durante uma reunião de dois dias com sua equipe fora do local de trabalho. Ele pediu a todos que descrevessem o melhor serviço que tinham conhecido. Quase todo mundo mencionou uma bela experiência num hotel Four Seasons ou Ritz-Carlton. Assim, Johnson mandou os gerentes das primeiras cinco lojas se submeterem a um programa de treinamento no Ritz-Carlton e propôs a ideia de reproduzirem qualquer coisa entre um balcão de informações e um bar. "Que tal botarmos no bar o pessoal mais inteligente do Mac?", sugeriu ele a Jobs. "Poderíamos chamá-lo de Genius Bar."

Jobs retrucou que era uma ideia maluca. Implicou até com o nome. "Não se pode chamá-los de gênios", disse. "Eles são nerds da computação. Não têm a habilidade para lidar com o público necessária para quem trabalha num lugar chamado Genius Bar." Johnson achou que tivesse perdido a batalha, mas, no dia seguinte, topou com o advogado geral da Apple, que lhe disse: "A propósito, Steve acaba de me mandar registrar como marca o nome Genius Bar".

Muitas paixões de Jobs se juntaram na loja da Quinta Avenida em Manhattan, inaugurada em 2006: um cubo, uma escada que é marca registrada, vidro e um jeito de declarar o máximo possível por meio do minimalismo. "Era realmente a loja de Steve", disse Johnson. Aberta 24 horas, sete dias por semana, confirmou o acerto da estratégia de encontrar lugares de alto tráfego de pedestres ao atrair 50 mil visitantes semanais no primeiro ano de funcionamento (lembremo-nos do movimento na Gateway, de 250 visitantes por semana). "Essa loja rende mais por metro quadrado do que qualquer loja do mundo", comentou Jobs, orgulhoso, em 2010. "Rende mais — em dólares absolutos, não apenas em dólares por metro quadrado — do que qualquer loja de Nova York. Incluindo a Saks e a Bloomingdales."

Jobs conseguiu criar um clima de grande expectativa em torno da inauguração de lojas, com o mesmo talento com que preparava lançamentos de produtos. Pessoas começaram a vir de longe para essas inaugurações, passando a noite na rua para serem as primeiras a entrar. "Meu filho, que na época tinha catorze anos, sugeriu que eu passasse a primeira noite esperando em Palo Alto, e a experiência transformou-se num interessante evento social", escreveu Gary Allen, que criou um site para fãs de lojas da Apple. "Ele e eu passamos várias noites ao relento, incluindo cinco em outros países, e conhecemos muita gente legal."

Em 2011, dez anos depois da abertura das primeiras, havia 317 lojas da Apple. A maior ficava em Covent Garden, Londres, a mais alta em Ginza, Tóquio. A média de visitantes por semana em cada loja era de 17 600, a renda média por loja era de 34 milhões de dólares, e o total de vendas líquidas no ano fiscal de 2010 foi de 9,8 bilhões. Mas as lojas ainda fizeram mais. Foram diretamente responsáveis por mais de 15% dos rendimentos da Apple e, graças ao agito que criavam e à consciência da marca que despertavam, ajudaram, indiretamente, a dar impulso a tudo que a empresa fazia.

Mesmo quando combatia os efeitos do câncer em 2010, Jobs passava boa parte do tempo pensando em futuros projetos para lojas. Certa tarde ele me mostrou uma foto da loja da Quinta Avenida e apontou para as dezoito peças de vidro de cada lado. "Era a última palavra em tecnologia do vidro naquela época", disse. "Precisamos construir nossas próprias autoclaves para fazer o vidro." Depois puxou um desenho no qual as dezoito vidraças foram substituídas por quatro vidraças imensas. Era o que ele queria fazer em seguida, disse. Mais uma vez, tratava-se de um desafio no ponto de interseção da estética com a tecnologia. "Se quiséssemos fazer isso com nossa tecnologia atual, teríamos que diminuir trinta centímetros no cubo", disse ele. "Eu não quis. E tivemos de construir algumas novas autoclaves na China."

Ron Johnson não ficou entusiasmado com a ideia. Achava melhor dezoito vidraças do que apenas quatro. "As proporções que temos hoje funcionam magicamente com as colunas do prédio da GM", disse. "Ela fulgura como uma caixa de joia. Acho que, se o vidro for transparente demais, vai quase desaparecer." Ele discutiu o assunto com Jobs, em vão. "Quando a tecnologia permite algo novo, ele quer tirar proveito dela", disse Johnson. "Além disso, para Steve, menos é sempre mais, mais simples é sempre melhor. Portanto, se pudermos construir um prédio com menos elementos, melhor, mais simples, estaremos na vanguarda da tecnologia. É onde Steve gosta de estar, tanto em seus produtos como em suas lojas."

29. O *hub* digital

Do *iTunes ao iPod*

O primeiro iPod, em 2001.

CONECTANDO OS PONTOS

Uma vez por ano, Jobs levava seus funcionários mais valiosos para um retiro que chamava de "Os Top 100". Eles eram escolhidos conforme uma regra simples: aqueles que você levaria consigo se pudesse escolher apenas uma centena de pessoas em um bote salva-vidas para sua próxima empresa. No final de cada retiro, Jobs ficava na frente de um quadro branco (ele adorava quadros brancos, porque lhe davam o controle completo da situação e demandavam foco) e perguntava: "Quais são as próximas dez coisas que devemos fazer?". As pessoas se digladiavam para conseguir pôr suas sugestões na lista. Jobs as escrevia e então riscava as que julgava bobas. Depois de muita disputa, o grupo escolhia uma lista de dez. Em seguida, Jobs cortava as sete últimas e anunciava: "Só podemos fazer três".

Até 2001, a Apple havia renovado sua oferta de computadores pessoais. Era chegado o momento de pensar diferente. Um conjunto de novas possibilidades estava no topo da lista em seu quadro daquele ano.

Na época, uma mortalha descera sobre o reino digital. A bolha das ponto-com havia estourado e a Nasdaq caíra mais de 50% em relação a seu pico. Apenas três empresas de tecnologia tinham anúncios no Super Bowl de janeiro de 2001, em comparação com dezessete no ano anterior. Mas a sensação de deflação ia mais fundo. Nos 25 anos decorridos desde que Jobs e Wozniak haviam fundado a Apple, o computador pessoal fora a principal peça da revolução digital. Agora, os especialistas previam que esse papel central estava no fim. Ele havia "amadurecido e se tornado uma coisa chata", escreveu Walt Mossberg, do *Wall Street Journal*. Jeff Weitzen, o presidente executivo da Gateway, proclamou: "Estamos claramente nos afastando do PC como peça central".

Foi nesse momento que Jobs lançou uma nova estratégia que transformaria a Apple — e, com ela, toda a indústria de tecnologia. O computador pessoal, em vez de se afastar lentamente para a margem, se tornaria um *"hub* digital" que coordenaria uma variedade de dispositivos, de aparelhos de música a gravadores de vídeo e câmeras. O usuário ligaria e sincronizaria todos esses dispositivos ao computador, e gerenciaria músicas, fotos, vídeo, informação e todos os aspectos do que Jobs chamou de "estilo de vida digital". A Apple deixaria de ser apenas uma empresa de computadores — de fato, tiraria essa palavra de seu nome —, e o Macintosh seria revigorado, por ao menos mais uma década, ao tornar-se o centro de uma espantosa variedade de novos aparelhos, entre eles o iPod, o iPhone e o iPad.

Quando estava para completar trinta anos, Jobs havia usado uma metáfora de discos de vinil para falar das pessoas com mais de trinta que desenvolvem padrões de pensamento rígidos e tendem a ser menos inovadoras: "As pessoas ficam presas nesses padrões, como sulcos em um disco, e nunca saem deles. Claro, algumas pessoas são naturalmente curiosas, crianças para sempre em sua admiração pela vida, mas são raras". Aos 45 anos, Jobs estava prestes a sair de seu sulco.

Havia muitas razões para que ele, mais do que ninguém, fosse capaz de prever e abraçar essa nova era da revolução digital:

• Como sempre, ele estava no cruzamento entre humanidades e tecnologia. Adorava música, imagens e vídeo. E também adorava computadores. A essência de um *hub* digital é que ele une nosso gosto pelas artes criativas com a engenharia. Jobs começaria a mostrar um slide simples no final de muitas de suas apresentações de produto: uma placa de rua, que mostrava a interseção entre as ruas "Artes liberais" e "Tecnologia". Era onde ele residia, e por isso foi capaz de conceber o *hub* digital bem cedo.

• Por ser perfeccionista, sentia-se compelido a integrar todos os aspectos de um produto, do hardware ao software, do conteúdo ao marketing. No campo da computação de mesa, essa estratégia não prevaleceu contra a abordagem da Microsoft--IBM, em que o hardware de uma empresa estava aberto ao software de outra empresa, e vice-versa. Mas, no caso de produtos de *hub* digital, haveria uma vantagem para uma empresa, como a Apple, que integrasse o computador, os aparelhos e o software. Isso significava que o conteúdo em um aparelho móvel poderia ser perfeitamente controlado por um computador que o acompanhasse.

• Ele tinha propensão para a simplicidade. Antes de 2001, tinham sido feitos aparelhos portáteis de música, softwares de edição de vídeo e uma variedade de outros produtos do estilo de vida digital. Mas eram complicados. Tinham interfaces de usuário mais desconcertantes do que um gravador de videocassete. Não eram iPod ou iTunes.

• Ele estava disposto, para usar uma de suas frases favoritas, "a apostar a fazenda" numa nova visão. O estouro da bolha das pontocom fez com que outras empresas de tecnologia reduzissem os gastos em novos produtos. "Quando todo mundo estava cortando gastos, decidimos que iríamos investir em nosso caminho durante a crise", lembrou Jobs. "Íamos gastar em pesquisa e desenvolvimento, inventar um monte de coisas, de tal modo que, quando a crise acabasse, estaríamos muito à frente de nossos concorrentes." Dessa política adveio a maior década de inovação sustentada de qualquer empresa nos tempos modernos.

FIREWIRE

A concepção de Jobs de que o computador poderia se tornar o *hub* digital remontava a uma tecnologia chamada FireWire que a Apple desenvolvera no início da década de 1990. Era uma porta serial de alta velocidade que movia arquivos digitais, como vídeo, de um dispositivo para outro. Os fabricantes japoneses de filmadoras de vídeo a adotaram, e Jobs decidiu incluí-la nas versões atualizadas do iMac, que saíram em outubro de 1999. Ele começou a perceber que o FireWire podia fazer parte de um sistema que movesse vídeos de câmeras para um computador, no qual poderiam ser editados e distribuídos.

Para que isso funcionasse, o iMac precisava ter um excelente software de edição de vídeo. Então, Jobs procurou seus velhos amigos da Adobe — a empresa gráfica digital que havia ajudado a lançar — e pediu-lhes para fazer uma nova versão para o Mac do Adobe Premiere, que era popular em computadores com Windows. Os executivos da Adobe chocaram Jobs ao recusar categoricamente seu pedido. O Macintosh, disseram, tinha muito poucos usuários para fazer a versão valer a pena. Jobs ficou furioso e se sentiu traído. "Pus a Adobe no mapa e eles me ferraram", explicou mais tarde. A Adobe tornou as coisas ainda piores quando também não adaptou seus outros programas populares, como o Photoshop, para o Mac os x, embora o Macintosh fosse o preferido dos designers e de outras pessoas criativas que usavam esses aplicativos.

Jobs nunca perdoou a Adobe e, uma década mais tarde, entrou em guerra pública com a empresa ao não permitir que o Adobe Flash rodasse no iPad. Do episódio, ele tirou uma lição valiosa, que reforçou seu desejo de controle de ponta a ponta de todos os elementos-chave de um sistema: "A conclusão fundamental que tirei quando fomos ferrados pela Adobe em 1999 foi que não deveríamos entrar em qualquer negócio em que não controlássemos tanto o hardware como o software, caso contrário sairíamos perdendo".

Assim, a partir de 1999 a Apple começou a produzir aplicativos para o Mac, com foco nas pessoas que estavam na interseção entre arte e tecnologia: Final Cut Pro, para edição de vídeo digital; iMovie, que era uma versão mais simples para consumidor; iDVD, para gravação de vídeo ou música em disco; iPhoto, para competir com o Adobe Photoshop; GarageBand, para a criação e mixagem de música; iTunes, para gerenciar músicas; e o iTunes Store, para comprar músicas.

A ideia do *hub* digital entrou rapidamente em foco. "A primeira vez que entendi isso foi com a filmadora", disse Jobs. "O uso do iMovie torna sua filmadora dez vezes mais valiosa." Em vez de ter centenas de horas de filmagem bruta que o usuário jamais editaria, ele poderia editá-la em seu computador, fazer fusões elegantes, adicionar música e créditos em que o usuário apareceria como produtor executivo. Isso permitiu que as pessoas fossem criativas, se expressassem, fizessem algo emocional. "Foi quando me bateu a ideia de que o computador pessoal se transformaria em outra coisa."

Jobs teve outro insight: se servisse de centro, o computador possibilitaria que os aparelhos portáteis se tornassem mais simples. Muitas das funções que os aparelhos tentavam exercer, como editar vídeos ou fotos, eram malfeitas porque tinham telas pequenas e não podiam acomodar facilmente menus repletos de funções. Os computadores poderiam cuidar disso com mais facilidade.

E só mais uma coisa... Jobs também viu que isso funcionava melhor quando tudo — o aparelho, o computador, o software, os aplicativos, o FireWire — estava totalmente integrado. "Passei a acreditar ainda mais no fornecimento de soluções de ponta a ponta", lembrou.

A eficiência dessa percepção era que havia apenas uma empresa bem posicionada para fornecer essa abordagem integrada. A Microsoft fazia softwares, a Dell e a Compaq faziam hardwares, a Sony produzia uma grande quantidade de aparelhos digitais, a Adobe desenvolvia uma série de aplicativos. Mas só a Apple fazia todas essas coisas. "Somos a única empresa que possui tudo — o hardware, o software e o sistema operacional", ele explicou à *Time*. "Podemos assumir a responsabilidade total pela experiência do usuário. Podemos fazer coisas que os outros caras não podem fazer."

A primeira incursão integrada da Apple na estratégia de *hub* digital aconteceu na área de vídeo. Com o FireWire, era possível pôr o vídeo no Mac e, com o iMovie, editá-lo e transformá-lo numa obra-prima. Depois, o quê? O usuário gostaria de gravar alguns DVDs para ver com os amigos numa tevê. "Então passamos muito tempo trabalhando com os fabricantes de discos para obter um drive com que os consumidores pudessem gravar um DVD", disse ele. "Fomos os primeiros a vender isso." Como de costume, o foco de Jobs era fazer um produto que fosse o mais simples possível para o usuário, o que constituía a chave de seu sucesso. Mike Evangelist, que trabalhava em design de software na Apple, lembrou da ocasião em que mostrou a Jobs uma versão inicial da interface. Depois de olhar para um monte de capturas de tela, Jobs deu um salto, agarrou um marcador e desenhou um retângulo simples em um quadro branco e disse: "Eis o novo aplicativo. Ele tem uma janela. Você arrasta o vídeo para a janela. Depois, clica no botão que diz gravar. É isso. Isso é que vamos fazer". Evangelist ficou estupefato, mas isso levou à simplicidade do que veio a ser o iDVD. Jobs até ajudou a desenhar o ícone do botão "gravar".

Jobs sabia que a fotografia digital estava prestes a explodir, por isso a Apple também desenvolveu maneiras de tornar o computador o centro de suas fotos.

Mas no primeiro ano, pelo menos, ele não encontrou realmente uma grande oportunidade. A HP e algumas outras empresas estavam produzindo um drive que gravava CDs de música. Mas Jobs insistia que a Apple deveria se concentrar em vídeo, em vez de música. Além disso, sua insistência raivosa de que o iMac se livrasse de seu drive de disco no formato bandeja e usasse um slot drive mais elegante significava que ele não poderia incluir os primeiros gravadores de CD, feitos inicialmente para o formato de bandeja. "Nós meio que perdemos o barco nessa", lembrou. "Então precisávamos nos recuperar com muita rapidez."

A marca de uma empresa inovadora não é somente produzir novas ideias. Ela também sabe como pular carniça quando se encontra atrás.

ITUNES

Jobs não demorou muito tempo para perceber que a música ia ser um enorme negócio. Em 2000, as pessoas já estavam freneticamente copiando músicas de CDs para seus computadores, ou baixando-as de serviços de compartilhamento de arquivos como o Napster, e gravando suas *playlists* em CDs virgens. Naquele ano, foram vendidos 320 milhões de CDs virgens nos Estados Unidos. O país tinha apenas 281 milhões de habitantes. Isso significava que algumas pessoas estavam gravando CDs *para valer*, e a Apple não estava atendendo a elas. "Eu me senti um imbecil", disse Jobs à *Fortune*. "Pensei que tínhamos deixado escapar a chance. Tivemos de trabalhar duro para recuperar o tempo perdido."

Jobs adicionou um gravador de CDs ao iMac, mas isso não era suficiente. Seu objetivo era tornar simples a transferência de música de um CD, geri-la no computador e depois gravar *playlists*. Outras empresas já estavam fazendo aplicativos de gerenciamento de músicas. Mas eram difíceis e complexos. Um dos talentos de Jobs era sua sensibilidade para detectar mercados que estavam cheios de produtos de segunda categoria. Ele examinou os aplicativos de música disponíveis — entre eles, Real Jukebox, Windows Media Player e um que a HP estava incluindo com seu gravador de CD — e chegou a uma conclusão: "Eram tão complicados que só um gênio poderia descobrir metade de seus recursos".

Foi quando Bill Kincaid entrou em cena. Ex-engenheiro de software da Apple, ele estava a caminho de uma pista em Willows, na Califórnia, para correr com seu carro de Fórmula Ford e estava ligado (com certa incongruência) na

Nacional Public Radio quando ouviu uma notícia sobre um leitor de música portátil chamado Rio, que tocava um formato digital de música chamado MP3. Ele se irritou quando o repórter disse algo como: "Não fiquem animados, usuários de Mac, porque isso não vai funcionar com Macs". Kincaid disse consigo mesmo: "Ra! Eu posso resolver isso!".

Para ajudá-lo a escrever um gerenciador de Rio para o Mac, ele chamou seus amigos Jeff Robbin e Dave Heller, também ex-engenheiros de software da Apple. O produto que criaram, conhecido como SoundJam, oferecia aos usuários de Mac uma interface para o Rio, uma jukebox para gerenciar as músicas no computador e um pouco de show psicodélico de luzes na tela para curtir enquanto a música tocava. Em julho de 2000, quando Jobs estava pressionando sua equipe para criar um software de gerenciamento de música, a Apple fez uma investida rápida e comprou o SoundJam, trazendo seus fundadores de volta à empresa. (Todos os três ficaram com a empresa e Robbin continuou a dirigir a equipe de desenvolvimento de software de música na década seguinte. Jobs considerava-o tão valioso que certa vez permitiu que um repórter da *Time* o entrevistasse somente depois de obter a promessa de que não publicaria seu sobrenome.)

Jobs trabalhou pessoalmente com eles para transformar o SoundJam num produto Apple. O produto estava carregado com todos os tipos de recursos e, em consequência, com muitas telas complexas. Jobs estimulou-os a torná-lo mais simples e mais divertido. Em vez de uma interface que fazia o usuário especificar se estava em busca de um artista, de uma música ou de um disco, Jobs insistia em uma caixa simples, onde se pudesse digitar qualquer coisa que se quisesse. Do iMovie, a equipe adotou o visual de metal escovado elegante e também um nome. Eles o chamaram de iTunes.

Jobs apresentou o iTunes na Macworld de janeiro de 2001 como parte da estratégia de *hub* digital. E anunciou que seria grátis para todos os usuários de Mac. "Junte-se à revolução musical com o iTunes, e torne seus dispositivos de música dez vezes mais valiosos", concluiu sob grandes aplausos. Como seu slogan publicitário diria mais tarde: *"Rip. Mix. Burn"* [Copie. Mixe. Grave].

Naquela tarde, Jobs teve um encontro com John Markoff, do *New York Times*. A entrevista estava indo mal, mas no fim Jobs sentou-se diante de seu Mac e mostrou o iTunes. "Isso me lembra de minha juventude", disse ele enquanto os desenhos psicodélicos dançavam na tela. O que o levou a lembranças do tempo em que tomava ácido. Tomar LSD fora uma das duas ou três coisas mais importantes que havia feito em sua vida, disse a Markoff. As pessoas que nunca tinham tomado ácido jamais o entenderiam completamente.

O IPOD

O próximo passo para a estratégia de *hub* digital era fazer um aparelho de música portátil. Jobs percebeu que a Apple tinha a oportunidade de projetar um dispositivo desses em conjunto com o software iTunes, possibilitando que fosse mais simples. As tarefas complexas poderiam ser realizadas no computador, as mais fáceis no aparelho. Assim nasceu o iPod, o dispositivo que, ao longo dos dez anos seguintes, transformaria a Apple de fabricante de computadores na empresa de tecnologia mais valiosa do mundo.

Jobs tinha uma paixão especial pelo projeto porque adorava música. Os tocadores portáteis de música que já estavam no mercado, conforme ele disse a seus colegas, "são efetivamente uma droga". Phil Schiller, Jon Rubinstein e o resto da equipe concordaram. Enquanto construíam o iTunes, costumavam brincar com o Rio e outros tocadores de música, fazendo pouco deles. "A gente sentava em volta e dizia que aquelas coisas eram realmente uma merda", lembra Schiller. "Eles guardavam cerca de dezesseis canções, e você não conseguia descobrir como usá-los."

No outono de 2000, Jobs começou a pressionar para que tivessem um leitor de música portátil, mas Rubinstein respondeu que os componentes necessários ainda não estavam disponíveis. Ele pediu para Jobs esperar. Depois de alguns meses, Rubinstein conseguiu fazer uma pequena tela de LCD adequada e uma bateria de polímero de lítio recarregável. Mas o grande desafio era encontrar um drive de disco que fosse pequeno o suficiente, mas tivesse ampla memória para fazer um excelente aparelho de música. Então, em fevereiro de 2001, ele fez uma de suas viagens periódicas ao Japão para visitar os fornecedores da Apple.

No final de uma reunião de rotina com a Toshiba, os engenheiros mencionaram um novo produto que tinham no laboratório e que estaria pronto por volta de junho. Era um drive minúsculo de 4,5 centímetros (do tamanho de um dólar de prata), que teria capacidade de cinco gigabytes de armazenamento (cerca de mil músicas), e eles não sabiam exatamente o que fazer com ele. Quando os engenheiros da Toshiba o mostraram a Rubinstein, ele imediatamente teve certeza de como o drive poderia ser usado. Mil músicas no bolso! Perfeito. Mas manteve uma expressão impassível. Jobs também estava no Japão, para fazer o discurso de abertura da conferência Macworld em Tóquio. Eles se encontraram naquela noite no Hotel Okura, onde Jobs estava hospedado. "Agora eu sei como fazer a coisa", disse-lhe Rubinstein. "Preciso apenas de um cheque de 10 milhões de dólares." Jobs o autorizou imediatamente. Então Rubinstein começou a negociar com a Toshiba para ter direitos exclusivos de todos os discos que eles fizessem e passou a procurar alguém que dirigisse a equipe de desenvolvimento.

Tony Fadell era um programador ousado e empreendedor, com uma aparência cyberpunk mas um sorriso cativante, que havia aberto três empresas quando ainda estava na Universidade de Michigan. Ele fora trabalhar na General Magic, que fabricava aparelhos portáteis (onde encontrou os refugiados da Apple Andy Hertzfeld e Bill Atkinson), e depois passou uma temporada embaraçosa na Philips Electronics, onde contrariava a cultura conservadora com seu cabelo curto descolorido e estilo rebelde. Ele tinha algumas ideias para criar um tocador de música digital melhor, que havia proposto, sem sucesso, para a RealNetworks, a Sony e a Philips. Um dia, estava em Vail, esquiando com um tio, e seu celular tocou quando ele se encontrava no teleférico. Era Rubinstein, dizendo-lhe que a Apple estava procurando por alguém que pudesse trabalhar em um "pequeno dispositivo eletrônico". Fadell, a quem não faltava autoconfiança, gabou-se de ser mago em fazer tais dispositivos. Rubinstein convidou-o para ir a Cupertino.

Fadell imaginou que seria contratado para trabalhar em um assistente pessoal digital, algum sucessor do Newton. Mas, quando se reuniu com Rubinstein, o tema mudou rapidamente para o iTunes, que estava no mercado havia três meses. "Fizemos tentativas de ligar os aparelhos de mp3 existentes ao iTunes e elas foram horríveis, absolutamente horríveis", disse Rubinstein. "Achamos que devemos fazer nossa própria versão."

Fadell ficou entusiasmado. "Eu era apaixonado por música. Estava tentando fazer algo desse tipo na Real Networks, e estava propondo um mp3 player para a Palm." Ele concordou em participar, ao menos como consultor. Depois de algumas semanas, Rubinstein insistiu que, se ele fosse comandar a equipe, teria de se tornar funcionário da Apple em tempo integral. Mas Fadell resistiu. Ele gostava de sua liberdade. Rubinstein ficou furioso com o que considerou choramingo de Fadell. "Esta é uma daquelas decisões de vida", disse a Fadell. "Você nunca vai se arrepender dela."

Ele decidiu forçar a mão com Fadell. Reuniu numa sala mais ou menos vinte pessoas que tinham sido designadas para o projeto. Quando Fadell entrou, Rubinstein lhe disse: "Tony, não tocaremos esse projeto a menos que você entre em tempo integral. Você está dentro ou fora? Você tem que decidir agora".

Fadell encarou Rubinstein, virou-se para a plateia e disse: "Será que isso sempre acontece na Apple, as pessoas são colocadas sob pressão para assinar uma oferta?". Ele fez uma pausa, disse que sim e a contragosto apertou a mão de Rubinstein. "Isso provocou um sentimento muito perturbador entre Jon e mim, durante muitos anos", lembrou Fadell. Rubinstein concordou: "Não acho que ele tenha me perdoado por isso".

Fadell e Rubinstein estavam fadados a entrar em conflito, porque ambos achavam que eram o pai do iPod. Para Rubinstein, ele havia recebido a missão de Jobs meses antes, encontrado o drive de disco da Toshiba e concebido a tela, a bateria e outros elementos-chave. Havia então entregue todos os elementos a Fadell para juntá-los. Ele e outros que se ressentiam da visibilidade de Fadell começaram a se referir a ele como "Tony Garganta". Mas, da perspectiva de Fadell, antes de ir para a Apple ele já tinha planos para um ótimo MP3 player e o tentara vender para outras empresas antes de concordar em vir fazê-lo na Apple. A questão de quem merecia mais crédito pelo iPod, ou deveria obter o título de "Podfather", seria discutida ao longo dos anos, em entrevistas, artigos, páginas da web e até em verbetes da Wikipedia.

Mas nos meses seguintes eles ficaram ocupados demais para brigar. Jobs queria o lançamento do iPod no Natal, o que significava que deveria estar pronto para anunciá-lo em outubro. Eles olharam ao redor em busca de outras empresas que estavam projetando MP3 players que servissem como base para o trabalho da Apple e se fixaram em uma pequena empresa chamada PortalPlayer. Fadell disse à equipe de lá: "Este é o projeto que vai remodelar a Apple, e dentro de dez anos ela será uma empresa de música, e não de computadores". Ele os convenceu a assinar um acordo de exclusividade e seu grupo começou a atenuar as deficiências da PortalPlayer, como suas interfaces complexas, a curta duração da bateria e a incapacidade de fazer uma *playlist* de mais de dez músicas.

"É ISSO AÍ!"

Há certas reuniões que são memoráveis tanto porque marcam um momento histórico como porque iluminam o modo como um líder atua. Esse é o caso do encontro na sala de conferência do quarto andar em abril de 2001, quando Jobs decidiu sobre os elementos fundamentais do iPod. Para ouvir Fadell apresentar suas propostas a Jobs estavam presentes Rubinstein, Schiller, Ive, Jeff Robbin e o diretor de marketing Stan Ng.

Fadell conhecera Jobs um ano antes, em uma festa de aniversário na casa de Andy Hertzfeld, e tinha ouvido muitas histórias sobre ele, muitas delas de arrepiar os cabelos. Mas, uma vez que não conhecia Jobs de verdade, estava compreensivelmente intimidado. "Quando ele entrou na sala de conferências, sentei e pensei: 'Puxa, aí está Steve!'. Eu estava realmente de sobreaviso, porque tinha ouvido dizer que ele podia ser muito cruel."

A reunião começou com uma apresentação do potencial de mercado e o que outras empresas estavam fazendo. Jobs, como de costume, ficou impaciente. "Ele não presta atenção em uma apresentação de slides por mais de um minuto", disse Fadell. Quando um slide mostrou outros aparelhos possíveis no mercado, ele mandou parar tudo com um gesto e disse: "Não se preocupem com a Sony. Nós sabemos o que estamos fazendo, eles não". Depois disso, desistiram de mostrar slides e, em vez disso, Jobs metralhou o grupo com perguntas. Fadell tirou uma lição daí: "Steve prefere estar presente, discutir as coisas em detalhes. Ele uma vez me disse: 'Se você precisa de slides, isso mostra que não sabe o que está falando'".

Na verdade, Jobs gostava que lhe mostrassem objetos físicos que ele pudesse sentir, inspecionar e acariciar. Então Fadell trouxe três modelos diferentes para a sala de conferências, e Rubinstein o havia treinado sobre como revelá-los em sequência para que sua escolha preferida fosse a *pièce de résistance*. Eles esconderam a maquete dessa opção sob uma tigela de madeira, no centro da mesa.

Fadell começou sua apresentação tirando de uma caixa as várias peças que eles estavam usando e espalhando-as sobre a mesa. Lá estavam o drive de 4,5 centímetros, a tela LCD, as placas e baterias, todos marcados com seu custo e peso. Enquanto as exibia, eles discutiram como os preços ou tamanhos poderiam diminuir no próximo ano ou algo assim. Algumas das peças podiam ser colocadas juntas, como blocos de Lego, para mostrar as opções.

Então, Fadell começou a desvendar seus modelos, que eram feitos de isopor com chumbinhos de pesca inseridos para dar-lhes o peso adequado. O primeiro tinha um slot para um cartão de memória removível para música. Jobs descartou-o por ser complicado. O segundo tinha memória RAM dinâmica, que era barata, mas perderia todas as músicas se a bateria acabasse. Jobs não ficou satisfeito. Em seguida, Fadell juntou algumas das peças de Lego para mostrar como seria um dispositivo com disco rígido de 4,5 centímetros. Jobs pareceu intrigado. Então Fadell chegou ao clímax da apresentação: levantou a tigela e revelou um modelo totalmente montado dessa alternativa. "Eu esperava poder brincar mais com as peças de Lego, mas Steve se decidiu no ato pela opção de disco rígido do jeito que a tínhamos modelado", lembrou. Ele estava um pouco atordoado. "Eu estava acostumado com a Philips, onde decisões como essa exigiriam reunião após reunião, com um monte de apresentações de PowerPoint e voltas para mais estudos."

Depois, foi a vez de Phil Schiller. "Posso trazer minha ideia agora?", perguntou. Ele saiu da sala e voltou com um punhado de modelos do iPod, todos com o mesmo dispositivo na frente: o prestes a ser famoso *trackwheel*. "Estive pensando sobre como você procura uma música na *playlist*", lembrou. "Você não pode pressionar um botão centenas de vezes. Não seria ótimo se pudesse ter uma roda?" Girando a roda com o polegar, você poderia percorrer as canções. Quanto mais tempo você girasse, mais rápido ficaria o deslocamento, assim você poderia passar facilmente por centenas de músicas. Jobs gritou: "É isso aí!". E mandou Fadell e os engenheiros trabalharem naquele modelo.

Uma vez lançado o projeto, Jobs mergulhou nele diariamente. Sua principal exigência era "Simplifiquem!". Ele examinava cada tela da interface do usuário e aplicava um teste rígido: se queria uma música ou uma função, devia ser capaz de chegar lá em três cliques. E o clique deveria ser intuitivo. Se ele não conseguia descobrir como navegar para alguma coisa, ou se levava mais de três cliques, sua reação era brutal. "Havia momentos em que a gente torrava o cérebro em um problema de interface do usuário, pensando que tínhamos levado em consideração todas as opções, e ele dizia: 'Vocês pensaram nisso?'", contou Fadell. "E então todo mundo exclamava: 'Puta merda!'. Ele redefinia o problema ou a abordagem, e nosso pequeno problema ia embora."

Todas as noites, Jobs telefonava com ideias. Fadell e os outros, até mesmo Rubinstein, colaboravam para dar cobertura à equipe de Fadell quando Jobs lançava uma ideia para um deles. Eles telefonavam uns para os outros, explicavam a mais recente sugestão de Jobs e conspiravam para empurrá-lo para onde queriam que ele fosse, o que funcionava na metade das vezes. "A gente fazia circular a ideia mais recente de Steve, e todos tentávamos ficar à frente dela", disse Fadell. "Todos os dias havia algo assim, fosse um interruptor aqui, ou uma cor de botão, ou um problema de estratégia de preços. Com o estilo dele, era preciso trabalhar com seus colegas, ajudar uns aos outros."

Uma ideia fundamental de Jobs era que o maior número possível de funções deveria ficar para o iTunes no computador, em vez de no iPod. Como ele recordou mais tarde:

A fim de tornar o iPod realmente fácil de usar — e isso precisou de muita argumentação de minha parte —, precisávamos limitar o que o próprio dispositivo faria e pôr essa funcionalidade no iTunes, no computador. Por exemplo, bolamos a coisa de tal modo que não era possível fazer *playlists* usando o iPod. O usuário fazia as listas no iTunes e depois sincronizava com o dispositivo. Isso foi controvertido. Mas o que tornava o Rio e outros aparelhos tão estúpidos era o fato de serem complicados. Eles tinham de fazer coisas como criar *playlists*, porque não estavam integrados ao software de jukebox no seu computador. Assim, ter o software iTunes e o dispositivo iPod nos permitiu fazer o computador e o dispositivo trabalharem juntos, e nos possibilitou pôr a complexidade no lugar certo.

A mais zen de todas as simplicidades foi um decreto de Jobs que surpreendeu seus colegas: o iPod não teria um botão de liga-desliga. Isso passou a fazer parte da maioria dos aparelhos da Apple. Não havia necessidade dele. Era destoante, estética e teologicamente. Os aparelhos da Apple ficariam adormecidos se não estavam em uso, e acordariam quando se tocasse qualquer tecla. Mas não havia necessidade de um interruptor que, com um clique, decretaria "Você está desligado, tchau".

De repente, tudo se encaixou. Um chip que guardaria mil músicas. Uma interface e uma roda de rolagem que possibilitavam navegar por mil músicas. Uma conexão FireWire, que podia baixar mil músicas em menos de dez minutos. E uma bateria que duraria por mil músicas. "De repente, a gente estava olhando um para o outro e dizendo: 'Isso vai ser muito legal'", lembrou Jobs. "Sabíamos como era legal, porque sabíamos o quanto cada um de nós queria ter um daqueles. E o conceito tornou-se maravilhosamente simples: mil músicas em seu bolso." Um dos redatores sugeriu que o chamassem de "Pod". Jobs foi quem, tomando emprestado o nome do iMac e do iTunes, o modificou para iPod.

De onde viriam as mil músicas? Jobs sabia que algumas seriam copiadas de cds comprados legalmente, mas muitas também poderiam vir de downloads ilegais. De uma perspectiva comercial grosseira, Jobs estaria se beneficiando ao incentivar downloads ilegais; isso permitiria que as pessoas enchessem seus iPods da forma mais barata. E seu passado de contracultura o tornava antipático aos olhos das gravadoras. Mas ele acreditava na proteção da propriedade intelectual e que os artistas deveriam ganhar dinheiro com o que produziam. Então, perto do fim do processo de desenvolvimento, ele decidiu que haveria apenas uma sincronização unidirecional. As pessoas poderiam passar músicas de seu computador para seu iPod, mas não conseguiriam tirar músicas do iPod para o computador. Isso evitaria que carregassem um iPod e depois permitissem que dezenas de amigos copiassem todas as músicas que estavam nele. E ele decidiu também que o invólucro de plástico transparente do iPod deveria trazer uma mensagem simples: "Não roube música".

A BRANCURA DA BALEIA

Jony Ive andava brincando com o modelo em espuma do iPod e tentando conceber que aparência deveria ter o produto final quando lhe ocorreu uma ideia durante o percurso de carro de sua casa em San Francisco para Cupertino. A face do aparelho deveria ser de um branco puro, disse ele a seu colega no carro, e deveria se conectar sem interrupção a uma parte traseira de aço inoxidável polido. "A maioria dos produtos de consumo de pequeno porte provoca a sensação de que são descartáveis", disse Ive. "Eles não têm gravidade cultural. A coisa de que mais me orgulho em relação ao iPod é que há alguma coisa nele que faz com que seja importante, não descartável."

O branco não seria apenas branco, mas branco *puro*. "Não somente o aparelho, mas os fones de ouvido e os fios e até mesmo o recarregador", lembrou Ive. "Branco *puro*." Outros continuaram argumentando que os fones de ouvido, evidentemente, deveriam ser pretos, como todos os fones de ouvido. "Mas Steve entendeu a ideia logo de cara e adotou o branco. Haveria pureza neles." O fluxo sinuoso dos fios brancos dos fones de ouvido ajudaram a tornar o iPod um ícone. Como diz Ive:

Ele tinha algo de muito significativo e não descartável, mas também tinha algo de muito tranquilo e muito contido. Não abanava o rabo na sua cara. Era contido, mas também maluco, com aqueles fones de ouvido soltos. É por isso que eu gosto do branco. O branco não é apenas uma cor neutra. Ele é puro e tranquilo. Ousado e conspícuo, mas discreto também.

A equipe de publicidade de Lee Clow na TBWA\Chiat\Day quis celebrar a natureza icônica do iPod e sua brancura, em vez de fazer os anúncios mais tradicionais de introdução de produto que exibiam as características do aparelho. James Vincent, um jovem britânico magricela que tinha tocado numa banda e trabalhado como DJ, havia entrado recentemente na agência e foi uma escolha natural para ajudar a focar a publicidade da Apple nos amantes de música da geração do novo milênio, em vez da geração rebelde dos *baby boomers*. Com a ajuda da diretora de arte Susan Alinsangan, eles criaram uma série de outdoors e cartazes para o iPod e espalharam as opções sobre a mesa da sala de conferências de Jobs.

Na extremidade direita colocaram as opções mais tradicionais, que apresentavam fotos diretas do iPod sobre um fundo branco. Na extremidade esquerda colocaram os tratamentos mais gráficos e icônicos, que mostravam apenas a silhueta de alguém dançando enquanto ouvia o som de um iPod e os fios dos fones de ouvido brancos em movimento. "Essa versão compreendia a relação emocional e intensamente pessoal com a música", disse Vincent. Ele sugeriu ao diretor de criação, Duncan Milner, que todos ficassem firmemente na extremidade esquerda, para ver se conseguiam que Jobs se dirigisse para lá. Ao entrar, ele foi imediatamente para a direita, olhando para as fotos do produto puro. "Isso parece ótimo", disse ele. "Vamos falar sobre elas." Vincent, Milner e Clow não se moveram do outro lado. Por fim, Jobs ergueu os olhos, olhou para os tratamentos icônicos e disse: "Ah, acho que vocês gostam dessas coisas". Ele balançou a cabeça. "Não mostra o produto. Não diz o que é." Vincent propôs que usassem as imagens icônicas, mas adicionassem o slogan "Mil músicas em seu bolso". Isso diria tudo. Jobs olhou de novo para a extremidade direita da mesa e, então, por fim concordou. Não surpreende que, pouco depois, ele dissesse que havia sido ideia sua pedir anúncios mais icônicos. "Havia alguns céticos no pedaço que perguntaram: 'Como é que isso vai vender um iPod?'", lembrou Jobs. "Foi quando veio a calhar o fato de ser o presidente executivo, pois eu podia fazer que aprovassem aquela ideia."

Jobs percebeu que havia ainda outra vantagem no fato de a Apple ter um sistema integrado de computador, software e dispositivo de música. Isso significava que as vendas do iPod poderiam incrementar as vendas do iMac. Isso, por sua vez, significava que ele poderia pegar os 75 milhões de dólares que a Apple estava gastando em publicidade do iMac e transferi-los para gastar com anúncios do iPod — obtendo uma dupla vantagem pelo mesmo dinheiro. Uma vantagem tripla, na verdade, porque os anúncios acrescentariam brilho e jovialidade a toda a marca Apple. Como ele lembrou:

> Eu tinha a ideia maluca de que poderíamos vender o mesmo número de Macs com a publicidade do iPod. Além disso, o iPod posicionaria a Apple como empresa inovadora e jovem. Então passei 75 milhões de dólares da publicidade para o iPod, ainda que a categoria não justificasse um centésimo dessa quantia. Isso significou nosso domínio completo do mercado de tocadores de música. Gastamos mais do que todos por um fator em cerca de cem.

Os anúncios de tevê mostravam silhuetas icônicas dançando ao som das músicas escolhidas por Jobs, Clow e Vincent. "Encontrar a música se tornou nossa principal diversão nas reuniões semanais de marketing", disse Clow. "Ouvíamos alguma música da hora, Steve dizia: 'Odeio isso', e James tinha de convencê-lo." Os anúncios ajudaram a popularizar muitas bandas, com destaque para o Black Eyed Peas; o anúncio com "Hey Mama" é o clássico do gênero silhuetas. Quando um novo anúncio estava prestes a entrar em produção, Jobs muitas vezes hesitava, telefonava para Vincent e insistia em cancelá-lo. "Soa meio pop" ou "soa um pouco banal", dizia. "Vamos suspender." James ficava nervoso e tentava levá-lo na conversa. "Espera aí, isso vai ser ótimo", dizia. Invariavelmente, Jobs cedia, o anúncio era feito, e ele adorava.

Jobs apresentou o iPod em 23 de outubro de 2001, em um de seus eventos típicos de lançamento de produto. "Dica: Não é um Mac", provocava o convite. Quando chegou a hora de revelar o que era, depois de descrever as capacidades técnicas, Jobs não fez seu truque habitual de andar até uma mesa e retirar um pano de veludo. Em vez disso, anunciou: "Por acaso, tenho um aqui no meu bolso". Enfiou a mão no bolso da calça jeans e retirou o aparelho de um branco resplandecente. "Este dispositivo pequeno e surpreendente tem capacidade para mil músicas, e cabe direto no meu bolso." Pôs o iPod de volta no bolso e saiu do palco sob aplausos.

Houve, inicialmente, certo ceticismo entre os geeks da tecnologia, em especial quanto ao preço de 399 dólares. Na blogosfera, a piada era que iPod eram as iniciais de "idiotas precificam os dispositivos". No entanto, os consumidores logo fizeram dele um sucesso. Mais do que isso, o iPod tornou-se a essência de tudo o que a Apple estava destinada a ser: poesia ligada à engenharia, artes e criatividade cruzando com tecnologia, design arrojado e simples. Tinha uma facilidade de uso que vinha do fato de ser um sistema integrado de ponta a ponta, de computador--FireWire-dispositivo-software-gerenciamento de conteúdo. Quando se tirava um iPod da caixa, ele era tão bonito que parecia brilhar, e fazia todos os outros aparelhos de tocar música ficar com cara de que tinham sido desenhados e fabricados no Uzbequistão.

Desde o Mac original, uma clareza de visão de produto não tinha impulsionado tanto uma empresa para o futuro. "Se alguém se perguntasse alguma vez por que a Apple está na Terra, eu mostraria isso como um bom exemplo", disse Jobs na época a Steven Levy, da *Newsweek*. Wozniak, que tinha sido por muito tempo cético em relação a sistemas integrados, começou a rever sua filosofia. "Uau, faz sentido que a Apple tenha sido a empresa a aparecer com isso", entusiasmou-se depois que o iPod foi lançado. "Afinal, toda a história da Apple foi fazer tanto o hardware como o software, com o resultado de que os dois funcionam melhor em conjunto."

Por coincidência, no dia em que recebeu seu iPod de divulgação para a imprensa, Levy tinha um jantar com Bill Gates e mostrou o aparelho a ele. "Você já viu isto?", perguntou Levy. E relatou depois: "Gates entrou em uma zona que lembra aqueles filmes de ficção científica em que um extraterrestre, diante de um objeto novo, cria uma espécie de túnel de força entre ele e o objeto, permitindo-lhe sugar diretamente para seu cérebro todas as informações possíveis sobre o objeto". Gates brincou com a roda de rolagem e apertou todas as combinações de botões, enquanto seus olhos olhavam fixamente para a tela. "Parece um produto excelente", disse finalmente. Então fez uma pausa, olhou intrigado e perguntou: "É somente para Macintosh?".

30. A iTunes Store
Eu sou o Flautista de Hamelin

WARNER MUSIC

No início de 2002, a Apple estava diante de um desafio. A conexão perfeita entre iPod, o software iTunes e o computador tornava fácil gerenciar a música que o usuário possuía. Mas, para obter novas músicas, ele precisava se aventurar fora desse ambiente acolhedor e ir comprar um CD ou baixar as músicas on-line. Essa última atividade significava normalmente fazer uma incursão nos domínios mal-assombrados do compartilhamento de arquivos e serviços de pirataria. Por isso, Jobs queria oferecer aos usuários do iPod uma maneira de baixar músicas que fosse simples, segura e legal.

A indústria musical também se viu diante de um desafio. Ela estava sendo atacada por um bestiário de serviços de pirataria — Napster, Grokster, Gnutella, Kazaa — que permitiam que as pessoas obtivessem músicas gratuitamente. Em parte como consequência disso, as vendas legais de cds caíram 9% em 2002.

Os executivos das empresas de música estavam lutando desesperadamente, com a elegância dos policiais trapalhões da série Keystone Kops, para chegar a um acordo sobre um padrão comum para proteger os direitos da música digital. Paul Vidich, da Warner Music, e seu colega Bill Raduchel, da aol Time Warner, estavam trabalhando com a Sony nesse esforço, e esperavam que a Apple viesse a fazer parte do consórcio. Assim, um grupo deles foi a Cupertino em janeiro de 2002 a fim de conversar com Jobs.

Não foi uma reunião agradável. Vidich estava resfriado e ficando afônico, então seu vice, Kevin Gage, começou a apresentação. Jobs, sentado à cabeceira da mesa de conferências, dava sinais de impaciência e irritação. Depois de quatro slides, ele acenou com a mão e interrompeu. "Vocês estão com a cabeça enfiada no rabo", observou. Todos se voltaram para Vidich, que se esforçou para fazer a voz sair. "Você tem razão", disse ele após uma longa pausa. "Nós não sabemos o que fazer. Você precisa nos ajudar a resolver isso." Jobs lembrou mais tarde ter ficado ligeiramente surpreso, e concordou que a Apple ajudaria no esforço Warner-Sony.

Se as empresas de música tivessem sido capazes de concordar com um código padrão para proteger arquivos de música, então várias lojas on-line poderiam ter proliferado. Isso teria tornado difícil para Jobs criar uma loja iTunes que desse à Apple o controle das vendas on-line. A Sony, no entanto, deu a ele essa oportunidade quando decidiu, após a reunião de janeiro de 2002 em Cupertino, se retirar das negociações, pois preferia um formato de sua propriedade, do qual obteria royalties.

"Você conhece Steve, ele tem uma agenda própria", explicou o presidente executivo da Sony, Nobuyuki Idei, ao editor da *Red Herring*, Tony Perkins. "Embora seja um gênio, ele não compartilha tudo com você. Trata-se de uma pessoa difícil de trabalhar se você é uma grande empresa [...]. É um pesadelo." Howard Stringer, então chefe da Sony North America, acrescentou acerca de Jobs: "Tentar trabalhar junto seria francamente um desperdício de tempo".

Em vez disso, a Sony juntou-se à Universal para criar um serviço de assinatura chamado Pressplay. Enquanto isso, a aol Time Warner, a Bertelsmann e a emi fizeram uma parceria com a RealNetworks para criar o MusicNet. Nenhuma delas licenciaria suas músicas para o serviço rival, de modo que cada um deles oferecia somente cerca de metade das músicas disponíveis. Ambos eram serviços de assinatura que permitiam que os clientes tivessem acesso às músicas, sem poder guardá-las, e o usuário perdia o acesso a elas se sua assinatura caducasse. Eles tinham restrições complicadas e interfaces desajeitadas. Com efeito, ganhariam a dúbia distinção de se tornar o número nove na lista da *PC World* de "Os 25 piores produtos de tecnologia de todos os tempos". A revista afirmava: "As características espantosamente estúpidas desses serviços mostravam que as gravadoras não estavam entendendo nada".

Àquela altura, Jobs poderia ter decidido simplesmente aceitar a pirataria. Música livre significava iPods mais valiosos. No entanto, ele *realmente* gostava de música — e dos artistas que a faziam — e por isso se opunha ao que considerava roubo de produtos criativos. Como me disse mais tarde:

Desde os primeiros dias na Apple, percebi que prosperávamos quando criávamos propriedade intelectual. Se as pessoas copiassem ou roubassem nosso software, estaríamos quebrados. Se eles não fossem protegidos, não haveria incentivo para que fizéssemos um novo software ou projetos de produtos. Se a proteção da propriedade intelectual começar a desaparecer, as empresas criativas vão desaparecer, ou nem começar. Mas há uma razão mais simples: é errado roubar. Prejudica outras pessoas. E faz mal ao seu próprio caráter.

Ele sabia, no entanto, que a melhor maneira de acabar com a pirataria — na verdade, a única — era oferecer uma alternativa mais atraente do que os serviços idiotas que as empresas de música estavam inventando. "Acreditamos que 80% das pessoas que roubam coisas não querem fazer isso, mas simplesmente não há alternativa legal", explicou a Andy Langer, da *Esquire*. "Então dissemos: 'Vamos criar uma alternativa legal para isso'. Todos ganham. As gravadoras ganham. Os artistas ganham. A Apple ganha. E o usuário ganha, porque obtém um serviço melhor e não precisa ser ladrão."

Desse modo, Jobs partiu para criar uma "iTunes Store" e persuadir as cinco principais gravadoras a permitir que versões digitais de suas músicas fossem vendidas lá. "Nunca desperdicei muito tempo tentando convencer as pessoas a fazer a coisa certa para elas mesmas", lembrou. Uma vez que as empresas estavam preocupadas com o modelo de precificação e o desmembramento dos discos, Jobs alardeou que o novo serviço seria somente para Macintosh, meros 5% do mercado. Elas poderiam experimentar a ideia com pouco risco. "Usamos nossa pequena fatia de mercado a nosso favor, argumentando que, se a loja se mostrasse destrutiva, não destruiria o universo inteiro."

A proposta de Jobs era vender cada música digital por 99 centavos de dólar — uma compra simples e impulsiva. As gravadoras ficariam com setenta centavos. Jobs enfatizava que isso seria mais atraente do que o modelo de assinatura mensal preferido pelas empresas de música. Ele acreditava (corretamente) que as pessoas tinham uma conexão emocional com as músicas de que gostavam. Elas queriam *possuir* "Sympathy for the Devil" e "Shelter from the storm", e não apenas alugá-las. Como ele disse na época a Jeff Goodell, da *Rolling Stone*: "Acho que você poderia disponibilizar o Segundo Advento num modelo de assinatura e talvez não fosse um sucesso".

Jobs também propunha que a iTunes Store vendesse músicas avulsas, e não somente discos inteiros. Isso acabou sendo a maior causa de conflito com as gravadoras, que ganhavam dinheiro lançando discos com duas ou três boas canções e uma dúzia de enchimentos. Para ter a música que queriam, os consumidores tinham de comprar o disco inteiro. Por razões artísticas, alguns músicos se opuseram ao plano de Jobs de desagregar álbuns. "Um bom disco tem um fluxo", disse Trent Reznor, do Nine Inch Nails. "As canções apoiam umas as outras. Esse é o jeito que eu gosto de fazer música." Mas as objeções eram discutíveis. "A pirataria e os downloads on-line já haviam desconstruído o CD", lembrou Jobs. "Você não poderia competir com a pirataria, a menos que vendesse as músicas separadamente."

No cerne do problema estava um abismo entre as pessoas que amavam a tecnologia e aquelas que amavam a arte. Jobs adorava ambas, como havia demonstrado tanto na Pixar como na Apple, e assim estava posicionado para estabelecer a ponte. Como explicou mais tarde:

Quando fui para a Pixar, tomei consciência de uma grande divisão. As empresas de tecnologia não entendem a criatividade. Elas não apreciam o pensamento *intuitivo*, como a capacidade de um cara de A&R [Artistas e repertório] de uma gravadora de ouvir uma centena de artistas e ter faro para saber quais cinco podem ser um sucesso. E elas pensam que as pessoas criativas ficam sentadas em sofás o dia inteiro e são indisciplinadas, porque não veem que o pessoal criativo, em lugares como a Pixar, é tenaz e disciplinado. Por outro lado, as gravadoras estão completamente desinformadas sobre tecnologia. Elas acham que podem simplesmente sair e contratar alguns caras tech. Mas isso seria o mesmo que a Apple tentar contratar gente para produzir música. Teríamos gente A&R de segunda categoria, assim como as gravadoras acabaram com pessoal tech de segunda categoria. Sou uma das poucas pessoas que sabem que produzir tecnologia requer intuição e criatividade, e que a produção artística exige disciplina de verdade.

Jobs tinha uma longa relação com Barry Schuler, o presidente executivo da unidade AOL da Time Warner, e começou a indagar-lhe sobre como fazer para que as gravadoras participassem da iTunes Store proposta. "A pirataria está deixando todo mundo perdido", Schuler lhe contou. "Diga que com um serviço de ponta a ponta integrado, de iPods para a loja, você pode controlar melhor o modo como a música é utilizada." Um dia, em março de 2002, Schuler recebeu um telefonema de Jobs e decidiu incluir Vidich na conversa. Jobs perguntou a Vidich se ele iria a Cupertino e levaria o diretor da Warner Music, Roger Ames. Dessa vez, ele foi encantador. Ames era um britânico sarcástico, divertido e inteligente, um tipo (como James Vincent e Jony Ive) de que Jobs tendia a gostar. Assim, o Bom Steve estava em exibição. A certa altura, logo no início da reunião, Jobs até desempenhou o papel incomum de diplomata. Ames e Eddy Cue, que dirigia o iTunes para a Apple, entraram numa discussão sobre por que o rádio na Inglaterra não era tão vibrante como nos Estados Unidos, e Jobs interveio, dizendo: "Nós sabemos sobre tecnologia, mas não conhecemos muito sobre música, então não vamos discutir".

Ames começou a reunião pedindo a Jobs apoio para um novo formato de CD com código de proteção contra cópias. Jobs concordou rapidamente e logo mudou a conversa para o que ele queria discutir. A Warner Music, disse, deveria apenas ajudar a Apple a criar uma loja iTunes on-line. Depois eles poderiam propô-la para o resto da indústria.

Ames tinha acabado de perder uma batalha na diretoria da empresa para que a divisão AOL aperfeiçoasse seu incipiente serviço de download de música. "Quando eu fazia um download digital usando o AOL, nunca conseguia encontrar a música na merda do meu computador", lembrou. Assim, quando Jobs demonstrou um protótipo do iTunes Store, Ames ficou impressionado: "Sim, sim, é exatamente isso que estávamos esperando". Ele concordou que a Warner Music participaria e se ofereceu para ajudar a recrutar outras gravadoras.

Jobs foi ao leste para mostrar o serviço a outros executivos da Time Warner. "Ele sentou-se diante de um Mac como uma criança com um brinquedo", lembrou Vidich. "Ao contrário de qualquer outro presidente executivo, estava totalmente envolvido com o produto." Ames e Jobs começaram a resolver os detalhes da iTunes Store, entre os quais o número de vezes que uma faixa poderia ser posta em diferentes dispositivos e como o sistema de proteção de direitos funcionaria. Eles logo chegaram a um acordo e partiram para conquistar o apoio de outras gravadoras.

ATRAINDO GATOS

A figura fundamental a ser recrutada era Doug Morris, diretor do Universal Music Group. Seu domínio incluía artistas indispensáveis como U2, Eminem e Mariah Carey, bem como selos poderosos, como Motown e Interscope-Geffen--A&M. Morris estava ansioso para conversar. Mais do que qualquer outro magnata, ele estava irritado com a pirataria e insatisfeito com o poder de fogo do pessoal de tecnologia das gravadoras. "Era parecido com o oeste selvagem", lembrou Morris. "Ninguém estava vendendo música digital e havia uma inundação de pirataria. Tudo que tentamos nas gravadoras foi um fracasso. A diferença de habilidades entre a turma da música e os tecnólogos é simplesmente enorme."

Ames foi com Jobs ao escritório de Morris na Broadway depois de lhe dar as dicas sobre o que dizer. Deu certo. O que impressionou Morris foi que Jobs amarrou tudo na iTunes Store de um modo que facilitava as coisas para o consumidor e também era seguro para as gravadoras. "Steve fez algo brilhante", disse Morris. "Ele propôs um sistema completo: iTunes Store, o software de gerenciamento de música, o próprio iPod. Era muito tranquilo, sem dificuldades. Ele é o pacote inteiro."

Morris convenceu-se de que Jobs tinha a visão técnica que faltava às empresas de música. "Evidentemente, temos que confiar em Steve Jobs para fazer isso", disse a seu vice-presidente de tecnologia, "porque não temos ninguém na Universal que saiba alguma coisa de tecnologia." Isso não deixou os tecnólogos da Universal ansiosos por trabalhar com Jobs, e Morris teve de dar ordens para que desistissem de suas objeções e fizessem um acordo rapidamente. Eles conseguiram acrescentar algumas restrições ao FairPlay — o sistema da Apple de gerenciamento de direitos digitais —, no sentido de que uma música comprada não pudesse ser transmitida para muitos dispositivos. Mas, em geral, concordaram com o conceito da loja iTunes que Jobs havia desenvolvido com Ames e seus colegas da Warner.

Morris estava tão encantado com Jobs que telefonou para Jimmy Iovine, o chefe de fala rápida e ousada da Interscope-Geffen-A&M, um selo pertencente à Universal. Iovine e Morris eram grandes amigos que se falavam todos os dias havia trinta anos. "Quando me encontrei com Steve, pensei que ele era nosso salvador, então chamei imediatamente Jimmy para saber qual era sua impressão", lembrou Morris.

Jobs era capaz de ser extremamente encantador quando queria, e assim se comportou quando Iovine foi a Cupertino para uma demonstração. "Vê como é simples?", perguntou ao visitante. "Seu pessoal de tecnologia nunca vai fazer isso. Não há ninguém nas empresas de música que possa fazer isso de forma suficientemente simples."

Iovine ligou para Morris imediatamente. "Esse cara é único!", disse. "Você está certo. Ele tem uma solução pronta." Eles reclamaram que haviam passado dois anos trabalhando com a Sony, sem chegar a lugar nenhum. "A Sony nunca vai resolver as coisas", disse Morris. Eles concordaram em parar de negociar com a Sony e se juntar à Apple. "Como a Sony perdeu isso é completamente incompreensível para mim, uma cagada histórica", disse Iovine. "Steve era capaz de demitir gente se as divisões não trabalhassem em conjunto, mas as divisões da Sony estavam em guerra umas contra as outras."

Com efeito, a Sony oferecia um claro exemplo contrário ao da Apple. Tinha uma divisão de eletrônicos de consumo que fazia produtos elegantes e uma divisão de música com artistas adorados (entre os quais Bob Dylan). Mas cada divisão tentava proteger seus próprios interesses e a empresa como um todo nunca conseguia agir em conjunto para produzir um serviço de ponta a ponta.

Andy Lack, o novo chefe da Sony Music, teve a tarefa nada invejável de negociar com Jobs a venda das músicas da Sony na iTunes Store. O incontrolável e esperto Lack tinha acabado de chegar de uma longa e ilustre carreira no jornalismo de tevê — produtor da CBS News, presidente da NBC — e sabia como avaliar as pessoas e manter seu senso de humor. Ele percebeu que, para a Sony, a venda de suas músicas na iTunes Store era ao mesmo tempo insana e necessária — o que parecia ser o caso de muitas decisões no negócio da música. A Apple iria faturar como um bandido, não apenas com sua fatia nas vendas de músicas, mas com o impulso nas vendas de iPods. Lack achava que, tendo em vista que seriam responsáveis pelo sucesso do iPod, as gravadoras deveriam receber royalties de cada aparelho vendido.

Jobs concordava com Lack em muitas de suas conversas e afirmava que queria ser um verdadeiro parceiro das gravadoras. "Steve, você pode contar comigo se me der *alguma coisa* na venda de cada aparelho seu", disse-lhe Lack a certa altura, com sua voz retumbante. "É um belo aparelho. Mas nossa música está ajudando a vendê-lo. Isso é o que uma verdadeira parceria significa para mim."

"Estou com você", respondeu Jobs em mais de uma ocasião. Mas depois ele ia até Doug Morris e Roger Ames para lamentar, de forma conspiratória, que Lack simplesmente não entendia a coisa, que estava desinformado sobre o negócio da música, que não era tão inteligente como Morris e Ames. "No estilo clássico de Steve, ele concordava com alguma coisa, mas ela jamais aconteceria", disse Lack. "Ele montava o cenário e depois puxava a toalha. Ele é patológico, o que pode ser útil nas negociações. E é um gênio."

Lack sabia que ele era o último reduto importante e que não poderia vencer a disputa se não conseguisse o apoio de outras empresas do setor. Mas Jobs utilizava a bajulação e a atração da força de marketing da Apple para manter os outros na linha. "Se a indústria tivesse ficado unida, poderíamos ter conseguido uma taxa de licenciamento, dando-nos o fluxo de receitas duplo de que precisávamos desesperadamente", disse Lack. "Éramos nós que promovíamos a venda do iPod, então isso teria sido justo." Essa, é claro, era uma das belezas da estratégia de ponta a ponta de Jobs: as vendas de músicas no iTunes impulsionariam as vendas do iPod, que, por sua vez, incrementariam as vendas do Macintosh. O que tornava as coisas ainda mais irritantes para Lack era que a Sony poderia ter feito o mesmo, mas nunca conseguiu que as divisões de hardware e software e de conteúdo remassem em harmonia.

Jobs se esforçou para seduzir Lack. Durante uma visita a Nova York, convidou-o para ir à sua cobertura no hotel Four Seasons. Jobs já havia encomendado seu banquete matinal — aveia e frutinhas variadas para ambos — e foi "mais do que solícito", lembrou Lack. "Mas Jack Welch me ensinou a não me apaixonar. Morris e Ames podiam ser seduzidos. Eles diziam: 'Você não entende, você deveria se apaixonar, e eles se apaixonaram'. Então acabei isolado na indústria."

Mesmo depois que a Sony concordou em vender sua música na iTunes Store, a relação permaneceu contenciosa. Cada nova rodada de renovações ou mudanças provocava um confronto. "Com Andy, tinha a ver principalmente com seu grande ego", afirmou Jobs. "Ele nunca entendeu de fato o negócio da música, e nunca poderia realmente se render. Pra mim, às vezes ele era um babaca." Quando lhe contei o que Jobs disse, Lack respondeu: "Lutei pela Sony e a indústria da música, então posso entender por que ele achava que eu era um babaca".

Porém, pressionar as gravadoras para aderir ao plano do iTunes não era suficiente. Muitos de seus artistas tinham exceções em seus contratos que lhes permitiam controlar a distribuição digital de sua música ou impedir que suas canções fossem desagregadas dos discos e comercializadas separadamente. Então, Jobs resolveu persuadir vários músicos de primeira linha, o que achou divertido, mas também muito mais difícil do que esperava.

Antes do lançamento do iTunes, Jobs se encontrou com quase duas dezenas de artistas importantes, entre eles Bono, Mick Jagger e Sheryl Crow. "Ele me ligava em casa, implacável, às dez da noite, para dizer que ainda precisava pegar o Led Zeppelin ou a Madonna", lembrou Roger Ames, da Warner. "Ele estava determinado, e ninguém mais poderia ter convencido alguns desses artistas."

A reunião mais estranha talvez tenha acontecido quando Dr. Dre foi visitar Jobs na sede da Apple. Jobs adorava os Beatles e Dylan, mas admitia que o interesse pelo rap lhe escapava. Agora Jobs precisava que Eminem e outros rappers concordassem em ser vendidos na iTunes Store, então se reuniu com Dr. Dre, que era o mentor de Eminem. Depois que Jobs lhe mostrou como a loja iTunes funcionaria de maneira integrada com o iPod, Dr. Dre proclamou: "Cara, alguém finalmente acertou a coisa".

Na outra extremidade do espectro do gosto musical estava o trompetista Wynton Marsalis. Ele estava numa excursão pela Costa Oeste para levantar fundos para o projeto Jazz at Lincoln Center e teria um encontro com Laurene, a esposa de Jobs. Steve insistiu para que ele fosse até sua casa em Palo Alto, e tratou de mostrar o iTunes. "O que você deseja procurar?", perguntou a Marsalis. Beethoven, respondeu o trompetista. "Veja o que posso fazer!", insistia Jobs quando a atenção de Marsalis se dispersava. "Veja como a interface funciona." Como relembrou Marsalis depois: "Não me interesso muito por computadores, e lhe repeti isso, mas ele continuou por duas horas. Era um homem possuído. Depois de um tempo, comecei a olhar para ele e não para o computador, porque fiquei totalmente fascinado por sua paixão".

Jobs lançou a iTunes Store em 28 de abril de 2003, em um de seus eventos típicos no centro de convenções Moscone, em San Francisco. Com cabelo agora cortado bem curto e mais escasso, e uma aparência estudada de barba por fazer, Jobs andou lentamente pelo palco e descreveu como o Napster "demonstrou que a internet foi feita para a distribuição de música". Sua prole, como o Kazaa, disse ele, oferecia músicas grátis. Como se pode competir com isso? Para responder a essa pergunta, começou por descrever as desvantagens de usar esses serviços gratuitos. Os downloads não eram confiáveis e a qualidade, muitas vezes ruim. "Muitas dessas canções são codificadas por pessoas de sete anos de idade, e elas não fazem um bom trabalho." Além disso, não havia audição prévia nem a arte das capas de disco. Depois, acrescentou: "O pior de tudo é o roubo. É melhor não mexer com o carma".

Por que esses sites de pirataria proliferaram, então? Porque não havia alternativa. Os serviços de assinatura, como Pressplay e MusicNet, "tratam vocês como criminosos", disse Jobs, mostrando o slide de um preso em traje listrado. Depois, ele mostrou um slide de Bob Dylan. "As pessoas querem possuir a música que amam."

Depois de muita negociação com as gravadoras, "elas estavam dispostas a fazer alguma coisa conosco para mudar o mundo". A iTunes Store começaria com 200 mil faixas, e cresceria a cada dia. Ao utilizar a loja, disse ele, você pode ter suas músicas, gravá-las em CDs, ter garantia da qualidade de download, ter uma prévia de uma música antes de baixá-la, e usá-la com seu iMovies e iDVDs para "fazer a trilha sonora da sua vida". O preço? Apenas 99 centavos de dólar, menos de um terço do que custa um *latte* da Starbucks. Por que valia a pena? Porque para obter a música certa no Kazaa levava cerca de quinze minutos, em vez de um minuto. Ao gastar uma hora de seu tempo para economizar cerca de quatro dólares, ele calculou, "você está trabalhando por menos de um salário mínimo!". E acrescentou... "Com o iTunes, não é mais roubo. É carma bom."

Quem bateu palmas mais alto para essa frase foram os chefes das gravadoras que estavam na primeira fila, entre eles Doug Morris, sentado ao lado de Jimmy Iovine, com seu costumeiro boné de beisebol, e toda a turma da Warner Music. Eddy Cue, o responsável pela loja, previu que a Apple venderia 1 milhão de músicas em seis meses. Em vez disso, a loja iTunes vendeu 1 milhão de canções em seis *dias*. "Isso vai entrar para a história como um ponto de inflexão para a indústria da música", declarou Jobs.

"Fomos ferrados."

Esse foi o e-mail franco que Jim Allchin, o executivo da Microsoft responsável pelo desenvolvimento do Windows, enviou a quatro colegas às cinco da tarde do dia em que viu a iTunes Store. A mensagem tinha apenas mais uma frase: "Como é que eles conseguiram a adesão das gravadoras?".

Mais tarde naquela noite, chegou uma resposta de David Cole, que dirigia o grupo de negócios on-line da Microsoft: "Quando a Apple levar isso para o Windows (presumo que não vai cometer o erro de não fazê-lo), estaremos realmente ferrados". Ele disse que a equipe do Windows precisava "trazer esse tipo de solução para o mercado", acrescentando: "Isso vai exigir foco e alinhamento de objetivos em torno de um *serviço de ponta a ponta* que ofereça valor direto ao usuário, algo que não temos hoje". Embora a Microsoft tivesse seu próprio serviço de internet (MSN), ele não era usado para fornecer "serviço de ponta a ponta" como fazia a Apple.

O próprio Bill Gates entrou na discussão às 10h46 daquela noite. O assunto de seu e-mail — "Jobs da Apple de novo" — indicava sua frustração. "A capacidade de Steve Jobs se concentrar numas poucas coisas que contam, pegar pessoas que fazem a interface de usuário certa e chamar o que põe no mercado de revolucionário é incrível." Ele também manifestava surpresa diante do fato de Jobs ter sido capaz de convencer as empresas de música a aderir à sua loja. "Isso é muito estranho para mim. As próprias gravadoras oferecem um serviço que é de fato hostil ao usuário. De alguma forma, eles decidiram dar à Apple a possibilidade de fazer uma coisa muito boa."

Gates também achou estranho que ninguém mais tivesse criado um serviço que possibilitasse às pessoas a compra de músicas, em vez de exigir uma assinatura mensal. "Não estou dizendo que essa estranheza significa que cometemos um erro sério — ao menos se o cometemos, o mesmo fizeram a Real, o Pressplay, o MusicNet e basicamente todo mundo", escreveu. "Agora que Jobs fez isso, precisamos agir rapidamente para conseguir alguma coisa em que interface de usuário e direitos sejam tão bons. [...] Acho que precisamos de algum plano para provar que, embora Jobs tenha nos pegado de surpresa de novo, podemos nos mobilizar rapidamente e tanto nos equiparar como fazer coisa melhor." Era uma espantosa confissão privada: a Microsoft havia sido novamente superada e pega de surpresa, e tentaria novamente se recuperar copiando a Apple. Mas, tal como a Sony, a Microsoft nunca faria isso acontecer, mesmo depois que Jobs mostrou o caminho.

Em vez disso, a Apple continuou a ferrar a Microsoft da maneira como Cole tinha previsto: ela tornou o software e a loja iTunes compatíveis com o Windows. Mas isso custou um pouco de discussão interna. Primeiro, Jobs e sua equipe tiveram de decidir se queriam ou não que o iPod funcionasse com computadores equipados com Windows. Jobs de início era contra. "Ao manter o iPod para Mac apenas, ele estava impulsionando as vendas de Macs ainda mais do que esperávamos", lembrou. Mas alinhados contra Jobs estavam todos os quatro principais executivos da empresa: Schiller, Rubinstein, Robbin e Fadell. Era uma discussão sobre qual deveria ser o futuro da Apple. "Achávamos que deveríamos estar no negócio de leitor de música, não apenas no de Mac", disse Schiller.

Jobs sempre quis que a Apple criasse sua própria utopia unificada, um jardim mágico murado onde hardware, software e aparelhos periféricos funcionassem bem em conjunto para criar uma grande experiência, e onde o sucesso de um produto impulsionasse as vendas de todos os companheiros. Agora ele enfrentava a pressão para que seu mais quente novo produto funcionasse com máquinas Windows, e isso era contra sua natureza. "Foi uma discussão realmente muito grande durante meses", lembrou Jobs, "eu contra todo mundo." A certa altura, ele declarou que os usuários do Windows só usariam iPods "por cima do meu cadáver". Mas, ainda assim, sua equipe continuou pressionando. "Isso *precisa* chegar ao PC", disse Fadell.

Por fim, Jobs declarou: "Enquanto vocês não me provarem que fará sentido para os negócios, não vou concordar". Na verdade, essa foi sua maneira de recuar. Deixando de lado a emoção e o dogma, era fácil provar que era um bom negócio permitir que usuários de Windows comprassem iPods. Chamaram especialistas, criaram-se projeções de vendas e todos concluíram que aquilo traria mais lucros. "Fizemos uma planilha", disse Schiller. "Em todas as projeções, não havia quantidade de prejuízo para as vendas de Mac que superassem as vendas de iPods." Às vezes, Jobs se dispunha a se render, apesar de sua reputação, mas ele jamais ganhou prêmio algum por discursos de concessão elegante. "Dane-se", disse numa reunião em que lhe mostraram a análise. "Estou cansado de ouvir vocês, babacas. Façam a merda que quiserem."

Isso deixava outra pergunta no ar: quando permitisse que o iPod fosse compatível com máquinas Windows, a Apple deveria criar também uma versão do iTunes para servir como software de gerenciamento de música para os usuários de Windows? Jobs, como de costume, acreditava que hardware e software deveriam ficar juntos. A experiência do usuário dependia de o iPod trabalhar em sincronia completa (por assim dizer) com o software iTunes no computador. Schiller foi contra: "Achei que era loucura, pois não fazemos software Windows. Mas Steve continuou argumentando: 'Se vamos fazê-lo, devemos fazê-lo direito'".

De início, a opinião de Schiller prevaleceu. A Apple decidiu permitir que o iPod funcionasse com o Windows usando software da MusicMatch, uma empresa de fora. Mas o software era tão desajeitado que provou que Jobs tinha razão, e a Apple iniciou um esforço acelerado para produzir o iTunes para Windows. Jobs lembrou:

> Para fazer o iPod funcionar em PCS, criamos inicialmente uma parceria com outra empresa que tinha uma jukebox e lhe demos o molho secreto para se conectar ao iPod, e eles fizeram uma bosta de trabalho. Esse era o pior dos mundos, porque essa outra empresa controlava grande parte da experiência do usuário. Então, vivemos com essa porcaria de jukebox de fora por cerca de seis meses, e depois finalmente conseguimos escrever o iTunes para Windows. No fim das contas, você não quer que outra pessoa controle uma grande parte da experiência do usuário. As pessoas podem discordar de mim, mas sou bastante persistente em relação a isso.

Portar o iTunes para o Windows significava voltar a todas as gravadoras — que tinham feito acordos para participar do iTunes baseados na garantia de que seria apenas para o pequeno universo de usuários do Macintosh — e negociar novamente. A Sony foi especialmente resistente. Andy Lack achou que era outro exemplo do costume de Jobs de alterar os termos depois da feitura de um acordo. Era. Mas, àquela altura, os outros selos estavam felizes com a forma como o iTunes Store estava funcionando e aderiram, então a Sony foi forçada a capitular.

Jobs anunciou o lançamento do iTunes para Windows em outubro de 2003, em uma de suas apresentações em San Francisco. "Eis aqui um recurso que as pessoas achavam que nunca acrescentaríamos, até isso acontecer", disse, acenando com a mão para a tela gigante às suas costas. "O inferno congelou", proclamava o slide. O show incluiu entradas do iChat e vídeos de Mick Jagger, Dr. Dre e Bono. "É uma coisa muito legal para os músicos e a música", disse Bono referindo-se ao iPod e ao iTunes. "É por isso que estou aqui para puxar o saco da empresa. Eu não costumo fazer isso."

Jobs nunca foi dado à modéstia. Sob os aplausos da plateia, ele declarou que "o iTunes para Windows é provavelmente o melhor aplicativo do Windows já escrito".

A Microsoft não ficou agradecida. "Eles estão seguindo a mesma estratégia que adotaram no negócio de computadores pessoais, controlando hardware e software", disse Bill Gates à *Business Week*. "Sempre fizemos as coisas de um jeito um pouco diferente do que a Apple quanto a dar às pessoas uma escolha." Demorou três anos para que finalmente, em novembro de 2006, a Microsoft conseguisse lançar sua resposta ao iPod. Chamava-se Zune e parecia um iPod, embora um pouco mais tosco. Dois anos depois, tinha conquistado uma fatia de mercado inferior a 5%. Anos mais tarde, Jobs não usaria de meias palavras para descrever o motivo do design sem inspiração e a fraqueza de mercado do Zune:

> Quanto mais velho fico, mais vejo como a motivação importa. O Zune era uma bosta porque o pessoal da Microsoft não ama realmente a música ou a arte da forma como nós amamos. Vencemos porque adoramos música. Fizemos o iPod para nós mesmos, e quando você faz algo para si mesmo, ou para seu melhor amigo, ou para sua família, você não vai fazer porcaria. Se você não ama uma coisa, não vai fazer o esforço a mais, trabalhar no fim de semana, desafiar tanto o status quo.

MR. TAMBOURINE MAN

A primeira reunião anual de Andy Lack na Sony aconteceu em abril de 2003, na mesma semana em que a Apple lançou a iTunes Store. Ele fora nomeado chefe da divisão de música quatro meses antes e passara grande parte desse tempo negociando com Jobs. Com efeito, Lack chegou a Tóquio diretamente de Cupertino, levando a versão mais recente do iPod e uma descrição da iTunes Store. Na frente dos duzentos gerentes reunidos, ele tirou o iPod do bolso. "Aqui está", disse, enquanto o presidente executivo, Nobuyuki Idei, e o chefe da Sony North America, Howard Stringer, observavam. "Eis o assassino do Walkman. Não há mistério embutido. O motivo de você terem comprado uma gravadora era para que pudessem fazer um aparelho como este. Vocês podem fazer melhor."

Mas a Sony não podia. Ela havia sido pioneira na música portátil com o Walkman, contava com uma excelente gravadora e tinha uma longa história de fabricar belos aparelhos de consumo. Tinha todos os trunfos para competir com a estratégia de Jobs de integração de hardware, software, dispositivos e vendas de conteúdo. Por que falhou? Em parte porque era uma empresa, como a AOL Time Warner, que estava organizada em divisões (essa palavra em si mesma era sinistra) com seus balanços próprios; o objetivo de obter sinergia nesse tipo de empresa instando as divisões a trabalhar em conjunto costumava ser difícil de alcançar.

Jobs não organizou a Apple em divisões semiautônomas; ele controlava estreitamente todas as suas equipes e estimulava-as a trabalhar como uma empresa coesa e flexível, com um resultado único de lucros e perdas. "Nós não temos 'divisões' com seus próprios L&P [lucros e perdas]", disse Tim Cook. "Temos um único L&P para a empresa."

Além disso, como muitas empresas, a Sony se preocupava com o prejuízo de concorrer consigo mesma. Se construísse um leitor de música que facilitasse para as pessoas o compartilhamento de músicas digitais, isso poderia prejudicar as vendas da divisão de discos. Uma das regras empresariais de Jobs era nunca ter medo de se prejudicar. "Se você não fizer isso consigo mesmo, alguém o fará", disse ele. Assim, embora um iPhone pudesse prejudicar as vendas de um iPod ou um iPad pudesse prejudicar as vendas de um laptop, isso não o detinha.

Em julho daquele ano, a Sony nomeou um veterano da indústria da música, Jay Samit, para criar seu próprio serviço parecido com o iTunes, chamado Sony Connect, que venderia músicas on-line e permitiria que fossem tocadas em aparelhos portáteis de música da Sony. "A medida foi imediatamente compreendida como uma forma de unir as divisões por vezes conflitantes de eletrônica e conteúdo", noticiou o *New York Times*, concluindo: "Essa batalha interna foi vista por muitos como a razão pela qual a Sony, a inventora do Walkman e a maior empresa no mercado de áudio portátil, estava sendo derrotada pela Apple". O Sony Connect foi lançado em maio de 2004. Durou pouco mais de três anos antes de a Sony desligá-lo.

A Microsoft estava disposta a licenciar seu software Windows Media e o formato de direitos digitais para outras empresas, tal como havia licenciado seu sistema operacional na década de 1980. Por sua vez, Jobs não licenciava o FairPlay da Apple para outros fabricantes de aparelhos; ele funcionava somente em um iPod. Tampouco permitia que outras lojas on-line vendessem músicas para uso em iPods. Vários especialistas disseram que isso acabaria por fazer a Apple perder participação no mercado, como acontecera nas guerras de computador da década de 1980. "Se a Apple continuar baseada numa arquitetura proprietária, o iPod vai se tornar provavelmente um produto de nicho", disse à *Wired* o professor da Harvard Business School Clayton Christensen. (Christensen era, com exceção desse caso, um dos analistas de negócios mais prescientes e perspicazes do mundo, e Jobs foi profundamente influenciado por seu livro *O dilema do inovador.*) Bill Gates defendeu o mesmo ponto de vista. "Não há nada especial em relação à música", disse ele. "Essa história aconteceu com o PC e a abordagem de abertura para a escolha funcionou muito bem nesse ponto."

Em julho de 2004, Rob Glaser, fundador da RealNetworks, procurou contornar as restrições da Apple com um serviço chamado Harmony. Ele tentara convencer Jobs a licenciar o formato FairPlay da Apple para o Harmony, mas quando isso não aconteceu Glaser simplesmente aplicou a engenharia reversa e usou-o com as músicas que o Harmony vendia. A estratégia de Glaser era que as músicas vendidas pelo Harmony tocariam em qualquer aparelho, como um iPod, um Zune ou um Rio, e lançou uma campanha de marketing com o slogan "Liberdade de escolha". Jobs ficou furioso e emitiu um comunicado dizendo que a Apple estava "espantada que a RealNetworks adotasse as táticas e a ética de um hacker para invadir o iPod". A RealNetworks respondeu lançando uma petição na internet que exigia: "Ei, Apple! Não quebre o meu iPod". Jobs ficou em silêncio por alguns meses, mas em outubro lançou uma nova versão do software do iPod que tornou inoperantes as músicas compradas através do Harmony. "Steve é um cara único em sua espécie", disse Glaser. "Você descobre isso quando faz negócio com ele."

Nesse meio-tempo, Jobs e sua equipe — Rubinstein, Fadell, Robbin e Ive — conseguiram lançar novas versões do iPod que tiveram uma recepção calorosa e ampliaram a liderança da Apple. A primeira grande revisão, anunciada em janeiro de 2004, foi o iPod mini. Muito menor do que o iPod original — do tamanho de um cartão de visita —, tinha capacidade menor e custava mais ou menos o mesmo preço. A certa altura, Jobs decidira acabar com ele, não vendo por que alguém pagaria o mesmo por menos. "Ele não pratica esportes, por isso não percebeu como seria ótimo numa corrida ou na academia", disse Fadell. Com efeito, o mini foi o que realmente levou o iPod ao domínio do mercado, eliminando a concorrência de dispositivos menores do tipo pen drive. Nos dezoito meses após seu lançamento, a participação da Apple no mercado de tocadores de música portáteis disparou de 31% para 74%.

O iPod Shuffle, lançado em janeiro de 2005, era ainda mais revolucionário. Jobs notou que o recurso *shuffle* do iPod, que tocava as músicas em ordem aleatória, se tornara muito popular. As pessoas gostavam de ser surpreendidas, e também eram preguiçosas demais para montar e revisar continuamente suas *playlists*. Alguns usuários chegaram a ficar obcecados com a ideia de descobrir se a seleção de músicas era verdadeiramente aleatória e, em caso afirmativo, por que o iPod deles insistia em voltar para, digamos, os Neville Brothers?

Essa característica levou ao iPod Shuffle. Como Rubinstein e Fadell estavam trabalhando na criação de um pen drive pequeno e barato, eles continuaram fazendo coisas do tipo tornar a tela menor ainda. A certa altura, Jobs veio com uma sugestão maluca: livrar-se da tela. "O quê?", exclamou Fadell. "Simplesmente se livre dela", Jobs insistiu. Fadell perguntou sobre como os usuários poderiam navegar nas músicas. A ideia de Jobs era que os usuários não precisariam navegar. As músicas tocariam de forma aleatória. Afinal, eram todas de escolha do usuário. Tudo o que era necessário era um botão para pular uma música se você não estivesse no clima para ouvi-la. "Adote a incerteza", diziam os anúncios.

Como os concorrentes tropeçaram e a Apple continuou a inovar, a música tornou-se uma parte maior dos negócios da empresa. Em janeiro de 2007, as vendas do iPod respondiam por metade de suas receitas. Ele também acrescentou um brilho à marca Apple. Mas um sucesso ainda maior foi a iTunes Store. Tendo vendido 1 milhão de músicas nos primeiros seis dias depois que foi lançada, em abril de 2003, a loja vendeu 70 milhões de músicas em seu primeiro ano. Em fevereiro de 2006, vendeu sua bilionésima música, quando Alex Ostrovsky, de dezesseis anos, de West Bloomfield, Michigan, comprou "Speed of sound", do Coldplay, e recebeu um telefonema de congratulações de Jobs, além de dez iPods, um iMac e um vale-presente para músicas no valor de 10 mil dólares. A decabilionésima música foi vendida em fevereiro de 2010 para Louie Sulcer, de 71 anos, de Woodstock, Georgia, que baixou "Guess things happen that way", de Johnny Cash.

O sucesso da loja iTunes também causou um benefício mais sutil. Em 2011, um negócio novo e importante já havia surgido: ser o serviço em que as pessoas confiavam para dar sua identidade e informações de pagamento on-line. A Apple — ao lado da Amazon, Visa, PayPal, American Express e alguns outros serviços — havia montado um banco de dados de pessoas que lhe confiavam seus e-mails e informações de cartão de crédito para facilitar a compra segura e fácil. Isso possibilitava que a empresa vendesse, por exemplo, uma assinatura de revista por intermédio de sua loja on-line e, quando isso acontecesse, ela teria uma relação direta com o assinante, em lugar da editora da revista. Com a venda de vídeos, aplicativos e assinaturas, a loja iTunes já tinha, até junho de 2011, um banco de dados de 225 milhões de usuários ativos, o que posicionava a Apple para a próxima era do comércio digital.

31. Homem musical

A trilha sonora da vida de Jobs

Jimmy Iovine, Bono, Jobs e The Edge, em 2004.

NO IPOD DELE

Com o crescimento do fenômeno iPod, uma nova pergunta passou a ser feita a candidatos presidenciais, a celebridades de segundo time, a namorados(as) no primeiro encontro, à rainha da Inglaterra e a quase todo mundo que usasse fones de ouvido brancos: "O que tem no seu iPod?". A brincadeira de salão decolou quando, no início de 2005, Elisabeth Bumiller escreveu um artigo no *New York Times* analisando a resposta que o presidente George W. Bush dera quando ela lhe fez essa pergunta. "O iPod de Bush está carregado de cantores country tradicionais", revelou a repórter. "Ele tem seleções de Van Morrison, cuja 'Brown eyed girl' é uma de suas preferidas, e de John Fogerty, com a previsível 'Centerfield'." Ela pediu a Joe Levy, um dos editores da *Rolling Stone*, que analisasse a seleção, e ele comentou: "Uma coisa interessante é que o presidente gosta de artistas que não gostam dele".

"O simples fato de entregar seu iPod a um amigo, a seu encontro às cegas ou ao estranho sentado a seu lado no avião abre você como um livro", escreveu Steven Levy em *The perfect thing* [A coisa perfeita]. "Tudo que alguém precisa fazer é percorrer sua musicoteca naquele anel de clique e, musicalmente falando, você está nu. Não se trata apenas do que você gosta, mas de *quem você é*." Então, um dia, quando estávamos sentados na sua sala de estar ouvindo música, pedi a Jobs para me deixar ver o seu. Ele me mostrou um que havia carregado em 2004.

Não surpreende que tivesse todos os seis volumes da série pirata de Dylan, inclusive as faixas que Jobs começara a adorar quando ele e Wozniak conseguiram copiá-las em gravadores de rolo, anos antes do lançamento oficial da série. Além disso, havia quinze outros discos de Dylan, a partir do primeiro, *Bob Dylan* (1962), mas indo somente até *Oh Mercy* (1989). Jobs discutira muito com Andy Hertzfeld e outros, argumentando que os discos posteriores de Dylan — na verdade, todos lançados depois de *Blood on the tracks* (1975) — não eram tão bons quanto suas primeiras performances. A única exceção que ele abria era para a faixa "Things have changed" do filme *Garotos incríveis*, lançado em 2000. Chamava a atenção o fato de não estar em seu iPod o disco *Empire burlesque* (1985), que Hertzfeld tinha lhe dado no fim de semana em que ele fora afastado da Apple.

O outro grande tesouro em seu iPod eram os Beatles, com músicas de sete de seus discos: *A hard day's night, Abbey road, Help, Let it be!, Magical mystery tour, Meet the Beatles!* e *Sargent Pepper's Lonely Hearts Club Band*. Os discos solo não estavam presentes. Os Rolling Stones vinham em seguida, com seis discos: *Emotional rescue, Flashpoint, Jump back, Some girls, Sticky fingers* e *Tattoo you*. No caso de Dylan e dos Beatles, a maioria dos discos estava quase completa. Mas, fiel à sua crença de que os discos podem e devem ser desagregados, os dos Stones e da maioria dos outros artistas incluídos em seu iPod tinham apenas três ou quatro faixas. Sua outrora namorada Joan Baez estava amplamente representada por seleções de quatro discos, entre elas duas versões diferentes de "Love is just a four letter word".

As seleções de seu iPod eram as de um garoto dos anos 1970 com o coração nos anos 1960. Havia Aretha Franklin, B. B. King, Buddy Holly, Buffalo Springfield, Don McLean, Donovan, The Doors, Janis Joplin, Jefferson Airplane, Jimi Hendrix, Johnny Cash, John Mellencamp, Simon & Garfunkel e até mesmo The Monkees ("I'm a believer") e Sam the Sham ("Wooly bully"). Somente cerca de um quarto das canções eram de artistas mais contemporâneos, como 10 000 Maniacs, Alicia Keys, Black Eyed Peas, Coldplay, Dido, Green Day, John Mayer (um amigo dele e da Apple), Moby (também), Bono e U2 (também), Seal e os Talking Heads. Quanto à música clássica, havia algumas gravações de Bach, entre elas os Concertos de Brandenburgo, e três discos de Yo-Yo Ma.

Em maio 2003, Jobs contou a Sheryl Crow que estava baixando algumas faixas de Eminem e que "ele está começando a me interessar". Depois disso, James Vincent o levou a um show de Eminem. Mesmo assim, o rapper não conseguiu entrar na *playlist* de Jobs. Ele comentou com Vincent depois do show: "Não sei, não...". Mais tarde, me disse: "Respeito Eminem como artista, mas não quero ouvir sua música, não consigo me relacionar com seus valores da maneira como faço com os de Dylan". Assim, a *playlist* de Jobs em 2004 não era exatamente de ponta. Mas os nascidos nos anos 1950 podem entendê-la e até mesmo apreciá-la como a trilha sonora de sua vida.

Seus preferidos não mudaram muito nos sete anos decorridos depois que ele carregou aquele iPod. Quando o iPad 2 foi lançado, em março de 2011, Jobs transferiu suas músicas prediletas para o novo aparelho. Uma tarde, estávamos sentados em seu living enquanto ele percorria as músicas em seu iPad novo e, com suave nostalgia, escolheu aquelas que queria ouvir.

Passamos pelo costumeiro Dylan e as preferidas dos Beatles, depois ele ficou mais reflexivo e escolheu um canto gregoriano — "Spiritus Domini" — interpretado por monges beneditinos. Por cerca de um minuto, ficou quase em transe. "Isto é realmente lindo", murmurou. Ele prosseguiu com o *Concerto de Brandenburgo nº 2* e uma fuga do *Cravo bem temperado*, de Bach. Bach era seu compositor clássico preferido, declarou. Gostava especialmente de ouvir os contrastes entre as duas versões das *Variações Goldberg* gravadas por Glenn Gould, a primeira de 1955, quando era um pianista de 22 anos pouco conhecido, e a segunda de 1981, um ano antes de morrer. "São como o dia e a noite", disse Jobs depois de tocá-las em sequência, numa tarde. "A primeira é uma peça exuberante, jovem, brilhante, tocada tão rápido que é uma revelação. A mais tardia é muito mais frugal e severa. Você sente uma alma muito profunda que passou por muita coisa na vida. É mais profundo e mais sábio." Naquela tarde, quando tocou as duas versões, Jobs estava em sua terceira licença médica, e perguntei de qual delas ele gostava mais. "Gould gostava muito mais da versão posterior", disse ele. "Eu antes gostava da primeira, a exuberante. Mas agora posso entender a posição dele."

Ele pulou então do sublime aos anos 1960: "Catch the wind", de Donovan. Quando percebeu meu olhar de esguelha, ele protestou: "Donovan fez algumas coisas realmente boas, boas mesmo". Ele pressionou "Mellow yellow" e depois admitiu que talvez não fosse o melhor exemplo. "Soava melhor quando éramos jovens."

Perguntei-lhe qual era a música de nossa infância que se segurava bem hoje em dia. Jobs rolou a lista de seu iPhone e escolheu a música "Uncle John Band", de 1969, do Grateful Dead. Ele meneou a cabeça junto com a letra: "Quando a vida parece Easy Street, há perigo em sua porta...". Por um momento, estávamos de volta à época tumultuada em que a suavidade dos anos 1960 estava terminando em discórdia. "Ôa, oh, o que quero saber é: você é gentil?"

Então ele passou para Joni Mitchell. "Ela teve uma filha que entregou para adoção", disse ele. "Esta canção é sobre sua filhinha." Ele escolheu "Little Green" e ouvimos a melodia e a letra triste. "Então você assina todos os papéis em nome da família / Você está triste e sente muito, mas não sente vergonha / Little Green, tenha um final feliz." Perguntei se ele ainda pensava com frequência sobre ter sido entregue para adoção. "Não, não muito", disse. "Não com muita frequência."

Ele disse que atualmente pensava mais sobre ficar velho do que em seu nascimento. Isso o levou a tocar a melhor canção de Joni Mitchell, "Both sides now", com sua letra sobre ficar mais velho e mais sábio: "Eu vi os dois lados da vida agora, / Do ganhar e do perder, e ainda de alguma forma / São as ilusões da vida que recordo, / Eu realmente não conheço bem a vida". Tal como Glenn Gould fizera com as *Variações Goldberg* de Bach, Mitchell havia gravado "Both sides now" com muitos anos de intervalo, primeiro em 1969 e, depois, numa versão lenta e dolorosamente perturbadora em 2000. Ele tocou esta última. "É interessante como as pessoas envelhecem", observou.

Algumas pessoas, acrescentou Jobs, não envelhecem bem, mesmo quando são jovens. Perguntei quem ele tinha em mente. "John Mayer é um dos melhores guitarristas que já existiram, e só receio que ele esteja destruindo isso", respondeu. Jobs gostava de Mayer e o convidava ocasionalmente para jantar em Palo Alto. Aos 27 anos, Mayer se apresentou na Macworld de janeiro de 2004, quando Jobs apresentou o GarageBand, e ele se tornou parte integrante do evento por muitos anos. Jobs tocou o sucesso "Gravity" de Mayer. A letra é sobre um cara cheio de amor que inexplicavelmente sonha com maneiras de jogá-lo fora: "A gravidade está trabalhando contra mim / E a gravidade quer me derrubar". Jobs sacudiu a cabeça e comentou: "Acho que ele no fundo é um garoto realmente legal, mas acabou fora de controle".

No fim da sessão, fiz a Jobs uma pergunta muito batida: Beatles ou Rolling Stones? "Se o cofre estivesse em chamas e eu pudesse pegar apenas um conjunto de fitas master, pegaria os Beatles. O difícil seria escolher entre os Beatles e Dylan. Alguém poderia imitar os Stones. Ninguém poderia ser Dylan ou os Beatles." Enquanto ele ruminava sobre como tivemos a sorte de tê-los todos quando éramos jovens, seu filho, então com dezoito anos, entrou na sala. "Reed não entende", Jobs lamentou. Ou talvez entendesse. Ele estava com uma camiseta que exibia a figura de Joan Baez e as palavras "Forever young".

BOB DYLAN

A única vez que Jobs se lembra de ter ficado mudo foi na presença de Bob Dylan. Ele estava tocando perto de Palo Alto, em outubro de 2004, quando Jobs se recuperava de sua primeira cirurgia de câncer. Dylan não era um homem sociável, não era um Bono ou um Bowie. Nunca foi amigo de Jobs, nem fazia questão de ser. No entanto, convidou Jobs para visitá-lo em seu hotel antes do show. Jobs relembrou:

> Sentamos no pátio, fora de seu quarto, e conversamos por duas horas. Eu estava muito nervoso, porque ele era um dos meus heróis. E também tinha medo de que ele não fosse mais muito inteligente, que fosse uma caricatura de si mesmo, como acontece com muita gente. Mas fiquei encantado. Sua inteligência continuava afiada como uma navalha. Era tudo o que eu esperava. Ele era realmente aberto e honesto. Contou-me sobre sua vida e sobre como escrevia suas canções. Ele disse: "Elas simplesmente me aconteciam, era como se eu não precisasse compô-las. Isso não acontece mais, não consigo mais escrevê-las desse jeito". Então fez uma pausa e me disse com sua voz rouca e um sorriso discreto: "Mas ainda consigo cantá-las".

Quando voltou a tocar nos arredores, Dylan convidou Jobs a dar uma passada em seu incrementado ônibus de turnê antes do concerto. Quando ele perguntou qual era sua canção favorita, Jobs mencionou "One too many mornings". Então, Dylan a cantou naquela noite. Depois do show, quando Jobs estava saindo pelos fundos, o ônibus da turnê se aproximou e deu uma freada. A porta abriu. "Então, ouviu a música que cantei para você?", perguntou Dylan com sua voz áspera e em seguida foi embora. Quando conta essa história, Jobs faz uma boa imitação da voz de Dylan. "Ele é um dos meus heróis de todos os tempos. Minha adoração por ele cresceu ao longo dos anos, amadureceu. Não consigo entender como ele fez isso quando era tão jovem."

Poucos meses depois de vê-lo no show, Jobs propôs um plano grandioso. A iTunes Store deveria oferecer uma "caixa" digital de todas as canções que Dylan já havia gravado, mais de setecentas no total, por 199 dólares. Jobs seria o curador de Dylan para a era digital. Mas Andy Lack, da Sony, a gravadora de Dylan, não estava disposto a fazer um acordo sem algumas concessões sérias da parte do iTunes. Além disso, Lack achava o preço de 199 dólares muito baixo e degradante para Dylan. "Bob é um tesouro nacional", disse, "e Steve o queria no iTunes a um preço que o comoditizava." Isso tocava o cerne dos problemas que Lack e outros executivos de gravadoras estavam tendo com Jobs: ele estava começando a definir os preços de venda, não eles. Então Lack disse não.

"O.k., então vou falar com Dylan diretamente", disse Jobs. Mas não se tratava do tipo de coisa que Dylan estivesse acostumado a tratar, por isso coube a seu agente, Jeff Rosen, resolver o problema.

"É uma ideia muito ruim", disse Lack a Rosen, mostrando-lhe os números. "Bob é o herói de Steve. Ele vai adoçar o negócio." Lack tinha um desejo profissional e pessoal de resistir a Jobs, até mesmo de provocá-lo um pouco. Então fez uma oferta a Rosen: "Dou-lhe um cheque de 1 milhão de dólares amanhã se você adiar o negócio, por enquanto". Como Lack explicou mais tarde, era um adiantamento contra royalties futuros, "uma daquelas coisas de contabilidade que as gravadoras fazem". Rosen telefonou de volta 45 minutos mais tarde e aceitou a proposta. "Andy acertou as coisas conosco e nos pediu para não fazer aquilo, então não fizemos", lembrou ele. "Acho que Andy nos deu algum tipo de adiantamento para que não fizéssemos o negócio com Jobs."

Em 2006, no entanto, Lack já deixara de ser o presidente executivo do que era então a Sony BMG, e Jobs retomou as negociações. Ele enviou a Dylan um iPod com todas as suas músicas e mostrou a Rosen o tipo de campanha de marketing que a Apple poderia montar. Em agosto, ele anunciou um grande acordo que permitia que a Apple vendesse por 199 dólares a caixa digital com todas as canções que Dylan já gravara, mais o direito exclusivo de oferecer seu novo disco, *Modern times*, para encomendas antes do lançamento. "Bob Dylan é um dos poetas e músicos mais respeitados de nosso tempo, e é um herói pessoal meu", disse Jobs no anúncio. O conjunto de 773 faixas incluía 42 raridades, como uma fita de 1961 de "Wade in the water", feita em um hotel de Minnesota, uma versão de 1962 de "Handsome Molly" de um show ao vivo no Gaslight Café em Greenwich Village, a interpretação verdadeiramente impressionante de "Mr. Tambourine Man", de 1964, no Newport Folk Festival (a preferida de Jobs) e uma versão acústica de "Outlaw blues", de 1965.

Como parte do acordo, Dylan apareceu em um anúncio de tevê do iPod, apresentando seu novo álbum, *Modern times*. Tratava-se do caso mais impressionante de inversão de script desde que Tom Sawyer convenceu seus amigos a caiar a cerca. No passado, para que uma celebridade fizesse um anúncio era necessário pagar-lhe muito dinheiro. Mas em 2006, a situação já se invertera. Grandes artistas *queriam* aparecer nas propagandas do iPod. A exposição garantiria o sucesso. James Vincent previra isso alguns anos antes, quando Jobs dissera que tinha contato com muitos músicos e poderia pagar a eles para aparecer em anúncios. "Não, as coisas vão mudar em breve", retrucou Vincent. "A Apple é um tipo diferente de marca, e é mais descolada do que a marca da maioria dos artistas. Vamos pôr uns 10 milhões de dólares de mídia por trás de cada banda que usarmos. Deveríamos falar sobre a oportunidade que oferecemos às bandas, em vez de pagar a elas."

Lee Clow relembrou que houve realmente alguma resistência ao uso de Dylan entre os funcionários mais jovens da Apple e da agência. "Duvidavam que ele fosse cool o suficiente", disse Clow. Jobs não quis saber disso. Ele estava emocionado por ter Dylan.

Ele ficou obcecado com cada detalhe do comercial de Dylan. Rosen foi a Cupertino para que pudessem examinar o disco e escolher a música que usariam, que acabou sendo "Someday baby". Jobs aprovou um teste de vídeo feito por Clow com um substituto de Dylan, que depois foi gravado em Nashville com o próprio cantor. Mas, quando o vídeo voltou, Jobs odiou. Não era diferenciado o suficiente. Ele queria um estilo novo. Então Clow contratou outro diretor e Rosen conseguiu convencer Dylan a regravar o comercial inteiro — dessa vez, numa variação abrandada do estilo do comercial da silhueta, com Dylan de chapéu de caubói sentado em um banquinho tocando e cantando, suavemente iluminado por trás, enquanto uma mulher descolada com boné de jornaleiro dançava ao som de seu iPod. Jobs adorou.

O anúncio mostrava o efeito prestígio do marketing do iPod: ajudou Dylan a conquistar um público mais jovem, tal como fizera para os computadores da Apple. Por causa do anúncio, o disco de Dylan chegou ao topo da parada da *Billboard* na primeira semana, superando CDs de Christina Aguilera e Outkast. Foi a primeira vez que Dylan alcançou o primeiro lugar desde *Desire*, em 1976, trinta anos antes. A *Ad Age* deu manchete ao papel da Apple na propulsão de Dylan. "O anúncio do iTunes não foi somente um negócio comum de endosso de celebridade, em que uma grande marca assina um cheque gordo para explorar o capital de uma grande estrela", informava a revista. "Ele inverteu a fórmula, com a todo-poderosa marca Apple dando ao sr. Dylan acesso à faixa demográfica mais jovem e ajudando a elevar suas vendas a patamares que ele não atingia desde o governo Ford."

BEATLES

Entre os CDs valiosos de Jobs estava um disco pirata que continha uma dezena de sessões gravadas de John Lennon e os Beatles revisando "Strawberry Fields forever". Ele se tornou a trilha sonora de sua filosofia de como aperfeiçoar um produto. Andy Hertzfeld havia encontrado o CD e fizera uma cópia para Jobs em 1986, embora às vezes este dissesse que o disco viera de Yoko Ono. Um dia, sentado na sala de sua casa em Palo Alto, Jobs remexeu em algumas estantes de vidro fechadas para encontrá-lo, depois o tocou enquanto descrevia o que ele lhe havia ensinado:

> É uma música complexa, e é fascinante observar o processo criativo à medida que eles iam pra lá e pra cá e, por fim, a criaram ao longo de alguns meses. Lennon sempre foi o meu Beatle favorito. [Ele ri quando Lennon para durante a primeira tomada e faz a banda voltar e corrigir um acorde.] Você ouviu aquele pequeno desvio que eles fizeram? Não funcionou, então voltaram e recomeçaram de onde estavam. Está muito cru nessa versão. Faz com que eles pareçam meros mortais. Você poderia imaginar outras pessoas fazendo isso, até essa versão. Talvez não escrevê-la e concebê-la, mas certamente tocá-la. No entanto, eles não pararam. Eram tão perfeccionistas que continuaram, sem parar. Isso causou uma grande impressão em mim quando eu tinha trinta e poucos anos. Era possível ver o quanto trabalharam nisso.

Eles fizeram vários trabalhos entre cada uma dessas gravações. Voltavam sempre a ela, para torná-la mais próxima da perfeição. [Ao escutar a terceira tomada, ele chama a atenção para a maior complexidade da instrumentação.] Muitas vezes fazemos assim as coisas na Apple. Até o número de modelos que fazemos de um notebook novo ou iPod. Começamos com uma versão e depois refinamos, refinamos, fazendo modelos detalhados do projeto, ou dos botões, ou de como uma função atua. É muito trabalho, mas no fim sempre fica melhor, e logo é tipo: Uau, como eles fizeram isso?!? Onde estão os parafusos?

Era, portanto, compreensível que Jobs ficasse exasperado porque os Beatles não estavam no iTunes.

Sua luta com a Apple Corps, empresa holding dos Beatles, durava mais de três décadas, fazendo com que muitos jornalistas abusassem da frase *"long and winding road"* [longa e sinuosa estrada] ao escrever sobre essa relação. Tudo começou em 1978, quando a Apple Computers, logo após sua abertura, foi processada pela Apple Corps por violação de marca registrada, com base no fato de que a ex-gravadora dos Beatles se chamava Apple. A ação foi resolvida três anos depois, quando a Apple Computers pagou 80 mil dólares à Apple Corps. O acordo tinha o que na época pareceu ser uma cláusula inócua: os Beatles não produziriam nenhum equipamento de informática e a Apple não comercializaria nenhum produto musical.

Os Beatles cumpriram sua parte do negócio. Nenhum deles jamais produziu um computador. Mas a Apple acabou entrando no mundo da música. Ela foi processada novamente em 1991, quando o Mac incorporou a capacidade de reproduzir arquivos musicais, depois mais uma vez em 2003, quando foi lançada a loja de música iTunes. Um advogado de longa data dos Beatles observou que Jobs tendia a fazer o que quisesse, sem pensar que os acordos legais se aplicavam a ele. As questões legais foram enfim resolvidas em 2007, quando a Apple concordou em pagar à Apple Corps 500 milhões de dólares por todos os direitos mundiais do nome, e depois licenciou para os Beatles o direito de usar a Apple Corps para seus negócios.

Infelizmente, isso não resolveu o problema de conseguir os Beatles para o iTunes. Para que isso acontecesse, os Beatles e a EMI Music, que detinha os direitos da maioria de suas canções, tinham de negociar suas próprias diferenças quanto ao modo de lidar com os direitos digitais. "Todos os Beatles querem estar no iTunes", Jobs recordou mais tarde, "mas eles e a EMI são como um velho casal. Odeiam-se mutuamente, mas não conseguem se divorciar. O fato de minha banda favorita ser a última a ficar fora do iTunes era algo que eu esperava muito poder resolver enquanto estava vivo." De fato, ele resolveria.

BONO

Bono, o vocalista do U2, apreciava muito a força de marketing da Apple. A banda de Dublin era a melhor do mundo, mas em 2004, depois de quase trinta anos juntos, ela estava tentando reavivar sua imagem. Haviam produzido um disco novo incrível, com uma canção que o guitarrista da banda, The Edge, declarou ser "a mãe de todas as canções de rock". Bono sabia que precisava achar uma maneira de impulsioná-lo, então telefonou para Jobs.

"Eu queria algo específico da Apple", lembrou Bono. "Nós tínhamos uma música chamada 'Vertigo', que tinha um riff de guitarra agressivo que eu sabia que seria contagiante, mas somente se as pessoas fossem expostas a ele muitas e muitas vezes." Ele sabia que a época da promoção de uma música através do rádio tinha acabado. Então Bono foi visitar Jobs em Palo Alto, caminhou em torno do jardim e fez uma proposta incomum. Ao longo dos anos, o U2 havia rejeitado ofertas de até 23 milhões de dólares para aparecer em comerciais. Agora, ele queria que Jobs os usasse em um anúncio do iPod de graça — ou pelo menos como parte de um pacote de benefício mútuo. "Eles nunca tinham feito um comercial", Jobs recordou mais tarde. "Mas estavam sendo roubados pelos downloads gratuitos, gostavam do que estávamos fazendo com o iTunes e pensaram que poderiam promovê-lo para um público mais jovem."

Bono não queria apenas a música no comercial, mas também a banda. Qualquer outro presidente executivo teria feito um mosh para ter o U2 em um anúncio, mas Jobs recuou um pouco. A Apple não tinha pessoas reconhecíveis nas propagandas do iPod, apenas silhuetas. (O anúncio de Dylan ainda não tinha sido feito.) "Você tem silhuetas de fãs, então silhuetas de artistas não poderia ser a próxima fase?", perguntou Bono. Jobs disse que parecia uma ideia digna de ser explorada. Bono deixou uma cópia do disco ainda inédito, *How to dismantle an atomic bomb*, para Jobs ouvir. "Ele era a única pessoa fora da banda que tinha o CD", disse Bono.

Seguiu-se uma rodada de reuniões. Jobs foi conversar com Jimmy Iovine — cuja gravadora, a Interscope, distribuía o U2 —, em sua casa na região de Holmby Hills, em Los Angeles. The Edge estava lá, junto com o empresário do U2, Paul McGuinness. Outra reunião realizou-se na cozinha de Jobs, com McGuinness anotando os itens do acordo na parte traseira de seu diário. O U2 apareceria no comercial e a Apple promoveria vigorosamente o disco de várias maneiras, que iam de outdoors à página inicial do iTunes. A banda não receberia honorários diretos, mas teria royalties da venda de uma edição especial U2 do iPod. Bono acreditava, como Lack, que os músicos deveriam receber direitos autorais sobre cada iPod vendido, e aquela era sua pequena tentativa de afirmar o princípio, de uma forma limitada, para sua banda. "Bono e eu pedimos a Steve para nos fazer um aparelho preto", lembrou Iovine. "Não estávamos fazendo apenas um patrocínio de comercial, estávamos fazendo um acordo de *co-branding*."

"Queríamos nosso próprio iPod, uma coisa diferente dos aparelhos brancos comuns", Bono lembrou. "Queríamos preto, mas Steve disse: 'Tentamos cores diferentes do branco e elas não funcionam'. Mas no encontro seguinte ele nos mostrou um preto, e achamos ótimo."

O comercial intercalava imagens de alta tensão da banda em silhueta parcial com a silhueta habitual de uma mulher dançando enquanto ouvia um iPod. Mas, ao mesmo tempo que era filmado em Londres, o acordo com a Apple estava se desfazendo. Jobs não estava satisfeito com a ideia de um iPod especial preto, e as questões financeiras de royalties e de promoção não estavam totalmente resolvidas. Ele chamou James Vincent, que estava supervisionando o comercial para a agência de publicidade, e lhe disse para segurar as coisas. "Não acho que isso vai acontecer", disse Jobs. "Eles não percebem quanto estamos dando a eles, a coisa vai mal. Vamos pensar em outro anúncio para fazer." Vincent, fã do U2 desde sempre, sabia como o anúncio seria importante, tanto para a banda como para a Apple, e implorou por uma chance de telefonar para Bono e tentar fazer as coisas voltarem aos trilhos. Jobs deu-lhe o número do celular de Bono e ele achou o cantor em sua cozinha, em Dublin.

"Não acho que isso vai dar certo", Bono disse a Vincent. "A banda está relutante." Vincent perguntou qual era o problema. "Quando éramos adolescentes em Dublin, dissemos que jamais faríamos *naff stuff*", respondeu Bono. Vincent, apesar de ser britânico e estar familiarizado com gírias do rock, disse que não sabia o que ele queria dizer. "Fazer porcarias por dinheiro", explicou Bono. "Nós nos preocupamos com nossos fãs. Achamos que os decepcionaríamos se aparecêssemos num anúncio. Não parece legal. Desculpe-me por ter feito vocês perderem tempo."

Vincent perguntou o que mais a Apple poderia fazer para que a coisa fosse adiante. "Nós estamos dando a vocês a coisa mais importante que temos para dar, nossa música", disse Bono. "E o que vocês estão nos dando em troca? Publicidade, e nossos fãs vão pensar que é para vocês. Precisamos de algo mais." Vincent não sabia sobre a edição especial U2 do iPod nem do arranjo dos royalties, então passou a vender isso. "Essa é a coisa mais valiosa que temos para dar", disse. Bono vinha insistindo nisso desde seu primeiro encontro com Jobs e tratou de se garantir. "É genial, mas você precisa me dizer se podemos realmente fazer isso."

Vincent telefonou imediatamente para Jony Ive, outro grande fã do U2 (ele os vira pela primeira vez num show em Newcastle, em 1983), e relatou a situação. Ive disse que já havia feito uma maquete de um iPod preto com um anel de clique vermelho, exatamente o que Bono havia solicitado, para combinar com as cores da capa do CD de *How to dismantle an atomic bomb*. Vincent ligou para Jobs e sugeriu que ele enviasse Ive a Dublin para mostrar como seria o iPod preto e vermelho. Jobs concordou. Vincent ligou de volta para Bono e perguntou se ele conhecia Jony Ive, sem saber que eles haviam se encontrado antes e se admiravam mutuamente. "Conhecer Jony Ive?", Bono riu. "Eu adoro esse cara. Eu bebo a água do banho dele."

"Isso é um pouco forte", Vincent respondeu, "mas que tal receber a visita dele e deixá-lo mostrar como seria legal o seu iPod?"

"Vou buscá-lo pessoalmente na minha Maserati", Bono respondeu. "Ele vai ficar na minha casa, vou sair com ele e fazer com que beba bastante."

No dia seguinte, enquanto Ive viajava para Dublin, Vincent teve de dobrar Jobs, que estava hesitante. "Não sei se estamos fazendo a coisa certa", disse ele. "Não queremos fazer isso para mais ninguém." Ele estava preocupado com o precedente de artistas receberem royalties por todo iPod vendido. Vincent lhe assegurou que o acordo com o U2 seria especial.

"Jony chegou a Dublin e eu o levei para minha casa de hóspedes, um lugar sereno junto a uma linha férrea, com vista para o mar", lembrou Bono. "Ele me mostra aquele lindo iPod preto com um anel de clique vermelho escuro e eu digo o.k., nós faremos o anúncio." Eles foram a um pub local, acertaram alguns detalhes e então ligaram para Jobs em Cupertino para ver se ele concordaria. Jobs regateou um pouco em relação a cada detalhe do acordo e em relação ao design, mas isso impressionou Bono: "É realmente incrível que um presidente executivo se importe a esse ponto com detalhes". Quando tudo foi resolvido, Ive e Bono se dedicaram a beber a sério. Ambos sentem-se em casa em pubs. Depois de algumas canecas, resolveram ligar para Vincent, na Califórnia. Ele não estava em casa, então Bono deixou uma mensagem na secretária eletrônica, que Vincent fez questão de nunca apagar: "Estou sentado aqui na borbulhante Dublin com seu amigo Jony. Nós dois estamos um pouco bêbados, e estamos felizes com este maravilhoso iPod, e eu não posso nem acreditar que ele existe e eu o estou segurando na minha mão. Obrigado!".

Jobs alugou um teatro clássico em San Jose para o lançamento do comercial e o especial de tevê do iPod. Bono e The Edge juntaram-se a ele no palco. O disco vendeu 840 mil exemplares na primeira semana e estreou como número um na parada da *Billboard*. Bono disse depois à imprensa que havia feito o comercial de graça porque "o U2 vai ganhar com o comercial tanto quanto a Apple". Jimmy Iovine acrescentou que ele possibilitaria que a banda "atingisse um público mais jovem".

O notável dessa história é o fato de que a associação com uma empresa de informática e eletrônica foi o melhor caminho para uma banda de rock parecer descolada e atrair a juventude. Bono explicou mais tarde que nem todos os patrocínios empresariais significavam negociar com o diabo. "Vamos dar uma olhada", ele disse a Greg Kot, crítico de música do *Chicago Tribune*. "O 'diabo' aqui é um bando de cabeças criativas, mais criativas do que muita gente das bandas de rock. O vocalista é Steve Jobs. Esses homens ajudaram a projetar o mais belo objeto artístico da cultura da música desde a guitarra elétrica. Isso é o iPod. A função da arte é espantar a feiura."

Bono conseguiu fazer outro acordo com Jobs em 2006, dessa vez para sua campanha Product Red [Produto vermelho], que levantou dinheiro e promoveu a conscientização na luta contra a aids na África. Jobs nunca se interessou muito por filantropia, mas concordou em produzir um iPod vermelho especial para fazer parte da campanha de Bono. Não foi um compromisso irrestrito. A assinatura da campanha, por exemplo, previa o uso do nome da empresa entre parênteses com a palavra RED em sobrescrito depois dela, como em (APPLE)^{RED}. Jobs foi contra: "Não quero a Apple entre parênteses". Bono respondeu: "Mas, Steve, é assim que mostraremos a unidade em torno de nossa causa". A conversa esquentou — chegou ao estágio do "vá se foder" — até que eles concordaram em postergar a questão. Por fim, Jobs cedeu — mais ou menos. Bono poderia fazer o que quisesse em seus anúncios, mas Jobs jamais poria a Apple entre parênteses em qualquer de seus produtos ou em qualquer de suas lojas. O iPod foi rotulado (PRODUCT)^{RED}, em vez de (APPLE)^{RED}.

"Steve pode ser explosivo", lembrou Bono, "mas aqueles momentos nos tornaram amigos mais próximos, porque não há muitas pessoas em sua vida com quem você pode ter essas discussões fortes. Ele é muito teimoso. Depois de nossos shows, falo com ele e ele sempre tem uma opinião." De vez em quando Jobs e a família visitam Bono, sua esposa e os quatro filhos na casa deles, perto de Nice, na Riviera Francesa. Em uma das férias, em 2008, Jobs fretou um barco e o ancorou perto da casa do músico. Eles faziam as refeições juntos, e Bono tocava fitas das canções que ele e o U2 estavam preparando para o que veio a ser o disco *No line on the horizon*. Mas, apesar da amizade, Jobs ainda era um negociador duro. Eles tentaram fazer um acordo para outro anúncio e lançamento especial da música "Get on your boots", mas não conseguiram chegar a bom termo. Em 2010, quando Bono machucou as costas e teve de cancelar uma turnê, Laurene lhe mandou de presente uma cesta com um DVD do duo de comediantes Flight of the Conchords, o livro *Mozart's brain and the fighter pilot* [O cérebro de Mozart e o piloto de caça], mel de seu jardim e pomada para dor. Jobs anexou um bilhete ao último item que dizia: "Pomada para dor — eu adoro esse troço".

YO-YO MA

Havia um músico clássico que Jobs reverenciava como pessoa e como intérprete: Yo-Yo Ma, o versátil virtuose que é tão doce e profundo quanto os sons que tira de seu violoncelo. Eles se conheceram em 1981, quando Jobs estava na Conferência de Design e Ma estava no Festival de Música, ambos em Aspen. Jobs tendia a ficar profundamente emocionado com artistas que exibiam pureza e se tornou fã do violoncelista. Ele convidou Ma para tocar em seu casamento, mas o músico estava em turnê fora do país. Alguns anos depois, ele apareceu na casa de Jobs, sentou-se na sala, pegou seu violoncelo Stradivarius 1733 e tocou Bach. "Isso é o que eu teria tocado em seu casamento", explicou. Os olhos de Jobs se encheram de lágrimas e ele disse: "Você tocando é o melhor argumento que já ouvi para a existência de Deus, porque realmente não acredito que um ser humano possa fazer isso sozinho". Em uma visita posterior, Ma permitiu que Erin, a filha de Jobs, segurasse o violoncelo, enquanto eles estavam sentados na cozinha. Àquela altura, Jobs já tinha sido atingido pelo câncer e fez Ma prometer que tocaria em seu funeral.

32. Pixar

Amigos... e inimigos

VIDA DE INSETO

Quando a Apple desenvolveu o iMac, Jobs foi com Jony Ive mostrá-lo ao pessoal da Pixar. Ele achava que a máquina tinha a personalidade impetuosa que impressionaria os criadores de Buzz Lightyear e Woody, e lhe agradava o fato de que Ive e John Lasseter tivessem o mesmo talento para unir a arte e a tecnologia de maneira divertida.

A Pixar era um refúgio onde Jobs podia se abrigar das tensões de Cupertino. Na Apple, os gerentes viviam agitados e esgotados, Jobs estourava à toa, as pessoas se sentiam nervosas sem saber em que posição estavam junto a ele. Na Pixar, os roteiristas e os ilustradores pareciam mais calmos e eram mais amáveis, uns com os outros e também com Jobs. Em outras palavras, nos dois lugares o tom era dado pela chefia, por Jobs na Apple, mas por Lasseter na Pixar.

Jobs se divertia muito com a brincadeira de fazer filmes a sério e se apaixonou pelos algoritmos que criavam tanta magia, permitindo que as gotas de chuva geradas por computador refratassem os raios de sol ou que a grama ondulasse ao vento. Mas conseguiu se conter e não tentou controlar o processo de criação. Foi na Pixar que ele aprendeu a deixar que outras pessoas criativas florescessem e tomassem a frente. Isso aconteceu em larga medida porque ele gostava muito de Lasseter, um artista gentil que, como Ive, fazia aflorar o melhor de Jobs.

Sua função principal na Pixar era negociar e fechar contratos, área em que sua força natural constituía um grande trunfo. Logo após o lançamento de *Toy story*, Jobs entrou em conflito com Jeffrey Katzenberg, que tinha saído da Disney no verão de 1994 e se associara a Steven Spielberg e David Geffen para criar um novo estúdio, a DreamWorks SKG. Jobs achava que sua equipe da Pixar tinha comentado com Katzenberg, quando este ainda estava na Disney, sobre o projeto do segundo filme, *Vida de inseto*, e que ele roubara a ideia de uma animação de insetos quando decidiu produzir *FormiguinhaZ* na DreamWorks. "Quando Jeffrey ainda dirigia o departamento de animação da Disney, comentamos com ele sobre a *Vida de inseto*", disse Jobs. "Em sessenta anos de história da animação, nunca ninguém tinha pensado em fazer um desenho animado sobre insetos, antes de Lasseter. Foi uma de suas centelhas de criatividade genial. E Jeffrey saiu e foi para a DreamWorks, e de repente teve essa ideia de um filme animado sobre — ah! — insetos. E fingiu que nunca tinha ouvido a ideia. Mentira dele. Mentira deslavada."

Na verdade, não. A história real é um pouco mais interessante. Katzenberg nunca soube do projeto para *Vida de inseto* quando estava na Disney. Mas, quando foi para a DreamWorks, ficou em contato com Lasseter, sondando-o de vez em quando com um de seus típicos "ei, cara, como vai, só dando um alô", num telefonema rápido. Então um dia, quando Lasseter estava no prédio da Technicolor na Universal, onde também ficava a DreamWorks, ele ligou para Katzenberg e deu um pulo lá com dois colegas. Quando Katzenberg perguntou o que iam fazer na sequência, Lasseter contou. "Descrevemos para ele *Vida de inseto*, com uma formiga como personagem central, e contamos toda a história dela organizando as outras formigas e recrutando um grupo de insetos de circo para lutar contra os gafanhotos", relembrou Lasseter. "Eu devia ter percebido. Jeffrey continuava perguntando quando seria lançado."

Lasseter começou a se preocupar quando ouviu boatos, no começo de 1996, de que a DreamWorks estaria fazendo sua própria animação digital sobre formigas. Ligou para Katzenberg e lhe perguntou a respeito sem rodeios. Katzenberg hesitou, desconversou e perguntou onde ele tinha ouvido aquilo. Lasseter repetiu a pergunta e Katzenberg admitiu que era verdade. "Como você foi capaz?", berrou Lasseter, que rarissimamente levantava sua voz mansa.

"Tivemos a ideia faz muito tempo", disse Katzenberg, explicando que tinha sido sugerida a ele por um diretor de programação na DreamWorks.

"Não acredito em você", rebateu Lasseter.

Katzenberg reconheceu que tinha acelerado *FormiguinhaZ* para enfrentar os ex-colegas da Disney. O primeiro grande filme da DreamWorks era *O príncipe do Egito*, cujo lançamento estava programado para o Dia de Ação de Graças de 1998, e ele ficou apavorado quando soube que a Disney estava pensando em lançar *Vida de inseto*, da Pixar, no mesmo fim de semana. Então apressou a produção de *FormiguinhaZ* para obrigar a Disney a mudar a data de estreia de *Vida de inseto*.

"Vá se foder", retrucou Lasseter, que normalmente não usava esse tipo de linguagem. Ele deixou de falar com Katzenberg por treze anos.

Jobs ficou furioso, e tinha muito mais prática do que Lasseter em dar vazão a suas emoções. Ligou para Katzenberg e começou a berrar. Katzenberg fez uma proposta: ele adiaria a produção de *FormiguinhaZ* se Jobs e a Disney transferissem a estreia de *Vida de inseto* para que este não concorresse com *O príncipe do Egito*. "Era uma tentativa de chantagem evidente, e não aceitei", lembrou Jobs, que disse para Katzenberg que não podia fazer nada para alterar a programação de lançamento da Disney.

"Claro que pode", retrucou Katzenberg. "Você consegue mover montanhas. Foi você que me ensinou!" E acrescentou que, quando a Pixar estava quase falida, tinha sido Jobs que a salvara com a proposta de fazer *Toy story*. "Fui o único cara a seu favor naquela época, e agora você está deixando que eles te usem para me ferrar." Ele sugeriu que Jobs, se quisesse, podia simplesmente atrasar a produção de *Vida de inseto* sem informar à Disney. Se fizesse isso, Katzenberg disse que seguraria *FormiguinhaZ*. "Nem pense em ir por aí", respondeu Jobs.

Katzenberg tinha um argumento válido. Era evidente que Eisner e Disney estavam usando a Pixar como represália contra ele por ter saído da Disney e ter criado um estúdio de animação rival. "*O príncipe do Egito* era a primeira coisa que estávamos fazendo, e eles programaram outra coisa na mesma data de lançamento que anunciamos só para nos hostilizar", disse ele. "Minha posição era a do rei Leão: se você mete a mão na minha jaula, tome cuidado."

Ninguém cedeu, e os filmes concorrentes das formigas geraram um frenesi na imprensa. Disney tentou manter Jobs quieto, com a teoria de que espicaçar a concorrência só ajudaria a promover *FormiguinhaZ*, mas ele não era homem de se deixar amordaçar facilmente. "Os bandidos raramente vencem", disse ao *Los Angeles Times*. Em resposta, Terry Press, o cara esperto e experiente de marketing da DreamWorks, sugeriu: "Steve Jobs devia tomar um comprimido".

FormiguinhaZ estreou no começo de outubro de 1998. Não era ruim. Woody Allen fazia a voz de uma formiga neurótica vivendo numa sociedade conformista, ansiosa em expressar sua individualidade. "É o tipo de comédia de Woody Allen que Woody Allen não faz mais", escreveu a *Time*. Rendeu respeitáveis 91 milhões de dólares nos Estados Unidos e 172 milhões no mundo.

Vida de inseto foi lançado seis semanas depois, conforme programado. Tinha um enredo mais épico, que invertia a fábula de Esopo sobre "A formiga e o gafanhoto" ["A cigarra e a formiga" é a adaptação, posterior, feita por La Fontaine], além de um virtuosismo técnico maior, permitindo detalhes surpreendentes na tela, como a grama vista pelos olhos de um inseto. A *Time* foi muito mais efusiva. "O trabalho de design é tão fenomenal — um Éden de folhas e labirintos ocupando a tela toda, povoado por dezenas de bichinhos feios, fofinhos e brincalhões — que o filme da DreamWorks, em comparação, parece um programa de rádio", escreveu o crítico Richard Corliss. Teve o dobro da bilheteria de *FormiguinhaZ*, faturando 163 milhões de dólares nos Estados Unidos e 363 milhões no mundo. (Também superou *O príncipe do Egito*.)

Alguns anos depois, Katzenberg procurou Jobs e tentou acalmar as coisas. Insistiu que nunca tinha ouvido a ideia de *Vida de inseto* quando estava na Disney, e, se tivesse ouvido, seu acordo com ela lhe garantia uma porcentagem dos lucros; portanto, ele não mentiria a esse respeito. Jobs riu e concordou. "Eu lhe pedi que transferisse a data de seu lançamento, e você não quis, então não pode ficar bravo comigo por ter protegido minha criação", disse-lhe Katzenberg. Ele comentou que Jobs "estava realmente calmo e zen" e disse que entendia. Mas Jobs, mais tarde, declarou que na verdade nunca perdoou Katzenberg:

Nosso filme bateu o dele em bilheteria. Foi legal? Não, continuou a ser horrível, porque as pessoas começaram a dizer que todo mundo em Hollywood estava fazendo filmes de insetos. Ele roubou a originalidade genial de John, e isso nunca pode ser substituído. Foi inescrupuloso, e por isso nunca confiei nele, mesmo depois que tentou se corrigir. Ele apareceu depois do sucesso com *Shrek* e me disse: "Mudei, sou outro homem, finalmente estou em paz comigo mesmo", e toda essa bobajada. E foi, tipo, dá um tempo, Jeffrey. Ele trabalha muito. Mas sua ética não é bem aquela que eu gostaria de ver valendo neste mundo. O pessoal de Hollywood mente muito. É esquisito. Eles mentem porque estão numa indústria onde não existe responsabilidade pelo desempenho. Nenhuma. Então podem se safar.

Mais importante do que bater *FormiguinhaZ* — por mais empolgante que pudesse ser a disputa — foi mostrar que a Pixar não era apenas um prodígio passageiro. *Vida de inseto* faturou o mesmo que *Toy story*, demonstrando que o primeiro sucesso não era um simples acaso. "Existe uma ideia clássica nos negócios, que é a síndrome do segundo produto", disse Jobs mais tarde. Deriva da incerteza sobre os fatores que garantiram o sucesso do primeiro produto. "Passei por isso na Apple. Minha sensação era: se formos bem no segundo filme, conseguiremos."

"O FILME DE STEVE"

Toy story 2, lançado em novembro de 1999, foi um sucesso ainda maior, faturando 246 milhões de dólares nos Estados Unidos e 485 milhões no mundo. Como agora o sucesso da Pixar estava assegurado, era hora de começar a construir uma sede exemplar. Jobs e a equipe de obras da Pixar encontraram uma fábrica abandonada de envase de suco de frutas da Del Monte em Emeryville, um distrito industrial entre Berkeley e Oakland, atravessando a Bay Bridge, em San Francisco. Demoliram a fábrica e Jobs contratou Peter Bohlin, o arquiteto das lojas da Apple, para projetar um novo edifício no terreno de dezesseis acres.

Jobs acompanhou obsessivamente todos os aspectos da nova construção, desde o conceito geral até o mais ínfimo detalhe dos materiais e da edificação. "Steve tinha essa firme convicção de que o tipo certo de construção pode fazer grandes coisas pela cultura", disse Ed Catmull, o presidente da Pixar. Jobs controlou a criação do edifício como se fosse um diretor sofrendo a cada tomada do filme. "O edifício da Pixar foi o filme de Steve", disse Lasseter.

Originalmente, Lasseter queria um estúdio hollywoodiano tradicional com edifícios separados para os vários projetos e bangalôs para as equipes de desenvolvimento. Mas o pessoal da Disney disse que não gostou do novo campus porque as equipes se sentiriam isoladas, e Jobs concordou. Na verdade, ele decidiu que iriam para o outro extremo, com um único edifício enorme, construído em torno de um átrio que facilitaria encontros fortuitos.

Embora cidadão do mundo digital, ou talvez justamente por conhecer seu potencial de isolamento, Jobs era um firme defensor dos encontros ao vivo. "Existe uma tentação em nossa era digital de pensar que as ideias podem ser desenvolvidas por e-mail e no iChat", disse ele. "Loucura. A criatividade vem de encontros espontâneos, de conversas aleatórias. A gente encontra alguém por acaso, pergunta o que anda fazendo, diz uau, e logo começa a borbulhar com todo tipo de ideia."

Assim, o edifício da Pixar foi projetado para promover encontros e colaborações imprevistas. "Se um prédio não estimula isso, você perde um monte de inovações e toda a magia que nasce com um achado feliz", disse Jobs. "Então projetamos o edifício para que as pessoas saiam de seus escritórios e encontrem no saguão central outras pessoas que não encontrariam de outra maneira." Todas as portas da frente, escadas e corredores centrais levavam ao saguão, onde ficavam as caixas de correio e o café; as salas de reunião tinham janelas com vista para lá, e o auditório de seiscentos lugares e duas salas de projeção menores também se voltavam para ele. "A teoria de Steve funcionou desde o primeiro dia", lembrou Lasseter. "Topava com gente que não via fazia meses. Nunca vi um edifício que promovesse tanto a colaboração e a criatividade quanto esse."

Jobs chegou a decretar que haveria apenas dois banheiros enormes no edifício, um masculino e outro feminino, ligados ao saguão. "Ele sentia aquilo de maneira muito, muito forte", comentou Pam Kerwin, gerente geral da Pixar. "Alguns de nós achavam que ele estava indo longe demais. Uma grávida disse que não deveriam obrigá-la a andar dez minutos só para ir ao banheiro, e isso gerou uma grande briga." Foi uma das poucas vezes em que Lasseter discordou de Jobs. Chegaram a um meio-termo: haveria dois conjuntos de banheiros de cada lado do átrio, nos dois andares.

Como as vigas de aço do edifício ficariam visíveis, Jobs examinou cuidadosamente amostras de fábricas de todo o país, para ver quais tinham as melhores cores e texturas. Ele escolheu uma empresa do Arkansas, mandou que dessem um jato de areia no aço numa cor pura e assegurou que as transportadoras tivessem o cuidado de não riscar nenhuma peça. Também insistiu que todas as vigas fossem aparafusadas, e não soldadas. "Demos um jato de areia no aço e tiramos o revestimento, para ver realmente como ele era", lembrou Jobs. "Quando os operários siderúrgicos estavam montando as vigas, traziam as famílias no fim de semana para mostrar a elas."

O achado mais bizarro foi "O salão do amor". Um dos animadores, quando se mudou para seu escritório, deparou com uma portinhola na parede do fundo. Ela conduzia a um tunelzinho por onde se rastejava até uma sala revestida de chapas de metal, dando acesso às válvulas de ar condicionado. Ele e os colegas se apossaram da sala secreta, decoraram-na com luzes de Natal e *lava lamps*, mobiliaram com sofás estampados com pegadas de animais, almofadas com pompons, uma mesa dobrável de coquetéis, garrafas de bebidas, equipamentos de bar e guardanapos que diziam "O salão do amor". Graças a uma câmera de vídeo instalada no corredor, os ocupantes podiam monitorar quem se aproximava.

Lasseter e Jobs levaram visitas importantes até lá e fizeram com que deixassem seus autógrafos na parede. Entre as assinaturas estão as de Michael Eisner, Roy Disney, Tim Allen e Randy Newman. Jobs adorou o espaço, mas, como não bebia, às vezes se referia a ele como a Sala de meditação. Fazia-lhe lembrar, disse ele, aquela sala que ele e Daniel Kottke tinham no Reed, mas sem o ácido.

O DIVÓRCIO

Depondo perante um comitê do Senado em fevereiro de 2002, Michael Eisner denunciou os anúncios que Jobs tinha criado para o iTunes. "Existem empresas de computadores que têm cartazes e anúncios de página inteira dizendo: *Rip. Mix. Burn*", declarou. "Em outras palavras, eles podem roubar um produto e distribuí-lo para todos os amigos se comprarem esse determinado computador."

Não foi um comentário muito inteligente. Confundia o sentido de *"rip"*, supondo que significava roubar algo de alguém, em vez de importar arquivos de um CD para um computador. Pior, o comentário realmente irritou Jobs, como Eisner devia saber. Isso também não foi muito inteligente da parte dele. A Pixar tinha acabado de lançar o quarto filme em seu contrato com a Disney, *Monstros S. A.*, que foi o maior sucesso de todos seus filmes, faturando 525 milhões de dólares em todo o mundo. O contrato da Pixar com a Disney estava para ser renovado, e Eisner não facilitou a questão ao cutucar publicamente o parceiro diante do Senado americano. Jobs ficou tão atônito que ligou para um executivo da Disney para perguntar: "Você viu o que Michael acabou de fazer comigo?".

Eisner e Jobs tinham formações diferentes e vinham dos extremos opostos do país. Mas ambos eram parecidos: voluntariosos e sem muita tendência a aceitar soluções conciliatórias. Os dois tinham paixão por fazer bons produtos, o que muitas vezes significava o acompanhamento minucioso dos detalhes, sem poupar nem adoçar as críticas. Quando se observava Eisner fazendo viagens constantes no trem Expresso da Vida Selvagem pelo Animal Kingdom da Disneyworld e aparecendo com boas ideias para aperfeiçoar a experiência do usuário, era como olhar Jobs mexendo com a interface de um iPod e encontrando maneiras de simplificá-la. Por outro lado, a maneira como eles tratavam as pessoas era um espetáculo bem menos edificante.

Ambos se davam melhor empurrando os outros do que sendo empurrados a fazer alguma coisa, o que gerou um clima desagradável quando começaram a se atiçar mutuamente. Em qualquer divergência, tendiam a declarar que o outro estava mentindo. Além disso, nenhum dos dois parecia crer que o outro podia lhe ensinar alguma coisa, nem lhes ocorreria fingir uma pontinha de respeito, fazendo de conta que tinham algo a aprender. Jobs pôs a culpa em Eisner:

A pior coisa, para mim, foi que a Pixar reinventou com sucesso o negócio da Disney, lançando grandes filmes, um depois do outro, enquanto a Disney lançava fracasso após fracasso. Seria de imaginar que o presidente executivo da Disney tivesse alguma curiosidade em saber como a Pixar estava conseguindo aquilo. Mas, nos vinte anos de relação, ele visitou a Pixar cerca de duas horas e meia ao todo, apenas para fazer pequenos discursos de congratulações. Nunca se mostrou curioso. Aquilo me espantava. A curiosidade é muito importante.

É uma avaliação um tanto ríspida. Eisner tinha ido à Pixar muito mais vezes, inclusive na ausência de Jobs. Mas era verdade que ele não mostrava muita curiosidade sobre os aspectos artísticos ou tecnológicos do estúdio. Jobs, da mesma forma, não gastou muito tempo procurando se informar sobre a administração da Disney.

O confronto aberto entre Jobs e Eisner começou no verão de 2002. Jobs sempre tinha admirado o espírito criativo do grande Walt Disney, principalmente por este ter fundado uma empresa sólida e duradoura. Ele considerava Roy, o sobrinho de Walt, uma encarnação desse espírito e desse legado histórico. Roy ainda estava no conselho de diretoria da Disney, apesar de seu afastamento cada vez maior de Eisner, e Jobs fez chegar a ele sua posição de que não renovaria o contrato Pixar-Disney enquanto Eisner fosse o presidente executivo.

Roy Disney e Stanley Gold, seu associado mais chegado no conselho da Disney, começaram a avisar os outros diretores sobre o problema da Pixar. Isso levou Eisner a enviar um e-mail destemperado ao conselho no fim de agosto de 2002. Tinha certeza de que a Pixar acabaria renovando o contrato, dizia ele, em parte porque a Disney detinha os direitos sobre os personagens e os filmes da Pixar feitos até aquela data. Além disso, Eisner afirmou que a Disney estaria numa posição melhor para negociar dali a um ano, depois que a Pixar terminasse *Procurando Nemo*. "Ontem vimos pela segunda vez o novo filme da Pixar, *Procurando Nemo*, que será lançado em maio próximo", escreveu. "Será um banho de realidade para aqueles caras. É razoável, mas nem de longe se compara aos filmes anteriores. Claro que eles pensam que é ótimo." Houve dois grandes problemas com esse e-mail. Primeiro, ele vazou para o *Los Angeles Times*, deixando Jobs furioso. Segundo, estava redondamente enganado.

Procurando Nemo se revelou o maior êxito da Pixar (e da Disney) até o momento. Bateu facilmente *O rei leão* e é até hoje o filme de animação de maior sucesso da história. Faturou 340 milhões de dólares nos Estados Unidos e 868 milhões no mundo. Também se tornou o DVD mais popular de todos os tempos, até 2010, com 40 milhões de cópias vendidas, e gerou alguns dos passeios mais populares nos parques temáticos da Disney. Além disso, era uma realização artística de grande sutileza, extrema beleza e rica textura que ganhou o Oscar de melhor animação. "Gostei do filme porque tratava de correr riscos e aprender a deixar que as pessoas que você ama corram riscos", disse Jobs. O sucesso do filme acrescentou 183 milhões de dólares às reservas do caixa da Pixar, dando-lhe um arsenal pesado de 521 milhões para o confronto final com a Disney.

Logo depois que *Procurando Nemo* ficou pronto, Jobs fez a Eisner uma proposta tão unilateral que deixava evidente a intenção de ser rejeitada. Em vez de dividir a receita meio a meio, como no contrato vigente, Jobs propôs um novo contrato pelo qual a Pixar ficaria com os direitos dos filmes que fizesse e dos personagens que criasse, e pagaria apenas 7,5% à Disney pela distribuição. Além disso, os dois últimos filmes feitos pelo contrato em vigor — *Os Incríveis* e *Carros* estavam em produção — passariam a ser regidos pelos termos do novo contrato.

Mas Eisner ainda tinha um grande trunfo. Mesmo que a Pixar não renovasse o contrato, a Disney tinha o direito de fazer as continuações de *Toy story* e dos outros filmes feitos pela Pixar, e era proprietária de todos os personagens, de Woody a Nemo, assim como era dona do Mickey e do Pato Donald. Eisner já estava planejando — ou ameaçando — que o estúdio de animação da própria Disney faria um *Toy story 3*, visto que a Pixar tinha se recusado. "Quando você vê o que a empresa fez lançando *Cinderela II*, dá medo de pensar no que aconteceria", disse Jobs.

Eisner conseguiu afastar Roy Disney do conselho em novembro de 2003, mas isso não pôs fim ao tumulto. Disney lançou uma carta aberta muito dura. "A empresa perdeu o foco, a energia criativa e sua herança", escreveu. Em sua litania arrolando as pretensas falhas de Eisner, ele incluiu o fato de não ter desenvolvido uma relação construtiva com a Pixar. A essa altura, Jobs tinha decidido que não queria mais trabalhar com Eisner. Assim, em janeiro de 2004 anunciou publicamente que estava cortando as negociações com a Disney.

Geralmente, Jobs se controlava para não trazer a público as opiniões fortes que dividia com os amigos ao redor da mesa de sua cozinha em Palo Alto. Mas dessa vez ele não se conteve. Numa teleconferência com jornalistas, ele disse que, enquanto a Pixar produzia sucessos, a animação da Disney estava fazendo "porcarias constrangedoras". Escarneceu da ideia de Eisner de que a Disney tivesse dado qualquer contribuição criativa para os filmes da Pixar. "A verdade é que faz anos que há pouca colaboração criativa com a Disney. Vocês podem comparar a qualidade de criação de nossos filmes com a qualidade de criação dos últimos três filmes da Disney, e julguem por vocês mesmos a criatividade de cada uma delas." Além de montar uma equipe de criação melhor, Jobs realizara a proeza admirável de construir uma marca que agora tinha a mesma atração para o público que ia assistir aos filmes da Disney. "Pensamos que a marca Pixar agora é a marca mais forte e de mais confiança na animação." Quando Jobs ligou para lhe dar uma força, Roy Disney respondeu: "Quando a bruxa má morrer, a gente se junta de novo".

John Lassater ficou consternado com a perspectiva de romper com a Disney. "Fiquei preocupado com minhas criaturas, o que fariam com os personagens que tínhamos criado", relembrou. "Foi como uma facada no coração." Quando falou com o escalão mais alto de sua equipe na sala de reuniões da Pixar, ele começou a chorar, e chorou de novo quando discursou para os cerca de oitocentos funcionários da empresa reunidos no saguão do estúdio. "É como se você tivesse de abandonar filhos queridos para ser adotados por criminosos molestadores de crianças."

A seguir, Jobs subiu no palco do saguão e tentou acalmar a situação. Explicou por que talvez fosse necessário romper com a Disney e lhes garantiu que a Pixar, como instituição, tinha de continuar olhando em frente, para ter sucesso. "Ele tem uma capacidade absoluta de conquistar confiança", disse Oren Jacob, um tecnólogo antigo no estúdio. "De repente, todos nós tivemos a certeza de que a Pixar ia florescer, em qualquer rumo que tomasse."

Bob Iger, o diretor de operações da Disney, precisou intervir para diminuir os danos. Tinha de solidez e sensatez o que os outros ao redor tinham de verborragia. Iger vinha da televisão; era presidente da ABC Network, que fora comprada pela Disney em 1996. Tinha fama de grande executivo e excelente administrador, mas também possuía um bom olho para o talento, era afável e compreensivo e tinha um instinto claro que, sendo ele uma pessoa confiante, guardava para si. Ao contrário de Eisner e Jobs, Iger era calmo e disciplinado, o que o ajudava a lidar bem com os mais vaidosos. "Steve criou um certo alarde anunciando que estava rompendo as negociações conosco", comentou mais tarde. "Entramos num espírito de crise, e desenvolvi alguns pontos de discussão para assentar as coisas."

Eisner tinha dirigido a Disney durante dez anos grandiosos, quando Frank Wells era o presidente. Wells o liberara de várias funções administrativas, para que ele pudesse fazer suas sugestões, em geral valiosas e muitas vezes brilhantes, para melhorar cada projeto de filme, cada percurso nos parques temáticos, os pilotos para a televisão e inúmeros outros produtos. Mas, depois que Wells morreu num acidente de helicóptero em 1994, Eisner nunca mais encontrou o dirigente certo. Katzenberg tinha pleiteado a vaga de Wells, e foi por isso que Eisner o pôs de lado. Michael Ovitz ocupou a presidência em 1995, não deu certo e ele saiu menos de dois anos depois. Jobs fez a avaliação disso mais tarde:

Em seus primeiros dez anos como presidente executivo, Eisner fez um trabalho muito bom. Nos últimos dez anos, fez um trabalho muito ruim. E a mudança se deu quando Frank Wells morreu. Eisner é um cara muito criativo. Dá toques muito bons. Então, quando Frank estava comandando as operações, Eisner podia atuar como uma abelha indo de projeto em projeto, tentando melhorá-los. Mas, quando Eisner teve de comandar as coisas, foi um péssimo administrador. Ninguém gostava de trabalhar para ele. As pessoas se sentiam sem autoridade nenhuma. Ele tinha o grupo de planejamento estratégico que era como a Gestapo, em que você não podia gastar nada, nem um tostão, sem a aprovação deles. Mesmo rompendo com ele, eu tinha de respeitar suas realizações nos primeiros dez anos. E havia uma parte dele que eu realmente apreciava. É um cara divertido para conversar de vez em quando — inteligente, espirituoso. Mas tinha um lado negativo. Seu ego falava mais alto. No começo Eisner foi razoável e justo comigo, mas depois, tratando com ele durante uma década, vim a ver um lado negativo nele.

O maior problema de Eisner em 2004 foi que ele não entendeu a confusão que reinava no setor de animação da Disney. Os dois filmes mais recentes, *O planeta do tesouro* e *Irmão urso*, não faziam jus à herança Disney nem a seus balancetes. As animações de sucesso eram o sangue da empresa; desdobravam-se em elementos de parques temáticos, brinquedos e programas de tevê. *Toy story* tinha gerado uma continuação, um espetáculo *Disney on ice*, um *Toy story musical* apresentado em cruzeiros marítimos da Disney, um vídeo apresentando Buzz Lightyear, um livro de contos digital, dois videogames, uma dúzia de brinquedos que venderam 25 milhões de unidades, uma linha de roupas e nove atrações diferentes em parques temáticos da Disney. Não foi o caso com *O planeta do tesouro*.

"Michael não entendia que os problemas da Disney na animação estavam mais agudos do que nunca", explicou Iger mais tarde. "Isso se manifestava na maneira como tratava a Pixar. Ele nunca sentiu até que ponto precisava realmente da Pixar." Além disso, Eisner adorava negociar e detestava transigir, o que nunca foi a combinação mais adequada para tratar com Jobs, que também era assim. "Toda negociação precisa ser resolvida com concessões", disse Iger. "Nenhum dos dois é mestre em concessões."

O impasse terminou num sábado à noite, em março de 2005, quando Iger recebeu um telefonema do ex-senador George Mitchell e outros diretores da Disney. Disseram-lhe que, dali a poucos meses, ele ocuparia o lugar de Eisner como presidente executivo da Disney. Ao acordar no dia seguinte, Iger ligou para as filhas, e depois para Steve Jobs e John Lasseter. Disse, de maneira muito simples e objetiva, que dava muito valor à Pixar e que queria fazer um acordo. Jobs ficou entusiasmado. Gostava de Iger e até se maravilhava com uma pequena ligação entre eles. Sua ex-namorada Jennifer Egan tinha sido colega de quarto de Willow Bay, mulher de Iger, na Pensilvânia.

Naquele verão, antes que Iger assumisse oficialmente o cargo, ele e Jobs tiveram um primeiro ensaio do novo estilo de negociação. A Apple estava lançando um iPod que, além de música, teria vídeos. Para vender, o produto precisaria aparecer na tevê, mas Jobs, por não querer se mostrar muito em público, negociava as aparições, pois, como sempre, preferia manter o produto em sigilo até o momento de exibi-lo no palco. Os dois seriados americanos de maior audiência, *Desperate Housewives* e *Lost*, eram da ABC, que Iger supervisionava na Disney. Iger, que tinha vários iPods e os usava desde seus testes às cinco da manhã até tarde da noite, já andava pensando em como o aparelho poderia funcionar para os programas de tevê. Assim, prontificou-se imediatamente a incluir nele os programas mais populares da ABC. "Negociamos aquele acordo numa semana, e foi complicado", disse Iger. "Foi importante porque Steve viu como eu trabalhava e porque mostrou a todos que a Disney podia de fato trabalhar com ele."

Para a apresentação do iPod Video, Jobs tinha alugado um teatro em San Jose, e convidou Iger para ser o convidado surpresa no palco. "Eu nunca tinha estado numa de suas apresentações, então não fazia ideia de como elas eram importantes", comentou Iger. "Foi um verdadeiro avanço para nossa relação. Ele viu que eu era a favor da tecnologia e disposto a assumir riscos." Jobs fez sua apresentação magistral, como de hábito, mostrando todas as funcionalidades do novo iPod, como era "uma das melhores coisas que já fizemos" e como a loja iTunes passaria agora a vender vídeos de música e filmes curtos. Então, como de costume, terminou com: "Ah, só mais uma coisa". O iPod venderia programas de tevê. Houve aplausos entusiasmados. Ele mencionou que os dois programas mais populares estavam na ABC. "E quem é o dono da ABC? A Disney! Eu conheço esses caras", exultou.

Quando subiu ao palco, Iger parecia tão calmo e descontraído quanto Jobs. "Uma das coisas que mais animam a mim e Steve é o cruzamento entre o grande conteúdo e a grande tecnologia", disse ele. "É fantástico estar aqui para anunciar uma ampliação de nossa relação com a Apple", acrescentou e, depois da pausa adequada, frisou: "Não com a Pixar, mas com a Apple".

Mas, pelo caloroso abraço que os dois trocaram, ficou evidente que agora voltava a ser possível um novo contrato entre a Pixar e a Disney. "Aquilo mostrou minha maneira de operar, que era faça amor, não faça guerra", lembrou Iger. "Tínhamos estado em guerra com Roy Disney, a Comcast, a Apple e a Pixar. Eu queria acertar tudo isso, principalmente com a Pixar."

Iger acabara de voltar da inauguração da nova Disneylândia em Hong Kong, tendo Eisner a seu lado em seu último grande ato como presidente executivo. As cerimônias incluíam o usual desfile da Disney pela rua principal. Iger percebeu no desfile que todos os personagens criados nas últimas décadas eram da Pixar. "Acendeu-se uma luzinha", lembrou ele. "Estava ali ao lado de Michael, mas guardei aquilo só para mim mesmo, porque era uma clara denúncia do tipo de comando que ele teve na animação durante aquele período. Depois de dez anos de *O rei leão*, *A bela e a fera* e *Aladim*, seguiram-se dez anos de nada."

Iger voltou para Burbank e pediu algumas análises financeiras. Descobriu que, de fato, haviam perdido dinheiro em animação na última década, além de terem produzido poucas coisas que ajudassem a criação de produtos secundários. Em sua primeira reunião como novo presidente executivo, ele apresentou a análise ao conselho, cujos membros manifestaram uma certa indignação por não terem sido avisados. "A saúde da animação é a saúde da nossa empresa", disse-lhes. "Um desenho animado de sucesso é uma grande onda, e suas ondulações avançam para todas as partes de nossas atividades — desde os personagens em desfiles, músicas, parques, videogames, televisão, internet, artigos de consumo. Se eu não tenho quem crie essa onda, a empresa não terá êxito." E apresentou-lhes algumas opções. Continuar com a atual administração da animação, que ele achava que não daria certo. Livrar-se dela e encontrar outras pessoas, mas ele não sabia quem poderiam ser. A última opção era comprar a Pixar. "O problema é que não sei se ela está à venda e, se estiver, será por um valor enorme", disse. O conselho o autorizou a tentar a transação.

Iger procedeu de maneira insólita. Quando falou com Jobs, na primeira vez, comentou a revelação que tinha tido em Hong Kong e como se convencera de que a Disney precisava tremendamente da Pixar. "É por isso que eu adorava Bob Iger", lembrou Jobs. "Ele simplesmente expôs tudo. Agora, esta é a coisa mais idiota que se pode fazer quando se entra numa negociação, pelo menos segundo as regras tradicionais. Ele pôs as cartas na mesa e disse: 'Estamos ferrados'. Gostei do cara na hora, porque é assim que eu também trabalho. Vamos pôr logo todas as cartas na mesa e vamos ver como fica o jogo." (Na verdade, não era esse o procedimento habitual de Jobs. Ele costumava começar as negociações proclamando que os produtos ou serviços da outra empresa não prestavam.)

Jobs e Iger fizeram várias caminhadas — pelo campus da Apple, em Palo Alto, durante a conferência da Allen e Co., em Sun Valley. De início, pensaram num plano para um novo acordo de distribuição: a Pixar recuperaria todos os direitos sobre os filmes e os personagens que já tinha produzido em troca de uma participação da Disney na empresa, e pagaria à Disney uma simples taxa para distribuir os filmes futuros. Mas a preocupação de Iger era que esse acordo simplesmente converteria a Pixar num grande concorrente da Disney, o que seria ruim mesmo que esta tivesse participação nela.

Assim, ele sugeriu a Jobs que deviam fazer algo maior. "Quero lhe dizer que estou realmente pensando nisso de uma nova perspectiva", disse. Jobs deu espaço para que ele avançasse. "Não demorou muito e logo percebemos que aquela conversa podia levar a uma discussão sobre a aquisição", lembrou Jobs.

Mas antes Jobs precisava da anuência de John Lasseter e Ed Catmull, e então pediu a eles que fossem até sua casa. Jobs foi direto ao ponto. "Precisamos conhecer melhor Bob Iger", disse aos dois. "Talvez a gente queira se juntar a ele nisso e ajudá-lo a refazer a Disney. É um cara ótimo."

No começo os dois ficaram muito céticos. "Ele viu que ficamos totalmente chocados", lembrou Lasseter. "Se vocês não toparem, não tem problema, mas quero que conheçam Iger antes de decidir", prosseguiu Jobs. "Eu estava sentindo a mesma coisa que vocês, mas realmente passei a gostar do cara." Explicou como tinha sido fácil a negociação para colocar os programas da ABC no iPod e acrescentou: "É diferente da Disney de Eisner como o dia da noite. Ele é direto, e com ele não tem drama". Lasseter lembra que ele e Catmull ficaram parados ali, de queixo caído.

Iger pôs mãos à obra. Foi de Los Angeles à casa de Lasseter, para o jantar, conheceu a esposa e a família dele e ficaram conversando até depois da meia-noite. Também levou Catmull para jantar e depois foi visitar os estúdios da Pixar sozinho, sem nenhum acompanhante e também sem Jobs. "Fui e visitei todos os diretores, individualmente, e cada um, como num jogo de beisebol, me lançou seu filme", disse. Lasseter ficou orgulhoso com a impressão que sua equipe causou no visitante, o que evidentemente fez com que ele se entusiasmasse com Iger. "Nunca tive tanto orgulho da Pixar como naquele dia", comentou. "Todas as equipes e seus arremessadores estavam maravilhosos, e Bob ficou encantado."

De fato, depois de ver o que estava para ser lançado nos anos seguintes — *Carros*, *Ratatouille*, *WALL-E* —, Iger voltou e disse ao diretor financeiro da Disney: "Oh, meu Deus, eles têm coisas fantásticas. Temos de fechar esse negócio. É o futuro da empresa". Iger admitiu que não punha fé nos filmes que a animação da Disney estava preparando.

O acordo a que chegaram foi que a Disney compraria a Pixar por 7,4 bilhões de dólares em ações. Com isso, Jobs se tornaria o maior acionista da Disney, com cerca de 7% do capital acionário da empresa, contra 1,7% de Eisner e 1% de Roy Disney. A animação Disney ficaria sob o comando da Pixar, e Lasseter e Catmull dirigiriam a unidade conjunta. A Pixar manteria sua identidade independente, com o estúdio e a sede em Emeryville, e conservaria também seus domínios de e-mail.

Iger pediu que Jobs levasse Lasseter e Catmull para uma reunião confidencial do conselho da Disney em Century City, Los Angeles, num domingo de manhã. O objetivo era tranquilizá-los com uma transação que seria caríssima e radical. Enquanto estavam na garagem do estacionamento preparando-se para subir, Lasseter disse a Jobs: "Se eu começar a ficar empolgado demais ou falar muito, só me cutuque a perna". Jobs acabou tendo de cutucá-lo uma vez, mas, fora isso, Lasseter fez o discurso perfeito de vendedor. "Expliquei como fazemos os filmes, qual é nossa filosofia, a honestidade que temos entre nós, como alimentamos o talento criativo", lembrou ele. O conselho fez inúmeras perguntas, e Jobs deixou que Lasseter respondesse à maioria delas. Mas Jobs também discorreu como era empolgante unir arte e tecnologia. "É nisso que consiste nossa cultura, exatamente como na Apple", disse. Iger relembrou: "Todo mundo ficou impressionado, eles eram apaixonados e marcantes".

Antes que a diretoria da Disney tivesse oportunidade de aprovar a fusão, porém, Michael Eisner ressurgiu dos mortos para tentar melar o negócio. Ligou para Iger e disse que era absurdamente caro. "Você mesmo pode dar um jeito na animação", disse-lhe Eisner. "Como?", perguntou Iger. "Eu sei que você pode", respondeu Eisner. Iger ficou um pouco irritado: "Michael, como você vem me dizer que posso dar um jeito, se nem você conseguiu?".

Eisner disse que queria ir a uma reunião do conselho — muito embora não fosse mais presidente executivo nem membro da diretoria — para se pronunciar contra a aquisição. Iger resistiu, mas Eisner ligou para Warren Buffet, um grande acionista, e George Mitchell, que era o diretor geral. O ex-senador convenceu Iger a deixar Eisner se pronunciar. "Eu disse ao conselho que eles não precisavam comprar a Pixar, porque já tinham 85% dos filmes feitos pela Pixar", contou Eisner. Ele se referia ao fato de que a Disney, para os filmes já feitos, estava recebendo aquela porcentagem do faturamento, e além disso tinha os direitos de fazer todas as sequências e explorar os personagens. "Fiz uma apresentação mostrando: aqui estão os 15% da Pixar que não são da Disney. Então é isso que vocês estão comprando. O resto é uma aposta nos filmes futuros da Pixar." Eisner admitiu que a

Pixar estava numa fase muito boa, mas disse que podia ser transitória. "Expus a trajetória dos produtores e diretores que tinham um número X de sucessos seguidos e depois fracassaram. Aconteceu com Spielberg, com Walt Disney, com todos eles." Para o negócio valer a pena, segundo seus cálculos, cada novo filme da Pixar teria de faturar 1,3 bilhão de dólares. "Steve ficou louco da vida com o fato de eu saber disso", comentou Eisner mais tarde.

Depois que ele saiu da sala, Iger refutou todos os pontos de sua argumentação. "Deixem-me dizer o que havia de errado naquela apresentação", começou. Quando o conselho terminou de ouvir os dois, aprovou a negociação proposta por Iger.

Iger foi até Emeryville para encontrar Jobs e anunciarem juntos a transação aos funcionários da Pixar. Mas, antes disso, Jobs se sentou sozinho com Lasseter e Catmull. "Se um de vocês estiver em dúvida", disse, "eu digo para eles: não, obrigado, e a gente acaba com isso." Não era totalmente sincero da parte dele. Teria sido quase impossível voltar atrás àquela altura. Mas o gesto foi bem recebido. "Tudo bem", disse Lasseter. "Vamos fazer." Catmull concordou. Os três se abraçaram, e Jobs chorou.

Todos então se reuniram no saguão. "A Disney está comprando a Pixar", anunciou Jobs. Houve algumas lágrimas, mas, quando ele explicou os termos do negócio, os funcionários começaram a entender que, de certa forma, era uma aquisição ao contrário. Catmull seria o diretor da animação Disney e Lasseter, o diretor de criação. No final, todos estavam aplaudindo. Iger tinha ficado à parte, e Jobs o convidou para ir ao centro do palco. Enquanto ele falava sobre a cultura tão especial da Pixar e sobre o quanto a Disney precisava incentivá-la e aprender com ela, a audiência estourou em aplausos.

"Meu objetivo sempre foi não só fazer grandes produtos, mas construir grandes empresas", Jobs disse mais tarde. "Walt Disney fez isso. E, da maneira como fizemos a fusão, mantivemos a Pixar como uma grande empresa e ajudamos a Disney a continuar como a grande empresa que também era."

33. Os Macs do século XXI

Fazendo a Apple se destacar

Com o iBook, 1999.

CONCHAS, CUBOS DE GELO E GIRASSÓIS

Desde a introdução do iMac em 1998, Jobs e Jony Ive transformaram o design sedutor numa característica dos computadores da Apple. Havia um laptop que lembrava uma concha cor de laranja e um computador de mesa profissional que sugeria um cubo de gelo zen. Como as calças boca de sino que surgem no fundo de um guarda-roupa, alguns desses modelos pareciam mais bonitos naquela época do que agora, e mostravam um gosto pelo design que, às vezes, era um pouco exuberante demais. Mas eles fizeram a Apple sobressair e forneceram os estouros de publicidade que lhe eram necessários para sobreviver num mundo Windows.

O Power Mac G4 Cube, lançado em 2000, era tão fascinante que uma unidade acabou em exposição no Museu de Arte Moderna de Nova York. Um cubo perfeito de vinte centímetros, do tamanho de uma caixa de lenços de papel, era a expressão pura da estética de Jobs. A sofisticação derivava do minimalismo. Não havia nenhum botão desfigurando a superfície. Não havia nenhuma bandeja de CD, apenas um slot sutil. E, tal como o Macintosh original, não tinha ventoinha. Puro zen. "Quando você vê algo tão elegante no lado de fora, você diz: 'Uau, deve ser realmente elegante do lado de dentro'", disse ele à *Newsweek*. "Progredimos eliminando coisas, removendo o supérfluo."

O G4 Cube era quase ostentoso em sua falta de ostentação, e era potente. Mas não fez sucesso. Tinha sido projetado como um desktop de luxo, mas Jobs quis convertê-lo, como fazia com quase todos os produtos, em algo que fosse de consumo de massa. O Cube acabou não atendendo bem a nenhum dos dois segmentos de mercado. Os profissionais comuns não procuravam uma escultura preciosa para suas mesas, e os consumidores de massa não estavam muito dispostos a gastar o dobro do que pagariam por um desktop simples.

Jobs previu que a Apple venderia 200 mil Cubes por trimestre. No primeiro trimestre, vendeu a metade disso. No trimestre seguinte, vendeu menos de 30 mil unidades. Mais tarde, Jobs reconheceu que tinha exagerado no design e no preço da máquina, tal como tinha feito com o computador NeXT. Mas aos poucos ele estava aprendendo a lição. Ao construir produtos como o iPod, iria controlar os custos e fazer as adaptações necessárias para lançá-los dentro do cronograma e do orçamento.

Em parte devido às vendas fracas do Cube, a Apple teve um faturamento decepcionante em setembro de 2000. Isso aconteceu na mesma época em que o surto tecnológico estava diminuindo e o mercado escolar da Apple se reduzia. As ações da empresa, que tinham chegado a mais de sessenta dólares, caíram 50% num único dia, e no começo de dezembro estavam a menos de quinze dólares.

Nada disso impediu que Jobs continuasse a insistir num design novo, original e até recreativo. Quando as telas planas se tornaram comercialmente viáveis, ele decidiu que era hora de substituir o iMac, o computador de mesa translúcido que parecia saído de um desenho dos Jetsons. Ive apareceu com um modelo um tanto convencional, com os fios do computador ligados atrás da tela plana. Jobs não gostou. Como fazia muitas vezes, tanto na Pixar como na Apple, ele deu uma freada brusca para repensar as coisas. Tinha a sensação de que havia algo impuro no design. "Para que ter essa tela plana se você vai engatar tudo isso na parte de trás?", perguntou a Ive. "Devíamos deixar cada elemento ser fiel a si mesmo."

Naquele dia, Jobs foi cedo para casa, para refletir sobre o problema, e então chamou Ive. Foram passear pelo jardim, onde a mulher de Jobs tinha plantado uma profusão de girassóis. "Todo ano eu invento algo maluco no jardim, e dessa vez foram montes de girassóis, com uma casa de girassol para as crianças", lembrou ela. "Jony e Steve estavam ruminando o problema do design, e aí Jony perguntou: 'E se a tela ficar separada da base como um girassol?'. Ele se empolgou e começou a desenhar." Ive gostava que seus designs sugerissem uma narrativa, e percebeu que o formato de girassol podia transmitir a ideia de que a tela plana era tão sensível e fluida que podia se virar para o sol.

No novo design de Ive, a tela do Mac ficou presa a um suporte cromado móvel, de forma que parecia não só um girassol, mas também uma arrojada luminária Luxo. De fato, fazia lembrar o espírito brincalhão de Luxo Jr. no primeiro curta que John Lasseter tinha feito na Pixar. A Apple registrou muitas patentes para o design, na maioria com os créditos para Ive, mas num deles — para "um computador com uma parte móvel ligada a um monitor de tela plana" — Jobs se apresentou como o inventor original.

Alguns designs do Macintosh da Apple, vistos retrospectivamente, podem parecer um pouco elaborados demais. Mas outros fabricantes de computadores estavam no extremo oposto. Tratava-se de uma indústria onde se esperava um produto inovador, mas, muito pelo contrário, estava dominada por caixas genéricas de design barato. Depois de algumas tentativas mal planejadas de pintar as máquinas de cores tristes e experimentar novos formatos, empresas como a Dell, a Compaq e a HP padronizaram os computadores terceirizando a fabricação e concorrendo no preço. Com seus desenhos arrojados e aplicativos pioneiros como o iTunes e o iMovie, a Apple era a única que estava inovando.

ENTRA A INTEL

As inovações da Apple não eram apenas de superfície. Desde 1994, ela vinha usando um microprocessador chamado PowerPC, feito numa parceria entre a IBM e a Motorola. Por alguns anos, ele foi mais rápido do que os chips da Intel, vantagem que a Apple alardeava em comerciais engraçados. Mas, na época em que Jobs voltou à empresa, a Motorola tinha ficado para trás na produção de novas versões do chip. Isso gerou uma briga entre ele e o presidente executivo da Motorola,

Chris Galvin. Logo depois de seu retorno em 1997, Jobs decidiu parar de licenciar o sistema operacional Macintosh para fabricantes de clones, e sugeriu a Galvin que poderia abrir uma exceção para o clone da Motorola, compatível com o Star-Max Mac, mas só se a Motorola acelerasse o desenvolvimento de novos chips PowerPC para laptops. O telefonema esquentou. Jobs disse que os chips da Motorola não prestavam. Galvin, que também era estourado, devolveu. Jobs desligou na cara dele. O StarMax da Motorola foi cancelado, e secretamente Jobs começou a pensar em substituir o chip PowerPC da Motorola/IBM e adotar o da Intel. Não seria uma tarefa simples. Era como escrever todo um novo sistema operacional.

Jobs não cedeu nenhum poder efetivo a seu conselho de diretoria, mas usava as reuniões para lançar ideias e explorar estratégias num espaço reservado, ele de pé junto ao quadro branco e conduzindo uma roda livre de debates. Durante dezoito meses, os diretores discutiram se passariam para uma arquitetura Intel. "Discutimos, levantamos muitas questões e finalmente todos decidimos que teria de ser feito", lembrou Art Levinson, membro do conselho.

Paul Otellini, que na época era presidente do conselho e depois se tornou presidente executivo da Intel, começou uma negociação acirrada com Jobs. Os dois tinham se conhecido quando Jobs tentava manter a NeXT viva e, como disse Otellini mais tarde, "sua arrogância tinha diminuído temporariamente". Ele tem um jeito calmo e ponderado de lidar com as pessoas, e foi capaz de achar graça, em vez de se irritar, quando descobriu, ao negociar com Jobs na Apple no começo dos anos 2000, "que seus humores estavam reaflorando, e que ele não era mais humilde". A Intel tinha contratos com outros fabricantes de computadores e Jobs queria um preço melhor do que eles. "Tivemos de descobrir maneiras criativas de resolver a questão dos números", disse Otellini. A maior parte da negociação se deu, como gostava Jobs, em longas caminhadas, às vezes subindo as trilhas até o radiotelescópio conhecido como The Dish, acima do campus de Stanford. Jobs começava o passeio contando algum episódio e explicando como via a evolução da história dos computadores. No final, estava regateando os preços.

"A Intel tinha fama de ser um parceiro difícil, que vinha da época em que era dirigida por Andy Grove e Craig Barrett", contou Otellini. "Eu queria mostrar que ela era uma empresa com a qual se podia trabalhar." Assim, uma equipe de craques da Intel ficou trabalhando com a Apple, e conseguiram estabelecer o prazo da conversão em seis meses. Jobs convidou Otellini para o retiro dos gerentes Top 100 da Apple, onde ele apareceu com um dos famosos aventais de laboratório da Intel que parecia uma fantasia de coelho e deu um grande abraço no anfitrião. No anúncio público em 2005, Otellini, geralmente tão reservado, repetiu a cena. "Apple e Intel, finalmente juntas", apareceu no telão.

Bill Gates ficou surpreendido. Os designs de computadores de cores amalucadas não o impressionavam. Mas um programa confidencial para trocar a CPU num computador, completo e dentro do prazo, era uma proeza que ele realmente admirava. "Se você diz: então tá, vamos mudar nosso microprocessador, sem dar nenhuma vacilada, é coisa que parece impossível", disse-me ele anos depois, quando perguntei sobre as invenções de Jobs. "Foi basicamente isso que eles fizeram."

OPÇÕES DE AÇÕES

Entre as excentricidades de Jobs estava sua atitude em relação ao dinheiro. Ele voltou à Apple em 1997 apresentando-se como pessoa desinteressada, que trabalhava por um dólar ao ano, pela empresa e não por si mesmo. Apesar disso, Jobs adotou a ideia de megaconcessões de opções — pacotes enormes de opções para comprar ações da Apple a um preço previamente estabelecido — que não se submetiam às práticas usuais de gratificação polpuda segundo critérios de desempenho e avaliação do comitê do conselho.

Quando Jobs abandonou o "interino" do título e se tornou oficialmente o presidente executivo da empresa, Ed Woolard e a diretoria lhe ofereceram (além do avião) uma megaconcessão no começo de 2000; contrariando a imagem de não se interessar por dinheiro, ele surpreendeu Woolard pedindo uma quantidade de opções ainda maior do que a que o conselho tinha oferecido. Mas, logo depois de recebê-las, revelou-se a inutilidade daquele pacote. As ações da Apple despencaram em setembro de 2000 — devido às vendas decepcionantes do Cube, além do fim da bolha da internet —, e com isso as opções perderam o valor.

Para piorar as coisas, em junho de 2001 a *Fortune* deu como matéria de capa uma reportagem sobre os presidentes executivos com remunerações exageradas, "Os bastidores das remunerações estratosféricas dos presidentes executivos". A capa trazia uma caricatura de Jobs, dando um sorriso presunçoso. Embora suas opções de ações não valessem nada na época, o método de avaliá-las quando foram concedidas (a chamada avaliação Black-Scholes) resultou em 872 milhões de dólares. A *Fortune* apresentou esse como o maior pacote de remuneração, "de longe", já concedido a um presidente executivo. Era o pior dos mundos possíveis. Jobs não tinha recebido quase nada que pudesse embolsar pelos quatro anos de trabalho direto, intenso e bem-sucedido na Apple, e agora se tornava a própria imagem dos presidentes executivos gananciosos, parecendo hipócrita e minando sua própria imagem. Ele escreveu uma carta mordaz ao editor, declarando que suas opções na verdade "valem zero" e se prontificando a vendê-las à *Fortune* por metade dos supostos 872 milhões que a revista tinha noticiado.

Enquanto isso, Jobs quis que o conselho lhe concedesse mais um grande lote de opções de ações, visto que as anteriores pareciam não valer nada. Insistiu, tanto para a diretoria quanto provavelmente para si mesmo, que se tratava mais de receber o devido reconhecimento do que de enriquecer. "Não era tanto pelo dinheiro", disse mais tarde num depoimento durante uma ação judicial da SEC sobre as opções. "Todo mundo gosta de ser reconhecido por seus pares [...]. Senti que a diretoria não estava agindo assim comigo." Com as opções afundadas, ele achou que o conselho deveria lhe oferecer uma nova concessão, sem que precisasse pedir. "Eu achava que estava fazendo um trabalho muito bom. Isso me faria sentir melhor na época."

Na verdade, o conselho escolhido a dedo idolatrava Jobs. Então decidiram lhe conceder outro enorme lote de opções em agosto de 2001, quando o preço da ação estava um pouco abaixo de dezoito dólares. O problema era que ele estava preocupado com sua imagem, principalmente depois do artigo da *Fortune*. Não quis aceitar a nova concessão a não ser que o conselho, ao mesmo tempo, cancelasse as opções anteriores. Mas isso teria implicações contábeis negativas, porque na prática seria reprecificar as opções antigas. Exigiria que se mexesse nos balanços da empresa. A única maneira de evitar esse problema da "contabilidade variável" seria cancelar suas opções antigas pelo menos seis meses depois de ele receber suas novas opções. Além disso, Jobs começou a regatear com o conselho a rapidez com que receberia as novas opções.

Foi apenas em meados de dezembro de 2001 que Jobs finalmente concordou em pegar as novas opções e, diante da situação, em esperar seis meses para o cancelamento das anteriores. Mas nesse momento o preço das ações tinha (arredondando um pouco) aumentado três dólares, indo para cerca de 21 dólares. Se o preço das novas opções fosse calculado nesse novo nível, cada uma perderia três dólares. Assim, a assessora jurídica da Apple, Nancy Heinen, examinou os preços recentes das ações e ajudou a escolher uma data de outubro, quando estavam em

18,30 dólares. Ela também aprovou uma série de atas destinadas a mostrar que o conselho tinha aprovado a concessão naquela data. A datação retroativa potencialmente garantiria cerca de 20 milhões de dólares para Jobs.

Mais uma vez, ele acabou sofrendo publicidade negativa sem ganhar um tostão. O preço das ações da Apple continuou caindo, e em março de 2003 mesmo as novas opções estavam tão em baixa que Jobs trocou todas elas por uma concessão direta de ações no valor de 75 milhões de dólares, que correspondia a cerca de 8,3 milhões para cada ano que tinha trabalhado na empresa desde 1997 até o final do prazo acordado, em 2006.

Nada disso teria grande importância se o *Wall Street Journal* não tivesse lançado uma série de grandes matérias sobre a datação retroativa de opções de compra de ações. A Apple não foi mencionada, mas seu conselho nomeou um comitê de três membros — Al Gore, Eric Schmidt, do Google, e Jerry York, anteriormente da IBM e da Chrysler — para examinar suas práticas internas. "Decidimos desde o começo que, se Steve estava em falta, deixaríamos tudo aflorar", lembrou Gore. O comitê descobriu algumas irregularidades nas concessões de Jobs e de outros altos executivos e comunicou imediatamente suas descobertas à SEC. Jobs estava ciente da datação retroativa, dizia o relatório, mas não extraiu vantagens financeiras. (Um comitê da diretoria da Disney também descobriu que havia ocorrido essa datação retroativa na Pixar durante a época de Jobs no comando.)

As leis que regiam essas práticas de datação retroativa eram obscuras, ainda mais porque ninguém na Apple se beneficiou com as concessões de datas dúbias. A SEC levou oito meses para fazer suas investigações próprias, e em abril de 2007 anunciou que não acionaria a Apple, "em parte devido à sua extraordinária cooperação, ampla e imediata, na investigação da comissão [e] à pronta apresentação de seu próprio caso". Embora a SEC tenha descoberto que Jobs sabia da retroatividade, ela o isentou de qualquer desvio de conduta, pois ele "não tinha conhecimento das implicações contábeis".

A SEC, porém, ingressou com uma ação contra o ex-diretor financeiro Fred Anderson, que fazia parte do conselho, e a assessora jurídica Nancy Heinen. Anderson, capitão aposentado da Força Aérea, homem de físico sólido e profunda integridade, tinha sido um elemento de prudência e moderação na Apple, onde era conhecido por sua capacidade de controlar os acessos de Jobs. Foi citado pela SEC apenas por "negligência" em relação à papelada para um dos lotes de concessões (não os que foram para Jobs), e a comissão permitiu que ele continuasse a participar de conselhos empresariais. Mesmo assim, ele acabou saindo da diretoria da Apple. Ele e Jobs tinham sido dispensados da reunião do conselho em que o comitê de Gore discutiu suas descobertas, e os dois ficaram sozinhos no escritório de Jobs. Foi a última vez que conversaram.

Anderson achou que tinha sido usado como bode expiatório. Quando fez acordo com a SEC, seu advogado apresentou uma declaração que atribuía uma parte da responsabilidade a Jobs. O documento afirmava que Anderson tinha "alertado o sr. Jobs de que a concessão à equipe executiva teria de estar no preço da data do acordo efetivo da diretoria ou poderia ocorrer uma irregularidade contábil", e que Jobs respondeu "que o conselho tinha dado sua aprovação anterior".

Heinen, que inicialmente contestou as acusações contra ela, terminou fazendo um acordo e pagando uma multa. Da mesma forma, a própria empresa fez acordo num processo movido pelos acionistas, concordando em pagar 14 milhões de dólares de danos.

De certa forma, a questão da remuneração repercutia alguns aspectos das manias de Jobs na área de estacionamento. Ele não queria honras como uma vaga "reservada para o presidente executivo", mas tomava para si o direito de estacionar nas vagas para deficientes. Queria se ver e ser visto como indivíduo disposto a trabalhar por um dólar ao ano, mas também queria receber lotes gigantescos de opções. Multiplicavam-se nele as contradições de um rebelde da contracultura que se transformara num grande empresário, alguém que queria acreditar que entrara no sistema sem se vender a ele.

34. Primeiro round

Memento mori

Aos cinquenta anos (no centro), com Laurene Powell ao lado de Eve, Eddy Cue, John Lasseter (com a câmera) e Lee Clow (de barba).

CÂNCER

Mais tarde, Jobs levantaria a hipótese de que seu câncer foi causado pelos desgastes que sofreu durante um ano, a partir de 1997, quando comandava ao mesmo tempo a Apple e a Pixar. Locomovendo-se constantemente de carro entre as duas empresas, ele tinha desenvolvido cálculos renais e outros problemas de saúde, e chegava em casa tão exausto que mal conseguia falar. "Foi aí provavelmente que esse câncer começou a crescer, porque meu sistema imunológico estava muito debilitado naquela época", disse.

Não existem provas de que o esgotamento ou a debilidade do sistema imunológico provoquem câncer. Mas os problemas renais de Jobs levaram indiretamente à descoberta de seu câncer. Em outubro de 2003, ele foi à urologista que o tratava, que pediu que ele fizesse uma tomografia dos rins e do ureter. A última que ele tinha feito era de cinco anos antes. A nova tomografia não mostrou nada de errado nos rins, mas apresentou uma sombra no pâncreas, e por isso a médica pediu que ele marcasse um exame do órgão. Jobs não marcou. Como sempre, preferia ignorar deliberadamente notícias que não queria processar. Mas ela insistiu. "Steve, é muito importante", disse alguns dias depois. "Você precisa fazer o exame."

Havia uma urgência no tom de sua voz que o levou a obedecer. Fez o exame de manhã cedo e os médicos, depois de analisarem a tomografia, lhe deram a má notícia de que era um tumor. Um deles chegou a sugerir que colocasse seus assuntos em ordem, uma maneira polida de dizer que talvez lhe restassem poucos meses de vida. Naquela noite, os médicos fizeram uma biópsia, descendo um endoscópio pela garganta até os intestinos, para enfiar uma agulha no pâncreas e tirar algumas células do tumor. Powell lembra que os médicos de seu marido choraram de alegria. Era apenas um tumor pancreático neuroendócrino, que é raro, mas de crescimento mais lento e, portanto, mais fácil de tratar com bons resultados. Foi uma sorte ter um diagnóstico tão precoce — graças a um exame renal de rotina — e assim seria possível a remoção cirúrgica do tumor antes de ele se espalhar.

Uma das primeiras pessoas para quem Jobs telefonou foi Larry Brilliant, que ele tinha conhecido no *ashram* na Índia. "Você ainda acredita em Deus?", perguntou. Brilliant respondeu que sim, e os dois comentaram os vários caminhos que levam a Deus, conforme lhes ensinara o guru indiano Neem Karoli Baba. Então Brilliant perguntou a Jobs o que havia de errado. "Estou com câncer", respondeu ele.

Art Levinson, que fazia parte da diretoria da Apple, estava presidindo a reunião do conselho de sua própria empresa, a Genentech, quando o celular tocou e o nome de Jobs apareceu na tela. Logo que houve um intervalo, ele ligou de volta e recebeu a notícia do tumor. Levinson tinha formação em biologia cancerígena e sua empresa fazia medicamentos para tratamento do câncer, de modo que Jobs passou a se aconselhar com ele. O mesmo aconteceu com relação a Andy Grove, da Intel, que havia enfrentado e vencido um câncer de próstata. Jobs lhe telefonou naquele domingo, ele foi imediatamente até sua casa e lá ficou por duas horas.

Para horror dos amigos e da esposa, Jobs decidiu que não faria a cirurgia para remover o tumor — esse era o único tratamento médico recomendado. "Eu não queria que eles abrissem meu corpo e tentei ver se haveria alguma outra coisa que funcionasse", comentou comigo anos depois, com uma ponta de pesar. Em termos específicos, ele adotou uma dieta vegana, com grande quantidade de cenouras cruas e sucos de frutas. Adotou também a acupuntura, uma série de remédios fitoterápicos e, de vez em quando, um ou outro tratamento que via na internet ou descobria consultando várias pessoas em todo o país, inclusive um paranormal. Durante algum tempo, seguiu as prescrições de um médico que tinha uma clínica de tratamento natural no sul da Califórnia, com ênfase no uso de vegetais orgânicos, jejuns à base de sucos, limpezas intestinais frequentes, hidroterapia e desabafo de todos os sentimentos negativos.

"A grande questão era que ele não estava preparado para lhe abrirem o corpo", lembrou Powell. "É difícil forçar alguém a fazer isso." Mas ela tentou, argumentando: "O corpo existe para servir ao espírito". Os amigos insistiam sem cessar que ele fizesse a cirurgia e se tratasse com quimioterapia. "Steve falou comigo quando estava tentando se curar comendo umas merdas absurdas, e eu disse que ele estava louco", lembrou Grove. Levinson comentou que "insistia todo dia" com Jobs e era "tremendamente frustrante que ele não me desse ouvidos". A amizade dos dois quase terminou por causa das brigas. "Não é assim que o câncer funciona", repetia Levinson quando Jobs falava de seus tratamentos dietéticos. "Você não vai conseguir resolver isso sem removê-lo com cirurgia e bombardeá-lo com venenos químicos." Mesmo o médico dietético Dean Ornish, pioneiro em métodos alternativos e nutricionais para tratar doenças, saiu numa longa caminhada com Jobs e insistiu que às vezes os métodos tradicionais eram a opção correta. "Você realmente precisa operar", disse-lhe Ornish.

A obstinação de Jobs durou nove meses, desde o diagnóstico em outubro de 2003. Até certo ponto, essa teimosia fazia parte do lado sombrio de seu campo de distorção da realidade. "Acho que Steve tem uma grande vontade de que o mundo seja de uma certa maneira, porque quer que seja assim", comentou Levinson. "Às vezes não dá certo. A realidade é implacável." O reverso de sua assombrosa capacidade de concentração era a tendência alarmante de excluir coisas com as quais não queria lidar. Isso levou a muitas de suas grandes inovações, mas também podia ter um efeito negativo. "Ele tem essa facilidade de ignorar as coisas que não quer enfrentar", explicou sua mulher. "É como ele funciona." Fossem questões pessoais da família e do casamento, aspectos profissionais relacionados com problemas técnicos ou comerciais, ou questões de saúde e câncer, às vezes Jobs simplesmente não se envolvia.

Antes, o que sua esposa chamava de "pensamento mágico" — o pressuposto de que ele poderia moldar as coisas de acordo com sua vontade — tinha lhe trazido recompensas. Mas não era assim que o câncer funcionava. Powell chamou todas as pessoas próximas a Jobs, inclusive sua irmã, Mona Simpson, para ver se conseguiam convencê-lo a mudar de ideia. Finalmente, em junho de 2004, ele viu uma tomografia mostrando que o tumor crescera e possivelmente se espalhara. Viu-se obrigado a encarar a realidade.

Jobs passou pela cirurgia em 31 de julho de 2004, um sábado, no centro médico da Universidade Stanford. Não teve um "procedimento Whipple" completo, que, além do pâncreas, remove uma grande parte do estômago e do intestino. Os médicos chegaram a pensar nisso, mas decidiram adotar um procedimento menos radical, um Whipple adaptado que removeu apenas uma parte do pâncreas.

No dia seguinte, Jobs enviou um e-mail a seus funcionários — usando seu PowerBook ligado a um AirPort Express no quarto do hospital —, avisando que havia feito a cirurgia. Assegurou-lhes que o tipo de câncer pancreático que tinha "representa cerca de 1% do total de casos de câncer pancreático diagnosticados anualmente, e pode ser curado com remoção cirúrgica, se for diagnosticado a tempo (o meu foi)". Disse que não precisaria de radiação nem de quimioterapia, e pensava em voltar ao trabalho em setembro. "Em minha ausência, pedi a Tim Cook para ficar responsável pelas operações de rotina da Apple, de modo que não vai haver nenhuma interrupção", escreveu. "Sei que vou ligar várias vezes para alguns de vocês em agosto, e torço para ver todos vocês em setembro."

A operação teve um efeito colateral problemático para Jobs, por causa de sua mania de dietas e rotinas estranhas de jejuns e purgantes que adotava desde a adolescência. Como o pâncreas fornece as enzimas que permitem ao estômago digerir o alimento e absorver os nutrientes, com sua remoção parcial fica mais difícil obter proteínas suficientes. A recomendação aos pacientes é que façam várias refeições ao dia e sigam uma dieta muito nutritiva, com grande variedade de proteínas animais, como peixe e carne vermelha, além de laticínios feitos com leite integral. Jobs nunca tinha feito isso e jamais veio a adotar essa linha dietética.

Ele ficou no hospital durante quinze dias, e depois lutou para recuperar as forças. "Lembro que voltei e ficava sentado naquela cadeira de balanço", disse-me, apontando para ela na sala de estar. "Não tinha forças nem para andar. Levei uma semana para conseguir dar a volta no quarteirão. Eu me forcei a ir até o parque a algumas quadras de distância, depois mais adiante, e em seis meses tinha recuperado quase toda a minha energia."

Infelizmente, o câncer tinha se espalhado. Durante a operação, os médicos encontraram três metástases no fígado. Se tivessem operado nove meses antes, provavelmente o teriam removido antes que se espalhasse, mas não sabiam com certeza. Jobs iniciou os tratamentos com quimioterapia, que complicaram ainda mais a questão alimentar.

A CERIMÔNIA DE FORMATURA EM STANFORD

Jobs manteve em segredo a luta contra o câncer — disse a todos que estava "curado" —, tal como tinha guardado silêncio sobre o diagnóstico em outubro de 2003. Esse sigilo não era de admirar. Fazia parte de sua natureza. O surpreendente foi a decisão de falar publicamente sobre sua saúde, e em termos muito pessoais. Era muito raro que Jobs fizesse discursos além das demonstrações ensaiadas dos produtos, mas ele aceitou o convite de Stanford de proferir o discurso de formatura de junho de 2005. Estava num estado de espírito reflexivo, depois do diagnóstico do câncer e prestes a completar cinquenta anos.

Para ajudá-lo no discurso, ele ligou para o excelente roteirista Aaron Sorkin (*Questão de honra*, o seriado *Nos Bastidores do Poder*). Sorkin concordou em ajudar e Jobs lhe enviou algumas reflexões. "Foi em fevereiro, e não tive notícias, então faço contato de novo em abril, e ele diz 'ah, sim', e lhe mando mais algumas ideias", contou Jobs. "Finalmente ligo para ele, e ele continua dizendo 'sim, sim', até que chegamos ao começo de junho e ele não tinha me mandado nada."

Jobs entrou em pânico. Ele sempre tinha escrito suas apresentações, mas nunca havia feito um discurso de formatura. Certa noite sentou e escreveu pessoalmente o discurso, sem nenhum auxílio além de algumas sugestões vigorosas da esposa. O resultado foi uma fala muito intimista e simples, que passava a sensação pessoal e despojada de um autêntico produto Steve Jobs.

Uma vez, Alex Haley disse que a melhor maneira de começar um discurso é dizendo "Vou lhes contar uma história". Ninguém gosta de preleções, mas todos adoram uma história. E foi a abordagem que Jobs escolheu. "Hoje, quero lhes contar três histórias da minha vida", foi como ele começou. "Só isso. Nada de mais. Só três histórias."

A primeira foi sobre quando abandonou o Reed College. "Parei de fazer os cursos obrigatórios que não me interessavam e passei a assistir aos que pareciam muito mais interessantes." A segunda foi a respeito de sua demissão da Apple, que acabou sendo positiva para ele. "O peso de ter sucesso foi substituído pela leveza de ser um principiante de novo, sem tanta certeza sobre as coisas." Os estudantes estavam excepcionalmente atentos, apesar de um aviãozinho sobrevoando a área, com uma bandeira que dizia "Recicle todo o e-lixo", mas foi a terceira história que mais prendeu a atenção dos ouvintes. Era sobre o diagnóstico do câncer e a consciência decorrente do fato.

> Lembrar que vou morrer logo é a ferramenta mais importante que encontrei para me ajudar nas grandes escolhas da vida. Porque quase tudo — todas as expectativas externas, todo o orgulho, todo o medo do fracasso ou da dificuldade — simplesmente desaparece diante da morte, deixando apenas o que realmente importa. Lembrar que vamos morrer é a melhor maneira que conheço para evitar a armadilha de acharmos que temos algo a perder. Você já está nu. Não há por que não seguir o que dita o coração.

O habilidoso minimalismo do discurso lhe dava simplicidade, pureza e encanto. Procure onde quiser, desde antologias até o YouTube, e você não encontrará nenhum discurso de formatura tão bom. Outros podem ter sido mais importantes, como o de George Marshall em Harvard em 1947, anunciando um projeto para reconstruir a Europa, mas nenhum tem tanta elegância.

UM LEÃO AOS CINQUENTA

Jobs comemorou os aniversários de trinta e quarenta anos com os luminares do Vale do Silício e outras celebridades variadas. Mas, quando completou cinquenta, em 2005, depois da cirurgia do câncer, a festa surpresa organizada por sua mulher contava basicamente com os colegas de trabalho e os amigos mais próximos. Foi numa casa confortável de alguns amigos em San Francisco, e a grande chefe de cozinha Alice Waters preparou salmão da Escócia com cuscuz e vários legumes da horta. "Foi lindamente íntimo e aconchegante, com todo mundo e as crianças na mesma sala", lembrou Waters. O entretenimento ficou por conta de uma comédia improvisada pelo elenco do game show *Whose line is it anyway?*.

Mike Slade, grande amigo de Jobs, estava lá, com colegas da Apple e Pixar, entre eles Lasseter, Cook, Schiller, Clow, Rubinstein e Tevanian.

Cook tinha se saído bem dirigindo a empresa na ausência de Jobs. Manteve a boa atuação dos artistas temperamentais da Apple e evitou os holofotes. Jobs gostava de temperamentos fortes, até certo ponto, mas nunca tinha dividido o palco nem realmente delegado poderes a ninguém. Era difícil substituí-lo. O sujeito estaria perdido se brilhasse, e também se não brilhasse. Cook tinha conseguido evitar esses dois perigos. Era calmo e decidido no comando, mas não buscava nenhuma atenção ou aplauso para si. "Algumas pessoas se ressentem de que Steve leve os créditos por tudo, mas nunca dei a menor pelota para isso", disse Cook. "Para ser franco, prefiro que meu nome nunca apareça no papel."

Quando Jobs voltou da licença médica, Cook retomou seu papel como a pessoa que mantinha todas as partes unidas dentro da Apple e continuou sem se abalar com seus acessos. "O que aprendi a respeito de Steve foi que as pessoas entendiam mal alguns comentários dele, tomando-os como reclamação ou negativismo, mas na verdade era apenas o modo como ele mostrava sua paixão. Foi assim que processei o fato e nunca tomei as coisas pelo lado pessoal." Sob muitos aspectos, ele era a imagem invertida de Jobs: imperturbável, de temperamento estável e (como diria o dicionário no NeXT) mais sorumbático do que expansivo. "Sou um bom negociador, e ele provavelmente é melhor do que eu porque é um sujeito calmo", disse Jobs mais tarde. Depois de acrescentar alguns elogios, Jobs fez uma pequena ressalva, séria, mas raramente comentada. "Mas Tim, em si, não é um cara de produto."

No outono de 2005, Jobs sondou Cook para ser diretor de operações da Apple. Estavam num voo para o Japão. Na verdade, Jobs não *consultou* Cook. Simplesmente se virou para ele e disse: "Decidi nomeá-lo diretor de operações".

Mais ou menos na mesma época, seus velhos amigos Jon Rubinstein e Avie Tevanian — os encarregados de hardware e software que tinham sido recrutados durante a reestruturação de 1997 — decidiram sair. Tevanian tinha ganhado muito dinheiro e ia deixar de trabalhar. "Avie é um cara brilhante, um cara legal, muito mais assentado do que Ruby e não carrega um grande ego", disse Jobs. "Foi uma perda imensa para nós quando Avie saiu. É uma pessoa ótima — um gênio."

O caso de Rubinstein foi um pouco mais tumultuado. Ele estava irritado com a ascendência de Cook e desgastado depois de trabalhar nove anos com Jobs. Os bate-bocas entre eles se tornaram mais frequentes. Havia também uma questão importante: Rubinstein vivia em choque com Jony Ive, que antes trabalhava para ele e agora se remetia diretamente a Jobs. Ive sempre aparecia com projetos deslumbrantes, mas de difícil execução. A função de Rubinstein era construir o hardware de maneira prática, de modo que geralmente rejeitava as propostas de Ive. Era cauteloso por natureza. "Resumindo, Ruby tem um perfil da HP", disse Jobs. "E nunca ia a fundo, não era agressivo."

Houve, por exemplo, o caso dos parafusos que seguravam as alças do Power Mac G4. Ive decidiu que deviam ter determinado tipo de polimento e formato. Mas Rubinstein achou que eles sairiam "astronomicamente" caros e adiariam o projeto durante semanas, e por isso vetou a ideia. Sua função era entregar os produtos prontos, o que significava fazer adaptações mais simples. Ive considerava essa abordagem contrária à inovação, de modo que passou por cima dele indo direto a Jobs, e também contornou Rubinstein indo conversar com os engenheiros de escalão médio. "Ruby disse: 'Você não pode fazer isso, vai atrasar', e eu respondi: 'Acho que podemos'", lembrou Ive. "E eu sabia que podíamos, porque tinha ido por trás dele conversar com as equipes de produto." Nesse e em outros casos, Jobs tomou o partido de Ive.

Às vezes, os dois trocavam empurrões em brigas que quase chegavam às vias de fato. Por fim, Ive disse a Jobs: "É ele ou eu". Jobs escolheu Ive. A essa altura, Rubinstein estava pronto para sair. Ele e a esposa tinham comprado uma propriedade no México e ele queria ter tempo livre para construir uma casa lá. Depois acabou indo trabalhar na Palm, que estava tentando concorrer com o iPhone da Apple. Jobs ficou tão furioso com o fato de a Palm contratar alguns de seus ex-funcionários que reclamou com Bono, que era sócio fundador de um grupo de investimentos em empresas de capital fechado, comandado pelo ex-diretor financeiro da Apple, Fred Anderson, que havia comprado uma participação de controle na Palm. Bono mandou um bilhete para Jobs dizendo: "Esfrie a cabeça. É como os Beatles telefonarem porque os Herman's Hermits pegaram alguém da equipe de *roadies*". Mais tarde Jobs admitiu que tinha exagerado. "O fato de terem falido rotundamente alivia um pouco a ferida", comentou ele.

Jobs conseguiu montar uma nova equipe de gerência menos briguenta e um pouco mais cordata. Além de Cook e Ive, os principais integrantes eram Scott Forstall dirigindo o software do iPhone, Phil Schiller cuidando do marketing, Bob Mansfield com o hardware do Mac, Eddy Cue cuidando dos serviços de internet e Peter Oppenheimer como diretor financeiro. A equipe de alto escalão parecia homogênea — todos homens, brancos, de meia-idade —, mas os estilos variavam muito. Ive era emotivo e extrovertido, Cook era frio como aço. Todos sabiam que deviam mostrar respeito por Jobs, e ao mesmo tempo questionar suas ideias e ter disposição de discutir — um equilíbrio delicado de manter, mas todos se deram bem. "Percebi desde logo que, se você não expusesse sua opinião, ele eliminaria você", disse Cook. "Ele assume posições contrárias para gerar mais discussão, pois isso pode levar a melhores resultados. Assim, se você não se sente à vontade para discordar, jamais vai sobreviver."

A ocasião principal para a roda livre de discussões era a reunião da equipe executiva nas segundas-feiras de manhã, que começava às nove e durava três ou quatro horas. Cook passava dez minutos apresentando gráficos e planilhas com o desempenho dos negócios, e então vinham amplos debates sobre cada produto da empresa. O foco era sempre o futuro: o que cada produto deve fazer na próxima versão, quais novidades devem ser desenvolvidas? Jobs usava a reunião para incutir um senso de missão coletiva na Apple. Isso centralizava o controle — que dava à empresa a mesma aparência de um bom produto Apple, solidamente integrado — e impedia as lutas entre as divisões que infestavam as empresas descentralizadas.

Jobs também usava as reuniões para impor foco. Na fazenda de Robert Friedland, seu trabalho era podar as macieiras para manterem o vigor, e isso se tornou uma metáfora para suas podas na Apple. Em vez de encorajar os grupos a multiplicar as linhas de produtos, com base em considerações do mercado, ou de permitir a proliferação de mil ideias diferentes, Jobs insistia que a Apple devia concentrar o foco apenas em duas ou três prioridades por vez. "Não existe ninguém melhor em eliminar os ruídos que estão em volta", disse Cook. "Isso permite que ele se concentre em poucas coisas e recuse muitas outras. Pouca gente tem realmente essa qualidade."

Na Roma antiga, quando um general vitorioso desfilava pelas ruas, conta a lenda que às vezes um servo ia a seu lado, repetindo-lhe as palavras *memento mori*, "lembra que vais morrer". Esse lembrete da mortalidade ajudava o herói a manter a perspectiva das coisas e instilava alguma humildade nele. O *memento mori* de Jobs tinha sido anunciado pelos médicos, mas não lhe inspirou humildade. Pelo contrário, depois de se recuperar ele voltou com um vigor ainda mais intenso, como se tivesse prazo limitado para cumprir suas missões. Como sugeriu no discurso em Stanford, a doença lhe mostrou que não tinha nada a perder e devia avançar a toda a velocidade. "Ele voltou com uma missão", disse Cook. "Muito embora estivesse comandando uma grande empresa, continuava a ter iniciativas ousadas que acho que ninguém mais teria."

Durante algum tempo, houve alguns indícios, ou pelo menos esperanças, de que Jobs havia abrandado seu estilo pessoal, que, tendo enfrentado o câncer e feito cinquenta anos de idade, teria se tornado um pouco menos brutal em seus acessos de raiva. "Logo depois que voltou da operação, ele não armava tantas cenas de humilhação", comentou Tevanian. "Se não gostava de alguma coisa, podia berrar, ficar louco da vida, soltar algumas interjeições, mas sem arrasar totalmente a pessoa com quem estava falando. Era apenas sua maneira de conseguir que ela trabalhasse melhor." Então Tevanian refletiu um instante e acrescentou uma ressalva. "A menos que ele achasse que a pessoa era realmente ruim e devia cair fora, o que acontecia volta e meia."

Mas depois a rispidez voltou. Os colegas, em sua maioria, estavam acostumados a ela e tinham aprendido a lidar com aquilo. O que os transtornava era quando Jobs descarregava sua ira em estranhos. "Uma vez fomos a uma loja de alimentos integrais para pegar um suco cremoso de fruta", lembrou Ive. "E era uma senhora de idade que estava fazendo o suco, e ele realmente implicou com o jeito que ela estava fazendo. Depois ficou com pena. 'É uma mulher de idade e não quer fazer esse serviço.' Ele não ligou as duas coisas. Foi um purista nos dois casos."

Numa viagem a Londres com Jobs, coube a Ive a ingrata tarefa de escolher o hotel. Ficou com The Hempel, um pequeno e tranquilo hotel cinco estrelas, com um minimalismo sofisticado que, ele achou, agradaria a Jobs. Depois de se registrarem, Ive foi se esticar um pouco, e claro que o telefone logo tocou. "Detestei meu quarto", disse Jobs. "É uma merda, vamos embora." Ive juntou a bagagem e foi para o balcão de recepção, onde Jobs apresentou sem rodeios sua opinião ao chocado atendente. Ive percebeu que a maioria das pessoas, inclusive ele mesmo, não costumam ser diretas quando consideram alguma coisa ruim porque querem parecer agradáveis, "o que na verdade é um traço de vaidade". Era uma explicação francamente generosa. Em todo caso, era um traço que Jobs não tinha.

Como Ive era instintivamente bondoso, ele ficou ruminando por que Jobs, a quem tanto estimava, se comportava daquela maneira. Uma noite, num bar de San Francisco, ele se debruçou sobre o tema com grande esforço e sinceridade:

Ele é um cara muito, muito sensível. Esta é uma das coisas que tornam seu comportamento antissocial, sua rudeza, tão incongruentes. Consigo entender por que os insensíveis e empedernidos podem ser rudes, mas não os sensíveis. Uma vez lhe perguntei por que ele fica tão furioso com as coisas. Ele respondeu: "Mas depois não fico mais". Ele tem essa capacidade muito infantil de ficar realmente alterado com alguma coisa, e depois aquilo passa. Mas sinceramente acho que outras vezes ele fica muito frustrado, e sua maneira de ter uma catarse é ferir alguém. E penso que ele acha que tem o direito e a liberdade de agir assim. Acha que as regras normais do convívio social não se aplicam a ele. Por ser tão sensível como é, ele sabe exatamente a melhor maneira de ferir as pessoas. E faz isso. Não sempre. Mas às vezes.

De vez em quando, um colega sensato puxava Jobs de lado para tentar acalmá-lo. Lee Clow era mestre nisso. "Steve, posso falar com você?", dizia com toda a calma quando Jobs tinha humilhado alguém em público. Entrava no escritório de Jobs e explicava como todos estavam se dedicando ao trabalho. "Quando você humilha a pessoa, isso mais enfraquece do que estimula", disse Clow numa dessas ocasiões. Jobs se desculpava e dizia ter entendido. Mas depois fazia a mesma coisa. "É assim que eu sou", dizia.

Uma coisa que realmente se abrandou foi sua atitude em relação a Bill Gates. A Microsoft tinha cumprido sua parte na negociação feita em 1997, quando concordou em continuar a desenvolver ótimos softwares para o Macintosh. Além disso, seu peso como concorrente estava diminuindo, pois não tinha conseguido reproduzir até então a estratégia digital central da Apple. Gates e Jobs tinham abordagens muito diferentes do produto e da inovação, mas, por causa da rivalidade entre ambos, os dois acabaram tendo uma percepção mútua surpreendente.

Para a conferência All Things Digital em maio de 2007, os colunistas Walt Mossberg e Kara Swisher, do *Wall Street Journal*, tentaram reunir os dois para uma entrevista conjunta. Mossberg convidou primeiro Jobs, que não frequentava muito essas conferências, e ficou surpreso quando ele disse que iria se Gates fosse também. Ao saber disso, Gates aceitou. O projeto quase desandou quando este deu uma entrevista a Steven Levy, da *Newsweek*, e explodiu quando o jornalista perguntou sobre os comerciais de tevê sobre o PC *versus* o Mac da Apple, que debochavam dos usuários do Windows, tratando-os como gente chata e careta, e apresentavam o Mac como o produto descolado. "Não sei por que eles estão agindo como se o Mac fosse superior", disse Gates, ficando cada vez mais altera-do. "A honestidade importa nessas coisas ou, se você é realmente legal, isso signi-fica que pode mentir quando quiser? Não há a menor ponta de verdade nisso." Levy jogou um pouco de lenha na fogueira perguntando se o novo sistema opera-cional do Windows, o Vista, copiava várias funcionalidades do Mac. "Se você dá alguma importância aos fatos, pode ir ver quem mostrou primeiro qualquer uma dessas coisas", respondeu Gates. "E, se quiser dizer 'Steve Jobs inventou o mundo e todos nós viemos depois', então está bem."

Jobs ligou para Mossberg e disse que, de acordo com o que Gates tinha dito à *Newsweek*, não seria produtivo ter uma sessão conjunta. Mas Mossberg conseguiu recolocar as coisas nos trilhos. Ele queria que a entrevista conjunta à noite fosse uma conversa cordial, não uma discussão, mas a coisa se complicou um pouco quando Jobs desferiu um ataque contra a Microsoft numa entrevista individual com Mossberg, um pouco antes, no mesmo dia. Quando o jornalista perguntou sobre a tremenda popularidade do software do iTunes da Apple para o Windows, Jobs gracejou: "É como dar um copo de água gelada para alguém no inferno".

Por isso, Mossberg estava preocupado com a hora em que Gates e Jobs iriam se encontrar nos bastidores antes da entrevista conjunta. Gates chegou antes, com seu assistente, Larry Cohen, que o avisara do comentário anterior de Jobs naquele dia. Quando este entrou alguns minutos depois, pegou uma garrafa de água do balde de gelo e sentou. Depois de alguns instantes de silêncio, Gates dis-se: "Então, imagino que sou o representante do inferno". Estava sério, sem sorrir. Jobs parou, deu um de seus sorrisos marotos e lhe estendeu a água gelada. Gates relaxou e a tensão se desfez.

O resultado foi um dueto fascinante, em que os dois meninos-prodígios da era digital discorreram primeiro com circunspecção e depois com cordialidade um sobre o outro. O mais memorável foram as respostas francas que deram quando a estrategista de tecnologia Lise Buyer, que estava no auditório, pergun-tou o que cada um deles tinha aprendido observando o outro. "Bem, eu daria muito para ter o gosto de Steve", respondeu Gates. Houve alguns risinhos nervo-sos; era famosa a declaração de Jobs, dez anos antes, de que o problema dele com a Microsoft era que a empresa não tinha absolutamente gosto nenhum. Mas Ga-tes insistiu que estava falando a sério. Jobs era "natural quanto ao gosto intuitivo, tanto pelas pessoas quanto pelos produtos". Relembrou que costumavam se sentar juntos para examinar o software que a Microsoft estava fazendo para o Macintosh. "Eu via Steve tomar as decisões com base numa percepção das pessoas e do produto que, sabe, fica até difícil de explicar. A maneira como ele faz as coisas é diferente e me parece fenomenal. E, neste caso, uau!"

Jobs ficou encarando o chão. Mais tarde disse-me que ficou assombrado com a honestidade e a elegância de Gates naquele momento. Quando chegou sua vez, Jobs foi igualmente honesto, embora não tão elegante. Ele descreveu a grande divisão entre a teologia da Apple em fazer produtos totalmente integrados e a disponibilidade da Microsoft em licenciar seu software para fabricantes de hardwares concorrentes. Jobs observou que, no mercado de música, a abordagem integrada — como no pacote iTunes/iPod — estava se mostrando melhor, mas que a abordagem separada da Microsoft estava se saindo melhor no mercado do computador pessoal. E fez uma pergunta de passagem: qual abordagem funcionará melhor para os celulares?

Então Jobs passou para um comentário muito perspicaz. Essa diferença na filosofia do projeto fazia com que ele e a Apple não fossem tão bons na colaboração com outras empresas. "Como Woz e eu começamos a empresa fazendo a coisa toda, não fomos tão bem na parceria com outros", disse. "E penso que, se a Apple tivesse tido um pouco mais disso em seu DNA, teria sido extremamente positivo."

35. O iPhone

Três produtos revolucionários num só

UM IPOD QUE FAZ LIGAÇÕES

Em 2005, as vendas do iPod dispararam. Naquele ano, houve uma venda assombrosa de 20 milhões de unidades, o quádruplo do ano anterior. O produto se tornava mais importante para o faturamento da empresa, respondendo por 45% das rendas daquele ano, e também estava reforçando a imagem descolada da empresa, o que impulsionou as vendas de Macs.

Era isso que preocupava Jobs. "Ele estava sempre obcecado pelo que poderia nos afetar", lembrou o membro do conselho Art Levinson. A conclusão a que ele chegou foi: "O aparelho que pode nos detonar é o celular". Como expôs ao conselho, o mercado das câmeras digitais estava sendo dizimado, agora que os celulares vinham equipados com câmeras. O mesmo poderia acontecer com o iPod, se os fabricantes de celulares começassem a incluir tocadores de música nos telefones móveis. "Todo mundo anda com um celular, o que tornaria o iPod desnecessário."

Sua primeira estratégia foi fazer algo que não estava em seu DNA, como admitira diante de Bill Gates: uma parceria com outra empresa. Ele era amigo de Ed Zander, o novo presidente executivo da Motorola. Então, começaram a conversar sobre um produto que acompanharia o popular RAZR, da Motorola, que era um celular com câmera digital, e passaria a trazer um iPod embutido. Assim nasceu o ROKR.

O aparelho acabou não tendo nem o minimalismo atraente do iPod nem o tamanho conveniente do RAZR. Feio, difícil de carregar, com um limite arbitrário de cem músicas, o ROKR tinha todas as características de um produto negociado em comitê, o que contrariava o jeito de trabalhar de Jobs. Em vez de ter um controle centralizado do hardware, do software e do conteúdo numa mesma empresa, ele havia sido montado pela Motorola, pela Apple e pela operadora sem fio Cingular. "Você chamaria isso de celular do futuro?", zombou a *Wired* em sua capa de novembro de 2005.

Jobs ficou furioso. "Estou farto de lidar com essas empresas idiotas como a Motorola", disse a Tony Fadell e outros numa das reuniões de revisão do iPod. "Vamos nós mesmos fazer." Ele tinha percebido uma coisa estranha nos celulares do mercado: todos davam problemas, como costumava acontecer com os tocadores de música digitais. "Sentamos e ficamos comentando como a gente detestava nossos celulares", lembrou. "Eram complicados demais. Tinham funcionalidades que ninguém conseguia adivinhar, inclusive a agenda de endereços. Eram bizantinos." O advogado George Riley relembra as reuniões para tratar dos aspectos jurídicos: quando Jobs se entediava, pegava o celular de Riley e começava a apontar todos os elementos de "morte cerebral". Jobs e sua equipe ficaram empolgados com a perspectiva de fazer um celular que gostassem de usar. "É a melhor motivação de todas", disse Jobs mais tarde.

Outra motivação era o potencial de mercado. Em 2005, tinham sido vendidos mais de 825 milhões de celulares para um público mais amplo, desde criancinhas até vovós. Como a grande maioria não prestava, havia espaço para um produto descolado e de primeira linha, como acontecera antes no mercado de MP3 tocadores de música portáteis. No começo, Jobs confiou o projeto ao grupo da Apple que estava construindo a estação base de rede sem fio AirPort, tomando como princípio que se tratava de um produto sem fio. Mas logo ele percebeu que esse era basicamente um aparelho para o consumidor final, como o iPod, e direcionou o projeto para Fadell e sua equipe.

A abordagem inicial foi modificar o iPod. Eles tentaram usar o trackwheel para que o usuário percorresse as opções de telefone e — sem teclado — acessasse os números. Não era um gesto natural. "Tivemos um monte de problemas usando a roda, principalmente para discar os números dos telefones", lembrou Fadell. "Era desajeitado." Dava certo para percorrer a agenda, mas era horrível para inserir qualquer coisa. A equipe continuou tentando se convencer de que as pessoas ligariam principalmente para os números que já estavam registrados na agenda, mas sabia que não funcionaria de fato.

Na mesma época, havia outro projeto em andamento na Apple: uma tentativa secreta de construir um tablet. Em 2005, essas histórias se cruzaram, e as ideias para o tablet passaram para o planejamento do celular. Em outras palavras, a ideia do iPad na verdade foi anterior e ajudou a moldar o nascimento do iPhone.

MULTITOQUE

Um dos engenheiros que estavam desenvolvendo um PC tablet na Microsoft era casado com uma amiga de Laurene e Steve Jobs. Quando fez cinquenta anos, ele os convidou para um jantar, onde também estavam Bill e Melinda Gates. Jobs compareceu, um pouco relutante. "Steve estava realmente muito simpático comigo no jantar", lembrou Gates, mas "não especialmente simpático" com o aniversariante.

Gates se aborreceu porque o sujeito ficava revelando informações sobre o PC tablet que tinha desenvolvido para a Microsoft. "Ele é nosso funcionário e pegou nossa propriedade intelectual", disse Gates. Jobs também estava incomodado, e a coisa teve exatamente as consequências que Gates receava. Lembrou Jobs:

Esse cara ficou me amolando sobre como a Microsoft ia mudar totalmente o mundo com o software do PC tablet e ia acabar com todos os notebooks, e que a Apple devia licenciar o software da Microsoft que ele tinha feito. Mas ele estava fazendo tudo errado. O aparelho tinha uma caneta stylus. Na hora em que você precisa de uma caneta, já se danou. Esse jantar foi tipo a décima vez que ele me falava daquilo, e eu estava tão cheio que fui para casa e disse: "Foda-se, vamos mostrar para ele o que realmente pode ser um tablet".

Jobs entrou no escritório no dia seguinte, reuniu a equipe e disse: "Quero fazer um tablet, e não pode ter teclado nem caneta". Os usuários digitariam direto na tela. Isso significava que a tela precisava ter uma funcionalidade que veio a ser conhecida como "multitoque", a capacidade de processar múltiplos contatos ao mesmo tempo. "Então, pessoal, vocês podem fazer uma tela multitoque sensível ao toque?", perguntou. A equipe levou cerca de seis meses, e então apareceu com um protótipo ainda cru, mas já funcionando. Jobs o entregou a outro desenhista da interface de usuário da Apple, que reapareceu um mês depois com a ideia da rolagem inercial, que permite que o usuário deslize o dedo na tela e mova a imagem como se fosse algo físico. "Fiquei fascinado", lembrou Jobs.

Jony Ive tinha uma lembrança diferente do surgimento do multitoque. Ele contou que sua equipe de projeto já tinha trabalhado numa entrada por multitoque que fora desenvolvida para os trackpads do MacBook Pro da Apple, e estavam testando maneiras de transferir essa funcionalidade para uma tela de computador. Eles usaram um projetor para mostrar na parede como seria. "Isso vai mudar tudo", disse Ive à equipe. Mas ele teve o cuidado de não mostrar logo para Jobs, principalmente porque seu pessoal estava trabalhando naquilo nas horas de folga e ele não queria esfriar o entusiasmo da equipe. "Como Steve é muito rápido em dar uma opinião, não lhe mostro as coisas na frente de outras pessoas", comentou. "Ele podia dizer 'é uma merda' e matar a ideia. Acho que as ideias são coisas muito frágeis, e a gente tem de ter delicadeza quando elas estão em desenvolvimento. Senti que, se ele desancasse a ideia, seria uma pena, pois eu sabia que ela era muito importante."

Ive montou a demonstração em sua sala de reuniões e a mostrou somente a Jobs, sabendo que provavelmente ele não daria um parecer rápido demais se não houvesse uma plateia assistindo. Felizmente, Jobs adorou. "Este é o futuro", declarou, entusiasmado.

De fato, era uma ideia tão boa que Jobs percebeu que ela poderia resolver o problema deles em criar uma interface para o celular que estavam desenvolvendo. Aquele projeto era muito mais importante, de forma que ele decidiu segurar o desenvolvimento do tablet enquanto adotavam a interface multitoque para uma telinha de celular. "Se funcionasse num celular", comentou ele, "eu sabia que podíamos retomar o tablet e usá-la nele."

Jobs chamou Fadell, Rubinstein e Schiller para uma reunião confidencial na sala de reuniões do estúdio de design, onde Ive fez uma demonstração do multitoque. "Uau!", exclamou Fadell. Todo mundo gostou, mas não tinham certeza se conseguiriam implantar aquilo num celular. Decidiram adotar dois caminhos: P1 se tornou o codinome do celular que estava sendo desenvolvido com um track-wheel de iPod, e P2 era a nova alternativa usando uma tela de multitoque.

Uma pequena empresa em Delaware, chamada FingerWorks, já estava fazendo uma linha de trackpads com multitoque. Fundada por dois acadêmicos da Universidade de Delaware, John Elias e Wayne Westerman, a FingerWorks tinha desenvolvido alguns tablets com funcionalidades sensíveis ao multitoque, e patenteara algumas maneiras de transpor vários gestos do dedo, como beliscar e deslizar, para funções operacionais. No começo de 2005, a Apple comprou discretamente a empresa, todas as suas patentes e os serviços dos dois fundadores. A FingerWorks parou de vender seus produtos a terceiros e começou a preencher seus novos registros de patentes em nome da Apple.

Depois de seis meses trabalhando nas opções de celular P1 com trackwheel e P2 com multitoque, Jobs chamou seu grupo mais próximo à sua sala de reuniões para tomarem uma decisão. Fadell tinha se empenhado muito em desenvolver o modelo de trackwheel, mas reconheceu que não tinham resolvido o problema de conceber uma maneira simples de fazer as ligações. A abordagem multitoque era mais arriscada, porque não sabiam se conseguiriam fazer a engenharia da coisa, mas também era mais empolgante e promissora. "Todos nós sabemos que é este que queremos fazer", disse Jobs apontando a tela sensível ao toque. "Então vamos fazer funcionar." Foi um daqueles momentos de se apostar a empresa, como ele gostava de dizer, com alto risco e alto retorno se desse certo.

Alguns integrantes da equipe defenderam a ideia de ter um teclado, em vista da popularidade do BlackBerry, mas Jobs a vetou. Um teclado físico tiraria espaço da tela, e não seria flexível e adaptável como um teclado digital. "Um teclado de hardware parece uma solução fácil, mas é restritiva", disse ele. "Pensem em todas as inovações que poderemos adaptar se fizermos o teclado na tela com um software. Vamos apostar nisso, e depois a gente vê como fazer para funcionar." O resultado foi um aparelho que mostra um teclado numérico quando se quer digitar um número de telefone, um teclado alfabético quando se quer escrever, além de todos os botões necessários para cada atividade específica. E todos desaparecem enquanto a pessoa está assistindo a um vídeo. Ao trocar o hardware por um software, a interface se tornou fluida e flexível.

Durante seis meses, Jobs passava algumas horas por dia ajudando a refinar a exibição. "Foi a diversão mais complexa que tive na vida", lembrou. "Era como criar variações sobre *Sgt. Pepper*." Muitas funcionalidades que agora parecem simples foram o resultado de muitas discussões criativas. Por exemplo, a equipe estava preocupada em impedir que o aparelho começasse a tocar ou a fazer uma ligação sem querer, quando estivesse se movimentando dentro do bolso. Jobs era congenitamente avesso a botões de liga-desliga, que considerava "deselegantes". A solução foi o "deslizar para abrir", o *slider* simples e divertido que ativava o aparelho quando este estava desativado. Outra inovação foi o sensor que sabia quando o usuário colocava o fone no ouvido, impedindo que a orelha ativasse alguma função acidentalmente. E, claro, os ícones vinham na forma favorita de Jobs, a que Bill Atkinson tinha feito originalmente para o software do primeiro Macintosh: os retângulos de cantos arredondados. A cada sessão, quando Jobs examinava todos os detalhes, a equipe bolava maneiras de simplificar o que era complicado em outros celulares. Acrescentaram uma barra bem visível para colocar as ligações em espera ou fazer teleconferências, descobriram formas fáceis de navegar por e-mail, criaram ícones para rolar na horizontal e chegar a vários aplicativos — todos mais fáceis, porque podiam ser usados visualmente na tela, em vez de precisar de um teclado embutido no hardware.

GORILLA GLASS

Jobs se apaixonava por diversos materiais, como acontecia com relação a alguns alimentos. Quando voltou à Apple em 1997 e começou a trabalhar no iMac, havia adotado tudo o que se podia fazer com plástico translúcido e colorido. A fase seguinte foi o metal. Ele e Ive substituíram o PowerBook G3 de plástico curvo pelo PowerBook G4 de titânio liso, que redesenharam dois anos depois em alumínio, como querendo mostrar que gostavam de vários metais. Então fizeram um iMac e um iPod Nano de alumínio anodizado, o que significava que o metal passara por um banho ácido e fora eletrizado, oxidando a superfície. Informaram a Jobs que seria impossível realizar essa operação no volume necessário, de forma que ele mandou construir uma fábrica na China para essa finalidade. Ive foi até lá, durante a epidemia de síndrome respiratória aguda grave, para supervisionar o processo. "Fiquei três meses num dormitório coletivo para trabalhar no processo", lembrou ele. "Ruby e outros disseram que seria impossível, mas eu queria porque Steve e eu achávamos que o alumínio anodizado tinha uma integridade autêntica."

O material seguinte foi o vidro. "Depois que usamos metal, olhei para Jony e disse que tínhamos de dominar o vidro", disse Jobs. Para as lojas da Apple, eles tinham criado enormes vidraças e escadas de vidro. Para o iPhone, o projeto original era que viesse com uma tela de plástico, como o iPod. Mas Jobs decidiu que seria melhor — muito mais elegante e sólido — se as telas fossem de vidro. Assim, ele começou a procurar um vidro que fosse forte e resistente a riscos e arranhões.

O lugar natural para procurar era a Ásia, onde estava sendo fabricado o vidro para as lojas. Mas John Seeley Brown, amigo de Jobs que estava no conselho da Corning Glass, no estado de Nova York, disse que falaria com Wendell Weeks, jovem e dinâmico presidente executivo da empresa. Jobs então ligou para o número central da Corning, deu seu nome e pediu para falar com Weeks. Transferiram-no para um assistente, que se ofereceu para pegar e transmitir o recado. "Não, sou Steve Jobs", respondeu. "Passe a ligação." O assistente recusou. Jobs ligou para Brown e reclamou que tinha sido submetido à "merda típica da Costa Leste". Quando Weeks soube disso, ligou para o número central da Apple e pediu para falar com Jobs. Disseram-lhe que pusesse o que desejava por escrito e mandasse por fax. Quando Jobs soube do fato, logo simpatizou com Weeks e o convidou para ir a Cupertino.

Jobs descreveu o tipo de vidro que a Apple queria para o iPhone, e Weeks contou que a Corning tinha desenvolvido um processo de troca química nos anos 1960 que resultava num tipo de vidro que chamavam de *"gorilla glass"*. Era incrivelmente resistente, mas nunca tivera mercado e a Corning havia parado de fabricá-lo. Jobs disse que duvidava que ele tivesse qualidade suficiente, e começou a explicar a Weeks como era feito o vidro. Weeks, que realmente conhecia melhor o assunto do que Jobs, achou graça e exclamou: "Você pode ficar quieto e me deixar lhe ensinar um pouco de ciência?". Jobs obedeceu e calou a boca. Weeks foi ao quadro branco e deu uma aula geral de química, incluindo um processo de troca de íons que produzia uma camada de compressão na superfície do vidro. Aquilo fez Jobs mudar de ideia, e ele disse que queria todo o *gorilla glass* que a Corning pudesse fazer no prazo de seis meses. "Não temos capacidade", respondeu Weeks. "Nenhuma de nossas fábricas está fazendo o vidro agora."

"Não tenha medo", respondeu Jobs. Weeks, que era confiante e bem-humorado, mas não estava acostumado ao campo de distorção da realidade de Jobs, ficou perplexo. Tentou explicar que um falso sentimento de confiança não bastaria para vencer os desafios técnicos, porém esse era o tipo de premissa que, como já mostrara várias vezes, Jobs não aceitava. Fitou Weeks sem piscar: "Você consegue. Pense nisso. Você consegue".

Quando Weeks contou esse episódio, abanou a cabeça, atônito. "Fizemos em menos de seis meses", disse ele. "Produzimos um vidro que nunca tinha sido feito." A fábrica da Corning em Harrisburg, Kentucky, que fazia painéis de cristal líquido, foi convertida quase da noite para o dia para a produção de *gorilla glass* em tempo integral. "Pusemos nossos melhores cientistas e engenheiros trabalhando nisso." Em seu amplo escritório, Weeks tem apenas uma recordação emoldurada na parede. É uma mensagem que Jobs mandou no dia em que o iPhone foi lançado. "Não teríamos conseguido sem você."

Weeks acabou ficando amigo de Jony Ive, que ia visitá-lo de vez em quando em sua casa de férias junto ao lago, no estado de Nova York. "Posso dar a Jony peças de vidro muito parecidas, e só pelo tato ele percebe que são diferentes", disse Weeks. "Apenas meu chefe de pesquisas consegue isso. Steve gosta ou desgosta na hora, quando você lhe mostra alguma coisa. Mas Jony mexe, avalia, observa as sutilezas e possibilidades." Em 2010, Ive levou o alto escalão de sua equipe até a Corning, para produzir o vidro com os encarregados da fábrica. Naquele ano, a empresa estava desenvolvendo um vidro tremendamente mais resistente, com o apelido de *Godzilla Glass*, e esperava algum dia conseguir criar vidro e cerâmica de resistência suficiente para serem usados num iPhone, dispensando a beirada de metal. "Jobs e a Apple nos levaram a melhorar", disse Weeks. "Todos nós somos fanáticos pelos produtos que fazemos."

O DESIGN

Em muitos de seus grandes projetos, como o primeiro *Toy story* e a loja da Apple, Jobs impunha interrupções quando estavam quase prontos e decidia fazer revisões importantes. Isso também aconteceu com o desenho do iPhone. No projeto inicial, a tela de vidro ficava embutida numa caixa de alumínio. Numa segunda-feira de manhã, Jobs apareceu para ver Ive. "Essa noite não dormi", disse, "porque me dei conta de que não gosto dele." Era o produto mais importante que ele fazia desde o primeiro Macintosh, e achava que não estava 100%. Ive, desanimado, entendeu na hora que Jobs tinha razão. "Lembro que me senti absolutamente constrangido que ele tivesse de fazer aquela observação."

O problema era que o grande destaque do iPhone devia ser a tela de exibição, mas naquele desenho a caixa concorria com a tela, em vez de ceder lugar a ela. Todo o aparelho parecia masculino demais, eficiente demais, focado demais nas tarefas. "Pessoal, vocês se mataram para fazer esse design nos últimos nove meses, mas vamos mudá-lo", disse Jobs à equipe de Ive. "Todos vamos precisar trabalhar à noite e nos fins de semana, e, se quiserem, damos para vocês umas espingardas, e assim já podem nos matar agora mesmo." Em vez de fincar pé, a equipe concordou. "Foi um de meus momentos de mais orgulho na Apple", lembrou Jobs.

O novo desenho acabou ficando com uma beirada bem fina de aço inoxidável, que permitia que a tela de *gorilla glass* fosse de lado a lado. Todas as partes do aparelho pareciam se submeter à tela. O novo visual era sóbrio, mas também amigável. Dava vontade de acariciar. Para isso, a equipe teve de refazer a disposição das placas, da antena e do processador dentro dele, mas Jobs autorizou a mudança. "Outras empresas podiam lançar", disse Fadell, "mas nós apertamos a tecla do reset e recomeçamos."

Um aspecto do design que refletia não só o perfeccionismo, mas também o impulso controlador de Jobs, era que o aparelho vinha fechado. Não havia como abrir a caixa, nem para trocar a bateria. Tal como o Macintosh original de 1984, Jobs não queria ninguém mexendo dentro dele. De fato, quando descobriu em 2011 que havia oficinas de conserto abrindo o iPhone 4, a Apple substituiu os parafusos minúsculos por um parafuso Pentalobe, para o qual não havia chaves de fenda no comércio. Por não ter bateria de substituição, foi possível fazer um aparelho muito mais fino. Para Jobs, mais fino era sempre melhor. "Ele sempre acreditou que o fino é bonito", disse Tim Cook. "Isso se vê em todo o trabalho. Temos o notebook mais fino, o celular inteligente mais fino, e fizemos o iPad fino, e depois ainda mais fino."

O LANÇAMENTO

Quando chegou a hora de lançar o iPhone, Jobs decidiu, como de praxe, dar uma prévia exclusiva a uma revista. Ligou para John Huey, o editor chefe da Time

Inc., e começou com seus superlativos típicos. "Esta é a melhor coisa que já fizemos", disse. Queria dar a exclusiva à *Time*, "mas não tem ninguém na *Time* com inteligência suficiente para escrever, e por isso vou passar para outro". Huey o apresentou a Lev Grossman, colaborador culto e esperto da revista. Em seu artigo, Grossman observou com razão que o iPhone não trazia muitas funcionalidades novas, mas facilitava muito o uso das já existentes. "Isso é importante. Quando nossos aparelhos não funcionam, costumamos pôr a culpa em nós mesmos, achando que somos burros, não lemos o manual ou que nosso dedo é grosso demais... Quando nossos aparelhos quebram, também nos sentimos quebrados. E, quando alguém arruma, nos sentimos um pouco mais inteiros."

Para a apresentação na Macworld em San Francisco, em janeiro de 2007, Jobs convidou Andy Hertzfeld, Bill Atkinson, Steve Wozniak e a equipe do Macintosh 1984, como tinha feito quando lançou o iMac. Numa carreira de apresentações deslumbrantes dos produtos, esta talvez seja a melhor. "De vez em quando aparece um produto revolucionário que muda tudo", começou Jobs. Ele mencionou dois exemplos anteriores: o Macintosh original, que "mudou toda a indústria de computação", e o primeiro iPod, que "mudou toda a indústria da música". Então foi montando o clima para o produto que estava para lançar. "Hoje, estamos apresentando três produtos revolucionários dessa categoria. O primeiro é um iPod de tela larga com controle pelo toque. O segundo é um celular revolucionário. E o terceiro é um aparelho pioneiro de comunicações pela internet." Ele repetiu a lista para dar ênfase, e então perguntou: "Estão entendendo? Não são três aparelhos separados, é um aparelho só, e ele se chama iPhone".

Quando o iPhone foi colocado à venda cinco meses depois, no fim de junho de 2007, Jobs e a esposa foram a pé até a loja da Apple em Palo Alto, para observar o movimento. Como ele costumava fazer isso no dia em que os novos produtos eram postos no mercado, já havia alguns fãs esperando por ali; eles o saudaram como se Jobs fosse um Moisés indo comprar a Bíblia. Entre os fiéis estavam Hertzfeld e Atkinson. "Bill ficou na fila a noite inteira", disse Hertzfeld. Jobs acenou com os braços e começou a rir: "Eu mandei um para ele". Hertzfeld respondeu: "Ele precisa de seis".

O iPhone ganhou imediatamente o apelido de "Jesus Phone" entre os blogueiros. Mas os concorrentes da Apple ressaltaram que, a quinhentos dólares, era caro demais para ter sucesso. "É o celular mais caro do mundo", disse Steve Ballmer, da Microsoft, numa entrevista à CNBC. "E não atrai a clientela de executivos porque não tem teclado." Mais uma vez, a Microsoft subestimava o produto de Jobs. No fim de 2010, a Apple tinha vendido 90 milhões de iPhones, e abocanhou mais da metade dos lucros totais gerados no mercado mundial de celulares.

"Steve entende o desejo", disse Alan Kay, o pioneiro do Xerox PARC que tinha imaginado um tablet "Dynabook" quarenta anos antes. Kay era bom de profecias, e por isso Jobs lhe perguntou o que ele achava do iPhone. "Faça a tela com 5 por 8 polegadas, e você dominará o mundo", disse Kay. Ele não sabia que o projeto do iPhone tinha começado justamente com as ideias para um tablet, e algum dia voltaria a ele, materializando — e na verdade ultrapassando — sua visão do Dynabook.

36. Segundo round

O câncer volta

A BATALHA DE 2008

No começo de 2008 ficou claro para Jobs e seus médicos que o câncer estava se espalhando. Quando eles removeram seus tumores pancreáticos em 2004, Jobs tivera o genoma do câncer parcialmente sequenciado. Isso tinha ajudado os médicos a determinar que trajetórias tinham sido interrompidas, e eles agora o tratavam com terapias alvo dirigidas que lhes pareciam ter maior probabilidade de êxito.

Ele também recebia tratamento contra dor, geralmente com analgésicos à base de morfina. Certo dia, em fevereiro de 2008, quando Kathryn Smith, amiga íntima de Powell, estava hospedada com eles em Palo Alto, ela e Jobs saíram para uma caminhada. "Ele me disse que quando se sente realmente mal se concentra na dor, entra na dor e isso parece dissipá-la", contou Kathryn. Mas não era exatamente assim. Quando sentia dor, Jobs fazia questão de que todos à sua volta soubessem.

Havia outra questão de saúde que se tornava cada vez mais problemática, uma questão na qual os pesquisadores médicos não se concentraram tão rigorosamente quanto no câncer e na dor. Jobs tinha problemas para comer e perdia peso. Isso se devia parcialmente ao fato de que perdera grande parte do pâncreas, que produz as enzimas necessárias para digerir proteínas e outros nutrientes. Mas a morfina também lhe reduzia o apetite. E havia o componente psicológico, que os médicos não sabiam bem como atacar, menos ainda como tratar. Desde o começo da adolescência, Jobs fora estranhamente obcecado por dietas extremamente restritivas e jejuns.

Mesmo depois de casar-se e ter filhos, ele insistia em seus duvidosos hábitos alimentares. Passava semanas comendo a mesma coisa — salada de cenoura com limão, ou apenas maçãs —, até que, também subitamente, deixava de lado esses alimentos e declarava que tinha parado de comê-los. Fazia jejuns como quando era adolescente, e em tom moralista discorria para as outras pessoas à mesa sobre as virtudes do regime alimentar que ele estava seguindo no momento. Powell era vegetariana quando se casaram, mas depois das operações do marido começara a diversificar as refeições da família com peixe e outras proteínas. O filho, Reed, que tinha sido vegetariano, tornou-se "onívoro caloroso". Eles sabiam que era importante para o pai dispor de fontes diversas de proteínas.

A família contratou um amável e versátil cozinheiro, Bryar Brown, que trabalhara para Alice Waters, no Chez Panisse. Ele aparecia todas as tardes e preparava uma esplêndida variedade de pratos saudáveis para o jantar, usando as ervas e hortaliças que Powell cultivava no jardim. Quando Jobs manifestava algum desejo em especial — salada de cenoura, massa com manjericão, sopa de capim-santo —, Brown serena e pacientemente dava um jeito de preparar. Jobs sempre foi extremamente opiniático com relação a comida, com tendência a proclamar, de imediato, que os alimentos eram fantásticos ou horríveis. Era capaz de provar dois abacates, que para a maioria dos mortais teriam o mesmo gosto, e declarar que um era o melhor abacate já cultivado e o outro, intragável.

Os distúrbios alimentares de Jobs pioraram a partir do começo de 2008. Havia noites em que ele olhava fixamente para o chão, ignorando todos os pratos postos na comprida mesa da cozinha. Quando os outros já estavam na metade da refeição, ele se levantava bruscamente e saía, sem dizer uma palavra. Isso era estressante para a família, que o viu perder dezoito quilos durante a primavera de 2008.

Seus problemas de saúde vieram novamente a público em março de 2008, quando a *Fortune* publicou uma reportagem com o título "O problema de Steve Jobs". A matéria revelava que por nove meses ele tinha tentado tratar o câncer com dietas, e também investigava seu envolvimento na alteração das datas das opções de ações da Apple. Durante a preparação da reportagem, Jobs convidou — convocou — o editor da revista, Andy Serwer, a ir a Cupertino a fim de pressioná-lo a não publicá-la. Ele debruçou-se sobre o rosto de Serwer e perguntou-lhe: "Quer dizer que você descobriu que sou um bundão. Por que isso é notícia?". Jobs apresentou o mesmo lúcido argumento ao ligar para o chefe de Serwer na Time Inc., John Huey, de um telefone via satélite que levara para Kona Village, no Havaí. Propôs convocar um grupo de presidentes executivos e tomar parte numa discussão sobre que problemas de saúde mereciam ser divulgados, mas só se a *Fortune* desistisse de publicar a reportagem. A revista não desistiu.

Quando Jobs apresentou o iPhone 3G em junho de 2008, estava tão magro que sua magreza eclipsou o anúncio do produto. Na *Esquire*, Tom Junod descreveu a figura "macilenta" no palco como "descarnada como um pirata, trajando aquilo que até então tinha sido a indumentária de sua invulnerabilidade". A Apple divulgou uma declaração falsa, dizendo que sua perda de peso fora causada por uma "bactéria comum". No mês seguinte, diante da insistência das perguntas, a empresa divulgou outra declaração dizendo que a saúde de Jobs era "assunto particular".

Joe Nocera, do *New York Times*, escreveu uma coluna denunciando a forma como os problemas de saúde de Jobs vinham sendo tratados. "Simplesmente não se pode confiar na Apple para esclarecer a verdade sobre seu presidente executivo", escreveu ele no fim de julho. "Sob a direção do sr. Jobs, a Apple desenvolveu uma cultura do segredo, que lhe foi útil em muitos sentidos — a especulação sobre os produtos que ela vai anunciar na conferência anual Macworld tem sido uma das melhores ferramentas de marketing da empresa. Mas essa mesma cultura é nociva para sua governança corporativa." Enquanto escrevia a coluna e obtinha a resposta padrão de todos os funcionários da Apple — "é assunto particular" —, o jornalista recebeu um telefonema do próprio Jobs. "Aqui é Steve Jobs", começou ele. "Você acha que sou um babaca arrogante, que se julga acima da lei, e eu acho que você é um balde de lodo que apura errado a maioria dos fatos." Depois dessa abertura cativante, Jobs ofereceu-se para dar algumas informações sobre sua saúde, mas com a condição de que Nocera não as publicasse. Nocera respeitou o pedido, mas informou que, apesar de os problemas de saúde de Jobs serem mais graves do que uma bactéria comum, "não representavam risco de vida, e ele não teve uma recaída de câncer". Jobs tinha dado a Nocera mais informações do que estava disposto a dar ao seu próprio conselho e aos acionistas, mas elas não apresentavam toda a verdade.

Em parte devido aos temores relacionados à perda de peso de Jobs, o preço das ações da Apple flutuou de 188 dólares no começo de junho de 2008 para 156 dólares no fim de julho. A situação não melhorou nada quando, no fim de agosto, o *Bloomberg News* divulgou, por engano, o obituário de Jobs que guardava na gaveta e que acabou no blog Gawker. Jobs repetiu o famoso chiste de Mark Twain poucos dias depois, em seu evento anual de música. "As notícias da minha morte são bastante exageradas", disse ele, quando lançava uma linha de novos iPods. Mas sua aparência macilenta não era tranquilizadora. No começo de outubro, o preço da ação tinha caído para 97 dólares.

Naquele mês, Doug Morris, da Universal Music, tinha uma reunião marcada com Jobs na Apple. Jobs o convidou para ir à sua casa. Morris ficou surpreso ao vê-lo tão doente e sofrendo tantas dores. Morris seria homenageado numa cerimônia de gala em Los Angeles da City of Hope, organização que levantava fundos para o combate ao câncer, e queria que ele estivesse presente. Eventos beneficentes eram algo que Jobs sempre evitava, mas ele decidiu ir, tanto por Morris como pela causa. No evento, realizado numa grande tenda na praia de Santa Monica, Morris disse aos 2 mil convidados que Jobs estava dando novo alento à indústria da música. As apresentações — de Stevie Nicks, Lionel Richie, Erykah Badu e Akon — se estenderam até depois da meia-noite, e Jobs teve severos calafrios. Jimmy Iovine lhe deu um blusão de moletom com capuz para usar, e ele manteve o capuz puxado sobre a cabeça a noite toda. "Estava muito doente, muito magro, sentindo muito frio", disse Morris.

O veterano jornalista de tecnologia da *Fortune* Brent Schlender ia sair da revista em dezembro daquele ano, e seu canto do cisne seria uma entrevista com Jobs, Bill Gates, Andy Grove e Michael Dell. Fora difícil organizar o encontro, e poucos dias antes da data marcada Jobs ligou para dizer que não compareceria. "Se eles perguntarem por quê, diga apenas que sou um babaca", disse. Gates ficou irritado, depois descobriu qual era a situação da saúde de Jobs. "É claro, ele tinha uma razão muito, muito boa", disse. "Só não queria era dizer." Isso ficou mais evidente quando a Apple anunciou, em 16 de dezembro, que Jobs cancelara sua aparição em janeiro no Macworld, o fórum que ele usara durante onze anos para o lançamento de grandes produtos.

A blogosfera foi agitada por especulações sobre sua saúde, grande parte das quais tinha o odioso cheiro da verdade. Jobs ficou furioso e sentiu-se violentado. Irritava-o também o fato de a Apple não ser mais ativa em repelir as especulações. Em 5 de janeiro de 2009, ele escreveu e divulgou uma carta aberta enganadora. Disse que faltaria ao Macworld para passar mais tempo com a família. "Como muitos sabem, perdi peso durante todo o ano de 2008", acrescentou. "Meus médicos acham que descobriram a causa — um desequilíbrio hormonal que me priva das proteínas de que o corpo precisa para manter a saúde. Sofisticados exames de sangue confirmaram o diagnóstico. O tratamento para esse problema nutricional é relativamente simples."

Havia um núcleo de verdade nisso, embora pequeno. Um dos hormônios criados pelo pâncreas é o glucagon, que é o outro lado da insulina. Ele faz o fígado liberar glicose sanguínea. O tumor tinha dado origem a um processo de metástase, espalhando-se para o fígado, onde estava fazendo estragos. Na realidade, o corpo de Jobs estava se autodevorando, de modo que os médicos lhe deram drogas para tentar reduzir o nível de glucagon. Ele tinha um desequilíbrio hormonal, mas era porque o câncer se espalhara para o fígado. Ele negava tudo isso em casa e queria negar também em público. Infelizmente, essa atitude era problemática, porque Jobs dirigia uma empresa negociada publicamente. Mas ele estava furioso com a maneira como a blogosfera o vinha tratando e quis revidar.

Jobs estava muito doente àquela altura, apesar de sua declaração otimista, e padecia dores cruciantes. Submetera-se a outra rodada de sessões de quimioterapia, com penosos efeitos colaterais. A pele secou e rachou. Em sua busca de abordagens alternativas, ele foi a Basileia, na Suíça, tentar uma radioterapia experimental de base hormonal. Submeteu-se também a um tratamento experimental desenvolvido em Roterdam, conhecido como terapia com radionuclídeo para receptor de peptídeo.

Depois de uma semana repleta de conselhos jurídicos cada vez mais insistentes, Jobs finalmente concordou em tirar licença médica. Fez o anúncio em 14 de janeiro de 2009, em outra carta aberta à equipe da Apple. De início, atribuiu a decisão à bisbilhotice de blogueiros e da imprensa. "Infelizmente, a curiosidade por minha saúde pessoal continua a ser uma perturbação, não apenas para mim e minha família como para todos na Apple", disse. Mas em seguida admitiu que o tratamento para seu "desequilíbrio hormonal" não era tão simples como tinha alegado. "Na semana passada, descobri que meus problemas relacionados à saúde são mais complexos do que eu originariamente imaginava." Tim Cook mais uma vez assumiria a responsabilidade pelas operações diárias, mas Jobs disse que continuaria como presidente executivo, envolvido nas principais decisões, e que em junho estaria de volta.

Jobs consultava-se com Bill Campbell e Art Levinson, que conciliavam os papéis de conselheiros em questões de saúde pessoal e também de diretores com responsabilidades iguais na empresa. Mas o resto do conselho da Apple não estava tão a par da situação, e de início os acionistas tinham sido erroneamente informados a respeito. Isso levantava algumas questões jurídicas, e a sec abriu uma investigação para saber se a empresa tinha deixado de dar "informações materiais" aos acionistas. Constituiria fraude, um crime grave, se a empresa tivesse omitido informações que fossem relevantes para suas perspectivas financeiras. Como Jobs e sua magia estavam estreitamente identificados com a recuperação da Apple, sua saúde parecia enquadrar-se nessa situação. Mas essa era uma área turva da legislação; os direitos do presidente executivo à privacidade tinham de ser levados em conta. Esse equilíbrio era particularmente difícil no caso de Jobs, que tanto dava valor à privacidade como personificava sua empresa mais do que a maioria dos presidentes executivos. E ele não facilitava a tarefa. Tornou-se muito emotivo, às vezes vociferando, às vezes chorando, quando atacava qualquer um que sugerisse que ele precisava ser menos reservado.

Campbell valorizava sua amizade com Jobs e não queria ter nenhuma obrigação legal de violar sua privacidade, por isso se ofereceu para deixar o cargo de diretor. "A questão da privacidade é muito importante para mim", disse depois. "Ele é meu amigo há mais ou menos 1 milhão de anos." Os advogados acabaram decidindo que Campbell não precisava deixar o conselho, mas tinha que se demitir do cargo de diretor. Ele foi substituído nessa função por Andrea Jung, da Avon. A investigação da sec acabou dando em nada, e o conselho cerrou fileiras para proteger Jobs das pressões para divulgar mais informações. "A imprensa queria que deixássemos escapar mais detalhes pessoais", lembrou Al Gore. "Realmente cabia a Steve ir além do que a lei exige, mas ele foi inflexível na decisão de que não queria que sua privacidade fosse invadida. Seu desejo devia ser respeitado." Quando perguntei a Gore se o conselho deveria ter sido mais aberto no começo de 2009, quando os problemas de saúde de Jobs eram bem piores do que os acionistas foram levados a acreditar, ele respondeu: "Contratamos advogados de fora para examinar o que a lei exigia e quais eram as melhores práticas, e fizemos rigorosamente o que devia ser feito. Dei a impressão de estar na defensiva, mas as críticas realmente me aborreceram".

Um membro do conselho discordava. Jerry York, ex-diretor financeiro da Chrysler e da IBM, nada disse publicamente, mas confidenciou a um repórter do *Wall Street Journal*, que ficou "enojado" quando soube que a empresa escondera os problemas de saúde de Jobs no fim de 2008. "Francamente, eu gostaria de ter renunciado naquela época." Quando York morreu, em 2010, o *Journal* publicou seus comentários. York também dera à *Fortune* informações confidenciais que a revista usou quando Jobs tirou a terceira licença médica em 2011.

Algumas pessoas da Apple não acreditavam que as declarações atribuídas a York fossem exatas, uma vez que oficialmente ele não fizera nenhuma objeção naquela época. Mas para Bill Campbell os relatos soavam verdadeiros; York desabafara com ele no começo de 2009. "Tarde da noite, Jerry tomava um pouco mais de vinho branco do que deveria, e ligava às duas ou três da manhã para dizer: 'Que merda, não acredito nem um pouco nessa babaquice sobre a saúde dele, a gente precisa tirar isso a limpo'. E eu ligava para ele de manhã e dizia: 'Tudo bem, sem problemas'. Então, acho que numa daquelas noites ele ficou irritado e falou com os repórteres."

MEMPHIS

O chefe da equipe de oncologia de Jobs era George Fisher, da Universidade Stanford, um dos principais pesquisadores de câncer gastrointestinal e colorretal. Fisher vinha avisando Jobs havia meses que ele talvez tivesse que pensar na possibilidade de um transplante de fígado, mas esse era o tipo de informação que Jobs se recusava a processar. Powell via com bons olhos a insistência de Fisher nessa possibilidade, pois sabia que seria preciso aguilhoar seu marido repetidamente para que ele levasse a ideia em consideração.

Ele por fim se convenceu em janeiro de 2009, logo depois de afirmar que seu "desequilíbrio hormonal" poderia ser facilmente tratado. Mas havia um problema. Jobs entrou na fila de espera de transplante de fígado na Califórnia, mas estava claro que jamais conseguiria um fígado novo a tempo. O número de doadores disponíveis com seu tipo sanguíneo era pequeno. Além disso, os critérios adotados pela United Network for Organ Sharing, que estabelece políticas nos Estados Unidos, favorecem aqueles que padecem de cirrose e hepatite, em detrimento dos pacientes de câncer.

Não há meio legal de um paciente, ainda que rico como Jobs, furar a fila, e ele não furou. Os receptores são escolhidos com base nos pontos que acumulam na escala MELD (Model for End-Stage Liver Disease [Modelo para doença hepática terminal]), que usa testes de laboratório de níveis de hormônio para determinar a urgência de um transplante, e no tempo que estão à espera na fila. Cada doação é fiscalizada rigorosamente, os dados são disponibilizados em sites públicos (optn. transplant.hrsa.gov/), e cada um pode verificar sua situação na lista de espera a qualquer momento.

Powell tornou-se pescadora dos sites de doação de órgãos, checando todas as noites para ver quantos pacientes havia nas listas de espera, quais eram suas pontuações na escala MELD e há quanto tempo estavam esperando. "Pode-se fazer as contas, e eu fiz, e só bem depois de junho conseguiríamos um fígado na Califórnia, e os médicos achavam que seu fígado ia pifar em abril", lembrou. Então, ela começou a perguntar e descobriu que era permitido estar na lista em dois estados diferentes ao mesmo tempo, coisa que cerca de 3% de potenciais receptores fazem. A política de transplante não desencoraja essa presença em listas múltiplas, muito embora críticos aleguem que a prática favorece os ricos, o que é difícil. Havia dois grandes requisitos: o potencial receptor teria de estar no hospital escolhido dentro de oito horas, o que Jobs podia fazer graças a seu avião, e os médicos desse hospital tinham de avaliar pessoalmente o paciente antes de incluí-lo na lista.

George Riley, o advogado de San Francisco que geralmente servia de consultor externo da Apple, era um compassivo senhor do Tennessee e se tornara íntimo de Jobs. O pai e a mãe tinham sido médicos do Methodist University Hospital em Memphis, ele nascera ali e era amigo de James Eason, que dirigia o instituto de transplantes de lá. A unidade de Eason era uma das melhores e mais movimentadas do país; em 2008, ele e sua equipe fizeram 121 transplantes de fígado. Ele não via o menor problema em aceitar que pessoas de outros lugares também entrassem na lista de Memphis. "Não é um jeito de burlar o sistema", disse. "São as pessoas escolhendo onde querem receber tratamento de saúde. Algumas saem do Tennessee e vão para a Califórnia, ou para qualquer outro lugar, em busca de tratamento. Agora temos gente da Califórnia vindo para o Tennessee." Riley conseguiu que Eason tomasse o avião para Palo Alto, a fim de fazer a avaliação necessária.

No fim de fevereiro de 2009, Jobs conseguiu lugar na lista do Tennessee (e também na da Califórnia), e a nervosa espera começou. Sua saúde declinou rapidamente na primeira semana de março, e o tempo de espera foi calculado em 21 dias. "Foi horrível", lembrou Powell. "Parecia que não íamos chegar a tempo." Cada dia era mais doloroso. Ele avançou para o terceiro lugar da lista em meados de março, depois para o segundo, e finalmente para o primeiro. Mas então os dias passaram a transcorrer sem novidade. A terrível realidade era que eventos vindouros, como o Dia de São Patrício e a March Madness* (Memphis estava no torneio de 2009 e era sede regional), ofereciam maior probabilidade de conseguir um doador, porque o excesso de bebidas faz aumentar o número de acidentes de carro.

De fato, no fim de semana de 21 de março de 2009, um jovem de vinte e poucos anos morreu num acidente de carro e seus órgãos foram disponibilizados. Jobs e a mulher voaram para Memphis, onde aterrissaram pouco antes das quatro da manhã e foram recebidos por Eason. Um carro os esperava na pista, e tudo se passou de tal forma que os documentos de admissão foram preenchidos enquanto eles corriam para o hospital.

O transplante foi um sucesso, mas não trouxe tranquilidade. Quando removeram o fígado de Jobs, os médicos descobriram manchas no peritônio, a fina membrana que reveste órgãos internos. Além disso, havia tumores em todo o fígado, o que significava que o câncer provavelmente migrara dali para outros lugares. Ao que tudo indicava, ele sofrera mutação e crescera rapidamente. Os médicos recolheram amostras e fizeram mais mapeamento genético.

Poucos dias depois, precisaram adotar outro procedimento. Jobs insistia em que não lhe bombeassem o estômago, e, quando o sedaram, ele aspirou parte do conteúdo para os pulmões, desenvolvendo uma pneumonia. Naquele momento, acharam que ele fosse morrer. Mais tarde, Jobs assim descreveu o episódio:

Quase morri, porque nesse procedimento de rotina eles erraram. Laurene estava lá, e eles trouxeram meus filhos, pois achavam que eu não duraria até a manhã seguin-

* "Loucura de março", nome informal de um tradicional torneio de basquete envolvendo 68 times universitários, que ocorre anualmente no país ao longo do mês de março e na primeira semana de abril. (N. E.)

te. Reed estava visitando faculdades com um dos irmãos de Laurene. Mandamos um avião particular buscá-lo perto de Dartmouth e contaram-lhe o que estava acontecendo. Outro avião pegou as meninas. Achavam que era a última chance de me verem consciente. Mas escapei.

Powell encarregou-se de supervisionar o tratamento; passava o dia todo no quarto do hospital e observava atentamente cada monitor. "Laurene era uma bela tigresa que o protegia", disse Jony Ive, que apareceu logo que Jobs pôde receber visitas. A mãe e três irmãos dela se revezavam para lhe fazer companhia. A irmã de Jobs, Mona Simpson, também circulava por ali, dando todo o apoio. Ela e George Riley foram as únicas pessoas que Jobs deixou que substituíssem Powell ao lado da cama. "A família de Laurene nos ajudou a cuidar das crianças — a mãe e os irmãos dela foram ótimos", disse Jobs. "Eu estava muito frágil e não ajudava em nada. Mas uma experiência como essa aproxima todos de um jeito profundo."

Powell chegava todos os dias às sete da manhã e coletava os dados relevantes, que passava para uma planilha. "Era muito complicado, porque havia muitas coisas diferentes acontecendo", lembrou. Quando James Eason e sua equipe médica chegavam às nove, ela se reunia com eles para coordenar todos os aspectos do tratamento de Jobs. Às nove da noite, antes de sair, preparava um relatório sobre as tendências de cada sinal vital e de outras medições, além de uma série de perguntas que pretendia fazer no dia seguinte. "Com isso eu ocupava o cérebro e mantinha o foco", disse ela.

Eason fez o que ninguém mais em Stanford tinha feito plenamente: encarregar-se de todos os aspectos do tratamento médico. Como dirigia o lugar, tinha condições de coordenar os efeitos do transplante, os testes do câncer, os tratamentos para dor, a nutrição, a recuperação e os cuidados de enfermagem. Chegou a passar pela loja de conveniências para comprar as bebidas energéticas de que Jobs gostava.

Havia duas enfermeiras de pequenas cidades do Mississippi que se tornaram as prediletas de Jobs. Eram sólidas mulheres de família, que não se deixavam intimidar por ele. Eason arranjou para que cuidassem apenas de Jobs. "Para lidar com Steve, é preciso ser persistente", disse Tim Cook. "Eason sabia lidar com Steve e forçava-o a fazer coisas que ninguém mais conseguiria, coisas boas para ele, mas que podiam não ser agradáveis."

Apesar de todos os afagos, Jobs às vezes enlouquecia. Chateava-se por não estar no controle da situação, e às vezes tinha alucinações ou ficava furioso. Mesmo quando estava à beira da inconsciência, sua personalidade forte transparecia. Certa ocasião, o pneumologista tentou colocar-lhe uma máscara no rosto enquanto ele estava profundamente sedado. Jobs rasgou a máscara e disse, resmungando, que odiara seu design e recusou-se a usá-la. Embora mal conseguisse falar, ordenou que lhe trouxessem cinco opções de máscara para que escolhesse o design que lhe agradava. Os médicos olharam para Powell, estarrecidos. Ela finalmente conseguiu distraí-lo, e eles puseram a máscara. Jobs odiava também o monitor de oxigênio que lhe puseram no dedo. Disse que era feio e complexo demais. Sugeriu maneiras de simplificar o design. "Estava muito ligado a todas as nuances do ambiente e aos objetos que o cercavam, e isso o deixava exausto", lembrou Powell.

Um dia, quando ainda vagava entre a consciência e a inconsciência, Kathryn Smith, amiga íntima de Powell, foi visitá-lo. Suas relações com Jobs nunca tinham sido das melhores, mas Powell insistiu para que ela se aproximasse do leito. Ele a chamou com um aceno, pediu papel e caneta e escreveu: "Quero meu iPhone". Smith foi buscá-lo na cômoda. Segurando a mão dela, ele mostrou a função "desbloquear" e a fez brincar com os menus.

As relações de Jobs com Lisa Brennan-Jobs, sua filha com a primeira namorada, Chrisann, estavam desgastadas. Ela se formara em Harvard, mudara-se para Nova York e raramente se comunicava com o pai. Mas esteve duas vezes em Memphis, o que o deixou contente. "Foi muito importante para mim que ela fizesse isso", comentou Jobs. Infelizmente, ele nada lhe disse na época. Muita gente achava que Lisa podia ser tão mandona quanto o pai, mas Powell a recebeu bem e tentou envolvê-la na situação. Era um relacionamento que ela gostaria de restaurar.

Enquanto Jobs melhorava, sua combativa personalidade aos poucos reaparecia. Ele ainda usava seu ducto biliar. "Quando começou a se recuperar, ele passou rapidamente pela fase de gratidão, e voltou à condição de mal-humorado e ao controle da situação", contou Kat Smith. "Imaginávamos que ele talvez saísse dessa com uma disposição mais amável, mas não foi o que aconteceu."

Jobs continuava enjoado para comer, o que a essa altura era um problema pior do que nunca. Só comia frutas batidas e exigia que houvesse uma fila de sete ou oito para que pudesse encontrar a opção mais satisfatória. Levava a colher à boca para dar uma provada e dizia: "Não é boa. Esta também não é boa". Até que um dia Eason interveio. "Sabe de uma coisa? Não é uma questão de sabor", ensinou. "Pare de pensar nisto como comida. Comece a pensar nisto como remédio."

O humor de Jobs melhorava quando ele recebia visitas da Apple. Tim Cook ia vê-lo regularmente e o punha a par do progresso de novos produtos. "Você o via se animar sempre que a conversa girava em torno da Apple", disse Cook. "Era como acender uma lâmpada." Ele amava profundamente a empresa e parecia viver pela possibilidade de voltar. Os detalhes o enchiam de energia. Quando Cook descreveu um novo modelo do iPhone, Jobs passou uma hora discutindo não apenas o nome que deveria ter — concordaram com iPhone 3GS —, mas também o tamanho e a fonte das letras "GS", inclusive se deveriam ser maiúsculas (sim) e em itálico (não).

Um dia Riley programou uma visita surpresa ao Sun Studio, o santuário de tijolo vermelho onde Elvis, Johnny Cash, B. B. King e muitos outros pioneiros do rock and roll tinham gravado. Os dois fizeram um passeio a sós e receberam uma aula de história de um jovem empregado, que se sentou com Jobs no banco queimado de cigarros que Jerry Lee Lewis costumava usar. Jobs era, provavelmente, a pessoa mais influente na indústria da música àquela altura, mas o rapaz não o reconheceu naquele estado de emaciação. Na saída, Jobs disse a Riley: "Aquele rapaz é realmente esperto. Deveríamos contratá-lo para o iTunes". Riley ligou para Eddy Cue, que levou o menino de avião para uma entrevista na Califórnia e o contratou para ajudá-lo a preparar as primeiras seções de R&B e de rock and roll do iTunes. Quando Riley voltou mais tarde para rever seus amigos no Sun Studio, eles lhe disseram que estava provado, como dizia o slogan, que sonhos ainda poderiam tornar-se realidade no Sun Studio.

RETORNO

No fim de maio de 2009, Jobs voou de Memphis em seu jato com a mulher e a irmã. Foram recebidos no aeroporto de San Jose por Tim Cook e Jony Ive, que subiram a bordo logo que o avião aterrissou. "Via-se nos olhos dele a alegria por estar de volta", disse Cook. "Havia nele um espírito de luta e ele estava ansioso para seguir em frente." Powell abriu uma garrafa de sidra gasosa e fez um brinde ao marido, e todos se abraçaram.

Ive estava emocionalmente exausto. Levou Jobs de carro para casa e lhe disse que tinha sido difícil manter tudo funcionando na sua ausência. Queixou-se também das histórias que diziam que as inovações da Apple dependiam de Jobs e desapareceriam se ele não voltasse. "Estou realmente ofendido", disse Ive, acrescentando que se sentia "arrasado" e subvalorizado.

Jobs também ficou num estado mental sombrio depois que voltou para Palo Alto. Tentava aceitar a ideia de que talvez não fosse indispensável para a empresa. As ações da Apple haviam se comportado bem durante sua ausência, subindo de 82 dólares quando ele anunciara sua licença em janeiro de 2009 para 140 quando voltara no fim de maio. Numa teleconferência com analistas logo depois que Jobs tirou licença, Cook deixou de lado seu estilo frio para fazer uma estimulante declaração explicando por que a Apple continuaria a subir mesmo com Jobs afastado:

> É nossa crença que estamos na Terra para fabricar grandes produtos, e isso não vai mudar. Estamos o tempo todo focados na inovação. Acreditamos no simples, não no complexo. Acreditamos na necessidade de termos e controlarmos as tecnologias primárias que estão por trás dos produtos que fabricamos, e de participarmos apenas de mercados onde possamos dar uma contribuição significativa. Acreditamos em dizer não a milhares de projetos, para nos concentrarmos realmente nos poucos que são verdadeiramente importantes e significativos para nós. Acreditamos na profunda colaboração e na polinização recíproca de nossos grupos, o que nos permite inovar de uma forma que outros não conseguem. E, francamente, não aceitamos nada menos que o mais alto nível de excelência em cada grupo da empresa, e temos a honestidade de admitir quando estamos errados, e a coragem de mudar. E, independentemente de quem faz o quê, acredito que esses valores estão tão incorporados nesta empresa que a Apple se sairá extremamente bem.

Parecia algo que o próprio Jobs diria (e tinha dito), mas a imprensa passou a falar em "doutrina Cook". Jobs ficou irritado e muito deprimido, especialmente com a última frase. Não sabia se ficava orgulhoso ou magoado, caso fosse verdade. Comentava-se que ele talvez saísse, para ser presidente do conselho, em vez de presidente executivo. Isso o motivava mais ainda a sair da cama, superar a dor e voltar a fazer seus longos passeios restauradores.

Uma reunião do conselho estava marcada para poucos dias depois de sua volta, e Jobs surpreendeu a todos ao aparecer. Entrou andando devagar e ficou durante a maior parte do tempo. No começo de junho, começou a fazer reuniões diárias em sua casa, e no fim do mês estava de volta ao trabalho.

Será que depois de ter encarado a morte ele tinha ficado mais suave? Os colegas logo tiveram uma resposta. No primeiro dia após seu regresso, ele surpreendeu sua principal equipe com uma série de explosões de raiva. Estraçalhou pessoas que não via havia seis meses, rasgou alguns planos de marketing e censurou severamente alguns funcionários cujo trabalho lhe pareceu inferior. Mas reveladora mesmo foi a declaração que fez para dois amigos no fim da tarde: "Foi ótimo voltar hoje", disse. "Não acredito em como estou me sentindo criativo, e em como toda a equipe é criativa." Tim Cook ouviu sem perder a linha. "Nunca vi Steve deixar de manifestar suas opiniões ou suas paixões", disse ele depois. "Mas aquilo foi bom."

Os amigos notaram que Jobs não perdera a combatividade. Durante a recuperação, ele contratou os serviços a cabo de alta definição da Comcast, e um dia ligou para Brian Roberts, diretor da empresa. "Pensei que ele estivesse ligando para fazer algum elogio", lembrou Roberts. "Em vez disso, o que me disse foi: 'É uma porcaria'." Mas Andy Hertzfeld percebeu que, por baixo da grosseria, Jobs tornara-se mais confiável. "Antes, se você pedisse um favor a Steve, ele poderia fazer exatamente o contrário", disse Hertzfeld. "Era o lado perverso de sua natureza. Agora ele tenta mesmo ser prestativo."

A volta tornou-se pública em 9 de setembro, quando Jobs subiu ao palco para o evento musical da empresa no outono. Foi aplaudido de pé por quase um minuto, depois abriu seu discurso com uma inusitada nota pessoal, mencionando que era receptor de uma doação de fígado. "Eu não estaria aqui se não fosse por esse gesto de generosidade", disse, "por isso espero que todos possamos ser igualmente generosos, tornando-nos doadores de órgãos." Depois de um instante de júbilo — "Estou em pé, estou de volta à Apple e estou curtindo cada dia" —, ele anunciou a nova linha de iPod Nanos, com videocâmeras, em nove cores diferentes de alumínio anodizado.

No início de 2010, ele tinha recuperado quase todo o vigor e entregou-se ao trabalho para aquele que seria um dos anos mais produtivos — dele e da Apple. Fizera dois *home runs* consecutivos desde o lançamento da estratégia digital da Apple: o iPod e o iPhone. Agora ia tentar outro.

37. O iPad

Entrando na era pós-PC

Em 2002, Jobs tinha se irritado com o engenheiro da Microsoft e seu proselitismo sobre o software para um tablet que ele tinha desenvolvido, que permitia aos usuários entrar com informações na tela usando uma caneta stylus. Naquele ano, alguns fabricantes lançaram tablets usando o software, mas nenhum deixou uma marca no universo. Jobs estava a fim de mostrar como fazer a coisa direito — nada de stylus! —, mas, quando viu a tecnologia multitoque que a Apple estava desenvolvendo, decidiu usá-la antes para produzir um iPhone.

Enquanto isso, a ideia do tablet continuou difusa dentro do grupo de hardware do Macintosh. "Não temos planos de fazer tablets", declarou Jobs numa entrevista a Walt Mossberg em maio de 2003. "As pessoas querem teclados. Os tablets atraem os ricos que já têm um monte de outros PCs e aparelhos." Assim como ele tinha dito que estava com um "desequilíbrio hormonal", essa declaração era só para despistar. Na maioria de seus retiros anuais dos Top 100, o tablet era um dos projetos futuros em discussão. "Demonstramos a ideia em muitos desses retiros, porque Steve nunca perdeu a vontade de fazer um tablet", lembrou Paul Schiller.

O projeto do tablet ganhou impulso em 2007, quando Jobs estava avaliando as ideias para um netbook de baixo custo. Numa reunião de discussões da equipe executiva das segundas-feiras, Ive perguntou por que precisavam de um teclado ligado na tela; era caro e volumoso. "Vamos pôr o teclado na tela usando uma interface de multitoque", sugeriu. Jobs concordou. Assim, os recursos foram direcionados para retomar o projeto do tablet, em vez de projetar um netbook.

O processo começou com Jobs e Ives bolando o tamanho ideal da tela. Encomendaram vinte modelos — todos de cantos arredondados, claro — com pequenas variações nos tamanhos e proporções. Ive colocou todos os modelos numa mesa no estúdio de design, ocultando-os sob um pedaço de veludo, e à tarde eles erguiam o pano, pegavam, mexiam, seguravam, sentiam o que ficava bom. "Foi como decidimos o tamanho da tela", contou.

Jobs, como sempre, insistia no máximo de simplicidade possível. Para isso, era necessário determinar o elemento central do aparelho. Resposta: a tela de exibição. Assim, o princípio norteador foi que tudo o que fizessem teria de ficar submetido à tela. "Como fazer para não precisar de uma tonelada de botões e dispositivos que distraem a atenção?", perguntava Ive. A cada passo, Jobs optava por eliminar e simplificar.

A certa altura, Jobs olhou o modelo e se sentiu levemente insatisfeito. Não parecia simples e amigável para a pessoa pegar e sair andando com ele. Ive, por assim dizer, pôs o dedo no problema: eles tinham de mostrar que a pessoa podia pegá-lo de impulso, numa mão só. O botão do canto devia ser levemente arredondado, para que a pessoa desse só uma levantadinha nele, sem precisar de grandes cuidados em erguê-lo. Isso significava que a engenharia tinha de projetar os botões e as portas de conexão necessárias numa beirada simples, que fosse bem fina para desaparecer por baixo.

Se você estivesse prestando atenção nos pedidos de registro de patentes, iria ver o de número D5048889, que a Apple solicitou em março de 2004 e foi concedido catorze meses depois. Entre os inventores arrolados estavam Jobs e Ive. No pedido de registro constavam os desenhos de um tablet eletrônico retangular com cantos arredondados — com o mesmo visual que veio a ter o iPad —, inclusive a figura de um homem com o aparelho na mão esquerda, descontraído, usando o indicador da mão direita para tocar a tela.

Como agora os computadores Macintosh usavam chips da Intel, no começo Jobs pensou em usar no iPad o chip Atom de baixa voltagem, que ela estava desenvolvendo. Paul Otellini, o presidente executivo da Intel, vinha pressionando muito para trabalharem juntos num projeto, e Jobs se sentia propenso a confiar nele. A empresa estava fazendo os processadores mais rápidos do mundo. Mas estava acostumada a produzir processadores para máquinas que eram ligadas numa tomada na parede, e não para máquinas que precisavam preservar a vida útil de uma bateria. Assim, Tony Fadell defendia vigorosamente algo que se baseasse na arquitetura ARM, que era mais simples e usava menos energia. A Apple já tinha trabalhado com a ARM, e o iPhone original usava chips com sua arquitetura. Fadell conseguiu o apoio de outros engenheiros e mostrou que era possível enfrentar Jobs e fazê-lo mudar de ideia. "Errado, errado, errado!", gritou Fadell numa reunião quando Jobs insistiu que era melhor confiar na Intel para um bom chip móvel. Fadell chegou a pôr seu crachá da Apple sobre a mesa, ameaçando se demitir.

Por fim Jobs cedeu. "Estou te ouvindo", disse. "Não vou contrariar meus melhores caras." Na verdade, ele foi para o outro extremo. A Apple licenciou a arquitetura ARM, mas também comprou uma empresa de projetos de microprocessadores de 150 funcionários em Palo Alto, a P. A. Semi, que ficou incumbida de criar um microprocessador SOC [*system-on-a-chip*] especial, chamado A4, que se baseava na arquitetura ARM e era fabricado na Coreia do Sul pela Samsung. Como relembrou Jobs:

Na parte de alto desempenho, a Intel é a melhor. Faz o chip mais rápido, se você não se preocupar com o custo e a energia. Mas faz apenas o processador num chip, e aí ele precisa de muitos outros periféricos. Nosso A4 tem o processador, o sistema operacional gráfico, o controle da memória, todos no mesmo chip. Tentamos ajudar a Intel, mas eles não ouvem muito. Passamos anos dizendo a eles que os sistemas gráficos deles não prestam. Todo trimestre marcávamos uma reunião comigo e nossos três caras de cargos mais altos e Paul Otellini. No começo, fizemos coisas maravilhosas juntos. Eles queriam um grande projeto conjunto para fazer chips para os futuros iPhones. Não topamos por duas razões. Uma era que eles são muito lentos. Parecem um navio, não são muito flexíveis. Estamos acostumados a andar rápido. A segunda é que não queríamos ensinar tudo a eles, pois aí poderiam vender para nossos concorrentes.

Segundo Otellini, faria sentido que o iPad usasse chips da Intel. O problema, explicou, foi que a Apple e a Intel não se acertaram nos preços. "Não deu certo principalmente por uma questão econômica", disse. Era mais um exemplo da vontade, ou melhor, da compulsão de Jobs de controlar todos os aspectos de um produto, do silício ao revestimento.

O LANÇAMENTO, JANEIRO DE 2010

O entusiasmo habitual que Jobs conseguia despertar em torno do lançamento de um produto ficou minúsculo em comparação ao frenesi em torno da apresentação do iPad em 27 de janeiro de 2010, em San Francisco. A revista *The Economist* deu Jobs na capa, com manto e auréola, segurando "a Tábua [tablet] de Jesus", como disseram. O *Wall Street Journal* também fez uma exaltação parecida: "Na última vez que ocorreu todo esse alvoroço em torno de uma tábua, havia alguns mandamentos escritos nela".

Como para destacar o caráter histórico do lançamento, Jobs convidou vários companheiros dos velhos tempos da Apple. Muito comovente foi a presença de James Eason, que fizera seu transplante de fígado no ano anterior, e de Jeffrey Norton, que tinha feito uma cirurgia no pâncreas em 2004, sentados ao lado da esposa de Jobs, seu filho e sua irmã Mona Simpson.

Jobs situou o novo dispositivo dentro do contexto, de maneira magistral como sempre, tal como tinha feito com o iPhone três anos antes. Dessa vez, Jobs montou uma tela que mostrava um iPhone e um laptop com um ponto de interrogação entre eles. "A pergunta é: há espaço para alguma coisa no meio?", indagou ele. Essa "alguma coisa" teria de servir para navegação, e-mails, fotos, vídeos, músicas, jogos e livros digitais. Ele cravou uma estaca no coração do conceito de "netbook". "Os netbooks não são melhores em nada!" Os convidados e os funcionários aplaudiram. "Mas temos uma coisa melhor, que se chama iPad."

Para mostrar como era simples manusear o iPad, Jobs foi até uma cadeira de couro muito confortável com uma mesinha lateral (em vista de seu gosto, na verdade era uma cadeira Le Corbusier e uma mesa Eero Saarinen). "É muito mais íntimo do que um laptop", entusiasmou-se. Navegou pelo site do *New York Times*, mandou um e-mail para Scott Forstall e Phil Schiller ("Uau, estamos mesmo anunciando o iPad"), passeou por um álbum de fotos, usou um calendário, fez um zoom na torre Eiffel usando o Google Maps, assistiu a alguns videoclipes (*Up*, da Pixar, e *Jornada nas estrelas*), abriu a biblioteca do iBook e tocou uma música ("Like a rolling stone", de Bob Dylan, que ele tinha tocado no lançamento do iPhone). "Não é fantástico?", perguntou.

No slide final, Jobs deu destaque a um dos grandes lemas de sua vida, que se encarnava no iPad: uma placa de rua mostrando a esquina da Technology Street com a Liberal Arts Street. "A Apple pode criar produtos como o iPad porque sempre procuramos estar no cruzamento da tecnologia com as artes liberais", concluiu. O iPad era a reencarnação digital de *The Whole Earth Catalogue*, o local onde a criatividade encontrava meios de viver.

Dessa vez, a primeira reação não foi um coro de aleluia. O iPad ainda não estava à venda (entraria no mercado em abril), e uma parte do auditório que assistia à demonstração de Jobs não entendeu muito bem o que era aquilo. Um iPhone turbinado? "Eu não ficava tão desapontado desde que Snooki ficou com The Situation", escreveu Daniel Lyons na *Newsweek* (que fez uma ponta como "The fake Steve Jobs" numa paródia on-line). O Gizmodo publicou o artigo de um colaborador com o título "Oito coisas que não prestam no iPad" (não tinha multitarefas, nem câmeras, nem Flash...). Até o nome foi objeto de gozações na blogosfera, com comentários maliciosos sobre produtos de higiene feminina e absorventes tamanho grande. Naquele dia, o marcador #iTampon foi o terceiro assunto mais comentado no Twitter.

Houve também o comentário de Bill Gates, depreciativo como de praxe.

"Ainda penso que uma mistura de voz, caneta e um teclado de verdade — em outras palavras, um netbook — vai ser dominante", declarou a Brent Schlender. "Então, não é bem algo como vou sentar ali e sentir o mesmo que senti com o iPhone, e vou dizer: 'Oh, meu Deus, a Microsoft não sonhou alto como deveria'. É um bom e-reader, mas o iPad não tem nada que eu olhe e diga: 'Puxa, eu queria que tivesse sido a Microsoft'." Ele continuou a insistir que a abordagem Microsoft, com uma stylus para entrar com os dados, iria prevalecer. "Faz muitos anos que venho predizendo um tablet com stylus", disse-me ele. "O tempo vai mostrar se estou certo ou fiquei para trás."

Na noite depois do anúncio, Jobs estava irritado e deprimido. Quando nos reunimos na cozinha de sua casa para o jantar, ele ficou andando em volta da mesa abrindo e-mails e páginas da web em seu iPhone.

> Recebi uns oitocentos e-mails nas últimas 24 horas. A maioria reclamando. Não tem cabo de usb! Não tem isso, não tem aquilo. Alguns são tipo: "Caralho, como você faz uma coisa dessas?". Geralmente não respondo, mas para esse eu escrevi: "Seus pais ficariam muito orgulhosos com o que você se tornou". E alguns não gostam do nome iPad, e assim por diante. Fiquei meio deprimido hoje. Isso abate um pouco a gente.

Mas naquele dia ele recebeu uma ligação que lhe agradou, era Rahm Emanuel, chefe de gabinete do presidente Barack Obama, que o parabenizava. Mas comentou no jantar que o presidente, desde que assumiu o cargo, nunca lhe telefonara.

A reclamação geral diminuiu quando o iPad foi posto à venda em abril e as pessoas o pegaram. Foi reportagem de capa na *Time* e na *Newsweek*. "A dificuldade em escrever sobre os produtos da Apple é que eles vêm com uma vasta propaganda em torno", escreveu Lev Grossman, na *Time*. "A outra dificuldade em escrever sobre os produtos da Apple é que às vezes a propaganda é verdadeira." Sua principal ressalva, e importante, era que, "mesmo sendo um dispositivo ótimo para consumir conteúdo, não ajuda muito a facilitar a criação de conteúdo". Os computadores, principalmente o Macintosh, tinham se tornado ferramentas que permitiam criar músicas, vídeos, sites e blogs, que podiam ser postados para todo mundo ver. "O iPad transfere a ênfase da criação para a simples absorção e manipulação de conteúdo. Ele emudece o usuário, transforma-o de novo num consumidor passivo das obras de outras pessoas." Essa crítica Jobs levou a sério. A partir daí, passou a garantir que a versão seguinte do iPad se empenharia em facilitar a criação artística do usuário.

A chamada de capa da *Newsweek* era "O que há de tão bom no iPad? Tudo". Daniel Lyons, que tinha arrasado com ele em seu comentário "Snooki" na época do lançamento, mudou de opinião. "Minha primeira impressão, quando vi Jobs na demonstração, foi que não parecia grande coisa", escreveu. "É uma versão maior do iPod Touch, certo? Aí tive a oportunidade de usar um iPad, e aquilo me pegou: quero um desses." Lyons, como outros, entendeu que o aparelho era a menina dos olhos de Jobs e encarnava tudo o que ele defendia. "Ele tem uma capacidade misteriosa de inventar maquininhas que a gente não sabia que precisava, e então de repente não consegue mais passar sem elas", comentou Lyons. "Um sistema fechado talvez seja a única maneira de transmitir o tipo de experiência tecno-zen que deu fama à Apple."

Grande parte da discussão sobre o iPad se concentrou na dúvida se sua integração totalmente fechada era genial ou se estava condenada ao fracasso. O Google estava começando a desempenhar um papel semelhante ao que a Microsoft tinha desempenhado nos anos 1980, ao oferecer uma plataforma móvel, o Android, que era aberta e podia ser usada por todos os fabricantes de hardware. A *Fortune* fez uma matéria com um debate sobre o tema. "Não há justificativa para ser fechado", escreveu Michael Copeland. Mas seu colega Jon Fortt rebateu: "Os sistemas fechados pegam mal, mas funcionam maravilhosamente e os usuários saem ganhando. Provavelmente ninguém em tecnologia demonstrou isso melhor do que Steve Jobs. Juntando hardware, software e serviços, e controlando-os de maneira cerrada, a Apple é sempre capaz de superar os concorrentes e lançar produtos impecáveis". Eles concordaram que o iPad seria o teste mais claro nessa questão desde o Macintosh original. "A Apple levou sua fama de mania pelo controle a um nível totalmente novo com o chip A4, que alimenta a coisa", escreveu Fortt. "Cupertino agora tem a palavra absoluta sobre o silício, o dispositivo, o sistema operacional, a App Store e o sistema de pagamento."

No dia 5 de abril, quando o iPad foi posto à venda, Jobs foi à loja da Apple em Palo Alto um pouco antes do meio-dia. Daniel Kottke — seu amigo de viagens psicodélicas do Reed e dos primeiros tempos da Apple, que já não guardava mágoas por não ter recebido as opções de ações dos fundadores — fez questão de estar lá. "Fazia quinze anos, e eu queria vê-lo de novo", contou Kottke. "Agarrei-o e disse que ia usar o iPad nas letras das minhas músicas. Ele estava com uma disposição ótima e tivemos uma boa conversa depois de todos aqueles anos." Powell e a filha caçula do casal, Eve, assistiram à cena num canto da loja.

Wozniak, que antigamente defendia os hardwares e os softwares mais abertos possíveis, continuou a rever sua opinião. Como muitas vezes fazia, passou a noite inteira acordado com os entusiastas na fila, esperando o horário de abertura das lojas no dia das vendas inaugurais. Dessa vez, ele estava no shopping Valley Fair, de San Jose, andando num patinete Segway. Um repórter lhe perguntou sobre o ecossistema fechado da Apple. "A Apple põe a gente dentro do parquinho deles e nos mantém ali, mas há algumas vantagens nisso", respondeu Wozniak. "Eu gosto de sistemas abertos, mas sou um hacker. A maioria das pessoas porém prefere coisas fáceis de usar. A genialidade de Steve é que ele sabe simplificar as coisas, e que isso às vezes exige controlar tudo."

A pergunta "O que você tem no seu iPad?" veio substituir "O que você tem no seu iPod?". Mesmo os assessores do presidente Obama, que adotaram o iPad para mostrar como eram avançados tecnologicamente, entraram no jogo. O conselheiro econômico Larry Summers tinha o aplicativo de informação financeira Bloomberg, o Scrabble e *The Federalist Papers*. O chefe de gabinete Rahm Emanuel tinha uma pilha de jornais, o assessor de comunicações Bill Burton tinha a *Vanity Fair* e uma temporada completa do seriado *Lost*, e o diretor político David Axelrod tinha a NPR e o Major League Baseball.

Jobs ficou animado com um caso que me contou, que aconteceu com Michael Noer, da Forbes.com. Noer estava lendo um romance de ficção científica em seu iPad, numa fazenda leiteira que ficava na zona rural ao norte de Bogotá, na Colômbia, quando um garotinho pobre de seis anos de idade, que limpava os currais, foi até ele. Curioso, Noer lhe estendeu o aparelho. Sem nenhuma instrução e nunca tendo visto um computador na vida, o menino começou a usar o iPad de maneira intuitiva. Começou deslizando o dedo na tela, abrindo aplicativos, jogando uma partida de *pinball*. "Steve Jobs projetou um computador potente que um garoto analfabeto de seis anos pode usar sem receber nenhuma instrução", escreveu Noer. "Se isso não é mágico, então não sei o que é."

Em menos de um mês, a Apple vendeu 1 milhão de iPads. Atingiu essa marca duas vezes mais rápido do que com o iPhone. Em março de 2011, nove meses após o lançamento, tinham sido vendidos 15 milhões. Dependendo dos critérios de medida, tornou-se o bem de consumo de mais sucesso na história.

PROPAGANDA

Jobs não estava contente com os anúncios originais para o iPad. Como sempre, atirou-se no marketing, trabalhando com James Vincent e Duncan Milner na agência de publicidade (agora chamada TBWA/Media Arts Lab), com Lee Clow dando consultoria à distância. No primeiro comercial que produziram, havia a cena calma e tranquila de um rapaz de camiseta e jeans desbotado, reclinado numa cadeira, usando várias coisas — e-mail, álbum de fotos, o *New York Times*, livros, vídeo — num iPad apoiado no colo. Não se falava nada, e havia apenas o som de "There goes my love", de The Blue Van, ao fundo. "Depois de aprovar o comercial, Steve decidiu que tinha detestado", lembrou Vincent. "Achou que parecia um anúncio da Pottery Barn." Mais tarde, Jobs me disse:

Tinha sido fácil explicar o que era o iPod — mil músicas em seu bolso —, o que nos permitiu chegar depressa aos anúncios com ícones. Mas era difícil explicar o que era um iPad. Não queríamos apresentá-lo como um computador, mas também não queríamos nada muito suave, que ficasse parecendo uma tevê bonitinha. O primeiro conjunto de comerciais provou que não sabíamos o que estávamos fazendo. Tinham um ar muito certinho e convencional.

James Vincent tinha passado meses na maior correria. Então, quando finalmente o iPad foi posto à venda e os anúncios entraram no ar, ele foi com a família ao festival de música de Coachella, em Palm Springs, que estava apresentando algumas de suas bandas favoritas, entre elas Muse, Faith No More e Devo. Logo que chegou lá, Jobs ligou. "Os comerciais de vocês não prestam", disse. "O iPad está revolucionando o mundo e precisamos de algo grandioso. Vocês fizeram uma merda."

"Bom, o que você quer?", revidou Vincent. "Você não foi capaz de me dizer o que queria."

"Não sei", respondeu Jobs. "Você precisa me trazer algo novo. Do que você me mostrou, nada chega nem perto do que eu quero."

Vincent retrucou e Jobs de repente virou uma fera. "Simplesmente desandou a gritar comigo", lembrou Vincent. Ele também sabia ser estourado, e o bate-boca esquentou. Quando Vincent gritou: "Você precisa me dizer o que quer", Jobs devolveu: "Você precisa me mostrar alguma coisa, e vou saber quando olhar".

"Ah, ótimo, vou pôr isso no resumo para meu pessoal da criação: vou saber quando olhar."

Vincent ficou tão frustrado que deu um murro na parede da casa que tinham alugado e deixou uma vasta marca. Quando finalmente saiu e foi até a piscina onde estava a família, olharam para ele preocupados. Por fim a esposa perguntou: "Você está bem?".

Vincent e sua equipe levaram duas semanas para preparar outro conjunto de opções, e ele pediu para apresentá-lo na casa de Jobs, em vez de no escritório, na esperança de ter um ambiente menos tenso. Estendendo os esboços na mesinha de centro, ele e Milner apresentaram doze abordagens. Uma era de tipo vivaz e inspirador. Outra ia pelo lado do humor, com o ator cômico Michael Cera andando por uma casa de mentira e fazendo comentários engraçados sobre os usos possíveis de um iPad. Outras mostravam o iPad com celebridades, ou apenas sobre um fundo branco, ou num pequeno quadro cômico, ou numa simples demonstração do produto.

Depois de examinar as opções, Jobs começou a entender o que queria. Não era humor, nem celebridades, nem demonstrações. "Tem de ser uma declaração", disse. "Precisa ser um manifesto. É coisa grande." Ele tinha anunciado que o iPad ia mudar o mundo e queria uma campanha que reforçasse essa posição. Outras empresas sairiam com imitações dali a um ano, disse Jobs, e ele queria que as pessoas lembrassem que a coisa legítima era o iPad. "Precisamos de comerciais que anunciem e digam o que fizemos."

Levantou abruptamente da cadeira, parecendo um pouco fraco, mas sorrindo. "Agora preciso ir para a massagem", disse. "Ao trabalho."

Então Vincent e Milner, com o redator Eric Grunbaum, começaram a preparar o Manifesto, como diziam. Teria um ritmo rápido, com imagens vibrantes e uma batida marcada, e proclamaria que o iPad era revolucionário. A música escolhida foi o refrão de Karen O em "Gold lion", do Yeah Yeah Yeahs. O iPad aparecia fazendo coisas mágicas e uma voz forte dizia: "O iPad é fino. O iPad é bonito... É superpotente. É mágico... É vídeo, é foto. Livros para mais de uma vida. Já é uma revolução, e é só o começo".

Depois que os anúncios do Manifesto foram ao ar, a equipe tentou de novo algo mais suave, como os documentários do cotidiano feitos pela jovem cineasta Jessica Sanders. Jobs gostou — por pouco tempo. Então mudou de ideia, pela mesma razão pela qual tinha reagido contra os anúncios originais ao estilo das lojas de móveis Pottery Barn. "Porra", exclamou ele, "parece um comercial do Visa, coisa típica de agência de publicidade."

Ele tinha pedido anúncios que fossem novos e diferentes, mas por fim percebeu que não queria se afastar daquilo que considerava a voz da Apple. Para ele, essa voz tinha características muito próprias: era simples, despojada, afirmativa. "Tínhamos adotado a linha do estilo de vida, e parecia que Steve estava gostando, e de repente ele disse: 'Detesto essa coisa, não é a Apple'", lembrou Lee Clow. "Falou para voltarmos à voz da Apple. É uma voz muito simples e honesta." E assim eles retomaram um fundo branco e despojado, apenas com um close-up mostrando tudo o que "o iPad é...", e deu certo.

APLICATIVOS

Os comerciais do iPad não falavam sobre o aparelho, mas sobre o que as pessoas podiam fazer com ele. De fato, o sucesso do iPad não vinha apenas do belo hardware, e sim dos aplicativos, conhecidos como *apps*, que ofereciam ao usuário um imenso leque de atividades agradáveis. Havia milhares — e logo centenas de milhares — de aplicativos para download grátis ou por poucos dólares. Você podia com o dedo dar uma estilingada em passarinhos zangados, acompanhar o preço das ações, assistir a filmes, ler livros e revistas, ficar a par das notícias, jogar, passar um tempo enorme se divertindo. Aqui, também, o que facilitava tudo isso era a integração entre hardware, software e loja. Mas esses aplicativos permitiam que a plataforma fosse de tipo aberto, mas de maneira muito controlada, para os desenvolvedores externos que quisessem criar conteúdo e software — aberta como uma praça comunitária com grades e portões, cuidadosamente vigiada.

O fenômeno dos aplicativos começou com o iPhone. Quando ele foi lançado, no começo de 2007, não havia nenhum aplicativo que se pudesse comprar de um desenvolvedor externo, e Jobs, de início, resistiu à ideia. Ele não queria que gente de fora criasse aplicativos para o iPhone que poderiam estragá-lo, infectá-lo com vírus ou conspurcar a integridade do aparelho.

Art Levinson, membro do conselho, foi um dos que insistiram em permitir o desenvolvimento de aplicativos para o iPhone. "Liguei para ele uma meia dúzia de vezes para falar do potencial dos aplicativos", comentou. Se a Apple não os autorizasse, e na verdade até os encorajasse, algum outro fabricante de celulares inteligentes aproveitaria a brecha e teria um fator de vantagem na concorrência. O diretor de marketing Phil Schiller concordava. "Eu não conseguia imaginar que criamos algo tão potente como o iPhone e não iríamos deixar os programadores fazerem montes de aplicativos", lembrou. "Eu sabia que os usuários iam adorar." Como observador externo, o investidor John Doerr argumentou que autorizar aplicativos iria gerar uma infinidade de novos empreendedores que criariam novos serviços.

No começo Jobs calou a discussão, em parte porque achava que sua equipe não tinha condições de imaginar todas as complicações envolvidas no acompanhamento dos programadores externos. Ele queria foco. "Então, nem queria falar sobre o assunto", disse Schiller. Mas, logo que lançaram o iPhone, Jobs se interessou em ouvir o debate. "Toda vez que surgia a conversa, Steve parecia um pouco mais aberto", disse Levinson. Houve rodas livres para troca de ideias em quatro reuniões de diretoria.

Jobs logo percebeu que existia uma maneira de ter o melhor dos dois mundos. Permitiria que desenvolvedores externos criassem aplicativos, mas eles teriam de seguir padrões rigorosos, teriam de ser testados e aprovados pela Apple e vendidos apenas na iTunes Store. Era uma forma de aproveitar a vantagem de habilitar milhares de desenvolvedores de software, ao mesmo tempo mantendo controle suficiente para garantir a integridade do iPhone e a simplicidade para o usuário. "Foi uma solução absolutamente genial que pegou um ponto ótimo", disse Levinson. "Deu-nos a vantagem de ser abertos, ao mesmo tempo mantendo o controle de uma ponta a outra."

A App Store do iPhone foi inaugurada no iTunes em julho de 2008; nove meses depois, era feito o bilionésimo download. Quando o iPad começou a ser vendido em abril de 2010, havia 185 mil aplicativos disponíveis para o iPhone. A maioria também podia ser usada no iPad, embora sem aproveitar o tamanho maior da tela. Mas, em menos de cinco meses, havia 25 mil novos aplicativos especificamente configurados para o iPad. Em junho de 2011, eram 425 mil aplicativos para os dois, com mais de 14 bilhões de downloads.

A App Store criou uma nova indústria da noite para o dia. Em garagens, em repúblicas de estudantes e em grandes empresas de comunicação, programadores inventavam novos aplicativos. A empresa de investimentos de John Doerr criou um iFund de 200 milhões de dólares para financiar capital para as melhores ideias. Revistas e jornais que vinham disponibilizando gratuitamente seus conteúdos viram aí uma última chance de recolocar na garrafa o gênio desse modelo duvidoso de negócios. Editores inovadores criaram novas revistas, livros e materiais didáticos específicos para o iPad. Por exemplo, a editora de luxo Callaway, que tinha publicado desde *Sex*, de Madonna, a *Miss Spider's tea party*, decidiu ir fundo e abandonou totalmente o formato impresso, passando a publicar os livros como aplicativos interativos. Em junho de 2011, a Apple tinha gasto 2,5 bilhões de dólares remunerando os desenvolvedores de aplicativos.

O iPad e outros aparelhos digitais baseados em aplicativos inauguraram uma mudança fundamental no mundo digital. No começo, nos anos 1980, para entrar on-line geralmente era preciso utilizar um serviço como AOL, CompuServe ou Prodigy, que ofereciam conteúdo num espaço cuidadosamente delimitado, e mais algumas portas de saída que permitiam aos usuários mais arrojados ter acesso amplo à internet em geral. A segunda fase, que começou no início dos anos 1990, foi marcada pelo advento dos navegadores que permitiam que todos percorressem a internet à vontade, usando os protocolos de transferência de hipertexto (http) da World Wide Web, que acessava bilhões de sites. Surgiram os mecanismos de busca como o Yahoo e o Google, permitindo que as pessoas encontrassem facilmente os sites que quisessem. O lançamento do iPad anunciou um novo modelo. Os aplicativos faziam lembrar os parquinhos cercados do modelo antigo. Os criadores podiam oferecer mais funcionalidades aos usuários que fizessem o download. Mas, com o surgimento dos aplicativos, também se sacrificava o caráter aberto e interligado da rede. Não era tão fácil fazer a busca ou o acesso. Como o iPad permitia o uso dos aplicativos e também a navegação na rede, não ia contra o modelo de rede. Mas de fato oferecia uma alternativa, tanto para os consumidores quanto para os criadores de conteúdo.

EDITORAS E IMPRENSA

Com o iPod, Jobs tinha transformado o mercado musical. Com o iPad e a App Store, ele começou a transformar todos os meios de comunicação, desde editoras e imprensa até a televisão e o cinema.

Os livros constituíam uma meta evidente, desde que o Kindle, da Amazon, tinha mostrado que existia um grande interesse por livros eletrônicos. Assim, a Apple criou uma iBooks Store, que vendia livros eletrônicos da mesma forma que a iTunes Store vendia músicas. Mas havia uma pequena diferença no modelo de negócios. Na loja do iTunes, Jobs tinha insistido que todas as músicas fossem vendidas a baixo preço, inicialmente 99 centavos. Jeff Bezos, da Amazon, tentara algo parecido com os e-books, insistindo em vendê-los no máximo por 9,99 dólares. Jobs interveio e ofereceu às editoras algo que havia recusado às empresas fonográficas: elas poderiam estabelecer o preço que quisessem por seus produtos na iBookstore, e a Apple ficaria com 30%. No começo, isso resultou em preços mais altos do que os da Amazon. Por que as pessoas pagariam mais à Apple? "Não vai ser o caso", respondeu Jobs quando Walt Mossberg lhe fez essa pergunta no evento de lançamento do iPad. "O preço vai ser o mesmo." Ele tinha razão.

No dia seguinte ao lançamento, Jobs comentou comigo o que pensava sobre os livros:

A Amazon ferrou as coisas. Ela pagava o preço de atacado por alguns livros, mas começou vendendo abaixo do custo, a 9,99 dólares. As editoras detestaram — achavam que prejudicaria a possibilidade de venderem os livros de capa dura a 28 dólares. Assim, antes mesmo que a Apple surgisse em cena, algumas distribuidoras estavam começando a não colocar livros na Amazon. Então dissemos às editoras: "Vamos adotar o modelo de agência, em que vocês põem o preço e nós ficamos com nossos 30% e, sim, o cliente paga um pouco mais, mas é isso que vocês querem mesmo". Além disso, pedimos uma garantia de que, se mais alguém estiver vendendo os livros mais barato do que nós, também poderemos vendê-los ao preço mais baixo. Aí elas foram até a Amazon e disseram: "Ou você assina um contrato de agência ou não vamos lhe entregar os livros".

Jobs reconheceu que estava procedendo de duas maneiras diferentes em relação à música e aos livros. Havia recusado o modelo de agência para as empresas fonográficas, não permitindo que estabelecessem seus preços. Por quê? Porque não precisou. Mas com os livros precisou. "Não éramos os primeiros no ramo dos livros", disse. "Em vista da situação dada, o melhor para nós era fazer esse movimento de aikido e acabar adotando o modelo de agência. E deu certo."

* * *

Em fevereiro de 2010, logo depois do evento de lançamento do iPad, Jobs foi a Nova York para se reunir com altos executivos do setor jornalístico. Em dois dias, encontrou-se com Rupert Murdoch, seu filho James e a chefia administrativa do *Wall Street Journal*; Arthur Sulzberger Jr. e os principais executivos do *New York Times*; executivos da *Time*, da *Fortune* e de outras revistas da Time Inc. "Eu adoraria ajudar o jornalismo de qualidade", disse mais tarde. "Não podemos depender de blogueiros para nossos noticiários. Precisamos mais do que nunca de uma verdadeira supervisão da linha editorial e das matérias. Então eu adoraria encontrar uma maneira de ajudar as pessoas a criar produtos digitais com que realmente pudessem ganhar dinheiro." Como já tinha conseguido que as pessoas pagassem por músicas, ele esperava fazer a mesma coisa no jornalismo.

Os editores, porém, olharam a proposta com desconfiança. Significaria que teriam de dar 30% de seu faturamento para a Apple, mas esse não era o maior problema. O mais importante era que os editores temiam que, sob o sistema de Jobs, deixariam de ter relação direta com os assinantes; não teriam seus endereços de e-mail nem o número dos cartões de crédito para fazer cobranças, manter contato e divulgar novos produtos. A Apple é que teria os clientes, cobraria e manteria as informações em sua base de dados. E, devido à sua política de privacidade, ela não partilharia essas informações, a menos que o cliente desse uma autorização expressa.

Jobs estava especialmente interessado em fechar negócio com o *New York Times*, que considerava um grande jornal em risco de decair, pois não tinha desenvolvido formas de cobrar pelo conteúdo digital. "Decidi que um de meus projetos pessoais neste ano é tentar ajudar — queiram ou não — o *Times*", disse-me no começo de 2010. "Creio que é importante para o país que eles encontrem uma maneira."

Na viagem a Nova York, Jobs foi jantar com os cinquenta executivos de mais alto escalão do *Times* numa área reservada do Pranna, um restaurante asiático. (Ele pediu um creme de manga e uma massa vegetariana simples, nenhum dos dois no cardápio.) Lá, mostrou o iPad e explicou como era importante encontrar um preço módico para o conteúdo digital, que os consumidores aceitassem. Fez uma tabela de volumes e preços possíveis. Quantos leitores eles teriam se o *Times* fosse gratuito? Os executivos sabiam a resposta para esse extremo da tabela, pois já estavam disponibilizando o conteúdo do jornal gratuitamente na rede, e tinham cerca de 20 milhões de visitantes regulares. E se cobrassem um valor realmente alto? Também tinham os dados para esse outro extremo: o preço da assinatura anual para o jornal impresso era mais de trezentos dólares, e eles tinham cerca de 1 milhão de assinantes. "Então vocês devem procurar o meio-termo, que é cerca de 10 milhões de assinantes digitais", disse Jobs. "E isso significa que a assinatura digital deve ser muito simples e barata, um clique e cinco dólares ao mês, no máximo."

Quando um dos executivos de circulação do *Times* insistiu que o jornal precisava das informações de e-mail e cartão de crédito de todos os assinantes, mesmo que se cadastrassem pela App Store, Jobs disse que a Apple não iria fornecê-las. Isso enfureceu o executivo. Era inconcebível, disse ele, que o *Times* não tivesse esses dados. "Bom, vocês podem pedir, mas, se eles não lhes derem voluntariamente, a culpa não é minha", respondeu Jobs. "Se vocês não gostarem, não usem nossos serviços. Não fui eu que pus vocês nessa situação. Foram vocês que passaram os últimos cinco anos pondo o jornal on-line sem pegar o número do cartão de crédito de ninguém."

Jobs também teve uma reunião particular com Arthur Sulzberger Jr. "Ele é um cara legal, e realmente se orgulha do novo prédio, com razão", disse Jobs mais tarde. "Conversei com ele sobre o que eu achava que ele devia fazer, mas não deu em nada." Levou um ano, mas em abril de 2011 o *Times* começou a cobrar pela edição digital e a vender algumas assinaturas pela Apple, seguindo as diretrizes que Jobs estabeleceu. Mas o jornal decidiu cobrar quase o quádruplo dos cinco dólares mensais que Jobs tinha sugerido.

Na Time-Life, Jobs foi recebido pelo editor da *Time*, Rick Stengel. Ele gostava de Stengel, que tinha encarregado uma equipe talentosa, comandada por Josh Quittner, de fazer uma robusta versão da revista para o iPad. Mas Jobs ficou transtornado ao ver ali Andy Serwer, da *Fortune*. Nervoso, disse a Serwer que ainda estava muito zangado com a matéria que a *Fortune* publicara dois anos antes, revelando detalhes de sua saúde e os problemas das opções de compra das ações. "Você me chutou quando eu estava na pior", disse.

O principal problema na Time Inc. era o mesmo que no *Times*. Ela não queria que a Apple ficasse com os assinantes e a impedisse de cobrá-los diretamente. Queria criar aplicativos que direcionassem os leitores para seu próprio site, a fim de que fizessem a assinatura. A Apple não aceitou. Quando a *Time* e outras revistas submeteram aplicativos para essa finalidade, não tiveram autorização de ficar na App Store.

Jobs tentou negociar pessoalmente com o presidente executivo da Time Warner, Jeff Bewkes, um pragmático experiente com o encanto de ser muito objetivo. Ambos já tinham negociado alguns anos antes, pelos direitos de vídeo para o iPod Touch; mesmo sem conseguir convencê-lo a fechar um acordo com os direitos exclusivos da HBO para exibir filmes logo depois do lançamento, Jobs admirava o estilo direto e decidido de Bewkes. Este, por sua vez, respeitava seu talento como estrategista e mestre dos mais ínfimos detalhes. "Steve consegue passar rapidamente dos princípios gerais para os detalhes", disse ele.

Quando Jobs ligou para Bewkes, propondo um acordo para as revistas da Time Inc. no iPad, começou alertando que a edição impressa "não presta", que "ninguém quer realmente as revistas de vocês" e que a Apple estava oferecendo uma grande oportunidade de vender assinaturas digitais, mas "o pessoal de vocês não entende isso". Bewkes discordou de todas essas afirmativas. Disse que estava muito contente que a Apple vendesse assinaturas digitais para a Time Inc. Os 30% para a Apple não eram problema. "Estou lhe dizendo, se você vender uma assinatura para nós, terá 30%", afirmou Bewkes.

"Bom, é um avanço maior do que o que tive até agora", disse Jobs.

"Só tenho uma pergunta", continuou Bewkes. "Se você vender uma assinatura da minha revista e eu lhe der 30%, de quem é a assinatura: sua ou minha?"

"Não posso passar todas as informações do assinante, por causa da política de privacidade da Apple", respondeu Jobs.

"Bom, então vamos ter de bolar alguma outra coisa, pois não quero que toda a minha carteira de assinantes passe a ser de vocês, que depois vão agregá-los na loja da Apple", disse Bewkes. "E a próxima coisa que você vai fazer, depois que tiver o monopólio, é vir me dizer que minha revista não devia sair a quatro dólares o exemplar, e sim a um dólar. Se alguém assina nossa revista, precisamos saber quem é, precisamos ter condições de criar comunidades virtuais com essas pessoas, e precisamos do direito de contatá-las diretamente para renovar as assinaturas."

Jobs teve mais facilidade em negociar com Rupert Murdoch, cuja empresa, a News Corp., era proprietária do *Wall Street Journal*, do *New York Post*, de jornais em todo o mundo, dos estúdios da Fox e do Fox News Channel. Quando Jobs se encontrou com Murdoch e equipe, eles também insistiram em manter os assinantes que viessem pela App Store. Mas, quando Jobs negou, aconteceu uma coisa interessante. Murdoch não é propriamente famoso em ceder, mas ele sabia que não tinha força para bancar a questão e aceitou os termos de Jobs. "Preferíamos ter os assinantes e insistimos nisso", comentou. "Mas Steve não aceitaria uma negociação nesses termos, então eu disse: 'Está bom, vamos nessa'. Não vimos motivo para ficar negaceando. Ele não ia ceder — e eu, se estivesse no lugar dele, também não cederia —, então concordei."

Murdoch chegou a lançar um diário apenas digital, *The Daily*, projetado especificamente para o iPad. Seria vendido na App Store, nas condições determinadas por Jobs, a 99 centavos por semana. Murdoch levou pessoalmente uma equipe a Cupertino para mostrar o projeto. Jobs detestou, o que não admira. "Você permitiria que nossos designers ajudassem?", perguntou. Murdoch aceitou. "Os designers da Apple tentaram", lembrou Murdoch, "e nosso pessoal voltou e também tentou. Dez dias depois voltamos e mostramos os dois projetos, e ele realmente gostou mais da versão de nossa equipe. Ficamos surpresos."

The Daily, que não era sensacionalista nem sério demais, e sim um produto de perfil médio como o *USA Today*, não teve muito sucesso. Mas ajudou a criar um vínculo entre dois indivíduos tão díspares quanto Jobs e Murdoch. Quando este lhe pediu para falar no retiro anual dos gerentes da News Corp. em junho de 2010, Jobs abriu uma exceção à sua regra de nunca fazer tais aparições. James Murdoch o levou para uma entrevista após o jantar, que durou quase duas horas. "Ele foi muito direto e crítico sobre o que os jornais estavam fazendo em termos tecnológicos", lembrou Murdoch. "Disse-nos que teríamos dificuldade em fazer as coisas direito, porque estamos em Nova York e quem entende minimamente de tecnologia trabalha no Vale do Silício." Gordon McLeod, o presidente da Digital Network, do *Wall Street Journal*, não engoliu muito bem esse comentário e tentou reagir. No fim da apresentação, McLeod foi até Jobs e disse: "Obrigado, foi uma noite maravilhosa, mas provavelmente me custou meu emprego". Murdoch deu uma risadinha ao me descrever a cena. "Acabou sendo verdade", comentou. McLeod saiu da empresa três meses depois.

Em troca da apresentação durante o retiro, Jobs fez Murdoch ouvir tudo o que ele tinha a dizer sobre a Fox News, que achava destrutiva e perniciosa para o país, uma mancha na reputação de Murdoch. "Você está detonando as coisas com a Fox News", disse-lhe no jantar. "Hoje o eixo não é liberal e conservador, o eixo é construtivo-destrutivo, e você botou suas fichas no pessoal destrutivo. A Fox se tornou uma força incrivelmente destrutiva em nossa sociedade. Você é capaz de coisa melhor, e vai ser esta a sua herança se não tomar cuidado." Segundo Jobs, Murdoch não gostava do que a Fox tinha se tornado. "Rupert é um construtor, não um demolidor", disse. "Tive alguns encontros com James, e creio que ele concorda comigo. É a impressão que eu tenho."

Mais tarde, Murdoch disse que estava acostumado com gente como Jobs reclamando da Fox. "Ele tem uma espécie de visão esquerdista sobre ela", comentou. Jobs lhe pediu que mandasse seu pessoal fazer uma semana corrida com programas de Sean Hannity e Glenn Beck — ele achava que eram mais destrutivos do que Bill O'Reilly —, e Murdoch concordou. Mais tarde, Jobs me disse que ia pedir à equipe de Jon Stewart que montasse uma sequência parecida para Murdoch assistir. "Eu gostaria de ver", disse Murdoch, "mas ele não me falou nada."

Os dois se deram bem a ponto de, no ano seguinte, Murdoch ir jantar mais duas vezes na casa de Jobs, em Palo Alto. Jobs dizia brincando que tinha de esconder as facas nessas ocasiões, de medo que a esposa arrancasse as tripas do visitante na hora em que este entrasse. Murdoch, por sua vez, teria feito piada com os pratos vegetarianos orgânicos que geralmente eram servidos: "Jantar na casa de Steve é uma experiência ótima, desde que você saia antes que os restaurantes locais fechem". Infelizmente, quando lhe perguntei se tinha mesmo dito isso, ele não se lembrava.

Houve outra visita logo no começo de 2011. Murdoch passaria por Palo Alto em 24 de fevereiro e mandou uma mensagem de texto avisando Jobs. Não sabia que ele estava fazendo 56 anos naquele dia, e Jobs não comentou nada na mensagem que devolveu, convidando-o para o jantar. "Foi minha maneira de garantir que Laurene não vetasse a ideia", gracejou Jobs. "Era meu aniversário, e portanto ela teve de me deixar receber Rupert." Erin e Eve estavam lá, e Reed apareceu, vindo de Stanford, no fim do jantar. Jobs mostrou os projetos para o barco que estava planejando, e Murdoch o achou muito bonito por dentro, mas "um pouco simples" por fora. "Certamente o fato de falar tanto sobre a construção do barco mostra um grande otimismo sobre sua saúde", comentou Murdoch mais tarde.

Durante o jantar, eles falaram da importância de infundir uma cultura ágil e dinâmica numa empresa. A Sony tinha falhado nisso, comentou Murdoch. Jobs concordou. "Antes eu achava que uma empresa realmente grande não poderia ter uma cultura corporativa clara", disse ele. "Mas agora acredito que pode. Murdoch fez isso. Creio que fiz isso na Apple."

O assunto principal durante o jantar foi a educação. Murdoch tinha acabado de contratar Joel Klein, ex-secretário de educação da cidade de Nova York, para criar uma divisão de currículos digitais. Murdoch lembrou que Jobs parecia duvidar um pouco da ideia de que a tecnologia pudesse transformar o ensino. Mas Jobs concordava com ele de que o setor dos livros didáticos impressos chegaria ao fim com materiais digitais.

De fato, Jobs estava pensando no material de ensino como o próximo setor que queria transformar. Acreditava que esse era um setor de 8 bilhões de dólares anuais à beira de ser destruído pela era digital. Também se surpreendia que muitas escolas, por razões de segurança, não tivessem armários com chave para guardar o material, e que os alunos tivessem de ficar andando com uma mochila pesada nas costas. "O iPad resolveria isso", comentou. Sua ideia era contratar grandes autores de textos didáticos para criar versões digitais, que viriam como aplicativo integrado no iPad. Além disso, ele fez reuniões com as principais editoras, como a Pearson Education, sobre parcerias com a Apple. "O processo de certificação dos livros didáticos nos estados é corrupto", disse. "Mas, se fizermos os materiais gratuitos e eles vierem com o iPad, não precisarão ser certificados. A dificuldade econômica nos estados ainda vai durar uma década, e podemos lhes dar a oportunidade de contornar todo esse processo e economizar verbas."

38. Novas batalhas

E ecos das antigas

GOOGLE: ABERTO VERSUS FECHADO

Poucos dias depois de apresentar o iPad em janeiro de 2010, Jobs teve uma reunião geral com os funcionários no campus da Apple. Em vez de se mostrar entusiasmado com o novo produto revolucionário, ele entrou numa ladainha contra o Google por estar produzindo um sistema operacional rival, o Android. Jobs estava furioso porque o Google tinha resolvido concorrer com a Apple no setor dos celulares. "Nós não entramos no setor de buscas", disse Jobs. "Eles entraram no setor dos celulares. Não se iludam. Eles querem matar o iPhone. Não deixaremos." Alguns minutos depois, quando passaram para outro tópico da pauta, Jobs voltou à sua ladainha para atacar o famoso slogan do Google sobre valores. "Primeiro quero voltar àquela outra questão e dizer mais uma coisa. Esse mantra do *'Don't be evil'* [Não seja mau], isso é besteira."

Jobs se sentiu pessoalmente traído. Eric Schmidt, o presidente executivo do Google, tinha feito parte do conselho da Apple durante o desenvolvimento do iPhone e do iPad, e os fundadores do Google, Larry Page e Sergey Brin, haviam tratado Jobs como mentor deles. Jobs se sentiu roubado. A interface de tela sensível ao toque do Android estava adotando um número cada vez maior das funcionalidades — o multitoque, o deslizar do dedo, um quadro com ícones dos aplicativos — criadas pela Apple.

Jobs tentara dissuadir o Google de desenvolver o Android. Tinha ido à sede do Google em Palo Alto em 2008, e discutiu aos gritos com Page, Brin e o chefe da equipe de desenvolvimento do Android, Andy Rubin. (Como Schmidt estava no conselho da Apple naquela época, ele não quis se envolver nas discussões sobre o iPhone.) "Eu disse que, se mantivéssemos boas relações, garantiríamos o acesso do Google ao iPhone e um ou dois ícones na tela inicial", lembrou Jobs. Por outro lado, ele ameaçou que entraria com uma ação judicial caso o Google continuasse a desenvolver o Android e usasse qualquer funcionalidade do iPhone, como o multitoque. De início, o Google evitou copiar algumas funcionalidades, mas em janeiro de 2010 a HTC [High Tech Computer Corporation] apresentou um celular Android que trazia o multitoque e muitos outros aspectos do visual e do manuseio do iPhone. Foi nesse contexto que Jobs declarou que o slogan "Não seja mau" do Google era "besteira".

Assim, a Apple entrou com um processo contra a HTC (e, por extensão, contra o Android), alegando violação de vinte patentes suas. Entre elas, estavam as patentes de vários gestos de multitoque, o deslizar para abrir, a batidinha dupla para ampliar, a beliscada para expandir e os sensores que determinavam como o usuário estava segurando o aparelho. Sentado em sua casa em Palo Alto, na semana em que a ação deu entrada, Jobs estava com uma raiva que eu nunca tinha visto antes:

Nossa ação diz: "Google, porra, você roubou o iPhone, nos roubou ele todo". Um roubo enorme. Vou gastar até meu último suspiro em vida se precisar, e vou gastar até o último centavo dos 40 bilhões de dólares da Apple no banco, para reparar esse crime. Vou destruir o Android, porque é um produto roubado. Estou disposto a entrar numa guerra nuclear por causa disso. Eles estão morrendo de medo, porque sabem que são culpados. Tirando o sistema de busca, os produtos do Google — o Android, o Google Docs — são uma bosta.

Poucos dias depois desse desabafo, Jobs recebeu um telefonema de Schmidt, que tinha saído do conselho da Apple no verão anterior. Sugeriu que tomassem um café juntos, e os dois se encontraram num café num shopping center de Palo Alto. "Ficamos metade do tempo falando de coisas pessoais, e depois passamos metade do tempo falando da sensação dele de que o Google tinha roubado os projetos de interface do usuário da Apple", lembrou Schmidt. Nessa parte, Jobs foi quem mais falou. O Google o roubara, disse ele numa linguagem de cores vivas: "Pegamos vocês no pulo, com as mãos vermelhas de sangue", disse a Schmidt. "Não estou interessado em acordo. Não quero o dinheiro de vocês. Se vocês me oferecerem 5 bilhões de dólares, não vou querer. Tenho dinheiro de sobra. Quero é que vocês parem de usar nossas ideias no Android, é só isso que quero." Não resolveram nada.

Por trás dessa disputa havia uma questão ainda mais fundamental, com uma ressonância histórica desgastante. O Google apresentava o Android como uma plataforma "aberta"; seu código open-source estava disponível gratuitamente para os múltiplos fabricantes de hardware, para ser usado em qualquer celular ou tablet que fizessem. Jobs, claro, era dogmático na sua convicção de que a Apple devia integrar seus sistemas operacionais com o hardware. Nos anos 1980, a empresa não havia licenciado seu sistema operacional Macintosh, e a Microsoft acabara conquistando uma fatia majoritária do mercado por ter licenciado seu sistema para múltiplos fabricantes de hardware e ter roubado, no entendimento de Jobs, a interface da Apple.

A comparação entre o que a Microsoft tinha feito nos anos 1980 e o que o Google estava tentando fazer em 2010 não era muito exata, mas suficiente para perturbar — e enfurecer. Ela ilustrava o grande debate da era digital: o fechado versus o aberto, ou, como formulou Jobs, o integrado versus o fragmentado. Seria melhor, como acreditava a Apple e como quase impunha o perfeccionismo controlador de Jobs, que o hardware, o software e o uso do conteúdo ficassem encerrados num único sistema fechado que garantia facilidade para a experiência do usuário? Ou seria melhor oferecer mais escolha aos fabricantes e aos usuários e liberar vias para mais inovações, criando sistemas de software que podiam ser modificados e usados em diferentes aparelhos? "Steve tem uma maneira pessoal que quer que norteie a empresa, e é igual à de vinte anos atrás, ou seja, que a Apple é uma inovadora brilhante de sistemas fechados", disse-me Schmidt mais tarde. "Não querem que as pessoas entrem na plataforma deles sem permissão. A vantagem de uma plataforma fechada é o controle. Mas o Google tem a convicção específica de que o sistema aberto é a melhor abordagem, porque leva a mais opções, a mais concorrência e mais escolhas para o consumidor."

E o que pensou Bill Gates ao ver Jobs, com sua estratégia fechada, entrar numa briga contra o Google, tal como tinha feito contra a Microsoft 25 anos antes? "Existem algumas vantagens em ser mais fechado, no que se refere a controlar a experiência, e certamente às vezes ele aproveitou esse fator", disse-me Gates. Mas a recusa de licenciar o ios da Apple, acrescentou, dava a concorrentes como o Android a chance de ganhar no volume. Além disso, afirmou Gates, a concorrência entre vários fabricantes e aparelhos gera mais opções para o consumidor e resulta em mais inovações. "Nem todas essas empresas estão construindo pirâmides perto do Central Park", disse ele, brincando com a loja da Apple na Quinta Avenida, "mas estão aparecendo com inovações baseadas na disputa pelos consumidores." Gates destacou que a maioria dos aperfeiçoamentos nos PCs derivou do grande leque de escolhas oferecidas ao consumidor, e que algum dia isso também ocorreria no mundo dos dispositivos móveis. "No fim, acho, o aberto vai prevalecer, e é de onde eu venho. A longo prazo, essa coisa da coesão, não tem como ficar com ela."

Jobs acreditava na "coisa da coesão". Sua fé num ambiente fechado e controlado continuava inabalável, mesmo quando o Android ganhou maior participação no mercado. "O Google diz que exercemos mais controle do que eles, que somos fechados e eles são abertos", esbravejou quando lhe contei o que Schmidt tinha dito. "Bom, veja os resultados — o Android é uma bagunça. Tem várias versões e tamanhos de tela, com uma centena de combinações." Mesmo que a abordagem do Google viesse a dominar o mercado, ela lhe parecia muito desagradável. "Gosto de ser responsável por toda a experiência do usuário. Não fazemos isso por dinheiro. Fazemos porque queremos criar grandes produtos, não uma porcaria feito o Android."

O FLASH, A APP STORE E O CONTROLE

A insistência de Jobs no controle total também se manifestava em outras frentes de batalha. Na reunião geral quando criticou o Google, ele também investiu contra a plataforma multimídia da Adobe para sites, o Flash, programa "cheio de defeitos" que detonava a bateria, feito por gente "preguiçosa". O iPod e o iPhone, declarou ele, nunca rodariam o Flash. "O Flash é uma mixórdia tecnológica que tem desempenho ruim e problemas de segurança realmente graves", disse-me depois, naquela mesma semana.

Jobs chegou a vetar aplicativos que usavam um compilador criado pela Adobe, que traduzia o código do Flash para torná-lo compatível com o ios da Apple. Ele não gostava que se usassem compiladores permitindo que os desenvolvedores escrevessem seus programas uma vez só, e depois os convertessem para vários sistemas. "Permitir que o Flash passe por várias plataformas significa reduzir as coisas ao mínimo denominador comum", disse. "Temos a maior trabalheira em melhorar nossa plataforma, e o desenvolvedor não tem nenhuma vantagem se a Adobe só opera com funções que existem em todas as plataformas. Então dissemos que queríamos que os desenvolvedores aproveitassem nossas melhores funcionalidades, para que os aplicativos deles operem melhor em nossa plataforma do que em qualquer outra." Nisso ele tinha razão. Perder a capacidade de diferenciar as plataformas da Apple — permitir que ficassem padronizadas como as máquinas da HP e da Dell — significaria a morte da empresa.

Havia também uma razão mais pessoal. A Apple tinha investido na Adobe em 1985, e as duas empresas tinham lançado juntas a revolução da editoração digital. "Ajudei a pôr a Adobe no mapa", comentou Jobs. Em 1999, depois de voltar à Apple, ele pedira à Adobe que começasse a fazer seu software de edição de vídeo e outros produtos para o iMac e seu novo sistema operacional, mas a Adobe não aceitou. Estavam concentrados em fazer seus produtos para o Windows. Logo depois disso, seu fundador, John Warnock, se aposentou. "A alma da Adobe desapareceu quando Warnock saiu", disse Jobs. "Ele era o inventor, a pessoa com quem eu me relacionava. Desde então apareceu um monte de ações judiciais, e a empresa mostrou que é uma porcaria."

Quando os seguidores da Adobe e vários defensores do Flash na blogosfera atacaram Jobs por excesso de controle, ele decidiu escrever e publicar uma carta aberta. Bill Campbell, seu amigo e membro do conselho, foi à sua casa para ver o texto. "Parece que estou só implicando com a Adobe?", Jobs perguntou a Campbell. "Não, são os fatos, apenas exponha-os", aconselhou ele. A carta se concentrava basicamente nas falhas técnicas do Flash. Mas, apesar dos conselhos de Campbell, Jobs não resistiu a comentar no final a história problemática entre as duas empresas. "A Adobe foi o último grande desenvolvedor externo a adotar plenamente o Mac os x", observou.

No mesmo ano, a Apple acabou retirando algumas de suas restrições aos compiladores de plataformas cruzadas, e a Adobe pôde lançar uma ferramenta Flash que aproveitava as funcionalidades básicas do ios da Apple. Foi uma luta acirrada, mas os argumentos de Jobs eram melhores. No final, ela permitiu que a Adobe e outros desenvolvedores de compiladores usassem melhor a interface do iPhone e do iPad, e suas funcionalidades específicas.

Jobs teve mais dificuldade nas controvérsias sobre a posição da Apple em manter um rígido controle sobre os aplicativos que poderiam ser baixados para o iPhone e o iPad. Fazia sentido tentar evitar aplicativos que contivessem vírus ou violassem a privacidade do usuário; pelo menos havia algum fundamento comercial em vetar aplicativos que levassem os usuários a outros sites para comprar assinaturas, em vez de utilizar a iTunes Store. Mas Jobs e sua equipe foram além. Decidiram proibir qualquer aplicativo que difamasse pessoas, tivesse potencial político explosivo ou fosse considerado pornográfico pelos censores da Apple.

O problema de brincar de babá ficou evidente quando a Apple rejeitou um aplicativo com as charges políticas em animação de Mark Fiore, a pretexto de que seus ataques à política do governo Bush sobre a tortura violavam as restrições contra a difamação. Essa decisão veio a público e foi objeto de escárnio quando, em abril, Fiore ganhou o prêmio Pulitzer de 2010 por suas charges editoriais. A Apple teve de voltar atrás, e Jobs se retratou em público. "Erramos, e somos culpados", disse ele. "Estamos fazendo o máximo que podemos, estamos aprendendo o mais rápido que conseguimos — mas pensávamos que essa regra era sensata."

Foi mais do que um erro. O episódio trouxe o fantasma de uma Apple controlando os aplicativos que veríamos e leríamos, pelo menos se quiséssemos usar um iPad ou um iPhone. Jobs estava correndo o risco de se tornar o Big Brother orwelliano que ele mesmo tinha destruído alegremente no anúncio "1984" do Macintosh. Jobs levou a questão a sério. Um dia, telefonou ao colunista Tom Friedman, do *New York Times*, para conversar sobre as maneiras de traçar alguns limites sem parecer censura. Pediu a Friedman que encabeçasse um grupo de consultores para formular diretrizes, mas o editor de Friedman disse que haveria um conflito de interesses, e não se criou nenhum comitê desse gênero.

O veto à pornografia também gerou problemas. "Acreditamos ter uma responsabilidade moral em manter a pornografia fora do iPhone", declarou Jobs num e-mail a um cliente. "Quem quiser pornografia pode comprar um Android."

Isso deu início a uma troca de e-mails com Ryan Tate, o editor do site de fofocas tecnológicas Valleywag. Certa noite, tomando um uísque com soda, Tate enviou um e-mail para Jobs, reclamando da mão muito pesada da Apple em controlar os critérios de aprovação dos aplicativos. "Se Dylan tivesse vinte anos hoje, o que ele acharia de sua empresa?", perguntou Tate. "Acharia que o iPad tinha alguma coisa a ver, por mínima que fosse, com a 'revolução'? Revolução tem a ver com liberdade, com sermos livres."

Para sua surpresa, Jobs respondeu algumas horas depois, após a meia-noite. "É isso aí", disse ele, "livres de programas que roubam seus dados pessoais. Livres de programas que detonam bateria. Livres de pornografia. É isso aí, liberdade. Os tempos estão mudando, e um pessoal tradicional dos PCs acha que o mundo deles está desaparecendo. Está mesmo."

Na resposta, Tate expôs algumas opiniões sobre o Flash e outros temas, e depois voltou à questão da censura. "E sabe de uma coisa? Não quero ser 'livre da pornografia'. Pornografia é ótimo! E acho que minha mulher concordaria."

"Talvez você se preocupe mais com pornografia quando tiver filhos", respondeu Jobs. "Não se trata de liberdade, trata-se da Apple tentando fazer o que é certo para seus usuários." No final, ele deu uma alfinetada: "Aliás, o que você faz de tão grandioso? Cria alguma coisa, ou apenas critica o trabalho dos outros e despreza suas motivações?".

Tate reconheceu que ficou impressionado. "É raro o presidente executivo que bate boca direto com clientes e blogueiros desse jeito", escreveu. "Jobs merece um grande crédito por romper o modelo do executivo americano típico, e não só porque sua empresa faz produtos imensamente superiores: Jobs não só constrói e depois reconstrói sua empresa com algumas opiniões muito firmes sobre a vida digital, mas também se dispõe a defendê-las em público. Vigorosamente. Diretamente. Às duas da madrugada de um fim de semana." Muita gente na blogosfera concordou, e mandaram e-mails a Jobs elogiando sua reação mal-humorada. Jobs também ficou orgulhoso e me encaminhou a troca de e-mails com Tate e algumas das mensagens elogiosas.

Mesmo assim, foi um tanto desgastante o fato de a Apple decretar que os compradores de seus produtos não veriam charges políticas controvertidas nem, aliás, conteúdos pornográficos. O site humorístico eSarcasm.com lançou uma campanha na rede chamada "Sim, Steve, quero pornô". "Somos uns safados depravados e obcecados por sexo e precisamos acessar obscenidades 24 horas por dia", declarou o site. "Ou isso, ou simplesmente gostamos da ideia de uma sociedade aberta e sem censura, onde nenhum tecnoditador decide o que podemos e o que não podemos ver."

Na época, Jobs e a Apple estavam travando uma batalha com o Gizmodo, site filiado ao Valleywag, que tinha pegado uma versão de teste do iPhone 4, ainda não lançado, que um engenheiro azarado da empresa havia deixado num bar. Quando a polícia, atendendo à reclamação da Apple, invadiu a casa do repórter, surgiu a questão sobre se a arrogância tinha se somado à mania de controle.

Jon Stewart era amigo de Jobs e fã da Apple. Jobs lhe fizera uma visita pessoal em fevereiro, quando foi a Nova York para se encontrar com os empresários dos meios de comunicação. Mas isso não impediu que Stewart o criticasse em *The Daily Show*. "Não era para ser assim! A Microsoft é que seria a malvada da história!", disse, meio de brincadeira, meio a sério. Atrás dele, apareceu a palavra "Appholes" [babacas da Apple] na tela. "Cara, vocês eram os rebeldes, que iam contra o sistema. E agora você está virando O Cara? Lembra lá atrás, em 1984, quando você fez aqueles comerciais fantásticos para derrotar o Big Brother? Olhe-se no espelho, cara!"

No fim da primavera, a questão tinha se tornado tema de debate entre os membros do conselho. "Há aí uma arrogância", disse-me Art Levinson no almoço, depois de levantar o assunto numa reunião. "Está ligada com a personalidade de Steve. Ele pode reagir visceralmente e expor suas convicções de maneira autoritária." Essa arrogância ainda passava quando a Apple era a pequena revoltada. Mas agora a Apple dominava o mercado dos dispositivos móveis. "Precisamos fazer a transição para sermos uma grande empresa e lidarmos com a questão da arrogância", prosseguiu Levinson. Al Gore também falou sobre o problema em reuniões do conselho. "O contexto para a Apple está mudando drasticamente", comentou. "Ela não atira mais o martelo contra o Big Brother. Agora a Apple é grande, e as pessoas a consideram arrogante." Jobs se punha na defensiva quando levantavam o tema. "Ele ainda está se adaptando", disse Gore. "Ele se dá melhor sendo o pequeno revoltado do que um gigante humilde."

Jobs se impacientava com esse tipo de conversa. Disse-me que a Apple estava sendo criticada porque "empresas como Google e Adobe estão mentindo sobre nós e tentando nos derrubar". O que ele achava do comentário de que às vezes a Apple agia com arrogância? "Não me preocupo com isso", respondeu, "porque não somos arrogantes."

ANTENAGATE: DESIGN VERSUS ENGENHARIA

Em muitas empresas de bens de consumo, há uma tensão entre os designers, que querem que o produto tenha um visual bonito, e os engenheiros, que precisam garantir que o produto atenda a suas exigências funcionais. Na Apple, onde Jobs forçava tanto o design quanto a engenharia até o limite, a tensão era ainda maior.

Quando ele e o diretor de design Jony Ive tinham conspirado juntos na parte da criação, em 1997, ambos costumavam encarar os receios dos engenheiros como demonstrações de uma atitude negativista, do "não dá", que precisava ser superada. Com o sucesso do iMac e do iPod, ambos confirmaram a convicção de que um design ótimo conseguiria gerar proezas sobre-humanas na área de engenharia. Quando os engenheiros diziam que não era possível fazer alguma coisa, Ive e Jobs pressionavam para que tentassem, e geralmente dava certo. De vez em quando surgiam alguns probleminhas. O iPod Nano, por exemplo, era sujeito a arranhões, porque Ive achava que um revestimento prejudicaria a pureza de seu design. Mas não foi uma grande crise.

Quando chegou a hora de bolar o design do iPhone, os desejos de Ive se chocaram contra uma lei fundamental da física, que nem mesmo um campo de distorção da realidade poderia alterar. O metal não é um material muito bom para ficar perto de uma antena. Como mostrou Michael Faraday, as ondas eletromagnéticas se movem em torno da superfície do metal, mas não passam por ele. Assim, um envoltório metálico num celular pode criar a chamada "gaiola de Faraday", diminuindo os sinais de emissão ou recepção. O iPhone original começou com uma faixa de plástico embaixo, mas Ive achou que isso prejudicava a integridade do design e quis que ele tivesse uma borda de alumínio em volta. Como a coisa deu certo, Ive projetou o iPhone 4 com uma beirada de aço. O aço seria o suporte estrutural, daria um visual realmente liso e funcionaria como parte da antena do celular.

Havia alguns desafios importantes. Para funcionar como antena, a borda de aço teria de ter uma fenda minúscula. Mas, se a pessoa tampasse essa fenda com o dedo ou a palma da mão suada, poderia haver perda do sinal. Para evitar que isso acontecesse, os engenheiros sugeriram um revestimento transparente no metal, mas Ive, aqui também, achou que isso prejudicaria o visual do aço escovado. Apresentaram o problema a Jobs em várias reuniões, mas ele achou que os engenheiros estavam fazendo tempestade em copo d'água. "Vocês conseguem fazer isso", disse. Então fizeram.

E funcionou, quase à perfeição. Quase. Quando o iPhone 4 foi lançado, em junho de 2010, parecia fantástico, mas logo um problema ficou evidente: se você segurasse o aparelho de certa maneira, principalmente com a mão esquerda, e a palma cobrisse a fendinha, ele não funcionaria direito. Acontecia talvez em 1% das chamadas. Como Jobs insistia em manter o sigilo dos produtos antes do lançamento (mesmo para o celular que o Gizmodo encontrou num bar criaram uma história falsa para despistar o caso), o iPhone 4 não passou pelo teste ao vivo que geralmente se aplica aos aparelhos eletrônicos. Assim, não se deram conta do defeito antes de se iniciar a correria em massa para comprá-lo. "A questão é se as políticas irmãs de colocar o design na frente da engenharia e manter o enorme sigilo em torno dos produtos não lançados ajudou a Apple", disse Tony Fadell mais tarde. "No geral, ajuda, mas o poder irrestrito é uma coisa ruim, e foi isso que aconteceu."

Se não se tratasse do iPhone 4 da Apple, um produto que tinha fascinado todo mundo, o problema de algumas quedas de ligação a mais não teria sido notícia. Mas o fato ficou conhecido como "Antenagate" e entrou em ebulição no começo de julho, quando a *Consumer Reports* fez alguns testes rigorosos e declarou que não podia recomendar o iPhone 4 por causa do problema da antena.

Jobs estava com a família em Kona Village, no Havaí, quando surgiu a questão. De início, ele ficou na defensiva. Art Levinson estava em contato constante pelo celular, e Jobs insistiu que o problema era a maledicência do Google e da Motorola. "Eles querem derrubar a Apple", disse.

Levinson pediu que ele tivesse um pouco de humildade. "Vamos imaginar que tenha alguma coisa errada", disse. Quando voltou a mencionar a imagem de arrogância que a Apple passava, Jobs não gostou. Ia contra sua visão do mundo em branco e preto, certo e errado. A Apple era uma empresa de princípios, segundo ele. Se os outros não conseguiam enxergar isso, era falha deles, e não uma razão para a Apple se fazer de humilde.

A segunda reação de Jobs foi de dor. Ele tomou a crítica em termos pessoais e ficou angustiado. "No fundo, ele não faz coisas que lhe parecem claramente erradas, como fazem alguns pragmáticos em nosso ramo", disse Levinson. "Então, se ele acha que está certo, simplesmente segue em frente sem se questionar." Levinson insistiu que ele não se abatesse. Mas Jobs se abateu. "Porra, não é caso para tanto escarcéu", disse a Levinson. Por fim, Tim Cook conseguiu arrancá-lo da letargia. Citou alguém que teria dito que a Apple estava virando a nova Microsoft, arrogante e satisfeita consigo mesma. No dia seguinte, Jobs tinha mudado de atitude. "Vamos ao fundo disso", declarou.

Quando reuniu os dados sobre as quedas de ligações na AT&T, Jobs percebeu que havia, sim, um problema, mesmo que fosse mais secundário do que as pessoas estavam alardeando. Então pegou um avião no Havaí e voltou. Mas, antes de sair, deu alguns telefonemas. Era hora de reunir alguns velhos camaradas de confiança, pessoal experiente que trabalhara com ele nos primeiros tempos do Macintosh, trinta anos antes.

O primeiro telefonema foi para Regis McKenna, o guru das relações públicas. "Estou voltando do Havaí para tratar dessa coisa da antena, e preciso soltar alguma coisa que você me dê", disse-lhe Jobs. Regis concordou. Combinaram de se encontrar na sala de diretoria em Cupertino, à uma e meia da tarde do dia seguinte. O segundo telefonema foi para o publicitário Lee Clow. Ele tentara se afastar da conta da Apple, mas Jobs gostava de tê-lo por perto. Seu colega James Vincent também foi convocado.

Jobs decidiu ainda levar seu filho Reed, que na época estava terminando o ensino médio. "Vou estar em reunião 24 horas por dia, provavelmente dois dias seguidos, e quero que você fique junto, pois vai aprender mais nesses dois dias do que em dois anos numa faculdade de administração", disse a ele. "Você vai estar na sala com as melhores pessoas do mundo tomando decisões realmente difíceis, e vai ver como se fazem as coisas." Seus olhos se umedeceram um pouco quando lembrou o episódio. "Eu passaria por aquilo tudo de novo só pela oportunidade de ter ele ali, me vendo trabalhar", contou Jobs. "Ele precisava ver o que o pai faz."

Compareceram também Katie Cotton, a diretora de relações públicas da Apple, e mais sete executivos de alto escalão. A reunião durou a tarde inteira. "Foi uma das maiores reuniões da minha vida", disse Jobs mais tarde. Ele começou apresentando todos os dados que tinham reunido. "Eis os fatos. O que vamos fazer a respeito?"

McKenna foi o mais calmo e objetivo. "Apenas exponha a verdade, os dados", disse. "Não se mostre arrogante, mostre-se firme e confiante." Outros, inclusive Vincent, insistiram que Jobs se desculpasse mais, mas McKenna foi contra. "Não entre na coletiva de imprensa com o rabo entre as pernas", aconselhou. "Diga apenas: 'Celulares não são perfeitos, e nós não somos perfeitos. Somos humanos fazendo o máximo que podemos, e estes são os dados'." Foi essa a estratégia adotada. Quando abordaram a questão da imagem de arrogância, McKenna sugeriu que ele não se preocupasse demais. "Não creio que uma aparência de humildade em Steve daria certo", explicou mais tarde. "Como diz o próprio Steve sobre si mesmo: 'É assim que eu sou'."

Na reunião da imprensa naquela sexta-feira, no auditório da Apple, Jobs seguiu o conselho de McKenna. Não rastejou nem se justificou, mas conseguiu neutralizar o problema mostrando que a Apple o entendia e tentaria consertá-lo. Então mudou o quadro da discussão, declarando que todos os celulares tinham alguns problemas. Mais tarde, ele me disse que ficou parecendo um pouco "aborrecido demais" durante a coletiva, mas na verdade Jobs conseguiu manter um tom objetivo e desapaixonado. Ele resumiu o problema em quatro frases curtas e diretas: "Não somos perfeitos. Celulares não são perfeitos. Todos sabemos disso. Mas queremos deixar nossos usuários satisfeitos".

Se alguém estivesse insatisfeito, declarou ele, poderia devolver o celular (o índice de devolução foi de 1,7%, menos de um terço das devoluções do iPhone 3GS e da maioria dos outros celulares) ou receber uma capa de proteção grátis da Apple. Então começou a apresentar dados mostrando que outros celulares tinham problemas parecidos. Não era totalmente verdade. Devido ao desenho da antena, o celular da Apple era um pouco pior do que a maioria, inclusive versões anteriores do iPhone. Mas era verdade que o frenesi da mídia sobre as quedas de ligação do iPhone 4 era excessivo. "É incrível como exageraram desproporcionalmente", disse. Em vez de se horrorizar por não haver um *recall* ou porque Jobs não se humilhou, a maioria dos clientes percebeu que ele tinha razão.

A lista de espera para o celular, já totalmente esgotado, passou de duas para três semanas. Continuou a ser o produto de venda mais rápida da empresa. A mídia mudou o foco e começou a discutir se Jobs tinha razão em afirmar que outros celulares apresentavam os mesmos problemas de antena. Mesmo que a resposta fosse negativa, era um tema mais fácil de encarar do que a discussão sobre se o iPhone 4 era uma porcaria cheia de defeitos.

Alguns observadores dos meios de comunicação ficaram incrédulos. "Numa demonstração magistral de desvio do assunto, farisaísmo e sinceridade ofendida, no dia seguinte Steve Jobs ocupou o palco com sucesso para negar o problema, descartar as críticas e distribuir a culpa entre outros fabricantes de smartphones", escreveu Michael Wolff, do newser.com. "É um tal nível de marketing moderno, de distorção empresarial e administração de crise que só podemos perguntar in- crédulos, com assombro e estupefação: Como eles conseguem fazer isso? Ou, com mais precisão, como ele consegue fazer isso?" Wolff atribuiu o fato ao efeito hipnótico de Jobs, como "o último dos carismáticos". Outros presidentes executi- vos de empresas estariam pedindo desculpas de joelhos e amargando *recalls* em massa, mas Jobs não precisou. "A aparência austera, esquelética, o absolutismo, o porte sacerdotal, o senso de uma relação com o sagrado, realmente funcionam e, neste caso, lhe concedem o privilégio de decidir soberanamente o que é impor- tante e o que é trivial."

Scott Adams, o criador dos quadrinhos *Dilbert*, também ficou atônito, mas com uma admiração muito maior. Alguns dias depois, escreveu em seu blog (num post que Jobs, orgulhoso, fez circular por e-mail) que se admirava como a "mano- bra em alto estilo" de Jobs deveria ser estudada como um novo padrão de relações públicas. "A resposta da Apple ao problema do iPhone 4 não seguiu o manual de relações públicas, pois Jobs decidiu reescrever o manual", escreveu Adams. "Se vocês quiserem saber o que é genialidade, estudem as palavras de Jobs." Ao pro- clamar abertamente que os celulares não são perfeitos, Jobs mudou o contexto da argumentação com uma asserção indiscutível. "Se Jobs não tivesse mudado o contexto, passando do iPhone 4 para todos os smartphones em geral, eu poderia desenhar uma tirinha muito engraçada sobre um produto tão ruim que, na hora em que entra em contato com a mão humana, simplesmente deixa de funcionar. Mas, no momento em que o contexto passa para 'todos os smartphones têm problemas', a brecha para a piada desaparece. Nada mata tanto o humor como uma verdade geral sem graça."

LÁ VEM O SOL

Havia mais algumas coisas que precisavam ser resolvidas para que a carreira de Steve Jobs ficasse completa. Uma delas era pôr fim à Guerra dos Trinta Anos com o grupo que ele adorava, os Beatles. A Apple tinha chegado a um acordo em 2007, na batalha da marca com a Apple Corps, a empresa detentora dos direitos dos Beatles, que tinha acionado a incipiente empresa de computação em 1978, por causa do uso do nome Apple. Mas o acordo ainda não levara à inclusão dos Beatles na iTunes Store. A banda era a última grande lacuna, basicamente porque não chegavam a um acordo com a EMI, proprietária da maioria das músicas dos Beatles, de como lidar com os direitos digitais.

No verão de 2010, os Beatles e a EMI tinham acertado as questões e houve uma reunião de cúpula, com quatro pessoas, na sala da diretoria em Cupertino. Jobs e seu vice-presidente da iTunes Store, Eddy Cue, receberam Jeff Jones, que administrava os interesses dos Beatles, e Roger Faxon, o presidente executivo da EMI. Agora que os Beatles estavam prontos para ingressar no mundo digital, o que a Apple poderia oferecer para celebrar esse marco histórico? Jobs vinha esperando esse dia fazia muito tempo. Na verdade, ele e sua equipe de publicidade, Lee Clow e James Vincent, tinham feito algumas simulações de anúncios e comerciais três anos antes, quando pensavam em alguma estratégia para atrair os Beatles para a Apple.

"Steve e eu pensamos em todas as coisas que poderíamos fazer", lembrou Cue. Pensaram em usar a página inicial da iTunes Store, comprar cartazes com as melhores fotos da banda, veicular uma série de anúncios de tevê no estilo clássico da Apple. O ponto alto era oferecer um pacote por 149 dólares com todos os treze álbuns de estúdio dos Beatles, a coleção em dois volumes dos "Past Masters" e um vídeo nostálgico do concerto de 1964 no Washington Coliseum.

Quando chegaram a um acordo em princípio, Jobs ajudou pessoalmente a escolher as fotografias para os anúncios. Cada comercial terminava com uma imagem em branco e preto de Paul McCartney e John Lennon, jovens e sorridentes, num estúdio de gravação, olhando uma partitura. Fazia lembrar as velhas fotos de Jobs e Wozniak olhando uma placa de circuito da Apple. "Ter os Beatles no iTunes foi o auge do que queríamos quando entramos no ramo da música", disse Cue.

39. Ao infinito

A nuvem, a nave espacial e mais além

O IPAD 2

Mesmo antes de o iPad ser posto à venda, Jobs já pensava sobre o que deveria estar incluído no iPad 2. O aparelho precisava de câmeras na frente e atrás — todos sabiam disso —, e ele definitivamente queria que fosse mais fino. Mas havia uma questão periférica na qual Jobs se concentrou e na qual a maioria não tinha pensado. Os estojos que as pessoas usavam cobriam as belas linhas do iPad e depreciavam a tela. Eles tornavam mais grosso o que deveria ser mais delgado. Colocavam uma capa chinfrim num aparelho que deveria ser mágico em todos os aspectos.

Mais ou menos nessa época, ele leu um artigo sobre ímãs, recortou-o e entregou-o a Jony Ive. Os ímãs tinham um cone de atração que poderia ser concentrado com precisão. Talvez pudessem ser usados para alinhar uma capa destacável. Dessa maneira, ela poderia ser presa com um clique na parte frontal de um iPad, mas sem envolver todo o aparelho. Um dos técnicos do grupo de Ive trabalhou para desenvolver uma capa destacável que pudesse ser conectada com uma dobradiça magnética. Ao abri-la, a tela despertaria para a vida como o rosto de um bebê a quem se fizesse cócegas, e a capa poderia ser dobrada para servir de suporte.

Não era de alta tecnologia; era puramente mecânica. Mas era encantadora. Era também outro exemplo do anseio de Jobs pela integração contínua: a capa e o iPad tinham sido projetados juntos, de modo que os ímãs e as dobradiças se conectavam perfeitamente. O iPad 2 teria muitos avanços, mas essa capinha insolente, com a qual a maioria dos outros presidentes executivos jamais teria se preocupado, foi uma das características que provocaram mais sorrisos.

Como Jobs tinha tirado outra licença médica, não se esperava que comparecesse ao lançamento do iPad 2, marcado para 2 de março de 2011, em San Francisco. Mas, quando os convites foram enviados, ele me disse que eu deveria fazer força para estar presente. O cenário era o de sempre: altos executivos da Apple na primeira fila, Tim Cook comendo barrinhas energéticas e o sistema de som tocando canções dos Beatles, como "You say you want a revolution" e "Here comes the sun", no volume máximo. Reed Jobs chegou no último minuto, com dois calouros colegas de dormitório, de olhos bem arregalados.

"Trabalhamos há um bom tempo neste produto e eu não queria faltar hoje", disse Jobs ao entrar no palco andando devagar, assustadoramente abatido, mas com um sorriso animado. A multidão rompeu em brados e gritos, e o aplaudiu de pé.

Ele começou a apresentar o iPad 2 mostrando a nova capa. "Desta vez, a capa e o produto foram projetados juntos", explicou. Depois, tratou de uma crítica que o irritava, porque tinha algum fundamento: o iPad original tinha sido melhor para o consumo do que para a criação de conteúdo. Por isso, a Apple tinha adaptado seus dois melhores aplicativos para o Macintosh, GarageBand e iMovie, e disponibilizado poderosas versões para o iPad. Jobs mostrou como era fácil compor e orquestrar uma música, ou colocar música e efeitos especiais em vídeos caseiros, e postar ou compartilhar essas criações usando o novo iPad.

Mais uma vez, ele terminou a apresentação com o slide que mostrava a interseção da Liberal Arts Street com a Technology Street. E dessa vez ofereceu uma das mais claras expressões de seu credo, segundo o qual a criatividade e a simplicidade verdadeiras vêm da integração de todo o conjunto — hardware e software, e, por falar nisso, de conteúdo, capas e vendedores de loja —, em vez de se deixar as coisas abertas e fragmentadas, como acontecia no mundo dos PCS Windows e agora com os aparelhos Android:

Está no DNA da Apple que a tecnologia por si só não é suficiente. Acreditamos que a tecnologia casada com as humanidades é que produz o resultado que faz a alegria do coração. Em parte alguma isso é mais verdadeiro do que nesses aparelhos pós-PC. As pessoas correm agora para o mercado de tablets, vistos como o próximo PC, no qual o hardware e o software são feitos por empresas diferentes. Nossa experiência e todos os ossos do nosso corpo nos dizem que essa abordagem não é correta. Esses aparelhos pós-PC precisam ser ainda mais intuitivos e fáceis de usar do que o PC, e neles o software, o hardware e os aplicativos precisam estar interligados de modo ainda mais perfeito do que num PC. Achamos que temos a arquitetura certa não apenas no silício, mas em nossa organização, para fabricar esse tipo de produto.

Era uma arquitetura inerente não apenas à organização que ele criara, mas à sua própria alma.

Depois do lançamento, Jobs estava animado. Ele foi ao hotel Four Seasons encontrar-se comigo, sua mulher, Reed e os companheiros do filho em Stanford, para almoçar. Para variar, estava se alimentando, embora ainda com certa meticulosidade. Pediu suco de laranja fresco, que devolveu três vezes dizendo que era de garrafa, e pasta primavera, que provou e pôs de lado, depois de declará-la intragável. Mas comeu metade de minha salada de caranguejo Louie e pediu uma para ele, seguida de uma tigela de sorvete. O tolerante hotel conseguiu até produzir um copo de suco que finalmente atendeu a seus critérios.

Um dia depois, em casa, ele ainda estava animado. Planejava voar para Kona Village no dia seguinte, sozinho, e pedi para ver o que tinha posto no iPad 2 para a viagem. Havia três filmes: *Chinatown*, *O ultimato Bourne* e *Toy story 3*. O mais revelador é que havia apenas um livro que ele tinha baixado: *Autobiografia de um iogue*, o guia de meditação e espiritualidade que leu pela primeira vez quando era adolescente, releu na Índia e desde então lia uma vez por ano.

A manhã já ia pela metade quando ele decidiu que queria comer alguma coisa. Ainda estava fraco demais para dirigir, e eu o levei a um café num shopping. Estava fechado, mas o dono se acostumara com Jobs batendo à sua porta fora de hora e nos deixou entrar com grande satisfação. "Ele acha que sua missão é me engordar", brincou Jobs. Seus médicos insistiam para que comesse ovos, como fonte de proteína de alta qualidade, e ele pediu uma omelete. "Conviver com uma doença como esta, e com toda a dor, faz você se lembrar constantemente da sua mortalidade, e isso pode ser muito estranho para a cabeça, se a gente não tiver cuidado", disse ele. "Não se planeja nada para mais de um ano, o que é ruim. Você precisa se obrigar a fazer planos como se fosse viver muitos anos."

Um exemplo desse pensamento mágico foi seu plano de construir um iate de luxo. Antes do transplante de fígado, ele e a família costumavam alugar um barco nas férias, viajando ao México, ao Pacífico Sul ou ao Mediterrâneo. Em muitos desses cruzeiros, Jobs se aborrecia ou começava a detestar o design do barco, de modo que a viagem era interrompida e todos voavam para Kona Village. Mas às vezes o cruzeiro dava certo. "Minhas melhores férias foram quando descemos pela costa da Itália, depois fomos para Atenas — que é detestável, mas o Partenon é alucinante — e de lá para Éfeso, na Turquia, onde eles têm aqueles lavatórios públicos arcaicos de mármore, com um lugar no meio para os músicos fazerem serenatas." Em Istambul, ele contratou um professor de história para fazer um passeio turístico com a família. No fim, foram a um banho turco, onde a palestra do professor deu a Jobs uma súbita compreensão da globalização da juventude:

Tive uma verdadeira revelação. Estávamos todos de roupão, e ele nos preparou um café turco. O professor explicou que o café era preparado de um jeito muito diferente de qualquer outro lugar, e então me dei conta do seguinte: "E daí, porra?". Que menino na Turquia dá alguma importância ao café turco? Eu tinha passado o dia vendo jovens em Istambul. Todos bebiam o que bebem os jovens do resto do mundo, e usavam roupas que pareciam compradas na Gap, cada qual com seu celular. Eram como os jovens de qualquer outro lugar. Me ocorreu que, para os jovens, o mundo inteiro é a mesma coisa. Quando fabricamos produtos, não existe telefone turco, ou um aparelho de tocar música que os jovens da Turquia desejam que seja diferente dos aparelhos que os jovens de qualquer outro lugar desejam. Agora somos um mundo só.

Depois da alegria daquele cruzeiro, Jobs divertiu-se começando a desenhar, e redesenhar várias vezes, um barco que, segundo declarou, desejava construir um dia. Quando voltou a adoecer em 2009, quase cancelou o projeto. "Achei que não estaria vivo quando terminasse", disse. "Mas isso me deixou triste e concluí que trabalhar no design era divertido, e que talvez eu tivesse uma chance de estar vivo quando ele ficasse pronto. Se eu parasse de trabalhar no barco e sobrevivesse mais dois anos, ficaria muito puto. Por isso continuei."

Após comer omeletes no café, voltamos para sua casa e ele me mostrou todos os modelos e desenhos arquitetônicos. Como era de esperar, o iate planejado era elegante e minimalista. Os conveses de teca eram perfeitamente planos e não poluídos por acessórios. Como numa loja da Apple, as janelas das cabines eram grandes vidraças, quase do piso ao teto, e a sala de estar principal era projetada para ter janelas de vidro de doze metros de comprimento e três de altura. Ele fizera um engenheiro-chefe das lojas da Apple projetar um vidro especial, capaz de oferecer suporte estrutural.

Àquela altura, o barco estava sendo feito pela Feadship, empresa holandesa que constrói iates sob encomenda, mas Jobs ainda mexia no design. "Sei que é possível que eu morra e deixe Laurene com um barco pela metade", disse. "Mas preciso continuar a trabalhar nele. Se não fizer isso, é como admitir que estou para morrer."

Jobs e Powell comemorariam o vigésimo aniversário de casamento poucos dias depois, e ele reconheceu que por vezes não soube valorizá-la como ela merecia. "Tenho muita sorte, porque ninguém sabe onde está se metendo quando casa", disse. "A gente tem um sentimento intuitivo sobre as coisas. Eu não poderia ter escolhido melhor, porque Laurene não é apenas inteligente e bonita, ela mostrou que é uma pessoa realmente boa." Por um momento, seus olhos encheram-se de lágrimas. Falou das outras namoradas, particularmente de Tina Redse, mas disse que acabou no lugar certo. Também refletiu sobre quanto podia ser egoísta e exigente. "Laurene teve de lidar com isso, e também comigo doente", prosseguiu. "Sei que viver comigo não é um mar de rosas."

Um dos seus traços egoístas era a tendência a não se lembrar de aniversários. Mas, nesse caso, decidiu fazer uma surpresa. Eles tinham se casado no Ahwahnee Hotel, no Parque Nacional de Yosemite, e Jobs resolveu levar a mulher lá no aniversário de casamento. Mas quando ligou as reservas estavam esgotadas. Ele pediu ao hotel que procurasse as pessoas que tinham reservado a suíte onde ele e Powell haviam se hospedado e perguntasse se não abririam mão. "Propus pagar-

-lhes outro fim de semana", disse Jobs, "e o homem foi muito gentil e respondeu: 'Vinte anos? Por favor, fique com ele, é seu'."

Ele localizou as fotos do casamento tiradas por um amigo, mandou tirar cópias grandes, em grossas placas de papel, e colocou-as numa elegante caixa. Pesquisando em seu iPhone, encontrou o bilhete que redigira para ser incluído na caixa, e leu em voz alta:

> Não sabíamos muito, um sobre o outro, vinte anos atrás. Fomos guiados por nossa intuição; você me deixou arrebatado de paixão. Nevava quando nos casamos no Ahwahnee. Passaram-se anos, vieram os filhos, bons tempos, tempos difíceis, mas nunca tempos ruins. Nosso amor e nosso respeito perduraram e cresceram. Passamos por tanta coisa juntos e aqui estamos, de volta ao lugar onde começamos vinte anos atrás — mais velhos, mais sábios —, com rugas no rosto e no coração. Agora conhecemos boa parte das alegrias, dos sofrimentos, dos segredos e das maravilhas da vida, e ainda estamos juntos. Meus pés nunca voltaram a tocar no chão.

Ao chegar ao fim da leitura, ele chorava descontroladamente. Quando se recompôs, comentou que também tinha preparado um conjunto de fotos para cada um dos filhos. "Achei que eles talvez gostassem de ver que um dia eu também fui jovem."

ICLOUD

Em 2001, Jobs teve uma visão: o computador pessoal funcionaria como um "centro digital de conexão" para uma série de aparelhos relacionados a estilo de vida, como tocadores de música, gravadores de vídeo, telefones e tablets. Era uma boa forma de aproveitar a força da Apple para criar produtos integrados fáceis de usar. Assim, a Apple foi transformada de empresa de computadores voltada para um nicho de alta tecnologia na mais valiosa empresa de tecnologia do mundo.

Em 2008, Jobs já tinha uma visão para a próxima onda da era digital. Ele acreditava que no futuro o computador de mesa não mais serviria de centro de conexão dos conteúdos do usuário. Em vez disso, esse centro seria transferido para "a nuvem". Em outras palavras, o conteúdo seria armazenado em servidores remotos, administrados por uma empresa confiável, e estaria disponível para uso em qualquer tipo de aparelho, em qualquer lugar. Jobs levaria três anos para acertar os detalhes.

Ele começou dando um passo em falso. No verão de 2008, lançou um produto chamado MobileMe, um caro serviço de assinatura (99 dólares por ano) que permitia ao assinante armazenar lista de endereços, documentos, fotos, vídeos, e-mails e agendas remotamente, numa nuvem, e sincronizá-los com qualquer aparelho. Em tese, podíamos ir ao iPhone ou a qualquer computador e acessar todos as informações de nossa vida digital. Mas havia um grande problema: o serviço, para usar a terminologia de Jobs, era uma porcaria. Era complexo, os aparelhos não se mantinham sincronizados, e os e-mails e outros dados se perdiam aleatoriamente no éter. "O MobileMe, da Apple, tem defeitos demais para ser confiável", foi o título de uma análise de Walt Mossberg no *Wall Street Journal*.

Jobs ficou furioso. Reuniu a equipe do MobileMe no auditório do campus da Apple, subiu ao palco e perguntou: "Alguém pode me dizer o que o MobileMe deveria fazer?". Depois que membros da equipe deram algumas respostas, Jobs revidou: "Então por que merda ele não faz nada disso?". E repreendeu-os severamente por meia hora. "Vocês mancharam a reputação da Apple", disse. "Deveriam se odiar reciprocamente por terem decepcionado uns aos outros. Mossberg, nosso amigo, deixou de escrever coisas boas a nosso respeito." Diante de todos, demitiu o chefe da equipe do MobileMe e o substituiu por Eddy Cue, que supervisionava todo o conteúdo de internet na Apple. Como informou Adam Lashinsky, da *Fortune*, ao dissecar a cultura corporativa da Apple: "A obrigação de prestar contas é observada com o maior rigor".

Em 2010, ficou claro que Google, Amazon, Microsoft e outras estavam brigando para se tornar a empresa preferida para armazenar todos os conteúdos e dados dos usuários na nuvem e sincronizá-los com os mais variados aparelhos. Jobs redobrou seus esforços. No outono daquele ano, ele me deu esta explicação:

Precisamos ser uma empresa que administra as relações do usuário com a nuvem — que fornece fluxo de música e vídeo a partir da nuvem, armazena fotos e informações, e quem sabe até fichas médicas. A Apple foi a primeira a ver o computador como *hub* digital. Por isso escrevemos todos esses aplicativos — iPhoto, iMovie, iTunes — e os atamos aos aparelhos dos usuários, como iPod, iPhone e iPad, e funcionou brilhantemente. Mas nos próximos anos o *hub* migrará do computador para a nuvem. É a mesma estratégia de centro de conexão digital, mas o centro de conexão está noutro lugar. Significa que você sempre terá acesso ao seu conteúdo e não precisará estar sincronizado.

É importante fazermos essa transformação, por causa do que Clayton Christensen chama de "o dilema do inovador", no qual as pessoas que inventam coisas são as últimas a enxergar além dessa coisa, e é claro que não queremos ficar para trás. Vou pegar o MobileMe e torná-lo gratuito, e vamos simplificar a sincronização de conteúdo. Estamos construindo um servidor na Carolina do Norte. Podemos oferecer toda a sincronização necessária, e dessa forma prender o cliente.

Jobs discutiu essa ideia nas reuniões de segunda-feira, e ela foi gradualmente refinada, até se tornar uma nova estratégia. "Mandei e-mails para grupos de pessoas às duas da madrugada e discuti muito", lembrou. "Pensamos muito nisso, porque é o nosso trabalho, a nossa vida." Embora alguns membros do conselho, como Al Gore, tivessem dúvidas sobre a ideia de tornar o MobileMe gratuito, eles acabaram apoiando. Seria sua estratégia para conduzir consumidores à orbita da Apple na década seguinte.

O novo serviço passou a chamar-se iCloud, e Jobs o apresentou em seu discurso de abertura na Conferência Mundial para Desenvolvedores da Apple em junho de 2011. Ainda estava de licença médica e, durante alguns dias em maio, fora hospitalizado com infecções e dores. Alguns amigos tentaram convencê-lo a não fazer a apresentação, que implicaria muitos preparativos e ensaios. Mas a possibilidade de anunciar a chegada de mais um movimento tectônico na era digital enchia-o de energia.

Quando subiu ao palco no Centro de Convenções de San Francisco, usava um suéter de cashmere preto da VONROSEN por cima da costumeira camisa de gola rulê de Issey Miyake, e roupas térmicas sob o jeans. Mas estava mais macilento do que nunca. A multidão o aplaudiu longamente de pé — "Isto sempre ajuda, e eu agradeço", disse ele —, mas em poucos minutos as ações da Apple caíram mais de quatro dólares, para 340. Ele estava fazendo um esforço heroico, mas parecia fraco.

Jobs cedeu o palco para que Phil Schiller e Scott Forstall se encarregassem de demonstrar como funcionavam os novos sistemas operacionais dos Macs e dos aparelhos portáteis, depois voltou para mostrar o iCloud pessoalmente. "Cerca de dez anos atrás, tivemos um dos nossos mais importantes insights", disse. "O PC estava se tornando o centro de conexões da nossa vida digital. Nossos vídeos, nossas fotos, nossas músicas. Mas isso parou de funcionar nos últimos anos. Por quê?" Em seguida, falou de improviso sobre as dificuldades de fazer todos os conteúdos sincronizarem com cada aparelho. Se você tinha uma canção baixada no iPad, uma foto tirada com o iPhone e um vídeo armazenado no computador, podia sentir-se como uma telefonista de antigamente, ligando e desligando cabos USB para partilhar conteúdos. "Manter esses aparelhos sincronizados nos deixa loucos", disse ele, provocando gargalhadas. "Temos uma solução. É o nosso outro grande insight. Vamos rebaixar o PC e o Mac à categoria de simples aparelhos, e transferir o *hub* digital para a nuvem."

Jobs sabia muito bem que esse "grande insight" não era exatamente novo. Na verdade, ele fez piada sobre a primeira tentativa da Apple: "Vocês podem pensar: Por que acreditaríamos neles? Foram eles que me trouxeram o Mobile-Me". A plateia riu, nervosa. "Quero dizer apenas que não foi o nosso melhor momento." Mas, enquanto discorria sobre o iCloud, ficava claro que este seria melhor. Registros de correio eletrônico, contatos e agendas sincronizavam instantaneamente. O mesmo ocorria com aplicativos, fotos, livros e documentos. O mais impressionante era que Jobs e Eddy Cue tinham feito acordos com empresas de música (diferentemente do pessoal do Google e da Amazon). A Apple teria 18 *milhões* de músicas em seus servidores na nuvem. Se você tivesse qualquer uma delas em qualquer um de seus aparelhos ou computadores — compradas legalmente ou pirateadas —, a Apple lhe daria acesso a uma versão de alta qualidade em todos os aparelhos, sem que fosse preciso gastar tempo ou esforço para transferir dados para a nuvem. "É que tudo funciona", disse ele.

Esse conceito simples — de que tudo funcione perfeitamente, sem emendas ou rupturas — era, como sempre, a vantagem competitiva da Apple. A Microsoft vinha anunciando o "Cloud Power" havia mais de um ano, e três anos antes seu principal arquiteto de software, o lendário Ray Ozzie, lançara um grito de guerra para a empresa: "Nossa aspiração é que as pessoas só precisem obter licença uma vez para suas mídias, e possam usar quaisquer [...] aparelhos para acessar e curtir suas mídias". Mas Ozzie saíra da Microsoft no fim de 2010, e o impulso da empresa para a computação em nuvem nunca se manifestou na forma de aparelhos para o consumidor. A Amazon e o Google passaram a oferecer serviços de computação em nuvem em 2011, mas nenhuma das duas empresas tinha capacidade de integrar hardwares, softwares e conteúdos de uma série de aparelhos. A Apple controlava todos os elos da corrente, e projetara-os para funcionar em conjunto:

os aparelhos, os computadores, os sistemas operacionais e os softwares aplicativos, junto com a venda e o armazenamento de conteúdos.

Só funcionava perfeitamente, é claro, para quem usasse um aparelho da Apple e permanecesse dentro do jardim com portão da Apple. Isso trazia outro benefício para a empresa: a adesão dos consumidores. Uma vez que se começasse a usar o iCloud, seria difícil mudar para um dispositivo Kindle ou Android. A música e outros conteúdos não sincronizariam com eles; na verdade, eles talvez nem funcionassem. Era a culminação das três décadas que eles tinham gastado evitando sistemas abertos. "Pensamos se deveríamos arranjar clientes de música para o Android", disse-me ele na manhã seguinte, ao tomarmos café. "Pusemos o iTunes no Windows para vender mais iPods. Mas não vejo vantagem em colocar nossos aplicativos de música no Android, a não ser deixar os usuários do Android satisfeitos. E eu não quero deixar os usuários do Android satisfeitos."

UM NOVO CAMPUS

Quando Jobs tinha treze anos, procurou o número de Bill Hewlett na lista telefônica para ver se conseguia uma peça de que precisava para um contador de frequência que estava desenvolvendo, e acabou arranjando um emprego de verão na divisão de instrumentos da Hewlett-Packard. Naquele mesmo ano, a HP comprou terras em Cupertino, para ampliar sua divisão de calculadoras. Wozniak trabalhou ali, e foi nesse lugar que projetou o Apple I e o Apple II nas horas em que fazia bicos. Quando a HP decidiu, em 2010, abandonar o campus em Cupertino, que ficava apenas um quilômetro e meio a leste da sede da Apple, na Infinite Loop, 1, Jobs, sem fazer alarde, deu um jeito de comprá-lo, e à propriedade contígua. Ele admirava Hewlett e Packard por terem construído uma empresa duradoura e orgulhava-se de ter feito o mesmo com a Apple. Agora queria uma sede que fosse um mostruário, algo que nenhuma outra empresa de tecnologia da Costa Oeste tivesse. Acabou juntando sessenta hectares de terra, grande parte da qual tinha sido ocupada por plantações de damasco quando ele era menino, e entregou-se ao que se tornaria um projeto para futuras gerações que combinaria sua paixão por design com o desejo de criar uma empresa duradoura. "Quero deixar um campus com um aspecto típico, que expresse os valores da empresa ao longo de gerações", disse.

Jobs contratou a firma de arquitetura de sir Norman Foster, que considerava a melhor do mundo e que produzira prédios inteligentemente projetados, como o Reichstag restaurado, em Berlim, e o 30 St. Mary Axe, em Londres. Como era de esperar, Jobs envolveu-se de tal maneira no planejamento, tanto na ideia como nos detalhes, que ficou quase impossível chegar a um acordo sobre o projeto final. Seria um edifício feito para durar, e ele queria acertar em cheio. A firma de Foster designou cinquenta arquitetos para a equipe, e a cada três semanas, ao longo de 2010, eles mostravam a Jobs modelos revisados e mais opções. Com frequência ele propunha novos conceitos, formas por vezes inteiramente novas, e os obrigava a começar tudo de novo e apresentar mais alternativas.

Na primeira vez em que me mostrou os desenhos e as plantas em sua sala de visitas, o prédio parecia uma imensa e sinuosa pista de corrida, composta de três semicírculos combinados em torno de um grande pátio central. As paredes eram de vidro de alto a baixo, e o interior tinha filas de pequenos escritórios que permitiam a passagem da luz pelos corredores. "Isso cria pontos de encontro insólitos e fluidos", disse ele, "e todo mundo quer aproveitar a luz solar."

Na vez seguinte em que me mostrou as plantas, um mês depois, estávamos numa grande sala de conferências da Apple, na frente de seu escritório, onde um desenho do prédio proposto tomava toda a mesa. Ele fizera uma mudança importante. Os pequenos escritórios seriam instalados longe das janelas, para que os longos corredores se enchessem de luz. Esses corredores também funcionariam como áreas comuns. Houve um debate com alguns arquitetos, que queriam que as janelas pudessem ser abertas. Jobs jamais gostou da ideia de as pessoas poderem abrir coisas. "Isso serviria apenas para fazerem besteira", declarou. Nisso, como em outros detalhes, sua vontade prevaleceu.

Quando chegou em casa naquela noite, Jobs mostrou os desenhos durante o jantar, e Reed disse, brincando, que a vista aérea lembrava os genitais masculinos. O pai ignorou o comentário, que segundo ele refletia a mentalidade de um adolescente. Mas no dia seguinte o mencionou aos arquitetos. "Infelizmente, quando alguém diz isso, nunca mais se consegue tirar a imagem da cabeça", disse. Quando o visitei novamente, a forma tinha sido alterada para um simples círculo.

O novo desenho significava que não haveria um único pedaço de vidro reto em todo o prédio. Todos seriam curvos e perfeitamente unidos. Jobs sempre teve fascínio por vidro, e a experiência que adquiriu exigindo imensas lâminas de vidro para as lojas da Apple dava-lhe a certeza de que seria possível produzir imensos pedaços curvos em grandes quantidades. O pátio central teria 244 metros de lado a lado (mais de três quarteirões médios, ou quase do comprimento de três campos de futebol americano), e ele usou sobreposições para me mostrar que poderia circundar a praça de São Pedro, em Roma. Uma de suas lembranças mais antigas era a dos pomares que tinham dominado aquela área, por isso contratou um arborista de Stanford e decretou que 80% da propriedade receberia tratamento paisagístico natural, com 6 mil árvores. "Pedi a ele que não deixasse de incluir um conjunto de pomares de damascos", disse Jobs. "A gente os via em toda parte, até nas esquinas, e eles são parte da herança deste vale."

Em junho de 2011, os planos para a construção do prédio de quatro andares e 278 700 metros quadrados, que abrigaria mais de 12 mil empregados, estavam prontos para ser revelados. Jobs decidiu fazê-lo durante uma tranquila e não divulgada aparição na câmara municipal de Cupertino, um dia depois de ter anunciado o iCloud na Conferência Mundial para Desenvolvedores.

Embora tivesse pouca energia, o dia foi movimentado. Ron Johnson, que planejara as lojas da Apple e as dirigira por mais de uma década, decidiu aceitar uma oferta para ser o presidente executivo da J. C. Penney, e tinha ido à casa de Jobs de manhã discutir sua saída. Depois, Jobs e eu fomos a um pequeno café de Palo Alto que serve iogurte e aveia chamado Fraiche, onde ele falou animadamente sobre possíveis futuros produtos da Apple. Mais tarde, foi levado de carro a Santa Clara, para a reunião trimestral da Apple com executivos da Intel, na qual discutiram a possibilidade de usar chips da Intel em futuros aparelhos portáteis. Naquela noite, o U2 tocaria no Oakland Coliseum, e Jobs tinha pensado em ir ao show. Mas acabou aproveitando a noite para mostrar seus planos à câmara municipal de Cupertino.

Chegando sozinho e sem nada que chamasse a atenção, e parecendo à vontade com o mesmo suéter preto que tinha usado para fazer o discurso na conferência de desenvolvedores, ele subiu a um pódio com um controle remoto na mão e passou vinte minutos mostrando slides do projeto para membros da câmara. Quando um desenho do prédio elegante, futurista e perfeitamente circular apareceu na tela, ele fez uma pausa e sorriu: "É como se uma nave espacial tivesse aterrissado", disse. Momentos depois, acrescentou: "Acho que temos a possibilidade de construir o melhor edifício de escritórios do mundo".

Na sexta-feira seguinte, Jobs enviou um e-mail para uma colega do passado distante, Ann Bowers, viúva do cofundador da Intel, Bob Noyce. Ela havia sido diretora de recursos humanos da Apple e madrinha de escoteiros no começo dos anos 1980, encarregada de repreender Jobs depois de suas explosões e curar as feridas dos colegas de trabalho. Jobs perguntou-lhe se ela podia ir vê-lo no dia seguinte. Bowers estava em Nova York, mas foi à casa dele no domingo, quando voltou. Àquela altura, ele adoecera de novo, sofrendo dores e sem muita energia, mas estava ansioso para lhe mostrar os desenhos da nova sede. "Você devia se orgulhar da Apple", disse ele. "Devia se orgulhar do que construímos."

Então olhou para ela e lhe fez, a sério, uma pergunta que a surpreendeu: "Me diga: como eu era quando jovem?".

Bowers tentou dar uma resposta honesta. "Você era muito impetuoso e difícil", respondeu. "Mas sua visão era convincente. Você nos disse: 'A viagem é a recompensa'. Isso acabou sendo verdade."

"Sim", disse Jobs. "Aprendi algumas coisas pelo caminho." Então, poucos minutos depois, repetiu, como para convencer Bowers e a si mesmo: "Aprendi algumas coisas. Realmente aprendi".

40. Terceiro round

A luta crepuscular

Jobs tinha um desejo enorme de assistir à formatura de ensino médio do filho em junho de 2010. "Quando fui diagnosticado com câncer, fiz um acordo com Deus, ou seja lá o que for, que era que eu queria ver Reed se formar, e isso me permitiu atravessar 2009", disse. No último ano da escola, Reed tinha um ar misterioso como o do pai aos dezoito anos, com um sorriso esperto e levemente rebelde, olhar intenso e cabeleira escura. Mas tinha herdado da mãe uma doçura e uma extrema sensibilidade que faltavam ao pai. Era afetuoso, mostrava seus sentimentos e queria agradar. Sempre que Jobs estava sentado à mesa da cozinha, taciturno, fitando o chão, o que acontecia com frequência durante a doença, a única coisa que fazia seus olhos brilharem era a chegada de Reed.

Reed adorava o pai. Logo que comecei a trabalhar neste livro, ele apareceu e me convidou para dar um passeio, como Jobs tantas vezes fazia. Com um olhar intenso e sincero, disse-me que o pai não era um empresário insensível interessado em lucro, mas alguém motivado pelo amor ao que fazia e com orgulho pelos produtos que criava.

Depois que Jobs foi diagnosticado com câncer, Reed começou a passar as férias de verão trabalhando num laboratório de oncologia em Stanford, fazendo sequências de DNA para descobrir marcadores genéticos do câncer de cólon. Numa das experiências, ele rastreou como as mutações se transmitem nas famílias. "Um dos raros consolos na minha doença é que Reed passou muito tempo estudando com alguns ótimos médicos", disse Jobs. "Seu entusiasmo é exatamente o mesmo que eu sentia por computadores na idade dele. Creio que as maiores inovações do século XXI estarão na interseção da biologia com a tecnologia. Está começando uma nova era, tal como a era digital começou quando eu tinha a idade dele."

Reed usou seu estudo sobre o câncer como base da monografia que apresentou na escola Crystal Springs Uplands. Enquanto descrevia como tinha usado corantes e centrífugas para rastrear a sequência do DNA dos tumores, seu pai assistia radiante no auditório, com os demais membros da família. "Sonho que Reed tenha uma casa aqui em Palo Alto com sua família e vá de bicicleta trabalhar como médico em Stanford", disse Jobs mais tarde.

Reed tinha amadurecido rápido em 2009, quando Jobs parecia estar à beira da morte. Cuidou das irmãs mais novas quando os pais estavam em Memphis e desenvolveu uma atitude paternalista e protetora. Mas, quando a saúde do pai se estabilizou na primavera de 2010, Reed voltou a ser brincalhão e gozador. Um dia, durante o jantar, estava conversando com a família sobre o local aonde levaria a namorada para jantar. O pai sugeriu Il Fornaio, símbolo da elegância em Palo Alto, mas Reed respondeu que não tinha conseguido uma reserva. "Quer que eu tente?", perguntou Jobs. Reed não aceitou; queria cuidar do assunto pessoalmente. Erin, a filha do meio, um tanto tímida, se ofereceu para montar uma tenda no jardim, e ela e a caçula Eve lhes serviriam uma refeição romântica. Reed se levantou, abraçou a irmã e prometeu que toparia a ideia em outra ocasião.

Num sábado, Reed e mais três colegas, que formavam a equipe Quiz Kids da escola, estavam participando de uma disputa numa estação de tevê local. A família — menos Eve, que estava num evento hípico — foi torcer por ele. Quando a equipe de televisão filmou a plateia antes de o programa começar, Jobs procurou conter a impaciência e tentou disfarçar sua presença entre os pais sentados nas cadeiras dobráveis. Mas era inconfundível com seus jeans e a blusa preta de gola rulê, e uma mulher abriu uma cadeira ao lado dele e começou a fotografá-lo. Sem olhar para ela, Jobs se levantou e foi para a outra ponta da fileira. Quando Reed apareceu no palco, a plaqueta de identificação trazia o nome "Reed Powell". O apresentador perguntou aos estudantes o que queriam ser quando crescessem. Reed respondeu: "Pesquisador de câncer".

Jobs voltou para casa em seu Mercedes SL55 de dois lugares, com Reed, enquanto a esposa seguia atrás em seu próprio carro, com Erin. Ela perguntou à filha por qual motivo ela achava que o pai não usava placa no carro. "Para ser rebelde", respondeu Erin. Mais tarde perguntei a Jobs. "Porque às vezes as pessoas me seguem e, se eu tiver placa, podem rastrear onde moro", foi sua resposta. "Mas agora isso está ficando meio obsoleto com o Google Maps. Então acho que, no fundo, é só porque não uso."

Durante a formatura de Reed, Jobs me mandou um e-mail por iPhone simplesmente esfuziante: "Hoje é um dos meus dias mais felizes. Reed está se formando no ensino médio. Neste exato instante. E estou aqui, contra todas as previsões". Naquela noite, houve uma festa na casa deles, com a família e os amigos mais próximos. Reed dançou com todos os parentes, inclusive o pai. Mais tarde, Jobs levou o filho até o depósito em forma de celeiro, para que escolhesse uma de suas duas bicicletas, que não ia usar mais. Reed brincou que a italiana parecia um pouco vistosa demais, e Jobs então lhe disse para pegar a outra, de oito marchas, mais sólida. Quando Reed agradeceu, Jobs respondeu: "Não precisa agradecer, pois você tem meu DNA". Alguns dias depois aconteceu a estreia de *Toy story 3*. Jobs tinha acompanhado essa trilogia da Pixar desde o começo, e a última parte falava sobre as emoções em torno de Andy indo para a faculdade. "Gostaria de estar sempre com você", diz a mãe de Andy. "Você sempre vai estar", responde ele.

O relacionamento de Jobs com as duas filhas mais novas era um pouco mais distante. Ele dava menos atenção a Erin, que era calada, introspectiva e parecia não saber muito bem como tratá-lo, principalmente quando o pai soltava suas farpas. Era uma garota atraente e equilibrada, com uma sensibilidade pessoal mais madura do que a do pai. Pensava em ser arquiteta, talvez por causa do interesse paterno nessa área, e tinha uma boa percepção de design. Mas, quando seu pai estava mostrando a Reed os desenhos para o novo campus da Apple, ela ficou sentada no outro lado da cozinha e aparentemente nem passou pela cabeça dele chamá-la para ver também. A grande esperança de Erin naquela primavera de

2010 era que o pai a levasse à cerimônia de entrega do Oscar. Ela adorava cinema. E, ainda mais, queria voar em seu avião particular e pisar com ele no tapete vermelho. Powell estava disposta a desistir da viagem e tentou convencer o marido a levar Erin. Mas ele descartou a ideia.

Em certo momento, quando eu estava terminando este livro, Powell me disse que Erin queria me dar uma entrevista. Não era algo que eu pediria, pois ela tinha apenas dezesseis anos, mas concordei. O ponto que Erin frisou foi que entendia e aceitava que o pai nem sempre lhe dava muita atenção. "Ele faz o máximo que pode para ser pai e presidente executivo da Apple, e equilibra muito bem essas duas coisas", disse ela. "Às vezes eu gostaria de ter mais atenção dele, mas sei que o trabalho que ele está fazendo é muito importante, e acho legal de verdade, então tudo bem. Realmente não preciso de mais atenção."

Jobs tinha prometido que levaria cada um dos filhos na viagem que escolhessem, quando entrassem na adolescência. Reed escolheu Kyoto, sabendo como o pai era fascinado pela tranquilidade zen daquela bela cidade. Quando Erin fez treze anos, em 2008, também escolheu Kyoto, o que não era de admirar. Devido à doença, o pai cancelou a viagem e prometeu levá-la em 2010, quando estivesse melhor. Mas, em junho desse ano, ele decidiu que não queria ir. Erin ficou triste, mas não reclamou. Em vez disso, foi à França com a mãe e alguns amigos da família, e remarcaram a viagem a Kyoto para o mês de julho.

Powell estava preocupada que o marido cancelasse de novo e, assim, ficou muito contente quando toda a família, no começo de julho, foi para Kona Village, no Havaí, que era a primeira parada da viagem. Mas no Havaí Jobs teve uma dor de dente terrível, que ignorou como se pudesse curar a cárie pela força de vontade. O dente caiu e teve de ser arrumado. Então surgiu a crise da antena do iPhone 4, e ele decidiu voltar imediatamente a Cupertino, levando Reed. Powell e Erin ficaram no Havaí, torcendo para que Jobs voltasse e mantivesse os planos de irem a Kyoto.

Para o alívio e leve surpresa de todos, depois da coletiva de imprensa, Jobs realmente voltou ao Havaí para pegá-las e irem ao Japão. "É um milagre", disse Powell a um amigo. Enquanto Reed ficou em Palo Alto cuidando de Eve, Erin e os pais se hospedaram no Tawaraya Ryokan, um hotel de sublime simplicidade, que Jobs adorou. "Foi fantástico", lembrou Erin.

Vinte anos antes, Jobs tinha levado ao Japão a meia-irmã de Erin, Lisa Brennan-Jobs, quando tinha mais ou menos a idade dela. Uma das lembranças mais marcantes de Lisa foi dividirem refeições deliciosas e ver o pai, geralmente tão enjoado para comer, saboreando sushis de *unagi* e outras iguarias. Vendo esse seu prazer em comer, foi a primeira vez que Lisa se sentiu à vontade com ele. Erin relembrou uma experiência semelhante: "Papai sabia onde queria ir almoçar a cada dia. Me disse que conhecia uma casa de *soba* incrível e me levou lá, e foi tão bom que agora é difícil comer *soba* de novo, porque nada chega nem perto daquele". Também descobriram um pequeno restaurante de sushis, de bairro, e Jobs marcou em seu iPhone como "o melhor sushi que comi na vida". Erin concordou.

Eles visitaram os famosos templos zen-budistas de Kyoto; o que Erin mais apreciou foi o Saiho-ji, conhecido como "templo do musgo" devido ao Lago Dourado, cercado de jardins com mais de cem variedades de musgo. "Erin ficou realmente muito feliz, o que foi profundamente gratificante e ajudou a melhorar o relacionamento dela com o pai", comentou Powel. "Ela merecia."

Quanto à filha caçula, Eve, era outra história, muito diferente. Eve era impetuosa, autoconfiante e não se sentia nem um pouco intimidada com o pai. Sua paixão era andar a cavalo e ela decidiu que iria para as Olimpíadas. Quando um treinador lhe disse que isso exigiria um trabalho enorme, ela respondeu: "Diga-me exatamente o que preciso fazer. Eu farei". Ele disse, e Eve começou a seguir o programa com dedicação.

Eve era especialista na difícil tarefa de garantir que o pai cumprisse os compromissos; volta e meia ligava a seu assistente no escritório para confirmar se tal ou tal coisa estava marcada em sua agenda. Também era ótima negociadora. Num fim de semana em 2010, quando a família estava programando uma viagem, Erin queria adiar a saída por meio dia, mas estava com medo de pedir ao pai. Eve, então com doze anos, se prontificou para a missão, e no jantar apresentou o caso ao pai como se fosse uma advogada diante do Supremo Tribunal. Jobs cortou logo — "Não, creio que não vou querer" —, mas não se irritou e achou aquilo divertido. Na mesma noite, Eve se sentou com a mãe e ficou analisando várias abordagens que poderia ter usado para defender melhor a causa.

Jobs passou a apreciar o espírito da filha — e a enxergar muito de si nela. "É uma pistola, e nunca vi uma criança tão cabeça-dura como ela", disse. "É como se eu estivesse recebendo o troco." Ele entendia muito bem a personalidade de Eve, talvez por ser parecida com a sua. "Eve é mais sensível do que muitos pensam", explicou. "Ela é tão esperta que pode passar um pouco por cima das pessoas, quer dizer, pode afastar as pessoas e acaba ficando sozinha. Está aprendendo a ser quem ela é, mas atenua as arestas para poder ter os amigos de que precisa."

O relacionamento de Jobs com a esposa às vezes era complicado, mas sempre foi baseado na lealdade. Perspicaz e compassiva, Laurene Powell tinha uma influência estabilizadora e era um exemplo vivo da capacidade de Jobs de compensar alguns de seus impulsos egoístas cercando-se de pessoas firmes e sensatas. Ela exercia sua influência nas questões empresariais de maneira discreta, nos assuntos familiares de maneira firme e nos problemas médicos de maneira categórica. No início do casamento, ajudou a fundar e lançar o College Track, um programa nacional pós-escolar que ajuda adolescentes carentes a se formar no ensino médio e a entrar na faculdade. Desde então, ela se tornou uma liderança no movimento de reforma do ensino. Jobs manifestou sua admiração pelo trabalho da esposa: "O que ela tem feito com o College Track realmente me impressiona". Mas, de modo geral, sua tendência era desconsiderar as iniciativas filantrópicas e nunca visitou os centros fundados pela esposa.

Em fevereiro de 2010, Jobs comemorou seu aniversário de 55 anos apenas com a família. A cozinha foi decorada com balões e serpentinas, e os filhos lhe deram uma coroa de papelão aveludado vermelho, que ele usou. Agora que Jobs se recuperara de um ano exaustivo com problemas de saúde, Powell tinha esperanças de que ele desse mais atenção à família. Mas, de modo geral, o marido voltou a se concentrar no trabalho. "Creio que foi difícil para a família, principalmente para as meninas", contou. "Depois de dois anos doente, finalmente ele melhora um pouco, e elas esperavam que ele se concentrasse um pouco nelas, mas não." Como me disse, Powell quis garantir que os dois lados da personalidade dele aparecessem neste livro, situados dentro do contexto. "Como muitos grandes homens de dons extraordinários, ele não é extraordinário em todos os setores", declarou ela. "Ele não tem dotes sociais, como, por exemplo, se colocar no lugar dos outros, mas se preocupa profundamente em capacitar a humanidade, com o avanço da humanidade, e em pôr nas mãos das pessoas os instrumentos adequados."

O PRESIDENTE OBAMA

Numa viagem a Washington no começo do outono de 2010, Powell encontrou alguns amigos da Casa Branca que lhe disseram que o presidente Barack Obama iria ao Vale do Silício no mês de outubro. Powell sugeriu que o presidente poderia querer encontrar seu marido. Os assessores de Obama gostaram da ideia;

vinha a calhar com a nova ênfase do presidente sobre a competitividade. Além disso, John Doerr, empresário de capital de risco que tinha se tornado um dos amigos próximos de Jobs, havia ventilado as opiniões deste durante uma reunião do Conselho de Recuperação Econômica da presidência, sobre as razões que tinham levado os Estados Unidos a perder a dianteira. Doerr também sugeriu que Obama encontrasse Jobs. Assim, foi incluída na agenda do presidente uma sessão de meia hora no aeroporto Westin, em San Francisco.

Só houve um problema: quando Powell contou o fato ao marido, ele disse que não queria ir. Ficou aborrecido que ela tivesse organizado tudo sem seu conhecimento. "Não vou ser encaixado na agenda para um encontro simbólico, para que ele possa ticar na pauta que teve uma reunião com um presidente executivo de empresa", disse a ela. Powell insistiu que Obama estava "realmente doido para conhecê-lo". Jobs respondeu que, se era assim, então Obama devia ligar e pedir pessoalmente o encontro. O impasse continuou por cinco dias. Ela ligou para Reed, que estava em Stanford, para ir jantar em casa e tentar convencer o pai. Jobs finalmente cedeu.

O encontro durou 45 minutos, e Jobs não se refreou. "Você está rumando para ter um único mandato na presidência", disse a Obama logo de saída. Para impedir isso, o governo teria de se mostrar muito mais amigável com o setor empresarial. Jobs expôs como era fácil montar uma fábrica na China, coisa que hoje em dia era quase impossível nos Estados Unidos, em larga medida por causa das regulamentações e dos custos desnecessários.

Jobs também atacou o sistema educacional americano, dizendo que era irremediavelmente antiquado e tolhido pelas normas dos sindicatos. Enquanto não fossem quebrados os sindicatos dos professores, não havia praticamente nenhuma esperança para uma reforma do ensino. Os professores deviam ser tratados como profissionais liberais, disse, não como operários de linha de montagem da indústria. Os diretores deveriam poder contratá-los e demiti-los com base no mérito. As escolas deviam ficar abertas pelo menos até as seis horas da tarde, e deviam funcionar onze meses por ano. Era absurdo, acrescentou, que os cursos nos Estados Unidos ainda se baseassem em aulas com professores ao lado de um quadro, usando manuais. Todos os livros, o material didático e os sistemas de avaliação deviam ser digitais e interativos, personalizados para cada aluno e com feedback em tempo real.

Jobs se ofereceu para reunir um grupo de seis ou sete presidentes executivos de grandes empresas, que poderiam explicar realmente quais eram os desafios que os Estados Unidos enfrentavam quanto às inovações, e o presidente aceitou. Assim, Jobs fez uma lista de pessoas para uma reunião em Washington, que se realizaria em dezembro. Infelizmente, depois que Valerie Jarrett e outros assessores da presidência acrescentaram mais nomes, a lista passou de vinte convidados, encabeçada por Jeffrey Immelt, da GE. Jobs enviou um e-mail a Jarrett, dizendo que a lista estava muito inchada e que ele não tinha a menor intenção de ir. Na verdade, seus problemas de saúde tinham se agravado mais uma vez e ele não poderia comparecer de qualquer maneira, como Doerr explicou ao presidente numa conversa particular.

Em fevereiro de 2011, Doerr começou a planejar um pequeno jantar para o presidente Obama no Vale do Silício. Ele e Jobs, com as respectivas esposas, foram jantar no Evvia, um restaurante grego em Palo Alto, para montar uma lista restrita de convidados. Entre a dúzia de gigantes da tecnologia escolhidos estavam Eric Schmidt, do Google, Carol Bartz, do Yahoo, Mark Zuckerberg, do Facebook, John Chambers, da Cisco, Larry Ellison, da Oracle, Art Levinson, da Genentech, e Reed Hastings, da Netflix. A atenção de Jobs chegou aos detalhes da comida que seria servida no jantar. Doerr lhe enviou a sugestão de cardápio, e ele respondeu que alguns dos pratos sugeridos pelo bufê — camarão, bacalhau, salada de lentilha — eram sofisticados demais "e não quem você é, John". Sua principal objeção foi quanto à sobremesa proposta, uma torta de creme com trufas de chocolate, mas a equipe da Casa Branca prevaleceu, dizendo ao bufê que o presidente gostava de torta de creme. Como Jobs tinha emagrecido muito e se resfriava facilmente, Doerr manteve o salão tão aquecido que Zuckerberg suou em bicas.

Jobs, sentado ao lado do presidente, deu início ao jantar dizendo: "Independentemente de nossas convicções políticas, quero lhe dizer que estamos aqui para fazermos o que você pedir para ajudar nosso país". Apesar disso, no começo o jantar se tornou uma litania de sugestões sobre o que o presidente poderia fazer pelas empresas locais. Chambers, por exemplo, insistiu numa proposta de isenção fiscal sobre a repatriação de lucros, que permitiria que as grandes corporações não pagassem imposto sobre os lucros no exterior, se fossem remetidos aos Estados Unidos para investimentos durante determinado período. O presidente se aborreceu, assim como Zuckerberg, que se virou para Valerie Jarrett, sentada à sua direita, e sussurrou: "Devíamos estar falando sobre o que é importante para o país. Por que ele está falando só sobre o que é bom para ele?".

Doerr conseguiu redirecionar a discussão, pedindo a cada um que sugerisse uma lista de linhas de ação. Quando chegou a vez de Jobs, ele frisou a necessidade de um maior número de engenheiros formados, e propôs que todos os estudantes estrangeiros que se formassem em engenharia nos Estados Unidos deveriam receber visto de permanência no país. Obama disse que isso só seria possível no contexto do Dream Act, que permitia que estrangeiros ilegais que chegavam ao país menores de idade e terminavam o ensino médio obtivessem permanência legal — coisa que os republicanos tinham bloqueado. Jobs achou que era um exemplo irritante que mostrava como a política pode levar à paralisia. "O presidente é muito inteligente, mas ficou nos explicando as razões pelas quais não dá para fazer as coisas", comentou. "Isso me deixa furioso."

Jobs continuou a insistir que era preciso encontrar uma maneira de formar um maior número de engenheiros americanos. A Apple tinha 700 mil operários trabalhando na China, disse ele, e essa era a razão por que ela precisava de 30 mil engenheiros no local, para supervisionar esses operários. "Você não encontra esse tanto nos Estados Unidos para contratar", disse ele. Esses engenheiros de fábrica não precisavam ser gênios nem ter doutorado; precisavam apenas ter uma formação básica de engenharia de produção. Poderiam se formar em escolas técnicas, faculdades locais ou cursos profissionalizantes. "Se você pudesse formar esses engenheiros", disse, "poderíamos trazer mais fábricas para cá." O argumento impressionou o presidente. No mês seguinte, ele disse duas ou três vezes a seus assessores: "Temos de encontrar maneiras de formar aqueles 30 mil engenheiros de produção de que Jobs nos falou".

Jobs ficou satisfeito que Obama desse andamento à questão e, depois da reunião, conversaram algumas vezes por telefone. Ele se prontificou a ajudar a criar a propaganda política de Obama para a campanha de 2012. (Jobs já tinha feito a mesma proposta em 2008, mas ficou irritado quando David Axelrod, o estrategista de Obama, não demonstrou grande atenção.) "Acho a propaganda política terrível. Adoraria trazer Lee Clow de volta à ativa, e podemos fazer grandes comerciais para ele", disse-me Jobs algumas semanas depois do jantar. Ele tinha lutado contra a dor durante a semana toda, mas animou-se ao falar de política. "De vez em quando, um publicitário realmente profissional se envolve, como Hal Riney, que usou 'It's morning in America' para a reeleição de Reagan em 1984. Então é isso que eu gostaria de fazer para Obama."

O câncer sempre avisava quando estava para reaparecer. Jobs tinha aprendido a conhecer os sinais. Perdia o apetite e começava a sentir dores por todo o corpo. Seus médicos faziam exames, não detectavam nada e lhe garantiam que parecia tudo bem. Mas ele sabia. O câncer tinha suas maneiras de se anunciar e, alguns meses depois de Jobs ter os sinais, os médicos descobriam que, de fato, a doença já não estava em remissão.

Outra piora desse tipo começou no início de novembro de 2010. Jobs sentia dor, parou de comer e uma enfermeira ia à sua casa para lhe ministrar a alimentação por via intravenosa. Os médicos não encontraram nenhum sinal de outros tumores, e concluíram que se tratava apenas de mais um de seus ciclos periódicos de problemas digestivos e de combate à infecção. Jobs nunca tinha sido muito estoico em relação à dor, de maneira que os médicos e a família estavam mais ou menos acostumados a suas queixas.

Jobs foi com a família para Kona Village no Dia de Ação de Graças, mas seu apetite não melhorou. O restaurante ficava num salão, e os outros hóspedes fingiram não notar que Jobs, com a aparência macilenta, apenas se remexia e gemia durante as refeições, sem tocar na comida. Uma prova da discrição do hotel e dos hóspedes foi o fato de não ter vazado nenhuma notícia sobre seu estado de saúde. Voltando a Palo Alto, Jobs se tornou cada vez mais emotivo e melancólico. Disse aos filhos que achava que estava para morrer e se sentia apavorado com a possibilidade de nunca mais comemorar os aniversários deles.

No Natal, seu peso tinha diminuído para 52 quilos, mais de 23 quilos abaixo de seu peso normal. Mona Simpson foi passar o Natal em Palo Alto, com o ex-marido, Richard Appel, o escritor de comédias para a tevê, e os filhos. O estado de ânimo geral melhorou um pouco. As famílias se divertiram com brincadeiras de salão, como Novel, em que os participantes disputam quem é capaz de inventar a frase inicial mais convincente de um livro, e as coisas pareceram desanuviar por algum tempo. Jobs até conseguiu sair com a mulher para jantar num restaurante, alguns dias depois do Natal. Os filhos foram passar o Ano-Novo numa estação de esqui, e Powell e Mona Simpson fizeram rodízio para ficar com Jobs, na casa em Palo Alto.

Mas, no começo de 2011, estava claro que aquela não era apenas uma de suas fases ruins. Os médicos detectaram indícios de novos tumores, tendo o câncer exacerbado ainda mais a perda de apetite, e estavam se debatendo para determinar a quantidade de drogas que seu físico debilitado conseguiria aceitar. Gemendo e dobrando-se de dor, Jobs comentou com os amigos que sentia como se tivesse levado uma surra em cada centímetro do corpo.

Era um círculo vicioso. Os primeiros sinais de câncer provocavam dor. A morfina e outros anestésicos usados por Jobs tiravam o apetite. Uma parte do pâncreas tinha sido removida e ele recebera um transplante de fígado, de forma que o sistema digestivo estava falhando e tinha dificuldade em absorver proteína. Devido à perda de peso, seria mais complicado empregar um tratamento medicamentoso agressivo. O estado debilitado de Jobs também o tornava mais suscetível a infecções, além dos imunossupressores que ele às vezes tomava para impedir que o corpo rejeitasse o fígado. O emagrecimento reduziu as camadas de lipídios em torno dos receptores de dor, aumentando-a. E ele tendia a sofrer oscilações extremas de humor, com longos acessos de raiva e depressão, o que diminuía ainda mais seu apetite.

Os problemas de alimentação de Jobs tinham aumentado ao longo dos anos, devido à sua atitude psicológica em relação à comida. Quando jovem, ele aprendera que podia induzir um estado de euforia e êxtase com o jejum. Assim, mesmo sabendo que precisava comer — os médicos lhe imploravam que consumisse proteínas de alta qualidade —, ele reconhecia que, no fundo de seu subconsciente, persistia aquele seu instinto de jejuar e adotar dietas à base de frutas, como o regime de Arnold Ehret, que havia adotado na adolescência. Powell insistia que era loucura, chegando a chamar a atenção para o fato de que Ehret tinha morrido aos 56 anos ao tropeçar e bater a cabeça, e se zangava quando o marido sentava à mesa e ficava apenas olhando o colo em silêncio. "Eu queria que ele se forçasse a comer", contou ela, "e a situação era incrivelmente tensa em casa." Bryar Brown, a cozinheira de meio período da família, ainda vinha à tarde e preparava uma série de pratos saudáveis, mas Jobs mal experimentava um ou dois de leve com a língua e os afastava, dizendo que eram intragáveis. Uma noite ele anunciou: "Talvez eu coma um pouco de torta de abóbora", e em uma hora Brown, sempre de boa vontade, preparou uma bela torta. Jobs comeu só um pedacinho, mas ela vibrou.

Powell conversou com psiquiatras e especialistas em distúrbios alimentares, mas o marido costumava evitá-los. Não aceitou tomar nenhum remédio nem qualquer tratamento para a depressão. "Quando você tem sentimentos", disse ele, "como tristeza ou raiva por causa do câncer ou do sofrimento, mascará-los é levar uma vida artificial." Na verdade, ele caía no outro extremo. Ficava sorumbático, lacrimoso, dramático, lamentando-se com todos ao redor que estava para morrer. A depressão passou a fazer parte do círculo vicioso, deixando-o ainda mais inapetente.

Começaram a aparecer vídeos e imagens on-line mostrando Jobs com o físico debilitado, e logo passaram a circular rumores sobre o estado grave em que ele se encontrava. O problema, como percebeu Powell, era que os rumores eram verdadeiros e não iriam desaparecer. Jobs tinha relutado muito em tirar uma licença médica dois anos antes, quando o fígado estava falhando, e dessa vez também resistiu à ideia. Seria como abandonar a terra natal, sem saber se algum dia iria voltar. Finalmente, quando Jobs se rendeu ao inevitável, em janeiro de 2011, os membros do conselho já esperavam por isso; a reunião por telefone em que Jobs lhes disse que queria outra licença durou apenas três minutos. Nas reuniões executivas com o conselho, ele tinha discutido várias vezes suas ideias sobre o possível sucessor, caso lhe acontecesse alguma coisa, apresentando opções a curto e a longo prazo. Mas não havia dúvida de que, na presente situação, Tim Cook se encarregaria de novo das operações de rotina.

No sábado seguinte, à tarde, Jobs permitiu que a esposa convocasse uma reunião de seus médicos. Ele percebeu que estava enfrentando o tipo de problema que nunca aceitara na Apple. O tratamento era fragmentado, em vez de integrado. Suas inúmeras enfermidades estavam sendo tratadas separadamente, por diversos especialistas — oncologistas, especialistas em dor, nutricionistas, hepatologistas e hematologistas —, mas não havia uma coordenação entre eles para uma abordagem geral coerente, como tinha feito James Eason em Memphis. "Um dos grandes problemas no setor da saúde é a falta de coordenadores ou assistentes sociais que dão a sustentação a cada equipe", disse Powell. Isso se aplicava especialmente a Stanford, onde ninguém parecia encarregado de entender as relações entre a nutrição, o tratamento da dor e a oncologia. Assim, Powell pediu aos vários especialistas de Stanford que fossem até sua casa, para uma reunião que também contaria com alguns médicos de fora, com uma abordagem mais integrada e agressiva, como David Agus, da University of Southern California. Eles concordaram em adotar um novo regime para lidar com a dor e para coordenar os demais tratamentos.

Graças a alguns avanços científicos pioneiros, a equipe médica tinha conseguido manter Jobs um passo à frente do câncer. Ele se tornara uma das primeiras vinte pessoas no mundo a ter o sequenciamento completo de todos os genes de seu tumor cancerígeno e de todo o seu DNA normal. O processo, na época, custara mais de 100 mil dólares.

O sequenciamento e a análise dos genes haviam sido feitos num trabalho de colaboração entre as equipes de Stanford, do Johns Hopkins e do Broad Institute do MIT e Harvard. Conhecendo a assinatura genética e molecular dos tumores de Jobs, seus médicos tinham escolhido medicamentos específicos cujo alvo direto eram os caminhos moleculares defeituosos, responsáveis pelo crescimento anormal das células cancerígenas. Essa abordagem, conhecida como terapia molecular dirigida, era mais eficaz do que a quimioterapia tradicional, que ataca o processo de divisão de todas as células do corpo, cancerígenas ou não. Esse tratamento dirigido não era infalível, mas às vezes parecia perto disso: ele permitia que os médicos examinassem um amplo leque de medicamentos — comuns e incomuns, já disponíveis ou em fase de desenvolvimento — para escolher três ou quatro que poderiam ser mais eficientes. Sempre que o câncer de Jobs passava por uma mutação e contornava algum desses medicamentos, os médicos já tinham outro na fila, pronto para ser usado.

Powell supervisionava o tratamento do marido, mas era ele quem tomava a decisão final sobre cada novo tratamento médico. Um exemplo típico ocorreu em maio de 2011, quando ele teve uma reunião com George Fisher e outros médicos de Stanford, os analistas de sequenciamento genético do Broad Institute e seu consultor externo, David Agus. Todos se reuniram ao redor de uma mesa numa suíte do hotel Four Seasons, em Palo Alto. Powell não compareceu, mas o filho, Reed, esteve presente. Durante três horas, os pesquisadores de Stanford e do Broad apresentaram os novos dados que tinham obtido sobre as assinaturas genéticas do câncer de Jobs. Este estava irascível como sempre. A certa altura, ele interrompeu um analista do Broad Institute que tinha cometido o erro de usar slides em PowerPoint. Jobs o repreendeu e explicou por que o software de apresentação em Keynote da Apple era melhor, e até se prontificou a ensiná-lo a usar o programa. No final da reunião, Jobs e sua equipe haviam examinado todos os dados moleculares, tendo avaliado os fundamentos de todas as possíveis terapias e montado uma lista de testes que ajudariam a definir melhor as prioridades.

Um dos médicos contou a Jobs que havia esperança de que seu câncer e outros parecidos logo seriam considerados uma doença crônica administrável, passível de ser controlada até que a pessoa morresse de outra coisa. "Ou vou ser um dos primeiros a conseguir vencer um câncer assim, ou vou ser um dos últimos a morrer por causa dele", disse-me Jobs logo depois de uma das reuniões com seus médicos. "Ou um dos primeiros a fazê-lo parar, ou um dos últimos a afundar."

VISITAS

Quando foi anunciada sua licença médica de 2011, a situação parecia tão desesperançada que Lisa Brennan-Jobs, depois de mais de um ano, voltou a entrar em contato com Jobs e combinou que tomaria um avião em Nova York para ir vê-lo na semana seguinte. Seu relacionamento com o pai se assentava em muitas camadas de ressentimento. Ela carregava as cicatrizes de ter sido praticamente abandonada por ele em seus primeiros dez anos de vida. Para piorar as coisas, Lisa herdara em parte o gênio irritadiço de Jobs e, segundo ele, uma parte do complexo de vítima da mãe. "Eu lhe disse várias vezes que gostaria de ter sido um pai melhor quando ela tinha cinco anos, mas agora ela devia deixar as coisas seguirem em frente, em vez de ficar zangada pelo resto da vida", comentou, pouco antes que ela chegasse.

A visita transcorreu bem. Jobs estava começando a se sentir um pouco melhor, com disposição para sanar mágoas e expressar seu afeto pelos que o cercavam. Aos 32 anos, Lisa vinha mantendo um relacionamento sério, um dos primeiros em sua vida. O namorado era um jovem e batalhador cineasta da Califórnia, e Jobs chegou a sugerir que ela voltasse a morar em Palo Alto, se os dois se casassem. "Olha, não sei quanto tempo vou estar neste mundo", disse-lhe. "Os médicos não sabem dizer. Se você quiser me ver mais, vai ter de se mudar para cá. Por que não pensa nisso?" Embora Lisa não tenha se mudado para lá, Jobs ficou contente com o andamento da reconciliação. "Eu não tinha certeza se queria a visita dela, pois estava doente e não queria mais complicações. Mas estou muito contente que ela tenha vindo. Ajudou a resolver muitas coisas dentro de mim."

Naquele mês, Jobs teve outra visita de alguém que queria fazer as pazes. Larry Page, cofundador do Google, que morava a menos de três quadras de distância, tinha acabado de anunciar seus planos de retomar as rédeas da empresa, que estavam nas mãos de Eric Schmidt. Ele sabia como agradar a Jobs: perguntou se podia ir visitá-lo para ouvir algumas dicas sobre como ser um bom presidente executivo. Jobs ainda estava furioso com o Google. "Meu primeiro pensamento foi 'Foda-se'", lembrou. "Mas aí pensei sobre o assunto e percebi que todos me ajudaram quando eu era jovem, desde Bill Hewlett ao carinha que trabalhava para a HP. Então liguei de volta para ele e disse: 'Claro'." Page chegou, sentou na sala de estar de Jobs e ouviu suas ideias sobre a criação de grandes produtos e de empresas duradouras. Jobs contou:

> Falamos muito sobre foco. E escolha de pessoas. Como saber em quem confiar, e como montar uma equipe de substitutos com os quais se possa contar. Comentei o jogo de equilíbrio que ele teria de fazer para impedir que a empresa ficasse frouxa ou inchasse com pessoal de classe B. O principal que enfatizei foi o foco. Imagine o que o Google quer ser quando crescer. Agora ele cobre tudo. Quais são os cinco produtos em que você quer se concentrar? Livre-se do resto, porque são coisas que te puxam para baixo. Estão te transformando numa Microsoft. Estão te fazendo lançar produtos que são adequados, mas não ótimos. Tentei ajudá-lo o máximo possível. Vou continuar a fazer isso com pessoas como Mark Zuckerberg também. É assim que vou passar uma parte do tempo que me resta. Posso ajudar a próxima geração a se lembrar da linhagem das grandes empresas daqui e como continuar a tradição. O Vale me deu muito apoio. Devo me empenhar ao máximo para retribuir.

O anúncio de sua licença médica em 2011 levou outras pessoas em peregrinação até a casa de Palo Alto. Bill Clinton, por exemplo, apareceu e conversou sobre tudo, do Oriente Médio à política americana. Mas a visita mais comovente foi a do outro prodígio tecnológico nascido em 1955, o cara que, por mais de trinta anos, tinha sido colega e rival de Jobs em definir a era dos computadores pessoais.

Bill Gates nunca perdera o fascínio que sentia por Jobs. Na primavera de 2011, estive com ele num jantar em Washington, onde fora apresentar o trabalho de sua fundação em prol da saúde mundial. Ele manifestou sua admiração pelo sucesso do iPad e pela maneira como Jobs, mesmo doente, continuava a se concentrar em seus aperfeiçoamentos técnicos. "Aqui estou eu, meramente salvando o mundo da malária e desse tipo de coisa, e Steve continua aparecendo com produtos novos maravilhosos", disse, em tom pensativo. "Talvez eu não devesse ter saído do jogo." E sorriu, para se certificar de que eu sabia que era brincadeira, ou pelo menos em parte.

Por intermédio de Mike Slade, amigo comum de ambos, Gates combinou que iria visitar Jobs em maio. Na véspera do dia marcado, o assistente de Jobs ligou para avisar que ele não estava se sentindo bem. Mas a visita foi reagendada para outra data, e logo, certa tarde, Gates foi até a casa de Jobs, atravessou o portão dos fundos até a porta aberta da cozinha e viu Eve estudando à mesa. "Steve está?", perguntou ele. Eve lhe apontou a sala de estar.

Passaram mais de três horas juntos, apenas os dois, entregues a reminiscências. "Éramos como os veteranos da indústria olhando o passado", comentou Jobs. "Ele estava mais feliz do que jamais o vi, e fiquei pensando como ele parecia saudável." Gates também ficou impressionado com a energia de Jobs, maior do que esperava, apesar da magreza assustadora. Ele foi franco sobre seus problemas de saúde e, pelo menos naquele dia, se sentia otimista. A sequência de regimes com medicamentos dirigidos, disse a Gates, era como "ficar pulando de galho em galho" tentando manter um passo à frente do câncer.

Jobs fez algumas perguntas sobre a situação do ensino, e Gates apresentou em linhas gerais como ele achava que seriam as escolas do futuro, com os alunos assistindo por conta própria às aulas e lições em vídeo, e utilizando o tempo na classe para debater e resolver problemas. Os dois concordaram que, até o momento, o impacto do computador nas escolas se mostrava surpreendentemente pequeno — muito menor do que em outros setores da sociedade, como o direito, a medicina e os meios de comunicação. Para mudar esse quadro, disse Gates, os computadores e os dispositivos móveis teriam de se empenhar em fornecer aulas mais personalizadas e em dar feedbacks motivadores.

Também conversaram muito sobre as alegrias em família, inclusive a sorte de ambos em terem se casado com as mulheres certas e terem bons filhos. "Rimos com a sorte que foi ele ter conhecido Laurene, que o manteve numa meia sanidade, e eu ter conhecido Melinda, que me manteve numa meia sanidade", contou Gates. "Também conversamos sobre os desafios que nossos filhos enfrentam por serem nossos filhos e como tentamos amenizar isso. Foi bem pessoal." A certa altura, Eve, que estivera em alguns eventos hípicos com Jennifer, filha de Gates, entrou na sala e este lhe perguntou sobre os exercícios de salto que ela andava fazendo.

Quando a conversa estava quase no final, Gates elogiou Jobs pelas "coisas incríveis" que ele tinha criado e por ter sido capaz de salvar a Apple dos incompetentes que estavam à beira de destruí-la, no fim dos anos 1990. Chegou a fazer uma concessão interessante. Durante toda a carreira de ambos, eles haviam adotado filosofias rivais sobre a questão digital mais fundamental de todas: se o hardware e o software deviam ser integrados ou mais abertos. "Antes eu acreditava que o modelo aberto, horizontal, iria prevalecer", disse-lhe Gates. "Mas você provou que o modelo integrado, vertical, também podia ser ótimo." Jobs respondeu com uma admissão pessoal: "Seu modelo também funcionou".

Ambos estavam certos. Os dois modelos tinham funcionado no campo dos computadores pessoais, onde o Macintosh convivia com várias máquinas Windows, e provavelmente isso se aplicaria também ao campo dos dispositivos móveis. Mas, depois de contar como foi a conversa, Gates acrescentou uma ressalva: "A abordagem integrada funciona bem enquanto Steve está no comando. Mas não significa que ela ganhará muitos rounds no futuro". Jobs também se sentiu levado a acrescentar uma ressalva, depois de relatar o encontro: "Claro, o modelo fragmentado dele funcionou, mas não resultou em produtos realmente grandiosos. Este era o problema. O grande problema. Pelo menos ao longo do tempo".

"ESTE DIA CHEGOU"

Jobs tinha muitas outras ideias e projetos que pretendia desenvolver. Queria transformar a indústria de livros didáticos e poupar a coluna vertebral de alunos curvados sob o peso de mochilas, criando textos eletrônicos e material didático para o iPad. Também estava trabalhando com Bill Atkinson, seu amigo da equipe original do Macintosh, para criar novas tecnologias digitais que operassem no nível do pixel, a fim de que as pessoas pudessem tirar boas fotos com o iPhone, mesmo sem dispor de muita luz. E também queria fazer pelos aparelhos de tevê o que tinha feito com os computadores, os tocadores de música e os celulares: torná-los simples e elegantes. "Eu gostaria de criar um aparelho de tevê integrado totalmente fácil de usar", contou. "Teria sincronização contínua com todos os outros aparelhos e com o iCloud." Os usuários não precisariam mais lidar com controles remotos complicados para os aparelhos de DVD e os canais de tevê a cabo. "Terá a interface de usuário mais simples que você possa imaginar. Finalmente bolei."

Mas, em julho de 2011, o câncer tinha se espalhado para os ossos e outras partes do corpo de Jobs, e seus médicos estavam com dificuldade em encontrar medicamentos dirigidos que pudessem contê-lo. Jobs sentia dor, tinha pouca energia e parou de ir trabalhar. Ele e Powell tinham reservado um veleiro para um cruzeiro em família, marcado para o fim do mês, mas deixaram o plano de lado. Nessa época, Jobs praticamente não estava comendo mais nada de sólido e passava a maior parte do tempo no quarto, vendo tevê.

Em agosto, recebi uma mensagem avisando que ele queria que eu fosse visitá-lo. Quando cheguei à sua casa, num sábado no meio da manhã, Jobs ainda estava dormindo, e então sentei com sua mulher e os filhos no jardim, repleto de rosas amarelas e vários tipos de margaridas, até que ele mandou o recado para eu entrar. Encontrei-o enrodilhado na cama, com short de brim cáqui e uma blusa de gola rulê branca. Suas pernas estavam finas como palitos, mas ele sorria tranquilo e a mente estava ágil. "Melhor irmos depressa, pois estou com pouquíssima energia", disse.

Jobs queria me mostrar algumas fotos de seu arquivo pessoal e me deixar escolher algumas para usar neste livro. Como estava fraco demais para sair da cama, apontou para várias gavetas no quarto, e lhe levei cuidadosamente as fotos que estavam em cada uma delas. Quando sentei ao lado da cama, segurei uma por uma, para que ele pudesse vê-las. Algumas despertavam histórias; outras geravam apenas um resmungo ou um sorriso. Eu nunca tinha visto uma foto de seu pai, Paul Jobs, e fiquei surpreso ao ver um instantâneo de um homem bonito e de aparência simples, tirado nos anos 1950, com um garotinho no colo. "Sim, é ele", disse. "Pode usar." Então apontou para uma caixa perto da janela, que tinha uma foto de seu pai olhando-o amorosamente no dia do casamento. "Era um grande homem", disse baixinho. Murmurei algo na linha de "Ele teria orgulho de você". Jobs me corrigiu: "Ele *tinha* orgulho de mim".

Por algum tempo ele pareceu ganhar energia ao ver as fotos. Comentamos o que várias pessoas de seu passado, desde Tina Redse a Mike Markkula e a Bill Gates, agora pensavam a seu respeito. Contei o que Gates tinha dito depois de relatar sua última visita, ou seja, que a Apple tinha mostrado que a abordagem integrada funcionava, mas apenas "enquanto Steve está no comando". Jobs achou que isso era bobagem. "Qualquer um pode fazer produtos melhores dessa maneira, não só eu", disse. Então pedi que citasse outra empresa que fazia excelentes produtos insistindo na integração de ponta a ponta. Ele pensou por um instante, tentando encontrar um exemplo. "As indústrias de automóveis", disse por fim, mas acrescentou: "Ou pelo menos costumavam fazer".

Quando nossa conversa passou para a situação lamentável na economia e na política, ele deu algumas opiniões cortantes sobre a falta de uma liderança firme no mundo. "Estou desapontado com Obama", disse. "Ele está tendo problemas de liderança porque reluta em ofender ou irritar as pessoas." Jobs adivinhou o que eu estava pensando e concordou com um pequeno sorriso: "Sim, este é um problema que eu nunca tive".

Depois de duas horas, ele ficou quieto e então me levantei e fiz menção de sair. "Espere", disse Jobs, acenando para eu me sentar de novo. Levou um ou dois minutos até juntar energias suficientes para falar. "Fiquei muito apreensivo com este projeto", prosseguiu finalmente, referindo-se à sua decisão em cooperar com este livro. "Eu estava realmente preocupado."

"Por que você aceitou?", perguntei.

"Eu queria que meus filhos me conhecessem", disse. "Nem sempre estive muito presente, e queria que eles soubessem por que e entendessem o que fiz. Além disso, quando fiquei doente, percebi que outras pessoas escreveriam sobre mim se eu morresse, e eles não saberiam de nada. Entenderiam tudo errado. Então quis garantir que alguém ouvisse o que eu tinha a dizer."

Em dois anos, Jobs nunca tinha me perguntado nada sobre o que eu estava incluindo no livro, nem as conclusões a que eu havia chegado. Mas então ele me olhou e disse: "Sei que vai ter muita coisa em seu livro de que não vou gostar". Era mais uma pergunta do que uma afirmativa e, quando ele me encarou esperando uma resposta, sorri, assenti com a cabeça e respondi que tinha certeza disso. "Isso é bom", disse ele. "Assim não vai parecer um livro sob encomenda. Nem vou ler por algum tempo, pois não quero ficar louco da vida. Talvez daqui a um ano — se eu ainda estiver aqui." A essa altura, ele estava de olhos fechados, sem forças, e saí silenciosamente.

Conforme sua saúde foi piorando ao longo do verão, Jobs começou lentamente a enfrentar o inevitável: não voltaria à Apple como presidente executivo. Então era hora de renunciar. Debateu-se durante semanas com a decisão, discutindo com a esposa, Bill Campbell, Jony Ive e George Riley. "Uma das coisas que eu queria fazer para a Apple era deixar um exemplo de como transferir corretamente o poder", disse-me. Comentou brincando todas as transições bruscas que tinham acontecido na empresa nos últimos 35 anos. "Sempre foi um drama, como um país de terceiro mundo. Uma parte do meu objetivo era fazer da Apple a melhor empresa do mundo, e ter uma transição ordenada é fundamental para isso."

A melhor hora e o melhor local para fazer a transição, decidiu ele, seria durante a reunião periódica do conselho, marcada para o dia 24 de agosto. Estava ansioso em fazê-la ao vivo, em vez de mandar apenas uma carta ou comunicar-se por telefone, e por isso vinha se forçando a comer e ganhar forças. Na véspera da reunião, concluiu que conseguiria ir, mas precisava da ajuda de uma cadeira de rodas. Foram tomadas as providências para levá-lo de carro até a sede da empresa, colocá-lo na cadeira de rodas e conduzi-lo à sala da diretoria da maneira mais discreta possível.

Ele chegou pouco antes das onze horas, quando os membros do conselho estavam terminando os relatórios dos comitês e outros assuntos de rotina. A maioria sabia o que estava para acontecer. Mas, em vez de passar diretamente para o tema que estava na cabeça de todos, Tim Cook e Peter Oppenheimer, o diretor financeiro, apresentaram os resultados do trimestre e as projeções para o ano seguinte. Então Jobs disse calmamente que tinha algo pessoal a declarar. Cook perguntou se ele e os outros altos executivos deviam sair, e Jobs demorou mais de trinta segundos até decidir que sim. Depois que saíram da sala e ficaram apenas os seis membros externos do conselho, ele começou a ler em voz alta uma carta que tinha ditado e revisado nas semanas anteriores. "Eu sempre disse que, se chegasse o dia em que não pudesse mais atender a minhas obrigações e às expectativas como presidente executivo da Apple, eu seria o primeiro a avisá-los", começava a carta. "Infelizmente, este dia chegou."

A carta era simples, direta, com apenas oito frases. Jobs sugeria que Cook ocupasse seu lugar e se ofereceu para ocupar a presidência do conselho. "Acredito que os dias mais brilhantes e mais inovadores da Apple estão por vir. E quero presenciar e contribuir para seu sucesso num novo papel."

Houve um longo silêncio. Al Gore foi o primeiro a falar, e arrolou as realizações de Jobs no comando. Mickey Drexler acrescentou que ver Jobs transformar a Apple foi "a coisa mais inacreditável que vi no mundo dos negócios", e Art Levinson elogiou seu cuidado em garantir uma transição tranquila. Campbell não disse nada, mas ficou com lágrimas nos olhos quando foram aprovadas as resoluções formais para a transferência do poder.

Durante o almoço, Scott Forstall e Phil Schiller apareceram para mostrar os protótipos de alguns produtos que a Apple tinha em sua programação. Jobs fez várias perguntas e considerações, principalmente sobre a capacidade que as redes de celular de quarta geração poderiam ter e quais as funcionalidades necessárias para os celulares futuros. Em certo momento, Forstall mostrou um aplicativo de reconhecimento de voz. Como ele temia, Jobs pegou o celular no meio da demonstração e tentou ver se conseguia confundi-lo. "Como está o tempo em Palo Alto?", perguntou. O aplicativo respondeu. Depois de algumas outras perguntas, Jobs desafiou: "Você é homem ou mulher?". Surpreendentemente, o aplicativo respondeu, com sua voz robótica: "Eles não me atribuíram um sexo". Por um momento o clima desanuviou.

Quando a conversa passou para a computação em tablet, alguns expressaram um sentimento de vitória diante da repentina desistência da HP, que, incapaz de concorrer com o iPad, abandonara o setor. Mas Jobs ficou soturno e declarou que, na verdade, era um momento de tristeza. "Hewlett e Packard construíram uma grande empresa e pensaram que a tinham deixado em boas mãos", disse. "Mas agora ela está sendo desmembrada e destruída. É trágico. Espero ter deixado um legado mais sólido, e que isso nunca aconteça na Apple." Quando ele se preparou para sair, os membros do conselho o cercaram para abraçá-lo.

Depois de se reunir com sua equipe executiva para dar a notícia, Jobs voltou para casa com George Riley. Quando chegaram, Powell estava no quintal recolhendo mel em seu apiário, com a ajuda de Eve. Elas tiraram o capuz de proteção e levaram o pote de mel até a cozinha, onde estavam Reed e Erin, para celebrarem em conjunto a digna transição. Jobs pegou uma colherada de mel e disse que era de uma doçura maravilhosa.

Naquela noite, ele frisou para mim que tinha esperanças de continuar ativo enquanto a saúde permitisse. "Vou trabalhar em novos produtos, fazer o marketing e as coisas de que eu gosto", disse. Mas, quando perguntei como realmente se sentia em ceder o controle da empresa que havia construído, a voz se entristeceu e ele usou o tempo passado. "Tive uma carreira de muita sorte, uma vida de muita sorte", respondeu. "Fiz tudo o que posso fazer."

41. Legado

O mais brilhante paraíso de invenções

Na Macworld 2006, na frente de um slide dele e
Wozniak trinta anos antes.

FIREWIRE

Sua personalidade refletia-se nos produtos que criou. Assim como o núcleo da filosofia da Apple, desde o Macintosh original em 1984 até o iPad uma geração depois, era a integração contínua de hardware e software, isso também acontecia com o próprio Steve Jobs: sua personalidade, suas paixões, seu perfeccionismo, seus demônios, seus desejos, seu talento artístico, suas estripulias e sua obsessão de assumir o controle de tudo estavam interligados com seu jeito de fazer negócios e com os produtos inovadores resultantes disso.

A teoria do campo unificado que reúne a personalidade e os produtos de Jobs começa com sua característica mais marcante: a intensidade. Seus silêncios podiam ser tão virulentos quanto seus desvarios; ele aprendera a olhar sem piscar. Às vezes, sua intensidade era encantadora, de um jeito meio maníaco, como quando ele discorria sobre a profundidade da música de Bob Dylan ou explicava por que o produto que estava anunciando naquele momento era a coisa mais incrível que a Apple já tinha feito. Às vezes podia ser assustadora, como quando ele fulminava o Google ou a Microsoft por defraudarem a Apple.

Essa intensidade encorajava uma visão binária do mundo. Os colegas se referiam a essa dicotomia como eixo herói-babaca. Para ele você era uma coisa ou outra, às vezes no mesmo dia. A dicotomia aplicava-se também a produtos, ideias, até alimentos: uma coisa era "a melhor que já existiu" ou uma merda, sem cérebro, incomível. Em consequência disso, qualquer defeito podia provocar uma explosão de cólera. O acabamento de uma peça de metal, a curva da cabeça de um parafuso, o tom de azul numa caixa, a qualidade intuitiva de uma tela de navegação — ele os declarava "porcarias absolutas" até o momento em que, de repente, passava a considerá-los "absolutamente perfeitos". Via-se como artista, o que de fato era, e agia de acordo com o temperamento de um artista.

A busca da perfeição levou à ideia fixa de que a Apple deveria ter controle de uma ponta a outra de todos os produtos que fazia. Jobs tinha urticária, ou coisa pior, quando via grandes softwares da Apple rodando em péssimos hardwares de outras empresas, e era igualmente alérgico à ideia de ver aplicativos ou conteúdos não aprovados poluírem a perfeição de um aparelho da Apple. Essa capacidade de integrar hardware, software e conteúdo num sistema unificado lhe permitiu impor a simplicidade. O astrônomo Johannes Kepler declarou que "a natureza ama a simplicidade e a unidade". Steve Jobs também.

Esse instinto para sistemas integrados colocou-o francamente de um dos lados da divisória mais fundamental do mundo digital: o aberto contra o fechado. O éthos do hacker deixado de herança pelo Homebrew Computer Club favorecia a abordagem aberta, na qual havia pouco controle centralizado e as pessoas eram livres para modificar hardware e software, partilhar códigos, escrever para padrões abertos, evitar sistemas de propriedade privada e ter conteúdos e aplicativos compatíveis com uma série de aparelhos e sistemas operacionais. O jovem Wozniak pertencia a esse grupo: o Apple ii que ele projetou podia ser aberto com facilidade e ostentava fendas e vias de acesso que as pessoas poderiam usar à vontade. Com o Macintosh, Jobs tornou-se um dos pais fundadores do outro grupo. O Macintosh seria como um eletrodoméstico, com hardware e software firmemente interligados e inacessíveis a modificações. O éthos do hacker seria sacrificado, para que se pudesse criar uma experiência simples e sem interrupções para o usuário.

Isso levou Jobs a decretar que o sistema operacional do Macintosh não estaria disponível para os hardwares de nenhuma outra empresa. A Microsoft adotou a estratégia oposta, permitindo que seu sistema operacional Windows fosse promiscuamente licenciado. Os computadores resultantes não eram os mais elegantes, mas isso permitiu que a Microsoft dominasse o mundo dos sistemas operacionais. Quando a fatia de mercado da Apple caiu para menos de 5%, a abordagem da Microsoft foi declarada vencedora no reino dos computadores pessoais.

A longo prazo, porém, o modelo de Jobs mostrou que tinha alguma vantagem. Mesmo com uma pequena fatia de mercado, a Apple pôde manter uma imensa margem de lucro, enquanto outros fabricantes de computadores foram transformados em commodities. Em 2010, por exemplo, a Apple teve apenas 7% de seus rendimentos no mercado dos computadores pessoais, mas obteve 35% dos lucros operacionais.

Mais significativamente, no começo dos anos 2000 a insistência de Jobs na integração de uma ponta a outra deu à Apple uma vantagem no desenvolvimento de uma estratégia de centro de conexão digital, que permitia que o computador de mesa se conectasse perfeitamente com uma variedade de aparelhos portáteis. O iPod, por exemplo, era parte de um sistema fechado e estreitamente integrado. Para usá-lo, era preciso recorrer a softwares do iTunes e baixar conteúdos da iTunes Store. O resultado foi que tanto o iPod como o iPhone e o iPad, que vieram depois, eram um elegante deleite, em contraste com os fajutos produtos rivais, que não proporcionavam uma perfeita experiência contínua.

A estratégia funcionou. Em maio de 2000, o valor de mercado da Apple era um vigésimo do da Microsoft. Em maio de 2010, a Apple superou a Microsoft, como a mais valiosa empresa de tecnologia do mundo, e em setembro de 2011 valia 70% mais do que a Microsoft. No primeiro trimestre de 2011, a fatia de mercado dos PCs Windows encolheu 1%, enquanto a dos Macs aumentou 28%.

A essa altura, a batalha recomeçara no mundo dos aparelhos portáteis. O Google adotou a abordagem mais aberta, disponibilizando seu sistema operacional Android para uso por qualquer fabricante de tablets ou de telefones celulares. A desvantagem do Android tão aberto foi a fragmentação resultante. Vários fabricantes de aparelhos de telefone e de tablets modificaram o Android, produzindo dezenas de variantes e de sabores, tornando mais difícil para os aplicativos permanecerem consistentes ou permitirem o uso pleno de seus recursos. Havia méritos nas duas abordagens. Algumas pessoas queriam a liberdade de usar mais sistemas abertos e ter mais opções de hardware; outras claramente preferiam a integração e o controle estritos da Apple, que resultavam em produtos com interfaces mais simples e amigáveis para o usuário, baterias mais duráveis e maior facilidade para lidar com conteúdos.

A desvantagem da abordagem de Jobs era que seu desejo de satisfazer o usuário o levava a resistir à ideia de lhe dar mais liberdade e poder. Um dos mais sensatos defensores de um ambiente aberto é Jonathan Zittrain, de Harvard. Ele começa seu livro *The future of the internet — end how to stop it* [O futuro da internet — e como evitá-lo] com a descrição do momento em que Jobs apresenta o iPhone, e adverte sobre as consequências da substituição de computadores pessoais por "eletrodomésticos estéreis acorrentados a uma rede de controles". Ainda mais fervoroso é Cory Doctorow, que escreveu um manifesto intitulado "Why I won't buy an iPad" [Por que eu não comprarei um iPad] para o blog Boing Boing. "Muita meditação e muita astúcia foram investidas no design. Mas há também um desprezo palpável pelo proprietário", escreveu ele. "Comprar um iPad para os filhos não é um jeito de ensinar-lhes que podem desmontar e montar o mundo novamente; é um jeito de dizer à sua prole que até para trocar uma bateria é preciso recorrer a um profissional."

Para Jobs, acreditar na abordagem integrada era questão de retidão. "Fazemos essas coisas não porque somos fanáticos por controle", explicou. "Fazemos porque queremos fabricar grandes produtos, porque damos valor ao usuário, porque gostamos de assumir a responsabilidade pela experiência completa, em vez de produzir porcarias como as que outras pessoas fabricam." Ele acreditava também estar prestando um serviço às pessoas: "Elas estão ocupadas, fazendo o que sabem fazer melhor, e querem que façamos o melhor do que somos capazes. A vida delas é movimentada; existem mais coisas para fazer do que perder tempo pensando em como integrar seus computadores e aparelhos".

Essa abordagem por vezes ia de encontro aos interesses comerciais de curto prazo da Apple. Mas num mundo repleto de aparelhos de má qualidade, softwares fajutos, inescrutáveis mensagens de erro e interfaces irritantes, ela resultava em produtos deslumbrantes, marcados por deliciosas experiências para o usuário. Usar um produto da Apple podia ser tão sublime como passear por um dos jardins zen de Kyoto que Jobs tanto amava, e não se criava nenhuma das duas experiências orando diante do altar da acessibilidade irrestrita ou deixando milhares de flores desabrocharem. Às vezes vale a pena estar nas mãos de um maníaco por controle.

A intensidade de Jobs era evidente também em sua capacidade de concentrar-se. Ele estabelecia prioridades, mirava nelas o feixe de lasers de sua atenção e repelia qualquer coisa que pudesse distraí-lo. Se alguma coisa o envolvia — a interface do usuário do Macintosh original, o design do iPod e do iPhone, convencer as empresas de música a irem para a iTunes Store —, ele era implacável. Mas, se não queria lidar com alguma coisa — um aborrecimento jurídico, uma questão comercial, o diagnóstico do câncer, uma disputa de família —, ele a ignorava resolutamente. Essa capacidade de concentrar-se lhe permitia dizer "não". Ele voltou a pôr a Apple nos trilhos cortando todos os produtos, exceto os essenciais. Simplificou aparelhos eliminando botões, softwares eliminando recursos, e interfaces eliminando opções.

Ele atribuía ao treinamento zen a capacidade de concentração e o amor à simplicidade. O zen afinou seu apreço pela intuição, mostrou-lhe como rejeitar qualquer coisa que o distraísse ou fosse desnecessária e alimentou, nele, uma estética de base minimalista.

Infelizmente, tal treinamento nunca produziu em Jobs uma calma zen ou uma serenidade interior, e isso também faz parte de seu legado. Com frequência era tenso e impaciente, traços que não fazia o menor esforço para esconder. A maioria das pessoas tem um mecanismo regulador entre a mente e a boca, que serve para suavizar os sentimentos mais cruéis e os impulsos mais agressivos. Não era o caso de Jobs. Ele fazia questão de ser brutalmente honesto. "Minha função é dizer que uma porcaria é uma porcaria, em vez de dourar a pílula", disse. Isso fazia dele uma figura carismática e inspiradora, mas às vezes também, para usar o termo técnico, um babaca.

Andy Hertzfeld me disse certa vez: "Uma pergunta que eu adoraria que Steve me respondesse é: 'Por que às vezes você é tão maldoso?'". Até pessoas da família se perguntavam se ele simplesmente não tinha o filtro que nos impede de exprimir nossos pensamentos mais ofensivos, ou se o tinha e o contornava deliberadamente. Jobs afirmou que era a primeira hipótese. "Eu sou assim, e não se pode querer que eu seja alguém que não sou", respondeu quando lhe fiz a pergunta. Mas acho que ele poderia muito bem se controlar, se quisesse. Quando ofendia alguém, não era por falta de percepção emocional. Pelo contrário: ele era capaz de formar uma opinião sobre as pessoas, compreender seus pensamentos íntimos, e sabia como se relacionar com elas, lisonjeá-las ou feri-las quando quisesse.

A aresta desagradável de sua personalidade não era necessária. Ela o atrapalhou mais do que ajudou. Mas, às vezes, servia a um objetivo. Líderes polidos e suaves, que têm o cuidado de não magoar os outros, geralmente não são muito eficazes quando se trata de forçar mudanças. Dezenas dos colegas que Jobs mais insultou concluíam sua ladainha de histórias de horror dizendo que ele os levou a fazer coisas que jamais julgaram possíveis.

A saga de Steve Jobs é o mito de criação do Vale do Silício em letras graúdas: criar uma empresa incipiente na proverbial garagem de casa e transformá-la na empresa mais valiosa do mundo. Ele não inventava muitas coisas de estalo, mas era um mestre em juntar ideias, arte e tecnologia de um jeito que inventava o futuro. Projetou o Mac depois de entender as interfaces gráficas de um modo que a Xerox foi incapaz de fazer, e criou o iPod depois de compreender a alegria de ter mil músicas no bolso, de um modo que a Sony, que dispunha de todos os recursos e tradições herdadas, jamais conseguiu. Alguns líderes provocam inovações porque compreendem a totalidade de uma situação. Outros o fazem pelo domínio dos detalhes. Jobs fez as duas coisas, persistentemente. Como resultado disso, ao longo de três décadas lançou uma série de produtos que transformaram indústrias inteiras:

- o Apple II, que pegou a placa de circuitos de Wozniak e a transformou no primeiro computador pessoal que não era apenas para quem cultivava um hobby;
- o Macintosh, que gerou a revolução do computador doméstico e popularizou as interfaces gráficas do usuário;
- *Toy story* e outros grandes sucessos de bilheteria da Pixar, que inauguraram o milagre da imaginação digital;
- as lojas da Apple, que reinventaram o papel da loja na definição de uma marca;
- o iPod, que transformou a forma de consumirmos música;
- a iTunes Store, que fez renascer a indústria da música;
- o iPhone, que transformou telefones celulares em música, fotografia, vídeo, e-mail e dispositivos de web;
- a App Store, que gerou uma nova indústria de criação de conteúdos;

- o iPad, que lançou a computação em tablet e ofereceu uma plataforma para jornais, revistas, livros e vídeos digitais;
- o iCloud, que rebaixou o computador de seu papel central de administrador de nossos conteúdos e permitiu que todos os nossos dispositivos sincronizassem perfeitamente;
- e a própria Apple, que Jobs considerava sua maior criação, um lugar onde a imaginação era alimentada, aplicada e executada de maneiras tão criativas que a empresa se tornou a mais valiosa do planeta.

Ele era inteligente? Não, pelo menos não excepcionalmente. Em compensação, era um gênio. Seus saltos de imaginação eram instintivos, inesperados e às vezes mágicos. Era, na verdade, um exemplo do que o matemático Mark Kac chamou de gênio-mago, alguém cujos insights vêm do nada e exigem mais intuição do que mero poder de processamento mental. Como um desbravador, podia absorver informações, farejar os ventos e sentir o que vinha pela frente.

Assim, Steve Jobs tornou-se o executivo empresarial de nossa era que quase certamente ainda será lembrado daqui a um século. A história o colocará no panteão ao lado de Edison e Ford. Mais do que qualquer outro contemporâneo, criou produtos completamente inovadores, combinando o poder da poesia e o dos processadores. Com uma ferocidade que podia tornar a oportunidade de trabalhar com ele tão turbulenta quanto inspiradora, também construiu a empresa mais criativa do mundo. E foi capaz de infundir em seu DNA as sensibilidades de design, o perfeccionismo e a imaginação que fazem dela, hoje e provavelmente pelas próximas décadas, a empresa que mais progride na interseção da arte com a tecnologia.

SÓ MAIS UMA COISA...

Espera-se que os biógrafos tenham a última palavra. Mas esta é uma biografia de Steve Jobs. Muito embora ele não tenha imposto seu lendário desejo de controle a este projeto, sinto que não daria uma ideia exata de quem ele é — seu jeito de afirmar-se em qualquer situação — se simplesmente o empurrasse para o palco da história sem permitir que dissesse umas últimas palavras.

Durante nossas conversas, houve muitas ocasiões em que ele discorreu sobre o que gostaria que fosse seu legado. Eis alguns pensamentos, em suas próprias palavras:

Minha paixão foi construir uma empresa duradoura, onde as pessoas se sentissem incentivadas a fabricar grandes produtos. Tudo o mais era secundário. Claro, foi ótimo ganhar dinheiro, porque era isso que nos permitia fazer grandes produtos. Mas os produtos, não o lucro, eram a motivação. Sculley inverteu essas prioridades, de modo que o objetivo passou a ser ganhar dinheiro. É uma diferença sutil, mas acaba significando tudo: as pessoas que são contratadas, quem é promovido, o que se discute nas reuniões.

Alguns dizem: "Deem aos consumidores o que eles querem". Não é assim que eu penso. Nossa tarefa é descobrir o que eles vão querer antes de quererem. Acho que Henry Ford disse certa vez: "Se eu perguntasse aos consumidores o que queriam, eles teriam dito: 'Um cavalo mais rápido!'". As pessoas não sabem o que querem até que a gente mostre a elas. É por isso que nunca recorro a pesquisas de mercado. Nossa tarefa é ler coisas que ainda não foram impressas.

Edwin Land, da Polaroid, falava sobre a interseção das humanidades com a ciência. Gosto dessa interseção. Há qualquer coisa de mágico aí. Há muitas pessoas que inovam, e essa não é a principal distinção da minha carreira. A razão do impacto da Apple sobre as pessoas é que há uma profunda corrente de humanidade em nossas inovações. Acho que grandes artistas e grandes engenheiros são parecidos, no sentido de que ambos desejam expressar-se. Na verdade, algumas das melhores pessoas que trabalhavam no Mac original eram poetas e músicos também. Nos anos 70, os computadores se tornaram uma forma de as pessoas expressarem sua criatividade. Grandes artistas, como Leonardo da Vinci e Michelangelo, eram grandes também na ciência. Michelangelo entendia muito de extração de pedras, não apenas de esculpir.

As pessoas nos pagam para integrar coisas para elas porque não têm tempo para pensar no assunto 24 horas por dia, sete dias por semana. Se você tem uma paixão extrema por fabricar grandes produtos, ela o levará a integrá-los, a conectar seu hardware, seu software e o gerenciamento de conteúdo. Você vai querer desbravar caminhos, por isso terá de fazê-lo pessoalmente. Se permitir que seus produtos sejam acessíveis a outros hardwares ou softwares, vai ter que desistir de parte do seu ideal.

Em diferentes momentos do passado, houve empresas que simbolizavam o Vale do Silício. Por muito tempo, foi a Hewlett-Packard. Depois, na era dos semicondutores, a Fairchild e a Intel. Acho que a Apple foi por algum tempo, então isso passou.

E hoje acho que são a Apple e o Google — e a Apple um pouquinho mais. Acho que a Apple resistiu à passagem dos anos. Está aí há um bom tempo, mais ainda na vanguarda do que acontece.

É fácil atirar pedras na Microsoft. Eles claramente perderam o domínio que tinham. Tornaram-se muito irrelevantes. Mas, apesar disso, sei valorizar o que fizeram, e como foi duro. Eram muito bons no lado comercial. Nunca foram ambiciosos no que diz respeito aos produtos, como deveriam ter sido. Bill gosta de se apresentar como homem de produtos, mas não é. Ele é homem de comércio. O sucesso comercial era mais importante do que fazer grandes produtos. Ele acabou se tornando o sujeito mais rico que existe e, se esse era seu objetivo, conseguiu o que queria. Mas nunca foi o meu, e tenho dúvida se, afinal, era o dele. Admiro-o pela empresa que construiu — é impressionante — e gostei de trabalhar com ele. É um homem brilhante e tem um bom senso de humor. Mas a Microsoft nunca teve as humanidades e as artes liberais em seu DNA. Mesmo quando viram o Mac, não conseguiram copiá-lo direito. Simplesmente não entenderam.

Tenho minha própria teoria sobre a razão do declínio de empresas como a IBM e a Microsoft. A empresa faz um grande serviço, inova e torna-se um monopólio, ou quase isso, em alguma área, e depois a qualidade dos produtos torna-se menos importante. A empresa começa a dar valor aos grandes vendedores, porque são eles que têm impacto nos rendimentos, não os engenheiros e os designers de produtos. Com isso, o pessoal de vendas acaba dirigindo a empresa. John Askers, da IBM, era um vendedor esperto, eloquente, fantástico, mas não entendia nada de produto. O mesmo aconteceu na Xerox. Quando o pessoal de vendas dirige a empresa, o pessoal de produtos deixa de ter importância, e muitos simplesmente perdem o interesse. Aconteceu isso na Apple quando Sculley veio para cá, e foi culpa minha, e aconteceu quando Ballmer assumiu a Microsoft. A Apple teve sorte e reagiu, mas acho que ninguém mudará a Microsoft enquanto Ballmer estiver no comando.

Odeio pessoas que se intitulam "empresários" quando na realidade o que estão tentando fazer é criar uma empresa para vendê-la, ou abrir o capital, ganhar dinheiro e seguir adiante. Não estão dispostas a fazer o que precisa ser feito para construir uma empresa de verdade, o trabalho mais duro que existe no mundo dos negócios. É assim que a gente dá uma contribuição real e acrescenta alguma coisa ao legado dos que vieram antes de nós. Constrói-se uma empresa que representará alguma coisa por mais uma ou duas gerações. Foi o que Walt Disney fez, e Hewlett e Packard fizeram, e também as pessoas que construíram a Intel. Elas criaram uma empresa para durar, não apenas para ganhar dinheiro. É o que quero para a Apple.

Não acho que eu gerencio espezinhando as pessoas, mas se algo não presta eu digo na cara. Minha tarefa é ser honesto. Sei do que estou falando e quase sempre tenho razão. Essa é a cultura que tentei criar. Somos brutalmente honestos uns com os outros, e qualquer pessoa pode dizer que sou um grande merda e eu também posso dizer-lhe o mesmo. Tivemos algumas discussões acaloradíssimas, em que berramos uns com os outros, e foram alguns dos melhores momentos que vivi. Sinto-me completamente à vontade para dizer: "Ron, essa loja está uma bosta" na frente de todo mundo. Ou posso dizer: "Minha nossa, nós realmente fizemos uma cagada com a engenharia disto aqui", na frente da pessoa responsável. É a condição para estar na sala: ter a capacidade de ser super-honesto. Talvez haja um jeito melhor, um clube de cavalheiros, onde todos usem gravata, empreguem termos eruditos e falem em veludosas palavras-códigos, mas não é esse o meu jeito, porque sou um sujeito de classe média da Califórnia.

Às vezes fui duro com as pessoas, talvez mais duro do que precisava. Lembro da época em que Reed tinha seis anos, eu indo para casa, tinha acabado de demitir alguém, e imaginei como aquela pessoa ia dizer à família e ao filhinho que tinha perdido o emprego. Era duro. Mas alguém precisava fazê-lo. Eu achava que era sempre tarefa minha assegurar a excelência da equipe e que, se eu não fizesse, ninguém o faria.

Para inovar, é preciso ir em frente. Dylan poderia ter cantado canções de protesto a vida inteira, provavelmente ganhando muito dinheiro, mas não o fez. Tinha de seguir em frente, e por isso, ao usar guitarra elétrica em 1965, se indispôs com muita gente. Sua turnê na Europa em 1996 foi a melhor de todas. Ele chegava, tocava guitarra acústica e as plateias adoravam. Depois apareceu com o que seria The Band, e todos eles tocavam guitarra elétrica e as plateias às vezes vaiavam. Há um momento em que ele se prepara para cantar "Like a rolling stone" e alguém na plateia grita "Judas!". E Dylan diz: "Toquem bem alto essa porra!". E eles tocam. Os Beatles também eram assim. Continuaram evoluindo, refinando sua arte. É o que sempre tentei fazer — seguir em frente. Do contrário, como diz Dylan, não estamos ocupados em nascer, estamos ocupados em morrer.

O que me incentivava? Acho que a maioria das pessoas criativas quer manifestar o seu apreço por ser capaz de tirar partido do trabalho feito por outros antes. Não inventei a língua ou a matemática que uso. Preparo pouco da comida que como, e nenhuma das roupas que visto. Tudo que faço depende de outros membros da nossa espécie e dos ombros sobre os quais ficamos em pé. E muitos de nós querem dar uma contribuição para nossa espécie também e acrescentar alguma coisa ao fluxo. Tem a ver com tentar expressar algo da única maneira que a maioria de nós é capaz de fazer — porque não somos capazes de escrever as canções de Bob Dylan, ou as peças de Tom Stoppard. Tentamos usar os talentos que temos para expressar nossos sentimentos profundos, para mostrar nosso apreço por todas as contribuições feitas antes de nós e para acrescentar algo ao fluxo. Foi isso que me motivou.

CODA

Numa tarde ensolarada, quando não se sentia bem, Jobs sentou-se no jardim atrás da casa e refletiu sobre a morte. Falou de suas experiências na Índia quase quarenta anos antes, de seus estudos sobre o budismo e de suas opiniões sobre reencarnação e transcendência espiritual. "Sobre acreditar em Deus, sou mais ou menos meio a meio", disse. "Durante a maior parte de minha vida achei que deve haver algo mais na nossa existência do que aquilo que vemos."

Ele admitiu que, diante da morte, pode estar superestimando as chances, pelo desejo de acreditar numa outra vida. "Gosto de pensar que alguma coisa sobrevive quando morremos", disse. "É estranho pensar que a gente acumula tanta experiência, talvez um pouco de sabedoria, e tudo simplesmente desaparece. Por isso quero realmente acreditar que alguma coisa sobrevive, que talvez nossa consciência perdure."

Ficou em silêncio por um bom tempo. "Mas, por outro lado, talvez seja apenas como um botão de liga-desliga", prosseguiu. *"Clique!* E a gente já era."

Fez outra pausa e sorriu de leve. "Talvez seja por isso que eu jamais gostei de colocar botões de liga-desliga nos aparelhos da Apple."

Fontes

ENTREVISTAS (FEITAS ENTRE 2009-11)

Al Alcorn, Roger Ames, Fred Anderson, Bill Atkinson, Joan Baez, Marjorie Powell Barden, Jeff Bewkes, Bono, Ann Bowers, Stewart Brand, Chrisann Brennan, Larry Brilliant, John Seeley Brown, Tim Brown, Nolan Bushnell, Greg Calhoun, Bill Campbell, Berry Cash, Ed Catmull, Ray Cave, Lee Clow, Debi Coleman, Tim Cook, Katie Cotton, Eddy Cue, Andrea Cunningham, John Doerr, Millard Drexler, Jennifer Egan, Al Eisensat, Michael Eisner, Larry Ellison, Philip Elmer--DeWitt, Gerard Errera, Tony Fadell, Jean-Louis Gasée, Bill Gates, Adele Goldberg, Craig Good, Austan Goolsbee, Al Gore, Andy Grove, Bill Hambrecht, Michael Hawley, Andy Hertzfeld, Joanna Hoffman, Elizabeth Holmes, Bruce Horn, John Huey, Jimmy Iovine, Jony Ive, Oren Jacob, Erin Jobs, Reed Jobs, Steve Jobs, Ron Johnson, Mitch Kapor, Susan Kare (por e-mail), Jeffrey Katzenberg, Pam Kerwin, Kristina Kiehl, Joel Klein, Daniel Kottke, Andy Lack, John Lasseter, Art Levinson, Steven Levy, Dan'l Lewin, Maya Lin, Yo-Yo Ma, Mike Markkula, John Markoff, Wynton Marsalis, Regis McKenna, Mike Merin, Bob Metcalfe, Doug Morris, Walt Mossberg, Rupert Murdoch, Mike Murray, Nicholas Negroponte, Dean Ornish, Paul Ottelini, Norman Pearlstine, Laurene Powell, Josh Quittner, Tina Redse, George Riley, Brian Roberts, Arthur Rock, Jeff Rosen, Alain Rossmann, Jon Rubinstein, Phil Schiller, Eric Schmidt, Barry Schuler, Mike Scott, John Sculley, Andy Serwer, Mona

Simpson, Mike Slade, Alvy Ray Smith, Gina Smith, Kathryn Smith, Rick Stengel, Larry Tesler, Avie Tevanian, Guy "Bud" Tribble, Don Valentine, Paul Vidich, James Vincent, Alice Waters, Ron Wayne, Wendell Weeks, Ed Woolard, Stephen Wozniak, Del Yocam, Jerry York.

BIBLIOGRAFIA

AMELIO, Gil. *On the firing line*. HarperBusiness, 1998.

BERLIN, Leslie. *The man behind the microchip*. Oxford, 2005.

BUTCHER, Lee. *The accidental millionaire*. Paragon House, 1988.

CARLTON, Jim. *Apple*. Random House, 1997.

CRINGELY, Robert X. *Accidental empires*. Addison Wesley, 1992.

DEUTSCHMAN, Alan. *The second coming of Steve Jobs*. Broadway Books, 2000.

ELLIOT, Jay; SIMON, William. *The Steve Jobs way*. Vanguard, 2011.

FREIBERGER, Paul; SWAINE, Michael. *Fire in the valley*. McGraw-Hill, 1984.

GARR, Doug. *Woz*. Avon, 1984.

HERTZFELD, Andy. *Revolution in the valley*. O'Reilly, 2005. (Ver também <folklore.org>.)

HILTZIK, Michael. *Dealers of lightning*. HarperBusiness, 1999.

JOBS, Steve. Entrevista com Daniel Morrow, História Oral, museu Smithsonian, 20/4/1995.

_____. Discurso de formatura em Stanford, 12/6/2005.

KAHNEY, Leander. *Inside Steve's Brain*. Portfolio, 2008. (Ver também <cultofmac.com>.)

KAWASAKI, Guy. *The Macintosh way*. Scott, Foresman, 1989.

KNOPPER, Steve. *Appetite for self-destruction*. Free Press, 2009.

KNOT, Greg. *Ripped*. Scribner, 2009.

KUNKEL, Paul. *Appledesign*. Graphics Inc., 1997.

LEVY, Steven. *Hackers*. Doubleday, 1984.

_____. *Insanely great*. Viking Penguin, 1994.

_____. *The perfect thing*. Simon & Schuster, 2006.

LINZMAYER, Owen. *Apple confidential 2.0*. No Starch Press, 2004.

MALONE, Michael. *Infinite loop*. Doubleday, 1999.

MARKOFF, John. *What the dormouse said*, Viking Penguin, 2005.

MCNISH, Jacquie. *The big score*. Doubleday Canada, 1998.

MORITZ, Michael. *Return to the little kingdom*. Overlook Press, 2009. Publicado originalmente como *The little kingdom* sem prólogo e epílogo, pela Morrow, em 1984.

NOCERA, Joe. *Good guys and bad guys*. Portfolio, 2008.

PAIK, Karen. *To infinity and beyond!*. Chronicle Books, 2007.

PRICE, David. *The Pixar touch*. Knopf, 2008.

ROSE, Frank. *West of Eden*. Viking, 1989.

SCULLEY, John. *Odyssey*. Harper & Row, 1987.

SHEFF, David. "Playboy interview: Steve Jobs". *Playboy*, fev./1985.

SIMPSON, Mona. *Anywhere but here*. Knopf, 1986.

_____. *A regular guy*. Knopf, 1996.

SMITH, Douglas; ALEXANDER, Robert. *Fumbling into the future*. Morrow, 1988.

STROSS, Randall. *Steve Jobs and the NeXT big thing*. Atheneum, 1993.

Triumpf of the Nerds, PBS, apresentado por Robert X. Cringely, jun./1996.

WOZNIAKK, Steve; SMITH, Gina. *iWoz*. Norton, 2006.

YOUNG, Jeffrey. *Steve Jobs*. Scott, Foresman, 1988.

_____. SIMON, William. *iCon*. John Wiley, 2005.

Notas

1. INFÂNCIA [pp. 19-38]

A ADOÇÃO: Entrevistas com Steve Jobs, Laurene Powell, Mona Simpson, Del Yocam, Greg Calhoun, Chrisann Brennan, Andy Hertzfeld. Moritz, pp. 44-5; Young, pp. 16-7; Jobs, História Oral, museu Smithsonian; Jobs, discurso de formatura em Stanford; Andy Behrendt, "Apple computer mogul's roots tied to Green Bay", *Press Gazette*, 4/12/2005; Georgina Dickinson, "Dad waits for jobs to iPhone", *New York Post* e *The Sun*, Londres, 27/8/2011; Mohannad Al-Haj Ali, "Steve Jobs has roots in Syria", *Al Hayat*, 16/1/2011. Ulf Froitzheim, "Porträt Steve Jobs", *Unternehmen*, 26/11/2007.

VALE DO SILÍCIO: Entrevistas com Steve Jobs, Laurene Powell. Jobs, História Oral, museu Smithsonian; Moritz, p. 46; Berlin, pp. 155-77; Malone, pp. 21-2.

ESCOLA: Entrevista com Steve Jobs. Jobs, História Oral, museu Smithsonian; Sculley, p. 166; Malone, pp. 11, 28, 72; Young, pp. 25, 34-5; Young e Simon, p. 18; Moritz, pp. 48, 73-4. O endereço de Jobs era originalmente 11161 Crist Drive, antes de a subdivisão ser incorporada à cidade. Algumas fontes indicam que ele trabalhava na Haltek e em outra loja de nome parecido, a Hated. Quando perguntado, Jobs diz que se lembra de ter trabalhado apenas na Haltek.

2. UM ESTRANHO CASAL [PP. 39-48]

woz: Entrevistas com Steve Wozniak, Steve Jobs. Wozniak, pp. 12-6, 22, 50-61, 86-91; Levy, *Hackers*, p. 245; Moritz, pp. 62-4; Young, p. 28; Jobs, discurso no Macworld, 17/1/2007.

A CAIXA AZUL: Entrevistas com Steve Jobs, Steve Wozniak. Ron Rosenbaum, "Secrets of the little blue box", *Esquire*, out./1971. Resposta de Wozniak: <woz.org/letters/general/03.html>; Wozniak, pp. 98-115. Para versões ligeiramente diferentes, ver Markoff, p. 272; Moritz, pp. 78-86; Young, pp. 42-5; Malone, pp. 30-5.

3. O ABANDONO [pp. 49-60]

CHRISANN BRENNAN: Entrevistas com Chrisann Brennan, Steve Jobs, Steve Wozniak, Tim Brown. Moritz, pp. 75-7; Young, p. 41; Malone, p. 39.

REED COLLEGE: Entrevistas com Steve Jobs, Daniel Kottke, Elizabeth Holmes. Freiberger e Swaine, p. 208; Moritz, pp. 94-100; Young, p. 55; "The updated book of Jobs", *Time*, 3/1/1983.

ROBERT FRIEDLAND: Entrevistas com Steve Jobs, Daniel Kottke, Elizabeth Holmes. Em setembro de 2010, encontrei com Friedland em Nova York para discutir seu passado e seu relacionamento com Jobs, mas ele não quis ser citado. McNish, pp. 11-7; Jennifer Wells, "Canada's next billionaire", *Macleans's*, 3/6/1996; Richard Read, "Financier's saga of risk", *Mines and Communities*, 16/10/2005; Jennifer Hunter, "But what would his guru say?", Toronto, *Globe and Mail*, 18/3/1988; Moritz, pp. 96, 109; Young, p. 56.

... CAIA FORA: Entrevistas com Steve Jobs, Steve Wozniak; Jobs, discurso de formatura em Stanford; Moritz, p. 97.

4. ATARI E A ÍNDIA [pp. 61-74]

ATARI: Entrevistas com Steve Jobs, Al Alcorn, Nolan Bushnell, Ron Wayne. Moritz, pp. 103-4.

ÍNDIA: Entrevistas com Daniel Kottke, Steve Jobs, Al Alcorn, Larry Brilliant.

A BUSCA: Entrevistas com Steve Jobs, Daniel Kottke, Elizabeth Holmes, Greg Calhoun. Young, p. 72; Young e Simon, pp. 31-2; Moritz, p. 107.

IRRUPÇÃO: Entrevistas com Nolan Bushnell, Al Alcorn, Steve Wozniak, Ron Wayne, Andy Hertzfeld. Wozniak, pp. 144-9; Young, p. 88; Linzmayer, p. 4.

5. O APPLE I [pp. 75-89]

MÁQUINAS DE GRAÇA AMOROSA: Entrevistas com Steve Jobs, Bono, Stewart Brand. Markoff, p. xii; Stewart Brand, "We owe it all to the hippies", *Time*, 1/3/1995; Jobs, discurso de formatura em Stanford; Fred Turner, *From counterculture to cyberculture*, Chicago, 2006.

O HOMEBREW COMPUTER CLUB: Entrevistas com Steve Jobs, Steve Wozniak. Wozniak, pp. 152-72; Freiberger e Swaine, p. 99; Linzmayer, p. 5; Moritz, p. 144; Steve Wozniak, "Homebrew and how Apple came to be", disponível em <www.atariarchives.org>; Bill Gates, "Open letter to hobbyists", 3/2/1976.

NASCE A APPLE: Entrevistas com Steve Jobs, Steve Wozniak, Mike Markkula, Ron Wayne. Steve Jobs, Conferência Internacional de Design em Aspen, 15/6/1983, arquivos do Aspen Institute; acordo de parceria da Apple Computer, condado de Santa Clara, 1/4/1976; Bruce Newman, "Apple's lost founder", *San Jose Mercury News*, 2/6/2010; Wozniak, pp. 86, 176-7; Moritz, pp. 149-51; Freiberger e Swaine, pp. 212-3; Ashlee Vance, "A haven for spare parts lives on in Silicon Valley", *New York Times*, 4/2/2009; entrevista com Paul Terrell, 1/8/2008, disponível em <mac-history.net>.

BANDA DE GARAGEM: Entrevistas com Steve Wozniak, Elizabeth Holmes, Daniel Kottke, Steve Jobs. Wozniak, pp. 179-89; Moritz, pp. 152-63; Young, pp. 95-111; R. S. Jones, "Comparing apples and oranges", *Interface*, jul./1976.

6. O APPLE II [pp. 90-103]

UM PACOTE INTEGRADO: Entrevistas com Steve Jobs, Steve Wozniak, Al Alcorn, Ron Wayne. Wozniak, pp. 165, 190-5; Young, p. 126; Moritz, pp. 169-70, 194-7; Malone, p. 103.

MIKE MARKKULA: Entrevistas com Regis McKenna, Don Valentine, Steve Jobs, Steve Wozniak, Mike Markkula, Arthur Rock. Nolan Bushnell, no ScrewAttack Gaming Convention, Dallas, 5/7/2009; Steve Jobs, palestra na Conferência Internacional de Design em Aspen, 15/6/1983; Mike Markkula, "The Apple marketing philosophy", dez./1979, cortesia de Markkula; Wozniak, pp. 196-9. Ver também Moritz, pp. 182-3; Malone, pp. 110-1.

REGIS MCKENNA: Entrevistas com Regis McKenna, John Doerr, Steve Jobs. Ivan Raszl, "Interview with Rob Janoff", Creativebites.org, 3/8/2009.

O PRIMEIRO EVENTO ESPETACULAR DE LANÇAMENTO: Entrevistas com Steve Wozniak, Steve Jobs. Wozniak, pp. 201-6; Moritz, pp. 199-201; Young, p. 139.

MIKE SCOTT: Entrevistas com Mike Scott, Mike Markkula, Steve Jobs, Steve Wozniak, Arthur Rock. Young, p. 135; Freiberger e Swaine, pp. 219, 222; Moritz, p. 213; Elliot, p. 4.

7. CHRISANN E LISA [pp. 104-09]

Entrevistas com Chrisann Brennan, Steve Jobs, Elizabeth Holmes, Greg Calhoun, Daniel Kottke, Arthur Rock. Moritz, p. 285; "The updated book of Jobs", *Time*, 3/1/1983; "Striking its rich", *Time*, 15/2/1982.

8. XEROX E LISA [pp. 110-19]

UM NOVO BEBÊ: Entrevistas com Andrea Cunningham, Andy Hertzfeld, Steve Jobs, Bill Atkinson. Wozniak, p. 226; Levy, *Insanely great*, p. 124; Young, pp. 168-70; Bill Atkinson, História Oral, Computer History Museum, Mountain View, Califórnia; Jef Raskin, "Holes in the Histories", *Interactions*, jul./1994; Jef Raskin, "Hubris of a heavyweight", *IEEE Spectrum*, jul./1994; Jef Raskin, História Oral, 13/4/2000, departamento de coleções especiais da biblioteca da Universidade Stanford.

O XEROX PARC: Entrevistas com Steve Jobs, John Seeley Brown, Adele Goldberg, Larry Tesler, Bill Atinkson. Freiberg e Swaine, p. 239; Levy, *Insanely great*, pp. 66-80; Hitzik, pp. 330-41; Linzmayer, pp. 74-5; Young, pp. 170-2; Rose, pp. 45-7; *Triumph of the Nerds*, PBS, parte 3.

"GRANDES ARTISTAS ROUBAM": Entrevistas com Steve Jobs, Larry Tesler, Bill Atkinson. Levy, *Insanely great*, pp. 77, 87-90; *Triumph of the Nerds*, PBS, parte 3; Bruce Horn, "Where it all began", 1996, disponível em <www.mackido.com>; Hiltzik, pp. 343, 367-70; Malcolm Gladwell, "Creation myth", *New Yorker*, 16/5/2011; Young, pp. 178-82.

9. ABRINDO A EMPRESA [pp. 120-5]

OPÇÕES: Entrevistas com Daniel Kottke, Steve Jobs, Steve Wozniak, Andy Hertzfeld, Mike Markkula, Bill Hambrecht. "Sale of Apple stock barred", *Boston Globe*, 11/12/1980.

BABY, VOCÊ É RICO: Entrevistas com Larry Brilliant, Steve Jobs. Steve Ditlea, "An Apple on every desk", *Inc.*, 1/10/1981; "Striking it rich", *Time*, 15/2/1982; "The seeds of success", *Time*, 15/2/1982; Moritz, pp. 292-5; Sheff.

10. NASCE O MAC [pp. 126-34]

O BEBÊ DE JEF RASKIN: Entrevistas com Bill Atkinson, Steve Jobs, Andy Hertzfeld, Mike Markkula. Jef Raskin, "Recollections of the Macintosh Project", "Holes in the Histories", "The genesis and History of the Macintosh Project", "Reply to Jobs, and personal motivation", "Design considerations for an anthropophilic computer" e "Computers by the million", documentos de Raskin, biblioteca da Universidade Stanford; Jef Raskin, "A conversation", *Uniquity*, 23/6/2003; Levy, *Insanely great*, pp. 107-21; Hertzfeld, p. 19; "Macintosh's other designers", *Byte*, ago./1984; Young, pp. 202, 208-14; "Apple launches a Mac attack", *Time*, 30/1/1984; Malone, pp. 255-8.

TEXACO TOWERS: Entrevistas com Andrea Cunningham, Bruce Horn, Andy Hertzfeld, Mike Scott, Mike Markkula. Hertzfeld, pp. 19-20, 26-7; Wozniak, pp. 241-2.

11. O CAMPO DE DISTORÇÃO DA REALIDADE [pp. 135-41]

Entrevistas com Bill Atkinson, Steve Wozniak, Debi Coleman, Andy Hertzfeld, Bruce Horn, Joanna Hoffmann, Al Eisenstat, Ann Bowers, Steve Jobs. Algumas histórias possuem variações. Ver Hertzfeld, pp. 24, 68, 161.

12. O DESIGN [pp. 142-51]

UMA ESTÉTICA BAUHAUS: Entrevistas com Dan'l Lewin, Steve Jobs, Maya Lin, Debi Coleman. Conversa entre Steve Jobs e Charles Hampden-Turner, Conferência Internacional de Design em Aspen, 15/6/1983. (As fitas de áudio da conferência estão guardadas no Aspen Institute. Quero agradecer a Deborah Murphy por achá-las.)

COMO UM PORSCHE: Entrevistas com Bill Atkinson, Alain Rossmann, Mike Markkula, Steve Jobs. "The Macintosh design team", *Byte*, fev./1984; Hertzfeld, pp. 29-31, 41, 46, 63, 68; Sculley, p. 157; Jerry Manock, "Invasion of Texaco Towers", Folklore.org; Kunkel, pp. 26-30; Jobs, discurso de formatura em Stanford; e-mail de Susan Kare; Susan Kare, "World class cities", em Hertzfeld, p. 165; Laurence

Zuckerman, "The designer who made the Mac smile", *New York Times*, 26/8/1996; entrevista com Susan Kare, 8/9/2000, departamento de coleções especiais da biblioteca da Universidade Stanford; Levy, *Insanely great*, p. 156; Hartmut Esslinger, *A fine line*, Jossey-Bass, 2009, pp. 7-9; David Einstein, "Where success is by design", *San Francisco Chronicle*, 6/10/1995; Sheff.

13. CONSTRUINDO O MAC [pp. 152-65]

CONCORRÊNCIA: Entrevista com Steve Jobs. Levy, *Insanely great*, p. 125; Sheff; Hertzfeld, pp. 71-3; anúncio publicitário no *Wall Street Journal*, 24/8/1981.

CONTROLE DE UMA PONTA A OUTRA: Entrevista com Berry Cash. Kahney, p. 241; Dan Farber, "Steve Jobs, the iPhone and open platforms", zDNet.com, 13/1/2007; Tim Wu, *The master switch*, Knopf, 2010, pp. 254-76; Mike Murray, "Mac memo" para Steve Jobs, 1/9/1982 (cortesia de Mike Murray).

"MÁQUINAS DO ANO": Entrevistas com Daniel Kottke, Steve Jobs, Ray Cave. "The computer moves in", *Time*, 3/1/1983; "The updated book of Jobs", *Times*, 3/1/1983; Moritz, p. 11; Young, p. 293; Rose, pp. 9-11; Peter McNulty, "Apple's bid to stay in the big time", *Fortune*, 7/2/1983; "The year of the mouse", *Time*, 31/1/1983.

VAMOS SER PIRATAS!: Entrevistas com Ann Bowers, Andy Hertzfeld, Bill Atkinson, Arthur Rock, Mike Markkula, Steve Jobs, Debi Coleman; e-mail de Susan Kare. Hertzfeld, pp. 76, 135-8, 158, 160, 166; Moritz, pp. 21-8; Young, pp. 295-7, 301-3; entrevista com Susan Kare, 8/9/2000, biblioteca da Universidade Stanford; Jeff Goodell, "The rise and fall of Apple computer", *Rolling Stone*, 4/4/1996; Rose, pp. 59 69, 93.

14. ENTRA SCULLEY [pp. 166-76]

O NAMORO: Entrevistas com John Sculley, Andy Hertzfeld, Steve Jobs. Rose, pp. 18, 74-5; Sculley, pp. 58-90, 107; Elliot, pp. 90-3; Mike Murray, "Special Mac sneak", memorando para a equipe, 3/3/1093 (cortesia de Mike Murray); Hertzfeld, pp. 149-50.

LUA DE MEL: Entrevistas com Steve Jobs, John Sculley, Joanna Hoffman. Sculley, pp. 127-30, 154-5, 168, 179; Hertzfeld, p. 195.

15. O LANÇAMENTO [pp. 177-88]

OS VERDADEIROS ARTISTAS LANÇAM: Entrevistas com Andy Hertzfeld, Steve Jobs. Vídeo da conferência de vendas da Apple, out./1983; "Personal computers: And the winner is... IBM", *Business Week*, 3/10/83; Hertzfeld, pp. 208-10; Rose, pp. 147-53; Levy, *Insanely great*, pp. 178-80; Young, pp. 327-8.

O ANÚNCIO "1984": Entrevistas com Lee Clow, John Sculley, Mike Markkula, Bill Campbell, Steve Jobs. Entrevista com Steve Hayden, *Weekend Edition*, NPR, 1/2/2004; Linzmayer, pp. 109-14; Sculley, p. 176.

ESTOUROS DE PUBLICIDADE: Hertzfeld, pp. 226-7; Michael Rogers, "It's the apple of his eye", *Newsweek*, 30/1/1984; Levy, *Insanely great*, pp. 17-27.

O LANÇAMENTO: 24 DE JANEIRO DE 1984: Entrevistas com John Sculley, Steve Jobs, Andy Hertzfeld.

Vídeo de janeiro de 1984, encontro de acionistas da Apple; Hertzfeld, pp. 213-34; Sculley, pp. 179-81; William Hawkins, "Jobs' revolutionary new computer", *Popular Science*, jan./1989.

16. GATES E JOBS [pp. 189-98]

A PARCERIA MACINTOSH: Entrevistas com Bill Gates, Steve Jobs, Bruce Horn. Hertzfeld, p. 52-4; Steve Lohr, "Creating Jobs", *New York Times*, 12/1/1997; *Triumph of the Nerds*, PBS, parte 3; Rusty Weston, "Partners and adversaries", *MacWeek*, 14/3/1989; Walt Mossberg e Kara Swisher, entrevista com Bill Gates e Steve Jobs, *All Things Digital*, 3/1/2007; Young, pp. 319-20; Carlton, p. 28; Brent Schlender, "How Steve Jobs linked up with IBM", *Fortune*, 9/1989; Steven Levy, "A big brother?", *Newsweek*, 18/8/1997.

A BATALHA DA GUI: Entrevistas com Bill Gates, Steve Jobs. Hertzfeld, pp. 191-3; Michael Schrage, "IBM compatibility grows", *Washington Post*, 20/11/1983; *Triumph of the Nerds*, PBS, parte 3.

17. ÍCARO [PP. 199-229]

VOANDO ALTO: Entrevistas com Steve Jobs, Debi Coleman, Bill Atkinson, Andy Hertzfeld, Alain Rossmann, Joana Hoffman, Jean-Louis Gassée; Nicholas Negroponte, Arthur Rock, John Sculley. Sheff; Hertzfeld, pp. 206-7; 230; Sculley, pp. 197-9; Young, pp. 308-9; George Gendron e Bo Burlingham, "Entrepeneur of the decade", *Inc.*, 1/4/1989.

CAINDO: Entrevistas com Joanna Hoffman, John Sculley, Lee Clow, Debi Coleman, Andrea Cunningham, Steve Jobs. Sculley, p. 201, 212-5; Levy, *Insanely great*, pp. 186-92; Michael Rogers, "It's the apple of his eye", *Newsweek*, 30/1/1984; Rose, pp. 207, 233; Felix Kessler, "Apple pitch", *Fortune*, 15/4/1985; Linzmayer, p. 145.

TRINTA ANOS DE IDADE: Entrevistas com Mallory Walker, Andy Hertzfeld, Debi Coleman, Elizabeth Holmes, Steve Wozniak, Don Valentine. Sheff.

ÊXODO: Entrevistas com Andy Hertzfeld, Steve Wozniak, Bruce Horn. Hertzfeld, pp. 253, 263-4; Young, pp. 372-6; Wozniak, pp. 265-6; Rose, pp. 248-9; Bob Davis, "Apple's head, Jobs, denies ex-partner use of design firm", *Wall Street Journal*, 22/3/1985.

CONFRONTO, PRIMAVERA DE 1985: Entrevistas com Steve Jobs, Al Alcorn, John Sculley, Mike Murray. Elliot, p. 15; Sculley, pp. 205-6, 227, 238-44; Young, pp. 367-79; Rose, pp. 238, 242, 254-5; Mike Murray, "Let's wake up and die right", memorando para destinatários não divulgados, 7/3/1985 (cortesia de Mike Murray).

PLANEJANDO UM GOLPE: Entrevistas com Steve Jobs, John Sculley. Rose, pp. 266-75; Sculley, pp. IX-X, 245-6; Young, pp. 388-96; Elliot, p. 112.

SETE DIAS EM MAIO DE 1985: Entrevistas com Jean-Louis Gassée, Steve Jobs, Bill Campbell, Al Eisenstat, John Sculley, Mike Murray, Mike Markkula, Debi Coleman. Bro Uttal, "Behind the fall of Steve Jobs", *Fortune*, 5/8/1085; Sculley, pp. 249-60; Rose, pp. 275-90; Young, pp. 396-404.

COMO UMA PEDRA QUE ROLA: Entrevistas com Mike Murray, Mike Markkula, Steve Jobs, John Sculley, Bob Metcalfe, George Riley, Andy Hertzfeld, Tina Redse, Mike Merin, Al Eisenstat, Arthur Rock. E-mail de Tina Redse para Steve Jobs, 20/2010; "No job for Jobs", AP, 2/6/1985; "Jobs talks about his rise and fall", *Newsweek*, 30/9/1985; Hertzfeld, pp. 269-71; Young, pp. 387, 403-5; Young e Simon, p. 116; Rose, pp. 288-92; Sculley, pp. 242-5, 286-7; carta de Al Eisenstat para Arthur Hartman, 2/3/1985 (cortesia de Al Eisenstat).

OS PIRATAS ABANDONAM O NAVIO: Entrevistas com Dan'l Lewin, Steve Jobs, Bill Campbell, Arthur Rock, Mike Markkula, John Sculley, Andrea Cunningham, Joana Hoffman. Patricia Bellew Gray e Michael Miller, "Apple chairman Jobs resigns", *Wall Street Journal*, 18/9/1985; Gerald Lubenow e Michael Rogers, "Jobs talks about his rise and fall", *Newsweek*, 30/9/1985; Bro Uttal, "The adventures of Steve Jobs", *Fortune*, 14/1985; Susan Kare, "Jobs resigns", *Computer Systems News*, 23/9/1985; "Shaken to the very core", *Time*, 30/9/1985; John Eckhouse, "Apple board fuming at Steve Jobs", *San Francisco Chronicle*, 17/9/1985; Hertzfeld, pp. 132-3; Sculley, pp. 313-7; Young, pp. 415-6; Young e Simon, p. 127; Rose, pp. 307-19; Stross, p. 73; Deutschman, p. 36; acusação de quebra de obrigações fiduciárias, Apple Computer contra Steven P. Jobs e Richard A. Page, Suprema Corte da Califórnia, condado de Santa Clara, 23/9/1985; Patricia Bellew Gray, "Jobs asserts Apple undermined efforts to settle dispute", *Wall Street Journal*, 25/9/1985.

POR CONTA PRÓPRIA: Entrevistas com Arthur Rock, Susan Kare, Steve Jobs, Al Eisenstat. "Logo for Jobs' new firm", *San Francisco Chronicle*, 19/6/1986; Phil Patton, "Steve Jobs: Out of revenge", *New York Times*, 6/8/1989; Paul Rand, apresentação do logo NeXT, 1985; Doug Evans e Allan Pottasch, entrevista em vídeo com Steve Jobs sobre Paul Rand, 1993; Steve Jobs para Al Eisenstat, 4/11/1985; Al Eisenstat para Jobs, 8/11/1985; acordo entre Apple Computer Inc. e Steven P. Jobs, e pedido de retirada de ação judicial sem prejuízo, perante a Suprema Corte da Califórnia, condado de Santa Clara, 17/1/1986; Deutschmann, pp. 43, 47; Stross, pp. 76, 118-20, 245; Kunkel, pp. 58-63; "Can he do it again", *Business Week*, 2/4/1988; Joe Nocera, "The second coming of Steve Jobs", *Esquire*, dez./1986, posteriormente incluído em *Good guys and bad guys*, Portfolio, 2008, p. 49; Brenton Schlender, "How Steve Jobs linked up with IBM", *Fortune*, 9/1989.

O COMPUTADOR: Entrevistas com Mitch Kapor, Michael Hawley, Steve Jobs. Peter Denning e Karen Frenkle, "A conversation with Steve Jobs", *Communnications of the association for computer machinery*, 1/4/1989; John Eckhouse, "Steve Jobs shows off ultra-robotic assembly line", *San Francisco Chronicle*, 13/6/1989; Stross, pp. 122-5; Deutschman, pp. 60-3; Young, p. 425; Katie Hafner, "Can we do it again?", *Business Week*, 2/4/1988; *The Entrepreneurs*, PBS, 5/11/1986, dirigido por John Nathan.

PEROT VEM RESGATAR: Stross, pp. 102-12; "Perot and Jobs", *Newsweek*, 9/2/1987; Andrew Pollack, "Can Steve Jobs do it again?", *New York Times*, 8/11/1987; Katie Hafner, "Can he do it again?", *Business Week*, 2/4/1988; Pat Steger, "A gem of an evening with King Juan Carlos", *San Francisco Chronicle*, 5/1987; David Remnick, "How a Texas playboy became a billionaire", *Washington Post*, 20/1987.

GATES E NEXT: Entrevistas com Bill Gates, Adele Goldberg, Steve Jobs. Brit Hume, "Steve Jobs pulls ahead", *Washington Post*, 3/1/1988; Brent Schlender, "How Steve Jobs linked up with IBM", *Fortune*, 91989; Stross, p. 14; Linzmayer, p. 209; "William Gates talks", *Washington Post*, 30/1990; Katie Hafner, "Can he do it again?", *Business Week*, 2/4/1988; John Thompson, "Gates, Jobs swap barbs", *Computer System News*, 27/11/1989.

IBM: Brent Schlender, "How Steve Jobs linked up with IBM", *Fortune*, 9/1989; Phil Patton, "Out for revenge", *New York Times*, 6/8/1989; Stross, pp. 140-2; Deutschmann, p. 133.

O LANÇAMENTO, OUTUBRO DE 1988: Stross, pp. 166-86; Wes Smith, "Jobs has returned", *Chicago Tribune*, 13/11/1988; Andrew Pollack, "NeXT produces a gala", *New York Times*, 10/1988; Brenton Schlender, "NeXT project", *Wall Street Journal*, 1/3/1988; Katie Hafner, "Can he do it again?", *Business Week*, 2/4/1988; Deutschmann, p. 128; "Steve Jobs comes back", *Newsweek*, 2/4/1988; "The NeXT generation", *San Jose Mercury News*, 10/1988.

19. PIXAR [pp. 257-67]

A DIVISÃO DE INFORMÁTICA DA LUCASFILM: Entrevistas com Ed Catmull, Alvy Ray Smith, Steve Jobs, Pam Kerwin, Michael Eisner. Price, pp. 71-4, 89-101; Paik, pp. 53-7, 226; Young e Simon, p. 169; Deutschmann, p. 115.

ANIMAÇÃO: Entrevistas com John Lasseter, Steve Jobs. Paik, pp, 28-44; Price, pp. 45-56.

TIN TOY: Entrevistas com Pam Kerwin, Alvy Ray Smith, John Lasseter, Ed Catmull, Steve Jobs, Jeffrey Katzenberg, Michael Eisner, Andy Grove. E-mail de Steve Jobs para Alberty Yu, 23/9/1995; de Albert Yu para Steve Jobs, 25/9/1995; de Steve Jobs para Andy Grove, 25/9/1995; de Andy Grove para Steve Jobs, 26/9/1995; de Steve Jobs para Andy Grove, 1/1995; Price, pp. 104-14; Young e Simon, p. 166.

20. UM SUJEITO COMUM [pp. 268-98]

JOAN BAEZ: Entrevistas com Joan Baez, Steve Jobs, Joanna Hoffman, Debi Coleman, Andy Hertzfeld. Joan Baez, *And a voice to sing with*, Summit, 1989, pp. 144, 380.

A DESCOBERTA DE JOANNE E MONA: Entrevistas com Steve Jobs, Mona Simpson.

O PAI PERDIDO: Entrevistas com Steve Jobs, Laurene Powell, Mona Simpson, Ken Auletta, Nick Pileggi.

LISA: Entrevistas com Chrisann Brennan, Avie Tevanian, Joanna Hoffman, Andy Hertzfeld. Lisa Brennan-Jobs, "Confessions of a lapsed vegetarian", *Southwest Review*, 2008; Young, p. 224; Deutschman, p. 76.

O ROMÂNTICO: Entrevistas com Jennifer Egan, Tina Redse, Steve Jobs, Andy Hertzfeld, Joanna Hoffman. Deutschman, pp. 73, 138. O romance *A regular guy*, de Mona Simpson, é livremente baseado no relacionamento entre Jobs, Lisa Brennan, Chrisann Brennan e Tina Redse, que inspirou o personagem Olivia.

LAURENE POWELL: Entrevistas com Laurene Powell, Steve Jobs, Kathryn Smith, Avie Tevanian, Andy Hertzfeld, Marjorie Powell Barden.

O CASAMENTO, 18 DE MARÇO DE 1991: Entrevistas com Steve Jobs, Laurene Powell, Andy Hertzfeld, Joanna Hoffman, Avie Tevanian, Mona Simpson. Simpson, *A regular guy*, p. 357.

UM LAR: Entrevistas com Steve Jobs, Laurene Powell, Andy Hertzfeld. David Weinstein, "Taking whimsy seriously", *San Francisco Chronicle*, 13/9/2003; Gary Wolfe, "Steve Jobs", *Wired*, fev./1996; "Former Apple designer charged with harassing Steve Jobs", AP, 8/6/1993.

LISA VAI MORAR COM ELES: Entrevistas com Steve Jobs, Laurene Powell, Mona Simpson, Andy Hertzfeld. Lisa Brennan-Jobs, "Driving Jane", *Harvard Advocate*, primavera de 1999; Simpson, *A regular guy*, p. 251; e-mail de Chrisann Brennan, 19/1/2011; Bill Workman, "Palo Alto High School's student scoop", *San Francisco Chronicle*, 16/3/1996; Lisa Brennan-Jobs, "Waterloo", *Massachusetts Review*, primavera de 2006; Deutschmann, p. 258; website de Chrisann Brennan, disponível em <chrysanthemum.com>; Steve Lohr, "Creating Jobs", *New York Times*, 12/1/1997.

FILHOS: Entrevista com Steve Jobs, Laurene Powell.

21. TOY STORY [pp. 299-308]

JEFFREY KATZENBERG: Entrevistas com John Lasseter, Ed Catmull, Jeffrey Katzenberg, Alvy Ray

Smith, Steve Jobs. Price, pp. 84-5, 119-24; Paik, pp. 71, 90; Robert Murphy, "John Cooley looks at Pixar's creative process", *Silicon Prairie News*, 6/2010.

CORTA!: Entrevistas com Steve Jobs, Jeffrey Katzenberg, Ed Catmull, Larry Ellison. Paik, p. 90; Deutschmann, pp. 194-8; "Toy Story: Inside the buzz", *Entertainment Weekly*, 8/1995.

AO INFINITO!: Entrevistas com Steve Jobs, Michael Eisner. Janet Maslin, "There's a new toy in the house. Uh-oh", *New York Times*, 22/11/1995; "A conversation with Steve Jobs and John Lasseter", *Charlie Rose*, PBS, 30/1996; John Markoff, "Apple Computer co-founder strikes gold", *New York Times*, 30/11/1995.

22. A SEGUNDA VINDA [pp. 309-20]

AS COISAS SE DESFAZEM: Entrevista com Jean-Louis Gasée. Bart Ziegler, "Industry has next to no patience with Job's NeXT", AP, 19/8/1990; Stross, pp. 226-8; Gary Wolf, "The next insanely great thing", *Wired*, fev./1996; Anthony Perkins, "Job's story", *Red Herring*, 1/1/1996.

CAI A MAÇÃ: Entrevistas com Steve Jobs, John Sculley, Larry Ellison. Sculley, pp. 248, 273; Deutschmann, p. 236; Steve Lohr, "Creating Jobs", *New York Times*, 12/1/1997; Amelio, p. 190 e prefácio à edição de capa dura; Young e Simon, pp. 213-4; Linzmayer, pp. 273-9; Guy Kawasaki, "Steve Jobs to return as Apple CEO", *Macworld*, 1/11/1994.

ARRASTANDO-SE RUMO A CUPERTINO: Entrevistas com Jon Rubinstein, Steve Jobs, Larry Ellison, Avie Tevanian, Fred Anderson, Larry Tesler, Bill Gates, John Lasseter. John Markoff, "Why Apple sees NeXT as a match made in heaven", *New York Times*, 2/3/1996; Steve Lohr, "Creating Jobs", *New York Times*, 12/1/1997; Rajiv Chandrasekaran, "Steve Jobs returning to Apple", *Washington Post*, 2/1/1996; Louise Kehoe, "Apple's prodigal son returns", *Financial Times*, 2/3/1996; Amelio, pp. 189-201, 238; Carlton, p. 409; Linzmayer, p. 277; Deutschman, p. 240.

23. A RESTAURAÇÃO [pp. 321-43]

NOS BASTIDORES: Entrevistas com Steve Jobs, Avie Tevanian, Jon Rubinstein, Ed Woolard, Larry Ellison, Fred Anderson. E-mail de Gina Smith; Sheff; Brent Schlender, "Something's rotten in Cupertino", *Fortune*, 3/3/1997; Dan Gillmore, "Apple's prospects better than its CEO's speech", *San Jose Mercury News*, 13/1/1997; Carlton, pp. 414-6, 425; Malone, p. 531; Deutschman, pp. 241-5; Amelio, pp. 219, 238-47, 261; Linzmayer, p. 201; Kaitlin Quistgaard, "Apple spins off Newton", *Wired.com*, 22/5/1997; Louise Kehoe, "Doubts grow about leadership at Apple", *Financial Times*, 25/2/1997; Dan Gillmore, "Ellison Mulls Apple bid", *San Jose Mercury News*, 27/3/1997; Lawrence Fischer, "Oracle seeks public views on possible bid for Apple", *New York Times*, 28/3/1997; Mike Barnicle, "Roadkill on the info highway", *Boston Globe*, 5/8/1997.

SAI AMELIO: Entrevistas com Ed Woolard, Steve Jobs, Mike Markkula, Steve Wozniak, Fred Anderson, Larry Ellison, Bill Campbell. Memória familiar impressa por Ed Woolard (cortesia de Woolard); Amelio, pp. 247, 261, 267; Gary Wolf, "The world according to Woz", *Wired*, set./1998; Peter Burrows e Ronald Grover, "Steve Jobs' magic kingdom", *Business Week*, 6/2/2006; Peter Elkind, "The trouble with Steve Jobs", *Fortune*, 5/3/2008; Arthur Levitt, *Take on the street*, Pantheon, 2002, pp. 204-6.

MACWORLD BOSTON, AGOSTO DE 1997: Steve Jobs, discurso no Macworld Boston, 6/8/1997.

O PACTO DA MICROSOFT: Entrevistas com Joel Klein, Bill Gates, Steve Jobs. Cathy Booth, "Steve's

Job", *Time*, 18/8/1997; Steven Levy, "A big brother?", *Newsweek*, 18/8/1997. A ligação do celular de Steve Jobs para Gates foi relatada pela fotógrafa da *Time* Diana Walker, que fez a imagem dele agachado no palco que apareceu na capa da *Time* e está neste livro.

24. PENSE DIFERENTE [pp. 344-55]

ISTO É PARA OS LOUCOS: Entrevistas com Steve Jobs, Lee Clow, James Vincent, Norm Pearlstine. Cathy Booth, "Steve's Job", *Time*, 18/8/1997; John Heilemann, "Steve Jobs in a box", *NewYork*, 17/6/2007.

IPRESIDENTE EXECUTIVO: Entrevistas com Steve Jobs, Fred Anderson. Vídeo de setembro de 2007, reunião da equipe (cortesia de Lee Clow); "Jobs hints that he may want to stay at Apple", *New York Times*, 10/1997; Jon Swartz, "No CEO in sight for Apple", *San Francisco Chronicle*, 1/2/1997; Carlton, p. 437.

MATAR OS CLONES: Entrevistas com Bill Gates, Steve Jobs, Ed Woolard. Steve Wozniak, "How we failed Apple", *Newsweek*, 19/2/1996; Linzmayer, pp. 245-7, 255; Bill Gates, "Licensing of Mac technology", memorando para John Sculley, 25/6/1985; Tom Abate, "How Jobs killed Mac clone makers", *San Francisco Chronicle*, 6/9/1997.

ANÁLISE DA LINHA DE PRODUTOS: Entrevistas com Phil Schiller, Ed Woolard, Steve Jobs. Deutschman, p. 248; Steve Jobs, discurso no evento de lançamento do iMac, 6/1998; vídeo de setembro de 1997, reunião da equipe.

25. PRINCÍPIOS DE DESIGN [pp. 356-63]

JONY IVE: Entrevistas com Jony Ive, Steve Jobs, Phil Schiller. John Arlidge, "Father of invention", *Observer*, 212003; Peter Burrows, "Who is Jonathan Ive?", *Business Week*, 25/9/2006; "Apple's one-dollar-a-year man", *Fortune*, 24/1/2000; Rob Walker, "The guts of a new machine", *New York Times*, 30/11/2003; Leander Kahney, "Design according to Ive", *Wired.com*, 25/6/2003.

DENTRO DO ESTÚDIO: Entrevista com Jony Ive. Escritório norte-americano de patentes e marcas registradas, base de dados on-line, <patft.uspto.gov>; Leander Kahney, "Jobs awarded patent for iPhone packaging", *Cult of Mac*, 2/2/2009; Harry McCracken, "Patents of Steve Jobs", *Technologizer. com*, 2/8/2009.

26. O IMAC [pp. 364-72]

DE VOLTA PARA O FUTURO: Entrevistas com Phil Schiller, Avie Tevanian, Jon Rubinstein, Steve Jobs, Fred Anderson, Mike Markulla, Jony Ive, Lee Clow. Thomas Hornby, "Birth of the iMac", *Mac Observer*, 2/5/2007; Peter Burrows, "Who is Jonathan Ive?", *Business Week*, 25/9/2006; Lev Grossman, "How Apple does it", *Time*, 1/6/2005; Leander Kahney, "The man who named the iMac and wrote think different", *Cult of Mac*, 3/11/2009; Levy, *The perfect thing*, p. 198; <gawker.com/comment/21123257/>; "Steve's two jobs", *Time*, 1/8/1999.

O LANÇAMENTO: 6 DE MAIO DE 1998: Entrevistas com Jony Ive, Steve Jobs, Phil Schiller, Jon Rubinstein. Steven Levy, "Hello again", *Newsweek*, 1/8/1998; Jon Swartz, "Resurgence of an American icon", *Forbes*, 14/4/2000; Levy, *The perfect thing*, p. 95.

27. PRESIDENTE EXECUTIVO [pp. 373-84]

TIM COOK: Entrevistas com Tim Cook, Steve Jobs, Jon Rubinstein. Peter Burrows, "Yes, Steve, you fixed it. Congratulations. Now what?", *Business Week*, 31/7/2000; Tim Cook, discurso de formatura em Auburn, 14/5/2010; Adam Lashinsky, "The genius behind Steve", *Fortune*, 10/11/2008; Nick Wingfield, "Apple's no. 2 has low profile", *Wall Street Journal*, 16/10/2006.

GOLAS RULÊ E TRABALHO DE EQUIPE: Entrevistas com Steve Jobs, James Vincent, Jony Ive, Lee Clow, Avie Tevanian, Jon Rubinstein. Lev Grossman, "How Apple does it", *Time*, 16/10/2005; Leander Kahney, "How Apple got everything right by doing everything wrong", *Wired*, 18/3/2008.

DE ÍPRESIDENTE EXECUTIVO A PRESIDENTE EXECUTIVO: Entrevistas com Ed Woolard, Larry Ellison, Steve Jobs. Declaração da Apple, 12/3/2001.

28. LOJAS DA APPLE [pp. 385-94]

A EXPERIÊNCIA DO CONSUMIDOR: Entrevistas com Steve Jobs, Ron Johnson. Jerry Useem, "America's best retailer", *Fortune*, 19/3/2007; Gary Allen, "Apple Stores", ifoAppleStore.com.

O PROTÓTIPO: Entrevistas com Art Levinson, Ed Woolard, Millard "Mickey" Drexler, Larry Ellison, Ron Johnson, Steve Jobs. Cliff Edwards, "Sorry, Steve...", *Business Week*, 21/5/2001.

MADEIRA, PEDRA, AÇO, VIDRO: Entrevistas com Ron Johnson, Steve Jobs. Escritório norte-americano de patentes, D478999, 26/8/2003, US2004/0006939, 15/1/2004; Gary Allen, "About me", ifoAppleStore.com.

29. O HUB DIGITAL [pp. 395-411]

CONECTANDO OS PONTOS: Entrevistas com Lee Clow, Jony Ive, Steve Jobs. Sheff; Steve Jobs, Macworld, 9/1/2001.

FIREWIRE: Entrevistas com Steve Jobs, Phil Schiller, Jon Rubinstein. Steve Jobs, Macworld, 9/1/2001; Joshua Quittner, "Apple's new Core", *Time*, 14/6/2002; Mike Evangelist, "Steve Jobs, the genuine article", *Writer's Block Live*, 7/2005; Farhad Manjoo, "Invincible Apple", *FastCompany*, 1/2010; e-mail de Phil Schiller.

ITUNES: Entrevistas com Steve Jobs, Phil Schiller, Jon Rubinstein, Tony Fadell. Brent Schlender, "How big can Apple get", *Fortune*, 21/2/2005; Bill Kincaid, "The true story of SoundJam", disponível em <http://panic.com/extras/audionstory/popup-sjstory.html>; Levy, *The perfect thing*, pp. 49-60; Knopper, p. 167; Lev Grossman, "How Apple does it", *Time*, 1/7/2005; Markoff, p. XIX.

O IPOD: Entrevistas com Steve Jobs, Phil Schiller, Jon Rubinstein, Tony Fadell. Steve Jobs, anúncio do iPod, 2/3/2001; textos de imprensa da Toshiba, relações públicas da Newswire, 10/2000 e 4/6/2001; Tekla Perry, "From podfather to palm's pilot", *IEEE Spectrum*, set./2008; Leander Kahney, "Inside look at birth of the iPod", *Low End Mac*, 14/2005.

"É ISSO AÍ!": Entrevistas com Tony Fadell, Phil Schiller, Jon Rubinstein, Jony Ive, Steve Jobs. Levy, *The perfect thing*, pp. 17, 59-60; Knopper, p. 169; Leander Kahney, "Straight dope on the iPod's birth", *Wired*, 1/7/2006.

A BRANCURA DA BALEIA: Entrevistas com James Vincent, Lee Clow, Steve Jobs. Wozniak, p. 298; Levy, *The perfect thing*, p. 73; Johnny Davis, "Ten years of the iPod", *Guardian*, 18/3/2011.

30. A ITUNES STORE [pp. 412-29]

WARNER MUSIC: Entrevistas com Paul Vidich, Steve Jobs, Doug Morris, Barry Schuler, Roger Ames, Eddy Cue. Paul Sloan, "What's next for Apple", *Business 2.0*, 1/4/2005; Knopper, pp. 157-61 e 170; Devin Leonard, "Songs in the key of Steve", *Fortune*, 1/2/2003; Tony Perkins, entrevista com Nobuyuki IUdei e sir Howard Stringer, Fórum Econômico Mundial, Davos, 25/1/2003; Dan Tynan, "The 25 worst tech products of all time", *PC World*, 26/3/2006; Andy Langer, "The God of music", *Esquire*, jul./2003; Jeff Goodell, "Steve Jobs", *Rolling Stone*, 3/2003.

ATRAINDO GATOS: Entrevistas com Doug Morris, Roger Ames, Steve Jobs, Jimmy Iovine, Andy Lack, Eddy Cue, Wynton Marsalis. Knopper, p. 172; Devin Leonard, "Songs in the key of Steve", *Fortune*, 1/2/2003; Peter Burrows, "Show Time!", *Business Week*, 2/2/2004; Pui-Wing Tam, Bruce Orwall e Anna Wilde Mathews, "Going Hollywood", *Wall Street Journal*, 25/4/2003; Steve Jobs, discurso, 28/4/2003; Andy Langer, "The God of music", *Esquire*, jul./2003; Steven Levy, "Not the same old song", *Newsweek*, 1/2/2003.

MICROSOFT: Entrevistas com Steve Jobs, Phil Schiller, Tim Cook, Jon Rubinstein, Tony Fadell, Eddy Cue. E-mails de Jim Allchin, David Cole, Bill Gates, 30/4/2003 (essas mensgens posteriormente foram usadas em um caso judicial, e Steve Jobs me enviou cópias delas); Steve Jobs, apresentação, 1/6/2003; entrevista de Walt Mossberg com Steve Jobs, conferência All Things Digital, 302007; Bill Gates, "We're early on the video thing", *Business Week*, 2/9/2004.

MR. TAMBOURINE MAN: Entrevistas com Andy Lack, Tim Cook, Steve Jobs, Tony Fadell, Jon Rubinstein. Ken Belson, "Infighting left Sony behind Apple in digital music", *New York Times*, 19/4/2004; Frank Rose, "Battle for the soul of the mp3 phone", *Wired*, nov./2005; Saul Hansel, "Gates vs. Jobs: The rematch", *New York Times*, 14/11/2004; John Borland, "Can Glaser and Jobs find harmony?", *CNET News*, 17/8/2004; Levy, *The perfect thing*, p. 169.

31. HOMEM MUSICAL [pp. 430-44]

NO IPOD DELE: Entrevistas com Steve Jobs, James Vincent. Elisabeth Bumiller, "President Bush's iPod", *New York Times*, 11/4/2005; Levy, *The perfect thing*, pp. 26-9; Devin Leonard, "Songs in the key of the Steve", *Fortune*, 1/2/2003.

BOB DYLAN: Entrevistas com Jeff Rosen, Andy Lack, Eddy Cue, Steve Jobs, James Vincent, Lee Clow. Matthew Creamer, "Bob Dylan tops music chart again — and Apple's a big reason why", *Ad Age*, 8/2006.

BEATLES, BONO, YO-YO MA: Entrevistas com Bono, John Eastman, Steve Jobs, Yo-Yo Ma, George Riley.

32. PIXAR [pp. 445-61]

VIDA DE INSETO: Entrevistas com Jeffrey Katzenberg, John Lasseter, Steve Jobs. Price, pp. 171-4; Paik, p. 116; Peter Burrows, "Antz vs. bugs" e "Steve Jobs: Movie mogul", *Business Week*, 23/11/1998; Amy Wallace, "Ouch! That stings", *Los Angeles Times*, 21/9/1998; Kim Masters, "Battle of the bugs", *Time*, 28/9/1998; Richard Schickel, "Antz", *Time*, 1/2/1998; Richard Corliss, "Bugs funny", *Time*, 30/11/1998.

"O FILME DE STEVE": Entrevistas com John Lasseter, Pam Kerwin, Ed Catmull, Steve Jobs. Paik, p. 168; Rick Lyman, "A digital dream factory in Silicon Valley", *New York Times*, 11/6/2001.

O DIVÓRCIO: Entrevistas com Mike Slade, Oren Jacob, Michael Eisner, Bob Iger, Steve Jobs, John Lasseter, Ed Catmull. James Stewart, *Disney war*, Simon & Schuster, 2005, p. 383; Price, pp. 230-5; Benny Evangelista, "Parting slam by Pixar's Jobs", *San Francisco Chronicle*, 5/2/2004; John Markoff e Laura Holson, "New iPod will play TV shows", *New York Times*, 1/3/2005.

33. OS MACS DO SÉCULO XXI [pp. 462-9]

CONCHAS, CUBOS DE GELO E GIRASSÓIS: Entrevistas com Jon Rubinstein, Jony Ive, Laurene Powell, Steve Jobs, Fred Anderson, George Riley. Steven Levy, "Thinking inside the box", *Newsweek*, 3/1/2000; Brent Schlender, "Steve Jobs", *Fortune*, 1/4/2001; Ian Fried, "Apple slices revenue forecast again", *CNET News*, 6/2000; Linzmayer, p. 301; patente de design D510577S, Estados Unidos, cedida em 1/1/2005.

ENTRA A INTEL: Entrevistas com Paul Otellini, Bill Gates, Art Levinson. Carlton, p. 436.

OPÇÕES DE AÇÕES: Entrevistas com Ed Woolard, George Riley, Al Gore, Fred Anderson, Eric Schmidt. Geoff Colvin, "The great CEO heist", *Fortune*, 25/6/2001; Joe Nocera, "Weighing Jobs's role in a scandal", *New York Times*, 28/4/2007; depoimento de Steve P. Jobs, 18/3/2008, *SEC contra Nancy Heinen*, corte distrital norte-americana, distrito nortista da Califórnia; William Barrett, "Nobody loves me", *Forbes*, 1/1/2009; Peter Elkind, "The trouble with Steve Jobs", *Fortune*, 5/3/2008.

34. PRIMEIRO ROUND [pp. 470-82]

CÂNCER: Entrevistas com Steve Jobs, Laurene Powell, Art Levinson, Larry Brilliant, Dean Ornish, Bill Campbell, Andy Grove, Andy Hertzfeld.

A CERIMÔNIA DE FORMATURA EM STANFORD: Entrevistas com Steve Jobs, Laurene Powell. Steve Jobs, discurso de formatura em Stanford.

UM LEÃO AOS CINQUENTA: Entrevistas com Mike Slade, Alice Waters, Steve Jobs, Tim Cook, Avie Tevanian, Jony Ive, Jon Rubinstein, Tony Fadell, George Riley, Bono, Walt Mossberg, Steven Levy, Kara Swisher. Entrevistas de Walt Mossberg e Kara Swisher com Steve Jobs e Bill Gates, conferência All Things Digital, 30/2007; Steven Levy, "Finally, Vista makes it debut", *Newsweek*, 1/2/2007.

35. O IPHONE [pp. 483-93]

UM IPOD QUE FAZ LIGAÇÕES: Entrevistas com Art Levinson, Steve Jobs, Tony Fadell, George Riley, Tim Cook. Frank Rose, "Battle for the soul of the mp3 phone", *Wired*, nov./2005.

MULTITOQUE: Entrevistas com Jony Ive, Steve Jobs, Tony Fadell, Tim Cook.

GORILLA GLASS: Entrevistas com Wendell Weeks, John Seeley Brown, Steve Jobs.

O DESIGN: Entrevistas com Jony Ive, Steve Jobs, Tony Fadell. Fred Vogelstein, "The untold story", *Wired*, 9/1/2008.

O LANÇAMENTO: Entrevistas com John Huey, Nicholas Negroponte. Lev Grossman, "Apple's new calling", *Time*, 22/1/2007; Steve Jobs, discurso no Macworld, 9/1/2007; John Markoff, "Apple introduces innovative cellphone", *New York Times*, 10/1/2007; John Heilemann, "Steve Jobs in a box", *New York*, 17/6/2007; Janko Roettgers, "Alan Kay: With the tablet, Apple will rule the world", *GigaOM*, 26/1/2010.

36. SEGUNDO ROUND [pp. 494-507]

A BATALHA DE 2008: Entrevistas com Steve Jobs, Kathryn Smith, Bill Campbell, Art Levinson, Al Gore, John Huey, Andy Serwer, Laurene Powell, Doug Morris, Jimmy Iovine. Peter Elkind, "The trouble with Steve Jobs", *Fortune*, 5/3/2008; Joe Nocera, "Apple's culture of secrecy", *New York Times*, 2/6/2008; Steve Jobs, carta à comunidade Apple, 5/1/2009 e 14/1/2009; Doron Levin, "Steve Jobs went on Switzerland in search of cancer treatment", *Fortune.com*, 18/1/2011; Yukari Kanea e Joann Lublin, "On Apple's board, fewer independent voices", *Wall Street Journal*, 24/3/2010; Micki Maynard (Micheline Maynard), post no Twitter, 14h45, 18/1/2011; Ryan Chittum, "The dead source who keeps on giving", *Columbia Journalism Review*, 18/1/2011.

MEMPHIS: Entrevistas com Steve Jobs, Laurene Powell, George Riley, Kristina Kiehl, Kathryn Smith. John Lauermann e Connie Guglielmo, "Jobs liver transplant", *Bloomberg*, 21/8/2009.

RETORNO: Entrevistas com Steve Jobs, George Riley, Tim Cook, Jony Ive, Brian Roberts, Andy Hertzfeld.

37. O IPAD [pp. 508-27]

VOCÊ DIZ QUE QUER UMA REVOLUÇÃO: Entrevistas com Steve Jobs, Phil Schiller, Tim Cook, Jony Ive, Tony Fadell, Paul Otellini. Conferência All Things Digital, 30/2003.

O LANÇAMENTO, JANEIRO DE 2010: Entrevistas com Steve Jobs, Daniel Kottke. Brent Schlender, "Bill Gates joins the iPad aemy of critics", *bnet.com*, 10/2/2010; Steve Jobs, 27/1/2010; Nick Summers, "Instant Apple iPad reaction", *Newsweek.com*, 27/1/2010; Adam Frucci, "Eight things that suck about the iPad", Gizmodo, 27/1/2010; Lev Grossmann, "Do we need the iPad?", *Time*, 1/4/2010; Daniel Lyons, "Think really different", *Newsweek*, 26/3/2010; debate Techmate, *Fortune*, 12/4/2010; Eric Laningan, "Wozniak on the iPad", TwiT TV, 5/4/2010; Michael Shear, "At White House, a new question: What's on your iPad?", *Washington Post*, 7/6/2010; Michael Noer, "The stable boy and the iPad", *Forbes.com*, 8/9/2010.

PROPAGANDA: Entrevistas com Steve Jobs, James Vincent, Lee Clow.

APLICATIVOS: Entrevistas com Art Levinson, Phil Schiller, Steve Jobs, John Doerr.

EDITORAS E IMPRENSA: Entrevistas com Steve Jobs, Jeff Bewkes, Richard Stengel, Andy Serwer, Josh Quittner, Rupert Murdoch. Ken Auletta, "Publish or perish", *New Yorker*, 26/4/2010; Ryan Tate, "The price of crossing Steve Jobs", Gawker, 30/9/2010.

38. NOVAS BATALHAS [pp. 528-41]

GOOGLE: ABERTO VERSUS FECHADO: Entrevistas com Steve Jobs, Bill Campbell, Eric Schmidt, John Doerr, Tim Cook, Bill Gates. John Abell, "Google's 'Don't be evil' mantra is 'bullshit'", *Wired*, 30/1/2010; Brad Stone e Miguel Helft, "A battle for the future is getting personal", *New York Times*, 14/3/2010.

O FLASH, O APP STORE E O CONTROLE: Entrevistas com Steve Jobs, Bill Campbell, Tom Friedman, Art Levinson, Al Gore. Leander Kahney, "What made Apple freeze out Adobe?", *Wired*, jul./2010; Jean-Louis Gassée, "The Adobe-Apple flame war", *Monday Note*, 11/4/2010; Steve Jobs, "Thoughts on flash", Apple.com, 29/4/2010; Walt Mossberg e Kara Swisher, entrevista com Steve Jobs, conferência All Things Digital, 1/6/2010; Robert X. Cringely (pseudônimo), "Steve Jobs: savior or tyrant?", *InfoWorld*, 21/4/2010; Ryan Tate, "Steve Jobs offers world 'freedom for porn'", Valleywag, 1/5/2010; J. R. Raphael, "I want porn", esarcasm.com, 20/4/2010; Jon Stewart, *The Daily Show*, 28/4/2010.

ANTENAGATE: DESIGN VERSUS ENGENHARIA: Entrevistas com Tony Fadell, Jony Ive, Steve Jobs, Art Levinson, Tim Cook, Regis McKenna, Bill Campbell, James Vincent. Mark Gikas, "Why consumer reports can't recommend the iPhone4", *Consumer Reports*, 1/2/2010; Michael Wolff, "Is there anything that can trip up Steve Jobs?", *newser.com* e *vanityfair.com*, 19/6/2010; Scott Adams, "High ground maneuver", dilbert.com, 1/9/2010.

LÁ VEM O SOL: Entrevistas com Steve Jobs, Eddy Cue, James Vincent.

39. AO INFINITO [pp. 542-54]

O IPAD 2: Entrevistas com Larry Ellison, Steve Jobs, Laurene Powell. Discurso de Steve Jobs no lançamento do iPad 2, 2/3/2011.

ICLOUD: Entrevistas com Steve Jobs, Eddy Cue. Steve Jobs, destaque na Conferência Mundial para Desenvolvedores, 6/6/2011; Walt Mossberg, "Apple's mobile me is far too flawed to be reliable", *Wall Street Journal*, 2/3/2008; Adam Lashinsky, "Inside Apple", *Fortune*, 2/3/2011; Richard Waters, "Apple races to keep users firmly wrapped in its cloud", *Financial Times*, 9/6/2011.

UM NOVO CAMPUS: Entrevistas com Steve Jobs, Steve Wozniak, Ann Bowers. Steve Jobs, diante da Câmara Municipal de Cupertino, 7/6/2011.

40. TERCEIRO ROUND [pp. 555-75]

LAÇOS DE FAMÍLIA: Entrevistas com Laurene Powell, Erin Jobs, Steve Jobs, Kathryn Smith, Jennifer Egan. E-mail de Steve Jobs, 8/6/2010, 16h55; de Tina Redse para Steve Jobs, 20/2010 e 6/2/2011.

O PRESIDENTE OBAMA: Entrevistas com David Axelrod, Steve Jobs, John Doerr, Laurene Powell, Valerie Jarrett, Eric Schmidt, Austan Goolsbee.

TERCEIRA LICENÇA MÉDICA, 2011: Entrevistas com Kathryn Smith, Steve Jobs, Larry Brilliant.

VISITAS: Entrevistas com Steve Jobs, Bill Gates, Mike Slade.

41. O LEGADO [pp. 576-86]

Jonathan Zittrain, *The future of the internet — And how to stop it*, Yale, 2008, p. 2. Cory Doctorow, "Why I won't buy an iPad", Boing Boing, 2/4/2010.

Créditos das imagens

cap. 26, p. 364: Mark Richards-Core Memory Project
cap. 27, p. 373: Agencia EFE/ Mônica M. Davey
cap. 28, p. 385: Jin Lee/ Bloomberg/ Getty Images
cap. 31, p. 430: Bob Peppings/ Contra Costa Times/ ZUMA Press
cap. 33, p. 462: © Bebeto Matthews/ AP/ Glow Images
cap. 34, p. 470: Cortesia de Mike Slade
cap. 37, p. 508: REUTERS/ LatinStock
cap. 41, p. 576: Agencia EFE/ John G. Mabanglo

CADERNO DE IMAGENS
Fotos 1 a 13 e 23: Diana Walker
Fotos 14 a 22: Cortesia de Steve Jobs

Agradecimentos

Agradeço imensamente a John e Ann Doerr, Laurene Powell, Mona Simpson e Ken Auletta, por toda a ajuda no lançamento deste projeto e pelo inestimável apoio ao longo do caminho. A Alice Mayhew, minha editora na Simon & Schuster há trinta anos, e a Jonathan Karp, editor, que foram extraordinariamente diligentes e atenciosos na condução deste livro; a Amanda Urban, minha agente; e também a minha assistente, Pat Zindulka, que com tranquilidade facilitou as coisas. Quero agradecer ainda a meu pai, Irwin, e a minha filha, Betsy, pela leitura do livro e pelos conselhos. E, como sempre, sou profundamente grato a minha mulher, Cathy, por sua edição, sugestões, sábios conselhos e muito mais.

Sobre o autor

WALTER ISAACSON é diretor-geral do Aspen Institute, foi presidente da CNN e editor executivo da revista *Time*. É autor de, entre outros, *Benjamin Franklin: an American life*, de *Kissinger: a biography* e coautor de *The wise men: six friends and the world they made*. Dele a Companhia das Letras já publicou *Einstein — sua vida, seu universo*.

ESTA OBRA FOI COMPOSTA PELA SPRESS EM DANTE E IMPRESSA EM OFSETE
PELA GEOGRÁFICA SOBRE PAPEL PÓLEN SOFT DA SUZANO PAPEL E CELULOSE
PARA A EDITORA SCHWARCZ EM OUTUBRO DE 2011